GESELLSCHAFT SCHWEIZERISCH-TIBETISCHE FREUNDSCHAFT
UND TIBET-INSTITUT RIKON (HRSG.)

འཇར་བོད་ཚིག་མཛོད།
DEUTSCH-TIBETISCHES WÖRTERBUCH

བློ་བཟང་བསྟན་འཛིན་སྨན་སྟོད།
Losang Tenzin Mantö

VERLAG TIBET-INSTITUT RIKON

DER TIBETER JUGEND GEWIDMET

2., unveränderte Auflage
© 2012 Verlag Tibet-Institut Rikon

Alle Rechte vorbehalten, einschliesslich derjenigen
des auszugsweisen Abdrucks und
der elektronischen Wiedergabe

Alle Angaben ohne Gewähr

HERAUSGEBER:
Gesellschaft Schweizerisch-Tibetische Freundschaft
und Tibet-Institut Rikon

AUTOR:
Losang Tenzin Mantö

DRUCK:
Druckerei Zollinger AG, Adliswil

ISBN 978-3-7206-0050-7

www.tibet-institut.ch

INHALT

Vorwort der Herausgeber	5
Vorwort des Autors	6
Tibetisches Alphabet und Aussprache	8
Abkürzungen	12
Zahlwörter	14
Literaturangaben	16
Wörterverzeichnis Deutsch–Tibetisch	17

VORWORT DER HERAUSGEBER

Die tibetische Sprache ist ein wichtiges Element der tibetischen Kultur und ein wesentliches Merkmal tibetischer Identität. In Tibet wird die tibetische Sprache durch das Chinesische systematisch bedroht und in der Diaspora des Exils durch die Sprachen der Gastländer sowie das Englische zunehmend vermischt.

Die Gesellschaft Schweizerisch-Tibetische Freundschaft (GSTF) und das Tibet-Institut Rikon möchten mit der Herausgabe dieses Wörterbuches einen weiteren Beitrag zur Pflege des kulturellen Erbes Tibets leisten. In der deutschsprachigen Schweiz werden seit über 50 Jahren grosse Anstrengungen zur Bewahrung und Weitergabe der tibetischen Kultur und Sprache unternommen. Bis anhin wurde jedoch kein tibetisches Wörterbuch publiziert, das von der deutschen Sprache ausgeht.

Der Autor Losang Tenzin Mantö hat das vorliegende Deutsch-Tibetische Wörterbuch aufgrund seines persönlichen Gebrauches verfasst. In jahrelanger Arbeit hat der in der Schweiz lebende Tibeter insgesamt 15 000 Wörter sorgfältig zusammengetragen und die Übersetzung sowie die Romanisierung in eigener Verantwortung vorgenommen – ein Unterfangen, das mit zuvor ungeahnten Übertragungsschwierigkeiten verbunden war. Für diesen ausserordentlichen Einsatz sind die Herausgeber sehr dankbar.

Der hier publizierte Wortschatz besteht mehrheitlich aus Wörtern, die im Alltag der tibetischen Gesellschaft innerhalb des deutschen Sprachgebietes verwendet werden. Die meisten Wörter stammen einerseits aus der tibetischen, andererseits aus der Alltagskultur der modernen westlichen Gesellschaft. Das Wörterbuch ist also insbesondere alltagstauglich und zeitgemäss.

Wir hoffen, dass dieses Deutsch-Tibetische Wörterbuch für die jüngeren Tibetergenerationen beim Erlernen und Pflegen der tibetischen Sprache und Schrift eine nützliche Stütze darstellt. Auch soll es tibetischen Neuankömmlingen helfen, sich im deutschen Sprachraum zu orientieren und zu integrieren. Des Weiteren dient es westlichen Menschen, die sich für die tibetische Sprache interessieren.

Möge dieses Wörterbuch dem Erhalt und der Tradierung der einzigartigen tibetischen Sprache von einer Generation auf die nächste gute Dienste leisten.

Dem Autor Losang Tenzin Mantö, der mit seiner leidenschaftlichen Arbeit diese Veröffentlichung ermöglicht hat und sein Werk der Tibeter Jugend widmet, danken wir an dieser Stelle sehr herzlich.

GSTF	TIBET-INSTITUT RIKON
DR. TASHE THAKTSANG, PRÄSIDENT	PHILIP HEPP, KURATOR

VORWORT DES AUTORS

སྔོན་གླེང་།

Soweit wir uns zurückerinnern mögen, steht Tibet heute wohl in der dunkelsten Periode seiner jahrtausendealten Geschichte. Mit dem kulturellen Erbe droht uns auch unsere Sprache und Schrift verloren zu gehen. Meines Erachtens liegt es in der Verantwortung jedes einzelnen Landsmanns bzw. jeder einzelnen Landsfrau, unsere Schrift und unsere Sprache zu pflegen und zu fördern, damit sie unserer nächsten Generation erhalten bleibt und ihr den Zugang zur tibetischen Kultur ermöglicht.

Aus diesem Grund habe ich auf Anregung meiner Familie und meiner Freunde tibetische Wörter, welche ich in den letzten Jahren für meinen persönlichen Gebrauch gesammelt habe, mit Hilfe von Literatur (siehe Literaturangaben) ergänzt und in einem Wörterbuch zusammengefasst.

Es ist mir sehr wohl bewusst, dass dieses Werk wegen meiner lückenhaften Kenntnisse der tibetischen sowie auch der deutschen Sprache Fehler aufweist. Ich habe jedoch Hoffnung, dass sich durch dieses Wörterbuch viele junge TibeterInnen aufgefordert und motiviert fühlen, sich vermehrt mit der tibetischen Sprache und Schrift zu befassen. Dieser Gedanke hat mich letztendlich ermutigt, meine Arbeit zu veröffentlichen. Ich bin fest davon überzeugt, dass all unsere Bemühungen als Exiltibeter dazu beitragen werden, unsere Kultur vor dem Untergang zu bewahren.

མི་ལོ་སྟོང་ཕྲག་འགའ་ཞིག་ཕྱིན་པའི་ད་ཆའི་བོད་ཀྱི་རྒྱལ་རབས་ནང་དུ་བར་བྱུང་མ་མྱོང་བའི་མནར་ཕྱུང་ཕུན་ནག་དུས་རབས་འདིའི་ནང་ལ་རང་རེའི་མཐུན་ཤོང་མ་ཡིན་པའི་རིག་གཞུང་དང་། སྐད་ཡིག་འདི་རྩ་བརླག་ཏུ་འགྲོ་ཉེན་མཆོང་མོད། དེ་འདྲ་སོང་སྐབས་བོད་མི་གཉེན་བྱེས་བར་གསུམ་ནས་རང་རེའི་སྐད་རྩ་ཡི་དེ་བོའི་ཁྱད་ཚོས་སྐྱོང་ཡིག་ལ་དུས་རྟག་ཏུ་གཅེས་སྐྱོང་འབད་བརྩོན་བྱ་རྒྱུ་སྐྱབས་བབས་ཀྱི་ལས་འགན་ དང་། མ་འོངས་ཤུལ་འཇོག་གི་མི་རབས་ལ་མཇུག འབྱེལ་འག་སྤྲོད་ཐུབ་པར་བྱེད་རྒྱུ་ནི་གལ་གནད་ཆེ་བ་མཛད། དེར་བརྟེན་གས་ཀྱི་ཉིན་མི་དང་གྲོགས་པོ་ཚོས་ནན་སྐུལ་གནང་པ་ལྟར། གས་ཀྱི་དུས་རིངས་པོའི་ནང་ལ་བསྟུ་ནུབ་བྱུས་པའི་བོད་ཚིག་འདི་རྣམས་ཁ་བསྐོན་རྒྱབ་ཏེ་ཕྱོགས་སྒྲིགས་ཞུས་མེད། འོན་ཀྱང་རང་ཉིད་ཀྱི་བོད་ཡིག་དང་འཇར་མན་གྱི་ཤེས་ཡོན་མི་སྟེང་པའི་རྒྱན་གྱིས་དེབ་འདིའི་ནང་ལ་ནོར་འཁྲུལ་མང་པོ་ཡོང་ངེས་ཤེས་བཞིན་དུ་གཞི་གཏང་བོ་རེ་གས་སྟི་དང་དམིགས་བསལ་ན་གཞན་རྣམས་ལ་སྟོང་ སྤོབས་མི་འཛུག་པ་དང་ལྷག་དོན་དུ་རང་རེའི་རིགས་གཞུང་ལ་སེམས་འགྱུར་གྱི་གུན་སྐྱོང་འཛེལ་རྒྱལ་བོ་ན་ར་འཛིགས་སྟོ་བཟུང་སྟེ་སྟིང་དུས་ཆེན་པོ་ཕྱོགས་སྟིག་ཞུ་བ་ཡིན་མོད། མཛད་ནས། ལས་དོན་ལ

Bei dieser Gelegenheit möchte ich mich bei folgenden Personen ganz herzlich bedanken:

Bei meinem geistigen und weltlichen Lehrer, Geshe Tokhang Khedup-la vom Tibet-Institut Rikon, der mir unermüdlich das Schreiben und Lesen beigebracht hat und auf meine unorthodoxen Fragen zum Buddhismus immer eine Antwort zu haben scheint. Bei meiner Frau, Pamo-la, die mich immer wieder zum Weitermachen animiert hat, obwohl ich während den letzten drei Jahren mehr Zeit mit meinem Wörterbuch und Computer verbracht habe, als mit ihr. Bei meinen Kindern Logha und Tashi, die mir mit ihren kritischen Kommentaren und bei der Lösung von technischen Problemen immer zur Seite gestanden sind. Ein besonderer Dank gebührt meinem Schwiegersohn Andy Schwyter, der mich mehrmals aus den Klauen bösartiger Computerviren befreit hat. Bei Herr Dalu Lobsang-la: Ein herzliches Dankeschön für das Korrekturlesen des tibetischen Vorworts und Frau Margrit Theiler für das Korrekturlesen des gesamten deutschen Teils.

EHRENDINGEN, 21. NOVEMBER 2011
LOSANG TENZIN MANTÖ

འཕྲིན་འགྱུར་གནང་མི་གཙོ་ཆེར་གྱིས་ཀྱི་ཚོས་ཐུད་
དགེ་རྒན་སློ་ཁང་དགེ་འདུས་མཁས་གྲུབ་ལགས་ནས་
སྐུ་ངལ་མ་བསམ་ཡང་མ་འཛེམས་པར་བོད་ཡིག་སློབ་
འབྲི་དང་ནང་ཆོས་བཀའ་སློབ་གནང་བར་བཅས་
མིན་སྙིང་ཐག་ནས་ཐུགས་རྗེ་དང་བཀྱིན་ཆེ། དེ་
བཞིན་འདིའི་ཚེ་གྲོགས་དཔའ་མོ་ལགས་ནས་ཀྱང་ལས་
དོན་མུ་མཐུད་ཀྱི་སླད་དུ་སེམས་ཤུགས་ཡང་ཡང་
སྤར་བར་ཕུལ་རྗེ་ཆེ་དང་། རང་གི་ཕྲུ་གུ་གཉིས་
ནས་ཀྱང་ཡང་ཡང་དཔྱད་ཞིབ་དང་ཆབས་ཅིག་འཕྲུལ་
ལས་མཐུན་སྦྱོར་བྱེད་པར་ཕུལ་རྗེ་ཆེ། དེ་མིན་
དམིགས་བསལ་འདིའི་བུ་མོ་བརྒྱིས་སྐྱོལ་བའི་བཟའ་ཟླ་
Andy Schwyter ལགས་ནས་རྩིས་རྒྱག་འཕྲུལ་
འཛིན་འཕུལ་འཁོར་ (Computer) དོགས་དཀའ་
བའི་གནས་སྐབས་སུ་ལྟག་བསམ་འགྱུར་མེད་ཀྱིས་
རྒྱབ་སྐྱོར་གནང་བར་ཕུལ་རྗེ་ཞིན་ཏུ་ཆེ་ཞུ་རྒྱུ་
ཡིན། མཐུག་ཏུ་སློ་མཐུན་གྲོགས་པོ་བླ་ལུ་སློ་བཟང་
རྒྱ་མཚོ་ལགས་ནས་བོད་ཡིག་སློན་བརྗོད་ལ་དཔར་
གཞི་ཞུ་དག་དང་། གནན་ཡང་གུས་ཀྱི་ལས་རོག་
Margrit Theiler ལགས་ནས་ཧར་མན་གྱི་སློན་
རྗོད་དང་གསལ་བཤད་སྟིང་བསྡུ་བས་ལ་ཞུ་དག་གནང་
བར་ཕུལ་རྗེ་ཞིན་ཏུ་ཆེ་ཞུ་རྒྱ་བཅས་ཡིན།
སྨན་སློ་དསློ་བཟང་ནས།
ཕྱི་ལོ་ ༢༠༡༡ ཟླ་ ༡༡ ཚེས་ ༢༡།

	stimmlos	gehaucht	stimmhaft	nasal
Kehllaute	ཀ་ ka engl. car	ཁ་ kha kalt	ག་ ga Gabel	ང་ nga singen
Gaumenlaute	ཅ་ tscha engl. chance	ཆ་ tschha engl. charge	ཇ་ dscha engl. joy	ཉ་ nya engl. new
Zahnlaute	ཏ་ ta franz. table	ཐ་ tha Tal	ད་ da da	ན་ na Nagel
Lippenlaute	པ་ pa Papa	ཕ་ pha Pater	བ་ ba Baby	མ་ ma Mama
Zischlaute	ཙ་ tsa	ཚ་ tza Zahn	ཛ་ dza Zauber	ཝ་ wa engl. wow
Halbvokale	ཞ་ scha franz. jamais	ཟ་ sah Sahara	འ་ `a	ཡ་ ja jagen
Halbvokale	ར་ ra raten	ལ་ la Lager	ཤ་ schha Schatz	ས་ sa Satz
Vokalträger		ཧ་ ha	ཨ་ a	

TIBETISCHES ALPHABET UND AUSSPRACHE

Das tibetische Alphabet (siehe vorangehende Seite) wird entweder Ka-Kha oder A-li-ka-li genannt. Ka und Kha (ཀ་ཁ་) sind die ersten zwei Buchstaben des tibetischen Alphabets während A-li-ka-li (ཨ་ལི་ ཀ་ལི་) Vokale und Konsonanten bedeuten. Das Alphabet hat 30 Konsonanten und 4 Vokale welche auf verschiedenste Weisen zu Silben kombiniert werden:

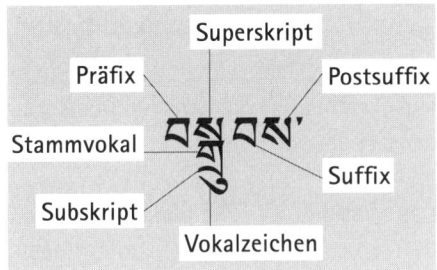

Die Aussprache eines Wortes bzw. einer Silbe kann je nach Region in Tibet leicht oder stark abweichen. Gerade dies macht die tibetische Sprache lebendig und dialektreich. Es ist weder meine Absicht noch besitze ich die Fähigkeit, wissenschaftliche Regeln aufzustellen. Es geht mir hier darum, eine einfache und ungefähre Aussprache der tibetischen Wörter zu ermöglichen. Für die genaue Aussprache der tibetischen Wörter ist es unerlässlich, eine tibetischsprachige Person beizuziehen.

Zur Romanisierung der tibetischen Schrift habe ich ein eigenes System entwickelt, da im deutschsprachigen Raum dafür kein Standard festgelegt ist.

1. STAMMVOKALE (ཀ་ཁ་ག་ང་ ཅ་ཆ་ཇ་ཉ་ ཏ་ཐ་ད་ན་ ཙ་ཚ་ཛ་ཝ་ ཞ་ཟ་འ་ཡ་ ར་ལ་ཤ་ས་ ཧ་ཨ་)

Alle 30 Konsonanten sind Stammvokale. Den Vokal «a» (ཨ་) hört man allgegenwärtig in allen Konsonanten.

2. VOKALZEICHEN (ི་ ུ་ ེ་ ོ་)

Abgesehen vom allgegenwärtigen Vokal «a» (ཨ་) werden mittels Vokalzeichen folgende Vokale gebildet:

«i» (ཨི་)
«u» (ཨུ་)
«e» (ཨེ་)
«o» (ཨོ་)

3. PRÄFIX (ག་ད་བ་མ་འ་)

Die vorgesetzten Buchstaben (Präfix) bewirken, dass die Silben im höheren Ton ausgesprochen werden. Die Präfixe selbst bleiben dabei stumm.

4. SUPERSKRIPT (ར་ལ་ས་)

Die übergesetzten Buchstaben (Superskript) bewirken, dass 4 (ག་ཇ་ད་བ་) der 30 Konsonanten in tieferen Tönen und 4 (ང་ ཉ་ན་མ་) in höheren Tönen ausgesprochen werden.

BEISPIELE MIT SUPERSKRIPT:

Buchstabe «ga» (ག་)
+ Superskript «ra» (ར་) = GHA (རྒ་)

Buchstabe «nga» (ང་)
+ Superskript «la» (ལ་) = NGHA (ལྔ་)

5. SUBSKRIPT (ཡ་ར་ལ་)

Stammvokale mit einem untergesetzten Buchstaben (Subskript) ändern sich sehr stark in der Aussprache.

Das Subskript «ja» (ཡ་) wird in Form von (ja-ta) bei 7 Konsonanten angewendet.

ཀྱ་	ka + ja-ta	= KYA
ཁྱ་	kha + ja-ta	= KHYA
གྱ་	ga + ja-ta	= GYA
པྱ་	pa + ja-ta	= TSCHYA
ཕྱ་	pha + ja-ta	= TSCHHYA
བྱ་	ba + ja-ta	= DSCHYA
མྱ་	ma + ja-ta	= NYA

Das Subskript «ra» (ར་) wird in Form von (ra-ta) bei 13 Konsonanten angewendet.

ཀྲ་	ka + ra-ta	= T(r)HA
ཏྲ་	ta + ra-ta	= T(r)HA
པྲ་	pa + ra-ta	= T(r)HA

ka (ཀ་), ta (ཏ་) oder pa (པ་) + ra-ta werden in einem Hochton und unausgehaucht ausgesprochen. Das «r» in Klammer (r) wird nur kurz ausgesprochen, indem man die Zunge im hinteren Teil des Gaumens einrollt und beim Aussprechen des Buchstaben «ta» die Zunge nach vorne schnellt.

ཁྲ་	kha + ra-ta	= T(r)HHA
ཐྲ་	tha + ra-ta	= T(r)HHA
ཕྲ་	pha + ra-ta	= T(r)HHA

kha (ཁ་), tha (ཐ་) oder pha (ཕ་) + ra-ta werden in einem Hochton und gehaucht ausgesprochen. Beim Aussprechen lässt man die Zunge vom hinteren Teil des Gaumens nach vorne schnellen.

གྲ་	ga + ra-ta	= D(r)HA
དྲ་	da + ra-ta	= D(r)HA
བྲ་	ba + ra-ta	= D(r)HA
ཧྲ་	ha + ra-ta	= HRA

ga (ག་), da (ད་), ba (བ་) und ha (ཧ་) + ra-ta werden in einem tieferen Ton und halb ausgehaucht, stimmhaft ausgesprochen.

མྲ་	ma + ra-ta	= MA
སྲ་	sa + ra-ta	= SA
ཤྲ་	schha + ra-ta	= SCHHA

ma (མ་), sa (ས་) oder schha (ཤ་) + ra-ta werden gleich ausgesprochen wie die Konsonanten ma, sa und schha. Der Buchstabe «schha» klingt wie im Deutschen der «Schah» von Persien.

Das Subskript «la» (ལ་) wird in Form von (la-ta) bei 6 Konsonanten untergesetzt. Dabei verstummt der Stammvokal ganz und das Subskript «la» (ལ་) wird stimmhaft ausgesprochen. 5 dieser 6 mit dem Subskript «la» untergesetzten Buchstaben werden «lha» ausgesprochen.

ཀླ་	ka + la-ta	= LHA
གླ་	ga + la-ta	= LHA
བླ་	ba + la-ta	= LHA
རླ་	ra + la-ta	= LHA
སླ་	sa + la-ta	= LHA

Ausnahme bildet der Buchstabe «sah» (ཟ་)

ཟླ་	sah + la-ta	= DAH

6. SUFFIX (ག་ང་ད་ན་བ་མ་འ་ར་ལ་) UND POSTSUFFIX (ད་ས་)

Eine Silbe kann mit einem beliebigen Buchstaben beginnen, jedoch nur mit den 10 Suffixen und den 2 Postsuffixen enden. Während die Präfixe beim Aussprechen eines Wortes stumm bleiben, werden die Suffixe und die Postsuffixe leicht hörbar. Dabei verändern sich die Laute der einzelnen Silben verschieden stark.

BEISPIELE MIT SUFFIX:

«da» (ད་) + Suffix «ga (ག་) = DHAG (དག་)
«ga» (ག་) + Suffix «nga» (ང་) = GHANG (གང་)
«tza» (ཚ་) + Suffix «da» (ད་) = TZEH (ཚད་)
«ra» (ར་) + Suffix «na» (ན་) = REN (རན་)
«tza» (ཚ་) + Suffix «ba» (བ་) = TZAB (ཚབ་)
«na» (ན་) + Suffix «ma» (མ་) = NHAM (ནམ་)
«pha» (ཕ་) + Suffix «ra» (ར་) = PHAR (ཕར་)
«ba» (བ་) + Suffix «la» (ལ་) = BHEL (བལ་)
«na» (ན་) + Suffix «sa» (ས་) = NÄ (ནས་)

Suffix «a» (འ་) ist stumm, verlängert aber den vorausgehenden Vokal.

In der Aussprache leicht zu verwechselnde, ähnliche Silben

ཅི་	tschi	བྱི་	tschyi
བྱ་	dschya	ཇ་	dscha
ཚི་	tschhi	ཕྱི་	tschhyi
ཀྱི་	kyi	ཁྱི་	khyi

ABKÜRZUNGEN

བསྡུས་ཚིག་རེའུ་མིག

agr.	Landwirtschaft	སོ་ནམ་ཞིང་ལས་
anat.	Anatomie	བྱད་བཀོག་ལུས་ཐིག་
arch.	Architektur	ཁང་བཟོ་དང་ཨར་ལས་ཀྱི་བཀོད་པ་
ast.	Astronomie	གནམ་རིག་
biol.	Biologie	སྐྱེ་དངོས་རིག་པ་
bot.	Botanik	རྩི་ཤིང་རིག་པ་
chem.	Chemie	རྫས་སྦྱོར་
econ.	Wirtschaft	དཔལ་སྦྱོར་
elektr.	Elektronik	གློག་ཤུགས་རིག་པ་
(f)	weiblich	མོའི་སྟེ་ཚན་
geogr.	Geografie	ས་ཁྱམས་རིག་པ་
geol.	Geologie	ས་ཁམས་རིག་པ་
geom.	Geometrie	ཐིག་བཀོད་རྩི་རིག་
gram.	Grammatik	བརྡ་སྤྲོད་རིག་གནས་
hon.	Höflichkeitsform	ཞེ་ས་
jur.	Recht	ཁྲིམས་ཞིབ་ལས་དོན་
(m)	männlich	ཕོའི་སྟེ་ཚན་
math.	Mathematik	རྩིས་ཀྱི་རིག་གནས་
med.	Medizin	སྨན་དང་སྨན་བཅོས་
meteor.	Meteorologie	གནམ་གཤིས་བརྟག་དཔྱད་
mil.	Militär	དམག་དཔུང་དང་འཐབ་འཛིང་བའི་བརྡ་ཆད་
mot.	Kraftfahrzeug	སྤྱི་ད་ཐོག་རླངས་འཁོར་

mus.	Musik	རོལ་མོ་
(n)	sächlich	མ་ནིང་སྡེ་ཚན་
phys.	Physik	དངོས་ཁམས་རིག་པ་
(pl)	Plural	མང་ཚིག་
pol.	Politik	སྲིད་དོན་
psych.	Psychologie	བསམ་བློའི་ཚན་རིག་
rel.	Religion	ཆོས་ཚིག་
tech.	Technik	བཟོ་རྩལ་རིག་པ་
thea.	Theater	ཟློས་གར་
zo.	Zoologie	སྲོག་ཆགས་ཚན་རིག་

* bezeichnet Wörter mit vom Autor festgelegten tibetischen Übersetzungen.

GESCHLECHTERBEZEICHNUNGEN:
Aus Gründen der Vereinfachung wird im Wörterverzeichnis auf die konsequente Nennung beider Geschlechter verzichtet und nur die männliche Form verwendet (z.B. Arbeiter).

ZAHLWÖRTER ཨང་གི་

0	༠	ཀླད་ཀོར་ (ཐིག་ལེ་)	leh-kor (thig-le)
1	༡	གཅིག་	tschig
2	༢	གཉིས་	nyi
3	༣	གསུམ་	sum
4	༤	བཞི་	schi
5	༥	ལྔ་	ngha
6	༦	དྲུག་	d(r)hug
7	༧	བདུན་	dün
8	༨	བརྒྱད་	gyeh
9	༩	དགུ་	gu
10	༡༠	བཅུ་	tschu
11	༡༡	བཅུ་གཅིག་	tschu-tschig
12	༡༢	བཅུ་གཉིས་	tschu-nyi
13	༡༣	བཅུ་གསུམ་	tschu-sum
14	༡༤	བཅུ་བཞི་	tschu-schi
15	༡༥	བཅུ་ལྔ་	tschu-ngha
16	༡༦	བཅུ་དྲུག་	tschu-d(r)hug
17	༡༧	བཅུ་བདུན་	tschu-dün
18	༡༨	བཅུ་བརྒྱད་	tschu-gyeh
19	༡༩	བཅུ་དགུ་	tschu-gu
20	༢༠	ཉི་ཤུ་	nyi-schhu

21	༢༡	ཉེར་གཅིག་	tsa-tschig
30	༣༠	སུམ་བཅུ་	sum-tschu
31	༣༡	སོ་གཅིག་	so-tschig
40	༤༠	བཞི་བཅུ་	schi-tschu
41	༤༡	ཞེ་གཅིག་	sche-tschig
50	༥༠	ལྔ་བཅུ་	ngha-tschu
51	༥༡	ང་གཅིག་	nga-tschig
60	༦༠	དྲུག་ཅུ་	d(r)hug-tschu
61	༦༡	རེ་གཅིག་	re-tschig
70	༧༠	བདུན་ཅུ་	dün-tschu
71	༧༡	དོན་གཅིག་	dhön-tschig
80	༨༠	བརྒྱད་ཅུ་	gyeh-tschu
81	༨༡	གྱ་གཅིག་	gya-tschig
90	༩༠	དགུ་བཅུ་	gu-tschu
91	༩༡	གོ་གཅིག་	gho-tschig
100	༡༠༠	བརྒྱ་	gya
101	༡༠༡	བརྒྱ་དང་གཅིག་	gya-dhang tschig
200	༢༠༠	ཉིས་བརྒྱ་	nyi-gya
300	༣༠༠	སུམ་བརྒྱ་	sum-gya
400	༤༠༠	བཞི་བརྒྱ་	schi-gya
1000	༡༠༠༠	སྟོང་	tong
1001	༡༠༠༡	སྟོང་དང་གཅིག་	tong-dhang tschig

1959	༡༩༥༩	ཆིག་སྟོང་དགུ་བརྒྱ་ལྔ་བཅུ་ང་དགུ་	tschhig-tong gu-gya ngha-tschu nga-gu
2000	༢༠༠༠	ཉིས་སྟོང་	nyi-tong
10000	༡༠༠༠༠	ཁྲི་	t(r)hi
100000	༡༠༠༠༠༠	འབུམ་	bum
1000000	༡༠༠༠༠༠༠	ས་ཡ་	sa-ja
10000000	༡༠༠༠༠༠༠༠	བྱེ་བ་	dschye-wa
100000000	༡༠༠༠༠༠༠༠༠	དུང་ཕྱུར་	dhung-tschyur

LITERATURANGABEN

Das vorliegende Deutsch-Tibetische Wörterbuch wurde vom Autor mit Hilfe folgender drei Wörterbücher verfasst:

The New English-Tibetan Dictionary
ISBN 81-86627-07-3, Department of Education, CTA Dharmshala, 2000

Langenscheidts Euro-Wörterbuch English-Deutsch und Deutsch-Englisch
ISBN 978-3-468-12125-8, Langenscheidt Berlin, 2009

དགའ་ཡི་ག་གསར་བསྐྲུན་གས། མཚོ་སྔོན་མི་རིགས་དཔེ་སྐྲུན་ཁང་གིས་པར་བསྐྲུན། ༡༩༩༩

A

Aal (m)	ཉ་ལེབ་རིང་	nya leb-ring
Aas (n)*	རུས་རོ་	rü-ro
Aasgeier (m)	བྱ་གོད་	dschya-göh
ab	ཕར་	phar
Abakus (m)	ཟེན་ཕན་	söhn-phen
abändern	བརྗེ་སྒྱུར་གཏོང་བ་	dsche-gyur tong-wa
abarbeiten	སེལ་ཐབས་བྱེད་པ་	sel-thab dschye-pa
Abart (f)	ཕྱིན་ཅི་ལོག་	tschhyin-tschi-log
abartig	སྐྱི་དང་མི་མཐུན་པ་	tschyi-dhang mi-thün-pa
Abbau (m)	ཀླུ་བཤིག་	hlu-schhig
Abbau (m), chem.	ཁམས་རྫས་བཞུ་སྦྱང་	kham-dzä schu-dschyang
abbauen	ཀླུ་བཤིག་པ་	hlu schhig-pa
abberufen	ཕྱིར་འབོད་པ་	tschhyir bhöh-pa
abbestellen	ཕྱིར་འཐེན་བྱེད་པ་	tschhyir-then dschye-pa
Abbestellung (f)	ཕྱིར་འཐེན་	tschhyir-then
abbiegen	ཁ་ཕྱོགས་འགྱུར་བ་	kha-tschhyog gyur-wa
Abbiegespur (f)	ཁ་ཕྱོགས་འགྱུར་ས་	kha-tschhyog gyur-sa
Abbild (n)	གཟུགས་བརྙན་	suhg-nyhen
abbilden	རི་མོ་མཚོན་པ་	ri-mö tzön-pa
Abbildung (f)	འདྲ་རིས་	d(r)ha-ri
Abbitte (f)	དགོངས་སེལ་	gong-sel
abblasen	ཕྱིར་ཤིག་རྒྱག་པ་	tschhyir-schhig gyag-pa
abblättern	པགས་ཤུན་ལང་པ་	pag-schhün lang-pa
abblenden	མི་གསལ་དུ་གཏོང་བ་	mi-sel-dhu tong-wa

abbrechen	མཆམས་གཅོག་པ་	tzam tschog-pa
abbremsen	དལ་དུ་གཏོང་བ་	dhel-dhu tong-wa
abbröckeln	ཞིབ་མོར་གྲུག་པ་	schib-mor d(r)hug-pa
Abbruch (m)	གཏོར་བཤིག་	tor-schhig
abbruchreif	བཤིག་ཆོག་ཆོག་	schhig-tschhog-tschhog
abbuchen	སོང་ཁོངས་སུ་འགོད་པ་	song-khong-su göh-pa
Abbuchung (f)	སོང་རྩིས་	song-tsi
abdanken	རྩ་དགོང་ཞུས་བ་	tsa-gong schü-wa
Abdankung (f)	རྩ་དགོང་	tsa-gong
abdecken	ཁེབས་འབྱེད་པ་	kheb dschye-pa
Abdeckung (f)	ཁེབ་གཅོད་	kheb-tschöh
Abdeckung (f), hon.	ཞལ་ཁབས་	schel-khab
abdichten	བར་མཆོང་རྒྱག་པ་	bhar-tzang gyag-pa
abdrängen	ཟུར་དུ་འབུད་པ་	suhr-dhu büh-pa
abdriften	གཡེང་བ་	jheng-wa
Abdruck (m)	པར་ཤུས་	par-schhü
Abdruck (m), (geistig), rel.	འབག་ཆགས་	bag-tschhag
abdrucken	པར་དུ་སྟོན་པ་	par-dhu t(r)hün-pa
abdunkeln	ནག་ཁུང་བཟོ་བ་	nag-khung soh-wa
Abend (m)	དགོང་དྲོ་	gong-d(r)ho
Abend, am	ས་སྲོད་སྐབས་སུ་	sa-söh kab-su
Abenddämmerung (f)	ཐུན་མཆམས་	thün-tzam
Abendessen (n)	དགོང་མོའི་ཟས་	gong-möe säh
Abendgesellschaft (f)	དགོང་ཚོགས་	gong-tzog

Abendkasse (f)	ཆད་མོའི་ལག་འཛིན་སྐྱེལ་བུ་	teh-möe lag-dzin tschyil-bhu
Abendkleid (n)	དགོང་དྲོའི་གྱོན་ཆས་	gong-d(r)höe gyön-tschhä
Abendland (n)*	ནུབ་ཕྱོགས་ཀྱི་ཡུལ་	nub-tschhyog-kyi jül
abendländisch	ནུབ་ཕྱོགས་ཀྱི་	nub-tschhyog-kyi
Abendprogramm (n)	དགོང་དྲོའི་མཛད་རིམ་	gong-d(r)höe dzeh-rim
Abendrot (n)	ཉི་ནུབ་	nyi-nub
Abendschule (f)	མཚན་མོའི་སློབ་གྲྭ་	tzen-möe lhob-d(r)ha
Abend-veranstaltung (f)	དགོང་དྲོའི་ཚེད་སྣ་	gong-d(r)höe tseh-nha
Abend-vorstellung (f)	དགོང་དྲོའི་འཁྲབ་སྟོན་	gong-d(r)höe t(r)hab-töhn
Abendzeitung (f)	དགོང་དྲོའི་ཚགས་ཤོག་	gong-d(r)höe tzag-schhog
abenteuerlich	ཉེན་ཁར་མི་འཛེམ་པའི་	nyen-khar mi-dzom-pae
aber	འོན་ཀྱང་	wön-kyang
Aberglaube (m)	རྨོངས་དད་	mhong-dheh
abergläubisch	རྨོངས་དད་ཀྱི་	mhong-dheh-kyi
aberkennen	ཕྱིར་བསྡུ་བྱེད་པ་	tschhyir-du dschye-pa
Aberkennung (f)	ཕྱིར་བསྡུ་	tschhyir-du
abernten	ལོ་ཏོག་བསྡུ་བ་	lo-tohg du-wa
abfahren	ཐོན་པ་	thön-pa
Abfahrt (f)	ཕྱིར་ཐོན་	tschhyir-thön
Abfahrtszeit (f)	ཐོན་དུས་	thön-dhü
Abfall (m)	མཁོ་མེད་རྒྱུ་ཆ་	kho-meh gyu-tschha
Abfalleimer (m)	གད་སྙིགས་ལྷུག་སྣོད་	gheh-nyig lhug-nhöh
abfallen	མར་ལྷུང་བ་	mar hlung-wa
Abfallentsorgung (f)	མཁོ་མེད་སྙིགས་དོར་	kho-meh nyig-dhor

abfällig	སྦད་རའི་	mhäh-rae
Abfallprodukt (n)	མཁོ་མེད་དངོས་རྫས་	kho-meh nghö-dzä
Abfallverwertung (f)*	མཁོ་མེད་བསྐྱར་བསྒྲིར་	kho-meh kyar-kor
abfangen	བར་བཟུང་བྱེད་པ་	bhar-suhng dschye-pa
abfassen	ཡི་གེར་འགོད་པ་	ji-gher göh-pa
abfedern	འབོལ་འབོལ་བཟོ་བ་	böl-böl soh-wa
abfeuern	མེ་དྲ་རྒྱག་པ་	me-dha gyag-pa
abfinden	གུན་གསབ་སྟོད་པ་	gün-sab t(r)höh-pa
Abfindung (f)	གུན་གསབ་	gün-sab
abflauen	རིམ་ཡལ་དུ་འགྲོ་བ་	rim-jel-dhu d(r)ho-wa
abfliegen	འཕུར་འདེགས་བྱེད་པ་	phur-deg dschye-pa
Abflug (m)	འཕུར་འདེགས་	phur-deg
Abflugzeit (f)	འཕུར་འདེགས་ཐོན་དུས་	phur-deg thön-dhü
Abfluss (m)	ཡུར་སྦུབ་	jur-bub
Abflusskanal (m)	ས་འོག་གི་ཆུ་ལམ་	sa-wog-gi tschhu-lam
Abflussrohr (n)	ཡུར་མདོང་	jur-dong
Abfolge (f)	བྱུང་རིམ་	dschyung-rim
Abfrage (f)	ཚད་གཅོད་	tseh-tschöh
abfragen	དྲི་ཚད་བྱེད་པ་	d(r)hi-tseh dschye-pa
Abführmittel (n)	འཁྲུ་སྨན་	t(r)hu-men
Abgabe (f)	བསྡུ་བྱ་	du-dschya
Abgas (n)	འབྱིན་སྙིགས་	dschyin-nyig
abgasfrei	འབྱིན་སྙིགས་མེད་པ་	dschyin-nyig meh-pa
abgeben	སྟེར་པ་	tehr-pa
abgehärtet	བཟོད་བསྲན་ཅན་	söh-sen-tschen

abgekämpft	བགྲོད་ཟད་སོང་བའི་	köh-seh song-wae
abgeklärt	འཇིག་དོན་ཉམས་པ་	dschig-töhn ghä-pa
abgelaufen sein	ཐེམ་པ་	them-pa
abgelegen	ཁུག་ཀྱོག་	khug-kyog
abgemagert	ཤ་སེ་སྐམ་པའི་	schha-schhe kam-pae
abgeneigt	མི་འདོད་པ་	mi-döh-pa
abgenutzt	བཀོལ་ཟད་སོང་བའི་	köl-seh song-wae
Abgeordnete (m)	སྤྱི་འཐུས་	tschyi-thü
Abgesandte (m)	སྐུ་ཚབ་	ku-tzab
abgeschieden	ལོགས་སུ་གནས་པའི་	log-su nhä-pae
Abgeschiedenheit (f)	དབེན་གནས་	ben-nhä
abgeschlossen	རང་ཁོ་རང་འདང་	rang-kho rang-dang
abgesehen	ཐ་དད་དུ་	tha-dheh-dhu
abgespannt	ངལ་དུབ་ཅན་	nghel-dhub-tschen
abgestanden	སྲུངས་དྲི་ཅན་	sung-d(r)hi-tschen
abgestorben	ཚོར་ཤེས་མེད་པའི་	tzor-schhä meh-pae
abgestumpft	རྣོ་པོ་མ་ཡིན་པའི་	nho-po ma-jin-pae
abgewirtschaftet	ཉམས་རྒུད་འགྲོ་བ་	nyam-güh d(r)ho-wa
abgewogen	སྙེད་ཚད་འཇལ་བའི་	dschih-tzeh dschel-wae
abgewöhnen	བཅོས་ཐབས་བྱེད་པ་	tschö-thab dschye-pa
abgrenzen	མཚམས་སྒྲིག་པ་	tzam d(r)hig-pa
Abgrund (m)	ཡངས་	jang
abhaken	འགྲིགས་རྟགས་རྒྱག་པ་	d(r)hig-tahg gyag-pa
abhalten	འགོག་ཐབས་བྱེད་པ་	gog-thab dschye-pa
abhandeln	ལྟ་སྤྱངས་འཛིན་པ་	ta-tang dzin-pa

Abhandlung (f)	བསྟན་བཅོས་	tehn-tschö
Abhang (m)	གྱེན་ཐུར་	gyen-thur
abhängen	རག་ལས་པ་	rag lä-pa
abhängig	གཞན་ལ་རག་ལས་པ་	schen-la rag-lä-pa
Abhängigkeit (f)	གཞན་རྟེན་	schen-tehn
Abhilfe (f)	བཅོས་ཐབས་	tschö-thab
abholen	ལེན་དུ་འགྲོ་བ་	len-dhu d(r)ho-wa
abhorchen, med.	ཉན་སྦྱད་བྱེད་པ་	nyen-tschyeh dschye-pa
abklingen	ཉྫོད་དུ་འགྲོ་བ་	hlöh-dhu d(r)ho-wa
abklopfen	ཐག་ཐག་གཏོང་བ་	thag-thag tong-wa
Abkommen (n)	མཐུན་གྲོས་	thün-d(r)hö
abkoppeln	ལྷོད་པ་	lhöh-pa
abkratzen	འབད་འབད་གཏོང་བ་	d(r)heh-d(r)heh tong-wa
abkühlen	གྲང་མོ་བཟོ་བའམ་འགྱུར་པ་	d(r)hang-mo soh-wa-am gyur-wa
abkürzen	མགྱོགས་ལམ་བཟོ་བ་	gyog-lam soh-wa
abkürzen, (Wort)	བརྗོད་ཚིག་བསྡུ་བ་	dschöh-tzig du-wa
Abkürzung (f)	མྱུར་ལམ་	nyur-lam
Abkürzung (f), (Wort)	བསྡུས་ཚིག་	dü-tzig
abladen	དོ་པོ་འབེབ་པ་	do-wo beb-pa
Ablage (f)	ཡིག་སྣོད་བང་ཁྲི་	jig-nhöh bhang-t(r)hi
Ablauf (m)	འགྲོ་རིམ་	d(r)ho-rim
Ablaufdatum (n)	རྫོགས་དུས་ཟླ་ཚེས་	dzog-dhü dha-tzä
ablaufen	ཚེས་རྫོགས་པ་	tzä dzog-pa
ablehnen	ཁས་ལེན་མི་བྱེད་པ་	khä-len mi-dschye-pa
Ablehnung (f)	ཁས་མི་ལེན་པ་	khä me-len-pa

ablenken	སེམས་གཡེང་བ་	säm jeng-wa
Ablenkung (f)	རྣམ་གཡེང་	nham-jeng
ablesen	འཇལ་ཚད་སྟོན་པ་	dschel-tzeh töhn-pa
abmessen	ཚད་འཇལ་བ་	tzeh dschel-wa
Abnahme (f)	མར་ཆག་	mar-tschhag
abnehmen	ཉུང་དུ་འགྲོ་བ་	nyung-dhu d(r)ho-wa
Abneigung (f)	ཞེ་འཁྲིལ་	sche-t(r)hel
abnutzen	ཟད་པ་	seh-pa
Abnutzung (f)	བཀོལ་ཟད་	köl-seh
Abonnement (n)	རྒྱུན་མངགས་	gyün-nghag
abonnieren	རྒྱུན་མངགས་བྱེད་པ་	gyün-nghag dschye-pa
Abort (m), (WC)	གསང་སྤྱོད་	sang-tschyöh
Abortus (m)	ཕྲུ་གུ་མངལ་ཤོར་	t(r)hu-gu nghel-schhor
abputzen	ཕྱིས་དར་གཏོང་བ་	tschhyi-dar tong-wa
abrechnen	དངུལ་སྤྲོད་ལེན་གྱི་རྩིས་རྒྱག་	nghül t(r)höh-len-gyi tsi-gyag
Abrechnung (f)	རྩིས་ཁྲ་	tsi-t(r)ha
Abreise (f)	ཕྱིར་ཐོན་	tschhyir-thön
abreisen	འཐོན་པ་	thön-pa
abreissen	ཚག་ག་ཤག་གཏོང་བ་	tsag-schhag tong-wa
abriegeln	ཨ་ཤིང་རྒྱག་པ་	a-schhing gyag-pa
abrufen	ཕྱིར་བསྐུ་བྱེད་པ་	tschhyir-du dschye-pa
abrunden	གྲངས་ཀ་ཕྱིལ་པོ་བཟོ་བ་	d(r)hang-ka h(r)hil-po soh-wa
abrupt	ཧོབ་ཏེ་ཁ་ལ་	hob-te-kha-la
abrüsten	དམག་དོན་གཅོག་འཕྲི་གཏོང་བ་	mhag-dhön tschog-t(r)hi tong-wa
Abrüstung (f)	དམག་དོན་གཅོག་འཕྲི་	mhag-dhön tschog-t(r)hi

Deutsch	Tibetisch	Umschrift
Absage (f)	ཕྱིར་འཐེན་	tschhyir-then
Absatz (m)	ཡིག་འབེབ་	jig-beb
Absatz (m), (Ware)	ཚོང་གྱུར་	tzong-gyur
Absatzförderung (f)*	ཚོང་གྱུར་གནས་སྤར་	tzong-gyur nhä-par
abschaffen	ཕྱིར་འབུད་བྱེད་པ་	tschhyir-bü dschye-pa
Abschaffung (f)	ཕྱིར་འབུད་	tschhyir-büh
abschalten	མཐུད་སྒོ་གདེ་པ་	thüh-go dschye-pa
abschalten, elektr.	གསོད་པ་	söh-pa
abschätzen	ཚོད་ལེན་བྱེད་བ་	tzöh-len dschye-wa
Abscheu (m)	ཞེན་ལོག་	schen-log
abscheulich	ཞེན་ལོག་ཅན་	schen-log-tschen
abschieben	ཕྱིར་སྐྱོད་གཏོང་བ་	tschhyir-t(r)höh tong-wa
Abschied (m)	ཕེབས་སྐྱེལ་	pheb-kyel
Abschied nehmen	སྐྱེལ་མ་བྱེད་པ་	kyel-ma dschye-pa
Abschied nehmen, hon.	ཕེབས་སྐྱེལ་ཞུས་པ་	pheb-kyel schu-pa
Abschiedsfeier (f)	སྐྱེ་མའི་གསོལ་སྟོན་	kye-mae söl-töhn
abschiessen	འཕེན་པ་	phen-pa
abschleppen	ཐག་པས་འཐེན་པ་	thag-pä then-pa
Abschleppwagen (m)*	འདྲུད་འཐེན་རླངས་འཁོར་	d(r)hüh-then lhang-khor
abschliessen	མཇུག་བསྡུ་བ་	dschug du-wa
abschliessen (Türe)	སྒོ་ལྕགས་རྒྱག་པ་	go-tschag gyag-pa
abschliessend	མཐའ་སྡོམ་གྱི་	tha-dom-gyi
Abschluss (m)	མཇུག་སྡོམ་	dschug-dom
Abschlussfest (n)	གྲོལ་སྟོན་	d(r)höl-töhn
abschmecken	བྲོ་བ་ལྟ་བ་	d(r)ho-wa ta-wa

abschneiden	གཏུབ་པ་	tub-pa
Abschnitt (m)	དུམ་བུ་	dhum-bhu
abschrauben	གཤུས་གཟེར་འགྲོལ་བ་	tschü-ser d(r)hröl-wa
abschrecken	འཇིགས་སྣང་སྐུལ་བ་	dschig-nhang kül-wa
abschreckend	འཇིགས་སྐུལ་གྱི་	dschig-kül-gyi
abschreiben	དཔེ་བྱས་ནས་འབྲི་པ་	pe dschyä-nä d(r)hi-pa
Abschrift (f)	ངོ་བཤུས་	ngo-schhü
abschürfen	བདར་གཤུད་རྒྱག་པ་	dar-schhü gyag-pa
Abschürfung (f)	བདར་གཤུད་	dar-schhü
abschütteln	ཐར་ཐབས་བྱེད་པ་	thar-thab dschye-pa
abschwächen	སྐྱོ་རུ་གཏོང་བ་	kyo-ru tong-wa
abschweifen	བཛོད་འཁྱར་འགྲོ་བ་	dschöh-khyar d(r)ho-wa
abseits stehen	ཟུར་དུ་ལང་བ་	suhr-dhu lang-wa
absenden	སྐུར་བ་	kur-wa
Absender (m)	སྐུར་མཁན་	kur-khen
Absicht (f)	དམིགས་འདོན་	mhig-dön
Absicht, gute (f)	བསམ་བཟང་	sam-sahng
Absichten, böse (f/pl)	གཡོ་རྒྱུ་ལྐོག་ངན་	jho-gyu kog-ngen
absichtlich	ཆེད་མངགས་	tschheh-nghag
absolut	དོན་དམ་	dhön-dham
absondern	དབྱེན་འབྱེད་པ་	jhen dschyeh-pa
absperren	བསྐོར་ཏེ་སྲུང་བྱུ་བྱེད་པ་	kor-te sung-dschya dschye-pa
Absperrung (f)	མཐའ་སྐོར་རུ་སྒྲིག་སྲུང་བྱུ་	tha-kor ru-d(r)hig sung-dschya
Absprache (f)	འཆར་སྒྲིག་	tschhar-d(r)hig

absprechen	འགྲིག་འཇགས་བྱེད་པ་	d(r)hig-dschag dschye-pa
abspülen	ཆུས་བཤལ་དེད་པ་	tschhü-schhel deh-pa
abstammen	རིགས་རྒྱུད་ལས་འབྱུང་བ་	rig-gyüh-lä dschyung-wa
Abstammung (f)	རིགས་རྒྱུད་	rig-gyü
Abstand (m)	ཐག་རིང་	thag-ring
abstauben	རྡུལ་འཕྱག་པ་	dül tschhyag-pa
Abstellraum (m)	བང་མཛོད་	bhang-dzöh
abstimmen	འོས་བསྡུ་བྱེད་པ་	wö-du dschye-pa
Abstimmung (f)	འོས་བསྡུ་	wö-du
Abstinenz (f)	འཛེམ་བྱ་	dzem-dschya
Abstinenzler (m)	ཆང་རག་མི་འཐུང་མཁན་	tschhang-rag mi-thung-khen
abstossen	ཕྱིར་འཕུལ་བ་	tschhyir phül-wa
abstossen, chem.	མི་འདྲེ་བ་	mi-d(r)he-pa
abstossend	ཕྱིར་སློག་ནུས་པའི་	tschhyir-dhog nhü-pae
Abstossung (f)	ཕྱིར་སློག་གི་རང་བཞིན་	tschhyir-dog-gi rang-schin
abstrakt	དངོས་མེད་ཀྱི་	nghö-meh-kyi
Absturz (m)	བརྡབ་ལྷུང་	dab-hlung
abstürzen	བརྡབ་ལྷུང་ཤོར་བ་	dab-hlung schhor-wa
absurd	ཚོ་མེད་	tschho-meh
Abszess (m), med.	རྣག་འབུར་	nhag-bur
abtasten	ལུས་བཤེར་གཏོང་བ་	lü-schher tong-wa
abtasten, med.	རེག་པས་མྱོང་བ་	reg-pä nyong-wa
abtauen	འཁྱགས་པ་བཞུ་སེལ་བྱེད་པ་	khyag-pa schu-sel dschye-pa
Abteil (n)	བཅད་མིག་	tscheh-mig

Deutsch	Tibetisch	Umschrift
Abteilung (f)	སྡེ་ཚན་	de-tzen
Abteilungsleiter (m)	སྡེ་ཚན་མགོ་འཛིན་	de-tzen go-t(r)hih
Abtransport (m)	སྤོ་ཤུག་	po-schhug
abtreiben	ཕྲུ་གུ་མངལ་འདོན་བྱེད་པ་	t(r)hu-gu ngha-dön tschye-pa
Abtreibung (f)	ཕྲུ་གུ་མངལ་འདོན་	t(r)hu-gu ngha-dön
abtrennen	ཐ་དད་བཟོས་བ་	tha-dheh söh-wa
abtrocknen	སྐམ་པོ་བཟོ་བ་	kam-po soh-wa
abwägen	སྤྱི་ཚད་འདེགས་པ་	dschi-tzeh deg-pa
abwarten	སྒུག་ནས་སྡོད་པ་	gug-nä döh-pa
abwärts	མར་ཐུར་དུ་	mar thur-dhu
abwaschen	ཆུས་བཤལ་དེད་པ་	tschhü-schhel dheh-pa
Abwasser (n)	བཙོག་ཆུ་	tsog-tschhu
abwechseln	རེ་མོས་བྱེད་པ་	re-mö dschye-pa
abwechselnd	རེ་མོས་བྱས་	re-mö-tschyä
Abwechslung (f)	བརྗེ་ལེན་	dsche-len
abwechslungsreich	དུས་འགྱུར་ཅན་	dhü-gyur-tschen
Abwehr (f)	འགོག་སྲུང་	gog-sung
abwehren	འགོག་སྲུང་བྱེད་པ་	gog-sung dschye-pa
Abwehrkräfte (f/pl), med.	འགོག་ནོལ་	gog-göl
Abwehrstoffe (m/pl)	ནད་འགོག་རྒྱུ་རྫས་	neh-gog gyu-dzä
abwerten	འཛའ་ཐང་གཅོག་པ་	dza-thang tschog-pa
abwertend	རྩིས་མེད་ཀྱི་	tsi-meh-kyi
abwertend, econ.	རིན་ཐང་གཅོག་འཕྲིའི་	rin-thang tschog-t(r)hie
Abwertung (f)	འཛའ་ཆག་	dza-tschhag

abwesend	ཙ་ཆད་ཀྱི་	tsa-tschheh-kyi
Abwesenheit (f)	ཙ་ཆད་	tsa-tschheh
abwickeln, econ.	ཚོང་ལས་བྱེད་པ་	tzong-lä dschye-pa
abwischen	དབྱིས་པ་	dschyi-pa
abzahlen	གཙང་དག་བཟོ་བ་	tsang-dhag soh-wa
Abzeichen (n)	ལས་དགས་	lä-tahg
abziehen	གྱོན་གོས་རིམ་འབུད་བྱེད་པ་	gyön-gö rim-büh dschye-pa
abziehen, math.	འཐེན་རྩིས་རྒྱག་པ་	then-tsi gyag-pa
abziehen, mil.	ཕྱིར་འཐེན་བྱེད་པ་	tschhyir-then dschye-pa
Abzug (m), econ.	གཅོག་ཆ་	tschog-tschha
Abzug (m), mil.	ཕྱིར་འཐེན་	tschhyir-then
abzüglich	འཐེན་པ་	then-pa
abzweigen	སུར་དུ་ཐོན་པ་	suhr-dhu thön-pa
Abzweigung (f)	སུད་ཐུར་	sujng-thur
ach	འཚི་	a-tsi
Achse (f)	སྲོག་ཤིང་	sog-schhing
Achsel (f)	དཔུང་པ་	pung-pa
Achsel (f), hon.	སྐུ་དཔུང་	ku-pung
Achselhöhle (f)	མཆན་ཁུང་	tschhen-khung
Achslager (n)	འཁོར་བརྟེན་	khor-ten
acht	བརྒྱད་	gyeh
Achteck (n)	སུར་ངོས་བརྒྱད་ཅན་	suhr-ngö gyeh-tschen
achteckig	སུར་ངོས་བརྒྱད་ཅན་གྱི་	suhr-ngö gyeh-tschen-gyi
achten	དོ་སྣང་བྱེད་པ་	dho-nhang dschye-pa

achten, hon.	གུས་བརྩིས་ཞུ་བ་	ghü-tsi schu-wa
achtfach	ཐེངས་བརྒྱད་	theng-gyeh
achtgeben	གཟབ་གཟབ་བྱེད་པ་	sahb-sahb dschye-pa
achtlos	དོ་འཁུར་མེད་པ་	do-khur meh-pa
Achtung (f)	སྙེན་བསྐུར་	nyen-kur
achtzehn	བཅོ་བརྒྱད་	tscho-gyeh
achtzig	བརྒྱད་བཅུ་	gyeh-tschu
ächzen	འབུན་སྐྱ་འབྱིན་པ་	khün-d(r)ha jin-pa
Acker (m)	ས་ཞིང་	sa-sching
Ackerbau (m)	ས་ཞིང་འདེབས་ལས་	sa-sching deb-lä
Ackergerät (n)	སོ་ནམ་ཡོ་ཆས་	so-nam jo-tschhä
Ackerland (n)	འདེབས་ཀོས་	deb-kö
Adamsapfel (m)	ཨོལ་མདུད་	öl-düh
Adapter (m)	མཐུན་བྱེད་ཡོ་བྱད་	thün-dschyeh jo-dschye
addieren	རྩིས་སྡོམ་པ་	tsi dom-pa
Addition (f)	སྡོམ་རྩིས་	dom-tsi
Adel (m)	སྐུ་དྲག་	ku-d(r)hag
Ader (f), anat.	རྡོད་རྩ་	döh-tsa
administrativ	སྲིད་འཛིན་གྱི་	sih-dzin-gyi
Adoleszenz (f)	ལོ་ན་སོན་	lo-na-sön
adoptieren	བུ་ཚབ་ལྷན་བ་	bhu-tzab lhan-wa
Adoption (f)	བུ་ཚབ་གསོ་སྙར་	bhu-tzab so-nyar
Adoptiveltern (f/pl)	ཕ་ཚབ་མ་ཚབ་	pha-tza ma-tzab
Adoptivkind (n)	བུ་ཚབ་	bhu-tzab
Adresse (f)	ཁ་བྱང་	kha-dschyang

Adresse (f), hon.	ཞལ་བྱང་	schel-dschyang
Adress-verzeichnis (n)	སྦྲག་ཡིག་ཐོ་དེབ་	d(r)hag-jig tho-dheb
adressieren	ཡི་གེའི་འགོ་བརྗོད་འབྲི་བ་	ji-gee go-dschöh d(r)hi-wa
Ähnlichkeit (f)	འདྲ་བ་ཉིད་	d(r)ha-wa nyih
Ähre (f)	འབྲུ་སྙེ་	d(r)hu-nye
Ära (f)	དུས་རབས་	dhü-rab
Ärmel (m)	ཕུ་དུང་	phu-dhung
Affäre (f)	ལས་དོན་	lä-dhön
Affe (m)	སྤྲེའུ་	t(r)he-u
After (m), anat.	བཤང་ལམ་	schhang-lam
Agent (m)	གསང་སྙུལ་	sang-nyül
Agentur (f)	ངོ་ཚབ་ཁང་	ngo-tzab-khang
Aggression (f)	དྲག་གོལ་	d(r)ha-göl
aggressiv	དྲག་ཤུལ་ཅན་	d(r)hag-schhül-tschen
Aggressivität (f)	དྲག་ཤུལ་གྱི་རང་བཞིན་	d(r)hag-schhül-gyi rang-schin
Aggressor (m)	བཙན་ཤེད་བྱེད་མཁན་	tsen-schheh dschye-khen
Agrarland (n)	ཞིང་ལས་ས་ཁུལ་	sching-lä sa-khül
Agrarpolitik (f)	ཞིང་ལས་བྱ་ཐབས་	sching-lä dschya-thab
Agrarstaat (m)	ཞིང་ལས་རྒྱལ་ཁབ་	sching-lä gyel-khab
Agrikultur (f)	ཞིང་ལས་	schin-lä
Agronomie (f)	སོ་ནམ་གྱི་རིག་པ་	so-nam-kyi rig-pa
Ahne (m)	གནའ་སྔའི་མེས་པོ་	nha-ngha-möe mä-po
ähneln	མཚུངས་པ་	tzung-pa
ahnen	དོགས་པ་ཟ་པ་	dhog-pa sah-pa

ähnlich	འདྲ་བ་	d(r)ha-wa
Akademie (f)	གཙུག་ལག་སློབ་གྲྭ་	tsug-lag lhob-d(r)ha
akademisch	གཙུག་ལག་སློབ་རིག་གི་	tsug-lag lhob-rig-gi
akklimatisieren	གནམ་གཤིས་ལ་འདྲིས་སུ་འཇུག་པ་	nam-schhi-la d(r)hi-su dschug-pa
Akkord (m), mus.	སྐྱུད་དབྱངས་	gyüh-jhang
Akkordarbeit (f)	ངོ་གྲངས་ལྷ་འབེབ་	ngo-d(r)hang lha-beb
Akkordarbeiter (m)	ངོ་གྲངས་ལྷ་འབེབ་པ་	ngo-d(r)hang lha-beb-pa
Akkumulator (m)	ལྷོག་མཛོད་	lhog-dzö
Akne (f), med.	འབུར་རྡོག་	bur-dog
Akrobatik (f)	རྩལ་འཕྲུལ་	tsel-t(r)hül
akrobatisch	རྩལ་འཕྲུལ་གྱི་	tsel-t(r)hel-gyi
Akt (m), rel.	མཛད་པ་	dzeh-pa
Akt (m), theat.	འཁྲབ་གཞུང་གི་ལེའུ་	t(r)hab-schung-gi le-u
Akte (f)	སྙན་ཐོ་	nyhän-tho
Aktenkoffer (f)	ཡིག་སྒམ་	jig-gam
Aktie (f)	མ་རྩའི་ཀང་གྲངས་	ma-tsae kang-d(r)hang
Aktienkurs (m)	རྒྱུ་ཆ་དང་མ་ཤེར་ཚོང་གི་རིན་གོང་	gyu-tschha-dhang ma-schher tzong-gi rin-ghong
Aktienmarkt (m)	རྒྱུ་ཆ་དང་མ་ཤེར་ཚོང་ར་	gyu-tschha-dhang ma-schher tzong-ra
Aktion (f)	བཀོལ་སྤྱོད་	köl-tschyö
Aktionär (m)	མ་རྩ་འཛུགས་མཁན་	ma-tsa dschog-khen
aktiv	ཧུར་པོ་	hur-po
Aktivität (f)	འབད་སེམས་	beh-säm
aktuell	སྐབས་དོན་གྱི་	kab-dhön-gyi
Akupunktur (f)	གཅུག་ཁབ་དང་མེ་བཙའ་	tsag-khab-dhang me-tsa

Akustik (f)	སྒྲ་དབྱངས་རིག་པ་	d(r)ha-jhang rig-pa
akustisch	སྒྲའི་སྐོར་གྱི་	d(r)hae-kor-gyi
akut	ཁ་ཚ་དགོས་གཏུགས་ཀྱི་	kha-tza gö-tuhg-kyi
Akzent (m)	སྐད་གདངས་	keh-dang
akzeptabel	ཁས་ལེན་དུ་རུང་བ་	khä-len-dhu rung-wa
akzeptieren	ཁས་ལེན་བྱེད་པ་	khä-len dschye-pa
akzeptieren, hon.	ཞལ་བཞེས་གནང་བ་	schel-schä nhang-wa
Alarm (m)	ཉེན་བརྡ་	nyen-da
Alarmanlage (f)	ཉེན་བརྡའི་ཐུན་རྐྱེན་	nyen-dae thün-kyen
alarmieren	ཉེན་བརྡ་བཏང་བ་	nyen-da tang-wa
albern	བྱབ་ཆུང་	dschyab-tschhung
albernes Geschwätz (n)	འཆལ་གཏམ་	tschhel-tam
Albtraum (m)	གྲིབ་གཉན་	d(r)hib-nhön
Album (n)	འདྲ་དཔར་འཇོག་དེབ་	d(r)ha-par dschog-dheb
Algebra (f)	ཚབ་རྩིས་རིག་པ་	tzab-tsi rig-pa
Alibi (n), jur.	གཞན་གནས་དག་སྐྱེལ་	schen-nhä dhag-kyel
Alkali (n), chem.	བུལ་ཏོག་	bhül-tohg
alkalisch	བ་ཚ་ཅན་	wa-tza-tschen
Alkohol (m)	ཆང་རག་གི་ཉིང་ཁུ་	tschhang-rag-gi nying-khu
alkoholfrei	བཟི་རྫས་མེད་པའི་	sihr-dzä meh-pae
Alkoholiker (m)	ཆང་རག་རྒྱུན་སྤྱོད་བྱེད་མི་	tschhang-rag gyün-tschyöh dschye-mi
alkoholisch	བཟི་རྫས་ལྡན་པའི་	sih-dzä den-pae
Alkoholismus (m)	ཆང་རག་གིས་རྐྱེན་པའི་ནད་རིགས་	tschhang-rag-gi kyen-pae neh-rig
All (n)	བར་སྣང་ཁམས་	bhar-nhang-kham

alle	ཚང་མ་	tzang-ma
allein	གཅིག་པུ་	tschig-pu
allein (hon.)	སྐུ་རྐྱང་	ku-kyang
alleinig	ཁོ་ན་	kho-na
Alleinsein (n)	ཁེར་རྐྱང་གི་རང་བཞིན་	kher-kyang-gi rang-schin
alleinstehend	རྐྱང་པ་	kyang-pa
allerdings	གང་ལྟར་ཡང་	ghang-tahr-jang
Allergie (f)	འབྱུང་ཁམས་ལ་མི་འཕྲོད་པ་	dschyung-kham-la mi-t(r)hö-pa
allergisch	མི་འཕྲོད་པའི་	mi-t(r)hö-pae
allerlei	སྣ་ཚོགས་	nha-tzog
alles	ཐམས་ཅད་	tham-tscheh
allgemein	སྤྱི་བཏང་	tschyi-tang
Allgemeinbildung (f)	སྤྱིར་བཏང་གི་ཤེས་ཡོན་	tschyir-tang-gi schhä-jön
Allgemeinwissen (n)	སྤྱིར་བཏང་གི་ཤེས་བྱ་	tschyir-tang-gi schhä-dschya
Allheilmittel (n)	ནད་རིགས་ཀུན་འཇོམས་	neh-rig kün-dschom
Allianz (f)	ཕྱོགས་སྒྲིལ་	tschhyog-d(r)hil
alliiert	ཕྱོགས་སྒྲིལ་གྱི་	tschhyog-d(r)hil-gyi
alljährlich	ལོ་ལྟར་	lo-tahr
allmählich	རིམ་པས་	rim-pä
Allradantrieb (m), mot.	རྟིངས་བགྲོད་རྐངས་འཁོར་	dschong-d(r)höh lhang-khor
Alltag (m)	ཉིན་ལྟར་གྱི་འཚོ་བ་	nyin-tahr-gyi tzor-wa
alltäglich	ཉི་མ་ལྟག་པར་	nyi-ma tahg-par
allumfassend	ཀུན་ལ་ཁྱབ་པ་	kün-la khyab-pa
allwissend	ཀུན་ཤེས་	kün-schhä

allwissend, hon.	གུན་མཁྱེན་	kün-khyen
allzu	ཧ་ཅང་	ha-tschang
Almanach (m)	ལོ་ཐོ་	lo-tho
Almosen (n)	སློང་མོ་	lhong-mo
Alphabet (n)	ཀ་ཁ་	ka-kha
alphabetisch	ཀ་ཁའི་	ka-khae
als	དེ་དུས་	dhe-dhü
alt	ན་ཚོད་རྒན་པ་	na-tzöh gen-pa
Alt (m), mus.	ཕོ་སྐད་	pho-keh
alt, allg.	རྙིང་པ་	nying-pa
Altar (m)	མཆོད་གཤོམས་	tschhöh-schhom
altehrwürdig	གནའ་དུས་ཀྱི་	nha-dhü-kyi
Ältere (m)	རྒན་པ་	gen-pa
Alter (n)	ལོ་	lo
Alter (n), hon.	དགུང་ལོ་	gung-lo
altern	རྒས་པ་	gä-pa
altern (hon)	བགྲེ་བ་	d(r)he-wa
alternativ	གདམ་ཀ་ཅན་	dam-ka-tschen
Alternative (f)	བྱུས་ལམ་གཉིས་པ་	dschyü-lam nyii-pa
Altersgrenze (f)	རྒས་ཡོལ་ལོ་ཚོད་	gä-jöl lo-tzeh
Altersheim (n)	རྒན་གསོ་ཁང་	gen-so-khang
Altersvorsorge (f)*	རྒས་ཕོགས་འཚོ་ཐབས་འཆར་གཞི་	gä-phog tzo-thab tschhar-schi
Altertum (n)	སྔ་རབས་	ngha-rab
Altglas (n)	ཕན་མེད་ཤེལ་སྒོ་	phen-meh schhel-go

Altglascontainer (m)	ཕན་མེད་ཤེལ་སྒོ་གཡུག་སྒྲོད་	phen-meh schhel-go jug-nhöh
althergebracht	སྔ་སྲོལ་	ngha-söl
altklug	རྒན་གཟི་དོད་པོ་	gen-soh dhö-po
Altmetall (n)	ལྕགས་རུག་	tschag-hrug
altmodisch	དར་སྲོལ་རྙིང་པ་	dhar-söl nying-pa
Altöl (n)	སྣུམ་རྙིང་སོང་	nhum nying-song
Altpapier (n)	ཤོག་བུ་རྙིང་སོང་	schhog-bhu nying-song
Alufolie (f)	ཏྲིན་ཤོག་	t(r)hin-schhog
Aluminium (n)	ཧ་ཡང་	ha-jang
Amateur (m)	དགའ་མོས་ཤོར་ལས་	ga-mö schor-lä
amateurhaft	སྦྱངས་པ་མ་ཐོན་པ་ལྟ་བུའི་	dschyang-pa ma-thön-pa ta-bhue
ambulant	སྒོ་བསྟེན་གནད་བཅོས་	go-ten neh-tschö
Amdo (Tib. NW Provinz)	ཨ་མདོ་	a-do (am-do)
Ameise (f)	འབུ་གྲོག་མ་	bu d(r)hog-ma
Ameisenhaufen (m)	གྲོག་མཁར་	d(r)hog-khar
Amitabha (Buddha)	འོད་དཔག་མེད་	wö-pag-meh
Amitaya (Buddha)	ཚེ་དཔག་མེད་	tze-pag-meh
Amnesie (f)	དྲན་ཉམས་	d(r)hen-nyam
Amnestie (f)	ཉེས་ཆད་གུ་ཡངས་	nyä-tschheh ghu-jang
Amnestie (f) allg.	བཙོན་གྲོལ་ཆེན་པོ་	tsön-d(r)höl tschhen-po
amnestieren	ཉེས་ཆད་གུ་ཡངས་གཏོང་བ་	nyä-tschheh ghu-jang tong-wa
Amok (m)	གསོད་ཅིང་སྨྱོ་བ་	söh-tsching nyül-wa
Ampel (f)	འགྲིམ་འགྲུལ་སྒྲོག་བརྡ་	d(r)him-d(r)hül lhog-da
Ampulle (f)	ཐུན་དམ་	thün-dham

Amputation (f), med.	ཡན་ལག་གཅོད་འབྲེག་	jen-lag tschöh-d(r)heg
amputieren	ཡན་ལག་གཅོད་པ་	jen-lag tschö-pa
Amsel (f)	འཇོལ་མོ་	dschöl-mo
Amt (n)	འགན་དབང་	gen-wang
amtlich	གཞུང་འབྲེལ་	schung-d(r)hel
Amtsperiode (f)	འགན་འཛིན་ཡུན་ཚད་	gen-dzin jün-tzeh
Amtsgeschäfte (n/pl)	གཞུང་འབྲེལ་ལས་དོན་	schung-d(r)hel lä-dhön
Amtswechsel (m)	འགན་འཛིན་རྩི་སློད་རྩི་ལེན་	gen-dzin tsi-t(r)höh tsi-len
Amulett (n)	སྲུང་མདུས་	sung-dü
amüsant	མགོ་འཁོར་པོ་	go-khor-po
amüsieren	མགོ་འཁོར་དུ་འཇུག་པ་	go khor-dhu dschug-pa
Analphabetentum (n)	ཡིག་རྨོངས་	jig-mhong
Analysator (m)	དཔྱེ་ཞིབ་འཕྲུལ་ཆས་	je-schib t(r)ül-tschhä
Analyse (f), chem.	བཏག་དཔྱད་	tahg-tschyeh
Analyse (f)	དཔྱད་ཞིབ་	tschyeh-schib
analysieren	བཏག་དཔྱད་བྱེད་པ་	tahg-tschyeh dschye-pa
Ananas (f)	ཨ་ནའི་འབྲས་བུ་	a-nae d(r)hä-bhu
Anarchie (f)	སྲིད་གཞུང་མེད་པའི་རིང་ལུགས་	sih-schung meh-pae ring-lug
Anatomie (f)	གཟུགས་ཕུང་ཚག་རིམ་	suhg-phung tschhag-rim
anatomisch	གཟུགས་ཕུང་ཧླུ་ཕྲལ་རིག་པའི་	suhg-phung hlu-t(r)hel rig-pae
Anbau (m) agr.	ས་ཞིང་འདེབས་ལས་	sa-sching deb-lä
Anbau (m) arch.	འདབས་སྦྱར་གྱི་ཁང་པ་	dab-dschyar-gyi khang-pa
anbauen, agr.	ཞིང་ཀ་མོ་ཀོ་བྱེད་པ་	sching-ka mho-ko dschye-pa

anbei	མཉམ་སྦྲག་དུ་	nyam-d(r)hag-dhu
anbeten	དགའ་ཞེན་བྱེད་པ་	ga-schen dschye-pa
anbeten, rel.	ཕྱག་མཆོད་བྱེད་པ་	tschhyag-tschhöh dschye-pa
Anbetracht, in	བསམ་ཞིབ་བྱས་ནས་	sam-schib dschyä-nä
Anbetracht dessen, in	དེ་སོང་ཙ་ན་	dhe-song tsa-na
anbieten	འབུལ་བ་	bül-wa
anbieten, econ.	གོང་ཚད་འབེབ་པ་	ghong-tzeh beb-pa
Anbieter (m)	ཚོང་མཁན་	tzong-khen
Anblick (m)	མཐོང་རྒྱ་	thong-gya
andauernd	རྒྱུན་ཆགས་	gyün-tschhag
Andenken (n)	དྲན་རྟེན་	d(r)hen-tehn
andere	གཞན་དག་	schen-dhag
ändern	བསྒྱུར་བཅོས་པ་	gyur tschö-pa
anderthalb	གཅིག་དང་ཕྱེད་ཀ་	tschig-dhang tschhyeh-ka
Änderung (f)	བརྗེ་འགྱུར་	dsche-gyur
andeuten	གོ་རྒྱུ་གཏོང་བ་	go-gyu tong-wa
Andeutung (f)	གོ་བརྡ་	gho-da
Andrang (m)	འཚང་ཀ་	tzang-ka
anekeln	སྐྱུག་བྲོ་བ་	kyug d(r)ho-wa
anerkannt	ཆང་མས་ཁས་ལེན་བྱེད་པའི་	tzang-mä khä-len dschyeh-pae
anerkennen	ངོས་ལེན་བྱེད་པ་	ngö-len dschye-pa
Anerkennung (f)	བྱ་དགའ་	dschya-ga
Anfall (m)	གྲོལ་འཛིང་	göl-dzin
Anfall (m), med.	གཉོད་འཚེ་	nhö-tze

anfällig	སེམས་འགུལ་སླ་པོ་	säm-gül lha-po
anfällig, med.	ནད་འགོ་སླ་པོ་	neh go-lha-po
Anfang (m)	ཐོག་མ་	thog-ma
Anfang an, von	དང་པོ་ནས་	dhang-po-nä
anfangen	འགོ་འཛུགས་པ་	go dzug-pa
Anfänger (m)	འགོ་འཛུགས་མཁན་	go-dzug-khen
Anfang bis Ende	དང་པོ་ནས་མཇུག་བསྡུའི་བར་དུ་	dhang-po-nä dschug-düe bhar-tu
anfangs	དང་པོ་	dhang-po
anfassen	རེག་པ་	reg-pa
anfechten, jur.	ཁྲིམས་ས་གོང་མར་བསྐྱར་ཞུ་བྱེད་པ་	t(r)him-sa ghong-mar kyar-schu dschye-pa
anfertigen	བཟོ་འདོན་བྱེད་པ་	soh-dön dschye-pa
anfeuchten	རློན་པ་བཟོ་བ་	lhön-pa soh-wa
anfordern	དགོས་འདུན་འདོན་པ་	gö-dün dön-pa
Anforderung (f)	དགོས་འདུན་	gö-dün
Anfrage (f)	དྲི་བཅད་	d(r)hi-tseh
anfragen	དྲི་བཅད་བྱེད་པ་	d(r)hi-tseh dschye-pa
anfreunden	གྲོགས་པོ་གཏོང་བ་	d(r)hog-po tong-wa
anfühlen	ལག་སྨྱུལ་རྒྱག་པ་	lag-nyül gyag-pa
anführen	འགོ་འཁྲིད་པ་	go t(r)hih-pa
Anführer (m)	འགོ་ཁྲིད་	go-t(r)hih
Angabe (f)	གནས་བསྡུས་རེའུ་མིག་	nhä-dü re-u-mig
angeben	ཧུར་ཤོབ་ཤོད་པ་	wur-schhob schhö-pa
Angeberei (f)	ཧུར་ཤོབ་	wur-schhob
angeboren	ལྷན་སྐྱེས་ཀྱི་	hlen-kyä-kyi

Angebot (n)	དགོས་མཁོ་	gö-kho
Angebot (n) und Nachfrage (f)	དགོས་མཁོ་དང་མཁོ་སྒྲུད་	gö-kho-dhang kho-t(r)hö
angebracht	འཚམས་པོ་	tzam-po
anfliegen	འཕུར་ཡོང་བ་	phur jong-wa
Angehörige (m)	སྤུན་ཉེ་	pün-nye
Angeklagte (m)	ཁྲིམས་འགལ་ནག་འདུགས་བྱེད་ས་	t(r)him-gel nag-dug dschyeh-sa
Angelegenheit (f)	ལས་དོན་	lä-dhön
Angelegenheit (f) (äussere)	ཕྱི་སྲིད་ལས་དོན་	tschhyi-sih lä-dhön
Angelegenheit (f) (innere)	ནང་སྲིད་ལས་དོན་	nang-sih lä-dhön
Angelegenheit (f) (freudige)	དོན་བཟང་	dhön-sahng
Angelegenheit (f) (anderer)	གཞན་དོན་	schen-dhön
Angelegenheit (f) (eigene)	རང་དོན་	rang-dhön
angenehm	སྐྱིད་ཉམས་ཅན་	kyih-nyam-tschen
Angestellte (m)	ལས་བྱེད་པ་	lä-dschyeh-pa
angewöhnen	འདྲིས་སུ་འཇུག་པ་	d(r)hi-su dschug-pa
Angewohnheit (f)	གོམས་འདྲིས་	ghom-d(r)hi
angehören	བདག་པ་	dag-pa
Angina (f), med.	གག་ལྷོག་	ghag-hlog
angleichen	རན་འོས་བཟོ་བ་	ren-wö soh-wa
angreifen	རྐོལ་འཛིངས་བ་	göl-dzin dschye-pa
angrenzen	ས་མཚེ་འབྲེལ་བ་	sa-nhe d(r)hel-wa
Angriff (m)	ཞེན་འཛིན་	schen-dzin

Angst (f)	འཇིགས་དངངས་	dschig-ngang
ängstigen	སྐྲག་པ་སྐྱེད་པ་	t(r)hag-pa kyeh-pa
ängstlich	སེམས་འཚབ་	säm-tzab
anhalten	བཀག་པ་	kag-pa
anhaltend	བར་མ་ཆད་པའི་	bhar ma-tschheh-pae
Anhaltspunkt (m)	གྲུག་རིམ་	d(r)hug-rim
Anhang (m)	ཁ་སྐོང་	kha-kong
Anhänger (m)	རྗེས་འཇུག་པ་	dschä-dschug-pa
Anhänger (m), einer Person	འབ་འབྲུག་	ab-t(r)hug
anhäufen	གཅིག་ཏུ་འདུ་བ་	tschig-tu du-wa
anhäufen, sparen	གསོག་པ་	sog-pa
Anhäufung (f)	ཕུང་གསོག་	phung-sog
anheben	འགྱོག་པ་	gyog-pa
anheften	འདོགས་པ་	dog-pa
anhören	ཉན་པ་	nyen-pa
Anhörung (f), jur.	ཞུ་གཏུགས་	schu-tug
Ankauf (m)	ཉོ་སྒྲུབ་	nyo-d(r)hub
ankaufen	ཉོ་སྒྲུབ་བྱེད་པ་	nyo-d(r)hub dschye-pa
Anklage (f)	ནག་ཉེས་སྐྱོན་འཛུགས་	nag-nyä kyön-dzug
anklagen	ནག་ཉེས་འཛུགས་པ་	nag-nyä dzug-pa
anklopfen	སྒོ་རྡུང་བ་	go dung-wa
ankommen	སླེབས་པ་	lheb-pa
ankommen (z.B. Post)	འབྱོར་བ་	dschyor-wa
ankommen, hon.	ཕེབས་པ་	pheb-pa

ankündigen	སྔོན་བརྡ་སྟོད་པ་	nghön-da t(r)hö-pa
Ankündigung (f)	གསལ་བསྒྲགས་	sel-d(r)hag
Ankunft (f)	སླེབས་འབྱོར་	lheb-dschyor
Ankunftszeit (f)	འབྱོར་དུས་	dschyor-dhü
anlächeln	འཛུམ་བག་གི་རྣམ་འགྱུར་སྟོན་པ་	dzum-bhag-gi nham-gyur tön-pa
Anlage (f)	ཆ་རྐྱེན་	tschha-kyen
Anlage (f), econ.	མ་འཛུགས་	ma-dzug
Anlageberater (m)*	མ་འཛུགས་སློབ་སྟོན་པ་	ma-dzug lhob-tön-pa
Anlass (m), (Grund)	རྒྱུ་མཚན་	gyu-tzen
Anlass (m)	གོ་སྐབས་	gho-kab
anlassen, Motor	གཏོང་བ་	tong-wa
anlegen	མ་འཛུགས་བྱེད་པ་	ma-dzug dschye-pa
Anleger (m)	མ་འཛུགས་བྱེད་པོ་	ma-dzug dschye-po
anlehnen (sich)	བརྟེན་པ་	ten-pa
Anleihe (f)	སྐྱི་བུན་	tschyi-bhün
Anleihe (f), econ.	དངུལ་བུན་	nghül-bhün
Anleitung (f)	ལམ་སྟོན་	lam-tön
Anliegen (n)	རེ་འདུན་	re-dün
Anlieger (m)	གནས་འཁོད་	nhä-khö
Anmeldeformular (n)	དེབ་འགོད་འགེང་ཤོག་	dheb-gö geng-schhog
anmelden	མིང་གཞུང་དུ་འགོད་པ་	ming-schung-dhu gö-pa
Anmeldung (f)	མིང་ཐོ་དེབ་འགོད་	ming-tho dheb-gö
anmerken	ཟུར་མཆན་འགོད་པ་	suhr-schhen gö-pa
Anmerkung (f)	མཆན་འགྲེལ་	tschhen-d(r)hel

Anmut (f)	འཛིད་ཆགས་	dschih-tschhag
Annäherung (f)	ཚོད་དཔག་	tzö-pag
Annahme (f)	བདེན་འཛིན་	den-dzin
annehmbar	ངོས་ལེན་དུ་རུང་བ་	ngö-len-dhu rung-wa
annullieren	ཕྱིར་འཐེན་བྱེད་པ་	tschhyir-then dschye-pa
anonym	ཚབ་མིང་	tzab-ming
Anonymität (f)	མིང་མེད་པ་ཉིད་	ming-meh-pa nyih
anordnen (ordnen)	གོ་རིམ་སྒྲིག་པ་	gho-rim d(r)hig-pa
anordnen (verfügen)	བཀོད་སྒྲིག་བྱེད་པ་	kö-d(r)hig dschye-pa
anordnen, jur.	བཀའ་གཏོང་བ་	ka tong-wa
Anordnung (f), jur.	བཀའ་སྐྱབ་	ka-kyab
Anordnung (f)	གཙང་བསྒྲིགས་	tsang-d(r)hig
anorganisch	འབྱམ་པོ་	bhem-po
anorganisch, chem.	སྐྱེ་མེད་རྫས་ཀྱི་	kye-meh dzä-kyi
anormal	རྒྱུན་ལུགས་དང་མི་མཐུན་པ་	gyün-lug-dhang mi-thün-pa
anpassen	རེན་འཚམས་བཟོ་བ་	ren-tzam soh-wa
Anpassung (f)	བཟོ་བཅོས་	soh-tschö
anpassungsfähig	གོམས་འདྲིས་ཐུབ་པའི་	ghom-d(r)hi thub-pae
anpflanzen	འདེབས་པ་	deb-pa
anprangern	ཁ་རྡུང་གཏོང་བ་	kha-dung tong-wa
anprobieren	གྱོན་ཆས་རན་མིན་ལྟ་བ་	gyön-tschhä ren-min tah-wa
Anrecht (n)	ཐོབ་དབང་	thob-wang
anregen (motivieren)	བསྐུལ་རྐྱེན་བྱེད་པ་	kül-kyen dschye-pa
anregen (wecken)	སློང་བ་	lhong-wa

anregend	ངར་ཤུགས་སློང་ནུས་ཀྱི་	ngar-schhug lhong-nü-kyi
Anregung (f)	ངར་ཤུགས་	ngar-schhug
anreihen	སྒྲིག་པ་	tahr-wa
Anreiz (m)	སྐུལ་སློང་	kül-lhong
Anruf (m)	འབོད་སྐད་	bö-keh
Ansage (f)	ཁྱབ་བསྒྲགས་	khyab-d(r)hag
ansagen	ཁྱབ་བསྒྲགས་བྱེད་པ་	kyab-d(r)hag dschye-pa
ansammeln	རུག་རུག་བཟོ་བ་	rug-rug söh-wa
Ansammlung (f)	ཚོགས་	tzog
ansässig sein	གཏན་བཞུགས་	ten-schug
anschaffen	རང་བདག་ཏུ་སྒྲུབ་པ་	rang-dag-tu d(r)hub-pa
Anschaffung (f)	མཁོ་གལ་	kho-gel
Anschauung (f)	ཐུགས་བསམ་	thug-sam
Anschein (m)	ཕྱིའི་སྣང་ཚུལ་	tschhyie nhang-tzül
anscheinend	ཚུལ་ལྟར་སྣང་བའི་སྒོ་ནས་	tzül-tahr nhang-wae go-nä
Anschlag (m)	ནོར་འཛིན་	göl-dzin
anschliessen	མཐུད་པ་	thü-pa
Anschluss (m)	སྦྲེལ་མཐུད་	d(r)hel-thü
anschreien	སྐད་ཆེར་རྒྱག་པ་	keh-tschor gyag-pa
Anschrift (f)	སློང་ཡུལ་	t(r)hö-jül
anschwellen	སྦོས་པ་	bö-pa
ansehnlich	འབོར་ཆེན་	bor-tschhen
ansetzen, Termin	དུས་བཀག་བཟོ་བ་	dhü-kag soh-wa
Ansicht (f)	ལྟ་ཚོགས་	tah-tschhog

Ansicht (f), (Meinung)	བསམ་ཚུལ་	sam-tzül
Ansicht (f), (Auffassung)	ལྟ་ཚུལ་	tah-tzül
anspielen	གོ་བརྡ་བཏོང་བ་	gho-da tong-wa
Anspielung (f)	གོ་བརྡ་	gho-da
anspornen	སྙིང་སྟོབས་སྤེལ་བ་	nying-tob pel-wa
Ansprache (f)	གསུང་བཤད་	sung-schheh
Ansprache halten (f)	ལེགས་སྦྱར་གནང་བ་	leg-dschyar nhang-wa
Anspruch (m)	ཐོབ་ཆ་	thob-tschha
anspruchslos	རྒྱས་སྤྲོད་མེད་པ་	gyä-t(r)hö meh-pa
anspruchsvoll	རྒྱས་སྤྲོད་ཅན་	gyä-t(r)hö-tschen
Anstand (m)	ཡ་རབས་ཀྱི་སྤྱོད་ཚུལ་	ja-rab-kyi tschyö-tzül
anständig	ཡ་རབས་	ja-rab
anstandslos	ཐེ་མི་ཚོམ་པའི་	the mi-tzom-pae
anstarren	ཅེར་མིག་ལྟ་བ་	tscher-mig ta-wa
anstatt	ཚབ་དུ་	tzab-dhu
anstecken	འགོ་བ་	go-wa
anstecken, med.	ནད་འགོ་བ་	neh go-wa
ansteckend	འགོ་ཉེན་ཅན་གྱི་	go-nyen tschen-gyi
Anstecknadel (f)	ཁབ་གཟེར་	khab-sehr
Ansteckung (f)	འགོ་བའམ་ཁྱབ་པའི་བྱ་སྤྱོད་	go-wa-am khyab-pae dschya-tschyö
anstehen	གྲལ་བསྒྲིགས་སྒྲིག་པ་	d(r)hel-tar d(r)hig-pa
ansteigen	ཡར་འཕར་བ་	jar phar-wa
anstellen	ལས་ཀར་འཇུག་པ་	lä-kar dschug-pa
Anstellung (f)	ལས་ཀར་བཀོད་འཇུག་	lä-kar köh-dschug

Anstieg (m)	གྱེན་འཛེག་	gyen-dzeg
Anstieg (m), econ.	འཕར་བ་	phar-wa
Anstoss (m)	ཐོག་མའི་འགོ་འཛུགས་	thog-mae go-dzug
Anstoss (m), (Fussball)	རྐང་པོལ་འགོ་འཛུགས་བྱེད་པ་	kang-pöl go-dzug dschye-pa
anstrengen, sich	འབད་བརྩོན་ཧུར་ལེན་བྱེད་པ་	beh-tsön hur-len dschye-pa
Anstrengung (f)	འབད་བརྩོན་	beh-tsön
Antagonismus (m)	རྒྱབ་འགལ་	gyab-gel
Antarktis (f)	འཛམ་གླིང་ལྷོ་རྩེའི་མཐའ་གླིང་	dzam-lhing hlo-tsäe tha-lhing
Anteil (m)	ཐོབ་སྐལ་	thob-kel
Anteil (m), econ.	མ་དངུལ་བསྡུ་འབབ་	ma-nghül du-bab
Anteilnahme (f)	གདུང་སེམས་མཉམ་སྐྱེད་	dung-säm nyam-kyeh
Antenne (f)	གནམ་སྐུད་	nam-kü
Anthologie (f)	ཚོམ་ཡིག་ཕྱོགས་བསྡུས་	tsom-jig tschhyog-dü
Anthrazit (m)	རྡོ་སོལ་དྭངས་མ་	do-söl dhang-ma
Anthropologe (m)	མིའི་རིགས་ཀྱི་རིག་པ་མཁས་པ་ཅན་	mie-rig-kyi rig-pa khä-pa-tschen
Anthropologie (f)	མི་རྒྱུད་བྱུང་རབས་རིག་གནས་	mi-gyü tschung-rab rig-nhä
Antialkoholiker (m)	ཆང་རག་མི་འཐུང་མཁན་	tschhang-rag mi-thung-khen
Antibabypille (f)	མངའ་འགོག་རིལ་བུ་	ngha-gog ril-bhu
Antibiotikum (n)	སྐྱེད་ལྡན་འགོག་སྨན་	kyeh-den gog-men
Antidot (n)	དུག་འཇོམས་སྨན་	dhug-dschom-men
antik	སྔ་རབས་ཀྱི་	ngha-rab-kyi
Antilope (f), (Berg-)	དགོ་བ་	go-wa
Antilope, tibetische (f)	གཙོད་	tsö

Antipathie (f)	ཞེན་ལོག་ཞེ་འཁོན་	schen-log sche-khön
Antiquität (f)	གནའ་བོའི་ལག་ཆས་	nha-wöe lag-tschhä
Antiquitätenladen (m)	གནའ་བོའི་དངོས་ཆས་ཚོང་ཁང་	nha-wöe nghö-tschhä tzong-khang
Antlitz (m), hon.	ཞལ་རས་	schel-rä
Antrag (m)	སྙན་ཞུ་	nyen-schu
Antragsformular (n)	སྙན་ཞུ་འགེང་ཤོག་	nyen-schu geng-schhog
Antragsteller (m)	སྙན་ཞུ་འབུལ་མི་	nyen-schu bül-mi
antreiben, (z.B.Tiere)	འདེད་པ་	dheh-pa
antreiben, (anspornen)	བསྐུལ་སློང་གཏོང་བ་	kül-lhong tong-wa
antreten	གདོང་ལེན་བྱེད་པ་	dong-len dschye-pa
antreten, hon.	འགན་དབང་བཞེས་པ་	gen-wang schä-pa
Antrieb (m), tech.	སྐྱེལ་འདྲེན་འཕྲུལ་ཆས་	kyel-d(r)hen t(r)hül-tschhä
Antrieb, aus eigenem (m)	རང་ཤུགས་ཀྱིས་	rang-schhug-kyi
Antwort (f)	ལན་	len
Antwort (f), hon.	དཀའ་ལན་	ka-len
antworten (erwidern)	ལན་རྒྱག་པ་	len gyag-pa
antworten	ལན་སློད་པ་	len t(r)hö-wa
antworten, hon.	བཀའ་ལན་གནང་བ་	ka-len nhang-wa
Anwalt (m)	ཁྲིམས་རྩོད་པ་	t(r)him tsö-pa
anweisen	སློད་པ་	t(r)hö-pa
Anweisung (f)	བཀོད་སྲུས་	köh-dschyü
anwenden (gebrauchen)	བེད་སློད་པ་	bheh tschyö-pa
anwenden (umsetzen)	ལག་ལེན་སྟར་བ་	lag-len tahr-wa
Anwendung (f)	བེད་སློད་	beh-tschyö

anwesend	དངོས་སུ་ཡོད་པ་	nghö-su jö-pa
Anwesenheit (f)	ངོ་ཡོད་	ngo-jö
Anzahl (f), (Menge)	གྲངས་འབོར་	d(r)ang-bor
Anzahl (f)	མང་ཉུང་	mang-nyung
anzahlen	རིན་འབབ་ལག་སྟོད་བྱེད་པ་	rin-bab lag-t(r)höh dschye-pa
Anzahlung (f)	རིན་འབབ་ལག་སྟོད་	rin-bab lag-t(r)höh
Anzeichen (n)	རྟགས་	tahg
Anzeichen (n), med.	ནད་རྟགས་	neh-tahg
Anzeige (f), econ.	ཚོང་དོན་དྲིལ་བསྒྲགས་	tzong-dhön d(r)hil-d(r)hag
anzeigen (ankündigen)	བརྡ་མཚོན་སྟོན་པ་	da-tzön tön-pa
anziehen	གོས་གྱོན་པ་	ghö gyön-pa
anziehen, tech.	དམ་དུ་གཏོང་བ་	dham-dhu tong-wa
Anziehungskraft (f)	ཐེན་ཤུགས་	then-schhug
Anziehungspunkt (m)	ལྟ་ན་སྡུག་པའི་དངོས་པོ་	tah-na dug-pae nghö-po
Anzug (m)	ཚམས་གོས་	tschhä-ghö
anzünden	སྤར་བ་	par-wa
Apfel (m)	ཀུ་ཤུ་	ku-schhu
Apfel (m), hon.	བཞེས་ཤུ་	schä-schhu
Aphorismus (m)	གཏམ་དཔེ་	tam-pe
Apotheke (f)	སྨན་ཁྲིག་ཚོང་ཁང་	men-t(r)hog tzong-khang
Apotheker (m)	སྨན་བསྲེས་པ་	men-sä-pa
Apparat (m)	ཡོ་བྱད་	jo-dschyeh
Appartement (n)	སྡོད་ཁག་	dö-schhag
Appell (m)	སྐུལ་སློལ་	nyen-kül

appellieren	ཞུ་འབོད་བྱེད་པ་	schu-bö dschye-pa
Appetit (m)	དང་ག་	dhang-ga
applaudieren	དགའ་བསུའི་ཐལ་སྒྲ་སྒྲོག་པ་	ga-süe thel-d(r)ha d(r)hog-pa
Applaus (m)	དགའ་བསུའི་ཐལ་སྒྲ་	ga-süe thel-d(r)ha
Aprikose (f)	མངའ་རིས་ཁམ་བུ་	ngha-ri kham-bhu
Aprikosenbaum (m)	མངའ་རི་ཁམ་བུའི་སྡོང་པོ་	ngha-ri kham-bhue dong-po
April (m)	ཕྱི་ཟླ་བཞི་པ་	tschhyi-dha schi-pa
Aquarell (n)	ཚོན་ཅན་རི་མོ་	tzön-tschen ri-mo
Aquarium (n)	ཆུ་གནས་སེམས་ཅན་གསོ་སྒམ་	tschhu-nhä säm-tschen so-gam
Ära (f)	དུས་རབས་	dhü-rab
Arbeit (f)	ལས་ཀ་	lä-ka
Arbeit (f) beginnen	ལས་འགོ་འཛུགས་པ་	lä-go dzug-pa
Arbeit (f) (körperliche)	ལུས་ཀྱི་ངལ་རྩོལ་	lü-kyi ngel-tsöl
arbeiten	ལས་ཀ་བྱེད་པ་	lä-ka dschye-pa
Arbeiter (m)	ངལ་རྩོལ་བྱེད་མཁན་	ngel-tsöl dschyeh-khen
Arbeiter (m) (qualifizierter)	བཟོ་པ་ལག་རྩལ་ཅན་	soh-pa lag-tsel-tschen
Arbeitsgruppe (f)	ལས་བྱེད་ཚོགས་པ་	lä-dschyeh tzog-pa
Arbeiterin (f)	བཟོ་མ་	soh-ma
Arbeiterklasse (f)	བཟོ་པའི་གྲལ་རིམ་	soh-pae d(r)hel-rim
Arbeitslohn (m)	ངལ་རྩོལ་གྱི་ཐོབ་ཆ་	nyel-tzöl-gyi thob-tschha
arbeitsam	འབད་བརྩོན་སྒྲུག་རུས་	beh-tsön dug-rü
Arbeitsbedingungen (f)	ངལ་རྩོལ་གྱི་མཐུན་རྐྱེན་	ngel-tsöl-gyi thün-kyen
Arbeitserfahrung (f)	ལས་ཀའི་ཉམས་མྱོང་	lä-kae nyam-nyong

arbeitsfrei	གུང་སེང་	ghung-seng
Arbeitskleidung (f)	ལས་གོས་	lä-gö
Arbeitskollege (m)	ལས་རོགས་པ་	lä-rog-pa
Arbeitskraft (f)	ངལ་རྩོལ་གྱི་ཤེད་	ngel-tsöl-gyi schheh
arbeitslos	ལས་ཤོར་	lä-schhor
Arbeitslosenversicherung (f)	ལས་ཤོར་ཉེན་སྲུང་མ་འཛོག	lä-schhor nyen-sung ma-dschog
Arbeitslosenunterstützung (f)	ལས་ཤོར་སྐྱོབ་སོ་	lä-schhor kyob-so
Arbeitslosigkeit (f)	ལས་ཤོར་	lä-schhor
Arbeitsmarkt (m)	ངལ་རྩོལ་གྱི་ཚོང་ར་	ngel-tsöl-gyi tzong-ra
Arbeitsniederlegung (f)	ལས་དོར་	lä-dhor
Arbeitspause (f)	ལས་ཀའི་བར་མཚམས་	lä-kae bhar-tzam
Arbeitsschutz (m)	ངལ་རྩོལ་ཉེན་སྲུང་	ngel-tzöl nyen-sung
Arbeitstag (m)	ངལ་རྩོལ་ཉིན་	ngel-tzöl-nyin
Arbeitsteilung (f)	ལས་བགོ་	lä-go
Arbeitsunfähigkeit (f)	ངལ་རྩོལ་གྱི་ནུས་ཤོར་	ngel-tzöl-gyi nü-schhor
Arbeitszeit (f)	ལས་ཀའི་དུས་ཚོད་	lä-kae dhü-tzö
Arbeitweise (f)	བཟོ་ཚུལ་	soh-tzül
Archäologe (m)	གནའ་དངོས་རིག་གནས་མཁས་པ་	nha-nghö rig-nhä khä-pa
Archäologie (f)	གནའ་རྫས་ཞིབ་སྟོད་རིག་གནས་	nha-dzä schib-tschyöh rig-nhä
Architekt (m)	ཁང་བཟོ་འཆར་འགོད་པ་	khang-soh tschhar-göh-pa
architektonisch	ཁང་བཀོད་བཟོ་རིག་གི་	khang-köh soh-rig-gi
Architektur (f)	ཁང་བཀོད་བཟོ་རིག་	khang-köh soh-rig
Archiv (n)	ཡིག་མཛོད་ཁང་	jig-dzöh-khang

argumentieren	རྒྱུ་མཚན་འགོད་པ་	gyu-tzen göh-pa
Arithmetik (f)	ཨང་རྩིས་	ang-tsi
arm	སྐྱོ་པོ་	kyo-po
Arm (m)	དཔུང་པ་	pung-pa
Armaturen (f/pl)	འཛིན་ཆས་	dzin-tschhä
Armaturen (f/pl), tech.	ཚད་ཁྲའི་སྙེབས་དངོས་	tzeh-t(r)häe deb-ngö
Armband (n)	ལག་གདུབ་	lag-dub
Armee (f)	དམག་དཔུང་	mhag-pung
Ärmel (m)	ཕུ་ཐུང་	phu-thung
Armut (f)	དབུལ་ཕོངས་	ül-phong
Aroma (n)	དྲི་ཞིམ་	d(r)hi-schim
arrangieren	སྒྲིག་བཀོད་བྱེད་པ་	d(r)hig-köh dschye-pa
arrogant	ཆེ་འདོད་ཚ་པོ་	tschheh-dö tza-po
Art (f)	ལུགས་སྲོལ་	lug-söl
Arterie (f)	རྩ་	phar-tsa
Artikel (m)	ལྡུགས་ཚོམ་	dschag-tsom
Artikel (m) jur.	དོན་ཚན་	dhön-tzen
Artillerist (m)	མེ་སྒྱོགས་དམག་མི་	me-gyog mhag-mi
Arznei (f)	གསོལ་སྨན་	söl-men
Arzneimittel (n)	སྨན་རྫས་	men-dzä
Arzt (m)	སྨན་པ་	men-pa
ärztlich	མན་གྱི་	mhen-gyi
Asbest (m)	དོ་རྒྱུས་བྱ་བལ་མ་	do-gyü dschya-bhel-ma
Asche (f)	ཐལ་བ་	thel-wa
Aschenbecher (m)	ཐ་རོ་ལྷུག་སྣོད་	tha-ro lhug-nhöh

asozial	སྤྱི་ཚོགས་དང་རྒྱབ་འགལ་གྱི་	tschyi-tzog-dhang gyab-gel-gyi
Aspirant (m)	ཞིབ་དཔྱོད་སློབ་གྲྭ་བ་	schib-tschyöh lhob-d(r)ha-wa
Ass (n)*	རུས་རོ་	rü-ro
Assistent (m)	ལག་གཡོག་	lag-jog
Ast (m)	ཡལ་ག་	jel-gha
Asthma (n)	དབུགས་འཚང་ལྷོ་སུད་	ug-tzang lho-suh
Asthmatiker (m)	དབུགས་འཚང་ལྷོ་སུད་ཀྱིས་མནར་བའི་མི་	ug-tzang lho-suh-kyih nhar-wae-mi
Astronaut (m)	མཁའ་དབྱིངས་འཕུར་སྐྱོད་པ་	kha-jhing phur-kyöh-pa
Asyl (n)	སྐྱབས་བཅོལ་བྱ་ཡུལ་	kyab-tschöl dschya-jül
Asylant (m)	སྐྱབས་བཅོལ་བཞུ་མཁན་	kyab-tschöl schu-khen
Asylheim (n)	སྐྱབས་བཅོལ་སྙེ་ལེན་ཁང་	kyab-tschöl nhe-len-khang
Asylrecht (n)	སྐྱབས་བཅོལ་བའི་ཐོབ་ཐང་	kyab-tschöl-wae thob-thang
Atem (m)	དབུགས་	ug
Atem (m), hon.	ཞལ་དབུགས་	dschag-ug
atemlos	དབུགས་དལ་བའི་	ug hel-wae
Atempause (f)	དབུགས་ངལ་	ug-ngel
Atlas (m)	ས་ཁྲའི་དེབ་	sa-d(r)hae dheb
atmen	དབུགས་གཏོང་ལེན་བྱེད་པ་	ug tong-len dschye-pa
Atmosphäre (f)	རླུང་གི་གོ་ལ་	lhung-gi gho-la
Atmung (f)	དབུགས་འབྱིན་རྔུབ་	ug dschyin-nghub
Atom (n), phys.	རྡུལ་ཕྲན་	dül-t(r)en
atomar	རྡུལ་ཕྲན་གྱི་	dül-t(r)hen-gyi
Atombombe (f)	རྡུལ་ཕྲན་འབར་བདེལ་	dül-t(r)hen bar-del

Atomenergie (f)	དུལ་ཕྲན་ནུས་ཤུགས་	dül-t(r)hen nü-schhug
Atomkern (m)	དུལ་ཕྲན་གྱི་སྙིང་པོ་	dül-t(r)hen-gyi nying-po
Atomkraftwerk (n)	དུལ་ཕྲན་གློག་འདོན་ས་ཚིགས་	dül-t(r)hen lhog-dön sa-tzig
Atomwaffen (f/pl)	དུལ་ཕྲན་མཚོན་ཆ་	dül-t(r)hen tzön-tschha
Attentat (n)	ཀྲོག་གསོད་	kog-söh
Attentäter (m)	མི་གསོད་ལག་དམར་པ་	mi-söh lag-mhar-pa
Attraktion (f)	མཚར་སྡུག་	tzar-dug
attraktiv	མཚར་སྡུག་ཅན་	tzar-dug-tschen
Attrappe (f)	རྫུན་མ་	dzün-ma
auch	འང་(ཡང་)(ཀྱང་)	ang (jang) (kyang)
Auditorium (n)	ཉན་མཁན་	nyen-khen
auf	སྒང་ལ་	gang-la
Aufbau (m)	འཛུགས་སྐྲུན་	dzug-t(r)hün
aufbauen	འཛུགས་སྐྲུན་བྱེད་པ་	dzug-t(r)hün dschye-pa
Aufbauwerk (n)	ཡར་རྒྱས་ཀྱི་བྱ་བ་	jar-gä-kyi dschya-wa
aufbewahren	ཉར་བ་	nyar-wa
aufblasen	ལྷུང་གི་རྒྱོང་བ་	lhung-gi gyong-wa
aufbrausend	ངང་ཐུང་ཚབ་ཚུབ་	ngang-thung tzab-tzub
aufbrechen	ཐོན་འགྲོ་བ་	thön d(r)ho-wa
Aufbruch (m)	ཕྱིར་ཐོན་	tschhyir-thön
aufdecken (enthüllen)	ཕོག་བཏོན་	nghog-tön
aufdecken (offenlegen)	གསལ་རྗེན་དུ་འདོན་པ་	sel-dschen-dhu dön-pa
Aufenthalt (m)	སྡོད་རྒྱུན་	dö-gyün
Aufenthaltsgenehmigung (f)	སྡོད་རྒྱུན་ཆོག་མཆན་	döh-gyün tschhog-tschhen

Aufenthaltsort (m)	སྡོད་གནས་	döh-nä
Aufenthaltsraum (m)	སོས་དལ་ཁང་	söl-dhel-khang
auferlegen	འགེལ་བ་	gel-wa
auffallen	མངོན་གསལ་དོད་པོ་བྱེད་པ་	nghön-sel döh-po dschye-pa
auffallend	མངོན་གསལ་ཅན་	nghön-sel-tschen
auffangen	འཛུ་བ་	dschu-wa
Auffassung (f)	མཐོང་ཚུལ་	thong-tzül
auffordern	འབོད་སྐུལ་བྱེད་པ་	bö-kül dschye-pa
aufforsten	ནགས་ཚལ་འཛུགས་པ་	nag-tzel dzug-pa
Aufforstung (f)	སྤྱོ་ལྗང་དུ་བསྒྱུར་བ་	ngho-dschang-dhu gyur-wa
aufführen, Theater	འཁྲབ་སྟོན་བྱེད་པ་	t(r)hab-tön dschye-pa
Aufführung (f)	འཁྲབ་སྟོན་	t(r)hab-tön
Aufgabe (f)	ལས་འགན་	lä-gen
Aufgang (m) (Treppe)	ཐེམ་སྐས་	them-kä
aufgeben	སྤོང་བ་	pong-wa
aufgehängt	དཔྱངས་པ་	tschyang-pa
aufgeregt	ཚབ་ཚུབ་	tzab-tzub
aufgeregt sein	ཚབ་ཚུབ་བྱེད་པ་	tzab-tzub dschye-pa
aufgeschlossen	ལྷོ་ཁ་ཡངས་པོ་	lho-kha jang-po
aufgrund	རྒྱུ་མཚན་གྱིས་	gyu-tzen-gyi
aufhängen	སྐོན་པ་	kön-pa
aufheben	འབུ་བ་	d(r)hu-wa
aufhören	མཚམས་འཇོག་བྱེད་པ་	tzam-dschog dschye-pa
aufjagen	དགོག་པ་	t(r)hog-pa

Aufkäufer (m)	ཉོ་སྒྲུབ་མཁན་	nyo-d(r)ub-khen
aufklären	བསལ་པོ་བཟོ་བ་	sel-po soh-wa
Aufklärung (f)	གསལ་བཤད་	sel-schheh
Aufklärungs-flugzeug (n)	རྟོག་ཞིབ་གནམ་གྲུ་	tohg-schib nam-d(r)hu
aufkleben	སྦྱོར་བ་	dschyor-wa
Aufkleber (m)	སྦྱར་ཤོག་	dschyar-schhog
aufladen	དོ་པོ་འགེལ་བ་	do-po gel-wa
Auflage (f), Bedingung	ཆ་རྐྱེན་	tschha-kyen
Auflage (f), (Buch)	དཔར་མ་	par-ma
Auflagenhöhe (f)	དེབ་གྲངས་	dhep-d(r)hang
auflösen, chem.	ཞུ་བ་	schu-wa
auflösen, Parlament	ཚ་གྲོལ་གཏོང་བ་	tsa-d(r)höl tong-wa
auflösen, phys.	འདོར་བ་	dor-wa
aufmachen	ཁ་འབྱེད་པ་	kha dschyeh-pa
Aufmachung (f)	བསྒྱུར་འབུལ་	tahr-bül
aufmerksam	ཞིབ་ཚགས་ཅན་	schib-tzag-tschen
Aufmerksamkeit (f)	དོ་སྣང་	dho-nhang
Aufmerksamkeit (f), hon.	ཐུགས་ཁུར་	thug-khur
Aufmerksamkeit, richten auf (f)	ཡིད་འཛིན་ཞབ་ཞན་བྱེད་པ་	jih-dschog sahb-nen dschye-pa
Aufmerksamkeit schenken	དོ་སྣང་བྱེད་པ་	dho-nhang dschye-pa
aufmuntern	བློ་སྟོབས་སྤེལ་བ་	lho-tob pel-wa
Aufnahme (f)	གནས་ཚང་	nhä-tzang
Aufnahme (f), Ton	སྒྲ་འཛུ་	d(r)ha-du

Aufnahmegebühr (f)	འཛུལ་ཞུགས་ལྷ་འབབ་	dzül-schug lha-bab
aufnehmen	ནང་དུ་འཛུག་པ་	nang-dhu dschug-pa
aufpassen	གཟབ་གཟབ་བྱེད་པ་	sahb-sahb dschye-pa
aufplatzen	འགས་པ་	gä-wa
aufräumen	བྱི་དོར་བྱེད་པ་	dschyi-dhor dschye-pa
aufregen	སེམས་ངར་སྐྱེད་པ་	säm-ngar kyeh-pa
aufregend	བློ་ངར་ཅན་	lho-ngar-tschen
Aufregung (f)	བློ་ངར་	lho-ngar
aufreihen	གྲལ་སྒོར་སྒྲིག་པ་	d(r)hel-tahr d(r)hig-pa
aufreissen	རལ་ག་ཤག་གཏོང་བ་	rel-schhag tong-wa
aufreizen	གཟན་པ་	sehn-pa
aufrichtig	སྙིང་ཐག་ནས་	nying-thag-nä
Aufrichtigkeit (f)	ལྷག་བསམ་	hlag-sam
Aufruf (m)	འབོད་བསྐུལ་	bhö-kül
aufrufen	འབོད་བསྐུལ་བྱེད་པ་	bhö-kül dschye-pa
Aufruhr (m)	ལོག་འཁྲུག་	log-t(r)hug
Aufrührer (m)	ངོ་ལོག་པ་	ngo-log-pa
aufrüsten	དག་ཆས་སླར་གསོ་བྱེད་པ་	d(r)hag-tschhä lhar-so dschye-pa
Aufrüstung (f)	དག་ཆས་བསྐྱར་སློས་	d(r)hag-tschhä kyar-t(r)hö
aufschichten	ཙེག་པ་	tseg-pa
aufschieben	ཕྱིར་འགྱངས་སུ་གཏོང་བ་	tschhyir-gyang-su tong-wa
aufschliessen	སྒོ་ལྕགས་འབྱེད་པ་	go-tschag dschye-pa
aufschreiben	ཡི་གེར་འབེབ་པ་	ji-gher beb-pa
Aufschrift (f)	བྱར་ཡིག་	dschyar-jig

Aufschwung (m), econ.	ཕྱིར་སོན་	tschhyir-sön
Aufstand (m)	རྒྱེན་ལང་	gyen-lang
aufstehen	ཡར་ལང་བ་	jar lang-wa
aufsteigen	འཕུར་བ་	phur-wa
aufstellen	སྒྲིག་སྟོར་བྱེད་པ་	d(r)hig-dschyor dschye-pa
Aufstieg (m)	ཡར་ལང་	jar-lang
aufsuchen	བསྟེན་གཏུགས་བྱེད་པ་	ten-tug dschye-pa
Auftakt (m)	འགོ་འཛུགས་	go-dzug
auftanken	ཁ་འགེངས་པ་	kha geng-pa
auftanken, Motor	སྣུམ་བླུགས་པ་	nhum lhug-pa
auftauen	འཁྱགས་པ་བཞུ་སེལ་བྱེད་པ་	khyag-pa schu-sel dschye-pa
aufteilen	བགོ་བཤའ་རྒྱག་པ་	go-schha gyag-pa
Aufteilung (f)	བགོ་བཤའ་	go-schha
Auftrag (m)	འགན་འཛི་	gen-t(r)hi
Auftraggeber (m)	ཚོང་བདག་	tzong-schhag
aufwachen	གཉིད་སད་པ་	nyih seh-pa
aufwachsen	འཚར་ལོངས་བྱེད་པ་	tzar-long dschye-pa
Aufwand (m)	འགྲོ་གྲོན་	d(r)ho-d(r)hön
aufwärts	རྒྱེན་དུ་	gyen-dhu
aufwecken	གཉིད་དཀྲོག་པ་	nyih t(r)hog-pa
aufwenden	ཆེད་དུ་གཏོང་བ་	tschheh-dhu tong-wa
aufwerten	རིམ་པ་སྤོར་བ་	rim-pa por-wa
Aufwiegler (m)	རྒྱུད་སྐུལ་བྱེད་མཁན་	gyü-kül dschyeh-khen
aufzählen	རྣམ་གྲངས་འབྱེད་པ་	nham-d(r)hang dschye-pa

Aufzählung (f)	རྣམས་གྲངས་	nham-d(r)hang
aufzeichnen	ཐོ་བཀོད་	tho-kö
Aufzeichnung (f)	བྲ་སྡུད་	d(r)ha-dü
aufziehen	གསོ་སྐྱོང་བྱེད་པ་	so-kyong dschye-pa
Aufzucht (f)	གསོ་སྐྱོང་	so-kyong
Aufzug (m)	འདེགས་བྱེད་	deg-dschyeh
Auge (n)	མིག་	mhig
Augapfel (m)	མིག་རིལ་	mhig-ril
Augapfel (m) hon.	སྤྱན་རིལ་	tschen-ril
Augenarzt (m)	མིག་གི་སྨན་པ་	mhig-gi men-pa
Augenblick (m)	ཁྱུག་ཙམ་	khyug-tzam
augenblicklich	ཡུད་ཙམ་གྱི་	jüh tsam-kyi
Augenbraue (f)	སྨིན་མ་	mhin-ma
augenfällig	གསལ་པོ་	säl-po
Augenlid (n)	མིག་ཕྱིབས་	mhig-tschib
augenscheinlich	མངོན་དུ་གྱུར་བ་	nghön-dhu gyur-pa
Augenwimper (f)	རྫི་མ་	dzi-ma
August (m)	ཕྱི་ཟླ་བརྒྱད་པ་	tschhyi-da gyeh-pa
Auktion (f)	རིན་སྤར་འཚོང་སྒྱུར་	rin-par tzong-gyur
Auktionshaus (n)	རིན་སྤར་འཚོང་སྒྱུར་བྱེད་མི་	rin-par tzong-gyur dschyeh-mi
Aula (f)	ཚོགས་ཁང་	tzog-khang
ausatmen	དབུགས་གཏོང་བ་	ug tong-wa
Ausbau (m)	རྒྱལ་བསྐྱན་	gyel-t(r)hün
ausbauen	རྒྱས་སུ་གཏོང་བ་	gyä-su tong-wa

ausbessern	བཟོ་བཅོས་གཏོང་བ་	soh-tschö tong-wa
Ausbesserung (f)	བཟོ་བཅོས་	soh-tschö
Ausbeuterklasse (f)	བཤུ་གཞོག་གྲལ་རིམ་	schhu-schog d(r)hel-rim
Ausbeutung (f)	བཤུ་གཞོག་	schhu-schog
Ausbildung (f)	སྦྱོང་བདར་	dschyong-dar
Ausbildung (f), akademisch	ཤེས་ཡོན་	schhä-jön
Ausblick (m)	མཐོང་རྒྱ་	thong-gya
ausbrechen	བྲོས་བྱོལ་དུ་འགྲོ་བ་	d(r)hö-dschyöl-dhu d(r)ho-wa
ausbrechen, med.	ལྷོ་བུར་དུ་ཁྱབ་པ་	lho-bur-dhu khyab-pa
ausbreiten	དར་བ་	dhar-wa
Ausbreitung (f)	དར་སྲོལ་	dhar-söl
ausbrüten	སྙོལ་བ་	nyöl-wa
Ausdauer (f)	ཨུ་ཚུགས་	u-tzüg
ausdehnen	ནར་འགྱང་གཏོང་བ་	nhar-gyang tong-wa
Ausdehnung (f)	ཁྱབ་གདལ་	khyab-del
Ausdruck (m)	བརྡ་མཚོན་	da-tzön
Ausdruck (m), Computer	པར་སྟོན་	par-t(r)hün
ausdrucken	པར་དུ་སྟོན་པ་	par-dhu t(r)hün-pa
ausdrücklich	ཁ་གསལ་གོ་བདེ་	kha-säl go-dhe
Ausdrucksweise (f)	བཤད་ཚུལ་	schheh-tzül
auseinander	ཐ་དད་དུ་	tha-dheh-dhu
auseinandergehen	སོ་སོར་གྲམ་པ་	so-sor d(r)ham-pa
auseinanderlaufen	ཁ་འབྲེམ་པ་	Kha d(r)hem-pa
auseinandernehmen	བཤིག་པ་	schhig-pa

auseinandersetzen	ཁ་ཚོད་རྒྱག་པ་	kha-tsö gyag-pa
Auseinander-setzung (f)	ཚོད་པ་	tsö-pa
Ausfahrt (f)	ཐོན་སྒོ་	thön-go
Ausfall (m)	སྐྱོན་ཤོར་	kyön-schhor
ausfallen	ཆག་སྐྱོན་ཤོར་བ་	tschhag-kyön schhor-wa
Ausflug (m)	སྐོར་སྐྱོད་	kor-kyö
Ausfuhr (f), econ.	ཕྱི་ཚོང་	tschhyi-tzong
ausführen	ལག་ལེན་བསྟར་བ་	lag-len tahr-wa
ausführen, econ.	ཕྱི་ཚོང་བྱེད་པ་	tschhyi-tzong dschye-pa
ausführlich	ཞིབ་ཕྲའི་	schib-t(r)häe
Ausführung (f)	ལག་བསྟར་	lag-tahr
Ausfuhr-genehmigung (f), econ.	ཕྱི་ཚོང་ཆོག་མཆན་ལག་འཛིན་	tschhyi-tzong tschhog-tschhen lag-dzin
ausfüllen	འགེང་པ་	geng-pa
Ausgabe (f)	གཏོང་སྒོ་	tong-go
Ausgabe (f), hon.	ཕྱག་འགྲོན་	tschhag-d(r)hön
Ausgangspunkt (m)	ས་ཚིགས་	sa-tzig
ausgeben	འགྲོ་གྲོན་གཏོང་བ་	d(r)ho-d(r)hön tong-wa
ausgeben, hon.	ཕྱག་འགྲོས་བཏང་གནང་བ་	tschhyag-d(r)ö tang-nhang-wa
ausgebildet	སྦྱོང་བདར་སྦྱོང་པའི་	dschyong-dar t(r)hö-pae
ausgefallen	སྤྱིར་བཏང་དང་མི་འདྲ་བའི་	tschyir-tang-dhang mi-d(r)ha-wae
ausgeprägt	ནོ་བ་	nho-wa
ausgerüstet mit	ལྡན་པ་	den-pa
ausgeschlossen	ཡོང་ཐབས་བྲལ་བ་	jong-thab d(r)hel-wa

ausgestorben	ཤི་ཟིན་པ་	schhi-sihn-pa
ausgezeichnet	ཁྱད་དུ་འཕགས་པའི་	khyeh-dhu phag-pae
ausgiessen	སྟོང་པ་བཟོ་བ་	tong-pa soh-wa
ausgleichen	གུན་གསབ་སྟོད་པ་	gün-sab t(r)hö-pa
ausgraben	རྐོག་བཏོན་བྱེད་པ་	nghog-tön dschye-pa
Ausgrabungsarbeit (f)	རྐོག་བཏོན་ལས་དོན་	nghog-tön lä-dön
aushändigen	རྩིས་སྟོད་བྱེད་པ་	tsi-t(r)hö dschye-pa
Auskunft (f)	བདའ་ལན་	da-len
auslachen	གད་མོ་ཤོར་བ་	geh-mo schhor-wa
ausladen	དོ་པོ་འབེབ་པ་	do-wo beb-pa
Auslage (f)	སྟོན་དངུལ་	d(r)hön-nghül
auslagern	ཕྱིར་དུ་བཏོན་པ་	suhr-dhu tön-pa
Ausland (n)	ཕྱི་རྒྱལ་	tschhyi-gyel
Ausländer (m)	ཕྱི་མི་	tschhyi-mi
ausländisch	ཕྱི་རྒྱལ་གྱི་	tschhyi-gyel-gyi
Auslandsanleihe (f)	ཕྱི་བུན་	tschhyi-bhün
auslaufen	རྫོགས་པ་	dzog-pa
ausleihen	གཡར་བ་	jar-wa
ausliefern	སྐྱེལ་བ་	kyel-wa
Auslieferung (f)	སྐྱེལ་འགྲེམས་	kyel-d(r)häm
auslöschen	ཤུལ་མེད་བཟོ་བ་	schhül-meh soh-wa
Ausmass (m)	ཁྱབ་ཚད་	khyab-tzeh
ausmessen	ཚད་འཇལ་བ་	tzeh dschel-wa
Ausnahme (f)	དམིགས་གསལ་	mhig-sel

ausnahmsweise	དམིགས་གསལ་གྱི་	mhig-sel-gyi
ausnutzen	ཕན་ཐོགས་པར་བྱེད་པ་	phen-thog-par dschye-pa
auspacken	ཐུམ་སྒྲིལ་སོགས་ཁ་བཤིག་པ་	thum-d(r)hil-sog kha-schhig-pa
auspfeifen	སིད་སྒྲ་རྒྱག་པ་	sih-d(r)ha gyag-pa
auspressen	གཙིར་བ་	tsir-wa
ausprobieren	ཉམས་ཚོད་ལེན་པ་	nyam-tzö len-pa
Auspuff (m)	འབྱིན་སྙིགས་ཐོན་ས་	dschyin-nyig thön-sa
Auspuffrohr (n)	འཐེན་སྦུབ་	then-bub
Auspufftopf (m)	སྒྲ་སྡུང་ཆས་	d(r)ha nyung-tschhä
ausrauben	འཕྲོག་ལེན་བྱེད་པ་	t(r)hog-len dschye-pa
Ausrede (f)	ཁག་འདོགས་ས་	khag dog-sa
ausreden	ཁག་འདོགས་པ་	khag dog-pa
ausreichen	འདང་བ་	dang-wa
Ausreise (f)	ཕྱིར་ཐོན་	tschhyir-thön
Ausreise-erlaubnis (f)	ཕྱིར་ཐོན་ཆོག་མཆན་	tschhyir-tön tschhog-tschhen
ausrotten	རྩ་མེད་བཟོ་བ་	tsa-meh soh-wa
ausrufen	སྐད་འབོད་རྒྱག་པ་	keh-böh gyag-pa
ausruhen, sich	ངལ་གསོ་རྒྱག་པ་	ngel-so gyag-pa
Ausrüstung (f)	སྒྲིག་ཆས་	d(r)hig-tschhä
ausrutschen	འདྲེད་བརྡར་ཤོར་བ་	d(r)heh-dar schhor-wa
Aussage (f)	གཏམ་བཤད་	tam-schheh
Aussage (f), jur.	ཁུངས་སྐྱེལ་ར་སྤྲོད་	khung-kyel ra-t(r)hö
ausschalten, elektr.	ལྷོག་གསོད་པ་	lhog sö-pa
ausscheiden	དབྱེ་འབྱེད་བྱེད་པ་	je-dschyeh dschye-pa

Deutsch	Tibetisch	Umschrift
ausscheiden, physiol.	འདོར་རྫས་ཕྱིར་སྐྱུར་བ་	dor-dzä tschhyir-kyur-wa
Ausscheidung (f)	འདོར་རྫས་	dor-dzä
Ausschlag (m), med.	ཐོར་སིབ་	thor-sib
ausschlaggebend	ཐག་ཆོད་ངེས་ཀྱི་	thar-tschhö ngä-kyi
ausschliessen	ཕུད་པ་	phü-pa
ausschliesslich	ཐུན་མོང་མ་ཡིན་པ་	thün-mong ma-jin-pa
Ausschluss (m)	ཕྱིར་འབུད་	tschhyir-bü
Ausschreitungen (f/pl)	འཁྲུག་ཟིང་	t(r)hug-sihng
Ausschuss (m)	ལྷན་ཚོགས་	hlen-tzog
Aussehen (n)	ཕྱིའི་སྣང་ཚུལ་	tschhyie nhang-tzül
aussen	ཕྱི་ལ་	tschhyi-la
Aussendienst (m)	ཕྱི་ཕྱོགས་ཞབས་འདེགས་	tschhyi-tschhyog schab-deg
Aussendienstmitarbeiter (m)	ཕྱི་ཕྱོགས་ཞབས་འདེགས་པ་	tschhyi-tschhyog schab-deg-pa
Aussenhandel (m)	ཕྱི་ཕྱོགས་ཀྱི་ཉོ་ཚོང་	tschhyi-tschhyog-kyi nyo-tzong
Aussenminister (m)	ཕྱི་སྲིད་བཀའ་བློན་	tschhyi-sih ka-lhön
Aussenpolitik (f)	ཕྱི་སྲིད་	tschhyi-sih
Aussenseite (f)	ཕྱི་ལོགས་	tschhyi-log
Aussenspiegel (m), mot.	ཟུར་གྱི་རྒྱབ་བལྟོང་མེ་ལོང་	suhr-gyi gyab-thong me-long
ausser	མ་གཏོགས་	ma-tzä
ausserdem	དེ་མིན་	dhe-min
ausserdem noch	དང་འབྲེལ་གཞན་དུ་	dhang-d(r)hel........ schen-dhu
äussere	ཕྱིའི་	tschhyie

aussergewöhnlich	དཔེ་བླ་མེད་པ་	pe-da meh-pa
äusserlich	ཕྱི་རོལ་གྱི་	tschhyi-röl-gyi
äussern	བཤད་པ་རྒྱག་པ་	schheh-pa gyag-pa
äusserst	ཚད་ལས་ཐལ་བ་	tzeh-lä thel-wa
Äusserung (f)	བཤད་པ་	schheh-pa
Aussicht (f)	མཐོང་	thong
aussichtslos	རེ་མེད་	re-meh
aussichtsreich	རེ་བ་ཅན་	re-wa-tschen
aussöhnen	ལྷར་སྡུམ་པར་བྱེད་པ་	lhar dum-par dschye-pa
Aussprache (f)	ཁ་བསང་ཚོད་སྐྱེང་	kha-sang tsöh-lheng
Aussprache (f), gram.	སྒྲའི་འབོད་ཐབས་	d(r)hae böh-thab
aussprechen	ཁ་བསང་ཚོད་སྐྱེང་བྱེད་པ་	kha-sang tsö-lheng dschye-pa
aussprechen, gram.	སྒྲ་འདོན་པ་	d(r)ha dön-pa
Ausstand (m), econ.	ལས་མཚམས་ངོ་རྒོལ་	lä-tzam ngo-göl
ausstatten (reichlich)	ཆ་རྐྱེན་སྦྱོར་བ་	tschha-kyen dschyor-wa
Ausstattung (f)	མཁོ་ཆས་	kho-tschhä
aussteigen	ཐོན་པ་	thön-pa
ausstellen	འགྲེམས་སྟོན་བྱེད་པ་	d(r)äm-tön dschye-pa
Ausstellung (f)	འགྲེམས་སྟོན་	d(r)äm-tön
Ausstellungsraum (m)	འགྲེམས་སྟོན་ཁང་	d(r)häm-tön-khang
Ausstellungs-gelände (n)	འགྲེམས་སྟོན་ཁྲོམ་ར་	d(r)häm-tön t(r)hom-ra
aussterben	རིགས་བརྒྱུད་འགྲོ་བ་	gyug lhag-d(r)ho-wa
ausstrahlen	རྒྱང་སྲིང་བྱེད་པ་	gyang-sing dschye-pa
ausstrahlen, phys.	འཕྲོ་བ་	t(r)ho-wa

aussuchen	འདེམས་སྒྲུག་བྱེད་པ་	däm-d(r)hug dschye-pa
Austausch (m)	བརྗེ་རེས་	dsche-rä
austauschen	བརྗེ་ལེན་བྱེད་པ་	dsche-len dschye-pa
austeilen	འགྲེམས་པ་	d(r)häm-pa
Auster (f)	ཉ་ཕྱིས་	nya-tschhyi
austragen (Brief)	སྐྱེལ་བ་	kyel-wa
austreiben	མཐའ་བསྐྲོད་གཏོང་བ་	tha-t(r)hö tong-wa
austreten	ཐོན་པ་	thön-pa
austrinken	ཚར་བ་འཐུང་བ་	tzar-wa thung-wa
austrocknen	སྐེམ་པ་	kem-pa
ausverkauft	བཙོངས་ཚར་བྱེད་པ་	tsong-tzar dschye-pa
Auswahl (f)	འདམ་ག་	dam-ga
auswählen	འདེམས་པ་	dem-pa
Auswanderer (m)	ཡུལ་སྤོས་བྱེད་མི་	jül-pö dschyeh-mi
auswandern	ཡུལ་སྤོས་འགྲོ་བ་	jül-pö d(r)ho-wa
Auswanderung (f)	ཡུལ་སྤོས་	jül-pö
auswärtig	ཕྱི་འབྲེལ་	tschhyi-d(r)hel
auswechseln	བརྗེ་ལེན་བྱེད་པ་	dsche-len dschye-pa
Ausweg (m)	བགྲོད་ལམ་	d(r)hö-lam
ausweglos	རེ་མེད་	re-meh
ausweichen	གཡོལ་བ་	jhöl-wa
Ausweis (m)	ངོས་འཛིན་ལག་འཁྱེར་	ngö-dzin lag-khyer
ausweisen	ངོ་རྟགས་ཆོད་པ་	ngo-tahg tschhöh-pa
ausweisen (abschieben)	ཕྱིར་འབུད་གཏོང་བ་	tschhyir-bhü tong-wa
auswendig	དག་ཐོག་	ngag-thog

auswerten	རིན་ཐང་འབེབ་པ་	rin-thang bheb-pa
auswickeln	ཐུམ་བཤིག་པ་	thum schhig-pa
auswirken	ཕན་གནོད་བཐོན་པ་	phen-nhö thön-pa
auszahlen	གཙང་དག་བཟོ་བ་	tsang-dhag soh-wa
auszeichnen	ལྷགས་བརྗོད་བྱེད་པ་	nghag-dschö dschye-pa
Auszeichnung (f)	བྱ་དགའི་རྟགས་མ་	dschya-gäe tahg-ma
Auszeichnung (f), hon.	གཟེངས་བསྟོད་	sehng-tö
ausziehen	འཕུད་པ་	phü-pa
Auszubildende (m)	སྦྱོང་བདར་བྱེད་མཁན་	dschyong-dar dschyeh-khen
Auszug (m)	མཁོ་བསྡུས་	kho-dü
autark	རང་ཁ་རང་འདང་	rang-kha rang-dhang
Auto (n)	སྣུམ་འཁོར་	nhum-khor
Autobahnbrücke (f)	གཞུང་ལམ་ཟམ་ཆེན་	schung-lam sahm-tschhen
automatisch	མ་བསྐུལ་རང་ཤུགས་ཀྱི་	ma-kül rang-schhug-kyi
Automatisierung (f)	རང་འགུལ་ཅན་དུ་འགྱུར་བ་	rang-gül-tschen-dhu gyur-wa
autonomes Gebiet (n)	རང་སྐྱོང་ལྗོངས་	rang-kyong-dschong
Autonomie (f)	རང་སྐྱོང་	rang-kyong
Autor (m)	རྩོམ་པ་པོ་	tsom-pa-po
Autostrasse (f)	སྣུམ་འཁོར་ལམ་	nhum-khor-lam
Autowaschanlage (f)	སྣུམ་འཁོར་བཙོ་བླག་ཁང་	nhum-khor tso-lhag-khang
Azalee (f), bot.	བླག་མའི་མེ་ཏོག་	tahg-mäe me-tog

B

Bach (m)	རྒྱུག་ཆུ་	gyug-tschhu

Backe (f)	འགྲམ་པ་	d(r)ham-pa
backen	བག་ལེབ་སྲེག་པ་	bhag-leb seg-pa
Backenzahn (m)	འགྲམ་སོ་	d(r)ham-so
Bäcker (m)	བག་ཟན་སྲེག་མཁན་	bhag-sehn seg-khen
Bad (n)	ཁྲུས་ཁང་	t(r)hü-khang
Badeanstalt (f)	རྐྱལ་རྫིང་	kyel-dzing
Badeanzug (m)	རྐྱལ་གོས་	kyel-gö
Badekappe (f)	རྐྱལ་ཞྭ་	kyel-scha
baden	ཆུ་རྐྱལ་བ་	tschhu gyel-wa
Badetuch (n)	ཁྲུས་ཆུའི་ཨ་ཚོར་	t(r)hü-tschhüe a-tschor
Badewanne (f)	ཁྲུས་གཞོང་	t(r)hü-schong
Badezimmer (n)	ཁྲུས་ཁང་	t(r)hü-khang
Bahn (f)	མེ་འཁོར་	me-khor
Bahnanschluss (m)	མེ་འཁོར་སྦྲེལ་མཐུད་	me-khor d(r)hel-thü
Bahnhof (m)	མེ་འཁོར་འབབ་ཚུགས་	me-khor bhab-tshug
Bahnsteig (m)	མེ་འཁོར་འབབ་སྟེགས་	me-khor bhab-teg
Bahnübergang (m)	མེ་འཁོར་འདུ་ལམ་	me-khor du-lam
Baisse (f), econ.	རིན་གོང་ལྷོ་བུར་ཆག་འགྲི་	rin-ghong lho-bur tschhag-d(r)hi
Bakterien (f/pl)	ཕྲ་སྲིན་	t(r)ha-sin
bald	མགྱོགས་པོར་	gyog-por
Balken (m)	གདུང་མ་	dung-ma
Balkon (m)	མདའ་གཡབ་	dha-jab
Ball (m)	པོ་ལོ་	po-lo
Ballon (m)	སྐྱང་ཕུག་	gang-phug

Ballungsraum (m)	མཐའ་འགྲོང་	tha-d(r)hong
Bambus (m)	སྨྱུག་མ་	nyug-ma
Bambushain (m)	སྨྱུག་མའི་གླིང་ག་	nyug-mäe ling-ga
Banane (f)	གེ་ལ་	ke-la
Bananenstaude (f)	ཤིང་ཐོག་ངང་ལག་	schhing-thog ngang-lag
Bandage (f)	རྨ་དཀྲིས་	mha-t(r)hi
bandagieren	རྨ་དཀྲིས་རྒྱག་པ་	mha-t(r)hi gyag-pa
Bande (f)	ཇག་དཔུང་	dschag-pung
Bandit (m)	ཇག་པ་	dschag-pa
Bank (f)	ཀུབ་ཀྱག་ནར་མོ་	kub-kyag nar-mo
Bank (f), econ.	དངུལ་ཁང་	nghül-khang
Bankett (n)	གསོལ་སྟོན་	söl-tön
Bankier (m)	དངུལ་ཁང་ཚོང་ཆེན་	nghül-khang tzong-tschhen
Bankkonto (n)	དངུལ་ཁང་བཅུག་ཁྲ་	nghül-khang tschug-t(r)ha
Bankrott (m)	ཚོང་པ་ཧ་ལོག་	tzong-pa ha-log
Banner (n)	རྒྱལ་མཚན་	gyel-tzen
Bar (f)	ཆང་རག་འཐུང་ས་	tschhang-rag thung-sa
Bär (m)	དོམ་	dom
Barbar (m)	ལྷ་ལྷོ་	lha-lho
Bardame (f)	འཁྲུང་ཞུ་མ་	t(r)hung-schu-ma
barfuss	རྐང་རྗེན་	kang-dschen
Bargeld (n)	དངུལ་རྐྱང་	nghül-kyang
Bariton (m)	པོ་སྐད་	pho-keh
Barmixer (m)	ཆང་ཁང་གི་ཞབས་ཞུ་པ་	tschhang-khang-gi schab-schu-pa

Barometer (n)	རླུང་གནོན་འཇལ་ཆས་	lhung-nhön dschel-tschhä
Barriere (f)	ར་བ་	ra-wa
Bart (m)	ཨག་ཚོམ་	ag-tzom
bärtig	ཨག་ཚོམ་ཅན་	ag-tzom-tschen
basieren auf	གཞི་འཛིན་པ་	schi dzin-pa
Basis (f)	གཞི་རྟེན་	schi-ten
Basis, auf	མཛའ་བརྩེའི་དང་དུ་	dza-tsäe ngang-dhu
Batterie (f)	གློག་རྫས་	lhog-dzä
Batterie (f), mil.	མེ་སྒྱོགས་ཁང་	me-gyog-khang
Bau (m)	བཟོ་སྐྲུན་	soh-t(r)hün
Bauarbeiten (f/pl)	བཟོ་སྐྲུན་གྱི་ལས་ཀ་	soh-t(r)hün-gyi lä-ka
Bauch (m)	ཕོ་བ་	pho-wa
Bauch (m), hon.	གསོལ་གྲོད་	söl-d(r)hö
Bauchschmerzen (m/pl)	ཕོ་བའི་ན་ཟུག་	pho-wäe na-suhg
bauen	རྩིག་པ་	tsig-pa
Bauer (m)	ཞིང་པ་	sching-pa
Bauerndorf (n)	ཞིང་གྲོང་	sching-d(r)hong
Bauernfamilie (f)	ཞིང་དུད་	sching-düh
Bauernhof (m)	ཞིང་ར་	sching-ra
Bauernverband (m)	ཞིང་པའི་ཚོགས་པ་	sching-päe tzog-pa
baufällig	སྙིང་སོང་	nying-song
Baugenehmigung (f)	བཟོ་བསྐྲུན་ཆོག་མཆན་	soh-t(r)hün tschhog-tschhen
Baugerüst (n)	ལས་ཁྲི་	lä-t(r)hi
Baum (m)	ཤིང་སྡོང་	sching-dong

Deutsch	Tibetisch	Umschrift
Baumeister (m)	བཟོ་བསྐྲུན་དགེ་རྒན་	soh-t(r)hün ghe-gen
Baumstamm (m)	སྡོང་པོ་	dong-po
Baumwolle (f)	སྲིན་བལ་	sin-bel
Baumwollspin-nerei (f)	སྲིང་བལ་འཁལ་འཐག་བཟོ་གྲྭ་	sing-bel khel-thag soh-d(r)ha
Baustelle (f)	ལས་ཡུལ་	lä-jül
Bauwerk (n)	བརྩིགས་བཟོས་	tsig-söh
Bazillus (m)	ཕྲ་སྲིན་	t(r)ha-sin
beabsichtigen	འདུན་པ་བྱེད་པ་	dün-pa dschye-pa
beachten	དོ་སྣང་བྱེད་པ་	do-nhang dschye-pa
beachten, hon.	གསན་གཞེས་གནང་བ་	sen-schä nhang-wa
beachten, genau	ཞེས་པར་སྲུང་བརྩི་བྱེད་པ་	ngä-par sung-tsi dschye-pa
beachtlich	གལ་འགངས་ཡོད་པ་	gel-ghang jö-pa
Beamte (m)	སྲིད་ཞུ་བ་	si-schu-wa
beanspruchen	ཐོབ་ཐང་བཙོད་ལེན་བྱེད་པ་	thob-thang tsö-len dschye-pa
beanspruchen, tech.	འཐེན་སྟྱེད་འབབ་པ་	then-dscheh bhab-pa
Beanspruchung (f)	གནོན་ཤུགས་	nhön-schhug
beanstanden	རྙོག་ཁྲ་བཤད་པ་	nyog-t(r)ha schhe-pa
Beanstandung (f)	དཀའ་སྡུག་རྒྱུ་རྐྱེན་	ka-dug gyu-kyen
beantragen	སྙན་ཞུ་འབུལ་བ་	nyen-schu bül-wa
beantworten	ལན་འདེབས་པ་	len dhep-pa
bearbeiten	ལས་སྣོན་བྱེད་པ་	lä-nhön dschye-pa
bearbeiten (Text)	སྒྲིག་ཚོམ་བྱེད་པ་	d(r)hig-tzom dschye-wa
Bearbeitung (f)	ལས་སྣོན་བྱེད་སྟངས་	lä-nhön dschyeh-tang
beaufsichtigen	ལྟ་རྟོག་བྱེད་པ་	ta-tog dschye-pa

beauftragen	མངགས་བཅོལ་བྱེད་པ་	nghag-tschöl dschye-pa
bebaubar	མོན་རུང་བ་	mhön-rung-wa
bebauen	མོན་འདེབས་བྱེད་པ་	mhön-dhep dschye-pa
beben	གཡོ་འགུལ་བྱེད་པ་	jo-gül dschye-pa
Becher (m)	ཀྱེན་བུ་	kyen-bu
Becken (n)	གཞོང་པ་	schhong-pa
Bedachung (f)	ཐོག་ཁེབས་	thog-kheb
Bedarf (m)	མཁོ་གནད་	kho-nheh
bedauerlich	འགྱོད་པ་སྐྱེ་འོས་ཀྱི་	gyö-pa kye-wö-kyi
bedauern	འགྱོད་སེམས་བྱེད་པ་	gyö-säm dschye-pa
Bedauern (n)	འགྱོད་སེམས་	gyö-säm
bedecken	གཡོག་པ་	jhog-pa
bedenken	ཐེ་ཚོམ་སྐྱེད་པ་	the-tzom kyeh-pa
Bedenken (n/pl)	ཐེ་ཚོམ་	the-tzom
bedenklich	དོགས་གཞི་ཅན་	dog-schi-tschen
bedeuten	དོན་སྟོན་པ་	dön tön-pa
bedeutend	གནད་ཁག་ཆེན་པོ་	nheh-khag tschhen-po
Bedeutung (f)	གོ་དོན་	go-dön
Bedeutung beimessen	གལ་ཆེར་འཛིན་པ་	gel-tschher dzin-pa
bedeutungslos	མཐོན་མཚན་མེད་པ་	nghön-tzen meh-pa
bedeutungsvoll	གལ་གནད་ཅན་	gel-nheh-tschen
bedienen	གཡོག་རྒྱག་པ་	jhog gyug-pa
Bediensteter (m)	ཞབས་ཕྱི་	schab-tschhyi
Bedienung (f)	ཞབས་ཞུ་	schab-schu

Bedienung (f), tech.	བཀོལ་སྤྱོད་	köl-tschyö
Bedienungs-anleitung (f)*	བཀོལ་སྤྱོད་ལག་དེབ་	köl-tschyöh lag-deb
Bedingung (f)	ཆ་རྐྱེན་	tschha-kyen
bedingungslos	མཐའ་གཅིག་མེད་པའི་	tha-tzig meh-päe
bedrohen	སྡིགས་ར་སྐུལ་བ་	dig-ra kül-wa
bedrohlich	སྡིགས་ར་ཅན་	dig-ra-tschen
Bedrohung (f)	སྡིགས་ར་	dig-ra
bedrücken	ཡིད་ཞུམ་དུ་འཇུག་པ་	ji-schum-dhu dschug-pa
Bedürfnisse (n/pl)	མཁོ་གནས་	kho-nhä
beeilen	འགྲེལ་བ་བྱས་པ་	d(r)hel-wa dschyä-pa
beeilen, hon.	ཐུགས་འགྲེལ་གནང་བ་	thug-d(r)hel nhang-wa
beeindrucken	སེམས་ལ་འཇུག་པའམ་འཐད་པ་	säm-la dschug-pa-wam theh-pa
beeinflussen	ཤན་སྟོབས་སྤྲོད་པ་	schhen-tob t(r)hö-pa
Beeinflussung (f)	ཤན་སྟོབས་	schhen-tob
beeinträchtigen	གནོད་རྐྱེན་བྱེད་པ་	nhö-kyen dschye-pa
beenden	མཚམས་འཇོག་བྱེད་པ་	tzam-dschog dschye-pa
beerdigen	སར་སྦེད་པ་	sar bheh-pa
Beerdigung (f)	ཕུང་པོ་སྦེད་ལས་	phung-po bheh-lä
Beere (f)	ལུམ་འབྲས་	lum-d(r)hä
Beet (n)	དུམ་རའི་ས་ལམ་	dum-räe sa-lam
befahrbar	སྣུམ་འཁོར་གཏོང་རུང་བ་	nhum-khor tong-rung-wa
Befehl (m)	བཀོད་པ་	kö-pa
befehlen	བཀོད་པ་བཏང་བ་	kö-pa tang-wa
befehlen, hon.	ཞལ་བཀོད་གནང་བ་	schel-kö nhang-wa

Befehlshaber (m)	དམག་དཔོན་	mhag-pön
befestigen	བརྟན་པོར་འཇོག་པ	ten-por dschog-pa
Befestigungs-anlage (f)	འཛིང་རགས་	dzing-rag
befolgen	རྗེས་སུ་འབྲང་བ	dschä-su d(r)hang-pa
befördern	འོར་འདྲེན་བྱེད་པ	wor-d(r)hen dschye-pa
befragen	འདྲི་སློང་བྱེད་པ	d(r)hi-lheng dschye-pa
befreien	བཅིངས་བགྲོལ་གཏོང་བ	tsching-d(r)höl tong-wa
Befreiung (f)	བཅིངས་བགྲོལ་	tsching-d(r)höl
Befreiungs-bewegung (f)	བཅིངས་བགྲོལ་གྱི་ལས་འགུལ	tsching-d(r)höl-gyi lä-gül
befreunden	ཉེ་འབྲེལ་བྱེད་པ	nye-d(r)hel dschye-pa
befriedigen	འདོད་པ་སྐོང་བ	döh-pa kong-wa
befriedigend	འདོད་པ་ཁེངས་ངེས་	döh-pa kheng-nghä
Befriedigung (f)	འདོད་ཁེངས་	dö-kheng
befristet	ཚད་གཞི་ཅན་	tzeh-schi-tschen
Befugnis (f)	དབང་ཆ་	wang-tschha
Befund (m)	ཤེས་རྟོགས་	schhä-tog
befürchten	དོགས་གཞི་བྱེད་པ	dog-schi dschye-pa
Befürchtung (f)	དོགས་འཚེར་	dog-tschhar
befürworten	རམ་འདེགས་བྱེད་པ	ram-dheg dschye-pa
Befürworter (m)	རམ་འདེགས་བྱེད་མཁན་	ram-dheg dschyeh-khen
begabt	རིག་རྩལ་ཅན་	rig-tsel-tschen
Begabung (f)	རིག་རྩལ་	rig-tsel
begegnen	ཐུག་པ	thug-pa
begegnen, hon.	མཇལ་འཕྲད་གནང་བ	dschel-t(r)heh nhang-wa

Begegnung (f)	ཐུག་འཕྲད་	thug-t(r)heh
begehen	མཛད་སྒོ་བྱེད་པ་	dzeh-go dschye-pa
begehren	དགོས་འདོད་བྱེད་པ་	gö-döh dschye-pa
begeistern	དགའ་སྤྲོ་སྤེལ་བ་	ga-t(r)ho pel-wa
begeisternd	ཡིད་སྨོན་འཕེལ་བའི་དང་ནས་	jih-mön phel-wae ngang-nä
begeistert	སྤྲོ་སེམས་ཆེན་པོ་	t(r)ho-säm tschhen-po
Begeisterung (f)	སྤྲོ་སེམས་	t(r)ho-säm
Beginn (m)	འགོ་འཛུགས་	go-dzug
beginnen	མགོ་ཚུགས་པ་	go-tzug-pa
beginnen, hon.	དབུ་ཚུགས་པ་	u-tzug-pa
beglaubigen	དངོས་སྦྱོར་གཏོང་བ་	ngö-dschyor tong-wa
Beglaubigungs-schreiben (n)	རྒྱལ་ཡིག་	gyel-jig
begleiten	མཉམ་དུ་འགྲོ་བ་	nyam-dhu d(r)ho-wa
Begleiter (m)	རོགས་ཟླ་	rog-da
Begleitschreiben (n)	ལམ་ཡིག་	lam-jig
Begleitstern (m)	སྲུང་སྐར་	sung-kar
Begleitung (f)	མཉམ་ཚོགས་	nyam-tzog
beglückwünschen	དགའ་བསུ་ཞུ་བ་	ga-su schu-wa
begnadigen	དགོངས་སེལ་གནང་བ་	gong-sel nhang-wa
begnadigen, pol.	ཉེས་ཆད་གུ་ཡངས་གཏོང་བ་	nyä-tschheh ghu-jang tong-wa
Begnadigung (f)	དགོངས་སེལ་	gong-sel
Begnadigung (f), pol.	ཉེས་ཆད་གུ་ཡངས་	nyä-tschheh ghu-jang
begnügen	ཚིམ་པར་བྱེད་པ་	tzim-par dschye-pa
Begräbnis (n)	ཕུང་པོ་འདོན་ལས་	phung-po dön-lä

begreifen	དོན་རྟོགས་པ་	dön tog-pa
begreiflich	རྟོགས་ནུས་	tog-nhü
begrenzen	ཚད་བཀག་བཟོ་བ་	tzeh-kag soh-wa
begrenzt	ཚད་ཡོད་པ་	tzeh-jö-pa
Begriff (m)	དོན་སྤྱི་	dön-tschyi
begründen	རྒྱུ་མཚན་སྟོན་པ་	gyu-tzen t(r)hö-pa
begrüssen	མཚམས་འདྲི་ཞུ་བ་	tzam-d(r)hi schu-wa
Begrüssung (f)	མཚམས་འདྲི་	tzam-d(r)hi
Begrüssungs-veranstaltung (f)	ཕེབས་བསུའི་དགའ་སྟོན་	peb-süe ga-tön
begünstigen	ཕྱོགས་རིས་བྱེད་པ་	tschhyog-rig dschye-pa
begünstigen, hon.	གཟིགས་སྐྱོང་གནང་བ་	sihg-kyong nhang-wa
begutachten	ཚད་ཞིབ་བྱེད་པ་	tseh-schub dschye-pa
begütert	འབྱོར་ལྡན་	dschyor-den
behaart	སྤུ་ཅན་	pu-tschen
behalten	ཉར་བ་	nyar-wa
Behälter (m)	སྣོད་ཆས་	nhö-tschhä
behandeln	ལྟ་སྐྱོངས་འཛིན་པ་	ta-tang dzin-pa
behandeln, med.	སྨན་བཅོས་བྱེད་པ་	men-tschö dschye-pa
Behandlung (f)	སྐྱོང་ཚུལ་	kyong-tzül
Behandlung (f), med.	སྨན་བཅོས་	men-tschö
beharren auf	ཐུགས་རུས་བྱེད་པ་	thug-rü dschye-pa
beharrlich	སྙུགས་རུས་ཆེན་པོ་	nyug-rü tschhen-po
Beharrlichkeit (f)	སྙུགས་རུས་	nyug-rü
behaupten	ཡིན་ཚུལ་བརྗོད་པ་	jin-tzül dschö-pa

Deutsch	Tibetisch	Umschrift
Behauptung (f)	བདག་གཅེས་	dag-tschä
beheben	ཞིག་གསོ་བྱེད་པ་	schig-so dschye-pa
beherbergen	གནས་ཚང་གཡར་བ་	nhä-tzang jhar-wa
beherrschen	དབང་གྱུར་བྱེད་པ་	wang-gyur dschye-pa
Beherrschung (f)	ཚོད་འཛིན་	tzö-dzin
beherzigen	སེམས་ལ་འཛོག་པ་	säm-la dschog-pa
behindern	གེགས་བྱེད་བྱེད་པ་	gäg-dschyeh dschye-pa
Behinderung (f)	བང་འགྲན་ཛོད་སྟོམ་	bhang-d(r)hen dschöh-nyom
behindert	བང་འགྲན་ཛོད་སྟོམ་པའི་	bhang-d(r)hen dschöh-nyom-pae
Behörde (f)	གཞུང་དབང་	schung-wang
bei	ཙར་	tsar
beibringen	བྱེད་ཚུལ་སྟོན་པ་	dschyeh-tzül tön-pa
beide	གཉིས་ཀར་	nyii-kar
Beifall (m)	དགའ་བསུའི་ཐལ་སྒྲ་	ga-süe thel-d(r)ha
Beihilfe (f)	རྒྱུད་སྐུལ་	gyü-kül
Beilage (f)	ཁ་སྣོན་	kha-nhön
beilegen	མཉམ་དུ་ཛོངས་པ་	nham-dhu dzong-wa
Beileid (n)	སེམས་གསོ་	säm-so
Beileid bekunden	སེམས་གསོ་གཏོང་བ་	säm-so tong-wa
Bein (n)	རྐང་པ་	kang-pa
beinahe	ཕལ་ཆེར་	phel-tschher
Beinbruch (m)	རྐང་པ་ཆག་སྐྱོན་	kang-pa tschhag-kyön
beipflichten	ངོས་ལེན་བྱེད་པ་	ngö-len dschye-pa
Beispiel (n)	དཔེར་བརྗོད་	per-dzö

beispielhaft	དཔེར་འོས་པ་	per-wö-pa
beispiellos	མཚུངས་དཔེ་མེད་པའི་	tzung-pe meh-päe
beissen	སོ་རྒྱག་པ་	so gyag-pa
beistehen	རྒྱབ་ལང་བྱེད་པ་	gyab-lang dschye-pa
beisteuern	ཕྱི་སར་སྤུངས་པ་	tschyi-sar pung-pa
Beitrag (m)	བསྡུ་བྱ་	du-dschya
beitragen zu	བསྡུ་བྱ་རྒྱག་པ་	du-dschya gyag-pa
beitreten	ཞུགས་པ་	schug-pa
Beitritt (m)	མཐུད་མཚམས་	thü-tzam
beiwohnen (einer Sitzung)	ཟུར་ཞུགས་གནང་བ་	suhr-schug nhang-wa
bekämpfen	རྒོལ་འཛིང་བྱེད་པ་	göl-dzing dschye-pa
bekannt	ངོ་ཤེས་པ་	ngo-schhä-pa
Bekannte (m)	ངོ་ཤེས་པའི་མི་	ngo-schhä-pae mi
Bekanntgabe (f)	ཁྱབ་བསྒྲགས་	khyab-d(r)hag
bekanntgeben	ཁྱབ་བསྒྲགས་བྱེད་པ་	khyab-d(r)hag dschye-pa
Bekanntmachung (f)	དྲིལ་བསྒྲགས་	d(r)hil-d(r)hag
Bekanntschaft (f)	ངོ་ཤེས་	ngo-schhä
bekennen	ཞུ་གཏུག་བྱེད་པ་	schu-tug dschye-pa
beklagen	དཀའ་སྡུག་གི་རྒྱུ་རྐྱེན་བཤད་པ་	ka-dug-gi gyu-kyen schheh-pa
Bekleidung (f)	གྱོན་ཆས་	gyön-tschhä
bekommen	ཐོབ་པ་	thob-pa
bekommen, med.	ཕོག་པ་	phog-pa
Belag (m)	རྩི་	tsi
belanglos	འབྲེལ་མེད་ཀྱི་	d(r)hel-meh-kyi

belasten	སེམས་འཁུར་གྱིས་གནོན་པ་	säm-khur-gyi nhön-pa
belasten, jur.	ནག་ཉེས་འཛུགས་པ་	nag-nyä dzug-pa
belästigen	ཡང་ཡང་སུན་པོ་བཟོ་བ་	jang-jang sün-po soh-wa
belaufen	ཁྱོན་འབོར་ཟིན་པ་	khyön-bor sihn-pa
Beleg (m)	བྱུང་འཛིན་	dschyung-dzin
belegen	རང་མདོག་སྟོན་པ་	rang-dog tön-pa
Belegschaft (f)	ལས་བྱེད་པའི་ཚན་པ་	lä-dschyeh-pae tzen-pa
Belehrung (f)	སློབ་ཁྲིད་	lhob-t(r)hih
beleidigen	ཚིག་རྩུབ་བརྗོད་པ་	tsig-tsub dschö-pa
Beleidigung (f)	དམའ་འབེབ་	mha-beb
beleuchten	འོད་སྣང་སྤེལ་བ་	wö-nhang pel-wa
Beleuchtung (f)	འོད་སྣང་	wö-nhang
belieben, nach	རང་འདོད་ལྟར་	rang-dö-tahr
beliebt	མང་མོས་ཅན་	mang-mö-tschen
Beliebtheit (f)	མང་མོས་	mang-mö
beliefern	དགོས་མཁོ་སྤྲོད་པ་	gö-kho t(r)hö-pa
bellen	ཁྱིའི་ཟུག་སྐད་རྒྱག་པ་	khyie-suhg-keh gyag-pa
belohnen	བྱ་དགའ་སྤྲོད་པ་	dschya-ga t(r)hö-pa
Belohnung (f)	ལེགས་འབུལ་	läg-bül
bemannt	མི་ཡོད་	mi-jöh
bemerkbar	མངོན་གསལ་ཅན་	nghön-sel-tschen
bemerken	དོ་སྣང་བྱུང་བ་	dho-nhang dschyung-wa
bemerkenswert	སྔགས་འོས་པའི་	nghag-wö-pae
Bemerkung (f)	མཆན་བུ་	tschhen-bhu
bemitleiden	སྙིང་རྗེ་བྱེད་པ་	nying-dsche dschye-pa

bemitleidenswert	སྙིང་རྗེ་བྱེད་འོས་ཀྱི་	nying-dsche dschyeh-wö-kyi
bemühen	འབད་བརྩོན་བྱེད་པ་	beh-tsön dschye-pa
Bemühung (f)	འབད་བརྩོན་	beh-tsön
benachbart	ཁྱིམ་མཚེས་ཀྱི་	khyim-tzä-kyi
benachrichtigen	བདག་ལན་སྟོད་པ་	da-len t(r)hö-pa
Benachrichtigung (f)	བདག་ལན་	da-len
benachteiligen	དབྱེ་འབྱེད་གཏོང་བ་	je-dschyeh tong-wa
Benachteiligung (f)	དབྱེ་འབྱེད་	je-dschyeh
Benehmen (n)	སྤྱོད་ལམ་	tschyö-lam
benehmen	སྤྱོད་ལམ་ཡག་པོ་བྱེད་པ་	tschyö-lam jag-po dschye-pa
Benehmen (n)	སྤྱོད་ལམ་	tschyö-lam
beneiden	ཕྲག་དོག་བྱེད་པ་	t(r)ha-dog dschye-pa
beneidenswert	ཕྲག་དོག་སྐྱེ་རུང་	t(r)ha-dog kye-rung
benennen	མིང་འདོགས་བྱེད་པ་	ming-dog dschye-pa
benötigen	དགོས་ཀྱི་ཡོད་པ་	gö-kyi jö-pa
benutzen	བེད་སྤྱོད་པ་	bheh tschyö-pa
Benutzer (m)	བེད་སྤྱོད་གཏོང་མཁན་	bheh-tschyö tong-khen
benutzerfreundlich	བེད་སྤྱོད་གཏོང་བདེ་པོ་	bheh-tschyöh tong-dheh-po
Benutzung (f)	བེད་སྤྱོད་	bheh-tschyö
Benzin (n)	རྡོ་སྣུམ་དྭངས་མ་	do-nhum dhang-ma
beobachten	རྡོ་སྣང་བྱེད་པ་	dho-nhang dschye-pa
Beobachtung (f)	རྡོ་སྣང་	dho-nhang
Beobachtungsstation (f)	བརྟག་དཔྱད་ས་ཚིགས་	tahg-tschyeh sa-tzig

bequem	སྟོད་པོ་	hlö-po
Bequemlichkeit (f)	ལེ་ལོའི་རང་བཞིན་	le-löe rang-schin
beraten	སློབ་སྟོན་བྱེད་པ་	lhob-tön dschye-pa
Berater (m)	སློབ་སྟོན་པ་	lhob-tön-pa
Beratung (f)	སློབ་སྟོན་	lhob-tön
berauben	བཅོམ་པ་	tschom-pa
berechnen	རྩིས་རྒྱག་པ་	tsi gyag-pa
Berechnung (f)	རྩིས་བཞི་	tsi-schi
berechtigen	ཐོབ་ཐང་སྟོད་པ་	thob-thang t(r)hö-pa
Berechtigung (f)	ཐོབ་ཐང་	thob-thang
Berechtigungsschein (m)	ཐོབ་ཐང་ལག་འཁྱེར་	thob-thang lag-kyer
Bereich (m)	རྒྱ་ཁྱོན་	gya-khyön
bereichern	གཞན་ནོར་ལེན་པ་	schen-nor len-pa
bereinigen	ཡོ་སྲང་བྱེད་པ་	jo-sang dschye-pa
bereit	གྲ་སྒྲིག་	d(r)ha-d(r)hig
bereits	སྔ་ས་ནས་	ngha-sa-nä
bereuen	བློ་འགྱོད་བྱེད་པ་	lho-gyöh dschye-pa
Berg (m)	རི་	ri
bergab	ཐུར་	thur
bergauf	རིའི་གྱེན་	rie-gyen
Bergbau (m)	གཏེར་ལས་	ter-lä
Bergbau betreiben	གཏེར་ཁ་གཏོན་པ་	ter-kha tön-pa
bergen	ཉེན་ཀ་ལས་སྐྱོབ་པ་	nyen-ka-lä kyob-pa
Bergführer (m)	རིའི་ལམ་སྟོན་པ་	rie lam-tön-pa

bergig	རི་རྒྱུད་ཀྱི་	ri-gyü-kyi
Bergsteiger (m)	རི་ལ་འཛེགས་མཁན་	ri-la dzeg-khen
Bergwandern (n)	རི་རྒྱུད་གང་འགྲོས་	ri-gyü kang-d(r)hö
Bericht (m)	སྙན་ཞུ་	nyen-schu
berichten, hon.	སྙན་སེང་ཞུ་བ་	nyen-seng schu-wa
Berichterstatter (m)	གསར་འགོད་པ་	sar-göh-pa
berichtigen	ནོར་བཅོས་བྱེད་པ་	nor-tschö dschye-pa
Berichtigung (f)	ནོར་བཅོས་	nor-tschö
Bernstein (m)	སྤོས་ཤེལ་	pö-schhel
berüchtigt	མིང་ངན་ཀུན་གྲགས་ཅན་	ming-ngen kün-d(r)hag-tschen
berücksichtigen	ཆ་འཛོག་བྱེད་པ་	tschha-dschog dschye-pa
Berücksichtigung (f)	ཆ་བཞག་	tschha-schag
Beruf (m)	ཆེད་ལས་	tschheh-lä
berufen	ལུང་འདྲེན་བྱེད་པ་	lung-d(r)hen dschye-pa
beruflich	ཆེད་ལས་ཀྱི་	tschheh-lä-kyi
Berufsausbildung (f)	ཆེད་ལས་ཀྱི་སྦྱོང་བདར་	tschheh-lä-kyi dschyong-dar
Berufsgruppe (f)	ལས་རིགས་	lä-rig
Berufskrankheit (f)	ལས་ཀ་ལས་ཕོག་པའི་ནད་རིགས་	lä-ka-lä phog-pae neh-rig
Berufsverkehr (m)	འབྲེལ་འཚུབ་དུས་སྐང་གི་འགྲིམ་འགུལ་	d(r)hel-tzub dhü-gang-gi d(r)him-d(r)hül
Berufung (f)	བསྐོ་བཞག་	ko-schag
beruhen	གཞི་རྩར་བཟུང་བ་	schi-tsar suhng-wa
beruhigen sich	ཞི་སློད་དུ་འགྱུར་བ་	schi-hlö-dhu gyur-wa
Beruhigungs-mittel (n)	ཞུང་སྨན་	lhung-men

berühmt	སྙན་གྲགས་ཅན་	nyen-d(r)hag-tschen
Berühmtheit (f)	སྙན་གྲགས་	nyen-d(r)hag
berühren	འཆང་བ་	tschhang-wa
Berührung (f)	རེག་ཚོར་	reg-tzor
Besatzung (f)	ལས་མིའི་རུ་ཕོག་	lä-mie ru-schhog
beschädigen	སྐྱོན་གཏོང་བ་	kyön tong-wa
Beschädigung (f)	སྐྱོན་ཆག་	kyön-tschhag
beschäftigen	ལས་ཀ་སྟོད་པ་	lä-ka t(r)hö-pa
Beschäftigung (f)	ལས་གར་བཀོད་འཇུག་	lä-kar kö-dschug
beschämen	ངོ་ཚ་བ་	ngo tza-wa
beschämend	ངོ་ཚ་པོ་	ngo-tza-wo
Bescheid (m)	ཡ་ལན་	ja-len
bescheiden	བག་ཡོད་ཅན་	bhag-jöh-tschen
Bescheidenheit (f)	བག་ཡོད་	bhag-jöh
Beschlag nehmen, in	གཞུང་བཞེས་གཏོང་བ་	schung-schä tong-wa
Beschlagnahmung (f)	གཞུང་བཞེས་	schung-tschä
beschleunigen	མགྱོགས་སུ་གཏོང་བ་	gyog-su tong-wa
Beschleunigung (f)	མགྱོག་ཚད་	gyog-tzeh
beschliessen	ཐག་གཅོད་པ་	thag tschö-pa
Beschluss (m)	ཐག་གཅོད་	thag-tschöh
Beschluss (m) fassen	བློས་ཆོད་གཏན་འབེབས་བྱེད་པ་	d(r)hö-tschhö ten-bep dschye-pa
beschränken	ཟུར་བཀག་བྱེད་པ་	suhr-kag dschye-pa
beschreiben	འགྲེལ་བཤད་རྒྱག་པ་	d(r)hel-schheh gyag-pa
Beschreibung (f)	འགྲེལ་བཤད་	d(r)hel-schheh

beschuldigen	ཉག་ཉེས་འཛུགས་པ་	nag-nyä dzug-pa
Beschuldigung (f)	ཉག་ཉེས་སྐྱོན་འཛུགས་	nag-nyä kyön-dzug
beschützen	སྲུང་སྐྱོབས་བྱེད་པ་	sung-kyob dschye-pa
Beschützer (m)	སྐྱོབ་མཁན་	kyob-khen
beseitigen	ཕྱིར་འབུད་བྱེད་པ་	tschhyir-bü dschye-pa
Beseitigung (f)	འཕྱིར་འདོན་	tschhyir-dön
Besen (m)	ཕྱགས་མ་	tschhyag-ma
Besenstiel (m)	ཕྱགས་མའི་ཡུ་བ་	tschhyag-mae ju-wa
besetzen	བདག་བཟུང་བྱེད་པ་	dag-suhng dschye-pa
besetzen, mil.	བཙན་འཛུལ་བྱེད་པ་	tsen-dzül dschye-pa
Besetzung (f), mil.	བཙན་འཛུལ་	tsen-dzül
besichtigen	ལྟ་སྐོར་ལ་སྐྱོད་པ་	ta-kor-la kyöh-pa
besichtigen, hon.	གཟིགས་བསྐོར་ཐབས་པ་	sihg-kor thä-pa
Besichtigung (f)	ལྟ་སྐོར་	ta-kor
Besichtigung (f), hon.	གཟིགས་བསྐོར་	sihg-kor
besiedeln	གཞིས་གསར་ཆགས་པ་	schi-sar tschhag-pa
besiegen	ཕམ་ཉེས་གཏོང་བ་	pham-nyä tong-wa
Besinnung (f)	རིག་ཚོར་	rig-tzor
besinnungslos	དན་མེད་	d(r)hen-meh
Besitz (m)	རྒྱུ་ནོར་	gyu-nor
Besitz (m) (von Vieh)	ཕྱུགས་བདག་	tschhyug-dag
besitzen	བདག་ཏུ་འཛིན་པ་	dag-tu dzin-pa
Besitzer (m)	བདག་པོ་	dag-po
Besitzverhältnisse (n/pl)	རྒྱུ་ནོར་མང་ཉུང་	gyu-nor mang-nyung

besonders	དམིགས་གསལ་	mhig-sel
Besonderheit (f)	ཐུན་མོང་མ་ཡིན་པའི་རང་བཞིན་	thün-mong ma-jin-pae rang-schin
besonders	དམིགས་གསལ་གྱི་	mhig-sel-kyi
Besorgnis (f)	སེམས་འཕྲེལ་	säm-t(r)hel
besorgniserregend	དངངས་སྐྲག་ཚ་པོ་	ngang-t(r)hag tza-po
besorgt	སེམས་འཚབ་	säm-tzab
besorgt sein, hon.	ཐུགས་འཁུར་གནང་བ་	thug-khur nhang-wa
besorgt sein um	སེམས་ཁལ་བྱེད་པ་	säm-t(r)hel dschye-pa
besprechen	བགྲོ་གླེང་བྱེད་པ་	d(r)ho-lheng dschye-pa
Besprechung (f)	གྲོ་གླེང་	d(r)o-lheng
besser	ཡག་ག་	jag-ga
besser gehen	ཡག་དུ་ཕྱིན་པ་	jag-dhu tschhyin-pa
Besserung (f)	ཡར་རྒྱས་	jar-gyä
Bestand (m)	ཡོད་ཚུལ་	jö-tzül
beständig	འགྱུར་བ་མེད་པ་	gyur-wa meh-pa
Beständigkeit (f)	རྒྱུན་གནས་	gyün-nhä
Bestandteil (m)	གྲུབ་ཆ་	d(r)hub-tschha
bestätigen	དེས་བདེན་བཟོ་བ་	ngä-ten soh-wa
Bestätigung (f)	གཏན་འབེབས་	ten-beb
beste	དག་ཤོས་	d(r)hag-schhö
bestechen	སྐྱག་བཟན་སྤྲོད་པ་	kog-nghen t(r)höh-pa
bestechlich	རུལ་ཉེན་ཅན་གྱི་	rül-nyen-tschen
Bestechung (f)	སྐྱག་ཟ་རུལ་སུངས་	kog-sah rül-sung
bestehen auf	ནན་སྐུལ་བྱེད་པ་	nen-kül dschye-pa

bestellen	བཀོད་པ་གཏོང་བ་	kö-pa tong-wa
bestellen (Feld)	མོན་པ་རྒྱག་པ་	mhön-pa gyag-pa
Beste (n)	ཡག་ཤོས་	jag-schhö
besteuern	ཁྲལ་བསྡུ་བ་	t(r)hel du-wa
Besteuerung (f)	ཁྲ་བསྡུ་	t(r)hel-du
bestimmen	གཏན་འབེབས་བྱེད་པ་	ten-beb dschye-pa
bestimmt	ཏན་ཏན་	ten-ten
Bestimmung (f)	སྒྲིག་སྲོལ་གཏན་འབེབས་	d(r)hig-söl ten-beb
Bestimmungsort (m)	འབྱོར་ཡུལ་	dschyor-jül
bestrafen	ཉེས་ཆད་གཏོང་བ་	nyä-tschheh tong-wa
Bestrafung (f)	ཉེས་ཆད་	nye-tschheh
bestreiken	ལས་མཚམས་ངོ་རྒོལ་བྱེད་པ་	lä-tzam ngo-göl dschye-pa
bestreiten	མིན་ཟེར་བ་	min sehr-wa
bestürmen	ཕར་རྒོལ་བྱེད་པ་	phar-göl dschye-pa
Bestürzung (f)	འཇིགས་དངངས་	dschig-ngang
Besuch (m)	ཐུག་ཕྲད་	thug-t(r)heh
besuchen	ཐུག་ཕྲད་དུ་འགྲོ་བ་	thug-t(r)heh-dhu d(r)ho-wa
Besucher (m)	མགྲོན་པོ་	d(r)hön-po
betätigen	བྱ་བ་བྱེད་པ་	dschya-wa dschye-pa
betäuben	དྲིད་སྨེན་གཏོང་བ་	d(r)hih-men tong-wa
beteiligen	མཉམ་དུ་བྱེད་པ་	nyam-dhu dschye-pa
Beteiligung (f)	མཉམ་ཞུགས་	nyam-schug
beten	སྨོན་ལམ་བརྒྱབས་པ་	mhön-lam gyab-pa
beten, hon.	ཐུགས་སྨོན་གནང་བ་	thug-mhön nhang-wa
betonen	ནན་ཏན་བརྗོད་པ་	nen-ten nhen-pa

Betracht (m)	བསམ་ཞིབ་	sam-schib
betrachten als	རྩིས་འཛོག་བྱེད་པ་	tsi-dschog dschye-pa
beträchtlich	གལ་འགངས་ཡོད་པ་	gel-gang jöh-pa
Betrag (m)	ཁྱོན་འབོར་	khyön-bor
betragen	ཁྱོན་འབོར་ཟིན་པ་	khyön-bor sihn-pa
Betragen (n)	སྤྱོད་པ་	tschyöh-pa
Betragen (n), hon.	མཛད་སྤྱོད་	dzeh-tschyöh
Betreff (m)	གོང་འབུལ་	ghong-bül
betreffen	འགན་འཁུར་བ་	gen khur-wa
betreffend	སྐོར་ལ་	kor-la
betreiben	འཛིན་སྐྱོང་བྱེད་པ་	dzin-kyong dschye-pa
betreten	ནང་དུ་འཛུལ་བ་	nang-dhu dzül-wa
betreuen	ལྟ་སྐྱོང་བྱེད་པ་	ta-kyong dschye-pa
Betrieb (m)	ཐུན་མོང་ཚོང་ལས་ཁང་	thün-mong tzong-lä-khang
Betriebsanleitung (f)*	བཀོལ་སྤྱོད་རྒྱུས་སྟོན་	köl-tschyöh gyü-tön
Betriebsergebnis (n)	ཐུན་མོང་ཚོང་ལས་ཁང་གི་གྲུབ་འབྲས་	thün-mong tzong-lä khang-gi d(r)hub-d(r)hä
Betriebsgewinn (m)	ཐུན་མོང་ཚོང་ལས་ཁང་གི་ཁེ་སང་	thün-mong tzong-lä khang-gi khe-sang
Betriebskapital (n)	ཐབས་ལེན་མ་རྩ་	thab-len ma-tsa
Betriebskosten (f/pl)	ཐུན་མོང་ཚོང་ལས་ཁང་གི་འགྲོ་སོང་	thün-mong tzong-lä khang-gi d(r)ho-song
Betriebs-wirtschaft (f)	ཐུན་མོང་ཚོང་ལས་ཁང་གི་འཛིན་སྐྱོང་	thün-mong tzong-lä khang-gi dzin-kyong
betrinken	ཆང་རག་ཚད་མེད་དུ་འཐུང་བ་	tschhang-rag tzeh-meh-dhu thung-wa
Betrug (m)	མགོ་སྐོར་	go-kor
betrügen	མགོ་སྐོར་གཏོང་བ་	go-kor tong-wa

Betrüger (m)	ཁྲམ་པ་	t(r)ham-pa
betrügerisch	གཡོ་སྒྱུ་ཅན་གྱི་	jo-gyu tschen-gyi
betrunken	ར་བཟི་	ra-sih
Betrunkener (m)	མི་ར་བཟི་	mi ra-sih
Bett (n)	ཉལ་ཁྲི་	nyel-t(r)hi
Bett (n), hon.	གཟིམ་ཁྲི་	sihm-t(r)hi
Bettdecke (f)	ཉལ་ཁེབ་	nyel-kheb
Bettdecke (f), hon.	གཟིམ་ཁེབ་	sihm-kheb
betteln	སློང་བ་	lhong-wa
bettlägerig	མལ་དུ་ལྷུང་བ་	mel-dhu hlung-wa
Bettler (m)	སློང་མཁན་	lhong-khen
Bettzeug (n)	ཉལ་ཆས་	nyel-tschhä
Bettzeug (n), hon.	གཟིམ་ཆས་	sihm-tschhä
Beule (f)	སྐྲང་སྦོས་	t(r)hang-bö
beunruhigen	སེམས་འཁྲུག་བྱེད་པ་	säm-t(r)hel dschye-pa
beurkunden	ཁུངས་སྐྱེལ་དངོས་སྟོར་སྒྲུབ་པ་	khung-kyel ngö-dschyor t(r)höh-pa
beurteilen	དཔྱད་ཁྲ་གཏོང་བ་	tschyeh-t(r)ha tong-wa
Beurteilung (f)	དཔྱད་ཁྲ་	tschyeh-t(r)ha
Beute (f)	བཅོམ་པའི་རྫས་	tschom-pae dzä
Beutel (m)	ཁུག་མ་	khug-ma
bevölkern	མི་ཚོགས་ཆགས་པ་	mi-tzog tschhag-pa
Bevölkerung (f)	མི་འབོར་	mi-bor
bevollmächtigen	དབང་ཆ་སྤྲོད་པ་	wang-tschha t(r)höh-pa
Bevollmächtigung (f)	དབང་ཆད་སྤྲོད་ལེན་	wang-tzeh t(r)höh-len

bevor	སྔོན་དུ་	nghön-dhu
bevorzugen	དགའ་འདེམས་ཞེན་སྐྱུར་བྱེད་པ་	ga-däm schen-kyur dschye-pa
bevorzugt	དགའ་འདེམས་ཡོད་པའི་	ga-däm jöh-pae
Bevorzugung (f)	དགའ་འདེམས་	ga-däm
bewachen	སྲུང་པ་	sung-pa
Bewacher (m)	ལྟ་སྐྱོང་བྱེད་པོ་	ta-kyong dschyeh-po
bewaffnet	གོ་མཚོན་འཐོགས་པའི་	go-tzön thog-pae
Bewaffnung (f)	གོ་ལག་ཆ་	go lag-tschha
bewahren	ཉར་ཚགས་པ་	nyar-tzag-pa
bewähren	སྤུས་ཚད་སྟོན་པ་	pü-tzeh tön-pa
Bewährung (f), jur.	ཚོད་ལྟའི་ཉེས་ཡང་	tzö-täe nyä-jang
bewältigen	ཁ་གཏད་གཅོག་པ་	kha-teh tschog-pa
bewässern	ཡུར་ཆུ་འདྲེན་བ་	jur-tschhu d(r)hen-wa
Bewässerung (f)	ཞིང་ཆུ་འདྲེན་གཏོང་	schin-tschhu d(r)hin-tong
Bewässerungs- anlage (f)	ཞིང་ཆུ་འདྲེན་གཏོང་གི་ཡུར་པོ་	schin-tschhu d(r)hin-tong-gyi jur-po
bewegen	འགུལ་བ་	gül-wa
Beweggrund (m)	ཀུན་སློང་	khün-lhong
beweglich	སྤོ་རུང་བ་	po-rung-wa
Bewegung (f)	འགུལ་སྐྱོད་	gül-kyö
Bewegung (f) pol.	ལས་འགུལ་	lä-gül
bewegungslos	གཡོ་འགུལ་མེད་པའི་	jo-gül meh-pae
Beweis (m)	ཁུངས་སྐྱེལ་	khung-kyel
beweisen	ཁུངས་སྐྱེལ་བ་	khung kyel-pa
Beweisstück (n)*	བདེན་པ་ར་སྤྲོད་ཀྱི་དངོས་པོ་	den-pa ra-t(r)höh-kyi ngö-po

bewerben	ཞུ་འབུལ་བྱེད་པ་	schu-bül dschye-pa
Bewerber (m)	སྙན་ཞུ་འབུལ་མཁན་	nyen-schu bül-khen
Bewerbung (f)	སྙན་ཞུ་	nyen-schu
Bewerbungsfrist (f)	སྙན་ཞུའི་དུས་བཀག་	nyen-schue dhü-kag
Bewerbungsschreiben (n)	སྙན་ཞུའི་གཏོང་ཡིག་	nyen-schue tong-jig
Bewerbungsunterlagen (f/pl)	སྙན་ཞུའི་ཡིག་ཆ་	nyen-schue jig-tschha
bewerten	དཔྱད་ཁྲ་གཏོང་བ་	tschyeh-t(r)ha tong-wa
Bewertung (f)	དཔྱད་ཞིབ་	tschyeh-schib
Bewohner (m)	གནས་སྡོད་པ་	nhä-döh-pa
bewilligen	ཆོག་མཆན་སྤྲོད་པ་	tschhog-tschhen t(r)hö-pa
bewirken	རྒྱུ་བྱེད་པ་	gyu dschye-pa
bewohnbar	སྡོད་རུང་བའི་	döh-rung-wae
bewohnen	གནས་བཅའ་བ་	nhä tscha-wa
Bewohner (m) (eines Landes)	ཡུལ་མི་	jül-mi
bewölken	སྤྲིན་གྱིས་འཐིབས་པ་	t(r)hin-gyi thib-pa
bewölkt	སྤྲིན་འཐིགས་པའི་	t(r)hin-t(r)hig-pae
Bewölkung (f)	སྤྲིན་པ་	t(r)hin-pa
bewundern	ཡིད་སྨོན་སྐྱེད་པ་	jih-mhön kyeh-pa
bewundernswert	ཡིད་སྨོན་སྐྱེད་འོས་པ་	jih-mhön kyeh-wö-pa
Bewunderung (f)	ཡིད་རངས་	jih-rang
bewusst	ཆེད་མངགས་	tschheh-ngag
bewusstlos	དྲན་པ་མེད་པ་	d(r)hen-pa meh-pa
Bewusstsein (n)	རྣམ་ཤེས་	nham-schhä

Bewusstseins-formen (f/pl)	ཡིད་ཤེས་ཀྱི་རྣམ་འགྱུར་	jih-schhä-kyi nham-gyur
bezahlen	རིན་སྟོད་པ་	rin t(r)höh-pa
Bezahlung (f)	སྟོད་འབབ་	t(r)höh-bab
bezeichnen	མཚོན་པར་བྱེད་པ་	tzön-par dschye-pa
bezeichnend	དཔེ་མཚོན་འཁྲུལ་མེད་	peh-tzön t(r)hül-meh
Bezeichnung (f)	མཚོན་རྟགས་	tzön-tahg
bezeugen	བདེན་དཔང་བྱེད་པ་	den-pang dschye-pa
beziehen	འབྲེལ་སྦྱོར་བྱེད་པ་	d(r)hel-dschyor dschye-pa
Beziehung (f)	འབྲེལ་བ་	d(r)hel-wa
Beziehung (f) aufnehmen	འབྲེལ་ལམ་དངོས་སུ་འཛུགས་པ་	d(r)el-lam ngö-su dzug-pa
Beziehung (f), (Art und Weise)	འབྲེལ་ཚུལ་	d(r)el-tzül
Beziehungen (f) aufnehmen, (diplomat.)	ཕྱི་འབྲེལ་གྱི་འབྲེལ་བ་དངོས་སུ་འཛུགས་པ་	tschhyi-d(r)hel-gyi d(r)hel-wa ngö-su dzug-pa
Bezug (m)	ཟུར་མཚོན་	suhr-tzen
Bezugsquelle (f)	དགོས་མཁོའི་འབྱུང་ཁུངས་	gö-khöe dschyung-khung
bezweifeln	ཐེ་ཚོམ་སྐྱེད་པ་	the-tzom kyeh-pa
bezwingen	འདུལ་བ་	dül-wa
Bibliothek (f)	དཔེ་མཛོད་ཁང་	pe-dzö-kang
biegen	བཀུག་པ་	kug-pa
biegsam	མཉེན་པོ་	nyen-po
Biegung (f)	གུག་འཁྱོག་	ghug-khyog
Biene (f)	སྦྲང་མ་	d(r)hang-ma
Bier (n)	བླུ་ཆང་	bu-tschhang
bieten	འབུལ་བ་	bül-wa

Bigamie (f)	བཟའ་གསུམ་	sah-sum
Bilanz (f), econ.	བྱུང་སོང་ལྷག་བསྡད་	dschyung-song hlag-deh
bilateral	ངོས་གཉིས་མ་	nghö nyii-ma
Bild (n)	རི་མོ་	ri-mo
bilden	ཤེས་ཡོན་སློབ་པ་	schhä-jön lhob-pa
Bildhauer (m)	འཇིམ་བཟོ་པ་	dschim-soh-pa
Bildung (f)	ཡོན་ཏན་	jön-ten
Bildung (f), hon.	སྐུ་ཡོན་	ku-jön
Bildungsgrad (m)	རིག་གནས་ཀྱི་ཡོད་ཚད་	rig-nhä-kyi jöh-tzeh
Bildungswesen (n)	སློབ་ལུགས་	lhob-lug
billig	གོང་ཁེ་པོ་	ghong khe-po
billigen	བཀའ་འཁྲོལ་བ་	ka t(r)höl-wa
Billigung (f)	བཀའ་འཁྲོལ་	ka-t(r)höl
Binde (f)	དཔྱང་ཐག་	tschang-thag
Binde (f), med.	རྨ་དཀྲིས་	mha-t(r)hi
Bindehautentzündung (f)	ཕྲིན་སྤྱིའི་ཚད་ནད་	t(r)hin-kyie tzeh-neh
binden	སྡམ་པ་	dam-pa
Bindfaden (m)	སྐུད་པ་	küh-pa
Bindung (f)	བཅིང་ཞགས་	tsching-schag
Binnengewässer (n/pl)	ནང་ཁུལ་ཆུ་བོ་	nang-khül tschhu-bho
Binnenhandel (m)	ནང་གི་ཉོ་ཚོང་	nang-gi nyo-tzong
Binnenmarkt (m)	ནང་གི་ཚོང་འདུས་	nang-gi tzong-dü
Biochemie (f)	སྐྱེ་ལྡན་ཆོའི་རྫས་སྦྱོར་རིག་པ་	kye-den-tzäe dzä-dschyor rig-pa
Biographie (f)	སྐྱེ་རབས་	kye-rab

Biographie (f), hon.	འབྱུངས་རབས་	t(r)hung-rab
Biologie (f)	སྐྱེ་ལྡན་རིག་པ་	kye-den rig-pa
biologisch	སྐྱེ་ལྡན་རིག་པའི་	kye-den rig-pae
Biotop (n)*	སྐྱེ་ལྡན་འཕེལ་སྐྱེད་ཆུ་གཞོང་	kye-den phel-kyeh tschhu-schong
Biozid (n)*	སྐྱེ་ལྡན་གསོད་རྫས་	kye-den söh-dzä
Birne (f)	ལི་	li
bis	དེ་བར་	dhe-bhar
bisher	ད་བར་དུ་	dha-bhar-dhu
Biskuit (n)	ཏེན་ཤིང་	ten-schhing
Biss (m)	མཆུག་པའི་མ་	mhug-pae-mha
bisschen	ཏོག་ཙམ་	tohg-tsam
Bitte (f)	འབོད་སྐུལ་	böh-kül
bitten	འབོད་སྐུལ་ཞུ་བ་	böh-kül schu-wa
bitter	ཁ་ཏིག་	kha-tihg
Bittschrift (f)	ཞུ་ཡིག་	schu-jig
biwakieren	ཞག་ཚུགས་བྱེད་པ་	schag-tzug dschye-pa
Blamage (f)	ཞབས་འདྲེན་	schab-d(r)hen
blamieren	ཞབས་འདྲེན་ཞུ་བ་	schab-d(r)hen schu-wa
Blankoscheck (m)	ཅིག་འཛིན་སྟོང་པ་	tscheg-dzin tong-pa
Blase (f)	དབུ་བ་	bu-wa
Blase (f), med.	གཅིན་སྣང་	tsching-gang
blasen	ཕུ་རྒྱག་པ་	phu gyag-pa
Blasinstrument (n), mus.	བུད་བྱིངས་རོལ་མོ་	büh-dschying röl-mo
Blaskapelle (f)	རག་དུང་རོལ་ཆའི་རུ་ཁག་	rag-dung röl-tschhae ru-khag

blass	སྐྱ་མདངས་ཅན་	kya-dang-tschen
Blatt (n)	ཤོག་ལྷེ་	schhog-hle
Blatt (n), bot.	ལོ་མ་	lo-ma
blau	སྔོན་པོ་	nghön-po
Blech (n)	ལྕགས་རིགས་ཀྱི་འདབ་མ་	tschag-rig-kyi dab-ma
Blei (n), chem.	ཞ་ཉེ་	scha-nye
bleiben	གནས་སྡོད་བྱེད་པ་	nhä-döh dschye-pa
bleibend	གཏན་འཇགས་	ten-dschag
bleifrei	ཞ་ཉེ་མེད་པའི་	scha-nyeh meh-pae
Bleistift (m)	ཞ་སྨྱུགས་	scha-nyug
Blende (f), (Fotografie)	བརྙན་གྲུབ་བུག་ཆུང་	nyhen-d(r)hub bhug-tschhung
blenden	དམར་ཐོམ་ལངས་པ་	mar-thom lang-wa
Blick (m)	ལྟ་སྟང་	ta-nhang
blicken	མིག་བཏད་བྱེད་པ་	mhig-da dschye-pa
blind	ལོང་བ་	long-wa
Blinddarm (m)	རྒྱུ་ལྷག་ང་མ་	gyu-hlag ngha-ma
Blinddarm-entzündung (f)	རྒྱུ་ལྷག་ང་མའི་ཚ་ནད་	gyu-hlag ngha-mae tza-neh
Blinddarm-operation (f)	རྒྱུ་ལྷག་ང་མ་བྲེག་བཅོས་	gyu-hlag ngha-ma d(r)heg-tschö
Blinde (m)	མིག་ཞར་བ་	mhig-schar-wa
blindlings (handeln)	མུན་འབོམ་གྱི་བྱེད་པ་	mün-thom-gyi dschye-wa
blinken	འོད་མདངས་འཚེར་བ་	wö-dang tzer-wa
Blinker (m)	བདར་སྟོན་ཡོ་ཆས་	da-tön jo-tschhä
blinzeln	ཟིམ་མིག་ལྟ་བ་	sihm-mhig ta-wa
Blitz (m)	གློག་འབྱུག་	lhog-khyug

blitzblank	གཙང་རིལ་རིལ་	tsang-ril-ril
blitzen	གློག་འཁྱུག་པ་	lhog khyug-pa
Blockade (f)	བཀག་འགོག་	kag-gog
blockieren	བཀག་འགོག་བྱེད་པ་	kag-gog dschye-pa
blöd	བླེན་རྟགས་ཅན་	lheng-tahg-tschen
blond	སྐྲ་སེར་	t(r)ha-ser
blühen	བཞད་པ་	scheh-pa
Blume (f)	མེ་ཏོག་	me-tog
Blumenkohl (m)	མེ་ཚལ་དཀར་པོ་	me-tzel kar-po
Blumenstrauss (m)	མེ་ཏོག་ཚོམ་བུ་	me-tog tzom-bhu
Blumentopf (m)	མེ་ཏོག་ཁོག་མ་	me-tog khog-ma
Bluse (f)	བུད་མེད་ཀྱི་ལྭག་འཇུག་	bhüh-meh-kyi wog-dschug
Blut (n)	ཁྲག་	t(r)hag
Blutbank (f)	ཁྲག་མཛོད་	t(r)hag-dzöh
Blutdruck (m)	ཁྲག་ཤེད་	t(r)hag-schheh
blutdürstig	ཁྲག་རྔམ་ཅན་	t(r)hag-ngham-tschen
bluten	ཁྲག་ཐོན་པ་	t(r)hag thön-pa
Blütenboden (m), biol.	མེ་ཏོག་གི་འབས་སྟེགས་	me-tog-gi schab-tehg
Blütenstiel (m)	མེ་ཏོག་གི་ཀང་	me-tog-gi kang
blütenweiss	གཙང་ཞིང་དཀར་པ་	tsang-sching kar-pa
Bluterguss (m)	སྨུག་ཐིག་	mhug-thig
Blutgefäss (n)	ཁྲག་རྩ་	t(r)hag-tsa
Blutgruppe (f)	ཁྲག་རིགས་སྡེ་ཚན་	t(r)hag-rig de-tzen
blutig	ཁྲག་འགོས་པའི་	t(r)ha-gö-pae

Blutorange (f)	ཚ་ལུམ་དམར་པོ་	tza-lum mhar-po
Blutprobe (f)*	ཁྲག་དཔྱད་	t(r)hag-tschyeh
Blutschande (f)	སྤུན་ཉེ་ནང་འབྲེལ་གྱི་ལོག་གཡེམ་	pün-nye nang-d(r)hel-gyi log-jhem
Blutserum (n)	དངས་ཁྲག་	dhang-t(r)hag
Blutspender (m)	ཁྲག་སྦྱིན་པ་གཏོང་མཁན་	t(r)hag dschyin-pa tong-khen
Blutssauger (m)	ཁྲག་འཇིབ་མཁན་	t(r)hag dschib-khen
blutstillend	ཁྲག་འགོག་རྫས་	t(r)hag gog-dzä
Blut übertragen	ཁྲག་སྣོན་ལྷུག་པ་	t(r)hag-nhön dug-pa
Blutübertragung (f)	ཁྲག་གསབ་	t(r)hag-sab
Blutvergiessen (n)	མི་གསོད་ཁྲག་སྦྱོར་	mi-söh t(r)hag-dschyor
Boden (m)	ས་གཏིང་	sa-ting
Bodenbearbeitung (f)	རྨོན་ལས་	mhön-lä
Bodenbeschaffen- heit (f)	ས་གཞིའི་ཁྱད་ཆོས་	sa-schie khyeh-tschhö
Bodenerosion (f)	ས་གཞི་རིམ་བརྟད་	sa-schi-rim-sehh
Bodensatz (m)	རོ་	ro
Bodenschätze (m/pl)	གཏེར་གྱི་ཐོན་རྫས་	ter-gyi thön-dzä
Bogen (m)	གཞུ་	schu
bogenförmig	གཞུ་དབྱིབས་	schu-jhib
Bogenschütze (m)	མདའ་པ་	da-pa
Bohne (f)	རྒྱ་སྲན་	gya-sen
bohren	གསོར་གྱིས་འབུག་པ་	sor-gyi bug-pa
Bohrer (m)	གསོར་འབིགས་	sor-big
Bohrmaschine (f)	གསོར་འབིགས་འཕྲུལ་འཁོར་	sor-big t(r)hül-khor
Bohrturm (m)	གསོར་དུང་འཁྱལ་འཁོར་	sor-dhung t(r)hül-khor

Bollwerk (n)	ལྕགས་རི་	tschag-ri
Bolzen (m), tech.	ཨ་ཤིང་	a-schhing
bombardieren	འབར་མདེལ་འཕང་བ་	bar-del phang-wa
Bombe (f)	འབར་མདེལ་	bar-del
Bon (m)	བྲོད་ལེན་འཛིན་ཤོག་	t(r)hö-len dzin-schhog
Bonbon (n)	བྱེ་རིལ་	dschye-ril
Bonus (m)	འཕར་འབབ་	phar-bab
Boot (n)	གོ་བ་	ko-wa
Boot (n), hon.	ཞབས་གོ་	pheb-ko
Borax (m), chem.	ཚ་ལ་	tza-la
Bord (n)	བང་ཁྲི་	bhang-t(r)hi
borgen	གཡར་པོ་ལེན་པ་	jar-po len-pa
Börse (f)	རྒྱུ་ཆ་ཉོ་ཚོང་	gyu-tschha nyo-tzong
Börsenbericht (m)*	རྒྱུ་ཆ་ཉོ་ཚོང་གི་གནས་ལུགས་	gyu-tschha nyo-tzong-gi nhä-lug
Börsenkurs (m)	རྒྱུ་ཆ་ཉོ་ཚོང་གི་གོང་ཚད་	gyu-tschha nyo-tzong-gi ghong-tzeh
Börsenmakler (m)	རྒྱུ་ཆ་སྟེབས་ཉོའི་ཚོང་ལས་དོ་ཚབ་པ་	gyu-tschha deb-nyöe tzong-lä ngo-tzab-pa
Borte (f)	ལྷས་མ་	hlä-ma
bösartig	ངན་སེམས་ཅན་	ngen-säm-tschen
böse	ངན་པ་	ngen-pa
Böse (n)	གནོད་སྐྱོན་	nhöh-kyön
Bösewicht (m)	མི་ངན་འཛབ་ཆེན་	mi-ngen dzab-tschhen
Böswilligkeiten (f/pl)	གནོད་སེམས་	nhöh-säm
Botanik (f)	རྩི་ཤིང་རིག་པ་	tsi-sching rig-pa
botanisch	རྩི་ཤིང་རིག་པའི་	tsi-schhing rig-pae

Bote (m)	བང་ཆེན་	bhang-tschhen
Botschaft (f)	བད་ལན་	da-len
Botschaft (f), pol.	གཞུང་ཚབ་ལས་ཁུང་	schung-tzab lä-khang
Botschafter (m)	གཞུང་ཚབ་	schung-tzab
Bouillon (f)	ཤ་ཁུ་དངས་མ་	schha-khu dhang-ma
Bourgeoisie (f)	འབྱོར་ལྡན་གྲལ་རིམ་	dschyor-den d(r)hel-rim
boxen	ཁུ་ཚུར་ཞུ་བ་	khu-tzur schu-wa
Boxen (n)	ཁུ་ཚུར་སྣུན་རྩལ་	khu-tzur nhün-tsel
Boxer (m)	ཁུ་ཚུར་སྣུན་རྩལ་པ་	khu-tzur nhün-tsel-pa
Boykott (m)	འབྲེལ་ཐག་མཚམས་འཇོག་	d(r)hel-thag tzam-dschog
boykottieren	མཉམ་འབྲེལ་གྱིས་བཀག་འགོག་བྱེད་པ་	nyam-d(r)hel-gyi kag-gog dschye-pa
Brand (m)	མེ་ཚེ་	me-tsche
Brandbombe (f)	མེ་སྦྱོར་གྱི་འབར་མདེལ་	me-dschyor-gyi bar-del
Brandstifter (m)	ཁང་ཁྱིམ་མེར་སྲེག་པ་	khang-khyim mer-seg-pa
Brandstiftung (f)	ཁང་ཁྱིམ་མེར་སྲེག་	khang-khyim mer-seg
Brandwein (m)	ཨ་རག་	a-rag
Brandwunde (f)	འཚིག་སྐྱོན་	tzig-kyön
braten	མེ་སྲེག་གཏོང་བ་	me-seg tong-wa
Braten (m)	ཤ་སྐམ་སྲེག་	schha kahm-seg
Bratensosse (f)	སྲེག་པའི་ཁུ་	seg-schhae-khu
Bratkartoffeln (f/pl)	སྣུམ་བསྲེགས་ཞོག་གོག་	nhum-seg schog-gog
Brauch (m)	ལུགས་སྲོལ་	lug-söl
brauchbar	བེད་སྤྱོད་ཡོད་པ་	bheh-tschö jöh-pa
brauchen	དགོས་པ་	gö-pa

braun	རྒྱ་སྨུག་	gya-mug
Braunbär (m), zo.	དྲེད་མོང་	d(r)heh-mong
Braut (f)	གནའ་མ་	nha-ma
Braut (f), hon.	སྐུ་བག་	ku-bhag
Bräutigam (m)	མག་པ་	mag-pa
Brautjungfer (f)	བག་རོགས་	bhag-rog
Brautkleid (n)	གཉེན་སྒྲིག་གྱོན་ཆས་	nyen-d(r)hig gyön-tschhä
brav	དྲང་པོ་	d(r)hang-po
brechen	གཅོག་པ་	tschog-pa
breit	རྒྱ་ཆེན་པོ་	gya tschhen-po
Breite (f)	ཁ་ཞེང་	kha-scheng
Breite (f), geogr.	འཕྱེད་ཞེང་	t(r)heh-scheng
Breitengrad (m)	ས་ཁྲའི་འཕྱེད་ཐིག་	sa-t(r)hae t(r)heh-thig
breitmachen	ཁྱབ་གདལ་དུ་འགྲོ་བ་	khyab-del-dhu d(r)ho-wa
Bremse (f)	ཁ་འགོག་	kha-gog
bremsen	ཁ་འགོག་པ་	kha gog-pa
Bremskraftver-stärker (m)*	ཁ་འགོག་ནུས་ཤུགས་སྟོར་བྱེད་	kha-gog nü-schhug por-dschyeh
Bremspedal (n)	འཁོར་སྒག་རྐང་གདན་	khor-gag kang-den
Bremsscheibe (f)	སྡེར་གཟུགས་སྒག་ཆས་	der-suhg gag-schhä
brennbar	མེ་གཞེད་སླ་པོ་	me-schheh lha-po
brennen	སྲེག་པ་	seg-pa
Brennmaterial (n)	བུད་རྫས་	bhüh-dzä
Brennstoff (m)	འབར་རྫས་	bar-dzä
Brett (n)	སྤང་ལེབ་	pang-leb

Brief (m)	ཡི་གི་	ji-gi
Brief (m), hon.	ཕྱག་བྲིས་	tschhyag-d(r)hi
Briefbogen (m)	ཡིག་ཤོག་	jig-schhog
Briefbombe (f)	ཡིག་འབོམ་	jig-bom
Briefkasten (m)	ཡིག་སྒམ་	jig-gam
Briefkopf (m)	གཏོང་ཡིག་ལས་ཤོག་	tong-jig lä-schhog
Briefmarke (f)	སྦྲག་རྟགས་	d(r)hag-tahg
Briefmarkensammler (m)	སྦྲག་རྟགས་བསྡུ་གསོག་བྱེད་མཁན་	d(r)ag-tahg du-sog dschyeh-khen
Briefträger (m)	སྦྲག་པ་	d(r)hag-pa
Briefumschlag (m)	ཡིག་ཀོག་	jig-kog
Briefwechsel (m)	ཡིག་འབྲེལ་	jig-d(r)hel
Brikett (n)	སོལ་ཕག་	söl-phag
brillant	བཀྲག་ཆེན་པོ་	t(r)hag tschhen-po
Brillant (m)	ཕ་ལམ་	pha-lam
Brille (f)	མིག་ཤེལ་	mhig-schhel
Brille (f), hon.	སྤྱན་ཤེལ་	tschyen-schhel
bringen	ཁྱེར་ཡོང་བ་	khyer jong-wa
Brise (f) kalte	གྲང་སིར་	lhung-sir
bröckeln	ཞིབ་མོར་གྱུག་པ་	schib-mor d(r)hug-pa
Brocken (m)	དོག་པོ་	dog-po
Brokat (m)	གོས་ཆེན་	gö-tschhen
Brokkoli (n), bot.	མེ་ཚལ་ལྗང་ཁུ་	me-tzel dschang-khu
Brom (n), chem.	ཤིའུ་	schhi-u
Bronchitis (f)	གློ་ཡུའི་མཉན་ཚད་	lho-jue nyen-tzeh

Bronze (f)	ལི་	li
Bronzezeit (f)	ལི་མའི་དུས་རབས་	li-mae dhü-rab
Bronzemedaille (f)	ལིའི་རྟགས་མ་	lie tahg-ma
Brosche (f)	གོང་གཟེར་ཕྲ་རྒྱན་	ghong-sehr t(r)ha-gyen
Broschüre (f)	འགྲེམ་ཡིག་དེབ་ཆུང་	d(r)hem-jig dheb-tschhung
Brot (n)	བག་ལེབ་	bhag-leb
Bruch (m)	ཆག་སྐྱོན་	tschhag-kyön
brüchig	ཆག་ཉེན་ཅན་	tschhag-nyen-tschen
Bruchstück (n)	ཆག་གྲུམ་	tschhag-d(r)um
Bruchteil (m)	སྐད་ཅིག་ཙམ་	keh-tschig-tsam
Brücke (f)	ཟམ་པ་	sahm-pa
Brückenbogen (m)	ཟམ་མིག་	sahm-mhig
Brückenpfeiler (m)	ཟམ་རྟེགས་	sahm-tehg
Bruder (m)	བུ་སྤུན་	bhu-pün
Brühe (f)	ཞལ་ཐུག་	schel-thug
brüllen	ངར་སྐད་རྒྱག་པ་	ngar-keh gyag-pa
brummen	དིར་བྲ་སྒྲོག་པ་	dir-d(r)ha d(r)hog-pa
Brunnen (m)	ཕོམ་པ་	t(r)hom-pa
Brust (f)	བྲང་ཁོག་	d(r)hang-khog
Brustbein (n)	བྲང་རུས་	d(r)hang-rü
brüsten	ཨུར་ཤོབ་ཤོད་པ་	wur-schhob schhöh-pa
Brustwarze (f)	ནུ་ཅེ་	nu-tse
brutal	གདུག་རྩུབ་ཅན་གྱི་	dug-tsub tschen-gyi
Brutalität (f)	གདུག་རྩུབ་གྱི་སྤྱོད་ལམ་	dug-tsub-gyi tschyöh-lam
brüten	སྒོང་སྲོལ་བ་	go-nga nyöl-wa

brutto, econ.	ཁྱོན་བསྡོམས་	khyön-dom
Bruttoeinkommen (n)	ཁྱོན་བསྡོམས་ཡོང་འབབ་	khyön-dom jong-bab
Bruttosozial- produkt (n)	སྤྱི་ཚོགས་ཁྱོན་བསྡོམས་ཡོང་འབབ་	tschyi-tzog khyön-dom jong-bab
Bub (m)	བུ་	bhu
Buch (n)	དེབ་	dhep
Buch (n), hon.	ཕྱག་དེབ་	tschhyag-dhep
Buch (n), rel.	དཔེ་ཆ་	pe-tschha
Buch (n), rel., hon.	ཕྱག་དཔེ་	tschhyag-pe
buchen	ཟུར་འཛོག་བྱེད་པ་	suhr-dschog dschye-pa
Bücherregal (n)	དེབ་ཁྲི་	dheb-t(r)hi
Bücherstand (m)	ཕྱག་དེབ་ཁྲོམ་གདན་	tschhyag-dheb t(r)hom-den
Buchhandlung (f)	དེབ་ཀྱི་ཚོང་ཁང་	dheb-kyi tzong-khang
Büchse (f)	ལྕགས་ཏིན་	tschag-tin
Buchstabe (m)	དབྱངས་གསལ་གྱི་ཡི་གེ་	jhang-sel-gyi ji-gi
buchstabieren	ཡི་གེའི་དག་ཆ་འདྲི་བ་	ji-gie dhag-tschha d(r)hi-wa
buchstäblich	ཚིག་དོན་གྱི་	tzig-dön-gyi
Bucht (f)	མཚོ་ལག་	tzo-lag
Buchtitel (m)	ཕྱག་དེབ་མིང་	tschhyag-dheb ming
Buchweizen (m)	བྲ་བོ་	d(r)ha-wo
bücken	གུག་གུག་བྱེད་པ་	gug-gug dschye-pa
Buddhismus (m)	ནང་པ་སངས་རྒྱས་པའི་ཆོས་ལུགས་	nang-pa sang-gyä-pae tschhö-lug
Buddhist (m)	ནང་པ་	nang-pa
Budget (n)	སྔོན་རྩིས་	nghön-tsi
Büfett (n)	ཟུར་ཅོག་	suhr-tschog

Bügel (m)	གོས་དང་	gö-dang
Bügeleisen (n)	དབུར་ཏི་	ur-ti
Bügelfalte (f)	ཉེབས་སུལ་	tehb-sül
bügelfrei	འཛར་སྐམ་རས་ཚ་	dzar-kam rä-tschha
bügeln	དབུར་ཏི་རྒྱག་པ་	ur-ti gyag-pa
Bühne (f)	གར་སྟེགས་	gar-tehg
Bühnenkünstler (m)	གར་མཁན་	gar-ken
Bulldogge (f)	གླང་ཁྱི་ཁ་ལུག་	lhang-khyi kha-lug
Bulle (m)	གླང་	lhang
Bummel (m)	དུས་ཚོད་ཆུད་ཟོས་	dhü-tzeh tschhüh-söh
bummeln	དུས་ཚོད་ཆུད་ཟོས་གཏོང་བ་	dhü-tzeh tschhüh-söh tong-wa
Bummelzug (m)	དལ་འགྲོས་མེ་འཁོར་	dhel-d(r)hö me-khor
Bund (m), pol.	ཐུན་སྒྲིག་	thün-d(r)hig
Bündel (n)	ཐུམ་སྒྲིལ་ཁྲས་པོ་	thum-d(r)hil t(r)hä-po
bündeln	ཐུམ་སྒྲིལ་བཟོ་བ་	thum-d(r)hil soh-wa
Bundesrepublik (f)	མི་སེར་སྤྱི་མཐུན་རྒྱལ་ཁབ་	me-ser tschyi-thün gyel-khab
Bundmetalle (n/pl)	ལྕགས་རིགས་མདོག་ཅན་	tschag-rig dog-tschen
Bündnis (n)	མཐུན་སྒྲིག་	thün-d(r)hig
bunt	ཚོན་བཀྲ་ཅན་	tzön-t(r)ha-tschen
Burg (f)	རྫོང་	dzong
Bürge (m)	འགན་ལེན་བྱེད་པོ་	gen-len dschyeh-po
bürgen	འགན་ལེན་བྱེད་པ་	gen-len dschye-pa
Bürger (m)	མི་སེར་	mi-ser
Bürgerkrieg (m)	མི་སེར་ནང་འཁྲུག་	mi-ser nang-t(r)hug

Bürgermeister (m)	གྲོང་སྡེའི་སྤྱི་ཁྱབ་	d(r)hong-däe tschyi-khyab
Bürgerrechte (n/pl)	མི་སེར་གྱི་ཐོབ་ཐང་	mi-ser-gyi thob-thang
Bürgersteig (m)	དོ་གཅལ་གྱི་རྐང་ལམ་	do-tschel-gyi kang-lam
Bürgschaft (f)	ཁག་ཐེག་	khag-theg
Burma	འབར་མ་	bar-ma
Büro (n)	ཡིག་ཚང་	jig-tzang
Büroangestellte (m)	ཡིག་ཚང་ལས་བྱེད་པ་	jig-tzang lä-dschyeh-pa
Bürokrat (m)	དཔོན་དབང་སྲིད་གཞུང་རིང་ལུགས་པ་	pön-wang sih-schung ring-lug-pa
Bürokratie (f)	དཔོན་དབང་སྲིད་གཞུང་རིང་ལུགས་	pön-wang sih-schung ring-lug
Bürozeit (f)	ལས་ཁུངས་དུས་ཚོད་	lä-khung dhü-tzöh
Bürste (f)	ཕག་ཞི་	phag-seh
bürsten	ཕག་ཞི་རྒྱག་པ་	phag-seh gyag-pa
Bus (m)	འགྲིམ་འགྲུལ་སྣུམ་འཁོར་	d(r)him-d(r)hül nhum-khor
Busbahnhof (m)	འགྲུལ་འཁོར་འཛུགས་ས་	d(r)hül-khor tzug-sa
Busch (m)	ཤིང་ཕྲན་	schhing-t(r)hen
Büschel (n)	ཚག་པ་	tschhag-pa
Busen (m)	ནུ་མ་	nu-ma
Bushaltestelle (f)	འགྲུལ་འཁོར་འབབ་ཚུགས་	d(r)hül-khor bab-tzug
Busse (f)	དགའ་སྦྱད་	ka-tschyeh
büssen	ཉེས་ཆད་གཏོང་བ་	nyä-tschheh tong-wa
Bussgeld (n)	ཆད་པའི་དངུལ་འབབ་	tschheh-päe nghül-bab
Büste (f)	འཛིམ་བརྙན་	dschim-nyhen
Büstenhalter (m)	ནུ་ཤུབ་	nu-schhub
Busverbindung (f)	འགྲུལ་འཁོར་མཐུད་མཚམས་	d(r)hül-khor thüh-tzam

Butter (f)	མར་	mar
Butterfass (n)	མདོང་མོ་	dong-mo
Buttermilch (f)	དར་	dha-ra

C

Cadmium (n)	ཏི་ཚ་སྐྱེས་	ti-tza-kyä
Café (n)	འཆེག་ཇ་	tzig-dscha
Cafeteria (f)	རང་ལས་ཇ་ཁང་	rang-lä dscha-khang
Calla (f), bot.	དོ་པད་མ་	do peh-ma
Camp (n)	སྒར་ས་	gar-sa
campieren	སྒར་རྒྱག་པ་	gar gyag-pa
campieren (hon.)	སྒར་སྐྱོན་པ་	gar kyön-pa
Cellist (m)	སེ་ལོ་གཏོང་མཁན་	se-lo tong-khen
Cello (n)	སེ་ལོ་	se-lo
Celsius (m)	བརྒྱ་ཟུར་ཚ་ཚད་	gya-suhr tza-tzeh
Chalet (n)	གྲོང་གསེབ་ཀྱི་ཁང་པ་	d(r)hong-seb-kyi khang-pa
Champagner (m)	ཆང་ཤམ་ཕེན་	tschhang schham-phen
Champignon (m)	དཀར་ཤ་	kar-schha
Chance (f)	གོ་སྐབས་	gho-kab
Chaos (n)	ཟ་རེ་ཟིང་རེ་	sah-nge sihn-nge
Charakter (m)	གཤིས་ཀ་	schhi-ka
Charakter (m), hon.	ཐུགས་གཤིས་	thug-schhi
Charakteranlage (f)	ངང་རྒྱུད་	ngang-gyüh
charakterfest	གཤིས་རྒྱུད་ས་བརྟན་ཅན་	schi-gyü sa-ten-tschen
charakterisieren	ཁྱད་ཆོས་མཚོན་པ་	khyeh-tschhö tzön-pa

Deutsch	Tibetisch	Umschrift
Charakterisierung (f)	རང་གཤིས་ཀྱི་འགྲེལ་བརྗོད་	rang-schi-kyi d(r)hel-dschöh
charakteristisch	ཐུན་མོང་མ་ཡིན་པའི་ཁྱད་ཆོས་	thün-mong ma-jin-pae khyeh-tschhö
Charakterkunde (f)	གཤིས་རྒྱུད་རིག་པ་	schhi-gyüh rig-pa
Charisma (n)	ཡིད་དབང་འགུགས་ནུས་ཀྱི་ཁྱད་ཆོས་	ji-wang gug-nü-kyi kheh-tschhö
charmant	ཧ་ཅང་ཡིད་དུ་འོང་པོ་	ha-tschang ji-dhu wong-po
Charme (f)	ཡིད་འཕྲོག་ནུས་ཀྱི་ཁྱད་ཆོས་	jih t(r)hog-nü-kyi khyeh-tschhö
Charta (f)	བཅའ་ཁྲིམས་	tscha-t(r)him
Chassis (n), tech.	གཞི་སྒྲོམ་	schi-d(r)hom
Chauffeur (m)	སྒེར་བདག་ཁ་ལོ་བ་	ger-dag kha-lo-wa
Chauvinismus (m)	ཞེན་འཛིན་རིང་ལུགས་	schen-dzin ring-lug
Chauvinist (m)	ཞེན་འཛིན་པ་	schen-dzin-pa
Chef (m)	གཙོ་འཛིན་	tso-dzin
Chefkoch (m)	མ་བྱན་ཆེན་མོ་	ma-dschyen tschhen-mo
Chemie (f)	རྫས་སྦྱོར་རིག་པ་	dzä-dschyor rig-pa
Chemikalien (f/pl)	རྫས་སྦྱོར་དངོས་པོ་	dzä-dschyor ngö-po
Chemiker (m)	རྫས་སྦྱོར་པ་	dzä-dschyor-pa
chemisch	རྫས་སྦྱོར་གྱི་	dzä-dschyor-gyi
chemische Industrie (f)	རྫས་སྦྱོར་བཟོ་ལས་	dzä-dschyor soh-lä
chemisches Düngemittel (n)	རྫས་སྦྱོར་ཚ་ལུས་	dzä-dschyor tza-lü
chinesisch	རྒྱ་མིའི་	gya-mie
Cherub (m)	ལྷ་ཕྲུག་གཞོན་ནུ་	hla-t(r)hug schön-nu
Chiffre (f)	གསང་ཡིག་	sang-jig
China	རྒྱ་ནག་	gya-nag

Chinakohl (m)	ཚལ་དཀར་ཆེ་བ་	tzel-kar tschhe-wa
Chinese (m)	རྒྱ་མི་	gya-mi
Chiropraktik (f)	སྒལ་རྩ་བཅོས་ཐབས་	gel-tsa tschö-thab
Chiropraktiker (m)	རྩ་བཅོས་སྨན་པ་	tsa-tschö men-pa
Chirurg (m)	གཤག་བཅོས་སྨན་པ་	schhag-tschö men-pa
Chirurgie (f)	གཤག་བཅོས་	schhag-tschö
Chlor (n)	ཚོ་ལྷང་ས་	tza-lhang
Chloroform (n)	བྲིད་སྨན་	d(r)hih-men
Chlorophyll (n)	ལྗང་རྫས་	dschang-dzä
Cholera (f)	འབྲུ་སྐྱུག་	t(r)hu-kyug
Cholesterin (n)	མཁྲིས་ཞག་	t(r)hi-schag
Chor (m)	ལྷུ་སྦྱངས་མཉམ་ལེན་རུ་ཁག་	lhu-jang nyam-len ru-kag
Choral (m)	མཉམ་གཞས་རུ་ཁག་	nyam-schä ru-khag
Christ (m)	ཡེ་ཤུ་པ་	ji-schhu-pa
Christbaum (m)	ཡེ་ཤུ་འཁྲུངས་སྐར་སྟོང་པོ་	ji-schhu t(r)hung-kar dong-po
Christentum (n)	ཡེ་ཤུ་ཆོས་ལུགས་	ji-schhu tschhö-lug
Chrom (n), chem.	ཀོ་ཚགས་	ko-tschag
Chromosom (n), bio.	རིགས་རྒྱུན་ཕྲ་རྫས་	rig-gyü t(r)ha-dzä
Chromosom, -y (n)	ཕོའི་རིགས་རྒྱུན་ཕྲ་ཕུང་	phöe-rig-gyü t(r)ha-phung
Chronik (f)	དུས་རིམ་ལོ་རྒྱུས་	dhü-rim lo-gyü
chronisch	ཡུན་རིང་གི་	jün-ring-gi
chronische Krankheit (f)	གཅོང་ནད་	tschong-neh
Chronist (m)	དུས་རིམ་ལོ་རྒྱུས་འབྲི་མཁན་	dhü-rim lo-gyü d(r)hi-khen

Chronologie (f)	དུས་ཚེས་རིག་པ་	dhü-tsi rig-pa
chronologisch	དུས་ཚེས་རིག་པའི་	dhü-tsi rig-pae
Chronometer (n)	དུས་ཚོད་ཆད་འཛིན་འཁོར་ལོ་	dhü-tzöh tzeh-dzin khor-lo
Chrysantheme (n)	དྲང་སྲོང་མེ་ཏོག་	d(r)hang-song me-tog
circa	ཕལ་ཆེར་	phel-tschher
City (f)	གྲོང་ཁྱེར་	d(r)hong-khyer
Computer (m)	རྩིས་རྒྱག་འཕྲུལ་འཁོར་	tsi-gyag t(r)hül-kor
Computertechnik (f)	རྩིས་འཕྲུལ་བཟོ་ལས་རིག་རྩལ་	tsi-t(r)hül soh-lä rig-tsel
Creme (f)	འོ་སྦྲེས་	wo-t(r)hi

D

da	འདིར་	dir
dabei	འདི་ཐོག་ནས་	di-thog-nä
Dach (n)	ཐོག་ཁེབས་	thog-kheb
Dachboden (m)	སྟེང་ཁང་	teng-khang
Dachfenster (n)	གསེག་ཐོག་དཀར་ཁུང་	seg-thog kar-khung
Dachgeschoss (n)	ཐོག་འོག་ཁང་ཆུང་	thog-wog khang-tschhung
Dachkammer (f)	ཐོག་ཁང་	thog-khang
dadurch	དེར་བརྟེན་	dher-ten
dafür	འདིའི་ཆེད་དུ་	die tschheh-dhu
dagegen	འདིའི་སླབས་དོས་ལ་	die-deb ngö-la
daheim	ནང་དུ་	nang-dhu
daher	ད་ནས་བཟུང་	dha-nä-suhng
damalig	སྐབས་དེའི་	kab-dhee
damals	དེ་དུས་	dhe-dhü

Dame (f)	སྐུ་སྐྱེ་མ་	ku-kye-ma
Damenmode (f)	སྐུ་སྐྱེ་མའི་ཕྱོན་གསར་	ku-kye-mae thön-sar
Damentoilette (f)	སྐྱེ་མའི་གསང་སྤྱོད་	kye-mae sang-tschyöh
damit nicht genug	དེ་མི་ཚད་པ་	dhe mi-tzeh-pa
Damm (m)	ཆུ་རགས་	tschhu-rag
Dämmerung (f), (vor Anbruch)	ས་མ་རིབ་ཙམ་ལ་	sa ma-rib tsam-la
Dampf (m)	རླངས་པ་	lhang-pa
dampfen	རླངས་པ་ཕྱོན་པ་	lhang-pa thön-pa
dämpfen	ཤུགས་གཅོག་པ་	schhug tschog-pa
Dampfer (m)	རླངས་འཁོར་ཡོ་བྱད་	lhang-tzöh jo-dschyeh
Dampfheizung (f)	རླང་ཤུགས་ཚ་དྲོད་	lhang-schhug tza-d(r)höh
Dampfkessel (m)	རླངས་སྣོད་	lhang-nhöh
Dampfmaschine (f)	རླང་ཤུགས་འཕྲུལ་འཁོར་	lhan-schhug t(r)hül-khor
Dampfschiff (n)	རླངས་ཤུགས་གྲུ་	lhang-schhug d(r)hu
Dampfturbine (f)	རླང་འགུལ་མ་འཁོར་	lhang-gül ma-khor
Dampfwalze (f)	ལམ་སྣོན་རླང་འཁོར་	lam-nhön lhang-khor
danach	རྗེས་སུ་	dschä-su
daneben	དེའི་ཉེ་འགྲམ་དུ་	dhee nye-d(r)ham-dhu
dankbar	བཀྲིན་བསམ་ཤེས་ཀྱི་	ka-d(r)hin sam-schhä-kyi
Dankbarkeit (f)	བཀྲིན་དྲན་ཤེས་	ka-d(r)hin d(r)hen-schhä
danken	ཐུགས་རྗེ་ཆེ་ཞུ་བ་	thug-dsche-tschhe schu-wa
dann	དེ་ནས་	dhe-nä
darauf	ཐོད་དུ་	thöh-dhu
darin	དེའི་ནང་དུ་	dhee nang-dhu

darlegen	གསལ་པོར་སྟོན་པ་	sel-por tön-pa
Darlehen (n)	གཡར་དངུལ་	jar-nghül
Darm (m)	རྒྱུ་མ་	gyu-ma
Darmgrippe (f)*	རྒྱུ་མའི་རིམས་ཚམ་	gyu-mae rim-tschham
darstellen	མཚོན་དོན་འགྲེལ་པ་	tzön-dön d(r)hel-pa
Darsteller (m)	འཁྲབ་སྟོན་པ་	t(r)hab-tön-pa
Darstellung (f)	མཚོན་དོན་	tsön-dön
darüber hinaus	དེ་མ་ཚད་	dhe-ma-tzeh
darum	དེའི་ཕྱིར་	dhee-tschhyir
darunter	དེའི་འོག་ཏུ་	dhee wog-dhu
Dasein (n)	གནས་པའི་རང་ཚུལ་	nhä-pae ngang-tzül
dasselbe	དེ་ག་ནང་བཞིན་	dhe-ga nang-schin
dastehen	དེར་ལང་བ་	dhee lang-wa
Datei (f)	ཡིག་སྣོད་	jig-nhöh
Daten (f/pl)	གནས་བསྡུས་རེའུ་མིག་	nhä-dü re-u-mig
Datenspeicher (m)*	ཡིག་གཞི་གདན་འཛིན་	jig-schi d(r)hen-dzin
datieren	ཚེས་གྲངས་འགོད་པ་	tzä-d(r)hang göh-pa
Datum (n)	ཟླ་ཚེས་	dha-tzä
Dauer (f)	དུས་ཡུན་	dhü-jön
dauerhaft	ཡུན་རིང་གནས་ཐུབ་པའི་	jül-ring nhä-thub-pae
dauernd	རྒྱུན་ཆགས་	gyün-tschhag
Dauerwelle (f)	གཏན་འཇག་རླབས་རིས་	ten-dschag lhab-ri
Daumen (m)	མཐེ་བོ་	the-bo
Daunen (f/pl)	སྤུ་སྒྲོ་	pu-d(r)ho

Daunendecke (f)	ཆུ་བྱའི་སྒྲོ་སྦུའི་མལ་ཆས་	tschhu-dschyae d(r)ho-püe mel-tschhä
davonkommen	བྲོས་ཐར་བ་	d(r)hö thar-wa
davonlaufen	བྲོས་ཕྱིན་པ་	d(r)hö tschhyin-pa
davor	མདུན་དུ་	dün-dhu
dazu	དེའི་ཁ་སྣོད་	dhee kha-nhöh
dazwischen	བར་དུ་	bhar-dhu
dazwischenkommen	བར་ལ་འཚང་བ་	bhar-la tzang-wa
Debatte (f)	རྩོད་གླེང་	tsöh-lheng
debattieren	རྩོད་གླེང་བྱེད་པ་	tsöh-lheng dschye-pa
Debüt (n)	གསར་ཞུགས་	sar-schug
Deck (n)	གྲུའི་ཁྱམས་ཁ་	d(r)hüe khyam-kha
Decke (f)	མལ་གདན་	mel-den
decken	ཁེབས་རྒྱག་པ་	kheb gyag-pa
Deckung (f)	ཡིབ་ས་	jib-sa
defekt	སྐྱོན་ཅན་	kyön-tschen
Defekt (m)	སྐྱོན་	kyön
Definition (f)	མཚན་ཉིད་	tzen-nyih
Defizit (n)	ཆད་འབབ་	tschheh-bab
Deflation (f)	དངུལ་ལོར་ཁྱབ་སྤེལ་སྟངས་འཛིན་	nghül-lor khyab-pel tang-dzin
dehnbar	སྟེམ་སྟུགས་ཅན་	dem-tschug-tschen
dehnen	རྒྱོང་ཤེད་བྱེད་པ་	gyong-schheh dschye-pa
dein	ཁྱེད་རང་གི་	khyeh-rang-gi
deinesgleichen	ཁྱེད་དང་འདྲ་བ་	khyeh-dhang d(r)ha-wa
Deklaration (f)	གསལ་བསྒྲགས་	sel-d(r)hag

Deutsch	Tibetisch	Aussprache
Dekoration (f)	རྒྱན་བཀོད་	gyen-köh
dekorieren	རྒྱན་འདོགས་པ་	gyen dog-pa
Delegation (f)	སྐུ་ཚབ་ཚོགས་པ་	ku-tzab tzog-pa
delegieren	སྐུས་ཚབ་གཏོང་བ་	ku-tzab tong-wa
Delegierte (m)	སྐུ་ཚབ་	ku-tzab
Delegationsleiter (m)	སྐུ་ཚབ་ཚོགས་པའི་དབུ་ཁྲིད་	ku-tzab tzog-pae u-t(r)hih
demgemäss	དེ་དང་བསྟུན་ཏེ་	dhe-dhang tün-te
demnächst	མྱུར་པོ་	nyur-po
demokratisch	མང་གཙོའི་	mang-tsöe
Demokrat (m)	མང་གཙོ་སྨྲ་བ་	mang-tso mha-wa
Demokratie (f)	མང་གཙོ་	mang-tso
demolieren	ཆག་སྐྱོན་གཏོང་བ་	tschhag-kyön tong-wa
Demonstrant (m)	ཁྲོམ་སྐོར་བྱེད་མཁན་	t(r)hom-kor dschyeh-khen
Demonstration (f)	ངམ་སྟོན་ཁྲོམ་སྐོར་	ngham-tön t(r)hom-kor
demonstrieren	ངམ་སྟོན་ཁྲོམ་སྐོར་བྱེད་པ་	ngham-tön t(r)hom-kor dschye-pa
demontieren	གླུ་འཕྲལ་དུ་འཇུག་པ་	hlu-t(r)hel-dhu dschug-pa
denkbar	ཡིད་ལ་ཤར་རུང་བ་	jih-la schhar-rung-wa
denken	བསམ་བློ་གཏོང་བ་	sam-lho tong-wa
Denken (n)	ཐུགས་བསམ་	thug-sam
Denkmal (n)	རྔ་མོའི་དྲན་རྟེན་	ngha-möe d(r)hen-ten
Denkweise (f)	བསམ་ཚུལ་	sam-tzül
Denkzettel (m)	སྣ་ཕོག་	nha-phog
dennoch	དེ་ལྟ་ན་འང་	dhe ta-na-ang
Denunziant (m)	བཛྙེལ་མཁན་	da-kyel-khen
denunzieren	བཛྙེལ་བ་	da kyel-wa

Deodorant (n)	དྲི་སེལ་	d(r)hi-sel
Deponie (f)	གད་སྙིགས་ཕུང་པོ་	geh-nyig phung-po
deponieren	གསོག་འཇོག་བྱེད་པ་	sog-dschog dschye-pa
Depression (f)	ཡིད་ཞུམ་	jih-schum
deprimieren	ཡིད་ཞུམ་དུ་འཇུག་པ་	jih-schum-dhu dschug-pa
derb	མཁྲེགས་པོ་	t(r)heg-po
Deserteur (m)	བྲོས་བྱེད་བ་	d(r)hö dschyöh-wa
desertieren	བྲོལ་བ་	dschyöl-wa
deshalb	དེར་བརྟེན་	dher-ten
Design (n)	བཟོ་བཀོད་	soh-köh
desinfizieren	འགོ་ནད་འགོག་པ་	go-neh gog-pa
Desinteresse (n)	སྣང་མེད་རྒྱ་ཡན་	nhang-meh gya-jen
desinteressiert	སྣང་མེད་	nhang-meh
Despot (m)	བཙན་ཤེད་དབང་འཛིན་པ་	tsen-schheh wang-dzin-pa
Dessert (n)	འཇུ་ཟས་	dschu-säh
Detail (n)	ཞིབ་ཕྲ་	schib-t(r)ha
Detektiv (m)	ནག་ཅན་རྒྱུལ་ཞིབ་པ་	nag-tschen nyul-schib-pa
deuten	ཕྱོགས་བདའ་བྱེད་པ་	tschhyog-da dschye-pa
deutlich	གསལ་པོ་	sel-po
Devise (f)	རྩ་འཛིན་གདམས་ངག་	tsa-dzin dam-ngag
Devisen (f/pl), econ.	འགྲོ་རྒྱུག་ཡོད་བཞིན་པའི་དངུལ་	d(r)ho-gyug jöh-schin-pae nghül
Devisenkurs (m)	འཛའ་ཐང་	dza-thang
Devisenmakler (m)*	ཕྱི་དངུལ་བར་ཚོང་རྒྱག་མཁན་	tschyi-nghül bhar-tzong gyag-khen
Dezember (m)	ཕྱི་ཟླ་བཅུ་གཉིས་པ་	tschhyi-da tschu-nyii-pa

Diadem (n)	དབུ་རྒྱན་	u-gyen
Diagnose (f)	ནད་ངོ་བརྟན་དཔྱད་	neh-ngo ten-tschyeh
diagnostizieren	ནད་ཞིག་ཐག་གཅོད་བྱེད་པ་	neh-schig thag-tschöh dschye-pa
diagonal	གསེག་ཐིག་གི་	seg-thig-gi
Diagonale (f)	གསེག་ཐིག་	seg-thig
Diagramm (n)	དཔེ་མཚོན་རི་མོ་	pe-tzön ri-mo
Dialekt (m)	ཡུལ་སྐད་	jül-keh
Dialektik (f)	གཅོད་སྒྲུབ་རིག་པ་	tsöh-d(r)hub rig-pa
dialektisch	གཅོད་སྒྲུབ་རིག་པའི་	tsöh-d(r)hub rig-pae
Dialog (m)	གྲོས་སྟུར་	d(r)hö-dur
Dialog (m), (Schauspiel)	གཏམ་བརྗོད་	tam-dschöh
Diamant (m)	རྡོ་རྗེ་ཕ་ལམ་	dor-dsche pha-lam
Diät (f)	ཚོད་དེས་ཅན་གྱི་ཟས་	tzeh-ngä tschen-gyi säh
dicht	ཚགས་དམ་པོ་	tzag dham-po
dicht säen	མཐུག་འདེབས་བྱེད་པ་	thug-dep dschye-pa
Dichte (f)	གར་ལྷ་	gar-lha
Dichter (m)	སྙན་ངག་པ་	nyen-ngag-pa
Dichtung (f), tech.	ཕག་རྒྱ་	tschhyag-gya
dick	སྦོམ་པོ་	bom-po
Dicke (f)	མཐུག་སྟུག་	thug-t(r)hab
dickflüssig	བག་ཚི་ཅན་	bhag-tzi-tschen
Dickkopf (m)	མགོ་མཁྲེགས་པོ་	go t(r)heg-po
Dieb (m)	རྐུན་མ་	kün-ma
Diebstahl (m)	རྐུན་འཁྱེར་	kün-khyer

Diebstahlversicherung (f)*	རྐུན་བྱེར་ཉེན་སྲུང་མ་འཛོག	kün-khyer nyen-sung ma-dschog
Diele (f)	པང་གཅལ་	pang-tschel
dienen	ཞབས་ཕྱི་ཞུ་བ་	schab-tschhyi schu-wa
Diener (m)	ཞབས་འདེགས་ཞུ་མཁན་	schab-deg schu-khen
Dienst (m)	ཞབས་འདེགས་	schab-deg
Dienstag (m)	གཟའ་མིག་དམར་	sah mig-mar
Dienstalter (n)	བསླབ་པ་རྒན་གཞོན་	lhab-pa gen-schön
Dienstgrad (m)	གོ་གནས་ཀྱི་རིམ་པ་	go-nhä-kyi rim-pa
Dienstleistung (f)	ཞབས་འདེགས་	schab-deg
dienstlich	གཞུང་འབྲེལ་	schung-d(r)hel
Dienstmädchen (n)	ཞལ་ཏ་མ་	schel-ta-ma
Dienstreise (f)	ལས་དོན་འགྲུལ་སྐོར་	lä-dön d(r)hül-kor
Diesel (m)	འཁོར་སྣུམ་དི་སེལ་	khor-nhum dhi-sel
dieser	འདི་	dhi
diesjährig	ད་ལོའི་	dha-löe
diesmal	ད་རེས་	dha-rä
diesseits	འདི་ཕྱོགས་	di-tschhyog
Differenz (f)	ཁྱད་པར་	khyeh-par
differenzieren	དབྱེ་བ་ཕྱེ་བ་	je-wa tschhye-pa
Digitalkamera (f)	ཨང་ཀིའི་པར་ཆས་	ang-kie par-tschhä
Digitalis (f), bot.	དུག་ཤིང་ཝ་ལག་སྡོང་བུ་	dhug-schhing wa-la dong-bhu
Diktat (n)	དཔོད་བྲིས་	pöh-d(r)hi
Diktator (m)	སྲིད་དབང་སྒེར་འཛིན་པ་	sih-wang ger-dzin-pa
Diktatur (f)	སྲིད་དབང་སྒེར་འཛིན་ལམ་ལུགས་	sih-wang ger-dzin lam-lug

Diktatur (f) der Volksdemokratie	མི་མང་ཁོ་ནས་འཛིན་པའི་མང་གཙོའི་ལམ་ལུགས་	mi-mhang kho-nä dzin-pae mang-tsöe lam-lug
Ding (n)	ཅ་ལག་	tscha-lag
Ding (n), hon.	ཕྱག་རྫས་	tschhyag-dzä
Diphtherie (f), med.	ཧད་ནད་	heh-neh
Diplom (n)	ཤེས་ཚད་ལག་འཁྱེར་	schhä-tzeh lag-khyer
Diplomat (m)	ཕྱི་འབྲེལ་མི་སྣ་	tschhyi-d(r)hel mi-nha
diplomatisch	ཕྱི་འབྲེལ་མི་སྣའི་	tschhyi-d(r)hel mi-nhäe
diplomatische Beziehung (f)	ཕྱི་འབྲེལ་གྱི་འབྲེལ་བ་	tschhyi-d(r)hel-gyi d(r)hel-wa
direkt	ཁར་ཐུག་	khar-thug
Direktion (f)	འགན་འཛིན་ལྷན་ཚོགས་	gen-dzin hlen-tzog
Direktor (m)	འགན་འཛིན་	gen-dzin
Direktübertragung (f)*	ཐད་ཀར་རྒྱང་བསྒྲིང་ལས་རིམ་	theh-kar gyang-sin lä-rim
Direktverkauf (m)*	ཐད་ཀར་ཚོང་སྒྱུར་	theh-kar tzong-gyur
Dirigent (m)	རོལ་མོའི་དབུ་མཛད་	röl-möe u-dzeh
Diskette (f)	ཟེར་སྡེར་	sehr-dher
Diskettenlaufwerk (n)	ཟེར་སྡེར་སྐུལ་ཆས་	sehr-dher kül-tschhä
Diskont (m), econ.	གཅོག་ཆ་	tschog-tschha
Diskontsatz (m)	གཅོག་ཆའི་ཚད་གཞི་	tschog-tschhae tzeh-schi
diskret	རྣམ་གྱོད་ཅན་	nham-tschyöh-tschen
Diskretion (f)	ཐག་གཅོད་ཀྱི་རང་དབང་	thag-tschöh-kyi rang-wang
diskriminieren	དབྱེ་འབྱེད་གཏོང་བ་	jhe-dschyeh tong-wa
Diskriminierung (f)	ཉེ་རིང་ཁྱད་འཛིན་	nye-ring khyeh-dzin
Diskussion (f)	གྲོས་བསྡུར་	d(r)hö-dur
diskutieren	གྲོས་བསྡུར་བྱེད་པ་	d(r)hö-dur dschye-pa

diskutieren, hon.	བགའ་བསྱུར་གནང་བ་	ka-dur nhang-wa
disponieren	བགོད་སྒྲིག་བྱེད་པ་	kö-d(r)hig dschye-pa
Disqualifikation (f)	མི་འོས་པའི་ཁྱད་ཆོས་	mi-wö-pae khyeh-tschhö
disqualifizieren	མི་འོས་པ་བཟོ་བ་	mi-wö-pa soh-wa
Distanz (f)	རྒྱང་ཐག་བར་ཐག་	gyang-thag bhar-thag
distanzieren	སུར་འདོན་བྱེད་པ་	suhr-dön dschye-pa
Distrikt (m)	རྫོང་ཁོངས་	dzong-khong
Disziplin (f)	ཁྲིག་ཁྲིམས་	d(r)hig-t(r)him
Dividende (f), econ.	ཁ་འབབ་ཐོབ་སྐལ་	kha-bab thob-kel
dividieren	ཆ་བགོས་རྒྱག་པ་	tschha-gö gyag-pa
Division (f)	ཆ་དགོས་	tschha-gö
Divisor (m)	བགོད་བྱེད་	göh-dschyeh
doch	འོན་ཀྱང་	wön-kyang
Docht (m)	སྡོང་རས་	dong-rä
Dock (n)	སུར་བཀོལ་གྲུ་ཁ་	suhr-köl d(r)hu-kha
Dockanlage (f)	གྲུ་གཞིངས་བཟོ་བཅོས་	d(r)hu-sihng soh-tschö
Dogmatismus (m)	ལུང་ཚམ་འཛིན་པའི་རིང་ལུགས་	lung-tsam dzin-pae ring-lug
Doktor (m)	སྨན་པ་	men-pa
Dokument (n)	ཚད་ལྡན་ཡིག་ཆ་	tzeh-den jig-tschha
Dokumentarfilm (m)	དངོས་བྱུང་གཞི་འཛིན་གྱི་གློག་བརྙན་	nghö-dschyung schi-dzin-gyi lhog-nyhen
Dokumentation (f)	ཡིག་ཆ་ཕྱོགས་བསྒྲིགས་	jig-tschha tschyog-d(r)hig
dolmetschen	སྐད་སྒྱུར་བ་	keh gyur-wa
Dolmetscher (m)	སྐད་སྒྱུར་	keh-gyur
Dolmetscher (m), hon.	གསུང་སྒྱུར་	sung-gyur

Donner (m)	འབྲུག་སྐད་	d(r)hug-keh
Donnerstag (m)	གཟའ་ཕུར་བུ་	sah phur-bu
Doppel (n)	དོ་བཤུས་	ngo-schhü
Doppelbesteuerung (f)*	ཁྲལ་འགེལ་ཉིས་སྡབ་	t(r)hel-gel nyi-dab
Doppelbett (n)	ཉལ་ཁྲི་ཉིས་བརྩེགས་མ་	nyel-t(r)hi nyi-tseg-ma
doppelspurig	ཉིས་གཤིབ་ཅན་	nyi-schib-tschen
doppelt	ཉིས་སྡབ་	nyi-dab
doppelt so gross	སྡབ་གཅིག་གིས་ཆེ་བ་	dab-tschig-gi tschhe-wa
doppelzüngig	ངོ་མདངས་གཉིས་སྟོན་གྱི་	ngo-dang nyii-tön-kyi
Dorfbewohner (m)	གྲོང་པ་	d(r)hong-pa
Dorfvorsteher (m)	གྲོང་གསེབ་ཀྱི་གཙོ་འཛིན་	d(r)hong-seb-kyi tso-dzin
Dörrfleisch (n)	ཤ་སྐམ་པོ་	scha-kam-po
dort	ཕ་གིར་	pha-ghir
dorther	ཕ་ནས་	pha-nä
Dose (f)	ལྕགས་ཏྲིན་	tschag-t(r)hin
Dosenöffner (m)	ལྕགས་ཏྲིན་འབྱེད་བྱེད་	tschag-t(r)hin dschyeh-dschye
Dosis (f)	ཐུན་ཚད་	thün-tzeh
Dotter (m)	སྒོ་ངའི་སེར་རིལ་	go-ngae ser-ril
Draht (m)	ལྕགས་སྐུད་	tschag-küh
Drahtgeflecht (n)	ལྕག་ཚིབས་	tschag-tsib
drahtlos	སྐུད་མེད་	küh-meh
Drahtseilbahn (f)	ཐག་འཛིན་མེ་འཁོར་	thag-d(r)hin me-khor
Drahtverhau (m)	ལྕགས་ར་	tschag-d(r)ha
Drama (n)	གཏམ་རྗོད་ཟློས་གར་	tam-dschö dö-ghar

Dramatiker (m)	བྲིས་གར་རྩོམ་པ་པོ་	dö-ghar tsom-pa-po
dramatisch	བྲིས་གར་གྱི་	dö-ghar-gyi
Drang (m)	སྐུལ་ཤུགས་	kül-schhug
drängen, sich	འཚང་ཀ་རྒྱག་པ་	tzang-ga gyag-pa
drastisch	དྲག་པོ་	d(r)hag-po
Draufgängertum (n)	ཉེན་འཛེམ་མེད་པའི་རིང་ལུགས་	nyen-dzem-meh-pae ring-lug
draussen	ཕྱི་ལོགས་	tschhyi-log
Dreck (m)	བཙོག་པ་	tsog-pa
Drehbuch (n)	འཁྲབ་གཞུང་འཆར་དེབ་	t(r)hab-tzen tschhar-dhep
drehen	སྐོར་བ་	kor-wa
drehen, Film	རྒྱག་པ་	gyag-pa
Drehtür (f)	འཁོར་སྒོ་	khor-go
Drehung (f)	འཁོར་སྐྱོད་	khor-kyöh
Drehzahl (f), tech.	འཁོར་སྐྱོད་ཚད་གྲངས་	khor-kyöh tzeh-d(r)hang
Drehzahlmesser (m)	འཁོར་སྐྱོད་ཚད་ཁ་	khor-kyöh tzeh-t(r)ha
drei	གསུམ་	sum
Drei Juwelen (f/pl)	དཀོན་མཆོག་གསུམ་	kön-tschhog-sum
Dreieck (n)	ཟུར་གསུམ་	suhr-sum
dreieckig	ཟུར་གསུམ་གྱི་	suhr-sum-gyi
dreifach	ལྡབ་གསུམ་	dab-sum
Drei-Schar-Pflug (m)	ཤགས་གསུམ་ཐོང་གཤོལ་	tschag-sum thong-schhöl
dreissig	སུམ་ཅུ་	sum-tschu
dreizehn	བཅུ་གསུམ་	tschu-sum
dreschen	གཡུལ་ལས་བྱེད་པ་	jül-lä dschye-wa
Drilling (m)	སུམ་མཚན་	sum-tzen

dringen	ནན་སྐུལ་བྱེད་པ་	nen-kül dschye-pa
dringend	ཛ་དྲག་གི་	dza-d(r)hag-gi
Dringlichkeit (f)	ནན་སྐུལ་	nen-kül
drinnen	ནང་ལོགས་	nang-log
dritte	གསུམ་པ་	sum-pa
Droge (f)	བཟི་སྨན་	sih-men
drogenabhängig	བཟི་སྨན་སོགས་ལ་བསྟེན་པའི་	sih-men sog-la ten-pae
Drogenhandel (m)	བཟི་སྨན་ནག་ཚོང་	sih-men nag-tzong
Drogenhändler (m)	བཟི་སྨན་ཚོང་མཁན་	sih-men tzong-khen
Drogenmissbrauch (m)*	བཟི་སྨན་ཚུལ་མིན་བཀོལ་སྤྱོད་	sih-men tzül-min köl-tschyöh
Drogerie (f)	སྨན་ཕྲོག་ཚོང་ཁང་	men-t(r)hog tzong-khang
drohen	཈ིག་཈ིག་གཏོང་བ་	dzig-dzig tong-wa
Drohung (f)	ཇིག་ཇིག་	dzig-dzig
Drossel (f), zo.	འཇོལ་མོ་	dschöl-mo
Druck (m)	པར་ཤུས་	par-schhü
Druck (m), tech.	གནོན་ཤུགས་	nhön-schhug
drucken	པར་ཤུས་རྒྱག་པ་	par-schhü gyag-pa
drücken	གཙིར་བ་	tsir-wa
Drucker (m)	པར་སྐྲུན་འཕུལ་འཁོར་	par-t(r)hün t(r)hül-khor
Druckerei (f)	པར་སྐྲུན་ཁང་	par-t(r)hrün-khang
Druckereierzeugnis (n)	པར་འགྲེམས་	par-d(r)hem
Druckfehler (m)	པར་སྐྲུན་ནོར་སྐྱོན་	par-t(r)hün nor-kyön
Druckknopf (m), tech.	མཐེབ་གནོན་	then-nön
Druckschrift (f)	འགོ་ཡིག་ཆེན་པོ་	go-jig tschhen-po

Drüse (f)	སྨན་བུ་	men-bhu
du	ཁྱེད་རང་	khyeh-rang
ducken	སྒུར་ཏེ་ཡིབ་པ་	gur-te jib-pa
Duell (n)	ཉིས་འཛིང་	nyi-dzing
Duft (m)	དྲི་བཟང་	d(r)hi-sahn
duften	དྲི་མ་ཁ་བ་	d(r)hi-ma kha-wa
duftend	དྲི་ཞིམ་པོ་	d(r)hi-schim-po
dulden	བཟོད་སྲན་བྱེད་པ་	söh-sen dschye-pa
dumm	གླེན་པ་	lhen-pa
Dummheit (f)	གླེང་རྟགས་	lhen-tahg
Dumping (n)	མོད་མཆོང་	möh-tzong
Dumpingpreis (m)	མོད་མཆོང་རིན་གོང་	möh-tzong rin-ghong
Düne (f)	མཚོ་ངོགས་ཀྱི་བྱེ་ཕུང་	tzo-nghog-kyi dschye-phung
Dung (m)	ལྕི་བ་	tschi-wa
Düngemittel (n)	ཞིང་གི་ཚ་ལུད་	sching-gi tza-lüh
Düngemittel-fabrikation (f)	ལུད་རྫས་ཀྱི་བཟོ་ལས་	lüh-dzä-kyi soh-lä
düngen	ལུད་སྦྱོར་བྱེད་པ་	lüh-dschyor dschye-wa
Dünger (m)	ལུད་	lüh
dunkel	ནག་ཁུང་	nhag-khung
Dunkelheit (f)	མུན་པའི་རང་བཞིན་	mün-pae rang-schin
dünn	སྲབ་པོ་	sab-po
dünnflüssig	སླ་པོ་	lha-po
Dunst (m)	རླངས་ཞིལ་	lhang-sihl
dünsten	དལ་བུར་སྐོལ་བ་	dhel-bhur köl-wa
dunstig	རླངས་ཞིལ་ཅན་	lhang-sihl-tschen

Duplikat (n)	འདྲུས་མ་	schhü-ma
durch	བརྒྱུད་ནས་	gyüh-nä
durchaus	ཡང་དག་པར་	jang-dhag-par
durchbrechen	རྟོལ་བ་	töl-wa
durchdenken	བསམ་ཞིབ་ཏེན་ཏེན་གཏང་བ་	sam-schib ten-ten tang-wa
durchdringen	མཐར་སྐྱེལ་བ་	thar kyel-wa
durcheinander	རྙོག་ཟིང་	nyog-sihng
Durchfahrt (f)	འགྲོ་ལམ་	d(r)ho-lam
Durchfall (m)	བཤལ་ནད་	schhel-neh
durchfallen	དོན་གོ་མ་ཚོད་པ་	dhön-go ma-tschhöh-pa
durchführbar	ལམ་ལེན་བསྒྲུབ་འོས་པ་	lag-len tahr-wö-pa
durchführen	ལག་ལེན་དོན་འཁྱོལ་བ་	lag-len dhön-khyöl-wa
durchgehend	མུ་མཐུད་	mu-thüh
durchhalten	མདུན་དུ་སྐྱོང་བ་	dün-dhu kyong-wa
durchkreuzen	འགོག་རྐྱེན་བྱེད་པ་	gog-kyen dschye-pa
durchleuchten	དྭེ་བསལ་བྱེད་པ་	je-sel dschye-pa
Durchmesser (m)	དཀྱིལ་ཐིག་	kil-thig
durchqueren	འཕྲེད་བཅད་ཕྱིན་པ་	t(r)heh-tscheh tschhyin-pa
Durchreise (f)	རྒྱུ་འགྲུལ་	gyu-d(r)hül
Durchreisevisum (n)	ཚུགས་ལམ་མཐོང་མཆན་	tzug-lam thong-tschhen
Durchsage (f)	ཁྱབ་བསྒྲགས་	khyab-d(r)hag
durchsagen	ཁྱབ་བསྒྲགས་བྱེད་པ་	khyab-d(r)hag dschye-pa
Durchschnitt (m)	འབྲིང་ཚོད་	d(r)hing-tzeh
durchschnittlich	འབྲིང་ཙམ་	d(r)hing-tsam
durchsehen	ལྟ་ཞིབ་བྱེད་པ་	ta-schib dschye-pa

durchsuchen	སྟོག་བཤེར་བྱེད་པ་	ngog-schher dschye-pa
Durchsuchung (f)	སྟོག་བཤེར་	ngog-schher
Durchsuchungs-befehl (m), jur.	སྟོག་བཤེར་བཀའ་ཁྱབ་	ngog-schher ka-khyab
durchwegs	སྔ་ཕྱི་ཀུན་ཏུ་	ngha-tschhyi kün-dhu
dürfen	བྱེད་ཆོག་པ་	dschyeh tschhog-pa
dürftig	མི་འདང་བའི་	mi-dang-wae
dürr	སྐམ་ཐེར་	kam-ther
Dürre (f)	ཐན་པ་	then-pa
Durst (m)	སྐོམ་དད་	kom-deh
durstig	སྐོམ་དད་ཅན་	kom-deh-tschen
Dusche (f)	ཆུ་ཆར་གྱི་ཁྲུས་	tschhu-tschhar-gyi t(r)hü
duschen	ཆུ་ཆར་གྱི་ཁྲུས་རྒྱག་པ་	tschhu-tschhar-gyi t(r)hü-gyag-pa
Düsenflugzeug (n)	རླུང་ཤུགས་གནམ་གྲུ་	lhung-schhug nam-d(r)hu
düster	མུན་འཐིབ་འཐིབ་	mhün-thib-thib
Dutzend (n)	བཅུ་གཉིས་ཚག་པ་	tschu-nyii tschhag-pa
Dynamik (f)	སྒུལ་ཤུགས་ཀྱི་རིག་པ་	gül-schhug-kyi rig-pa
dynamisch	སྒུལ་ཤུགས་ལྡན་པའི་	gül-schhug den-pae
Dynamit (n)	རྫས་མེ་	dzä-me

E

Ebbe (f)	ཆུ་ལོག་	tschhu-log
eben erst	ད་ལྟ་རང་	dha-ta-rang
ebenbürtig	སྐྱེ་བོ་འདྲ་མཉམ་	kye-bo d(r)ha-nyam
Ebene (f)	ཐང་	thang

ebenfalls	དེ་བཞིན་དུ་	dhe-schin-dhu
Eber, wilder (m), zo.	ཕག་གོད་	phag-göh
Echo (n)	བྲག་ཅ་	d(r)hag-tscha
echt	ངོ་མ་	ngho-ma
Echtheit (f)	བདེན་པ་ཡིན་ཚུལ་	den-pa jin-tzül
Ecke (f)	ཟུར་	suhr
eckig	ཁུག་ཟུར་ཅན་	khug-suhr-tschen
Eckpfeiler (m)	རྒྱབ་བརྟེན་	gyab-ten
Eckzahn (m)	མཆེ་ཚེམས་	tschhe-tzäm
edel	ཡ་རབ་བཟང་པོ་	ja-rab sahng-po
Edelstahl (m)	ངར་ཤུགས་རྒྱུ་ལེགས་	ngar-tschag gyu-leg
Edelstein (m)	རྡོ་རིགས་ཀྱི་རིན་པོ་ཆེ་	do-rig-kyi rin-po-tschhe
Efeu (m)	ཤིང་ད་བྱིད་	schhing-dha-dschyih
Effekt (m)	ནུས་པ་	nü-pa
effektvoll	ནུས་ལྡན་	nü-den
effizient	ཕན་ནུས་ལྡན་པ་	phen-nü den-pa
egal	ཁྱད་མེད་	khyeh-meh
Egge (f)	གཤལ་	schhel
eggen	གཤལ་དྲུད་པ་	schhel d(r)hüh-pa
Egoismus (m)	རང་གཅེས་འཛིན་	rang-tschä-dzin
Egoist (m)	རང་འདོད་ཅན་	rang-dö-tschen
egoistisch	རང་གཅེས་འཛིན་གྱི་	rang-tschä dzin-gyi
ehe	གོང་ནས་	ghong-nä
Ehe (f)	གཉེན་སྒྲིག་	nyen-d(r)hig
Ehefrau (f)	ཆུང་མ་	tschhung-ma

Ehefrau (f), hon.	སྐུ་ཟླ་	ku-dha
ehemalig	སྔོན་མ་	ngön-ma
ehemals	སྔོན་མར་	ngön-mar
Ehemann (m)	ཁྱོ་ག་	khyo-ga
Ehepaar (n)	བཟའ་ཚང་	sah-tzang
eher	སྔོན་དུ་	ngön-dhu
Ehering (m)	གཉེན་སྒྲིག་སོར་གདུབ་	nyen-d(r)hig sor-dub
Ehre (f)	ཆེ་བསྟོད་	tschhe-töh
ehren	གུས་བཙི་ཞུ་བ་	ghü-tsi schu-wa
ehrenamtlich	ཆེ་བསྟོད་ཀྱི་	tschhe-töh-kyi
Ehrengast (m)	དཔལ་ལྡན་སྐུ་མགྲོན་	pel-den ku-d(r)hön
Ehrentitel (m)	ཆེ་བསྟོད་ཀྱི་མཚན་གནས་	tschhe-töh-gyi tzen-nhä
Ehrenzeichen (n)	བྱས་རྗེས་གཟེངས་རྟགས་	dschyä-dschä sehng-tahg
Ehrerbietung (f)	བསྙེན་བཀུར་	nyen-kur
Ehrerbietung bezeugen	གུས་པ་ཞུ་བ་	ghü-pa schu-wa
Ehrfurcht (f)	གུས་ཙི་	ghü-tsi
ehrfürchtig	གུས་ཞབས་ཅན་	ghü-schab-tschen
Ehrgeiz (m)	ཆེ་འདོད་	tschhe-döh
ehrgeizig	ཆེ་འདོད་ཅན་	tschhe-döh-tschen
ehrlich	དྲང་བདེན་	d(r)hang-ten
ehrlich und gerecht	དྲང་བཞག་ལུགས་མཐུན་གྱི་སྒོ་ནས་	d(r)hang-schag lug-thün-gyi go-nä
Ehrlichkeit (f)	དྲང་བདེན་	d(r)hang-den
ehrwürdig	ཕྱག་བྱུར་འོས་པའི་	tschhyag-dschyar wö-pae
Ei (n)	སྒོང་ང་	gong-nga
Ei (n), hon.	གཞེས་སྒོང་	schä-gong

Eichhörnchen (n), zo.	བེ་ཁྱི་	bhe-khyi
Eid (m)	དམ་བཅའ་	dham-tscha
Eid ablegen	དམ་བཅའ་བཞག་པ་	dham-tscha schag-wa
Eidotter (m)	སྒོང་བའི་སེར་རིལ་	go-ngae ser-ril
Eierstock (m)	ཟེའུ་འབྲུའི་མངལ་ཁང་	seh-u d(r)hüe ngel-khang
Eifer (m)	འདོད་མོས་དྲག་པོ་	dö-mö d(r)hag-po
Eifersucht (f)	ཕྲག་དོག་	t(r)hag-dog
eifersüchtig	ཕྲག་དོག་ཅན་	t(r)hag-dog-tschen
eifrig	འཁུར་ཞེན་ཆེན་པོ་	khur-schen tschhen-po
Eigenart (f)	ཐུན་མོང་མ་ཡིན་པའི་རང་བཞིན་	thün-mong ma-jin-pae rang-schin
eigenartig	ཁྱད་མཚར་པོ་	khyeh tzar-po
Eigenartigkeit (f)	ཁྱད་མཚར་པོའི་རང་བཞིན་	khyeh-tzar-pöe rang-schin
eigennützig	རང་ཕན་ཅན་	rang-schheh-tschen
eigens	ཁྱད་པར་དུ་	khyeh-par-dhu
eigensinnig	མགོ་མཁྲེགས་པོ་	go-t(r)heg-po
Eigenlob (n)	རང་བསྟོད་	rang-töh
Eigenname (m)	རང་མིང་	rang-ming
Eigenschaft (f)	ཁྱད་ཆོས་	kyeh-tschhö
Eigensinn (m)	མགོ་མཁྲེགས་	go-t(r)heg
eigensüchtig	རང་གཅེས་འཛིན་	rang-tschä-dzin
eigentlich	དངོས་འབྲེལ་གྱི་	ngö-d(r)hel-gyi
Eigentum (n)	མཁར་དབང་	khar-wang
Eigentümer (m)	བདག་པོ་	dag-po
eigentümlich	ཡ་མཚན་པོ་	ja-tzen-po
Eigentümlichkeit (f)	ཡ་མ་ཟུངས་ཀྱི་ངང་ཚུལ་	ja-ma suhg-kyi ngang-tzül

Eigentumsrecht (n)	འཁར་དབང་གི་ཐོབ་ཐང་	khar-wang-gi thob-thang
eigenwillig	རང་འདོད་ཅན་	rang-döh-tschen
eignen	འཕྲོད་པོ་	t(r)höh-po
Eignung (f)	འོས་ཚད་	wö-tzeh
Eignungstest (m)	འཇུག་པ་སྨྱུར་པའི་ཡིག་ཚད་	dschug-pa nyur-pae jig-tzeh
Eilbote (m)	མྱུར་སྐྱེལ་	nyur-kyel
Eilbrief (m)	མགྱོགས་ཡིག་	gyog-jig
Eile (f)	བྲེལ་འཚུབ་	d(r)hel-tzub
eilen	བྲེལ་བ་བྱེད་པ་	d(r)hel-wa dschye-pa
eilig	བྲེལ་འཚུབ་ཅན་	d(r)hel-tzub-tschen
Eilmeldung (f)	འཕྲལ་མའི་འབྱོར་བདའ་	t(r)hel-mae dschyor-da
Eilzug (m)	མྱུར་འགྲོས་མེ་འཁོར་	nyur-d(r)hö me-khor
Eimer (m)	ཟོ་བ་	soh-wa
ein, eins	གཅིག་	tschig
einarbeiten	རྒྱུས་མངའ་བཟོ་བ་	gyü-nga soh-wa
einäschern	མེར་བསྲེགས་པ་	mer seg-pa
einäschern, hon.	ཞུགས་འབུལ་ཞུ་བ་	schug-bül schu-wa
Einäscherung (f)	ཕུང་པོ་སྲེག་སྦྱང་	phung-po seg-dschyang
einatmen	དབུགས་རྔུབ་པ་	ug ngub-pa
Einbau (m)	རང་སྒྲིག་	rang-d(r)hig
einbauen	འགྲིག་པ་	d(r)hig-pa
einberufen	ཚོགས་བསྐོང་བྱེད་པ་	tzog-kong dschye-pa
Einberufung (f)	འཚོ་ཐབས་	tzo-thab
Einberufung (f), mil.	དམག་ཁྲལ་	mag-t(r)hel
einbilden	སེམས་ལ་སྣང་བ་	sem-la nang-wa

Einbildung (f)	འཆར་སྣང་	tschhar-nang
Einblick (m)	ནང་གི་རྟོགས་པ་	nang-gi tohg-pa
Einbrecher (m)	མཚན་རྐུ་རྒྱག་མཁན་	tzen-ku gyag-khen
Einbruch (m)	མཚན་རྐུན་གྱི་བྱ་སྤྱོད་	tzen-kün-gyi dschya-tschyöh
einbürgern	རྒྱལ་ཁོངས་སུ་འཇུག་པ་	gyel-khong-su dschug-pa
Einbürgerung (f)	གནས་གསར་གོམས་འདྲིས་	nhä-sar gom-d(r)hi
eindeutig	གསལ་པོ་	sel-po
eindringen	དམ་འཛུལ་བྱེད་པ་	ham-dzül dschye-pa
eindringen, gewaltsam	བཙན་འཛུལ་བྱེད་པ་	tsen-dzül dschye-pa
eindringlich	ཟ་དྲག་གི་	dza-d(r)hag-gi
Eindruck (m)	མཐོང་སྣང་	thong-nang
Eindruck (m), hon.	གཟིགས་སྣང་	sihg-nang
eindrucksvoll	ཡིད་ལ་འཛགས་པོ་	jih-la dschag-po
einer	གང་ཞིག་	ghang-schig
einer nach dem anderen	གཅིག་མཇུག་གཉིས་མཐུད་ཀྱིས་	tschig-dschug nyii-thüh-kyi
einfach	ལས་སླ་པོ་	lä-lha-bo
Einfall (m)	འཆར་སྒོ་	tschhar-go
Einfall (m), mil.	བཙན་འཛུལ་	tsen-dzül
einfallen	དྲིབ་པ་	dib-pa
einfallen, mil.	བཙན་འཛུལ་བྱེད་པ་	tsen-dzül dschye-pa
einfarbig	ཚོན་གཅིག་ཅན་	tzön-tschig-tschen
Einfluss (m)	ཤན་སྟོབས་	schhen-tob
einflussreich	དབང་ཤུགས་ཅན་	wang-schhug-schen
Einflusssphäre (f)	མངའ་ཁོངས་	nga-khong

einfrieren	ཁྱགས་རང་གཏོང་བ་	khyag-rang tong-wa
einfügen	ནང་དུ་འཇུག་པ་	nang-dhu dschug-pa
Einfuhr (f)	ནང་འདྲེན་དངོས་ཟོག་	nang-d(r)hen nghö-sohg
einführen	ཕྱི་ཟོང་ནང་འདྲེན་བྱེད་པ་	tschhyi-sohng nang-d(r)hen dschye-pa
Einfuhrstopp (m)	ནང་འདྲེན་བཀག་འགོག་	nang-d(r)hen kag-gog
Einfuhrzoll (m),* econ.	ཕྱི་གཏོང་ཚོང་ཁྲལ་	tschhyi-tong tzong-t(r)hel
Einführungspreis (m)*	གསར་གདོད་ཀྱི་གོང་ཚད་	sar-dhöh-kyi ghong-tzeh
Eingabe (f)	ནང་དུ་འཇུག་ཆ་	nang-dhu dschug-tschha
Eingang (m)	འཇུག་སྒོ་	dschug-go
Eingangsdatum (n)*	འབྱོར་འཛིན་ཚེས་གྲངས་	dschyor-dzin tzä-d(r)hang
Eingangs- stempel (m)*	འབྱོར་འཛིན་ཚེས་གྲངས་ཀྱི་ཐེལ་ཚེ་	dschyor-dzin tzä-d(r)hang- kyi thel-tse
Eingebung (f)	སེམས་སྐུལ་	säm-kül
eingefallen	ནང་དུ་ནུབ་པ་	nang-dhu nhub-pa
eingehend	ཞིབ་ཚགས་ཅན་	schib-tzag-tschen
eingeschrieben	དེབ་སྐྱེལ་	dheb-kyel
eingestehen	ངོས་ལེན་བྱེད་པ་	ngö-len dschye-pa
eingewöhnen	འདྲིས་སུ་འཇུག་པ་	d(r)hi-su dschug-pa
eingiessen	བླུགས་པ་	lhug-pa
Eingriff (m), med.	གཤག་བཅོས་	schhag-tschö
einhalten	རྒྱུན་སྲིང་བ་	gyün sing-wa
einhängen	བཀལ་བ་	kel-wa
einheimisch	ས་གནས་ཀྱི་	sa-nhä-kyi
Einheit (f)	གཅིག་སྒྲིལ་	tschig-d(r)hil
Einheit (f), (Gruppe)	སྡེ་ཚན་	de-tzen

einheitlich	གཅིག་གྱུར་གྱི་	tschig-gyur-gyi
Einheitlichkeit (f)	གཞི་མཚུངས་ཀྱི་རང་བཞིན་	schi-tzung-kyi rang-schin
Einheitsfront (f)	འཐབ་ཕྱོགས་གཅིག་འགྱུར་	thab-tschhyog tschig-gyur
einhellig	བློ་མོས་ཀྱི་	lho-mö-kyi
einholen	རྗེས་འཛིན་བྱེད་པ་	dschä-dzin dschye-pa
einigen	ཁ་མཐུན་པ་	kha-thün-pa
einigen, hon.	ཞལ་མཐུན་པ་	schel thün-pa
Einigkeit (f)	གཅིག་སྒྲིལ་	tschig-d(r)hil
Einigung (f)	མཐུན་གྲོས་	thün-d(r)hö
Einkauf (m), econ.	ཉོ་སྒྲུབ་	nyo-d(r)hub
einkaufen	ཉོ་ཚ་རྒྱག་པ་	nyo-tschha gyag-pa
einkaufen, econ.	ཉོ་སྒྲུབ་བྱེད་པ་	nyo-d(r)hub dschye-pa
Einkaufspreis (m), econ.	ཉོ་སྒྲུབ་རིན་གོང་	nyo-d(r)hub rin-ghong
Einkaufszentrum (n)	ཚོང་མཁར་	tzong-khar
einkehren	མཚམས་འདི་བྱེད་པ་	tzam-d(r)hi dschye-pa
einkerkern	བཙོན་འཇུག་བྱེད་པ་	tsön-dschug dschye-pa
einklagen	ཁྲིམས་ལ་སྦྱོར་བ་	t(r)him-la dschyor-wa
Einkommen (n)	ཡོང་འབབ་	jhong-bab
Einkommenssteuer (f)	ཡོང་འབབ་ཀྱི་ཁྲལ་	jhong-bab-kyi t(r)hel
Einkommens-überschuss (m)	ཡོང་འབབ་འཕར་ཐོལ་	jhong-bab par-thöl
einladen	གདན་འདྲེན་ཞུ་བ་	den-d(r)hen schu-wa
Einladung (f)	མགྲོན་བརྡ་	d(r)hön-da
Einladungskarte (f)	མགྲོན་ཤོག་	d(r)hön-schhog
Einlass (m)	ཞུགས་ཆོག་པའི་གནང་བ་	schug-tschhog-pae nang-wa

einlassen	འཛུལ་བའི་སྐབས་སྟོད་པ་	dzül-wae kab-t(r)höh-pa
Einleitung (f)	སྔེང་གཞི་	lheng-schi
einmal	ཐེངས་གཅིག་	theng-tschig
einmalig	མཚུངས་མེད་	tzung-meh
einmischen	ཐེ་བྱུས་བྱེད་པ་	the-dschyü dschye-pa
Einmischung (f)	ཐེ་བྱུས་	the-dschyü
einmütig	སྤྱི་མྷུས་ཀྱི་	tschyi-mhü-kyi
Einnahme (f)	བྱུང་འཛིན་	dschyung-dzin
Einnahme (f), mil.	འཛིན་བཟུང་	dzin-suhng
einnehmen	སྟོད་པ་	tschyöh-pa
einpacken	ཐུབ་རྒྱག་པ་	thub gyag-pa
einprägen, sich	བློ་ལ་འཛིན་པ་	lho-la dzin-pa
einprägen, sich, hon.	ཐུགས་ལ་འཛིན་པ་	thug-la dzin-pa
einreichen	འབོད་འགུག་ཆེད་གཏོང་བ་	bö-gug-tschheh tong-wa
Einreise (f)	འཛུལ་ཞུགས་	dzül-schug
Einreiseerlaubnis (f)	འཛུལ་ཞུགས་ཆོག་མཆན་	dzül-schug tschhog-tschhen
Einreisevisum (n)	འཛུལ་ཞུགས་མཐོང་མཆན་	dzül-schug thon-tschhen
einreissen	བཤིག་པ་	schhig-pa
einrichten	སྒྲིག་བཀོད་བྱེད་པ་	d(r)hig-köh dschye-pa
Einrichtung (f)	འཛིན་ཆས་	dzin-tschhä
einsam	ཁེར་རྐྱང་	kher-kyang
Einsamkeit (f)	ཁེར་རྐྱང་གི་རང་བཞིན་	kher-kyang-gi rang-schin
einscannen, (Dokument)	འཚག་སེལ་བྱེད་པ་	tzag-sel dschye-pa
einschalten	མཐུད་སྒོ་དབྱེ་པ་	thü-go tschye-pa

einschätzen	ཚོད་དཔག་པ་	tzöh-pag-pa
einschenken	བླུགས་པ་	lhug-pa
einschlafen	གཉིད་ཁུག་པ་	nyih khug-pa
einschlafen, hon.	མནལ་ཁུག་པ་	nyel khug-pa
einschleichen (sich)	ཟོལ་འཛུལ་བྱེད་པ་	söhl-dzül dschye-pa
einschleppen	འཁྱེར་ཡོང་བ་	khyer jhong-wa
einschränken	ཚད་བཀག་བཟོ་བ་	tzeh-kag soh-wa
Einschränkung (f)	ཚད་བཀག་	tzeh-kag
Einschreibebrief (m)	དེབ་སྐྱེལ་སྦྲག་ཡིག་	dheb-kyel d(r)hag-jig
einschreiben	དེབ་སྐྱེལ་བྱེད་པ་	dheb-kyel dschye-pa
einschreiten	ཐུས་གཏོགས་བྱེད་པ་	dschyü-tog dschye-pa
einschüchtern	བསྐུལ་བཙོན་བྱེད་པ་	nyä-tschö dschye-pa
einseitig	ཕྱོགས་གཅིག་ཁོ་ནར་	tschhyog-tschig kho-nar
Einseitigkeit (f)	ཟུར་ཚམ་ལས་མི་གཉིས་པ་	suhr-tsam-lä mi-sihg-pa
einsenden	སྐུར་བ་	kur-wa
einsetzen	རྒྱལ་ཁ་བཙུགས་པ་	gyel-kha tsug-pa
Einsicht (f)	རྣམ་དཔྱོད་	nham-tschyöh
einsichtig	གོ་རྟོགས་ཐུབ་རེས་	go-tohg thub-ngä
Einsiedler (m)	མཚམས་པ་བ་	tsam-pa-wa
einsparen	བསྲི་ཚགས་བྱེད་པ་	si-tzag dschye-pa
einspeichern	ཉར་འཚག་བྱེད་པ་	nyar-tzag dschye-pa
einsperren	འཛིན་བཅུག་བྱེད་པ་	dzin-tschug dschye-pa
Einspruch (m)	དགག་པ་	gag-pa
Einspruch erheben	དགག་པ་རྒྱག་པ་	gag-pa gyag-pa
Einspruchsrecht (n)	དགག་པའི་དབང་ཚད་	gag-pae wang-tzeh

einspurig	གཅིག་ལམ་	tschig-lam
einstellen	ཚམ་འཛོག་བྱེད་པ་	tscham-dschog dschye-pa
Einstellung (f)	སམས་བློའི་འཁྱེར་སོ་	sam-löe khyer-so
einstimmig	སྤྱི་མོས་	tschyi-mö
einstudieren	འཁྲབ་སྦྱོང་བྱེད་པ་	t(r)ab-dschyong dschye-pa
Einsturz (m)	རིབ་སྐྱོན་	dib-kyön
einstürzen	རིབ་པ་	dib-pa
eintauschen	བརྗེ་ལེན་བྱེད་པ་	dsche-len dschye-pa
einteilen	ཆ་བགོས་རྒྱག་པ་	tschha-gö gyag-pa
eintönig	སྒྲ་གདངས་གཅིག་རྐྱང་གི་	d(r)ha-dang tschig-kyang-gi
Eintönigkeit (f)	སྒྲ་གདངས་གཅིག་ཙུངས་	d(r)ha-dang tschig-tzung
Eintrag (m)	དེབ་འགོད་	dheb-göh
eintragen	དེབ་འགོད་བྱེད་པ་	dheb-göh dschye-pa
einträglich	ཁེ་སྤོགས་ཅན་གྱི་	khe-pog tschen-gyi
eintreffen	སྐབས་འཁེལ་བ་	kab khel-wa
einverstanden	མོས་མཐུན་བྱེད་པ་	mö-thün dschye-pa
Einverständnis (n)	ཆོག་མཆན་	tschhog-tschhen
Einwand (m)	དགག་པ་	gag-pa
Einwanderer (m)	ཡུལ་སྤོ་མཁན་	jül-po-khen
einwandern	ཡུལ་སྤོ་བ་	jül po-wa
Einwanderung (f)	ཡུལ་སྤོས་	jül-pö
einwandfrei	སྐྱོན་མེད་	kyön-meh
einwenden	དགག་པ་རྒྱག་པ་	gag-pa gyag-pa
einwickeln	ཐུམ་རྒྱག་པ་	thum gyag-pa

Einwickelpapier (n)	སྦྲིལ་ཤོག་	d(r)hil-schhog
einwilligen	ཐོབ་སྐལ་སྦྱིན་པ་	thob-kel dschyin-pa
Einwilligung (f)	བཀའ་འཁྲོལ་	ka-t(r)höl
Einwohner (m)	སྡོད་མི་	döh-mi
Einwohner-meldeamt (n)*	སྡོད་མིའི་ཐོ་འགོད་ལས་ཁུང་	döh-mie tho-göh lä-khung
einzahlen	རྩིས་ཁོངས་སུ་སྟོད་པ་	tsi-khong-su t(r)höh-pa
Einzahlung (f)	སྟོད་འབབ་	t(r)hö-bab
Einzelhandel (m)*	སིལ་ཚོང་ཚོང་ལས་	sil-tzong tzong-lä
Einzelhändler (m)	སིལ་ཚོང་རྒྱག་མཁན་	sil-tzong gyag-khen
einzeln	ཆ་མེད་ཡ་མེད་	tschha-meh ja-meh
Einzelteil (n)	ཡན་ལག་	jen-lag
einziehen	ཕྱིར་འཐེན་བྱེད་པ་	tschhyir-then dschye-pa
einziehen, mil.	འདུ་འགུགས་བྱེད་པ་	du-gug dschye-pa
einzig	ཁོ་ན་	kho-na
einzigartig	སྐྱི་དང་མི་འདྲ་བའི་	tschyi-dhang mi-d(r)ha-wae
Eis (n)	འཁྱགས་པ་	khyag-pa
Eisbär (m), zo.	བྱང་སྦྲེལ་དོམ་དཀར་	dschyang-nhee dhom-kar
Eisen (n)	ལྕགས་	tschag
Eisenbahn (f)	མེ་འཁོར་	me-khor
Eisenbahnknotenpunkt (m)	མེ་འཁོར་ལྕགས་ལམ་གྱི་མཐུད་མཚམས་	me-khor tschag-lam-gyi thüh-tzam
Eisenbahnlinie (f)	མེ་འཁོར་ལྕགས་ལམ་	me-khor tschag-lam
Eisenbahnreparaturwerkstatt (f)	མེ་འཁོར་བཟོ་བཅོས་བཟོ་ཁང་	me-khor soh-tschö soh-khang
Eisenbahnstation (f)	མེ་འཁོར་ས་ཚིགས་	me-khor sa-tzig
Eisenkette (f)	ལྕགས་ཐག་	tschag-thag

Eisenträger (m)	ལྕགས་གདུང་	tschag-dung
eisern	ལྕགས་ཀྱི་	tschag-kyi
eisgekühlt	གྲང་མོ་བཟོ་བའི་	d(r)hang-mo soh-wae
eiskalt	གྲང་ངར་ཅན་	d(r)hang-ngar-tschen
Eisschrank (m)	འཁྱག་སྒམ་	khyag-gam
Eiszapfen (m)	འཁྱགས་རྡོང་	khyag-dong
eitel	གཏམ་འདོད་ཚ་པོ་	tam-döh tza-po
Eitelkeit (f)	རློམ་སེམས་	lom-säm
Eiter (m)	རྣག་	nag
eitern	རྣག་གསོག་པ་	nag sog-pa
Eiweiss (n)	སྒོ་ངའི་དཀར་ཆ་	go-ngae kar-tschha
Ekel (m)	ཞེ་ལོག་	sche-log
ekelhaft	ཞེ་པ་ལོག་པའི་	sche-pa log-pae
elastisch	སྟེམ་ལྕུགས་ཅན་	dem-tschug-tschen
Elch (m), zo.	ཤ་བ་ནྷོག་ལྡན་	schha-wa nhog-den
Elefant (m), zo.	གླང་ཆེན་	lhang-tschhen
elegant	མཛེས་ཆོས་ལྡན་པའི་	dzä-tschö den-pae
Elektrifizierung (f)	གློག་དགུལ་ལ་འགྱུར་བ་	lhog-gül-la gyur-wa
Elektriker (m)	གློག་བཟོ་གནང་མཁན་	lhog-soh nang-khen
elektrisch	གློག་གི་	lhog-gi
elektrische Leitung (f)	གློག་གཞུ་	lhog-schu
Elektrizität (f)	གློག་	lhog
Elektrizitätswerk (n)	གློག་འདོན་ས་ཚིགས་	lhog-dön sa-tzig
Elektrotherapie (f)	གློག་བཀོལ་བཅོས་ཐབས་	lhog-köl tschö-thab
Elektrode (f)	གློག་སྣེ་	lhog-nhe

Elektrogerät (n)*	སློག་ཤུགས་མཁོ་ཆས་	lhog-schhug kho-tschhä
Elektrogeschäft (n)*	སློག་འཕྲུལ་ཚོང་ཁང་	lhog-d(r)hel tzong-khang
Elektrolyse (f)	གློག་བཀོལ་དབྱེ་འབྱེད་གཏོང་བ་	lhog-köl je-dschyeh tong-wa
Elektromotor (m)	སློག་བསྐུལ་འཁྲུལ་འཁོར་	lhog-kül t(r)hül-khor
Elektron (n)	མོ་དུལ་	mo-dül
elektronisch	སློག་དུལ་གྱི་	lhog-dül-gyi
Elektronik (f)	སློག་དཔྱད་རིག་གནས་	lhog-tschyeh rig-nhä
Element (n), chem.	རྫས་སྦྱོར་གྱི་འབྱུང་བ་	dzä-dschyor-gyi dschyung-wa
Elend (n)	ཐབས་དུག་	thab-dug
elf	བཅུ་གཅིག་	tschu-tschig
Elfenbein (n)	བ་སོ་	bha-so
Elite (f)	མཐོ་རིམ་སྤྱི་ཚོགས་	tho-rim tschyi-tzog
Ellbogen (m)	གྲུ་མོ་	d(r)hu-mo
Elster (f), zo.	སྐྱ་ཀ་	kya-ka
elterlich	ཕ་མ་ལྟར་	pha-ma-tahr
Eltern (f/pl)	ཕ་མ་	pha-ma
elternlos	ད་ཕྲུག་	dha-t(r)hug
Emanzipation (f)	ལྷོད་གྲོལ་	lhö-d(r)höl
emanzipieren	བཀྲོལ་བ་	t(r)höl-wa
Embargo (n)	ཚོང་འགུལ་བཀག་འགོག་	tzong-d(r)hül kag-gog
Embolie (f)	རྩ་ལམ་རྒྱུག་འགོག་	tsa-lam gyug-gog
Emigrant (m)	ཡུལ་སློས་བྱེད་མི་	jül-pö dschyeh-mi
Emigration (f)	ཡུལ་སློས་	jül-pö
emigrieren	ཡུལ་སློས་འགྲོ་བ་	jül-pö d(r)ho-wa

Deutsch	Tibetisch	Transkription
Emission (f), econ.	འགྲེམས་པ་	d(r)häm-pa
Emission (f), phys.	འཕྲོ་བ་	t(r)ho-wa
Emissionswert (m/pl)	འཕྲོ་བའི་ནུས་ཚད་	t(r)ho-wae nü-tzeh
Empfang (m)	སྙེ་ལེན་	nhe-len
empfangen, Gäste	སྙེ་ལེན་བྱེད་པ་	nhe-len dschye-pa
Empfänger (m)	སྙེ་ལེན་པ་	nhe-len-pa
empfänglich	སེམས་འགུལ་སླ་པོ་	säm-gül lha-po
Empfängnis (f)*	སྐྱེ་ཞུགས་	kye-schug
Empfängnisverhütung (f)*	སྐྱེ་ཞུགས་འགོག་ཐབས་	kye-schug gog-thab
Empfangsbescheinigung (f)	འབྱོར་འཛིན་	dschyor-dzin
Empfangschef (m)	ཕེབས་སྒྲིག་ཞུ་མཁན་	pheb-d(r)hig schu-khen
Empfangsgebäude (n)	སྙེ་ལེན་ཁང་	nhe-len-khang
empfehlen	ངོ་སྤྲོད་རྒྱབ་གཉེར་བྱེད་པ་	ngo-t(r)höh gyab-nyer dschye-pa
empfehlenswert	བྱེད་འོས་ཅན་	dschyeh-wö-tschen
Empfehlung (f)	ངོ་སྤྲོད་རྒྱབ་གཉེར་	ngo-t(r)höh gyab-nyer
Empfehlungsschreiben (n)	ངོ་སྤྲོད་རྒྱབ་གཉེར་གྱི་ཕྲིན་ཡིག་	ngo-t(r)höh gyab-nyer-gyi t(r)hin-jig
empfinden	རེག་པས་ཚོར་བ་	reg-pä tzor-wa
empfindlich	ཚོར་བ་སྐྱེན་པོ་	tzor-wa kyen-po
Empfindlichkeit (f)	ཚོར་བ་སྐྱེན་པོའི་རང་བཞིན་	tzor-wa kyen-pöe rang-schin
Empfindung (f)	ཚོར་བ་	tzor-wa
empört	ཞེ་སྡང་གིས་བསྐུལ་པའི་	sche-dang-gi lham-pae
Empörung (f)	ཁྲོ་སེམས་	t(r)ho-säm
emsig	ཧུར་བརྩོན་ཅན་	hur-tsön-tschen
Ende (n)	མཇུག་	dschug

Ende, am	ཐ་མར་	tha-mar
Endergebnis (n)	མཐའ་མའི་གྲུབ་འབྲས་	tha-mae d(r)hub-d(r)hä
endgültig	མཐའ་སྡོམ་གྱི་	tha-dom-gyi
Endlagerung (f)	མཐའ་མའི་སྙིགས་དོར་	tha-mae nyig-dhor
endlos	རྫོགས་མཐའ་མེད་པ་	dzog-tha meh-pa
Endstation (f)	འགྲོད་མཐའི་ས་ཚིགས་	d(r)höh-thae sa-tzig
Energie (f)	ནུས་ཤུགས་	nü-schhug
Energie (f), (tech.)	འགུལ་ཤུགས་	gül-schhug
Energie-erzeugung (f)	ནུས་ཤུགས་འདོན་ལས་	nü-schhug dön-lä
energielos	འགུལ་ཤུགས་མེད་པ་	gül-schhug meh-pa
Energiequelle (f)	འགུལ་ཤུགས་ཀྱི་བྱོན་ཁུངས་	gül-schhug-kyi thön-khung
Energie-versorgung (f)	ནུས་ཤུགས་དགོས་མཁོ་	nhü-schhug gö-kho
Energiewirtschaft (f)	ལྷོག་ཤུགས་འཛོ་ལས་	lhog-schhug soh-lä
energisch	ནུས་ཤུགས་ཅན་	nhü-schhug-tschen
eng	དམ་པོ་	dham-po
Engagement (n)	བྱེད་སྒོ་	dschyeh-go
engagieren	བྱེ་གཏོགས་བྱེད་པ་	the-tohg dschye-pa
Enge (f)	ཁ་ཞེང་ཆུང་ཆུང་	kha-scheng tschhung-tschhung
enge Verbindung (f)	འབྲེལ་འདྲིས་དམ་པོ་	d(r)hel-d(r)hi dham-po
Engel (m)	མཁའ་འགྲོ་	kha-d(r)ho
engherzig	སེམས་གུ་དོག་པོ་	säm-ghu dhog-po
England	ཨིན་ཡུལ་	in-jül
englisch	ཨིན་ཇིའི་	in-jie
Engpass (m)	ལམ་དོག་པོ་	lam dhog-po

engstirnig	མགོ་དོག་པོ་	go dhog-po
Enkel (m)	ཚ་བོ་	tza-wo
Enkelin (f)	ཚ་མོ་	tza-mo
enorm	ཧ་ལས་པའི་	ha-lä-pae
Ensemble (n)	རིགས་རྩལ་ཚོགས་པ	rig-tsel tzog-pa
entarten	ཉམས་ཆག་ཕྱིན་པ་	nyam-tschhag tschhyin-pa
entbinden	ཕྲུ་གུ་བཙའ་བ་	t(r)hu-ghu tsa-wa
Entbindung (f), (schmerzlose)	ཟུག་མེད་བཙའ་ཐབས་	suhg-meh tsa-thab
Entbindungsstation (f)	ཕྲུ་གུ་སྐྱེ་སའི་སྨན་ཁང་	t(r)hu-ghu kye-sae men-khang
entdecken	གསར་དུ་རྙེད་པ་	sar-dhu nyeh-pa
Entdecker (m)	ཐོག་མར་རྙེད་མཁན་	thog-mhar nyeh-khen
Entdeckung (f)	གསར་རྙེད་	sar-nyeh
Ente (f), zo.	བྱ་གག་	dschya-ghag
enteignen	བདག་དབང་འཕྲོག་པ་	dag-wang t(r)hog-pa
Enteignung (f)	འཕྲོག་ལེན་	t(r)hog-len
enterben	ཤུལ་འཛིན་གྱི་དབང་ཆ་འཕྲོག་པ་	schhül-dzin-gyi wang-tschha t(r)hog-pa
entfachen	མེ་འབར་དུ་འཇུག་པ་	me bar-dhu dschug-pa
entfalten	མངོན་དུ་འགྱུར་བ་	nghön-dhu gyur-wa
entfernen	སྤོ་བ་	po-wa
Entfernung (f)	རྒྱང་ཐག་	gyang-thag
Entfernungs-messer (m)	འགྱང་ཚད་འཇལ་ཆས་	gyang-tzeh dschel-tschhä
entfliehen	བྲོས་ཐར་བ་	d(r)hö thar-wa
entfremden	སེམས་ཐག་རིང་དུ་ཕྱིན་པ་	säm-thag ring-dhu tschhyin-pa
entführen	བཙན་ཁྲིད་བྱེད་པ་	tsen-t(r)hih dschye-pa

Entführer (m)	བཙན་ཁྲིད་བྱེད་མི་	tsen-t(r)hih dschyeh-mi
Entführung (f)	བཟུང་ཁྲིད་	suhng-t(r)hih
entgegen	ཁ་ཐད་དུ་	kha-theh-dhu
entgegengesetzt	ལྡོག་ཕྱོགས་	dog-tschhog
entgegensehen	རེ་སེམས་འཆང་བ་	re-säm tschhang-wa
entgegenstehen	ཁ་གཏད་བྱེད་པ་	kha-teh dschye-pa
entgegentreten	གདོང་ལེན་བྱེད་པ་	dong-len dschye-pa
entgegnen	ཡ་ལན་བྱེད་པ་	ja-len dschye-pa
entgehen	སྣང་མེད་ཤོར་བ་	nang-meh schhor-wa
Entgelt (n)	བླ་རྔན་	lha-ngen
entgiften	དུག་ཁྲངས་སེལ་བ་	dhug-lhang sel-wa
entgleisen	མེ་འཁོར་ལམ་འཁྱུས་ཤོར་བ་	me-khor lam-tschhü schhor-wa
Entgleisung (f)	མེ་འཁོར་ལམ་འཁྱུས་	me-khor lam-tschhü
enthalten	ནང་དུ་བསྡུ་བ་	nang-dhu du-wa
enthüllen	གསང་སྒྲོག་སེལ་བ་	sang-d(r)hog sel-wa
Enthüllung (f)	གསང་སྒྲོག་གསལ་བསྒྲགས་	sang-d(r)hog sel-d(r)hag
Enthusiasmus (m)	སྤྲོ་ཤུགས་	t(r)ho-schhug
enthusiastisch	སྤྲོ་ཤུགས་ཅན་	t(r)ho-schhug-tschen
entkommen	ཐར་བ་	thar-wa
entladen	དོ་པོ་འབེབ་པ་	dho-po beb-pa
entladen, elektr..	གློག་རྒྱུན་ཕྱིར་གདལ་པ་	lhog-gyün tschhyir-del-pa
Entladung (f), elektr.	གློག་རྒྱུན་ཕྱིར་གདལ་	lhog-gyün tschhyir-del
entlang	འགྲམ་ནས་	d(r)ham-nä
entlarven	གདོང་འབག་བཤུས་པ་	dong-bag schhü-pa
entlassen	འབུད་པ་	büh-pa

Entlassung (f)	ཕྱིར་འབུད་	tschhyir-büh
entlasten	བཟོ་ཡང་གཏོང་བ་	söh-jang tong-wa
entlasten, jur.	ནག་མེད་དོར་ར་འཕྲོད་པ་	nhag-meh nghö-ra t(r)höh-pa
Entlastung (f)	བཟོ་ཡང་	söh-jang
Entlastung (f), jur.	ཉེས་མེད་ར་སྒྲོད་	nyä-meh ra-t(r)höh
Entlastungs-zeuge (m)	ཉེས་མེད་ར་སྒྲོད་ཀྱི་དཔང་པོ་	nyä-meh ra-t(r)höh-kyi pang-po
entlegen	ཐག་རིང་གི་	thag-ring-gi
Entlohnung (f)	ལྷ་འབབ་	lha-bab
entmachten	དབང་ཆ་ཕྱིར་བསྡུ་བྱེད་པ་	wang-tschha tschhyir-du dschye-pa
entmilitarisieren	དམག་ཤུགས་ཕྱིར་བསྡུ་བྱེད་པ་	mag-schhug tschhyir-du dschye-pa
entmutigen	སེམས་ཤུགས་གཅོག་པ་	säm-schhug tschog-pa
entnerven	སྲུངས་ཤུགས་བཙོམ་པ་	suhng-schhug tschom-pa
entreissen	ཧོབ་འཕྲོག་རྒྱག་པ་	hob-t(r)hog gyag-pa
entschädigen	གུན་གསབ་སྒྲོད་པ་	gün-sab t(r)höh-pa
Entschädigung (f)	གུན་གསབ་	gün-sab
Entschädigung-summe (f)	གསབ་དངུལ་	sab-nghül
entscheiden	ཐག་གཅོད་བྱེད་པ་	thag-tschöh dschye-pa
entscheidend	ཐག་གཅོད་ངེས་ཀྱི་	thag-tschhöh ngä-kyi
Entscheidung (f)	ཐག་གཅོད་	thag-tschöh
Entscheidungs-wettkampf (m)	ཐག་གཅོད་འགྲན་སྡུར་	thag-tschöh d(r)hen-dur
entschieden	གཏན་ཕབས་ཟིན་པ་	ten-phab sihn-pa
entschliessen	ལྷོ་ཐག་ཆད་པ་	lho-thag tschheh-pa
entschlossen	ལྷོ་ཐག་ཆད་པ་	lho-thag tschheh-pa
Entschluss (m)	ཐག་གཅོད་གཏན་འབེབས་	thag-tschöh ten-beb

Entschluss (m) fassen	གཏན་འབེབས་	ten-beb
entschuldigen	དགོང་དག་ཞུ་བ་	gong-dhag schu-wa
Entschuldigung (f)	དགོངས་སེལ་	gong-sel
entsetzen	ཧོན་འཐོར་བ་	hön thor-wa
entsetzlich	མི་སྡུག་པའི་	mi-dug-pae
entspannen	ལྷོད་ལྷོད་བྱེད་པ་	hlö-hlö dschye-pa
Entspannung (f)		hlö-dhel
entsprechen	མཐུན་པ་	thün-pa
entsprechend	དེ་དང་བསྟུན་ཏེ་	dhe-dhang tün-te
entstehen	མངོན་དུ་འགྱུར་བ་	nghön-dhu gyur-wa
Entstehung (f)	འབྱུང་ཁུངས་	dschyung-khung
enttäuschen	བློ་ཕམ་པ་	lho-pham-pa
Enttäuschung (f)	བློ་ཕམ་	lho-pham
entwässern	ཆུ་འཐེན་པ་	tschhu then-pa
entweder	ཡང་ན་	jang-na
entwerfen	འཆར་གཞི་བཀོད་པ་	tschhar-schi köh-pa
entwerten	ནུས་མེད་བཟོ་བ་	nü-meh soh-wa
entwickeln	ཡར་རྒྱས་འགྲོ་བ་	jar-gyä d(r)ho-wa
Entwicklung (f)	ཡར་རྒྱས་	jar-gyä
Entwicklungs-geschichte (f)	དགོང་འཕེལ་གྱི་ལོ་རྒྱུས་	gong-phel-gyi lo-gyü
Entwurf (m)	ཟིན་བྲིས་	sihn-d(r)hi
entziffern	གོ་དོན་བཀྱལ་པ་	gho-dhön t(r)hel-pa
Entzücken (n)	དགའ་མགུ་སྐྱེད་བྱེད་	ga-gu kyeh-dschyeh
entzückend	དགའ་ཞིང་སྤྲོ་བའི་	ga-sching t(r)ho-wae
entzünden	མེ་མཆེད་པ་	me tschheh-pa

Entzündung (f)	ཚ་ནད་	tza-neh
Enzyklopädie (f)	ཀུན་ཁྱབ་ཚིག་མཛོད་	kün-kyab tzig-dzöh
Epidemie (f)	ནད་ཡམས་	neh-jam
Epidemiologie (f)	ནད་ཡམས་དཔྱད་རིག་	neh-jam tschyeh-rig
Episode (f)	དམིགས་བསལ་བྱུང་རབས་	mhig-sel dschyung-rab
Epoche (f)	དུས་རབས་	dhü-rab
er	ཁོང་	khong
erbärmlich	ཡིད་གདུང་ཅན་	jih-dung-tschen
Erbe (m)	རྒྱུད་འཛིན་མཁན་	gyüh dzin-khen
Erbe (n)	ཕ་ནོར་	pha-nhor
Erbe, kulturelles (n)	རིག་གནས་བརྒྱུད་འཛིན་	rig-nhä gyüh-dzin
erben	ཕ་ཤུལ་རྒྱུད་འཛིན་བྱེད་པ་	pha-schhül gyü-dzin dschye-pa
erbitten	རེ་སྐུལ་ཞུ་བ་	re-kül schu-wa
erbittert	གཏུམ་དྲག་འབར་བའི་	tum-d(r)hag bar-wae
Erbkrankheit (f)	རིགས་རྒྱུད་ཀྱི་ནད་	rig-gyü-kyi neh
erblich	རིགས་རྒྱུད་ཀྱི་	rig-gyüh-kyi
erblicken	མཐོང་བ་	tohg-pa
erblinden	མིག་ཞར་བ་	mhig schar-wa
erbrechen	སྐྱུག་པ་སྐྱུགས་པ་	kyug-pa kyhug-pa
Erbschaftssteuer (f)	ཕ་གཞིས་ཐོབ་པའི་ཁྲལ་འབབ་	pha-schi thob-pae t(r)hel-bab
Erbse (f)	སྲན་མ་	sen-ma
Erbsenfeld (n)	སྲན་ཞིང་	sen-sching
Erdbeben (n)	ས་ཡོམ་	sa-jom
Erdbeere (f)	འབྲི་སེའུ་	d(r)hi-si-u

Erde (f)	འཛམ་གླིང་	dzam-lhing
Erderwärmung (f)	སྐྱི་དྲོད་འཕེལ་བ་	tschyi-d(r)höh phel-wa
Erdgas (n)	རང་བྱུང་སྣུམ་གྱི་རླངས་པ་	rang-dschyung nhum-gyi lhan-pa
Erdgasfeld (n)	རང་བྱུང་སྣུམ་གྱི་རླངས་པའི་ཐོན་ཁུངས་	rang-dschyung nhum-gyi lhang-pae thön-khung
Erdgeschoss (n)	ཐོག་རྩེགས་དང་པོ་	thog-tseg dhang-po
Erdnuss (f)	བ་དམ་	bha-dham
Erdöl (n)	རྡོ་སྣུམ་	do-nhum
Erdölchemie (f)	རྡོ་སྣུམ་རྫས་སྦྱོར་	do-nhum dzä-dschyor
Erdölgebiet (n)	རྡོ་སྣུམ་འདོན་ཁུལ་	do-nhum dön-khül
Erdölraffinerie (f)	རྡོ་སྣུམ་དངས་འབྱེད་བཟོ་གྲྭ་	dho-num dhang-dschyeh soh-d(r)ha
erdrosseln	དབུགས་སུབ་གཏོང་བ་	ug-sub tong-wa
erdrücken	གནོན་བཙིར་བྱེད་པ་	nön-tsir dschye-pa
erdrückend	འགྲན་དུ་མེད་པ་	d(r)hen-dhu meh-pa
Erdrutsch (m)	ས་རུད་	sa-rüh
Erdschicht (f)	ལ་སྟོས་	la-tö
Erdteil (m)	གླིང་ཆེན་	lhing-tschhen
erdulden	བཟོད་སྒོམ་བྱེད་པ་	sohh-gom dschye-pa
ereignen	སྐབས་འཁེལ་བ་	kab khel-wa
Ereignis (n)	དུས་འགྱུར་	dhü-gyur
ereignisvoll	བྱུང་བ་དམིགས་བསལ་ཅན་གྱི་	dschyung-wa mhig-sel tschen-gyi
erfahren	ཉམས་སུ་མྱོང་བ་	nyam-su nyong-pa
Erfahrung (f)	ཉམས་མྱོང་	nyam-nyon
Erfahrungen sammeln	ཉམས་མྱོང་བསྡུ་ལེན་བྱེད་པ་	nyam-nyon du-len dschye-pa
erfassen	ཐོ་འགོད་བྱེད་པ་	tho-göh dschye-pa

erfinden	གསར་རྙེད་བྱེད་པ་	sar-nyeh dschye-pa
Erfinder (m)	གསར་རྙེད་པ་	sar-nyeh-pa
Erfindung (f)	གསར་རྙེད་	sar-nyeh
Erfolg (m)	གྲུབ་འབྲས་	d(r)hub-d(r)hä
erfolglos	གྲུབ་འབྲས་མེད་པའི་	d(r)hub-d(r)hä meh-pae
Erfolglosigkeit (f)	དོན་གོ་མ་ཚོད་པ་	dhön-gho ma-tschhöh-pa
erfolgreich	འགྲུབ་འབྲས་ལྡན་པའི་	d(r)ub-d(r)hä den-pae
erforderlich	དགོས་པ་ངེས་ཅན་གྱི་	gö-pa ngä-tschen-gyi
erfordern	ངེས་པར་དགོས་པ་	ngä-par gö-pa
Erfordernis (n)	དགོས་མཁོ་	gö-kho
erforschen	འཚོལ་ཞིབ་བྱེད་པ་	tzöl-schib dschye-pa
Erforscher (m)	འཚོལ་ཞིབ་པ་	tsöl-schib-pa
Erforschung (f)	འཚོལ་ཞིབ་	tzöl-schib
erfreuen	དགའ་བ་སྐྱེད་པ་	ga-wa kyeh-pa
erfreulich	ཡིད་དུ་འོངས་བའི་	jih-dhu wong-wae
erfrieren	འཁྱགས་ཤི་རྒྱག་པ་	khyag-schhi gyag-pa
Erfrierung (f)	གངས་ཕྱིད་	ghang-tschhyih
erfrischen	ངལ་དུབ་སངས་བ་	ngel-dhub sang-wa
Erfrischung (f)	ངལ་སངས་	ngel-sang
erfüllen	དགོས་དོན་སྒྲུབ་པ་	gö-dön d(r)hub-pa
Erfüllung (f)	དགོས་དོན་ལེགས་སྒྲུབ་	gö-dön leg-d(r)hub
ergänzen	ཁ་གསབ་བྱེད་པ་	kha-sab dschye-pa
ergänzend	ཁ་གསབ་ཀྱི་	kha-sab-kyi
Ergänzung (f)	ཁ་སྐོང་	kha-kong
ergeben	རྗེས་འབྲས་ཐོན་པ་	dschä-d(r)hä thön-pa

ergeben, mil.	མགོ་བཏགས་པ་	go tahg-pa
Ergebenheit (f)	མོས་གུས་	mhö-ghü
Ergebnis (n)	གྲུབ་འབྲས་	dschyä-d(r)hä
ergebnislos	གྲུབ་འབྲས་མི་ཐོན་པ་	dschyä-d(r)hä mi-thön-pa
ergiebig	ཐོན་སྐྱེད་ཅན་	thön-kyeh-tschen
ergreifen	དམ་འཛིན་བྱེད་པ་	dham-dzin dschye-pa
ergriffen sein	སེམས་འགུལ་ཐེབས་པ་	säm-gül theb-pa
Ergriffenheit (f)	སེམས་ཚོར་དྲག་པོ་	säm-tzor d(r)hag-po
ergründen	གཏིང་བཟབ་ཏུ་རྟོག་པ་	ting-sahb-tu tohg-pa
erhaben	གཟི་བརྗིད་ཅན་	sih-dschih-tschen
erhalten	ལག་སོན་བྱུང་བ་	lag-sön dschyung-wa
erhältlich	ཐོབ་རུང་བ་	thob-rung-wa
erhängen	དཔྱང་ཐག་རྒྱག་པ་	tschyang-thag gyag-pa
erheben	ཡར་འདེགས་བྱེད་པ་	jar-deg dschye-pa
erheblich	གལ་འགངས་ཡོད་པ་	gel-gang jöh-pa
erhitzen	དྲོད་གཏོང་བ་	d(r)höh tong-wa
erhoffen	རེ་སྨོན་བྱེད་པ་	re-döh dschye-pa
erhöhen	འཕེལ་སྐྱེད་གཏོང་བ་	phel-kyeh tong-wa
Erhöhung (f)	འཕེལ་སྐྱེད་	phel-kyeh
erholen, sich	ངལ་གསོ་རྒྱབ་པ་	nyhel-so gyab-pa
erholsam	ངལ་གསོ་སྟེར་བའི་	nghel-so tehr-wae
Erholung (f)	ངལ་གསོ་	nghel-so
Erholungsheim (n)	ལུས་གསོ་ཁང་	lü-so-khang
erinnern	དྲན་གསོ་བ་	d(r)hen so-wa
Erinnerung (f)	དྲན་ཤེས་	d(r)hen-schhä

erkälten, sich	སློ་ཆམ་ཐེབས་པ་	lho-tschham thäb-pa
erkälten, sich, hon.	མགུལ་ཆམ་བཞེས་པ་	gül-tschham schä-pa
Erkältung (f)	ཆམ་ནད་	tschham-neh
erkennen	ངོ་ཤེས་པ་	ngho schhä-pa
erkennen, hon.	ཞལ་འཛོར་བ་	schel tzor-wa
erklären	གསལ་བཤད་བྱེད་པ་	sel-schheh dschye-pa
Erklärung (f)	གསལ་བཤད་	sel-schheh
erkranken	ནད་ཀྱི་མནར་བ་	neh-kyi nar-wa
Erkrankung (f)	ན་ཚ་	nha-tza
erkundigen	དྲི་བཅད་བྱེད་པ་	d(r)hi-tseh dschye-pa
erlangen	སྒྲུབ་པ་	d(r)hub-pa
Erlass (m), (Anordnung)	བཀའ་ཁྱབ་	ka-khyab
Erlass (m), (Strafe)	ཆག་ཡང་	tschhag-jang
erlassen (Schulden)	ཆག་ཡང་གཏོང་བ་	tschhag-jang tong-wa
erlauben	བྱེད་དུ་འཇུག་པ་	dschyeh-dhu dschug-pa
Erlaubnis bekommen (f)	ཆོག་མཆན་ཐོབ་པ་	tschhog-tschhen thob-pa
Erlaubnis (n)	ཆོག་མཆན་	tschhog-tschhen
Erlaubnis bitten, um (f)	ཆོག་མཆན་ཞུ་བ་	tschhog-tschhen schu-wa
erläutern, eingehend	རྒྱས་སུ་སྟོན་པ་	gyä-su tön-pa
Erlebnis (n)	དངོས་ཀྱི་མྱོང་བ་	ngö-kyi nyong-wa
erledigen	ལག་ལེན་བསྟར་བ་	lag-len tahr-wa
erleichtern	ལས་སླ་པོ་བཟོ་བ་	lä-lha-po soh-wa
erleichtert	བཟོད་ཡང་དུ་གཏོང་བའི་	söhh-jang-dhu tong-wae
Erleichterung (f)	ངལ་སེལ་	nghel-sel

erleiden	གྱོང་གྱུད་བྱུང་བ་	gyong-ghü dschyung-wa
Erleuchtung (f)	བྱང་ཆུབ་	dschyang-tschhub
Erleuchtungs-geist (m)	བྱང་ཆུབ་ཀྱི་སེམས་	dschyang-tschhub-kyi säm
erliegen	གཞན་དབང་དུ་གྱུར་བ་	schen-wang-dhu gyur-wa
erliegen, med.	རྐྱེན་གྱིས་འཆི་བ་	kyen-gyi tschhi-wa
Erlös (m)	ཐོན་སྐྱེད་	thön-kyeh
erlöschen	ཤི་ཞིན་པའི་	schhi-sihn-pae
ermächtigen	དབང་ཆ་སྟེར་བ་	wang-tschha t(r)höh-pa
Ermächtigung (f)	བཀའ་ཁྲོལ་	ka-t(r)höl
ermahnen	སྐུལ་ལྕག་གཏོང་བ་	kül-tschag tong-wa
Ermahnung (f)	སྔོན་བརྡ་	ngön-da
ermässigen	ཞན་དུ་གཏོང་བ་	schen-dhu tong-wa
Ermässigung (f)	གཅོག་འབྲི་	tschhog-t(r)hi
Ermessen, nach eigenem (n)	རང་མོས་ལྟར་	rang-mö-tahr
ermitteln	འཚོལ་ཞིབ་བྱེད་པ་	tzöl-schib dschye-pa
Ermittlung (f)	འཚོལ་ཞིབ་	tzöl-schib
ermorden	རྐོག་གསོད་བྱེད་པ་	kog-söh dschye-pa
ermüden	ཡིད་ཐང་ཆད་པ་	jih-thang tschheh-pa
ermuntern	ལྷོ་སྟོབས་སྤེལ་བ་	lho-tob pel-wa
Ermunterung (f)	ལྷོ་སྟོབས་	lho-pob
ernähren	གསོ་སྐྱོང་བྱེད་པ་	so-kyong dschye-pa
Ernährer (m)	ཁྱིམ་ཚང་སྐྱོང་མཁན་	khyim-tzang kyong-khen
Ernährung (f)	བཟའ་བཅའ་	sah-tscha
ernennen	བསྐོ་གཞག་བྱེད་པ་	ko-schag dschye-pa
Ernennung (f)	བསྐོ་གཞག་	ko-schag

erneuern	བསྐྱར་བཟོ་	kyar-soh
Erneuerung (f)	བསྐྱར་གསོ་བྱེད་སྒོ་	kyar-so dschye-go
erniedrigen	དམའ་འབེབ་གཏོང་བ་	mha-beb tong-wa
ernst	དོ་གལ་ཆེན་པོ་	dho-ghel tschhen-po
ernsthaft	ནན་ཏན་	nen-ten
Ernte (f)	ལོ་ཏོག་	lo-tohg
ernten	ལོ་ཏོག་བསྡུ་བ་	lo-tohg du-wa
Eroberer (m)	དབང་དུ་འདུ་མཁན་	wang-dhu du-khen
erobern	དབང་དུ་འདུ་བ་	wang-dhu du-wa
Eroberung (f)	དབང་འདུས་	wang-dü
eröffnen	སྒོ་འབྱེད་པ་	go dschye-pa
Eröffnung (f)	སྒོ་འབྱེ་	go-tschhye
Eröffnung (f), hon.	དབུ་འབྱེ་	u-tschhye
Eröffnungs-ansprache (f)	དབུ་འབྱེ་བའི་གསུང་བཤད་	u-tschhye-wae sung-schheh
Eröffnungs-zeremonie (f)	དབུ་འབྱེ་བའི་མཛད་སྒོ་	u-tschhye-wae dzeh-go
erörtern	བགྲོ་གླེང་བྱེད་པ་	d(r)ho-lheng dschye-pa
erörtern, hon.	གླེང་རེས་གནང་བ་	lheng-rä nang-wa
Erörterung (f)	གླེང་བ་	lheng-wa
Erotik (f)	འདོད་པའི་བསྟན་བཅོས་	döh-pae ten-tschö
erotisch	ཆགས་པའི་	tschhag-pae
erpressen	བཙན་འཕྲོག་བྱེད་པ་	tsen-t(r)höh dschye-pa
erpresserisch	བཙན་འཕྲོག་ཅན་	tsen-t(r)höh-tschen
erraten	འོལ་ཚོད་བྱེད་པ་	wöl-tzöh dschye-pa
erregbar	སྤོ་ཐུང་པོ་	t(r)ho thung-po

erregen	སེམས་དར་སྐྱེད་པ་	säm-ngar kyeh-pa
Erregung (f)	ལྷོ་དར་	lho-ngar
erreichbar	འགྲུབ་ཐུབ་ཡག་	d(r)hub-thub-jag
erreichen	འགྲུབ་བ་	d(r)hub-wa
errichten	གྱེན་དུ་སློང་བ་	gyen-dhu lhong-wa
Errichtung (f)	གྱེན་འགྱེང་	gyen-d(r)heng
Errungenschaft (f)	སྒྲུབ་འབྲས་	d(r)hub-d(r)hä
Ersatz (m)	འཇེ་ཚབ་	dsche-tzab
Ersatzteil (n), tech.	ལེ་ལག་འཕར་ཐོལ་	le-lag phar-thöl
erscheinen	འཆར་བ་	tschhar-wa
Erscheinung (f)	ཕྱིའི་སྣང་ཚུལ་	tschie nang-tzül
erschiessen	མེ་མདའ་རྒྱག་ནས་གསོད་པ་	me-da gyag-nä söh-pa
erschöpft	ཐང་ཆད་པ་	thang-tschheh-pa
Erschöpfung (f)	ངལ་དུབ་	nghel-dub
erschrecken	ཞི་སྣང་སྐྱུལ་བ་	sche-nang kyül-wa
erschreckend	འཇིགས་སྣང་ཅན་	dschig-nang-tschen
erschüttern, tech.	འདར་འཁྲུག་རྒྱག་པ་	dar-t(r)hug gyag-pa
Erschütterung (f)	འདར་འཁྲུག་གཡོ་འགུལ་	dar-t(r)hug jo-gül
erschweren	ཉེན་ཚབས་ཆེ་རུ་གཏོང་བ་	nyen-tzab tschhe-ru tong-wa
erschwinglich	འཚམས་པོ་	tzam-po
ersetzen	འཇེ་ཚབ་འཇོག་པ་	dsche-tzab dschog-pa
ersichtlich	མངོན་གསལ་དོད་པོ་	nghön-sel döh-po
ersparen	གསོག་འཇོག་བྱེད་པ་	sog-dschog dschye-pa
Ersparnisse (f/pl)	གསོག་འཇོག་	sog-dschog
erst	ཐོག་མ་	thog-ma

erstatten	ཕྱིར་འཇལ་བྱེད་པ་	tschhyir-dschel dschye-pa
Erstattung (f)	ཕྱིར་འཇལ་	tschhyir-dschel
erstaunen	ཡ་མཚན་པ་	ja tzen-pa
Erstaunen (n)	ཡ་མཚན་	ja-tzen
erstaunlich	ཧ་ལས་པ་	ha-lä-pa
Erste Hilfe (f)	མྱུར་བཅོས་	nyur-tschö
erstechen	གྲི་འཛུགས་པ་	d(r)hi dzug-pa
erstens	ཐོག་མར་	thog-mhar
Erster (m), (in der Reihenfolge)	གོ་རིམ་དང་པོ་	gho-rim dhang-po
erstes Mal (n)	ཐེང་དང་པོ་	theng-dhang-po
ersticken	དབུགས་སུབ་པ་	ug sub-pa
erstrecken	རྒྱ་སྐྱེད་པ་	gya kyeh-pa
ersuchen	འབོད་སྐུལ་ཞུ་བ་	bö-kül schu-wa
erstaunlich	ཡ་མཚན་ཅན་	ja-tzen-tschen
Ertrag (m), agr.	སྟོན་འབྲས་ལེགས་པ་	tön-d(r)hä leg-pa
Ertrag (m), econ.	ཁེ་བབས་	khe-bab
ertragen	བཟོད་སྒོམ་བྱེད་པ་	söhh-gom dschye-pa
erträglich	བཟོད་སྒོམ་ཐུབ་པ་	söhh-gom thub-pa
Ertragslage (f)	ཁེ་བབས་གནས་སྟངས་	khe-bab nhä-tang
ertrinken	ཆྱིངས་ནས་ཤི་བ་	dschying-nä schhi-wa
erwachen	གཉིད་སད་པ་	nyih seh-pa
erwachsen	ཚར་ལོང་སིན་པ་	tzar-long sihn-pa
Erwachsener (m)	ལོ་དར་མ་	lo dhar-ma
erwägen	བསམ་ཞིབ་བྱེད་པ་	sam-schib dschye-pa
Erwägung (f)	བསམ་ཞིབ་	sam-schib

erwähnen	འཕྲོས་བཤད་བྱེད་པ་	t(r)hö-schheh dschye-pa
Erwähnung (f)	འཕྲོས་བཤད་	t(r)hö-schheh
erwarten	རེ་སྒུག་བྱེད་པ་	re-gug dschye-pa
Erwartung (f)	རེ་སྒུག་	re-gug
erwartungsvoll	རེ་ཚོམས་ཅན་གྱི་	re-tö-tschen-gyi
erwecken	ལང་པ་	lang-pa
erweitern	རྒྱ་ཆེར་སྤེལ་བ་	gya-tschher pel-wa
Erweiterung (f)	རྒྱ་སྐྱེད་	gya-kyeh
Erwerb (m)	དགོས་མཁོ་	gö-kho
Erwerb (m), econ.	ཉོ་སྒྲུབ་	nyo-d(r)hub
erwerben	ཉོ་སྒྲུབ་བྱེད་པ་	nyo-d(r)hub dschye-pa
erwerbslos	ཡོང་འབབ་མེད་པ་	jong-bab meh-pa
erwerbstätig	ཡོང་འབབ་ཡོད་པ་	jong-bab jö-pa
erwidern	ལན་འདེབས་པ་	len deb-pa
Erwiderung (f)	ལན་འདེབས་	len-deb
erwünscht	དགོས་འདོད་ཀྱི་	gö-dö-kyi
erwünschen	དགོས་འདོད་བྱེད་པ་	gö-döh dschye-pa
erwürgen	སྐེ་བཙིར་གཏོང་བ་	ke-tsir tong-wa
Erz (n)	གཏེར་རྡོ་	tehr-do
erzählen	བཤད་པ་	schheh-pa
Erzählung (f)	སྒྲུང་གཏམ་	d(r)hung-tam
erzeugen	ཐོན་སྐྱེད་འདོན་པ་	thön-kyeh dön-pa
Erzeuger (m), econ.	ཐོན་སྐྱེད་བྱེད་པོ་	thön-kyeh dschye-po
Erzeugnis (n), econ.	ཐོན་རྫས་	thön-sohg
Erzeugnis (n), agr.	ཐོན་སྐྱེད་	thön-kyeh

Erzeugung (f)	བོན་སྐྱེད་འདོན་ལས་	thön-kyeh dön-lä
Erzeugungsstufe (f), rel.	བསྐྱེད་རིམ་	kyeh-rim
Erzgrube (f)	གཏེར་དོང་	tehr-dong
erziehen	ཤེས་ཡོན་སློབ་པ་	schhä-jön lhob-pa
Erzieher (m)	ཤེས་ཡོན་སློབ་སྟོན་པ་	schhe-jön lhob-tön-pa
Erziehung (f)	ཤེས་ཡོན་	schhä-jön
Erziehung (f), (Kinder)	གསོ་སྐྱོང་	so-kyong
Erziehungs- system (n)	ཤེས་ཡོན་སྐྱོང་ལུགས་	schhä-jön dschyong-lug
Erziehungswesen (n)	ཤེས་ཡོན་སྐྱོང་བཛར་	schhä-jön dschyong-tahr
erzielen	དོན་དག་སོན་པ་	dön-dhag sön-pa
erzwingen	བཙན་བཀོལ་བྱེད་པ་	tsen-köl dschye-pa
es	ཁོང་	khong
Esel (m)	བོང་བུ་	bhong-bhu
Eselsbrücke (f)	དན་ཐབས་	d(r)hen-thab
essbar	ཟས་སུ་རུང་བ་	säh-su rung-wa
Essbares (n)	ཟ་ཆས་	sah-tschhä
essen	ཟས་ཟ་བ་	säh sah-wa
Essen (n)	ཁ་ལག་	kha-lag
Essenszeit (f)	ཏོ་དུས་	toh-dhü
Essig (m)	ཆུའུ་	tzu-u
Esslöffel (m)	ཐུར་མ་	thur-ma
Essstäbchen (f/pl)	ཁོ་ཙེ་	kho-tse
Esstisch (m)	ཁ་ལག་རྒྱ་ཅོག་	kha-lag gya-tschog
Esswaren (f/pl)	བཟའ་བཏུང་	säh-tung

Etage (f)	ཐོག་ཚེག་	thog-tseg
Etagenbett (n)	ཚེག་རིམ་ཅན་གྱི་ཉལ་ཁྲི་	tseg-rim tschen-gyi nyhel-t(r)hi
Etappe (f)	རིམ་པ་	rim-pa
Etat (m)	སྤྱོན་རྩིས་འཆར་གཞི་	ngön-tsi tschhar-schi
Ethik (f)	ཀུན་སྤྱོད་ཀྱི་རྣམ་གཞག་	kün-tschyöh-kyi nham-schag
Ethik (f), rel.	ཚུལ་ཁྲིམས་	tzül-t(r)him
ethisch	སྤྱོད་བཟང་གི་	tschyöh-sang-gi
ethnisch	མི་རིགས་ཚན་ཞིབ་རིག་པའི་	mi-rig tseh-schib rig-pae
Ethnologie (f)	མི་རིགས་ཚན་ཞིབ་རིག་པ་	mi-rig tseh-schib rig-pa
Etikett (n)	མིང་བྱང་	ming-dschyang
etikettieren	མིང་བྱང་འགོད་པ་	ming-dschyang göh-pa
etliche	ཕོན་ཆེན་	phön-tschhen
Etui (n)	སྒྲོད་	nhöh
etwa	ཕལ་ཆེར་	phel-tschher
etwaig	གང་རུང་ཅིག་	ghang-rung-tschig
etwas	ཅི་ཞིག་	tschi-schig
euer	ཁྱེད་རང་ཚོའི་	khyeh-rang-tzöe
Eule (f)	འུག་པ་	wug-pa
evakuieren	ས་གནས་གཞན་དུ་སྤོ་བ་	sa-nhä schen-dhu po-wa
eventuell	གཅིག་བྱས་ན་	tschig-dschyä-na
Evolution (f)	རིམ་འགྲོས་འགྱུར་ལྡོག་	rim-d(r)hö gyur-dog
Evolutions-geschichte (f)	རིམ་འགྱུར་གྱི་ལོ་རྒྱུས་	rim-gyur-gyi lo-gyü
ewig	རྒྱུན་ཆད་མེད་པ་	gyün-tschheh meh-pa
Ewigkeit (f)	རྟག་པའི་རང་བཞིན་	tahg-pae rang-schin

exakt	ཏག་ཏག་	tahg-tahg
Examen (n)	ཡིག་རྒྱུགས་	jig-gyug
examinieren	རྒྱུགས་ལེན་པ་	gyug len-pa
Exekutive (f), pol.	འཛིན་སྐྱོང་དབང་ཚད་ཅན་	dzin-kyong wang-tzeh-tschen
Exekutivorgan (n)	འཛིན་སྐྱོང་ལྷན་ཁང་	dzin-kyong hlen-khang
Exemplar (n)	དཔེ་མཚོན་	pe-tzön
Exil (n)	བཙན་བྱོལ་	tsen-dschyöl
Exilregierung (f)	བཙན་བྱོལ་སྲིད་གཞུང་	tsen-dschyöl sih-schung
Existenz (f)	ཡོད་པ་ཉིད་	jöh-pa-nyih
Existenzminimum (n)	འཚོ་གནས་ཐུབ་ཚམ་གྱི་གནས་ཚད་	tzo-nhä thub-tsam-gyi nhä-tzeh
existieren	ཡོད་པ་	jöh-pa
Expansion (f)	དར་ཁྱབ་	dhar-khyab
Expedition (f)	རྟོགས་ཞིབ་འགྲུལ་བཞུད་	tohg-schib d(r)hül-schug
Expeditionsleiter (m)	རྟོགས་ཞིབ་ལམ་འགྲུལ་གྱི་དྲུ་འཁྲིད་	tohg-schib lä-gül-gyi u-t(r)hi
Experiment (n)	ཚོད་ལྟ་	tzöh-ta
Experimentiereinrichtung (f)	ཚོད་ལྟའི་ཡོ་ཆས་	tzöh-tae jo-tschhä
experimentieren	ཚོད་ལྟ་བྱེད་པ་	tzö-ta dschye-pa
Experte (m)	མཁས་པ་	khä-pa
Expertise (f)	མཁས་པའི་ལྟ་ཚུལ་	khä-pae ta-tzül
explodieren	འཐོར་བ་	thor-wa
Explosion (f)	འབར་འཐོར་	bar-thor
explosiv	འབར་ཉེན་ཅན་	bar-nyen-tschen
Export (m)	ཕྱི་ཚོང་	tschhyi-tzong
Exportartikel (m)	ཕྱིར་གཏོང་དངོས་རྫས་	tschhyir-tong ngö-dzä

Exporteur (m)	ཕྱི་ཚོང་པ་	tschhyi-tzong-pa
exportieren	ཕྱིར་གཏོང་བ་	tschhyir tong-wa
extra	ལྷག་པོ་	hlag-po
extrem	མཐའ་གཉིས་	tha-nyii
Extremismus (m)	ཐོག་པ་མཐའ་བཟུང་གི་བསམ་ཚུལ་	tohg-pa tha-suhng-gi sam-tzül
Extremist (m)	མཐར་ལྷུང་གི་བསམ་ཚུལ་འཛིན་མཁན་	thar-hlung-gi sam-tzül dzin-khen

F

fabelhaft	ཐོག་བཏགས་ཀྱི་	tohg-tahg-kyi
Fabrik für Tonwaren und Porzellan (f)	རྫ་དཀར་བཟོ་གྲྭ་	dza-kar soh-d(r)ha
Fabrikant (m)	བཟོ་གྲྭའི་བདག་པོ་	soh-d(r)ae dag-po
Fabrikarbeiter (m)	བཟོ་གྲྭའི་ལས་རྩོལ་བ་	soh-d(r)hae lä-tsöl-wa
Fabrikat (n)	ཐོན་ཟོག་	thön-sohg
Fabrikation (f)	ཐོན་སྐྱེད་དངོས་པོ་	thön-kyeh ngö-po
Fach (n)	བང་ཁྲི་	bhang-t(r)hi
Facharbeiter (m)	སྦྱོང་བརྡར་ཐོན་པའི་ལས་རྩོལ་བ་	dschyong-dar thön-pae lä-tsöl-wa
Fächer (m)	རླུང་གཡབ་	lhung-jab
Fachgeschäft (n)	དམིགས་གསལ་ཚོང་ཁང་	mig-sel tzong-khang
Fachkurs (m)	རིག་གཅིག་སློབ་ཚན་	rig-tschig lhob-tzen
Fachmann (m)*	རྩལ་ལག་མཁས་པ་	tsel-lag khä-pa
fachmännisch	རྩལ་ལག་མཁས་པའི་	tsel-lag khä-pae
Fackel (f)	དཔལ་འབར་	pel-bar
fade	འགྲོ་བ་མེད་པའི་	d(r)ho-wa meh-pae

Faden (m)	སྐུད་པ་	küh-pa
fähig	འཛོན་པོ་	dschön-po
Fähigkeit (f)	འཛོན་ཐང་	dschön-thang
Fähigkeit, besondere (f)	ཐུན་མོང་མ་ཡིན་པའི་ཤེས་ཡོན་	thün-mong ma-jin-pae schhä-jön
fahl	སྐྱ་མདངས་ཅན་	kya-dang-tschen
fahnden	མཚོལ་ཞིབ་བྱེད་པ་	tzöl-schib dschye-pa
Fahndung (f)	འཚོལ་ཞིབ་	tzöl-schib
Fahne (f)	དར་ཆ་	dhar-tschha
Fahrausweis (m)	འཛིན་ཤོག་	dzin-schhog
Fähre (f)	ཀོ་གྲུ་	ko-d(r)hu
Fähre (f), hon.	ཕེབས་ཀོ་	pheb-ko
fahren	གཏོང་བ་	tong-wa
Fahrer (m)	གཏོང་མཁན་	tong-khen
Fahrgast (m)	འགྲུལ་མི་	d(r)hül-mi
Fahrgeld (n)	འགྲུལ་དངུལ་	d(r)hül-nghül
Fahrgestell (n), mot.	གཞི་སྒྲོམ་	schi-d(r)hom
Fahrkarte (f)	ལག་ཁྱེར་	lag-khyer
fahrlässig	དོ་ཁུར་མེད་པ་	dho-khur meh-pa
Fahrlehrer (m)	ཁ་ལོ་པའི་སློབ་དགེ་	kha-lo-pae lhob-ge
Fahrplan (m)	དུས་ཚོད་རེའུ་མིག་	dhü-tzöh re-u-mig
fahrplanmässig*	རེའུ་མིག་དུས་ཐོག་	re-u-mig dhü-thog
Fahrpreis (m)	འགྲུར་ལྷ་	d(r)hül-lha
Fahrrad (n)	རྐང་འཁོར་	kang-khor
Fahrradhelm (m)*	རྐང་འཁོར་མཐུག་གོག་	kang-khor thug-gog

Fahrschule (f)	འགུལ་འཕྲིན་སློབ་གྲྭ་	gül-then lhob-d(r)ha
Fahrspur (f)	འཁོར་བགྲོད་ལམ་	khor-d(r)höh-lam
Fahrstuhl (m)	ལྷོག་སྐས་	lhog-kä
Fahrt (f)	འཁོར་འགུལ་	khor-d(r)hül
Fährte (f)	རྗེས་ཤུལ་	dschä-schhül
Fahrzeug (n)	འགུལ་འཁོར་	d(r)hül-khor
Fahrzeughalter (m)	འགུལ་འཁོར་བདག་པོ་	d(r)hül-khor dag-po
Fahrzeugpapiere (f/pl)	འགུལ་འཁོར་ཡིག་ཆ་	d(r)hül-khor jig-tschha
Faktor (m)	ཆ་རྐྱེན་	tschha-kyen
Fakultät (f)	གཙུག་ལག་སྡེ་ཚན་	tsug-lag de-tzen
Falke (m)	ཁྲ་	t(r)ha
Fall (m)	དོན་	dhön
Fall (m), jur.	གྱོད་གཞི་	gyöh-schi
Falle (f)	རྒྱ་ཉི་	gya-nyi
fallen	འཛག་པ་	dzag-pa
fällen	གཅོད་པ་	tschöh-pa
fällig	སྤྲོད་དུས་རན་པ་	t(r)höh-dhü ren-pa
falls	གལ་སྲིད་	gel-sih
Fallschirm (m)	མཆོང་གདུགས་	tschyong-dug
falsch	རྫུས་མ་	dzü-ma
fälschen	རྫུས་མ་བཟོ་བ་	dzü-ma soh-wa
Falschgeld (n)	ཤོག་དངུལ་རྫུས་མ་	schhog-nghül dzü-ma
Fälschung (f)	རྫུས་བཟོ་	dzü-soh
Falte (f)	ལྟེབ་ཚེག་	tehb-tseg
falten	ལྟེབ་ཚེག་རྒྱག་པ་	tehb-tseg gyag-pa

faltig	སྙེར་འཁུམ་	nyer-khum
Familie (f)	ནང་ཚང་	nang-tzang
Familie (f), hon.	གཟིམ་ཤག་	sihm-schhag
Familienname (m)	རུས་མིང་	rü-ming
Familieplanung (f)	སྐྱེ་འཕེལ་འཆར་འགོད་	kye-phel tschhar-göh
Familien-stammbaum (m)	རིགས་རྒྱུད་བྱུང་རབས་རེའུ་མིག་	rig-gyüh dschyung-rab re-u-mig
Familienvater (m)	བཟའ་ཟླ་བུ་ཕྲུག་ཅན་གྱི་སྐྱེ་བོ་	sah-dha bhu-t(r)hug-tschen-gyi kye-bho
Fanatiker (m)	རྨོངས་ཞེན་པ་	nyong-schen-pa
fanatisch	རྨོངས་ཞེན་གྱི་	nyong-schen-gyi
Fanatismus (m)	རྨོངས་ཞེན་	nyong-schen
Fang (m)	བཟུང་ཐེངས་	suhng-theng
fangen	འཛིན་པ་	dzin-pa
Fantasie (f)	འཆར་སྣང་	tschhar-nang
fantasielos	སེམས་དོར་འཆར་མི་ཐུབ་པའི་	säm-nghor tschhar-mi-thub-pae
fantasieren	ཉིན་མོའི་རྨི་ལམ་གཏོང་བ་	nyin-möe mhi-lam tong-wa
fantasievoll	དྲན་རྒྱུ་གོད་པོ་	d(r)hen-gyu göh-po
fantastisch	ཐོག་བཏགས་ཀྱི་	tohg-tahg-kyi
Farbe (f)	ཚོན་མདོག་	tzön-dog
farbecht	ཚོས་བརྟན་པོ་	tzö-ten-po
färben	ཚོས་རྒྱག་པ་	tzö gyag-pa
farbenblind	ཚོན་ལོང་	tzön-long
farbenfroh	ཚོན་བཀྲ་པོ་	tzön-t(r)ha-po
Färberdistel (f), bot.	གུར་ཀུམ་	ghur-kum

Farbfilm (m)	ཚོན་ཁྲའི་གློག་བརྙན་	tsön-t(r)ae lhog-nyehn
farbig	ཚོན་ལྡན་	tzön-den
farblos	ཁ་དོག་མེད་པའི་	kha-dog meh-pae
Farbstoff (m)	ཚོན་རྫས་	tzön-dzä
Farbton (m)	ཚོན་མདངས་	tzön-dang
Fasan (m), zo.	གསེར་མོ་	ser-mo
Fastenzeit (f)	སྨྱུང་གནས་ཀྱི་ཉི་མོ་	nyung-nhä-kyi nyi-mo
Faser (f)	ཐག་རེན་	thag-ren
Fass (n)	ཤིང་ཟོམ་	schhing-sohm
Fassade (f)	མདུན་རྡོས་	dün-nghö
Fassbier (n)	ཟོ་བའི་ཆང་	soh-wae-tschhang
fassen	དམ་འཛིན་	dham-dzin
Fassung (f)	ཕྱི་སྒྲོམ་	tschhyi-d(r)hom
Fassungs- vermögen (n)	ཤོང་ཚད་	schhong-tzeh
fast	ཕལ་ཆེར་	phel-tschher
fasten	ཁ་ཟས་སྤོང་བ་	kha-säh pong-wa
Fasten (n)	ཟས་གཅོད་	säh-tschöh
fatal	བཀྲ་མི་ཤིས་པའི་	t(r)ha-mi schhi-päe
faul	རུལ་བ་	rül-wa
faulen	རུལ་སུངས་ཆགས་པ་	rül-sung tschhag-pa
Faulheit (f)	ལེ་ལོ་	le-lo
Faust (f)	མུར་འཛོག་	mhur-dzog
Faustregel (f)	དོན་ལག་ལེན་གཙོ་བཟུང་གི་དབང་སྒྱུར་	dhön-lag-len tso-suhng-gi wang-gyur
Favorit (m)	དགའ་ཤོས་	ga-schhö

Favorit (m), hon.	སྨྱན་གསལ་	tschyen-sel
Februar (m)	ཕྱིན་ཟླ་གཉིས་པ་	tschhyin-dha nyii-pa
fechten	གྲི་རྩེད་རྩེ་བ་	d(r)hi-tseh tse-wa
Fechten (n)	གྲི་རྩེད་	d(r)hi-tseh
Feder (f)	བྱ་སྒྲོ་	dschya-d(r)ho
Federball (m)	བྱ་སྒྲོ་ཕོང་རྩེད་	dschya-d(r)ho phong-tseh
Fehlbetrag (m)	ཆད་འབབ་	tschheh-bab
fehlen	མ་ཚང་བ་	ma-tzang-wa
Fehler (m)	སྐྱོན་ཆག་	kyön-tschhag
fehlerfrei	སྐྱོན་མེད་	kyön-meh
fehlerhaft	སྐྱོན་ཅན་	kyön-tschen
Fehlgeburt (f)	མངལ་ཤོར་	ngel-schhor
Fehlschlag (m)	དོན་གོ་མ་ཆོད་པ་	dhön-gho ma-tschhöh-pa
Fehlzündung (f), mot.	མ་འབར་བ་	ma-bar-wa
Feier (f)	དུས་སྟོན་	dhü-tön
feierlich	གསོལ་སྟོན་གྱི་	söl-tön-gyi
Feierlichkeit (f)	རྟེན་འབྲེལ་	ten-d(r)hel
feiern	དུས་སྟོན་བྱེད་པ་	dhü-tön dschye-pa
Feiertag (m)	དུས་ཆེན་	dhü-tschhen
feige	འཁུམ་བཞིན་དུ་	khum-schim-dhu
Feige (f), bot.	ཤིང་ཏོག་ཨ་མ་	schhing-tohg a-ma
Feigheit (f)	འཁུམ་པ་	khum-pa
Feigling (m)	ལྷོ་ཁོག་ཆུང་ཆུང་	lho-khog tschhung-tschhung
Feile (f)	སག་དར་	sag-dar
feilschen	རིན་གོང་ལ་ཚེག་ཚེག་བྱེད་པ་	rin-ghong-la tseg-tseg dschye-pa

Feind (m)	དགྲ་	d(r)ha
feindlich	དགྲ་བོའི་	d(r)ha-wöe
Feindschaft (f)	སྡང་བའི་ངང་ཚུལ་	dang-wae ngang-tzül
Feindvernichter (m), rel.	དགྲ་བཅོམས་པ་	d(r)ha-tschom-pa
feinfühlig	ཚོར་བ་རྣོན་པོ་	tzor-wa nhön-po
Feinfühligkeit (f)	ཚོར་བ་སྐྱེན་པོའི་རང་བཞིན་	tzor-wa kyen-pöe rang-schin
Feinkostgeschäft (n)	བསོད་ཟས་ཚོང་ཁང་	söh-säh tzong-khang
Feinschmecker (m)	ཟ་བཏུང་གི་རོ་བཅུད་ཉམས་ཆོད་པོ་	säh-tung-gi ro-tschüh nyam-tschhöh-po
Feinstaub (m)*	ཐལ་བ་ཕྲ་མོ་	thel-wa t(r)ha-mo
Feinstaubbelastung (f)*	ཐལ་བ་ཕྲ་མོའི་འབགས་བཙོག་	thel-wa t(r)ha-möe bag-tsog
Feld (n)	ཞིང་ཁ་	schin-kha
Feldhase (m)	རི་བོང་	ri-bhong
Feldstecher (m)	རྒྱང་ཤེལ་	gyang-schhel
Feldzug (m), mil.	དམག་སྐྱོང་	mag-dschyong
Felge (f), tech.	མུ་ཁྱུད་	mhu-khyüh
Fell (n)	པགས་པ་	pag-pa
Fels (m)	བྲག་རྡོ་	d(r)hag-do
felsig	བྲག་རྡོ་ཅན་	d(r)hag-do-tschen
feminin	མོ་བཞིན་འདོད་པོ་	mo-soh döh-po
Feminismus (m)	བུད་མེད་ཀྱི་ཐོབ་ཐང་འཐབ་རྩོད་	bhüh-meh-kyi thob-thang thab-tsöh
Feministin (f)	བུད་མེད་ཀྱི་ཐོབ་ཐང་རྩོད་མཁན་	bhü-meh-kyi thob-thang tsöh-khen
feministisch	བུད་མེད་ཀྱི་ཐོབ་ཐང་རྩོད་ལེན་གྱི་	bhüh-meh-kyi thob-thang tsöh-len-gyi

Fenchel (m), bot.	ཞི་ར་དཀར་པོ་	sih-ra kar-po
Fenster (n)	སྐྱེའུ་ཁུང་	gye-u-khung
Fensterladen (m)	སྐྱེའུ་ཁུང་གི་འགེབས་བྱེད་	gye-u-khung-gi geb-dschyeh
Fensterrahmen (m)	སྐྱེའུ་ཁུང་གི་སྒྲོམ་གཞི་	gye-u-kung-gi d(r)om-schi
Fensterscheibe (f)	སྐྱེའུ་ཁུང་གི་ཤེལ་	gye-u-khung-gi schhel
Ferien (f/pl)	གུང་སེང་	ghung-seng
Ferienhaus (n)	གུང་སེང་ཁང་པ་	ghung-seng khang-pa
Ferkel (n)	ཕག་ཕྲུག་	phag-t(r)hug
fern	ཐག་རིང་	thag-ring
Fernbedienung (f)	རྒྱང་བཀོལ་ཡོ་ཆས་	gyang-köl jo-tschhä
ferner	དེ་ར་མ་ཟད་	dher ma-sehh
Ferngespräch (n)	རྒྱང་འབོད་ཁ་དཔར་	gyang-bö kha-par
fernhalten	རྒྱང་དུ་གནས་པ་	gyang-dhu nhä-pa
Fernschreiber (m)	རྒྱང་བཤིངས་ཚག་པར་	gyang-sing tschag-par
fernsehen*	གཟུགས་མཐོང་རླུང་འཕྲིན་ལྟ་བ་	suhg-thong lhung-t(r)hin ta-wa
Fernsehen (n)	གཟུགས་མཐོང་རླུང་འཕྲིན་	suhg-thong lhung-t(r)hin
Fernverkehr (m)*	རྒྱང་རིང་འགྲིམ་འགྲུལ་	gyang-ring d(r)him-d(r)hül
Ferse (f)	རྟིང་ཀ་	ting-ka
fertig	གྲ་སྒྲིག་	d(r)ha-d(r)hig
Fertigkeit (f)	འཛིན་ཐང་	dschön-thang
fertigmachen	རྫོགས་གཏོང་བ་	dzog tong-wa
fertigstellen	ཡོང་སུ་རྫོགས་པ་	jong-su dzog-pa
fesseln	འཆིང་བ་	tschhing-wa
fest	མཁྲེགས་དོག་	t(r)häm-dog

Fest (n)	སྤྲོ་སྐྱིད་	t(r)ho-kyih
festbinden	དམ་དུ་གཏོང་བ་	dham-dhu tong-wa
festhalten	ཟིན་པ་	sihn-wa
festigen	ཤུགས་སྟོབས་ཆེ་རུ་གཏོང་བ་	schhug-nön tschhe-ru tong-wa
Festigkeit (f)	སྙིང་ཆ་	hling-tschha
Festland (n)	སྐམ་ས་ཆེན་མོ་	kam-sa tschhen-mo
festlegen	བརྟན་པོར་བཟོ་བ་	ten-por soh-wa
festmachen	སྡོམ་པ་	dom-pa
Festnahme (f)	འཛིན་བཟུང་	dzin-suhng
Festnetztelefon (n)	གདན་འཛུག་ཁ་པར་	den-dschog kha-par
festsetzen	ཞི་འགྲིགས་པ་	schi d(r)hig-pa
Festspiele (n/pl)	དགའ་སྟོན་	ga-tön
feststellen	གོ་དོན་རྟོགས་པ་	gho-dhön tohg-pa
Feststellung (f)	གོ་རྟོགས་	gho-tohg
Festung (f)	རྫོང་	dzong
Festzug (m)	གྲལ་བསྒྲིགས་	d(r)hel-tahr
fett	ཚིལ་ཅན་	tzil-tschen
Fett (n)	ཞག་ཙི་	schag-tsi
fettarm*	ཚིལ་ཞག་ཞན་པོ་	tzil-schag schen-po
Fettfleck (m)	ཚིལ་ཞག་ནག་ཐིག་	tzil-schag nhag-thig
Fetzen (m)	གོས་དྲུག་	ghö-h(r)hug
feucht	གཤེར་ཚན་ཅན་	scha-tzen-tschen
Feuchtigkeit (f)	རློན་གཤེར་	lhön-schher
Feuer (n)	མེ་	me

Feuer (n), hon.	ཞུགས་མེ་	schug-me
Feueralarm (m)	མེའི་ཉེན་བརྡ་	mäe-nyen-da
Feuerbestattung (f)	ཕུང་པོ་སྲེག་སྦྱང་	phung-po seg-dschyang
feuerfest	མེ་ཐུབ་	me-thub
feuergefährlich	མེ་མཆེད་སླ་པོ་	me-tschheh lha-po
Feuerleiter (f)	མེ་ཉེན་ཟུར་སྒོ་	me-nyen suhr-go
Feuerlöscher (m)	མེ་གསོད་བྱེད་	me söh-dschyeh
Feuerstein (m)	མེ་རྡོ་	me-do
Feuerstelle (f)	ཐབ་	thab
Feuerversicherung (f)	མེ་སྐྱོན་ཉེན་སྲུང་མ་འཇོག་	me-kyön nyen-sung ma-dschog
Feuerwehr (f)	མེ་གསོད་རུ་ཁག་	me-söh ru-khag
Feuerwerk (n)	ཤོག་པག་	schhog-pag
Feuerzeug (n)	མེ་ཆ་	me-tschha
feurig	འབར་བ་བཞིན་དུ་	bar-wa schin-dhu
Fiasko (n)	རྗེས་འབྲས་ངན་པ་	dschä-d(r)hä nyen-pa
Fichte (f)	སོམ་ཤིང་	som-schhing
Fieber (n)	ཚ་བ་	tza-wa
fieberhaft	ཚ་བ་འབར་བའི་	tza-wa bar-wae
fiebern	ཚ་བ་འབར་བ་	tza-wa bar-wa
Figur (f)	གཟུགས་བརྙན་	suhg-nyhen
Filiale (f)	ཡན་ལག་	jen-lag
Film (m)	གློག་བརྙན་	lhog-nyhen
filmen	གློག་བརྙན་བཟོ་བ་	lhog-nyhen soh-wa
Filmkamera (f)	གློག་བརྙན་པར་ཆས་	lhog-nyhen par-tschhä

Deutsch	Tibetisch	Aussprache
Filmschauspieler (m)	གློག་བརྙན་འཁྲབ་སྟོན་པ་	lhog-nyhen t(r)hab-tön-pa
Filmvorstellung (f)	གློག་བརྙན་མིག་སྟོན་	lhog-nyhen mhig-tön
Filter (m)	ཚགས་	tzag
Filtration (f)	དང་སྙིག་འཚག་སྦྱོར་	dhang-nyig tzag-dschyor
filtrieren	ཚགས་རྒྱག་པ་	tzag gyag-pa
Filz (m)	ཕྱིང་པ་	tschhying-pa
Finanzamt (n)*	དངུལ་རྩིས་ལེན་ཁང་	nghül-tsi hlen-khang
Finanzausgleich (m)*	བྱུང་སོང་དངུལ་རྩིས་གུན་གསབ་	dschyung-song nghül-tsi gün-sab
Finanzen (f/pl)	དངུལ་རྩིས་	nghül-tsi
finanziell	དངུལ་རྩིས་ཀྱི་	nghül-tsi-kyi
finanzieren	དངུལ་སྒྲོན་གཏོང་བ་	nghül-d(r)hön tong-wa
Finanzlage (f)	དངུལ་རྩིས་ཀྱི་གནས་སྟངས་	nghül-tsi-kyi nhä-tang
Finanzminister (m)	དཔལ་འབྱོར་བཀའ་བློན་	pel-dschyor ka-lhön
finden	རྙེད་པ་	nyeh-pa
Finder (m)	རྙེད་མི་	nyeh-mi
Finger (m)	མཛུབ་མོ་	dzub-mo
Finger (m), hon.	ཕྱག་མཛུབ་	tschhyag-dzub
Fingerabdruck (m)	མཛུབ་རྗེས་	dzub-dschä
Fingernagel (m)	ལག་པའི་སེན་མོ་	lag-pae sen-mo
Fingernagel (m), hon.	ཕྱག་སེན་	tschhyag-sen
Fingerspitze (f)	མཛུབ་རྩེ་	dzub-tse
finster	མུན་ནག་	mhün-nhag
Finsternis (f)	མུན་པའི་རང་བཞིན་	mhün-pae rang-schin
Firma (f), econ.	ཐུན་མོང་ཚོང་ལས་ཁང་	thün-mhong tzong-lä-khang

Fisch (m)	ཉ་	nya
fischen	ཉ་འཛིན་པ་	nya dzin-pa
Fischer (m)	ཉ་པ་	nya-pa
Fischerboot (n)	ཉ་པའི་གྲུ་	nya-pae d(r)hu
Fischerei (f)	ཉ་གསོ་ཁང་	nya-so-khang
Fischlaich (m)	ཉ་སོན་	nya-sön
Fischmarkt (m)	ཉ་ཚོང་ཁྲོམ་ར་	nya-tzong t(r)hom-ra
fit	གཟུགས་ཁམས་བདེ་པོ་	suhg-kham de-po
Fitness (f)	གཟུགས་གཞི་ལས་ཕེར་	suhg-schi lä-pher
fix	བརྟན་པོ་	ten-po
flach	ལེབ་ལེབ་	leb-leb
Fläche (f)	ས་ཆ་འབུད་སྙོམས་	sa-tschha khöh-nyom
Flachland (n)	རོང་ས་	rong-sa
flackern	ལྷབ་ལྷབ་ཏུ་གཡུག་པ་	hlab-hlab-tu jug-pa
Flamme (f)	མེ་ལྕེ་	me-tsche
Flanell (m)	བེའུ་རས་	bhe-u-rä
Flanke (f)	ཟུར་	suhr
Flasche (f)	ཤེལ་དམ་	schhel-dham
Flaschenöffner (m)*	ཤེལ་དམ་འབྱེད་བྱེད་	schhel-dham tschyeh-dschye
Flaute (f)	གཡོ་མེད་དུ་གནས་པ་	jo-meh-dhu nhä-pa
flechten	ལྷས་མ་ལྷ་བ་	hlä-ma lha-wa
Fleck (m)	ནག་ནོག་	nhag-nhog
Fleckenentferner (m)*	ནག་ནོག་གསུབ་ཆས་	nhag-nhog sub-tschhä
fleckenlos	ནག་ནོག་མེད་པ་	nhag-nhog meh-pa

fleckig *	ནག་ནོག་ཅན་	nhag-nhog-tschen
Fleisch (m)	ཤ་	schha
Fleischbrühe (f)	ཤ་ཁུ་	schha-khu
Fleischer (m)	ཤན་པ་	schhen-pa
Fleischerei (f)	ཤ་ལས་	schha-lä
Fleischfresser (m)	ཤ་ཟན་	schha-sehn
Fleischgericht (n)	ཤ་ཟས་	schha-säh
fleischlos	ཤ་མེད་	schha-meh
Fleischwunde (f)	རྨ་ཤ་	mha-schha
Fleiss (m)	བརྩོན་འགྲུས་	tsön-d(r)hü
fleissig	བརྩོན་འགྲུས་ཅན་	tsön-d(r)hü-tschen
flexibel	མཉེན་པོ་	nyen-po
Flexibilität (f)	མཉེན་ཆུག་	nyen-tschug
flicken	བཟོ་བཅོས་གཏོང་བ་	soh-tschö tong-wa
Flieder (m)	ལི་ཤྭའི་མེ་ཏོག་	li-schhie me-tog
Fliege (f)	སྦྲང་བུ་	d(r)hang-bhu
fliegen	འཕུར་བ་	phur-wa
fliehen	བྲོས་པ་	d(r)hö-pa
Fliehkraft (f), phys.	འཕུལ་ཤུགས་	phül-schhug
Fliese (f)	ཕ་གུ་	pha-gu
Fliesen legen	ཕ་གུས་འགེབས་པ་	pha-ghü geb-pa
Fliesenleger (m)	ཕ་གུས་འགེབས་མཁན་	pha-ghü geb-khen
fliessen	རྒྱུག་པ་	gyug-pa
fliessend	ཆུ་རྒྱུན་ལྟར་གྱི་	tschhu-gyün tahr-gyi

flimmern	འོད་ཚམ་ཚམ་བྱེད་པ་	wöh-hlam-hlam dschye-pa
flink	ཡང་གདོད་པོ་	jang-schha dhöh-po
Flinte (f)	ཐུང་མདའ་	thung-da
Flirt (m)	གཡོ་འཕྲུལ་	jo-t(r)hül
flirten	བཅོས་མའི་འཇའ་བརྩེ་སྟོན་པ་	tschö-mae dza-tse tön-pa
Flocke (f)	ལེབ་ཤུན་	leb-schhün
Floh (m)	ཤིག་	schhig
florieren	དར་བ་	dhar-wa
Floss (n)	གདུང་གྲུ་	dung-d(r)hu
Flöte (f)	གླིང་བུ་	lhing-bhu
Flotte (f)	དམག་གྲུའི་དཔུང་སྡེ་	mag-d(r)hue pung-de
Flottenstütz-punkt (m)*	དམག་གྲུའི་ཚུགས་སྒར་	mag-d(r)hue tzug-gar
Fluch (m)	དངན་སྔགས་	ngen-ngag
fluchen	དངན་སྔགས་རྒྱག་པ་	ngen-ngag gyag-pa
Flucht (f)	བྲོས་བྱོར་	d(r)hö-dschyor
fluchtartig	བྲེལ་འཚུབ་ཀྱི་དང་ནས་	d(r)hel-tzub-kyi ngang-nä
flüchten	བྲོས་པ་	d(r)hö-pa
flüchtig	ཡུད་ཙམ་གྱི་	jeh-tsam-gyi
Flüchtigkeit (f) rel.	སྐད་ཅིག་མའི་རང་བཞིན་	keh-tschig-mae rang-schin
Flüchtling (m)	སྐྱབས་བཙོལ་པ་	kyab-tschöl-pa
Flüchtlingslager (m)	སྐྱབས་བཙོལ་པའི་སྡོད་སྒར་	kyab-tschöl-pae döh-gar
Flug (m)	ཕུར་རྩལ་	phur-tzel
Flugblatt (n)	འགྲེམ་ཡིག་ཤོག་གཅིག་མ་	d(r)hem-jig schhog-tschig-ma

Deutsch	Tibetisch	Umschrift
Flügel (m)	གཤོག་པ་	schhog-pa
Fluggast (m)*	ཕུར་ཚལ་འགྲུལ་མི་	phur-tzel d(r)hül-mi
Fluggesellschaft (f)*	མཁའ་སྐྱོད་འགྲུལ་ལམ་ཚོགས་པ་	kha-kyöh d(r)hül-lam tzog-pa
Flughafen (m)	གནམ་ཐང་	nam-thang
Fluglinie (f)	མཁའ་སྐྱོད་འགྲུལ་ལམ་	kha-kyöh d(r)hül-lam
Flugschreiber (m)*	ཕུར་ཚལ་བོ་འགོད་ནག་སྒམ་	phur-tsel tho-göh nhag-gam
Flugsicherung (f)*	འཕུར་བྱེད་ཉེན་སྲུང་	phur-dschyeh nyen-sung
Flugticket (n)*	གནམ་གྲུའི་ལག་ཁྱེར་	nham-d(r)hue lag-khyer
Flugzeug (n)	གནམ་གྲུ་	nham-d(r)hu
Flugzeugabsturz (m)	གནམ་གྲུ་བདབ་སྐྱོན་	nham-d(r)hu dab-kyön
Flugzeug-entführer (m)	གནམ་གྲུ་བཙན་འཁྲིད་བྱེད་པོ་	nham-d(r)hu tsen-t(r)hih dschyeh-po
Flugzeug-entführung (f)	གནམ་གྲུ་བཙན་འཁྲིད་	nham-d(r)hu tsen-t(r)hih
Flugzeugträger (m)*	གནམ་གྲུ་སྐྱེལ་འདྲེན་མཚོ་གྲུ་	nham-d(r)hu kel-d(r)hen tzo-d(r)hu
Flur (m)	བར་ཁྱམས་	bhar-khyam
Fluss (m)	ཆུ་བོ་	tschhu-bho
flussabwärts	ཆུ་གཞུང་	tschhu-schung
flussaufwärts	ཆུ་འགོའི་ཕྱོགས་སུ་	tschhu-göe tschhyog-su
Flussbett (n)	གཙང་ཆུའི་མཐིལ་	tzang-tschhue-thil
flüssig	གཤེར་གཟུགས་ཅན་	schher-suhg-tschen
Flüssigkeit (f)	གཤེར་གཟུགས་	schher-suhg
Flusslauf (m)	ཆུ་མོའི་ཞུང་	tschhu-möe-schung
Flusspferd (n), zo.	ཆུ་རྟ་	tschhu-ta
Flussufer (n)	གཙང་ཆུའི་འགྲམ་	tsang-tschhue-d(r)ham

flüstern	ཤུབ་ཤུབ་བཤད་པ་	schhub-schhub schheh-pa
Flut (f)	ཆུ་ལོག་	tschhu-log
Flutlicht (n)	ལྷོག་གི་འོད་ལྷབས་	lhog-gi wöh-lhab
Flutwelle (f)	ཆུའི་བ་ལྷབས་	tschhue ba-lhab
föderalisieren	སྤྱི་མཐུན་སྲིད་གཞུང་དུ་སྒྱུར་བ་	tschyi-thün sih-schung-dhu gyur-wa
Föderalismus (m)	སྤྱི་མཐུན་རིང་ལུགས་	tschyi-thün ring-lug
föderalistisch	སྤྱི་མཐུན་རིང་ལུགས་ཀྱི་	tschyi-thün ring-lug-kyi
Föderation (f)	སྤྱི་བཞིན་ཕྱོགས་སྒྲིལ་	tschyi-thün tschhyog-d(r)hil
Föhn (m)	སྲ་བུད་	t(r)ha-bü
Folge (f)	རྗེས་ཡོང་	dschä-jong
folgen	རྗེས་སུ་འགྲོ་བ་	dschä-su d(r)ho-wa
folgern	མཇུག་སྡུས་པ་	dschug-dü-pa
Folgerung (f)	མཇུག་སྡོམ་	dschug-dom
Folgerung (f) rel.	ཐལ་འགྱུར་	thel-gyur
folglich	དེར་བརྟེན་ནས་	dher ten-nä
Folie (f)	སྲབ་ཤུན་	sab-schhün
Folklore (f)	དམངས་ཁྲོད་ཀྱི་གོམས་གཤིས་	mang-t(r)höh-kyi gom-schhi
Fonds (m), econ.	ཐེབས་རྩ་	theb-tsa
Fontäne (f)	རྫིང་བུ་འཕྱུར་ཆུ་	dzin-bhu thor-tschhu
fordern	ཙོད་ལེན་བྱེད་པ་	tsö-len dschyeh-pa
fördern	གོང་སྤེལ་གཏོང་བ་	ghong-pel tong-wa
Forderung (f)	ཙོད་ལེན་	tsö-len
Forelle (f)	གཙང་ཉ་	tsang-nya
Form (f)	གཟུགས་	suhg

formal	རྒྱུན་སྲོལ་གྱི་	gyün-söl-gyi
Formalität (f)	ལམ་སྲོལ་	lam-söl
Format (n)	རྒྱ་ཁྱོན་	gya-khyön
formatieren*	དེབ་ཆད་བགོད་པ་	dheb-tzeh köh-pa
Formel (n)	སྦྱོར་ཐབས་	dschyor-thab
formen	བཟོ་བཏུ་བཟོ་བ་	soh-ta söh-wa
formhafter Bereich (m) rel.	གཟུགས་ཁམས་	suhg-kham
förmlich	འགྲོ་ལུགས་ལྟར་དུ་	d(r)ho-lug tahr-dhu
formlos	སྟབས་བདེ་	tahb-de
formloser Bereich (m), rel.	གཟུགས་མེད་ཁམས་	suhg-meh-kham
Formular (n)	འགེང་ཤོག་	geng-schhog
forschen	དཔྱད་ཞིབ་གཏོང་བ་	tschyeh-schib tong-wa
Forscher (m)	ཉམས་ཞིབ་པ་	nyam-schib-pa
Forschung (f)	ཉམས་ཞིབ་	nyam-schib
Forschungs-gebiet (n)	ཉམས་ཞིབ་སྟེ་ཚན་	nyam-schib de-tzen
Forschungs-zentrum (n)*	ཉམས་ཞིབ་སྟེ་གནས་ཁང་	nyam-schib te-nhä-khang
Förster (m)	ཤིང་ནགས་འགན་འཛིན་པ་	schhing-nhag gen-zin-pa
fortbestehen	མུ་བཟུད་པ་	mhu thüh-pa
fortgeschritten	མདུན་སྐྱོད་ཅན་	dün-kyöh-tschen
fortgesetzt	མུ་མཐུད་ནས་	mhu-thüh-nä
fortlaufend	རིམ་པ་བསྟར་ཆགས་ཀྱི་	rim-pa tahr-tschhag-kyi
fortpflanzen	སྐྱེ་འཕེལ་འགྲོ་བ་	kye-phel d(r)ho-wa
Fortpflanzung (f), biol.	སྐྱེ་འཕེལ་གྱི་ནུས་པ་	kye-phel-gyi nhü-pa

fortschreiten	ཡར་རྒྱས་འགྲོ་བ་	jar-gyä d(r)ho-wa
Fortschritt (m)	གོང་འཕེལ་	ghong-phel
fortschrittlich	ཡར་ཐོན་ཅན་	jar-thön-tschen
fortsetzen	མུ་མཐུད་པ་	mhu thüh-pa
Fortsetzung (f)	མུ་མཐུད་	mhu-thüh
Foto (n)	འདྲ་པར་	d(r)ha-par
Fotoalbum (n)	འདྲ་པར་འཛོག་དེབ་	d(r)ha-par dschog-dheb
Fotoapparat (m)	པར་ཆས་	par-tschhä
Fotograf (m)	འདྲ་པར་རྒྱག་མཁན་	d(r)ha-par gyag-khen
fotografieren	འདྲ་པར་རྒྱག་པ་	d(r)ha-par gyag-pa
Fotographie (f)	པར་	par
Fotographie (f), hon.	སྐུ་པར་	ku-par
Fotokopie (f)	པར་བཤུས་	par-schhü
Fotokopiergerät (n)	པར་སྐྲུན་ཡོ་ཆས་	par-t(r)hün jö-tschhä
Foyer (n)	ཁྱམས་ར་	khyam-ra
Fracht (f)	དོས་འདྲེན་	dö-d(r)hen
Frachtbrief (m)	དོས་འདྲེན་ཐོ་ཞུང་	dö-d(r)hen tho-schung
Frachter (m)	དོས་འདྲེན་གཏོང་ལེན་པ་	dö-d(r)hen tong-len-pa
Frachtkosten (f/pl)	དོས་ལྷ་	dö-lha
Frachtschiff (n)	དོས་འདྲེན་གྲུ་གཟིངས་	dö-d(r)hen d(r)hu-sihng
Frage (f)	དྲི་བ་	d(r)hi-wa
Fragebogen (m)	དྲི་ཚད་རེའུ་མིག་	d(r)hi-tseh re-u-mig
Fragezeichen (n)	འདྲི་རྟགས་	d(r)hi-tahg
Fragment (n)	ཆ་ཤས་ཐོར་བུ་	tschha-schhä thor-bhu
fragwürdig	དོགས་གཞི་ཅན་	dog-schi-tschen

Fraktion (f)	གྲོས་ཚོགས་ཀྱི་རུ་ཁག་	d(r)ö-tzog-kyi ru-khag
Frau (f)	བུད་མེད་	bhüh-meh
Frauenarzt (m)	མོ་ནད་སྨན་པ་	mo-neh men-pa
Frauenbewegung (f)	བུད་མེད་ཀྱི་ལས་འགུལ་	bhüh-meh-kyi lä-gül
Frauenklinik (f)	མོ་ནད་གསོ་རིག་གི་སྨན་ཁང་	mo-neh so-rig-gi men-khang
fraulich	བུད་མེད་ལྟར་	bhüh-meh-tahr
frech	ངོ་ཚ་ཁྲེལ་མེད་ཀྱི་	ngho-tza t(r)hel-meh-kyi
Frechheit (f)	ངོ་ཚ་ཁྲེལ་བ་	ngho-tza d(r)hel-wa
frei	རང་དབང་ཅན་	rang-wang-tschen
Freibad (n)	གྲོང་ཁྱེར་གྱི་རྒྱལ་རྫིང་	d(r)hong-khyer-gyi kyel-dzing
Freiberufler (m)	གྱེར་བཙན་པ་	ger-tsen-pa
Freigabe (f)	གློད་གཏོང་བ་	lhö-tong-wa
Freigabe (f), econ.	འགྲེམ་སྤེལ་བྱེད་པ་	d(r)hem-pel dschye-pa
freigebig	གཏོང་ཕོད་ཅན་	tong-phöh-tschen
Freihandel (m)	གུ་ཡངས་ཚོང་འགྲེལ་	ghu-jang tzong-d(r)hel
Freihandelszone (f)	གུ་ཡངས་ཚོང་འགྲེལ་ས་ཁུལ་	ghu-jang tzong-d(r)hel sa-khül
Freiheit (f)	རང་དབང་	rang-wang
Freilassung (f)	གློད་འགྲོལ་	lhö-d(r)höl
freisprechen	ཉེས་མེད་གསལ་བ་	nyä-meh sel-pa
Freispruch (m)	ཉེས་མེད་གསལ་སྟོན་	nyä-meh sel-thön
Freitag (m)	རེས་གཟའ་པ་སངས་	rä-sah pa-sang
freiwillig	དང་བླངས་	dhang-lhang
Freiwillige (m)	དང་བླངས་པ་	dhang-lhang-pa
Freizeit (f)	ལས་མེད་སྟོལ་དལ་	lä-meh söl-dhel

Freizeitgestaltung (f)	དལ་ཁོམ་འཆར་སྒྲིག	dhel-khom tschhar-d(r)hig
fremd	ཁྱད་མཚར་པོ་	khyeh-tzar-po
fremdartig	གོམས་འདྲིས་མེད་པའི་	gom-d(r)hi meh-pae
Fremde (f)	ཕྱི་རྒྱལ་དུ་	tschhyi-gyel-dhu
Fremdenführer (m)*	ཡུལ་སྐོར་སྤྲོ་འཆམ་གྱི་ལམ་སྟོན་པ་	jül-kor t(r)ho-tschham-gyi lam-tön-pa
Fremdenverkehr (m)	ཡུལ་སྐོར་སྤྲོ་འཆམ་	jül-kor t(r)ho-tschham
Fremdenverkehrs-büro (n)	ཡུལ་སྐོར་སྤྲོ་འཆམ་གྱི་ལས་ཁུང་	jül-kor t(r)ho-tschham-gyi lä-khung
Fremder (m)	ཕྱི་མི་	tschhyi-mi
Fremdkapital (n)*	ཕྱི་དངོས་ཀྱི་མ་དངུལ་	tschhyi-ngö-kyi ma-nghül
Fremdsprache (f)	ཕྱི་རྒྱལ་སྐད་ཡིག	tschhyi-gyel keh-jig
Frequenz (f)	སྐྱར་འཁོར་ཡང་འཁོར་	kyar-khor jang-khor
Frequenz (f), phys.	འཁོར་ཤུགས་	khor-schhug
fressen	ཟོགས་རྔབ་ཀྱིས་ཟ་བ་	tohg-ngab-kyi sah-wa
Freude (f)	དགའ་ཚོར་	ga-tzor
Freude (f), hon.	མཉེས་ཚོར་	nyä-tzor
freudig	དགའ་སྤྲོ་ཅན་	ga-t(r)ho-tschen
freuen	དགའ་སྤྲོ་སྐྱེད་པ་	ga-t(r)ho kyeh-pa
Freund (m)	གྲོགས་པོ་	d(r)hog-po
Freundin (f)	གྲོགས་མོ་	d(r)hog-mo
freundlich	དགའ་ཉམས་ཅན་	ga-nyam-tschen
Freundlichkeit (f)	མཛའ་གྲོགས་ཀྱི་རང་བཞིན་	dza-d(r)hog-kyi rang-schin
Freundschaft (f)	བཐུན་གྲོགས་	thün-d(r)hog
freundschaftlich	གྲོགས་འདྲིས་བཞིན་དུ་	d(r)hog-d(r)hi schin-dhu
Frieden (m)	ཞི་བདེ་	schi-de

Friedensbewegung (f)	ཞི་བདེའི་ལས་འགུལ་	schi-dee lä-gül
Friedensforschung (f)	ཞི་བདེའི་ཉམས་ཞིབ་	schi-dee nyam-schib
Friedensnobelpreis (m)	ཞི་བདེའི་གཟེངས་རྟགས་	schi-dee sehng-tahg
Friedenstaube (f)	ཞི་བདེའི་ཕུག་རོན་	schi-dee phug-rön
Friedensverhandlungen (f/pl)	ཞི་བདེའི་གྲོས་མོལ་	schi-dee d(r)hö-möl
Friedensvertrag (m)	ཞི་མཐུན་ཆིངས་ཡིག་	schi-thün tschhin-jig
Friedhof (m)	དུར་ཁྲོད་	dhur-t(r)hö
friedlich	བག་དང་ལྡན་པ་	bhag-dhang den-pa
friedliebend*	ཞི་འགྲིག་བརྩེ་སེམས་ཅན་	schi-d(r)hig tse-säm-tschen
frieren	འཁྱགས་རྒྱག་པ་	khyag gyag-pa
frisch	སོས་པ་	sö-pa
Friseur (m)	སྐྲ་བཟོ་མཁན་	t(r)ha-soh-khen
frisieren	སྐྲ་བཟོ་བ་	t(r)ha soh-wa
Frist	ཡུན་ཚད་	jün-tzeh
fristlos	དུས་བཀག་མེད་པ་	dhü-kag meh-pa
Frisur (f)	སྐྲ་བཟོ་སྟངས་	t(r)ha-soh-tang
frittieren*	སྣུམ་བཙོས་གཏོང་བ་	nhum-ngö tong-wa
froh	དགའ་པོ་	ga-po
fröhlich*	དགའ་སྐྱིད་ལྡན་པའི་	ga-kyih den-pae
fromm	ཆོས་དད་ཅན་	tschhö-deh-tschen
Frömmigkeit (f)	ཆོས་སྒྲུབ་	tschhö-tschyöh
Front (f)	མདུན་	dün
Front (f), mil.	དམག་ས་	mag-sa

frontal	མདུན་ཡོལ་	dün-jöl
Frontalzusammen-stoss (m)*	མདུན་ཡོལ་གདོང་ཐུག་	dün-jöl dong-thug
Frost (m)	སད་	seh
frösteln	འཁྱགས་འདར་རྒྱག་པ་	khyag-dar gyag-pa
frostig	འཁྱགས་འདར་སིག་སིག་	khyag-dar sig-sig
Frucht (f)	ཤིང་ཏོག་	schhing-tohg
Fruchtbarkeit (f)	གཤིན་པོའི་རང་བཞིན་	schhin-pöe rang-schin
Fruchtblatt (n), bio.	ཟེའུ་འབྲུ་མོ་	sihu d(r)hu-mo
fruchtbar	འབྲས་ལྡན་	d(r)hä-den
fruchtlos	ཤིང་འབྲས་མེད་པའི་	schhing-d(r)hä meh-päe
Fruchtwechsel (m)	ལོ་ཏོག་སྐོར་འདེབས་	lo-tohg khor-deb
früh	སྔ་བོ་	nga-bho
frühestens	སྔ་ཤོས་	nga-schhö
Frühgeburt (f)*	ན་ཚོད་མ་ཟིན་པའི་སྐྱེ་བ	nha-tzöh ma-sihn-pae kye-wa
Frühling (m)	དཔྱིད་ཀ་	tschyih-ka
frühreif	གན་གཟི་དོད་པོ་	gen-soh dhö-po
frühreif, biol.	སྔ་སྨིན་	nga-min
Frühstück (n)	ཞོགས་ཇ་	schog-dscha
Fuchs (m)	ཝ་མོ་	wa-mo
Fuchsia (f), bot.	མངར་དྲིལ་	ngar-d(r)hil
fühlen	ཚོར་བ་	tzor-wa
führen	ལམ་སྣ་འཁྲིད་པ་	lam-nha t(r)hih-pa
führend	ལམ་ཕྱོགས་སྟོན་པའི་	lam-tschhyog tön-pae
Führer (m)	འགོ་ཁྲིད་	go-t(r)hih

Deutsch	Tibetisch	Umschrift
Führer (m), hon.	དབུ་ཁྲིད་	u-t(r)hih
Führerschein (m)	ཁ་ལོ་ཆོག་ཡིག་	kha-lo tschhog-jig
Führung (f)	འཛིན་སྐྱོང་	dzin-kyong
füllen	འགེང་པ་	geng-pa
Füllung (f)	ནང་རྒྱང་	nang-gyong
Fundament (n)	གཞི་རྟེན་	schi-ten
fünf	ལྔ་	nga
fünffach	ལྔ་ལྡབ་	nga-dab
Fünfling (m)	ལྔ་སྐྱེས་མཚེ་མ་	nga-kyä tze-ma
fünfzehn	བཅོ་ལྔ་	tscho-nga
fünfzig	ལྔ་བཅུ་	nga-tschu
Fungizid (n)	ཧམ་པ་གསོད་རྫས་	ham-schha söh-dzä
Funk (m)	རླུང་འཕྲིན་	lhung-t(r)hin
Funke (m)	མེ་ཚག་	me-tzag
funkeln	མེ་ཚག་འཐོར་བ་	me-tzag thor-wa
funken	རླུང་འཕྲིན་རྒྱང་བསྒྱིང་བྱེད་པ་	lhung-t(r)hin gyang-sing dschye-pa
Funker (m)	རླུང་འཕྲིན་བཀོལ་སྤྱོད་པ་	lhung-t(r)hin köl-tschyöh-pa
Funkgerät (n)	རླུང་འཕྲིན་རྒྱང་བསྒྱིངས་ཡོ་ཆས་	lhung-t(r)hin gyang-sing jo-tschhä
Funktion (f)	འགྲོ་སྟངས་	d(r)ho-tang
Funktionär (m)	ལས་སྣེ་	lä-nhe
funktionieren	ལས་ཀ་བྱེད་པ་	lä-ka dschye-pa
für	ཆེད་དུ་	tschheh-dhu
Furcht (f)	འཇིགས་སྣང་	dschig-nang
furchtbar	འཇིགས་རྔམ་ཅན་	dschig-ngam-tschen

fürchten	འཇིགས་སྣག་སྐྱེད་པ་	dschig-t(r)hag kyeh-pa
furchtlos	འཇིགས་སྣང་མེད་པ་	dschig-nang meh-pa
Fürst (m)	རྒྱལ་སྲས་	gyel-sä
Fürstentum (n)	རྒྱལ་ཕྲན་	gyel-t(r)hen
Fürstin (f)	རྒྱལ་པོའི་སྲས་མོ་	gyel-pöe sä-mo
Furunkel (m)	སྐྲང་འབུར་	t(r)hang-bur
Furz (m)	ཧུག་དྲི་	tuhg-d(r)hi
Fusion (f), econ.	ཟླ་སྒྲིལ་	dha-d(r)hil
Fusion (f), phys.	འདུས་པའི་འབར་བཞུན་	dü-pae bar-schün
fusionieren	ཟླ་སྒྲིལ་གཏོང་བ་	dha-d(r)hil tong-wa
Fuss (m)	རྐང་པ་	kang-pa
Fuss (m), hon.	ཞབས་	schab
Fussabdruck (m)	རྐང་རྗེས་	kang-dschä
Fussabstreifer (m)	རྐང་ཕྱིས་	kang-tschhyih
Fussball (m)	རྐང་པོལ་	kang-pöl
Fussboden (m)	མཐིལ་ཞལ་	thil-schel
Fussbremse (f)	འཁོར་སྒྲག་རྐང་གདན་	khor-gag kang-den
Fussgänger (m)	རྐང་ཐང་འགྲོ་མི་	kang-thang d(r)ho-mi
Fussgelenk (n)	ལུང་ཚིགས་རུས་པ་	lung-tzig rü-pa
Fussknöchel (m)	སྐྲང་ཚིགས་	kang-tzig
Fussmarsch (m)	རྐང་འགྲོས་	kang-d(r)hö
Fussnote (f)	ཞབས་མཆན་	schab-tschhen
Fusssohle (f)	རྐང་མཐིལ་	kang-thil
Fussspur (f)	རྐང་ཤུལ་	kang-schhül
Fusstritt (m)	རྡོག་རྒྱག་	dog-gyag

Fussweg (m)	ཀང་ལམ་	kang-lam
Futter (n)	ནང་ཤ་	nang-schha
Futtermittel (n)	རྩ་ཚག་	tsa-tschhag
füttern	ཟོ་སྟེར་བ་	toh tehr-wa
Futternapf (m)	ཟས་སྣོད་	säh-nhöh

G

Gabel (f)	བྲང་བུར་	suhng-thur
Gabelstapler (m)*	བུར་འདེགས་སྤོ་འཁོར་	suhr-deg po-khor
Gage (f)	ཕོགས་	phog
gähnen	ཨ་སྟོང་རྒྱག་པ་	a-tong gyag-pa
Gala (f)	དུས་སྟོན་	dhü-tön
Galerie (f)	གཡབ་ལམ་	jab-lam
Galgen (m)	དཔྱང་ཤིངས་	tschyang-tehg
Galgenfrist (f)	སྲོག་ཉེས་ཕྱི་འགྱངས་	sog-nyä tschhyi-gyang
Galle (f)	མཁྲིས་པ་	t(r)hi-pa
Gallenblase (f)	མཁྲིས་ཁུག་	t(r)hi-khug
Gallenstein (m)	མཁྲིས་རྡོ་	t(r)hi-do
Gang (m)	འགྲོ་སྟངས་	d(r)ho-tang
gängig	སྤྱིར་སྟངས་འགྲོ་རྒྱུག་ཅན་	tschyir-tang d(r)ho-gyug-tschen
Gangschaltung (f)	བང་སྒྱུར་ཡུ་བ་	bhang-gyur ju-wa
Ganove (m)	ཁྲམ་པ་	t(r)ham-pa
Gans (f), zo.	ངང་བ་	ngang-wa
Gänseblümchen (n)	ལུག་ཆུང་མེ་ཏོག་	lug-tschhung me-tohg

ganz	གང་ཚང་	ghang-tzang
gänzlich	ཡོངས་སུ་རྫོགས་པ་	jong-su dzog-pa
Garage (f)	སྣུམ་འཁོར་འཇོག་ཁང་	nhum-khor dschog-khang
Garantie (f)	འགན་ལེན་གན་རྒྱ་	gen-len ghen-gya
garantieren	འགན་ལེན་བྱེད་པ་	gen-len dschye-a
garantieren, hon.	ཞལ་ཁྱགས་གནང་བ་	schel-khyag nang-wa
Gardine (f)	གཅོད་ཡོལ་	tscheh-jöl
gären	ལང་བ་	lang-wa
Garn (n)	སྣལ་མ་	nel-ma
Garten (m)	ཚལ་ཞིང་	tzel-sching
Gartenarbeit (f)	དུམ་རའི་ལག་རྩལ་	dum-rae lag-tsel
Gartenfest (n)	དུམ་རའི་གསོལ་སྟོན་	dum-rae söl-tön
Gartengeräte (n/pl)	དུམ་རའི་ལག་ཆ་	dum-rae lag-tscha
Gärtner (m)	དུམ་ར་སྐྱོང་མཁན་	dum-ra kyong-khen
Gas (n)	རླངས་གཟུགས་	lhang-suhg
Gasheizung (f)	རླངས་གཟུགས་ཚ་དྲོད་	lhang-suhg tza-d(r)höh
Gasherd (m)	རླངས་གཟུགས་ཚ་ཐབ་	lhang-suhg tza-thab
Gaskammer (f)	དུག་རླངས་ཆགས་མཁར་	dhug-lhang tschag-khar
Gasmaske (f)	དུག་རླངས་སྲུང་འབག་	dhug-lhang sung-bag
Gaspedal (n), mot.	སྣུམ་སྒོའི་རྐང་གདན་	nhum-göe kang-den
Gasse (f)	སྲང་ལམ་	sang-lam
Gast (m)	མགྲོན་པོ་	d(r)hön-po
Gast (m), hon.	སྐུ་མགྲོན་	ku-d(r)hön
Gästeempfang (m)	སྐུ་མགྲོན་སྣེ་ལེན་	ku-d(r)hön näh-len
Gasthaus (n)	འགྲོན་ཁང་	d(r)hön-khang

Gasthof (m)	འགྲུལ་ཁང་	d(r)hül-khang
Gastland (n)	མགྲོན་གཉེར་རྒྱལ་ཁབ་	d(r)hön-nyer gyel-khab
gastlich	བསྙེན་བཀུར་བྱེད་གཟབ་ཅན་	nyen-kur dschyeh-sahb-tschen
Gastronomie (f)	བཟའ་བཏུང་སྤྱོད་མཁས་	sah-tung tschyöh-khä
Gastwirt (m)	ཟ་ཁང་གི་བདག་པོ་	sah-khang-gi dag-po
Gastwirtschaft (f)	ཟ་ཁང་	sah-khang
Gaswerk (n)	རླངས་གཟུགས་བཟོ་གྲྭ་	lhang-suhg soh-d(r)ha
Gaszähler (m)	རླངས་གཟུགས་འཇལ་ཚད་	lhang-suhg dschel-tschhä
Gatte (m)	ཁྱོ་ག་	khyo-gha
Gattin (f)	ཆུང་མ་	tschhung-ma
Gattung (f), biol.	ཉེ་རིགས་	nye-rig
Gaumen (m)	ཡ་རྐན་	ja-ken
Gauner (m)	གཡོ་སྒྱུ་ཅན་	jo-gyu-tschhen
Gebäck (n)	བརྟེན་ཞིང་བག་ལེབ་	ten-schhing bhag-leb
Gebaren (n)	སྤྱོད་ལམ་	tschöh-lam
gebären	སྐྱེ་བ་ལྷང་པ་	kye-wa lhang-pa
gebären, hon.	སྐུ་སྐྱེ་བཞེས་པ་	ku-kye schä-pa
Gebärmutter (f)	བུ་སྣོད་	bhu-nhöh
Gebäude (n)	བརྩིགས་བཟོས་	tsig-söh
geben	སྤྲོད་པ་	t(r)höh-pa
geben, hon.	གནང་བ་	nhang-wa
Geben (n)	སྦྱིན་པ་	dschin-pa
Gebet (n)	ཁ་འདོན་	kha-dön
Gebet (n), hon.	ཞལ་འདོན་	schel-dön

Gebiet (n)	མངའ་ཁོངས་	ngha-khong
gebieterisch	བཀའ་བཀོད་ཀྱི་	kä-köh-kyi
Gebietsautonomie (f)	ས་ཁོངས་རང་སྐྱོང་	sa-khong rang-kyong
gebietsweise	མངའ་ཁུལ་གྱི་	ngha-khül-gyi
Gebirge (n)	རི་རྒྱུད་	ri-gyüh
gebirgig	རི་རྒྱུད་ཀྱི་	ri-gyüh-kyi
Gebirgspfad (m)	བྲག་ལམ་	d(r)hag-lam
Gebiss (n)	སོ་དག་	so-dhag
geblümt	མེ་ཏོག་བཞད་པའི་	me-tohg scheh-pae
gebogen	བཀུགས་པའི་	kug-pae
geboren	བཙའ་བ་	tsa-wa
Gebot (n), econ.	རིན་སྤར་འཚོང་འགྱུར་	rin-par tzong-gyur
Gebot (n), jur.	ཁྲིམས་སྒྲོལ་	t(r)him-söl
Gebrauch (m)	སྤྱོད་སྟངས་	tschöh-tang
gebrauchen	བེད་སྤྱོད་པ་	bheh tschyöh-pa
Gebrauchs-anweisung (f)	བཀོད་ཁྲུས་	köh-dschyü
gebraucht	ཁ་རྙིང་	kha-nying
gebrechlich	ཆག་སླ་པོ་	tschhag-lha-po
Gebrüder (f/pl)	བུ་སྤུན་	bhu-pün
Gebrüll (n)	ང་རོ་	nga-ro
Gebühr (f)	རིན་འབབ་	rin-bab
gebührend	འོས་ཤིང་འཚམས་པ་	wö-schhing tzam-pa
gebührenfrei	རིན་མེད་དུ་	rin-meh-dhu
gebührenpflichtig	ལྷ་རིན་ལེན་རུང་	lha-rin len-rung

Deutsch	Tibetisch	Umschrift
Geburt (f)	སྐྱེ་བ་	kye-wa
Geburt (f), hon.	འཁྲུངས་པ་	t(r)hung-pa
Geburtenkontrolle (f)	སྐྱེ་སྒོ་འགོག་ཐབས་	kye-go gog-thab
Geburtenrate (f)	སྐྱེ་འཕེལ་གྲངས་ཚད་	kye-phel d(r)hang-tzeh
Geburtenrückgang (m)	སྐྱེ་སྒོ་ཆག་ཆ་	kye-go tschhag-tschha
geburtenschwach	སྐྱེ་འཕེལ་གྲངས་ཚད་དམའ་པོ་	kye-phel d(r)hang-tzeh mha-po
geburtenstark	སྐྱེ་འཕེལ་གྲངས་ཚད་མཐོ་པོ་	kye-phel d(r)hang-tzeh tho-po
gebürtig	སྐྱེ་དུས་ནས་	kye-dhü-nä
Geburtsanzeige (f)	སྐྱེ་བའི་སྙན་སྟོན་	kye-wae nyen-d(r)hön
Geburtsdatum (n)	སྐྱེ་ཚེས་	kye-tzä
Geburtsfehler (m)	སྐྱེས་དུས་ནས་ཡོད་པའི་ནད་	kyä-dhü-nä jöh-pae neh
Geburtshilfe (f)	ཕྲུ་གུ་སྐྱེ་གཡོག་གི་ལག་ལེན་	t(r)hu-ghu kye-jog-gi lag-len
Geburtsjahr (n)	སྐྱེ་ལོ་	kye-lo
Geburtsland (n)	སྐྱེ་ཡུལ་	kye-jül
Geburtsort (m)	སྐྱེ་ས་	kye-sa
Geburtsort (m), hon.	འཁྲུངས་ས་	t(r)hung-sa
Geburtstag (m)	སྐྱེས་པའི་ཉིན་མོ་	kyä-pae nyin-mo
Geburtstag (m), hon.	འཁྲུངས་སྐར་	t(r)hung-kar
Geburtstagsfeier (f)*	སྐྱེ་སྐར་གསོལ་སྟོན་	kye-kar söl-tön
Geburtenrate (f)	སྐྱེ་འཕེལ་གྲངས་ཚད་	kye-phel d(r)hang-tzeh
Geburtsurkunde (f)*	སྐྱེ་སྐར་དཔང་ཡིག་	kye-kar pang-jig
Gebüsch (n)	ཤིང་ཕྲན་	schhing-t(r)hen
Gedächtnis (n)	དྲན་ཤེས་	d(r)hen-schhä
Gedächtnisverlust (m)	དྲན་ཉམས་	d(r)hen-nyam

Deutsch	Tibetisch	Umschrift
Gedanke (m)	བསམ་བློ་	sam-lo
Gedanke (m), hon.	དགོངས་པ་	gong-pa
Gedeihen (n)	གོང་འཕེལ་དུ་འགྲོ་བ་	ghong-phel-dhu d(r)ho-wa
gedeihlich	གོང་འཕེལ་དུ་འགྲོ་བཞིན་པའི་	ghong-phel-dhu d(r)ho-schin-pae
gedenken	དུས་དྲན་སྲུང་བརྩི་བྱེད་པ་	dhü-d(r)hen sung-tsi dschye-pa
Gedenkfeier (f)	དུས་དྲན་སྲུང་བརྩི་	dhü-d(r)hen sung-tsi
Gedenktag (m)	རྗེས་དྲན་ཉི་མོ་	dschä-d(r)hen nyi-mo
Gedicht (n)	སྙན་ངག་	nyen-ngag
Gedichtsammlung (f)	རྩོམ་ཡིག་ཕྱོགས་བསྡུས་	tsom-jig tschhyog-dü
Gedränge (n)	འཚང་ཁ་ཆེན་པོ་	tzang-gha tschhen-po
Geduld (f)	བཟོད་པ་	söhh-pa
gedulden	བཟོད་སྲན་བྱེད་པ་	söhh-sen dschye-pa
geduldig	བཟོད་སྲན་ཅན་	söhh-sen-tschen
geehrt	དཔལ་ལྡན་	pel-den
geeignet	ཕྲོད་པོ་	t(r)höh-po
Gefahr (f)	ཉེན་ཁ་	nyen-kha
gefährden	ཉེན་ཁར་འཇུག་པ་	nyen-khar dschug-pa
gefährlich	ཉེན་ཁ་ཅན་	nyen-kha-tschen
Gefährte (m)	ཕྱག་རོགས་	tschhyag-rog
Gefälle (n)	གྱེན་ཐུར་	gyen-thur
gefallen	སེམས་ལ་འགྲོ་བ་	säm-la d(r)ho-wa
gefallen, hon.	ཐུགས་ལ་བབས་པ་	thug-la bä-pa
Gefallen (m)	དགོངས་བཞེས་	gong-schä

Gefallen (n)	དགའ་བདེ་	ga-deh
gefällig	ཡིད་དུ་འོང་བའི་	jih-dhu wong-wae
Gefangene (m)	བཙོན་པ་	tsön-pa
Gefängnis (n)	བཙོན་ཁང་	tsön-khang
Gefängnisstrafe (f)	ཉེས་ཆད་	nyä-tschheh
Gefängniswärter (m)	བཙོན་ཁང་དོ་དམ་པ་	tsön-khang dho-dham-pa
Gefäss (n)	སྣོད་ཆས་	nhöh-tschhä
Gefecht (n)	འཐབ་འཛིང་	thab-dzing
Geflügel (n)	གསོ་བྱ་	so-dschya
Geflügelfarm (f)	བྱ་གསོ་ཁང་	dschya-so-khang
Geflügelpest (f)*	གསོ་བྱའི་ནད་དན་	so-dschyae neh-ngen
Gefolge (n)	ཆིབས་ཞབས་	tschhib-schab
gefrieren	འཁྱགས་རྒྱག་པ་	khyag gyag-pa
Gefrierfach (n)	འཁྱགས་བཅད་	khyag-tscheh
Gefrierschrank (m)	འཁྱགས་སྒྲོམ་	khyag-d(r)hom
Gefühl (n)	རེག་ཚོར་	reg-tzor
Gefühl (n) rel.	ཚོར་བ་	tzor-wa
gefühllos	ཚོར་ཤེས་བྲལ་བའི་	tzor-schhä d(r)hel-wae
gefühllos, med.	རེག་ཚོར་བརླགས་པའི་	reg-tzor lhag-pae
gefühlsbetont	སེམས་ཚོར་དྲག་པོའི་	säm-tzor d(r)hag-pöe
gefühlvoll	སེམས་ཚོར་སྐྱེན་པོ་	säm-tzor kyen-po
Gegebenheit (f)	གནས་ཚུལ་	nhä-tzül
Gegenüberstellung (f)	ཐད་གོད་	theh-göh
gegen	སྡེབས་ལ་	deb-la

Gegenangriff (m), mil.	དམག་ལོག་བསྐྱོན་པ་	mag-log kyön-pa
Gegend (f)	ས་གནས་	sa-nhä
Gegengewicht (n)	ཕན་ཚུན་ཡང་སྙིང་མཉམ་པ་	phen-tzün jang-dschih nyam-pa
Gegengift (n)	དུག་འཇོམས་སྨན་	dhug-dschom men
Gegenkandidat (m)	འོས་འགྲོ་ཁ་གཏད་	wö-d(r)ho kha-teh
Gegensatz (m)	ལྡོག་ཚེས་	dog-tschhö
gegenseitig	ཕན་ཚུན་གཉིས་མོས་ཀྱི་	phen-tzün nyii-mö-kyi
Gegenstand (m)	དངོས་པོ་	ngö-po
Gegenteil (n)	ཁ་གཏད་	kha-teh
gegenteilig	ལྡོག་ཕྱོགས་ཀྱི་	dog-tschhyog-kyi
Gegenwart (f)	ད་ལྟ་བ་	dha-ta-wa
gegenwärtig	མིག་སྔར་	mhig-ngar
Gegenwehr (f)	འགོག་གཉོལ་	gog-göl
Gegenwind (m)*	མདུན་རླུང་	dün-lhung
gegenzeichnen	དངོས་ལེན་གྱི་མིང་རྟགས་འགོད་པ་	ngö-len-gyi ming-tahg göh-pa
Gegner (m)	ཁ་གཏད་	kha-teh
Gehalt (m)	ནང་རྫས་	nang-dzä
Gehalt (n)	གསོལ་ཕོགས་	söl-phog
Gehaltsabrechnung (f)	བཅུག་འཛིན་	tschug-dzin
Gehaltserhöhung (f)	དངུལ་ཕོགས་འཕེལ་སྐྱེད་	nghül-phog phel-kyeh
Gehaltskonto (n)	འཕྲལ་སེལ་བཅུག་ཁ་	t(r)hel-sel tschug-t(r)ha
Gehäuse (n)	སྦུད་	nhöh
geheim	གསང་བའི་	sang-wae
Geheimagent (m)	གསང་ཤུལ་	sang-nyhül

Geheimnis (n)	གསང་བའི་གནད་དོན་	sang-wae nheh-dön
geheimnisvoll	སྦས་པའི་	bä-pae
Geheimnummer (f)	གསང་བའི་ཨང་གྲངས་	sang-wae ang-d(r)hang
Geheimpolizist (m)	གསང་བའི་ཉེན་རྟོག་པ་	sang-wae nyen-tohg-pa
Geheimzeichen (n)	གསང་རྟགས་	sang-tahg
gehen	ཕྱིན་པ་	tschhyin-pa
gehen, hon.	ཆིབས་བསྒྱུར་གནང་བ་	tschhib-gyur nang-wa
Gehilfe (m)	ཕྱག་རོགས་	tschhag-rog
Gehirn (n)	ཀླད་པ་	lheh-pa
Gehirnerschütte-rung (f), med.	ཀླད་པ་བརྡབ་འཁྲུག་	lheh-pa dab-t(r)hug
Gehirnschlag (m), med.	ཀླད་ཁྲག་ཉམས་སྐྱོན་	lheh-t(r)hag nyham-kyön
Gehirnwäsche (f), pol.	ལྟ་བའི་སློབ་གསོ་	ta-wae lhob-so
Gehölz (n)	ཤིང་སྣ་	schhing-nha
Gehör (n)	གོ་ཐོས་	go-thö
gehorchen	ཁ་ལ་ཉན་པ་	kha-la nyhen-pa
gehorchen, hon.	བཀའ་བཅུར་དང་ལེན་ཞུ་བ་	ka-tsi dhang-len schu-wa
gehören	བདག་པ་	dag-pa
gehörlos	འོན་པ་	wön-pa
gehorsam	ཁ་ལ་ཉན་པོ་	kha-la nyhen-po
Gehorsam (m)	ཉན་འཇོག་	nyhen-dschog
Gehorsam (m), hon.	བཀའ་བཅུར་དང་ལེན་	ka-tsi dhang-len
Gehsteig (m)	ལམ་ཟུར་གྱི་རྐང་ལམ་	lam-suhr-gyi kang-lam
Geier (m)	རྒོད་སྐེ་སེར་	lhag ke-ser
Geige (f)	འོག་སྒྲ་	og-lhen

Geisel (f)	མི་གཏེ་	mi-te
Geiselnehmer (m)	མི་ཀུན་རྒྱག་མཁན་	mi-kün gyag-khen
Geist (m), (Verstand)	བློ་	lho
Geist des Erleuchtungs-strebens (f) rel.	སྨོན་སེམས་	mhön-säm
geisteskrank	རིག་ཚོ་མ་ཤིན་པའི་	rig-tzo ma-sihn-pae
Geisteskrankheit (f)	སེམས་ནད་	säm-neh
Geistesverfassung (f)	བློའི་གནས་སྟངས་	lhöe-nhä-tang
Geistes-wissenschaft (f)	སྒྱུ་རྩལ་རིག་གནས་	gyu-tsel rig-nhä
Geistfaktor (m) rel.	སེམས་བྱུང་	säm-dschung
geistig	སེམས་ཀྱི་	säm-kyi
geistige Präsenz (f) rel.	དྲན་པ་	d(r)hen-pa
geistlich	ཆོས་ཕྱོགས་ཀྱི་	tschhö-tschhyog-kyi
geistlos	གནད་མེད་	nheh-meh
geistreich	རིག་པ་ཅན་	rig-pa-tschen
Geiz (m)	ངམ་སེམས་	ngam-säm
Geizhals (m)	སེར་སྣ་	ser-nha
geizig	སེར་སྣ་ཅན་	ser-nha-tschen
Gekochtes (n)	བཙོས་པ་	tsö-pa
Gelächter (n)	གད་རྒྱངས་	gheh-gyang
Gelände (n), (flach)	ཐང་ཐེར་	thang-ther
Gelände (n), (hügelig)	ས་ཁྱོན་	sa-khyön
Geländefahrzeug (n)	སྦྱོངས་བགྲོད་རླངས་འཁོར་	dschong-d(r)höh lhang-khor
geländegängig	སྦྱོངས་བགྲོད་ཀྱི་	dschong-d(r)höh-kyi

gelb	སེར་པོ་	ser-po
Gelbfieber (n)	མཁྲིས་ཚད་	t(r)hi-tzeh
gelblich	སེར་ཆུབ་ཆུབ་	ser-tzub-tzub
Gelbsucht (f)	མཁྲིས་ནད་	t(r)hi-neh
Geld (n)	དངུལ་	nghül
Geld (n), hon.	ཕྱག་དངུལ་	tschhyag-nghül
Geldanlage (f)	མ་འཛུགས་	ma-dzug
Geldbeutel (m)	དངུལ་ཁུག་	nghül-khug
Geldbusse (f)	ཆད་དངུལ་	tschheh-nhgül
Geldgeber (m)*	དངུལ་སྒྲོན་གཏོང་མཁན་	nghül-d(r)hön tong-khen
Geldgeschäfte (n/pl)*	མ་དངུལ་ལས་དོན་	ma-nghül lä-dhön
geldgierig	དངུལ་ལ་རྔམ་སེམས་	nghül-la ngam-säm
Geldinstitut (n)*	དངུལ་རྩིས་སློབ་གཉེར་ཁང་	nghül-tsi lhob-nyer-khang
Geldschein (m)	དངུལ་ལོར་	nghül-lor
Geldschrank (m)	དངུལ་སྒམ་	nghül-gam
Geldstrafe (f)	ཆད་དངུལ་	tschheh-nghül
Geldstück (n)	དོང་ཙེ་	dong-tse
Geldumtausch (m)	དངུལ་བརྗེ་	ngül-dsche
Geldwechsler (m)	དངུལ་བརྗེ་ལེན་བྱེད་མཁན་	nghül dsche-len dschyeh-khen
Gelegenheit (f)	དུས་བཟང་	dhü-sahng
Gelegenheitskauf (m)	རིན་གོང་ཆུང་དུར་ཉོ་སྒྲུབ་	rin-ghong tschhung-nghur nyo-d(r)hub
gelegentlich	སྐབས་སྐབས་ཀྱི་	kab-kab-kyi
Gelehrte (m)	རིག་གནས་མཁས་པ་	rig-nhä khä-pa
Geleit (n)	སྐུ་བཅར་	ku-tschar

Gelenk (n)	ཚིགས་དོག་	tzig-dog
gelernt	སྦྱོང་བདར་ཐོན་པའི་	dschyong-dar thön-pae
Geliebter (m)	བྱམས་པ་	dschyam-pa
gelinde	ཞི་འཇམ་གྱིས་	schi-dscham-gyi
gelingen	རྗེས་ཤུལ་འཛིན་པ་	dschä-schhül dzin-pa
gelten	འཐད་ལྡན་བཟོ་བ་	theh-den soh-wa
geltend	ཡོངས་གྲགས་ཀྱི་	jong-d(r)hag-kyi
gelungen	འགྲུབ་འབྲས་ལྡན་པའི་	d(r)hub-d(r)hä den-pae
gemächlich	དལ་ཁོམ་	dhel-khom
Gemälde (n)	ཚོན་བྲིས་	tzön-d(r)hi
Gemäldegalerie (f)*	ཚོན་བྲིས་འགྲེམ་སྟོན་ཁང་	tzön-d(r)hi d(r)hen-tön-khang
gemäss	དེ་བསྟུན་	dhe-tün
Gemeinde (f)	འགྲོང་སྡེ་	d(r)hong-de
Gemeindeamt (n)	ས་གནས་དཔོན་རིགས་	sa-nhä pön-rig
Gemeinderat (m)	གྲོང་སྡེའི་ལས་ཁུངས་	d(r)hong-däe lä-khung
Gemeindesteuern (f/pl)	གྲོང་སྡེའི་ཁྲལ་འབབ་	d(r)hong-dhäe t(r)hel-bab
gemeingefährlich*	མང་ཚོགས་ཉེན་ཚབས་ཅན་	mhang-tzog nyen-tzab-tschen
gemeinnützig	སྤྱི་དམངས་མཐུན་རྐྱེན་	tschi-mang thün-kyen
gemeinsam	ལྷན་དུ་	hlen-dhu
Gemeinschaft (f)	སྤྱི་ཚོགས་	tschyi-tzog
Gemeinwohl (n)	སྤྱི་དམངས་བདེ་ཐབས་	tschyi-mang deh-thab
Gemetzel (n)	སྲེབས་གསོད་	deb-söh
Gemisch (n)	འདྲེས་མ་	d(r)hä-ma
Gemüse (n)	ཚོད་མ་	tzöh-ma

Deutsch	Tibetisch	Umschrift
Gemüsehändler (m)*	སྔོ་ཚལ་གསེལ་འཚོང་པ་	ngo-tzel sil-tzong-pa
gemütlich	དྲོ་སྐྱིད་ལྡན་པའི་	d(r)ho-kyih den-pae
Gemütlichkeit (f)	དྲོ་སྐྱིད་ལྡན་པ་	d(r)ho-kyih den-pa
Gemütszustand (m)*	སེམས་གནས་	säm-nhä
Gen (n)	རིགས་རྒྱུད་རྐྱེན་ཕྲེང་	rig-gyüh kyen-t(r)heng
genau	ཏག་ཏག་	tahg-tahg
Genauigkeit (f)	གཡོ་མེད་	jho-meh
genehmigen	ཆོག་མཆན་སྤྲོད་པ་	tschhog-tschhen t(r)höh-pa
Genehmigung (f)	ཆོག་མཆན་	tschhog-tschhen
General (m)	དམག་དཔོན་	mag-pön
Generaldirektor (m)	ཡོངས་ཁྱབ་ཀྱི་འགན་འཛིན་	jong-kyab-kyi gen-dzin
Generalkonsul (m)	ཡོངས་ཁྱབ་ཚོང་འབྲེལ་དོན་གཅོད་	jong-kyab tzong-d(r)hel dhön-tschhöh
Generalkonsulat (n)	ཡོངས་ཁྱབ་ཚོང་འབྲེལ་དོན་གཅོད་ཁང་	jong-kyab tzong-d(r)hel dhön-tschhö-khang
Generalstaatsanwalt (m)	རྒྱལ་སྲིད་ཁྲིམས་དོན་སྤྱི་ཁྱབ་	gyal-sih t(r)him-dhön tschyi-khyab
Generalstab (m) (mil.)	དམག་སྒྲུལ་ལས་ཁུངས་	mag-tschü lä-khung
Generalstreik (m)	ཡོངས་ཁྱབ་ངོ་རྒོལ་	jong-kyab ngho-göl
Generalversammlung (f)	རྒྱལ་སྤྱིའི་ཚོགས་ཆེན་	gyel-tschyie tzog-tschhen
Generation (f)	མི་རབས་	mi-rab
Generationskonflikt (m)	མི་རབས་ཀྱི་ཙོད་རྙོག་	mi-rag-kyi tsöh-nyog
Generator (m)	གློག་སྐྲུན་བྱེད་ཆས་	pel-t(r)hün dschyeh-tschhä
generell	སྤྱིར་བཏང་གི་	tschyir-tang-gi
genesen	ལུས་སྟོབས་སྔོན་ལྟར་སོས་པ་	lü-tob ngön-tahr sö-pa
Genesung (f)*	དྲག་སོས་	d(r)hag-sö

Genetik (f)*	རིགས་རྒྱུན་སྐྱེན་ཕྱེང་ཚན་རིག	rig-gyün kyen-t(r)heng tzen-rig
genetisch	རིགས་རྒྱུན་སྐྱེན་ཕྱེང་གི	rig-gyü kyen-t(r)heng-gi
Genforschung (f)*	རིགས་རྒྱུན་སྐྱེན་ཕྱེང་དཔྱད་ཞིབ	rig-gyün kyen-t(r)heng tschyeh-schib
genial	ཁྱད་དུ་འཕགས་པ	khyeh-dhu phag-pa
Genialität (f)	སྐྱེས་སྟོབས་ཀྱི་ཤེས་རབ	kyä-tohb-kyi schhä-rab
Genick (n)	མཇིང་པ	dsching-pa
Genie (n)	ཕུལ་བྱུང་གི་ཤེས་རབ་ཅན	phül-dschung-gi schhä-rab-tschen
genieren	ངོ་སྐྱེངས་པ	ngho kyäng-pa
geniessen	སྐྱིད་པོ་བྱེད་པ	kyih-po dschye-pa
geniessen, hon.	སྤྲོ་པོ་གནང་བ	t(r)ho-po nhang-wa
Genmanipulation (f)*	རིགས་རྒྱུན་སྐྱེན་ཕྱེན་གཡོ་བཟོས	rig-gyün kye-t(r)hen jo-thab
genormt	སྤྱི་ཁྱབ་བཟོ་བའི	tscchyi-khyab soh-wae
Genosse (m)	བློ་མཐུན	lho-thün
gentechnisch*	རིགས་རྒྱུན་སྐྱེན་ཕྱེན་བཟོ་སྒྲུབ་ལས་རིགས་ཀྱི	rig-gyün kyen-t(r)heng soh-t(r)hün lä-rig-kyi
genug	འདང་ངེས	dang-nghä
genügen	འདང་བ	dang-wa
genügend	འདང་ངེས་ཀྱི	dang-nghä-kyi
genügsam	ཚུལ་མཐུན	tzül-thün
Genügsamkeit (f)	ཡིན་ལུགས་ཚུལ་མཐུན	jin-lug tzül-thün
Genugtuung (f)	འདོད་ཁེངས	döh-kheng
Genuss (m)	ལོངས་སུ་སྤྱོད་སྒོ	long-su tschyöh-go
Genusskörper (f) rel.	ལོངས་སྤྱོད་རྫོགས་པའི་སྐུ	long-tschyöh dzog-pae-ku

Geographie (f)	ས་ཁམས་རིག་པ་	sa-kham rig-pa
geographisch	ས་བཀོད་དང་འབྲེལ་བའི་	sa-schheh-dhang d(r)hel-wae
Geologe (m)	ས་གཤིས་དཔྱད་རིག་མཁས་པ་	sa-schhi tschyeh-rig khä-pa
Geologie (f)	ས་གཤིས་རིག་པ་	sa-schhi rig-pa
geologisch	ས་གཤིས་རིག་པའི་	sa-schhi rig-pae
Geometrie (f)	ཐིག་རྩིས་རིག་པ་	thig-tsi rig-pa
geometrisch	ཐིག་རྩིས་རིག་པའི་	thig-tsi rig-pae
Gepäck (n)	ལམ་ཆས་	lam-tschhä
Gepäckkontrolle (f)*	དོག་ཁྲིད་ཞིབ་བཤེར་	dog-t(r)hi schib-schher
Gepäckträger (m)	དོས་འཁྱེར་པ་	dhö-khyer-pa
Gepard (m), zo.	ཤ་གཟིག་	schha-sihg
gepflegt	གཙང་ཧྲིལ་ཧྲིལ་	tsang h(r)hil-h(r)hil
Gepflogenheit (f)	ལུགས་སྲོལ་	lug-söl
gerade	ཁ་ཐུག་	kha-thug
gerade erst	ད་ཧ་རང་	dha-ta-rang
Geräte (n/pl)	འཕྲུལ་ཆས་	t(r)hül-tschhä
geraten	འཕྲད་པ་	t(r)heh-pa
geräumig	ཡངས་ཤིང་རྒྱ་ཆེ་བ་	jang-schhing gya-tschhe-wa
Geräusch (n)	སྒྲ་གདངས་	d(r)ha-dang
geräuschlos	སྒྲ་མེད་	d(r)ha-meh
geräuschvoll	སྐད་ཆོར་ཆ་པོ་	keh-tschor tza-po
gerecht	དྲང་བདེན་གྱི་	d(r)hang-den-gyi
Gerechtigkeit (f)	ཉེ་སྙོམ་དྲང་བདེན་	nye-nyom d(r)hang-den

Gerechtigkeits-gefühl (n)	ཤེས་རྒྱུད་དྲང་པོ་	schhi-gyuh d(r)hang-po
Gerede (n)	གཏམ་འཆལ་	tahm-tschhel
gereizt	ཁོང་ཁྲོ་ལང་ལྷ་པོ་	khong-t(r)ho lang-lha-po
Gereiztheit (f)	ཁོང་ཁྲོ་སློང་བའི་རང་བཞིན་	khong-t(r)ho lhong-wae rang-schin
Gericht (n)	ཞལ་ལག་	schel-lag
Gerichtsbarkeit (f)	ཁྲིམས་ལུགས་ཀྱི་དབང་ཚད་	t(r)him-lug-kyi wang-tzeh
gerichtlich	ཁྲིམས་ལུགས་ཀྱི་	t(r)him-lug-kyi
Gerichtsgebäude (n)	ཁྲིམས་ཁང་	t(r)him-khang
Gerichtsmedizin (f)	ཁྲིམས་དོན་སྨན་སྦྱོར་དཔྱད་ཞིབ་	t(r)him-dhön men-dschyor tschyeh-schib
Gerichtsverfahren (n)	ཁྲིམས་ཐོག་གྱོད་ཞིབ་	t(r)him-thog gyöh-schib
Gerichtsverhand-lung (f)	ཁྲིམས་སའི་ཞིབ་དཔྱོད་	t(r)him-sae schib-tschyöh
Gerichtsvoll-zieher (m)	གཞིས་གཉེར་	schi-nyer
gering	ཆུང་ཟད་	tschung-sehh
geringste	ཆུང་མཐའ་	nyung-tha
gerinnen	དགག་པ་	kag-pa
Gerippe (n)	སྒྲོམ་གཞི་	d(r)hom-schi
gerissen	སྤྱང་གྲུང་དོད་པོ་	tschyang-d(r)hung dhö-po
gern	དགའ་པོའི་ངང་	ga-pöe ngang
gern haben	མོས་པོ་བྱེད་པ་	mhö-po dschye-pa
Gerste (f)	ནས་	nä
Gerstenfeld (n)	ནས་ཞིང་	nä-sching
Gerstenkorn (n), med.	བྱིའུ་འབུར་ཐོག་	dschyi-u bur-tog

Geruch (m)	དྲི་མ་	d(r)hi-ma
geruchlos	དྲི་མེད་	d(r)hi-meh
Geruchssinn (m)	དྲི་ཚོར་	d(r)hi-tzor
Gerücht (n)	དགོག་གཏམ་	t(r)hog-tahm
gerührt sein	སེམས་འགུལ་ཐེབས་པ་	säm-gül theb-pa
Gerümpel (n)	ཕན་མེད་དངོས་རྫས་	phen-meh ngö-söh
Gerüst (n)	གྱང་རྩིག་ལས་ཁྲི་	gyang-tsig lä-t(r)hi
gesamt	ཡོངས་རྫོགས་	jong-dzog
Gesandte (m)	སྐུ་ཚབ་	ku-tzab
Gesang (m)	གླུ་གཞས་	lhu-schä
Gesangbuch (n)	བསྟོད་དབྱངས་ཕྱོགས་དེབ་	töh-jang tschhyog-dheb
Gesäss (n)	འཕོངས་ཚོས་	phong-tzö
Geschäft (n)	ཚོང་དོན་	tzong-dhön
geschäftig	ལས་བྱེལ་ཅན་	lä-d(r)hel-tschen
Geschäftigkeit (f)	བྱེད་ལས་	dschyeh-lä
geschäftlich	ཚོང་ལས་ཀྱི་	tzong-lä-kyi
Geschäfts- beziehung (f)*	ཚོང་ལས་ཀྱི་འབྲེལ་བགྱུད་	tzong-lä-kyi d(r)hel-thü
Geschäftsbrief (m)*	ཚོང་ལས་ཕྲིན་ཡིག་	tzong-lä t(r)hin-jig
Geschäftsessen (n)*	ཚོང་དོན་གསོལ་སྟོན་	tzong-dhön söl-tön
Geschäftsführer (m)*	ཚོང་ལས་འགན་འཛིན་	tzong-lä gen-dzin
Geschäftsführung (f)*	ཚོང་ལས་འཛིན་སྐྱོང་	tzong-lä dzin-kyong
Geschäfts- inhaber (m)	ཚོང་བདག་	tzong-dag
Geschäftsjahr (n)*	ཚོང་རྩིས་ལོ་འཁོར་	tzong-tsi lo-khor
Geschäftslage (f)*	ཚོང་དོན་གནས་སྟངས་	tzong-dhön nhä-tang

Geschäftsmann (m)	ཚོང་ལས་པ་	tzong-lä-pa
Geschäftsverbindung (f)	ཚོང་འབྲེལ་	tzong-d(r)hel
geschehen	འབྱུང་བ་	dschyung-wa
Geschehen (n)	བྱ་གཞག་	dschya-schag
gescheit	སྤྱང་པོ་	tschyang-po
Geschenk (n)	ལག་རྟགས་	lag-tahg
Geschenk (n), hon.	ཕྱག་རྟགས་	tschhyag-tahg
Geschichte (f)	ལོ་རྒྱུས་	lo-gyü
geschichtlich	ལོ་རྒྱུས་ཅན་གྱི་	lo-gyü tschen-gyi
Geschick (n)	འཇོན་ཐང་	dschön-thang
geschickt	འཇོན་ཐང་ཅན་	dschön-thang-tschen
Geschirr (n)	གསོལ་སྡེར་	söl-der
Geschlecht (n)	ཕོ་མོ་	pho-mo
geschlechtlich	ཕོ་མོའི་མཚན་མའི་རྟགས་ཀྱི་	pho-möe tzen-mae tahg-kyi
Geschlechtskrankheit (f)	རེག་ནད་	reg-neh
Geschlechtsverkehr (m)	འཁྲིག་པ་	t(r)hig-pa
Geschmack (m)	བྲོ་བ་	d(r)ho-wa
geschmacklos	བྲོ་བ་མེད་པའི་	d(r)ho-wa meh-pae
geschmackvoll	བྲོ་བ་ཅན་	d(r)ho-wa-tschen
Geschöpf (n)	གཞན་རྟེན་	schen-ten
Geschoss (n)	འཕུར་མདའ་	phur-da
Geschrei (n)	སྐད་ངན་	keh-ngen
Geschwätz (n)	ངག་འཁྱལ་	ngag-khyel

geschwätzig	ངག་འཁྱལ་ཅན་	ngag-khyel-tschen
geschwind	མགྱོགས་པོ་	gyog-po
Geschwindigkeit (f)	མགྱོགས་ཤུད་	gyog-nyung
Geschwindigkeits-beschränkung (f)	མགྱོགས་ཚད་གཅད་རྒྱ་	gyog-tzeh tscheh-gya
Geschwindigkeits-überschreitung (f)*	མྱུར་འགྲོས་ཚད་བརྒལ་	nyur-d(r)hö tzeh-gel
Geschwister (f/pl)	ཕ་གཅིག་མ་གཅིག་སྤུན་མཆེད་	pha-tschig ma-tschig pün-tschheh
Geschwister (f/pl), hon.	ཡབ་གཅིག་ཡུམ་གཅིག་སྐུ་མཆེད་	jab-tschig jum-tschig ku-tschheh
geschwollen	སྦྲངས་པའི་	t(r)hang-pae
Geschworene (m/pl), jur.	བཞེར་དཔང་ཚོགས་མི་	schher-pang tzog-mi
Geschwulst (f), med.	སྦུན་དོག་	t(r)hen-dog
Geschwür (n), med.	རྣག་འབུར་	nhag-bur
Geselle (m)	ཉིན་ལྷར་བསྐུལ་བའི་ལག་ཤེས་པ་	nyin-lhar kül-wae lag-schhä-pa
gesellig	འདྲིས་གཤིབ་བདེ་པོ་	d(r)hi-schhib de-po
Gesellschaft (f)	སྤྱི་ཚོགས་	tschyi-tzog
Gesellschaft, akademische (f)	གཙུག་ལག་སློབ་རིག་སྤྱི་ཚོགས་	tsug-lag lhob-rig tschyi-tzog
gesellschaftlich	སྤྱི་ཚོགས་ཀྱི་	tschi-tzog-kyi
Gesellschafts-politik (f)	སྤྱི་ཚོགས་སྲིད་དུས་	tschyi-tzog si-dschü
Gesellschafts-schicht (f)	སྤྱི་ཚོགས་ཀྱི་གྲས་རིམ་	tschyi-tzog-kyi d(r)hä-rim
Gesellschafts-system (n)	སྤྱི་ཚོགས་ཀྱི་ལམ་ལུགས་	tschyi-tzog-kyi lam-lug
Gesellschafts-wissenschaft (f)	སྤྱི་ཚོགས་མཚན་རིག་	tschyi-tzog tzen-rig
Gesetz (n)	ཁྲིམས་ལུགས་	t(r)him-lug

Gesetz, internationales (n)	རྒྱལ་སྤྱིའི་ཁྲིམས་ལུགས་	gyal-tschyie t(r)him-lug
Gesetzentwurf (m)	བཀའ་གཅད་དགོས་པའི་ཞུ་ཤོག་	ka-tscheh gö-pae schu-schhog
gesetzgebend	ཁྲིམས་བཟོའི་	t(r)him-söhe
Gesetzgeber (m)	ཁྲིམས་བཟོ་ལྷན་ཚོགས་ཀྱི་ཚོགས་མི་	t(r)him-soh hlen-tzog-kyi tzog-mi
Gesetzgebung (f)	ཁྲིམས་བཟོ་	t(r)him-soh
gesetzlich	ཁྲིམས་ཐོག་གི་	t(r)him-thog-gi
gesetzwidrig	ཁྲིམས་འགལ་གྱི་	t(r)him-gel-gyi
Gesicht (n)	གདོང་པ་	dong-pa
Gesicht (n), hon.	ཞལ་རས་	schel-rä
Gesichtsausdruck (m)	རྣམ་འགྱུར་	nam-gyur
Gesichtsfarbe (f)	བཞིན་མདངས་	schin-dang
Gesichtspunkt (m)	ལྟ་ཚུལ་	ta-tzül
Gesindel (n)	མི་ངན་ཁྱུ་ཚོགས་	mi-ngen khyu-tzog
gespannt	ལྷོ་ཚེ་གཅིག་པ་	lho-tse tschig-pa
Gespenst (n)	འདྲེ་	d(r)he
Gespött (n)	བཞད་གད་ཀྱི་ཡུལ་	scheh-geh-kyi jül
Gespräch (n)	སྐད་ཆ་	keh-tschha
Gespräch (n), hon.	ཞལ་མོལ་	schel-möl
Gestalt (f)	གཟུགས་དབྱིབས་	suhg-jhib
gestalten	བཟོ་བཀོད་	soh-köh
Gestaltung (f)	སྒྲིག་སྟངས་	d(r)hig-tang
Geständnis (n)	མཐོལ་བཤག་	thöl-schhag
Gestank (m)	དྲི་ངན་	d(r)hi-ngen
gestatten	དགག་ཆ་མི་བྱེད་པ་	gag-tschha mi-dschye-pa

Geste (f)	བརྡ་སྟོན་	da-tön
gestehen	རང་སྐྱོན་ངོས་ལེན་བྱེད་པ་	rang-kyön nghö-len dschye-pa
Gestell (n)	བང་ཁྲི་	bhang-t(r)hi
gestern	ཁ་སང་	kha-sang
gestern abend	ཁ་སང་མཚན་མོ་	kha-sang tzen-mo
Gestrüpp (n)	ནགས་གསེབ་ཀྱི་ཞིང་ཕྲན་	nhag-seb-kyi schhing-t(r)hen
Gesuch (n)	སྙན་ཞུ་	nyen-schu
gesund	བདེ་པོ་	de-po
Gesundheit (f)	བདེ་ཐང་	de-thang
Gesundheitsamt (n)	འཕྲོད་བསྟེན་ལས་ཁུངས་	t(r)höh-ten lä-khung
gesundheits-schädlich	གནོད་འཚེ་ཅན་	nhöh-tze-tschen
Gesundheits-pflege (f)	འཕྲོད་བསྟེན་	t(r)höh-ten
Gesundheits-politik (f)*	འཕྲོད་བསྟེན་སྲིད་འཇུས་	t(r)hö-ten sih-dschü
Gesundheits-system (n)	འཕྲོད་བསྟེན་ལམ་ལུགས་	t(r)höh-ten lam-lug
Gesundheits-zeugnis (n)	འཕྲོད་བསྟེན་ལག་འཁྱེར་	t(r)höh-ten lag-kyer
Gesundheits-zustand (m)	འཕྲོད་བསྟེན་གནས་སྟངས་	t(r)höh-ten nä-tang
Getränk (n)	བཏུང་བ་	tung-wa
Getreide (n)	འབྲུ་རྟོག་	d(r)hu-dog
Getreidespeicher (m)	འབྲུ་མཛོད་	d(r)hu-dzöh
getrennt	ལོགས་དགར་	log-gar
Getriebe (n)	བང་སྒྱུར་སྒམ་	bhang-gyur gam
Getriebeöl (n)	བང་སྒྱུར་སྒམ་སྣུམ་	bhang-gyur gam-nhum

Getümmel (n)	ཟིང་ཆ་	sihng-tschha
geübt	སྦྱོང་བདར་ཐོན་པའི་	dschong-dar thön-pae
Gewächs (n)	སྐྱེ་དངོས་	kye-ngö
Gewächshaus (n)*	སྐྱེ་དངོས་དྲོད་ཁང་	kye-ngö d(r)höh-khang
Gewähr (f)	ཁག་ཐེག་	khag-theg
gewähren	ཁག་ཐེག་བྱེད་པ་	khag-theg dschye-pa
Gewahrsam (m)	དོ་དམ་	dho-dham
Gewalt (f)	འཚེ་བ་	tze-wa
gewaltig	མཐུ་ལྡན་	thu-den
gewaltlos	འཚེ་བ་མེད་པའི་	tze-wa meh-pae
Gewaltlosigkeit (f)	འཚེ་མེད་	tze-meh
gewaltsam	འཚེ་བ་ཅན་	tze-wa-tschen
gewalttäig	དྲག་པོ་	d(r)hag-po
Gewalttätigkeit (f)	དྲག་སྤྱོད་	d(r)hag-tschöh
Gewaltverbrechen (n)*	དྲག་སྤྱོད་འཁྲིམས་འགལ་	d(r)hag-tschyöh t(r)him-gel
Gewässer (n)*	ཆུ་རིགས་	tschhu-rig
Gewässerschutz (m)*	ཆུ་རིགས་སྲུང་སྐྱོབ་	tschhu-rig sung-kyob
Gewehr (n)	མེ་མདའ་	me-da
Gewehrkolben (m)	མེ་མདའི་སྒུམ་ཤིང་	me-dae gum-schhing
Geweih (n)	ར་ཅོ་	ra-tscho
Gewerbe (n)*	བཟོ་རིགས་ཚོང་ལས་	soh-rig tzong-lä
Gewerbefreiheit (f)*	བཟོ་རིགས་ཚོང་ལས་རང་དབང་	soh-rig tzong-lä rang-wang
Gewerbeschule (f)	བཟོ་རིགས་ལས་ཤེས་སློབ་གྲྭ་	soh-rig lä-schhä lhob-d(r)ha
gewerblich*	བཟོ་རིགས་ཚོང་ལས་དང་འབྲེལ་བའི་	soh-rig tzong-lä-dhang d(r)hel-wae

gewerbsmässig*	ཚེད་ལས་ཀྱི་	tschheh-lä-kyi
Gewerkschaft (f)	བཟོ་བའི་སྐྱིད་སྡུག་	soh-wae kyih-dug
Gewerkschaftsbund (m)	བཟོ་བའི་སྐྱིད་སྡུག་མཉམ་འབྲེལ་	soh-wae kyih-dug nyam-d(r)hel
Gewicht (n)	ལྗིད་ཚད་	dschih-tzeh
Gewinn (m)	ཁེ་བཟང་	khe-sahng
Gewinn- und Verlustrechnung (f)	ཁེ་གྱོང་ཟུར་གསལ་རྩི་ཁྲ་	khe-gyong suhr-sel tsi-t(r)ha
Gewinnanteil (m)*	ཁེ་བཟང་གི་ཐོབ་ཆ་	khe-sahng-gi thob-tschha
gewinnbringend	ཁེ་བཟང་ཡོད་པའི་	khe-sahng jöh-pae
gewinnen	ཁེ་བཟང་ཐོབ་པ་	khe-sahng thob-pa
Gewinnspanne (f)*	ཁེ་བཟང་བར་ཁྱད་	khe-sahng bhar-khyeh
gewiss	གདོན་མི་ཟ་བ་	dön-mi sah-wa
Gewissen (n)	རྣམ་དཔྱོད་	nam-tschyöh
gewissenhaft	ཡང་དག་པ་	jang-dhag-pa
gewissenlos	ཁྲེལ་གཞུང་མེད་པ་	t(r)hel-schung meh-pa
Gewissheit (f)	ངེས་གཏན་	nghä-ten
Gewitter (n)	འབྲུག་གློགས་ཆར་རླུང་	d(r)ug-d(r)hag tschhar-lhung
Gewitterregen (m)	འབྲུག་ཆར་	d(r)hug-tschhar
Gewitterwolke (f)	འབྲུག་ཆར་སྤྲིན་པ་	d(r)hug-tschhar t(r)hin-pa
gewittrig	འབྲུག་གློགས་པའི་	d(r)hug-d(r)hag-pae
Gewohnheit (f)	གོམས་གཤིས་	ghom-schhi
gewohnheitsmässig	རྒྱུན་འདྲགས་	gyün-dschag
Gewohnheitsrecht (n)*	རེས་མཐུན་གྱི་ཐོབ་ཐང་	dschä-thün-gyi thob-thang
gewöhnlich	སྤྱིར་བཏང་	tschyir-tang

gewohnt	རྒྱུན་འདྲགས་	gyün-dschag
Gewürz (n)	སྨན་སྣ་	men-na
Gezeiten (f/pl)	དུས་རླབས་	dhü-lhab
Gicht (f), med.	གྲུམ་བུ་	d(r)hum-bhu
Giebel (m)*	ཐོག་ཚིག་གྲུ་གསུམ་	thog-tsig d(r)hu-sum
Gier (f)	འདོད་རྔམ་	döh-ngam
gierig	འདོད་རྔམ་ཅན་	döh-ngam-tschen
giessen	ལྷུག་པ་	lhug-pa
Gift (n)	དུག་	dhug
Giftgas (n)	དུག་རླངས་	dhug-lhang
giftig	ཕོག་དུག་ཅན་	phog-dhug-tschen
Giftmüll (m)*	དུག་རྫས་ཀྱི་སྙིགས་རོ་	dhug-dzä-kyi nyig-ro
Giftschlange (f)	དུག་སྦྲུལ་	dhug-d(r)hül
Giftstoff (m)	དུག་རྫས་	dhug-dzä
Gigant (m)	སྟོབས་ཆེན་	tob-tschhen
gigantisch	ཤིན་ཏུ་ཆེ་བའི་	schhin-tu tschhe-wae
Gipfel (m)	རྩེ་མོ་	tse-mo
Gipfelkonferenz (f)	ཆེས་མཐོའི་ལྷན་ཚོགས་	tschhä-thöe hlen-tzog
Gipfeltreffen (n)	ཆེས་མཐོའི་ཚོགས་འདུ་	tschhä-thöe tzog-du
Gips (m), chem.	གྱོ་མོ་དཀར་པོ་	gyo-mo kar-po
Gips (m)	སྦྱིལ་མོ་	dschyil-mo
Gipsverband (m)	སྦྱིལ་མོའི་རྨ་དཀྲིས་	dschyil-möe ma-t(r)hi
Giraffe (f), zo.	ཤ་བ་སྐེ་རིང་	schha-wa ke-ring
Girokonto (n)	འཕལ་སེལ་བཅུག་ཁ་	t(r)hel-sel tschug-t(r)ha

Gitarre (f)	སྒྲ་སྙན་རྒྱུད་དྲུག་མ་	d(r)ha-nyen gyüh-d(r)hug-ma
Gitarrist (m)	སྒྲ་སྙན་གཏོང་མཁན་	d(r)ha-nyen tong-khen
Glanz (m)	འོད་མདངས་	wö-dang
glänzen	འོད་འཕྲོ་བ་	wö t(r)ho-wa
glänzend	མདངས་བཀྲ་	dang-t(r)a
Glanzleistung (f)	ཁྱད་དུ་འཕགས་པའི་གྲུབ་འབྲས་	khyeh-dhu phag-pae d(r)hub-d(r)hä
Glanzzeit (f)	དར་མ་	dhar-ma
Glas (n)	ཤེལ་	schhel
Glasauge (n)	ཤེལ་གྱི་མིག་རིལ་	schhel-gyi mhig-ril
Glasbläser (m)	ཤེལ་སྣོད་བཟོ་པ་	schhel-nhöh soh-pa
Glaser (m)	ཤེལ་ཁ་སྒྲིག་མཁན་	schhel-d(r)ha d(r)hig-khen
Glasperlen (f/pl)	ཤེལ་ཕྲེང་	schhel-t(r)heng
Glasscheibe (f)	ཤེལ་ཁྲ་	schhel-t(r)ha
Glasswolle (f)	ཤེལ་བལ་	schhel-bhel
glatt	འཇམ་པོ་	dscham-po
Glatze (f)	སྤྱི་ཐེར་	tschyi-ther
Glaube (m)	ཡིད་ཆེས་	jih-tschhä
Glaube (m) rel.	དད་པ་	dheh-pa
glauben	ཡིད་ཆེས་བྱེད་པ་	jih-tschhä dschye-pa
Gläubiger (m), econ.	བུན་བདག་	bhün-dag
glaubwürdig	ཡིད་ཆེས་བྱེད་ཚོག་པའི་	jih-tschhä dschye-tschhog-pae
gleich	འདྲ་འདྲ་	d(r)ha-d(r)ha
gleichaltrig*	ལོ་ན་གཅིག་པ་	lo-na tschig-pa

Gleich-berechtigung (f)	ཐོབ་ཐང་འདྲ་མཉམ་	thob-thang d(r)ha-nyam
gleichberichtigt	ཐོབ་ཐང་གཅིག་པ་	thob-thang tschig-pa
gleichbleibend	བར་མཚམས་མེད་པའི་	bhar-tzam meh-pae
gleichgesinnt	བསམ་བློ་མཐུན་པ་	sam-lho thün-pa
gleichgesinnt, hon.	དགོངས་པ་མཐུན་པ་	gong-pa thün-pa
Gleichgewicht (n)	ལྗི་ཚད་ཆ་སྙོམ་	dschi-tzeh tschha-nyom
gleichgültig	ཕྱོགས་ལྷུང་བྲལ་བའི་	tschhyog-hlung d(r)hel-wae
Gleichgültigkeit (f)	ཇོགས་ལྷུང་བྲལ་བ་	dschog-hlung d(r)hel-wa
Gleichheit (f)	འདྲ་མཉམ་	d(r)ha-nyam
Gleichheitsprinzip (n)	འདྲ་མཉམ་རྩ་འཛིན་	d(r)ha-nyam tsa-dzin
gleichlautend	གཅིག་མཚུངས་ཀྱི་	tschig-tzung-kyi
gleichmässig	འདྲ་མཚུངས་	d(r)ha-tzung
Gleichmut ((m)	བཏང་སྙོམ་	tang-nyom
gleichstellen	འདྲ་མཉམ་བཟོ་བ་	d(r)ha-nyam soh-wa
Gleichstrom (m), electr.	ཐད་རྒྱུག་གློག་རྒྱུན་	theh-gyug lhog-gyün
gleichwertig *	རིན་ཐང་ཆ་སྙོམ་	rin-thang tschha-nyom
gleichzeitig	དུས་གཅིག་ཏུ་	dhü-tschig-tu
Gleis (n)	ལྕགས་ལམ་	tschag-lam
gleiten	ཤུད་འགྲོས་བྱེད་པ་	schhüh-d(r)hö dschye-pa
Gletscher (m)	འཁྱགས་རོམ་	khyag-rom
Gletscher-schmelze (f)	འཁྱགས་རོམ་བཞུར་བ་	khyag-rom schur-wa
Gletscherspalte (f)	འཁྱགས་རོམ་གྱི་སེར་དོང་	khyag-rom-gyi ser-dhong
Glied (n)	ལྷུ་ལག་	hlu-lag
gliedern	མཐུད་མཚམས་བྱེད་པ་	thü-tzam dschye-pa

Deutsch	Tibetisch	Umschrift
Gliederung (f)	སྒྲིག་སྟངས་	d(r)hig-tang
Glimmer (m)	ཉི་མ་ཁ་ཆུ་	nyi-ma kha-tschhu
glitschig	འདྲེད་བདར་ཤོར་ལྷ་བོ་	d(r)heh-dar schhor-lha-wo
glitzern	འོད་མདངས་འཚེར་བ་	wö-dang tzer-wa
global	འཛམ་གླིང་ཡོངས་ཀྱི་	dzam-lhing jong-kyi
Globalisierung (f)	འཛམ་གླིང་སྤྱི་སྒོམ་དུ་གྱུར་བའི་ལས་དོན་	dzam-lhing tschyi-nyom-dhu gyur-wae lä-dhön
Globalisierungs-gegner (m)	འཛམ་གླིང་སྤྱི་སྒོམ་དུ་གྱུར་བའི་ལས་དོན་ཁ་གཏད་	dzam-lhing tschyi-nyom-dhu gyur-wae lä-dhön kha-teh
Glöckchen (n)	གཡེར་ཁ་	jer-kha
Glocke (f)	དྲིལ་བུ་	d(r)hil-bhu
Glocke (f), hon.	ཕྱག་དྲིལ་	tschhyag-d(r)hil
Glockenspiel (n)*	སྒྲ་གདངས་སྒྲིག་པའི་དྲིལ་དབྱངས་	d(r)ha-dang d(r)hig-pae d(r)hil-jhang
Glockenturm (m)*	དྲིལ་ཆེན་ཕྱོག་མཁར་	d(r)hil-tschhen tschog-khar
Glotze (f)	ཅེར་སྟ་	tscher-ta
glotzen	ཅེར་མིག་བལྟ་བ་	tscher-mhig ta-wa
Glück (n)	བསོད་བདེ་	söh-de
Glück (n), hon.	སྐུ་བསོད་	ku-söh
glücklich	སྐྱིད་པོ་	kyih-po
glücklicherweise	སྟབས་ལེགས་ནས་	tahb-jag-nä
Glücksbringer (m)	གཡང་	jang
glückseliges reines Land (n) rel.	བདེ་བ་ཅན་	de-wa-tschen
Glückseligkeit (f)	བདེ་སྐྱིད་	de-kyih
Glückspilz (m)	བསོད་བདེ་ཆེན་པོ་	söh-de tschhen-po

Glücksspiel (n)	རྒྱན་རྩེ་	gyen-tse
Glücksspieler (m)	རྒྱན་པོ་འགྱེད་མཁན་	gyen-po gyeh-khen
Glückssymbol (n)	བཀྲ་ཤིས་རྟགས་མཚན་	t(r)a-schhi tahg-tzen
Glückwunsch (m)	བཀྲིས་ལེགས་གསོལ་	t(r)ha-schhi läg-söl
Glühbirne (f)	ལྷོག་བཞུའི་ཤེལ་དོག་	lhog-schue schhel-dog
glühen	དམར་མདངས་འཕྱིན་པ་	mar-dang jin-pa
Glühwurm (m)	སྲིན་འབུ་མེ་འཁྱེར་	sin-bu me-khyer
Gnade (f)	སྙིང་རྗེ་	nying-dsche
Gnadenfrist (f)	སྲོག་ཉེས་ཕྱི་འགྱངས་	sog-nyä tschhyi-gyang
gnadenlos	སྙིང་རྗེ་བྲལ་བའི་	nying-dsche d(r)hel-wae
gnädig	སྙིང་རྗེ་ཅན་	nying-dsche-tschen
Gold (n)	གསེར་	ser
golden	གསེར་གྱི་	ser-gyi
Goldfasan (m)	བྱ་གོང་མ་སྲེག་	dschya ghong-ma-seg
Goldfisch (m)	གསེར་ཉ་	ser-nya
Goldgräber (m)	གསེར་འདོན་པ་	ser-dön-pa
Goldgrube (f)	གསེར་ཁ་	ser-kha
Goldmedaille (f)	གསེར་གྱི་རྟགས་མ་	ser-gyi tahg-mar
Goldmünze (f)	གསེར་ཏམ་	ser-t(r)ham
Goldschmied (m)	གསེར་བཟོ་བ་	ser-soh-wa
Golf (m)	མཚོ་ཁུག་	tzo-khug
Gönner (m)	རོགས་མགོན་	rog-gön
Gorilla (m)	མི་གོད་	mi-göh
Gott (m)	ལྷ་	hla
Gott (m), (im Christentum)	འཇིག་རྟེན་བྱེད་པོ་	dschig-ten dschyeh-po

Gotteshaus (n)	ལྷ་ཁང་	hla-khang
Gottheit Yoga (f)	ལྷའི་རྣལ་འབྱོར་	hlae nel-dschyor
Göttin (f)	ལྷ་མོ་	hla-mo
göttlich	ལྷ་ཡི་	hla-ji
Grab (m)	དུར་ཁུང་	dhur-khung
graben	འབྲུ་བ་	d(r)u-wa
Graben (m)	ཡུར་པོ་	jur-po
Grabmal (n)	བང་སོ་	bhang-so
Grabstein (m)	བང་སོའི་རྡོ་བྱང་	bhang-söe do-dschyang
Grad (m)	ཚ་ཚད་	tza-tzeh
Graf (m)	རྫོང་དཔོན་	dzong-pön
Grafik (f)	རིས་རིས་	kö-ri
Grafschaft (f)	རྫོང་ཁོངས་	dzong-khong
Grammatik (f)	བརྡ་སྤྲོད་	da-t(r)höh
grammatisch	བརྡ་སྤྲོད་རིག་པའི་	da-t(r)höh rig-pae
Graphit (m)	རྡོ་སྣག་	do-nag
Gras (n)	རྩྭ་	tsa
grasen	རྩྭ་ཟ་བ་	tsa sah-wa
grassieren	འགོག་མེད་ཁྱབ་གདལ་འགྲོ་བ་	gog-meh khyab-del d(r)ho-wa
grässlich	ཞེད་སྣང་ཚ་པོ་	scheh-nang tza-po
Gräte (f)	ཉ་རུས་	nya-rü
Gratifikation (f)	འཕར་འབབ་	phar-bab
gratis	རིན་མེད་	rin-meh
Gratulant (m)	དགའ་བསུ་ཞུ་མཁན་	ga-su schu-khen

Gratulation (f)	དགའ་བསུ་	ga-su
gratulieren	དགའ་བསུ་ཞུ་བ་	ga-su schu-wa
grau	སྐྱ་སྔོ་	ngo-kya
Gräueltat (f)	གདུག་རྩུབ་	dug-tsub
grausam	གདུག་རྩུབ་ཅན་	dug-tsub-tschen
greifen	བར་འཛུ་རྒྱག་པ་	bar-dschu gyag-pa
Greis (m)	ལོ་ན་མཐོ་པོ་	lo-na tho-po
grell	བཀྲག་མདངས་	t(r)hag-dang
Grenze (f)	མཚན་མཚམས་	tzeh-tzam
grenzenlos	མཐའ་ཡས་པ་	tha-jä-pa
Grenzkontrolle (f)*	ས་མཚམས་ཞིབ་བཤེར་	sa-tzam schib-schher
Grenzlinie (f)	ས་མཚམས་ཀྱི་ཐིག་	sa-tzam-kyi thig
Grenzpolizei (f)	ས་མཚམས་སྐོར་སྲུང་བ་	sa-tzam kor-sung-pa
Grenzstein (m)	ས་མཚམས་ཀྱི་རྡོ་རིང་	sa-tzam-kyi do-ring
Grenzübergang (m)	ས་མཚམས་ཀྱི་བཞི་མདོ་	sa-tzam-kyi schi-do
Grenzzwischen- fall (m)	ས་མཚམས་ཀྱི་འཕྲལ་རྐྱེན་	sa-tzam-kyi t(r)hel-kyen
Griff (m)	འཛིན་སྟངས་	dzin-tang
Grill (m)	བསྲེགས་ཟས་	seg-säh
grillen	ཤ་སྲེག་བཟོ་བ་	schha-seg soh-wa
Grillparty (f)	ཤ་བསྲེགས་སྟོན་མོ་	schha-seg tön-mo
Grimasse (f)	ཁྲོ་གཉེར་	t(r)ho-nyer
grimmig	དྲག་ཤུལ་ཅན་	d(r)ag-schhül-tschen
grinsen	ཁ་སྙེར་བ་	kha nyer-wa
Grinsen (n)	ཁྲེལ་དགོད་	t(r)hel-göh
Grippe (f)	རིམས་ཚམ་	rim-tschham

Grippeepidemie (f)*	ཁྱབ་གདལ་བདེ་བའི་རིམས་ཆམ་	khyab-del de-wae rim-tschham
Grippeimpfung (f)*	རིམས་ཆམ་སྔོན་འགོག་སྨན་ཁབ་	rim-tschham ngöhn-gog men-khab
Grippevirus (n)	རིམས་ཆམ་གྱི་དུག་སྲིན་	rim-tschham-gyi dhug-sin
grob	རྩུབ་པོ་	tsub-po
Grobheit (f)	རགས་པའི་རང་བཞིན་	rag-pae rang-schin
gross	ཆེན་པོ་	tschhen-po
Grossabnehmer (m)	སྡེབ་ཉོས་པ་	deb-nyö-pa
Grossaktionär (m), econ.	མ་ཤེར་གྱི་བདག་ཆེན་	ma-schher-gyi dag-tschhen
grossartig	ངོ་མཚར་ཅན་	ngho-tzar-tschen
Grösse (f)	ཆེ་ཆུང་	tschhe-tschhung
Grosseltern (f/pl)	པོ་པོ་རྨོ་མོ་	po-po mho-mo
Grössenordnung (f)*	ཆེ་ཆུང་རིམ་པ་	tschhe-tschhung rim-pa
Grössenwahn (m)	རང་ཉིད་ཆེན་པོར་མངོན་པའི་འཁྲུལ་སྣང་	rang-nyih tschhen-por nghön-pae t(r)hül-nang
Grosses Fahrzeug (n) rel.	ཐེག་ཆེན་	theg-tschhen
Grosses Mitgefühl (n), rel.	སྙིང་རྗེ་ཆེན་པོ་	nying-dsche tschhen-po
Grosshandel (m)	སྡེབ་ཚོང་གི་ཚོང་ལས་	deb-tzong-gi tzong-lä
Grosshandels- preis (m), econ.	སྡེབ་ཚོང་རིན་གོང་	deb-tzong ring-ghong
Grosshändler (m)	སྡེབ་ཚོང་པ་	deb-tzong-pa
Grossmacht (f), pol.	སྟོབས་ཆེན་རྒྱལ་ཁབ་	tob-tschhen gyel-khab
Grossmaul (n)	དཔའ་འདོམ་བྱེད་མཁན་	pa-nghom dschyeh-khen
Grossmutter (f)	རྨོ་མོ་ལགས་	mho-mo lag
grossschreiben	མགོ་ཡིག་འབྲི་བ་	go-jig d(r)hi-wa

Grossschreibung (f)*	མགོ་ཡིག་	go-jig
grossspurig	ཁེངས་དྲེགས་ཅན་	kheng-d(r)heg-tschen
Grossstadt (f)	གྲོང་ཆེ་	d(r)hong-tschhe
Grossstadt-verkehr (m)	གྲོང་ཆེའི་འགྲིམ་འགྲུལ་	d(r)hong-tschhae d(r)him-d(r)hül
grösstenteils	མང་ཆེ་བ་	mhang-tschhe-wa
Grosstuerei (f)	ལྷོམ་ཤེས་	lhom-schhä
Grossvater (m)	པོའི་ལགས་	po-wo lag
Grosswild (n)	རི་དྭགས་	ri-dhag
grossziehen	གསོ་སྐྱོང་བྱེད་པ་	so-kyong dschye-pa
grosszügig	གཏོང་ཕོད་ཅན་	tong-phöh-tschen
Grosszügigkeit (f)	གཏོང་ཕོད་	tong-phöh-tschen
Grotte (f)	བྲག་ཕུག་	d(r)hag-phug
Grübchen (n)	མཛེས་ཀོང་	dzä-kong
Grube (f)	ས་དོང་	sa-dong
grübeln	མནོ་བསམ་སྐོར་བ་	no-sam kor-wa
grün	ལྗང་ཁུ་	dschang-khu
Grünanlage (f)*	རྩི་ཞིང་སྒོ་ར་	tsi-schhing go-ra
Grundbegriffe (m/pl)*	གཞི་རྩའི་ཡིད་འཛགས་	schi-tsae jih-dschag
Grundbesitz (m), jur.	མཁར་དབང་	khar-wang
Grundbesitz (m)	གཞིས་ཀ་	schi-ka
Grundbesitzer (m)	ས་བདག་	sa-dag
Grundeigentums-urkunde (f)	ས་ཞིང་འཛིན་ཡིག་	sa-sching dzin-jig
gründen	གཞི་འཛུགས་པ་	schi dzug-pa
Grundfläche (f)*	གཞི་རྩའི་རྒྱ་ཁྱོན་	schi-tsae gya-khyön

Grundgedanke (m)	གཞི་རྩའི་རིག་པ་	schi-tsae rig-pa
Grundgesetz (n)	རྩ་ཁྲིམས་	tsa-t(r)him
Grundkapital (n)	མ་རྩ་	ma-tsa
Grundkenntnis (f)	གཞི་རྩའི་ཤེས་ཡོན་	schi-tsae schhä-jön
Grundlage (f)	གཞི་རྩ་	schi-tsa
grundlegend	གཞི་རྩའི་	schi-tsae
gründlich	ཚ་བ་ནས་	tsa-wa-nä
grundlos	གཞི་མེད་ཀྱི་	schi-meh-kyi
Grundnahrungs-mittel (n)*	གཞི་རྩའི་བཟའ་ཆས་	schi-tsae sah-tschhä
Grundrecht (n)	གཞི་རྩའི་ཐོབ་ཐང་	schi-tsae thob-thang
Grundriss (m)	མདོར་བཏུན་	dor-ten
Grundsatz (m)	རྩ་ཚིག་	tsa-tzig
grundsätzlich	གཞི་རྩའི་	schi-tsae
Grundschule (f)	མང་གཞིའི་སློབ་གྲྭ་	mang-schie lhob-d(r)ha
Grundstein (m)	མང་རྡོ་	mang-do
Grundstein legen (m)	མང་གཞི་གཏིང་བ་	mang-schi ting-wa
Grundsteuer (f)	ས་ཁྲལ་	sa-t(r)hel
Grundstück (n)	གཞིས་ཀ་	schi-ka
Grundstück-makler (m)	གཞི་ཀ་ཚོང་མཁན་	schi-ka tzong-khen
Gründung (f)	འཛུགས་སྐྲུན་	dzug-t(r)hün
Grundwasser (n)*	གཏིང་ཆུ་	ting-schhu
Grundwasser-spiegel (m)*	གཏིང་ཆུའི་མཐོ་དམན་གནས་ཚད་	ting-schhue tho-men nä-tzeh
Grundwissen (n)	གཞི་རྩའི་ཤེས་ཡོན་	schi-tsae schhä-jön
grünlich	ལྗང་སེར་	dschang-sir

Grünspan (m)	ས་རམ་རྩི་	sa-ram-tsi
Gruppe (f)	ཤོག་ཁག་	schhog-khag
Gruselgeschichte (f)*	དངངས་སྐྲག་གི་སྒྲུང་གཏམ་	ngang-t(r)hag-gi d(r)hung-tam
grüssen	འཚམས་འདྲི་ཞུ་བ་	tzam-d(r)hi schu-wa
Guckloch (n)	སོ་ཁུང་	so-khung
gültig	རྩི་འགྲོ་ཡོད་པའི་	tsi-d(r)ho jöh-pae
Gültigkeit (f)	རྩི་འགྲོ་	tsi-d(r)ho
Gummi (n)	འགྱིག་	gyig
Gummiband (n)	འགྱིག་ཐག་	gyig-thag
Gummibaum (m), bot.	འགྱི་ཤིང་	gyig-schhing
Gummiknüppel (m)	བེར་རྒྱུག་	bher-gyug
Gummistiefel (m)	འགྱིག་ལྷམ་	gyig-hlam
Gunst (f)	གཟིགས་སྐྱོང་	sihg-kyong
günstig	འོས་འབབ་ཅན་	wö-bab-tschen
Günstling (m)	དམིགས་བསལ་	mhig-sel
Günstling (m), hon.	མཆེན་བསལ་	tschen-sel
Gurgel (f)	ཨོལ་ཀྲོང་	öl-t(r)hong
gurgeln	གར་རྒྱག་པ་	ghar gyag-pa
Gurke (f)	དོ་ཀུབ་	do-kub
Gurt (m)	སྐ་རགས་	ka-rag
Gusseisen (n)	ཁྲོ་ལྕགས་	t(r)ho-tschag
gut	ལེགས་པོ་	leg-po
gut, ausserordentlich	དཔེར་མི་སྲིད་པའི་ཡག་པོ་	per-mi sih-pae jag-po
Gutachten (n)	མཁས་པའི་བརྟ་ཚུལ་	khä-pae ta-tzül

gutartig	བཟང་པོ་	sahng-po
gutartig, med.	འཇམ་ནད་	dscham-neh
Güte (f)	ཐུགས་བརྩེ་	thug-tse
Güteklasse (f)*	ལེགས་ཉེས་ཀྱི་གནས་རིམ་	leg-nyä-kyi nä-rim
Güter (f/pl)	ཚོང་ཟོག་	tzong-sohg
Gütergemein-schaft (f), jur.*	མཁར་དབང་མཉམ་བདག་	khar-wang nyam-dag
Gütertren-nung (f), jur.*	མཁར་དབང་ཁ་དྲལ་	khar-wang kha-d(r)hel
Güterverkehr (m)*	དོས་འདྲེན་འགྲིམ་འགྲུལ་	dö-d(r)hin d(r)him-d(r)ül
Güterzug (m)	དངོས་ཟོག་མེ་འཁོར་	ngö-sohg me-khor
gutgläubig	ཡིད་ཆེས་ལྷ་པོ་	jih-tschhä lha-po
gütig	ཐུགས་རྗེས་	thug-dschä
gutmütig*	རང་གཤིས་བཟང་པོ་	rang-schhi sahng-po
Gutschein (m)	སྟོད་ལེན་འཛིན་ཤོག་	t(r)höh-len dzin-schhog
Gutschrift (f)	བུན་གསབ་	bhün-sab
Gymnastik (f)	ལུས་སྦྱོང་	lü-dschyong
Gynäkologe (m)	མོ་ནད་གསོ་རིག་མཁས་པ་	mo-neh so-rig khä-pa
Gynäkologie (f)	མོ་ནད་གསོ་རིག་	mo-neh so-rig

H

Haar (n)	སྐྲ་	t(r)ha
Haar (n), hon.	དབུ་སྐྲ་	u-t(r)ha
Haarnadel (f)	སྐྲ་ཁབ་	t(r)ha-khab
Haartrockner (m)	སྐྲ་སྦྱད་	t(r)ha-büh
Haarwaschmittel (n)	སྐྲ་འཁྲུད་བྱིལ་ཆུ་	t(r)ha-t(r)hü sihl-tschhu

haben	ཡོད་པ་	jöh-pa
Haben (n), econ.	བུན་གསབ་	bhün-sab
Habenzinsen (m/pl)*	བཙལ་དངུལ་སྐྱེད་འབབ་	tschöl-nghül kyeh-bab
Habgier (f)	འདོད་རྔམ་	döh-ngam
habgierig	འདོད་རྔམ་ཅན་	döh-ngam-tschen
Habseligkeiten (f/pl)	བདག་ཐོབ་	dag-thob
hacken	བཙབ་པ་	tsab-pa
Hackfleisch (n)	གཅབས་ཤ་	tsab-schha
Hafen (m)	གྲུ་ཁ་	d(r)hu-kha
Hafenanlage (f)	ཟུར་བཀོལ་གྲུ་ཁ་	suhr-köl d(r)hu-kha
Hafenarbeiter (m)	གྲུ་ཁའི་ངལ་རྩོལ་པ་	d(r)hu-khae nghel-tsöl-pa
Hafenpolizei (f)*	གྲུ་ཁའི་སྐོར་སྲུང་པ་	d(r)hu-khae kor-sung-pa
Hafer (m)	ཡུག་པོ་	jug-po
Haferbrei (m)*	ཡུག་པོའི་འཇམ་དུར་	jug-pae dscham-dur
Haferschleim (m)	ཕྱེ་ཐུག་	tschhye-thug
Haifisch (m)	ཉ་རྡོ་ཟན་	nya do-sehn
Haft (f)	དོ་དམ་	dho-dham
Haftbefehl (m)*	དོ་དམ་བཀའ་ཤོག་	dho-dham ka-schhog
haften	གཟེར་འདེབ་པ་	sehr deb-pa
haften, jur.	ཁག་འཁྲི་ཡོད་པ་	khag-t(r)hi jöh-pa
Häftling (m)	བཙོན་པ་	tsön-pa
Haftpflicht (f)	ཁག་འགན་འཁུར་	khag-gen-khur
Hagel (m)	སེར་བ་	ser-wa
hageln	སེར་བ་འབབ་པ་	ser-wa bab-pa
Hahn (m)	བྱ་ཕོ་	dschya-pho

häkeln	སྣུང་ཚེམས་རྒྱག་པ་	nyung-hlä gyag-pa
Haken (m)	ལྕགས་ཀྱུ་	tschag-kyu
halb	ཕྱེད་ཀ་	tschhyeh-ka
Halbautomatik (f)	ཕྱེད་རང་འགུལ་	tschhyeh rang-gül
Halbgeschwister (f)	ཕ་མ་ཡ་གཅིག་གི་སྤུན་ཉེ་	pha-ma ja-tschig-gi pün-nye
Halbgott (m)	ལྷ་མ་ཡིན་	hla-ma-jin
halbieren	དུམ་བུ་གཉིས་སུ་བགོ་བ་	dhum-bhu nyii-su go-wa
Halbinsel (f)	ཕྱེད་གླིང་	tschheh-lhing
Halbjahr (n)	ལོ་ཕྱེད་ཀ་	lo-tschhyeh-ka
halbjährlich	ལོ་ཕྱེད་ཀྱི་	lo-tschhyeh-kyi
Halbkreis (m)	སྒོར་དབྱིབས་ཕྱེད་ཀ་	gor-jhib tschhyeh-ka
Halbleiter (m), elektr.	ཉེ་བའི་བརྒྱུད་རྫས་	nye-wae gyüh-dzä
halbtags	ཉིན་ཕྱེད་	nyin-tschhyeh
Halbtagsarbeit (f)	ཉིན་ཕྱེད་ལས་ཀ་	nyin-tschhyeh lä-ka
Halde (f)	གྱེན་གསེག་	gyen-seg
Hälfte (f)	ཕྱེད་ཀ་	tschhyeh-ka
Halle (f)	ཚོམ་ཁང་	tzom-khang
Hallenbad (n)	སྒོ་ནང་གི་རྒྱལ་རྫིང་	go-nang-gi gyel-dzing
Halm (m), bot.	རྩ་ཉག་	tsa-nyag
Hals (m)	མཇིང་པ་	dsching-pa
Hals (m), hon.	མགུལ་	gül
Halsband (n)	སྐེ་ཐགས་	ke-tahg
Halsentzündung (f)	སྐོག་མའི་རྣ་	kog-mae-nha
Halskette (f)	སྐེ་ཕྲེང་	ke-t(r)heng

Halstuch (n)	སྐེ་དཀྲིས་	ke-t(r)hi
Halt (m)	བཀག་འགོག་	kag-gog
halt!	ཁོགས་	khog
haltbar	ཐུབ་ཆེན་པོ་	thub-tschhen-po
Haltbarkeit (f)	ཐུབ་ཚད་	thub-tzeh
Haltbarkeits-datum (n)	ཡུན་རིང་གནས་ཐུབ་པའི་ཆེས་གྲངས་	jün-ring nä-thub-pae tzä-d(r)hang
halten	འཛིན་པ་	dzin-pa
Haltestelle (f)	ཚུགས་ས་	tzug-sa
Halteverbot (n)	ཚུགས་མི་ཆོག་ས་	tzug mi-tschhog-sa
haltlos	གཞི་མེད་ཀྱི་	schi-meh-kyi
Hammel (m)	ཕོ་ལུག་	pho-lug
Hammelfleisch (n)	ལུག་ཤ་	lug-schha
Hammer (m)	ཐོ་བ་	tho-wa
Hämorrhoiden (f/pl)	གཞང་འབྲུམ་	schang-d(r)hum
hamstern	སྲིབ་གསོག་བྱེད་པ་	deb-sog dschye-pa
Hand (f)	ལག་པ་	lag-pa
Hand (f), hon.	ཕྱག་	tschhag
Handarbeit (f)	ལགས་བཟོས་	lag-söh
Handbremse (f)	འཁོར་སྒག་ལག་འཐེན་	khor-gag lag-then
Handbuch (n)	རྒྱུན་སྤྱོད་ལག་དེབ་	gyün-tschyöh lag-dheb
Händedruck (m)	ལག་པ་གཏོང་བ་	lag-pa tong-wa
Handel (m)	ཉོ་ཚོང་	nyo-tsong
Handel (m), (Reisen)	ཚོང་འགྲུལ་	tzong-d(r)hül
handeln	ཚོང་རྒྱག་པ་	tzong gyag-pa

handeln (hon.)	ཚོང་སྐྱོན་པ་	tzong kyön-pa
Handels-abkommen (n)	ཚོང་འབྲེལ་གྲོས་མཐུན་	tzong-d(r)hel d(r)hö-thün
Handelsbank (f)	ཚོང་འབྲེལ་དངུལ་ཁང་	tzong-d(r)hel nghül-khang
Handelsbeziehung (f)	ཚོང་འགྲུལ་གྱི་འབྲེལ་ལམ་	tzong-d(r)hel-gyi d(r)hel-lam
Handelsbilanz (f)*	ཚོང་ལས་བྱུང་སོང་ལྷག་བསྡད་	tzong-lä dschyung-song hlag-deh
Handels-gesellschaft (f)*	ཚོང་ལས་མཉམ་ཚོགས་	tzong-lä nyam-tzog
Handelshafen (m)	ཚོང་མཁོའི་འགྲུ་ཁུགས་	tzong-khöe d(r)hu-tzug
Handelskammer (f)*	ཚོང་ལས་མགྲོན་གཉེར་ལྷན་ཚོགས་	tzong-lä d(r)hön-nyer hlen-tzog
Handelspartner (m)*	ཚོང་ལས་ཕྱག་སྦྲེལ་	tzong-lä tschhyag-d(r)hel
Handelspolitik (f)	ཚོང་ལས་ཀྱི་སྲིད་དུས་	tzong-lä-kyi sih-dschü
Handelsroute (f)	ཚོང་ལམ་	tzong-lam
Handelsspanne (f)	ཚོས་ལས་ཁ་གསབ་བར་ཁྱས་	tzong-lä kha-sab bhar-khyä
handelsüblich	ཚོང་ལས་ཀྱི་ལམ་སྲོལ་དང་འབྲེལ་བའི་	tzong-lä-kyi lam-söl-dhang d(r)hel-wae
Handelsverkehr (m)	ཚོང་ལས་ཀྱི་འགྲིམ་འགྲུལ་	tsong-lä-kyi d(r)him-d(r)höl
Handelsvertrag (m)	ཚོང་འབྲེལ་གྱི་ཆིངས་ཡིག་	tzong-d(r)hel-gyi tschhin-jig
Handelsvertreter (m)	ཚོང་ལས་ཀྱི་ངོ་ཚབ་	tzong-lä-kyi ngho-tzab
Handelsware (f)	ཚོང་ཟོང་	tzong-sohng
Handfläche (f)	ལག་མཐིལ་	lag-thil
handgearbeitet	ལག་པས་བཟོས་པ་	lag-pae söh-pa
Handgelenk (n)	མཁྲིག་མ་	t(r)him-ma
Handgepäck (n)	ལགས་འཁྱེར་དོ་ཆས་	lag-khyer do-tschhä
Handgeste (f), (Mudra)	ཕྱག་རྒྱ་	tschhyag-gya

Handgranate (f)	ལག་སྦོམ་	lag-bom
Händler (m)	ཚོང་པ་	tzong-pa
handlich	བཀོད་སྙེད་བདེ་པོ་	köh-tschyöh de-po
Handlung (f)	བྱ་སྤྱོད་	dschya-tschyöh
Handschelle (f)	ལགས་ལྕགས་	lag-tschag
Handschrift (f)	ལགས་བྲིས་	lag-d(r)hi
Handschuh (m)	ལག་ཤུབས་	lag-schhub
Handschuh (m), hon.	ཕྱག་ཤུབས་	tschhyag-schhub
Handtasche (f)	ལགས་ཁུག་	lag-khug
Handtuch (n)	ཨ་ཅོར་	a-tschor
Handtuch (n), hon.	ཞལ་ཅོར་	schel-tschor
Handwerk (n)	ལག་ཤེས་	lag-schhä
Handwerker (m)	ལག་ཤེས་པ་	lag-schhä-pa
Handy (n)	ལགལ་འཁྱེར་ཁ་པར་	lag-khyer kha-par
Hanf (m)	སོ་མ་ར་ཙ་	so-ma-ra-tsa
Hängebrücke (f)	དཔྱང་ཟམ་	tschyang-sahm
hängen	དཔྱང་པ་	tschyang-pa
hänseln	སྙད་སྒོ་བ་	nyeh ko-wa
Happen (m)	ཁམ་གང་	kham-ghang
harmlos	གནོད་མེད་	nhöh-meh
Harmonie (f)	བཐུན་གཤིབ་	thün-schhib
harmonieren	མཐུན་གཤིབ་ཡོད་པ་	thün-schhib jöh-pa
harmonisch	བཐུན་གཤིབ་ཀྱི་	thün-schhib-kyi
harmonisieren	མཐུན་པོ་བཟོ་བ་	thün-schhib soh-wa
Harn (m)	ཆབ་གསང་	tschhab-sang

Harnblase (f)	གཅིན་སྣོད་	tschin-gang
Harnröhre (f)	གཅིན་ལམ་	tschin-lam
Harpune (f)	ཉ་མདུང་	nya-dung
harpunieren	ཉ་མདུང་རྒྱོབ་པ་	nya-dung nhün-pa
hart	མཁྲེགས་པོ་	t(r)heg-po
Härte (f)	མཁྲེགས་པོའི་རང་བཞིན་	t(r)heg-pöe rang-schin
hartnäckig	མགོ་མཁྲེགས་པོ་	go t(r)heg-po
Hase (m)	རི་བོང་	ri-bhong
Hasenscharte (f)	ཁ་མོ་	kha-schho
Hass (m)	ཞེས་སྡང་	schä-dang
hassen	ཞེ་འཁོན་འཛིན་པ་	sche-khön dzin-pa
hässlich	ཁ་འདོག་ཉེས་པོ་	kha-dog nyä-po
Hast (f)	བྲེལ་འཚུབ་	d(r)hel-tzub
hasten	བྲེལ་བ་བྱེད་པ་	d(r)hel-wa dschye-pa
Haube (f), mot.	སྣ་ཁེབ་	nha-kheb
Hauch (m)	རླངས་དབུགས་	dschag-ug
hauen	གཞུ་བ་	schu-wa
Hauer (m)	མཆེ་བ་	tschhe-wa
Haufen (m)	ཕུང་པོ་	phung-po
häufig	ཡང་ཡང་	jang-jang
Haupt (n)	གཙོ་བོ་	tso-wo
Hauptaktionär (m)	མ་ཤེར་གྱི་བདག་པོ་གཙོ་བོ་	ma-schher-gyi dag-po tso-wo
Hauptbahnhof (m)	འབབ་ཚུགས་ཆེ་བ་	bab-tzug te-wa
Haupteingang (m)	འཛུལ་སྒོ་ཆེ་བ་	dschug-go te-wa

Hauptfach (n)	སློབ་ཚན་སྟེ་བ་	lhob-tzen te-wa
Hauptgrund (m)	རྒྱུ་མཚན་སྟེ་བ་	gyu-tzen te-wa
Hauptpostamt (n)	སྦྲག་ཁང་སྟེ་བ་	d(r)ha-khang te-wa
Hauptquartier (n)	སྤྱི་ཁྱབ་ལས་ཁུངས་	tschyi-khyab lä-khung
Hauptreisezeit (f)*	འགྲིམ་འགྲུལ་གྱི་དུས་སྐབས་སྟེ་བ་	d(r)him-d(r)hül-gyi dhü-kab te-wa
Hauptsache (f)*	དོན་གནས་གཙོ་བོ་	dhön-nhä tso-wo
hauptsächlich	ཕལ་ཆེ་བ་	phel tschhe-wa
Hauptsaison (f)*	ནམ་དུས་སྟེ་བ་	nham-dhü te-wa
Hauptstadt (f)	རྒྱལ་ས་	gyel-sa
Hauptstrasse (f)	གཞུང་ལམ་	schung-lam
Haupttor (n)	རྒྱལ་སྒོ་	gyel-go
Hauptverkehrszeit (f)	འགྲེལ་འཚུབ་དུས་སྒང་	d(r)hel-tzub dhü-gang
Hauptversammlung (f)	ཚོགས་འདུ་ཆེན་མོ་	tzog-du tschhen-mo
Hauptwohnsitz (m)	གཏན་སྡོད་	ten-döh
Haus (n)	ཁང་པ་	khang-pa
Haus (n), hon.	གཟིམ་ཤག་	sihm-schhag
Hausangestellte (f)	ནང་གི་གཡོག་པོ་	nhang-gi jog-po
Hausarbeit (f)	ནང་ལས་	nang-lä
Hausaufgabe (f)	ནང་སྦྱོང་	nang-dschong
Hausbesetzer (m)	བདག་གནས་བཅའ་མཁན་	dag-nhä tscha-khen
Hauseigentümer (m)	ཁང་པའི་བདག་པོ་	khang-pae dag-po
Hausfrau (f)	ནང་གི་ཨ་མ་	nang-gi a-ma
Hausfriedensbruch (m), jur.	ཁྱི་དབང་ལ་རྩི་མེད་	Khe-wang-la tsi-meh
hausgemacht	ནང་དུ་བཟོས་པའི་	nang-dhu söh-päe

Haushälterin (f)	ནང་ལས་བྱེད་མཁན་	nang-lä dschyeh-khen
Haushaltwaren (f/pl)*	ནང་ཁྱིམ་དངོས་ཆས་	nang-khyim ngö-tschhä
Hausierer (m)	སྐོར་སྐྱོད་ཚོང་པ་	kor-kyö tzong-pa
Hausmädchen (n)	ཞལ་ཏ་མ་	schel-ta-ma
Hausmeister (m)	ཁང་སྲུང་པ་	khang-sung-pa
Hausnummer (f)	སྡེའི་ཡང་གྲངས་	göe ang-d(r)hang
Hausschuh (m)	མཐིལ་ལྷམ་	thil-hlam
Hausse (f), econ.	འཕར་ཆ་	phar-tschha
Haustier (n)	སྒོ་ཕྱུགས་	go-tschhyug
Haustür (f)	མདུན་སྒོ་	dün-go
Hausverwaltung (f)	མཁར་དབང་འཛིན་སྐྱོང་	khar-wang dzin-kyong
Haut (f)	པགས་པ་	pag-pa
Hautabschürfung (f),	བདར་གཤུད་	dar-schhüh
Hautarzt (m)	པགས་ནད་སྨན་པ་	pag-neh men-pa
hauteng	ཤ་འབྱར་མ་	schha-dschyar-ma
Hautkrankheit (f)	པགས་ནད་	pag-neh
Hautkrebs (m)*	པགས་པའི་སྐྲན་ནད་	pag-pae t(r)hen-neh
Hebamme (f)	སྐྱེ་གཡོག་	kye-jog
Hebel (m)	འདེགས་ཆས་	deg-tschhä
heben	ཡར་འགྱོགས་པ་	jar gyog-pa
Hecht (m)	ཉ་པི་ཀ་སྣ་རིང་	nya-pi-ka nha-ring
Hecke (f)	ཞིང་ཕྲེན་གྱི་ར་བ་	schhing-t(r)hen-gyi ra-wa
Heckenschütze (m)	སྐོག་མདའ་རྒྱག་མཁན་	kog-da gyag-khen
Heckmotor (m)*	རྒྱབ་འདེད་འཕྲུལ་འཁོར་	gyab-deh t(r)hül-khor
Heckscheibe (f)*	རྒྱབ་འདེད་ཤེལ་ཁྲ་	gyab-deh schhel-t(r)ha

Deutsch	Tibetisch	Umschrift
Heckscheibenwischer (m)*	རྒྱབ་འདེད་ཆར་ཕྱིས་	gyab-deh tschhar-tschhyi
Heer (n)	དམག་དཔུང་	mhag-pung
Hefe (f)	ཕབས་	phab
Heft (n)	དེབ་	dheb
Heft (n), hon.	ཕྱག་དེབ་	tschhag-dhep
heften	སྦྲེལ་བ་	d(r)hel-wa
heftig	གདུང་ཤུགས་དྲག་པོ་	dung-schhug d(r)hag-po
Heftigkeit (f)	གཏུམ་པའི་རང་ཚུལ་	tum-pae ngang-tzül
Heftklammer (f)	དེབ་འཛེར་	deb-dzer
heikel	སྦབ་མོ་	sab-mo
heil	རྡབ་ཆག་མེད་པ་	dab-tschhag meh-pa
Heilanstalt (f)	དབེན་གནས་གསོ་ཁང་	ben-nhä so-khang
Heilbad (n)	ལུས་གསོ་ཆུ་རྫིང་	lü-so tschhu-dzing
heilen	ཉམས་གསོ་བ་	nyam so-wa
Heilgymnastik (f)	ཕྱི་བཅོས་གསོ་ཐབས་	tschhyi-tschö so-thab
heilig	དམ་པ་	dham-pa
Heiligabend (m)	ཡེ་ཤུའི་འཁྲུངས་སྐར་སྔ་ནུབ་	je-schhue t(r)hung-kar ngha-nub
Heilige (m)	སྐྱེ་བུ་དམ་པ་	kye-bhu dham-pa
Heilkraft (f)*	ནད་གསོ་བའི་ནུས་པ་	neh-so-wae nü-pa
heilkräftig	གསོ་ནུས་ཅན་	so-nü-tschen
Heilkraut (n)	ཚར་སྨན་	tsar-men
Heilmittel (n)	བཅོས་ཐབས་	tschö-thab
Heilpflanze (f)	སྨན་ཤིང་	men-schhing
Heilquelle (f)	ལུས་གསོ་ཆུ་མིག་	lü-so tschhu-mhig

heilsam	ཕན་ཚ་ཅན་	phen-tschha-tschen
Heilung (f)	གསོ་དཔྱད་	so-tschyeh
Heim (n)	ལས་ཁག་	lä-schhag
Heimarbeit (f)	ནང་ལས་	nang-lä
Heimat (f)	ཕ་ཡུལ་	pha-jul
Heimatland (n)	ཕ་མའི་རྒྱལ་ཁབ་	pha-mä gyel-khab
Heimatvertriebene (m)	ཕྱིར་འབུད་བཏང་བའི་མི་	tschhyir-büh tang-wae-mi
heimisch	རང་ཁྱིམ་ལྟ་བུའི་	rang-khyim ta-bhue
heimkehren	ནང་དུ་ལོག་པ་	nang-dhu log-pa
heimlich	གསང་བའི་	sang-wae
Heimlichkeit (f)	གསང་རྒྱ་	sang-gya
heimtückisch	གསང་སྟབས་ཀྱིས་གནོད་འཚེ་བའི་	sang-tahb-kyi nöh-tsching tschhe-wae
Heimweh (n)	ཕ་ཡུལ་དྲན་པ་	pha-jül d(r)hen-pa
Heirat (f)	གཉེན་སྒྲིག་	nyen-d(r)hig
heiraten	ཆང་ས་རྒྱབ་པ་	tschhang-sa gyab-pa
heiraten (hon.)	འཁྲུང་ས་སྐྱོན་པ་	t(r)hung-sa kyön-pa
heiser	འཛེར་སྐད་	dzer-keh
Heiserkeit (f)	སྐད་འཛེར་	keh-dzer
heiss	ཚ་བོ་	tza-wo
heissen	མིང་དོན་སྟོན་པ་	ming-dhön tön-pa
heissen (hon.)	མཚན་འདོགས་པ་	tzen dog-pa
heiter	སྤྲོ་ཉམས་ཅན་	t(r)ho-nyam-tschen
heizen	ཚ་དྲོད་གཏོང་བ་	tza-d(r)höh tong-wa
Heizkessel (m)	སྐོལ་སྣོད་	köl-nheh

Heizkörper (m)	ཁྱབ་འགྱེད་ཡོ་ཆས་	khyab-gyeh jo-tschhä
Heizkraftwerk (n)*	ཚ་དྲོད་ཀྱི་ནུས་ཤུགས་ས་ཚིགས་	tza-d(r)höh-kyi nü-schhug sa-tzig
Heizmaterial (n)	བུད་རྫས་	bhü-dzä
Heizöl (n)*	བུད་སྣུམ་	bhü-nhum
Heizung (f)	དྲོད་ཐབ་	d(r)hö-thab
Held (m)	དཔའ་བོ་	pa-wo
heldenhaft	དཔའ་རྩལ་ཅན་	pa-tsel-tschen
Heldin (f)	དཔའ་མོ་	pa-mo
helfen	རོགས་བྱེད་པ་	rog dschye-pa
helfen (hon.)	ཕྱག་རོགས་གནང་བ་	tschhyag-rog nhang-wa
Helfer (m)	རོགས་པ་	rog-pa
hell	འོད་ལྷམ་ལྷམ་	wö-hlam-hlam
Hellsehen (n)	མངོན་ཤེས་	nghön-schhä
Hellseher (m)	མངོན་ཤེས་མཁན་	nghön-schhä-khen
Helm (m)	རྨོག་ཞུ་	mog-schah
Hemd (n)	སྟོད་ཐུང་	töh-thung
Hemisphäre (f)	སའི་གོ་ལའི་ཕྱེད་ཆ་	sae-go-lae tschhyeh-tschha
hemmen	འགོག་རྐྱེན་བྱེད་པ་	gog-kyen dschye-pa
Hemmung (f)	འགོག་རྐྱེན་	gog-kyen
hemmungslos	ཁྲེལ་གཞུང་མེད་པའི་	t(r)hel-schung meh-pae
Hengst (m)	རྟ་གསེབ་	ta-seb
Henkel (m)	ཡུ་བ་	ju-wa
Henker (m)	སྲོག་ཐོག་གཏོང་མཁན་	sog-thog tong-khen
Henne (f)	བྱ་མོ་	dschya-mo

herabsetzen	ཞན་དུ་གཏོང་བ་	schen-dhu tong-wa
Herabwürdigung (f)	སྣང་ཆུང་	nhang-tschhung
heranziehen	ཚུར་འཐེན་པ་	tzur then-pa
heranziehen (hon.)	ཚུར་འཐེན་གནང་བ་	tzur-then nhang-wa
heraufbeschwören	རྐྱེན་སློང་བྱེད་པ་	kyen-lhong dschye-pa
heraufkommen	ཡར་ཡོང་བ་	jar jong-wa
herausbekommen	ར་འཕྲོད་པ་	ra t(r)höh-pa
herausbringen	དངོས་སུ་སྟོན་པ་	ngö-su tön-pa
herausfordern	ཁ་གཏད་འབྱོན་པ་	kha-teh thön-pa
Herausforderung (f)	ཁ་གཏད་	kha-teh
herausgeben	དངོས་སུ་ཁྱབ་སྤེལ་བྱེད་པ་	nghö-su khyab-pel dschye-pa
Herausgeber (m)	འགྲེམས་གཏོན་པ་	d(r)häm-tön-pa
heraussuchen	འདེམས་སྒྲུག་རྒྱག་པ་	däm-d(r)hug gyag-pa
herausziehen	ཕྱིར་འཐེན་པ་	tschhyir then-pa
herausziehen (hon.)	ཕྱིར་འཐེན་གནང་བ་	tschhyir-then nhang-wa
herb	རྩུབ་པོ་	tsub-po
Herberge (f)	སྙེ་ལེན་ཁང་	nhe-len-khang
Herbst (m)	སྟོན་ཀ་	tön-ka
herbstlich	སྟོན་ཀའི་	tön-kae
Herd (m)	ཐབ་	thab
Herd (m), hon.	གསོལ་ཐབ་	söl-thab
Herde (m)	ནོར་ཁྱུ་	nor-khyu
Herdenbesitzer (m)	ཕྱུགས་བདག་	tschhyug-dag
herein (imp)	ཡར་ཤོག་	jar-schhog

herein (imp), hon.	ཡར་ཕེབས་	jar-pheb
herkömmlich	སྤྱི་སྲོལ་ལྟར་གྱི་	tschyi-söl tar-gyi
Herkunft (f)	འབྱུང་ཁུངས་	dschung-khung
Hermelin (m), zo.	ཨོག་དཀར་	og-kar
Herr (m)	སྐུ་ཞབས་	ku-schab
Herrenbekleidung (f)	ཕོའི་གྱོན་ཆས་	phöe gyön-tschhä
Herrenfriseur (m)	ཕོའི་སྐྲ་བཟོ་མཁན་	phöe-t(r)ha soh-khen
herrenlos	བདག་མེད་	dag-meh
Herrentoilette (f)	ཕོའི་གསང་སྤྱོད་	phöe sang-tschyö
herrlich	ངོ་མཚར་ཅན་	ngo-tsar-tschen
Herrschaft (f)	མངའ་དབང་	ngha-wang
herrschen	དབང་འགྱུར་བ་	wang gyur-wa
herrschen (hon.)	སྐུ་དབང་གནང་བ་	ku-wang nhang-wa
Herrscher (m)	རྒྱལ་པོ་	gyel-po
herrschsüchtig	དབང་ཡོད་ཚ་པོ་	wang-jöh tza-po
herrühren	བརྟེན་ནས་	ten-nä
herstellen	བཟོ་འདོན་བྱེད་པ་	soh-dön dsche-pa
Hersteller (m)	བཟོ་འདོན་བྱེད་མཁན་	soh-dön dschye-khen
Herstellung (f)	བཟོ་འདོན་	soh-dön
Herstellungs-kosten (f)	བཟོ་རིན་	soh-rin
Herstellungs-verfahren (n)	བཟོ་སྟངས་	soh-tang
herumlungern	ལས་མེད་འཁྱམ་སྙུལ་བྱེད་པ་	lä-meh khyam-nyül dschye-pa
herunterkommen	ཁོང་ཁྲོ་འཛོམས་པ་	khong-t(r)ho dschom-pa
hervorheben	གསལ་ཁ་གཏོད་པ་	sel-kha töh-pa

hervorragend	ཁྱད་དུ་འཕགས་པ་	khyeh-dhu phag-pa
hervorrufen	རྒྱུ་བྱེད་པ་	gyu dschye-pa
hervorstehend	མངོན་གསལ་དོད་པོ་	nghön-sel döh-po
hervortun	དམིགས་གསལ་འདོན་པ་	mhig-sel dön-pa
Herz (n)	སྙིང་	nying
Herz (n), hon.	སྐུ་སྙིང་	ku-nying
Herzfehler (m), med.*	སྙིང་གི་སྐྱོན་ཆག་	nying-gi kyön-tschhag
herzhaft	སྙིང་ཐག་པའི་	nying-thag-pae
herzig	ཡིད་འོང་	jih-ong
Herzkrankheit (f)	སྙིང་ནད་	nying-neh
herzlich	སྙིང་ཐག་པ་ནས་	nying thag-pa-nä
herzlos	སྙིང་རྗེ་མེད་པ་	nying-dsche meh-pa
Herzog (m)	གུང་གཞིས་	ghung-schi
Herzogin (f)	གུང་ལྕམ་	ghung-tscham
Herzschlag (m)*	སྙིང་ཁའི་འཕར་ཤུགས་	nying-khae phar-schhug
Herzverpflanzung (f), med.	སྙིང་ཁམས་སྤོ་འཛུག་	nying-kham po-dzug
Herzversagen (n), med.*	སྙིང་ཁའི་ནུས་ཉམས་	nying-khae nü-nyam
Hetzredner (m)	ཁོག་པ་གྱོང་མཁན་	khog-po gyong-khen
Heu (n)	སོག་མ་	sog-ma
Heuchelei (f)	ཟོག་རྫུ་	sohg-dzu
Heuchler (m)	ཟོག་པོ་	sohg-po
heuern	ལྷར་གཏོང་བའམ་ལེན་པ་	lhar-tong-wa-am len-pa
heulen	ང་སྒྲ་རྒྱག་པ་	ngu-d(r)ha gyag-pa
Heuschrecke (f)	ཆ་ག་པ་	tschha-ga-pa

heute	དེ་རིང་	dhe-ring
heutzutage	དེ་རིང་ཁ་སང་	dhe-ring kha-sang
Hexe (f)	འབག་མོ་	bag-mo
Hexenschuss (m), med.	མཁལ་གྲུམ་	khel-d(r)hum
Hexerei (f)	མཐུ་གཏད་	thu-teh
Hieb (m)	དེག་འཚོག་	deg-tzog
hier	འདིར་	dhir
hierbleiben	འདིར་སྡོད་པ་	dhir döh-pa
hiesig	ས་གནས་ཀྱི་	sa-nhä-kyi
Hilfe (f)	རོགས་རམ་	rog-ram
Hilfe, gegenseitige (f)	ཕན་ཚུན་རོགས་རམ	phen-tzün rog-ram
Hilfestellung (f)	རྒྱབ་སྐྱོར་	gyab-kyor
hilflos	སྐྱབས་མེད་མགོན་མེད་	kyab-meh gön-meh
hilfreich	ཕན་ཐོགས་ཆེན་པོ་	phen-thog tschhen-po
Hilfsarbeiter (m)	ངལ་རྩོལ་པ་	ngel-tsöl-pa
hilfsbedürftig	སྐྱོ་པོ་	kyo-po
Hilfsgelder (n/pl)	འཚོ་སྣོན་རོགས་དངུལ་	tzo-nhön rog-nghül
Hilfsorganisation (f)	རོགས་རམ་ཚོགས་པ་	rog-ram tzog-pa
Hilfsquelle (f)	རོགས་རམ་གི་འབྱུང་ཁུངས་	rog-ram-gi dschung-khung
Himbeere (f)	གན་ད་ཀ་རི་	ken-d(r)ha ka-ri
Himmel (m)	ནམ་མཁའ་	nham-kha
himmelblau	གནམ་མཁའི་མདོག་	nam-khae dog
Himmelsrichtung (f)	ཕྱོགས་མཚམས་	tschhog-tzam
himmlisch	ལྷ་ཡུལ་དང་འདྲ་བའི་	hla-jül-dhang d(r)ha-wae

hin und her	ཕར་ཚུར་	phar-tzur
hindern	གནོད་སྐྱེལ་བ་	nhöh kyel-wa
Hindernis (n)	གནེད་སྐྱོན་	nheh-kyön
hinfällig	སྐབས་དོན་དང་འབྲེལ་མེད་ཀྱི་	kab-dhön-dhang d(r)hel-meh-kyi
hinfort	ད་ཕྱིན་ཆད་	dha-tschhyin-tschheh
hinken	ཞ་འབྱེད་བྱེད་པ་	scha-theng dschye-pa
hinlegen	མར་བཞག་པ་	mar schag-pa
hinrichten	སྲོག་ཐོག་གཏོང་བ་	sog-thog tong-wa
Hinrichtung (f)	སྲོག་ཐོག་ཉེས་ཆད་	sog-thog nyä-tschheh
hinsetzen	མར་སྡོད་པ་	mar döh-pa
hinten	རྒྱབ་ཕྱོགས་	gyab-tschhog
Hinterbliebene (pl)	འདས་སོན་ཁ་འཕྲལ་	dä-sön kha-d(r)hel
hintereinander	གཅིག་རྗེས་གཅིག་	tschig-dschä-tschig
Hintergedanke (m)*	རྒྱབ་རྟོགས་ཀྱི་སེམས་འཛིན་	gyab-ngö-kyi säm-dzin
Hintergrund (m)	རྒྱབ་ལྗོངས་	gyab-dschong
Hinterhalt (m)	འཛབ་གོལ་	sahb-göl
hinterher	རྗེས་སུ་	dschä-su
Hinterhof (m)	རྒྱབ་ཀྱི་སུམ་ར་	gyab-kyi dum-ra
Hinterland (n)	མཚོ་དོགས་གྲོང་སྡེ་	tzo-ngog d(r)hong-de
Hinterlassenschaft (f)	གཞིས་ཀ་	schi-ka
hinterlegen*	བཅོལ་འཇོག་བྱེད་པ་	tschöl-dschog dschye-pa
Hinterlegung (f)	བཅོལ་འཇོག་	tschöl-dschog
hinterrücks	རྒྱབ་ནས་	gyab-nä
Hintertreppe (f)	ཁང་རྒྱབ་ཀྱི་སྐས་འཛེག་	khang-gyab-kyi kä-dzeg

Hintertür (f)	ཨོག་སྒོ་	tahg-go
hinterziehen	གཟུར་བ་	suhr-wa
Hinterzimmer (n)	རྒྱབ་ཀྱི་ཁང་མིག་	gyab-kyi khang-mig
Hinweis (m)	གོ་བརྡ་	gho-da
hinweisen	གོ་རྒྱུ་གཏོང་བ་	gho-gyu tong-wa
hinweisen, hon.	གསན་རྒྱུ་གཏོང་གནང་བ་	sen-gyu-tong nhang-wa
Hinweistafel (f)	བརྡ་རྟགས་	da-tahg
hinzufügen*	ཁ་སྣོན་རྒྱབ་པ་	kha-nhön gyab-pa
Hirn (n)	ཀླད་པ་	lheh-pa
Hirn (n), hon.	དབུ་ཀླད་	u-lheh
hirnlos	ཀླད་པ་མེད་པ་	lheh-pa meh-pa
Hirsch (m)	ཤ་བ་	schha-wa
Hirschgeweih (n)	ཤ་བའི་རྩ་	schha-wae ra-tscho
hissen	འཛུགས་པ་	dzug-pa
Historiker (m)	རྒྱལ་རབས་ལ་མཁས་པ་	gyel-rab-la khä-pa
historisch	ལོ་རྒྱུས་ཀྱི་	lo-gyü-kyi
Hitze (f)	ཚ་དྲོད་	tza-d(r)höh
Hitzewelle (f)	ཚ་རླབས་	tza-lhab
hitzig	ངང་བྱུང་ཚབ་ཚུབ་	ngang-thun tzab-tzub
Hitzschlag (m)	དམར་འཐོམ་	mhar-thom
hoch	མཐོ་པོ་	tho-po
hochachten	བརྩི་བཀུར་བྱེད་པ་	tsi-kur dschye-pa
hochachten (hon.)	བརྩི་བཀུར་ཞུ་བ་	tsi-kur schu-wa
Hochachtung (f)	བརྩི་བཀུར་	tsi-kur
hochachtungsvoll*	བརྩི་བཀུར་ཆེན་པོའི་སྒོ་ནས་	tsi-kur tschen-pöe go-nä

Deutsch	Tibetisch	Umschrift
Hochdruck (m), meteor.	མཐོ་གནོན་	tho-nhön
Hochdruckgebiet (n), meteor.	མཐོ་གནོན་ས་ཁུལ་	tho-nhön sa-khül
Hochebene (f)	མཐོ་སྒང་	tho-gang
Hochfrequenz (f), elektr.	གློག་རྒྱུན་འཕེལ་འགྲིབ་མཐོ་བ་	lhog-gyün phel-d(r)hib tho-wa
Hochhaus (n)	ཁང་སྡེ་མཐོ་བོ་	khang-de tho-wo
hochheben	ཡར་འགྱོགས་པ་	jar gyog-pa
Hochkonjunktur (f), econ.	སློ་འབུར་ཚོང་འགྱུར་	lho-bhur tzong-gyur
Hochland (n)	བོད་ས་	tho-sa
Hochmut (m)	ཆེ་འདོད་	tschhe-döh
Hochofen (m)	མཐོ་ཐབ་	tho-thab
Hochsaison (f)*	འགུལ་ནུས་ཅན་གྱི་དུས་སྐབས་	gül-nü-tschen-gyi dhü-kab
hochschätzen	བཀུར་མཐོང་བྱེད་པ་	tsi-thong tschye-pa
hochschätzen (hon.)	བཀུར་མཐོང་ཞུ་བ་	tsi-thong schu-wa
Hochschule (f)	མཐོ་རིམ་སློབ་གྲྭ་	tho-rim lhob-d(r)ha
Hochsommer (m)	དབྱར་ཉི་སྡིག་	jar-nyi-dog
Hochspannung (f), elektr.*	གློག་ཤུགས་མཐོ་པོ་	lhog-schhug tho-po
höchst	མཐོ་ཤོས་	tho-schhö
Hochstapler (m)	གཡོ་སྒྱུ་ཅན་	jho-gyu-tschen
höchstens	མཐོ་ཤོས་	tho-schhö
Höchstgeschwindigkeit (f)	མགྱོགས་ཚད་སྟོན་རྒྱ་	gyog-tzeh tön-gya
Höchstmass (n)	མང་མཐའ་	mang-tha
Höchstpreis (m)	རིན་གོང་མཐོ་ཤོས་	ring-ghong tho-schhö
Höchststand (m)	གནས་ཚད་མཐོ་ཤོས་	nhä-tzeh tho-schhö

Hochwasser (n)	ཆུ་ལོག་	tschhu-log
hochwertig	རིན་ཐང་སྤུས་སྟུན་	rin-thang pü-den
Hochzeit (f)	ཆང་ས་	tschhang-sa
Hochzeit (f), hon.	འཁྲུང་ས་	t(r)hung-sa
Hochzeitsfest (n)	འཁྲུང་སའི་དགའ་སྟོན་	t(r)hung-sae ga-tön
Hochzeitstag (m)*	གཉེན་སྒྲིག་ཉི་མོ་	nyen-d(r)hig nyi-mo
hocken	ཚོག་པུར་སྡོད་པ་	tsog-pur döh-pa
Hocker (m)	ཁྲིའུ་	t(r)hi-wu
Hoden (m)	སྒོང་རིལ་	gong-ril
Hof (m)	སྒོར་	go-ra
hoffen	རེ་བ་བྱེད་པ་	re-wa dschye-pa
hoffen (hon.)	ཐུགས་རེ་གནང་བ་	thug-re nhang-wa
hoffentlich	རེ་བ་དང་བཅས་	re-wa-dhang tschä
Hoffnung (f)	རེ་བ་	re-wa
Hoffnung (f), hon.	ཐུགས་རེ་	thug-re
hoffnungslos	རེ་བ་མེད་པ་	re-wa meh-pa
hoffnungsvoll	རེ་བ་ཅན་	re-wa-tschen
höflich	ཡ་རབས་	ja-rab
Höhe (f)	མཐོ་ཚད་	tho-tzeh
Hoheit (f)	བླ་ན་མེད་པའི་དབང་ཚད་	lha-na meh-pae wang-tzeh
Hoheitsgebiet (n)	མངའ་ཁོངས་	ngha-khong
Hoheitsgewässer (n/pl)	མངའ་ཁོངས་རྒྱ་མཚོ་	ngha-khong gya-tzo
Hoheitsrecht (n)*	མངའ་སྡེའི་ཐོབ་ཐང་	ngha-dae thob-thang
Hoheitszeichen (n)	རྒྱལ་དར་	gyel-dhar

Höhepunkt (m)	མཐར་ཐུག་	thar-thug
hohl	ཁོག་སྟོང་	khog-tong
Höhle (f)	བྲག་ཕུག་	d(r)hag-phug
Hohlmass (n)	གོང་ཚད་ཆ་ཚད་	schhong-tzeh tschha tzeh
Hohlraum (m)	ས་ཆ་ཁོག་སྟོང་	sa-tschha khog-tong
Hohn (m)	མཐོང་ཆུང་	thong-tschhung
höhnisch	མཐོང་ཆུང་གི་	thong-tschhung-gi
holen	ལེན་པ་	len-pa
Hölle (f), rel.	དམྱལ་བ་	nyel-wa
Höllenbewohner (m), rel.	དམྱལ་བ་པ་	nyel-wa-pa
höllisch	དམྱལ་ཁམས་ཀྱི་	nyel-kham-kyi
holperig	འབར་རི་འབུར་རི་	bar-ri bur-ri
Holz (n)	ཤིང་	schhing
Holzarten (f/pl)	ཤིང་སྣ་	schhing-nha
Holzbildhauer (m)	ཤིང་བརྐོད་པ་	schhing-köh-pa
hölzern	ཤིང་གི་	sching-gi
Holzgegenstand (m)	ཤིང་བཟོས་	schhing-söh
Holzschnitt (m)	ཤིང་བརྐོད་པར་རིས་	schhing-köh par-ri
Holzwolle (f)	ཤིང་བལ་	schhing-bhel
Homöopathie (f)	བཐུན་སྦྱེབ་གསོ་རིག་	thün-deb so-rig
homöopathisch	བཐུན་སྦྱེབ་གསོ་རིག་གི་	thün-deb so-rig-gi
Homosexualität (f)	ཏགས་གཅུངས་འཁྲིག་སྦྱོར་	tahg-tzung t(r)hig-dschyor
homosexuell	ཏགས་གཅུངས་འཁྲིག་སྦྱོར་གྱི་	tahg-tzung t(r)hig-dschyor-gyi
Honig (m)	སྦྲང་རྩི་	d(r)hang-tsi

Honorar (n)*	ཡོན་འབུལ་	jön-bül
hörbar	གོ་ནུས་ཀྱི་	go-nü-kyi
horchen	ཕག་ཉན་རྒྱག་པ་	phag-nyen gyag-pa
Horde (f)	མི་དཔུང་	mi-pung
hören	ཉན་པ་	nyen-pa
hören, hon.	གསན་པ་	sen-pa
Hörer (m)	ཉན་མཁན་	nyen-khen
Hörfehler (m), med.*	རྣ་སྐྱོན་	nha-kyön
Hörgerät (n)*	རྣ་རོགས་ཡོ་བྱད་	nha-rog jo-dschyeh
Horizont (m)	གནམ་ས་འཕྲད་མཚམས་	nham-sa t(r)heh-tzam
horizontal	འཕྲེད་ལ་	t(r)heh-la
Horn (n)	ར་ཅོ་	ra-tscho
Hornisse (f), zo.	སྦྲང་བུང་	lhang-bhung
Hornvieh (n)	ཕྱུགས་	tschhug
Horoskop (n)	ཚེ་རབས་ལས་རྩིས་	tze-rab lä-tsi
Horrorfilm (m)*	འཇིགས་སྣག་གི་གློག་བརྙན་	dschig-t(r)hag-gi lhog-nyhen
Hörsaal (m)	འཆད་ཉན་ཁང་	tschheh-nyen-khang
Hortensie (f), bot.	དྲང་སྲོང་མེ་ཏོག་	d(r)hang-song me-tog
Hose (f)	གོས་ཐུང་	gö-thung
Hotel (n)	མགྲོན་ཁང་	d(r)hön-khang
Hoteldirektor (m)	མགྲོན་ཁང་དབུ་འཛིན་	d(r)hön-khang u-dzin
Hotelzimmer (n)	མགྲོན་ཁང་ཁང་མིག་	d(r)hön-khang khang-mig
hübsch	སྙིང་རྗེ་པོ་	nying-dsche-po
Hubschrauber (m)*	སྐོར་བྱེད་ཐབ་འཕུར་གནམ་གྲུ་	kor-dschyeh theh-phur nham-d(r)hu

Hubschrauber-landeplatz (m)	བད་འཕུར་གནམ་གྲུའི་འབབ་ཚུགས་	theh-phur nham-d(r)hue bab-tzug
Hüfte (f)	དཔྱི་མགོ་	tschyi-go
Hügel (m)	རི་ཆུང་	ri-tschhung
Huhn (n)	བྱ་	dschya
Hühnerbrühe (f)	བྱ་ཤའི་ཁུ་བ་	dschya-schhae khu-wa
Hühnerfarm (f)	བྱ་གསོ་ཁང་	dschya-so-khang
Hülle (f)	ཁེབས་	kheb
Hülsenfrüchte (f/pl)	སྲན་ཚོད་	sen-tzöh
human	འགྲོ་བ་མིའི་	d(r)ho-wa-mie
Humanismus (m)	འགྲོ་བ་མིའི་སྤུ་བའི་རིང་ལུགས་	d(r)ho-wa-mie mha-wae ring-lug
Humanität (f)	འགྲོ་བ་མིའི་རིགས་	d(r)ho-wa-mie rig
Hummel (f)	འཁྱམ་སྦྲང་	khyam-d(r)hang
Hummer (m)	སྡིག་སྲིན་	dig-sin
Humor (m)	གོད་བྲོ་	göh-d(r)ho
humorvoll	གོད་བྲོ་པོ་	göh d(r)ho-po
Hund (m)	ཁྱི་	khyi
Hundehütte (f)	ཁྱི་ཚང་	khyi-tzang
hundert	བརྒྱ་ཐམ་པ་	gya-tham-pa
hunderttausend	འབུམ་	bum
Hunger (m)	ལྟོགས་སྐོམ་	tohg-kom
Hungergeist (m), rel.	ཡི་དྭགས་	ji-dhag
hungern	གྲོད་ཁོག་ལྟོགས་པ་	d(r)hö-khog tohg-pa
hungern (hon.)	གསོལ་གྲོད་དགྱེས་པ་	söl-d(r)höh t(r)hä-pa
Hungersnot (f)	མུ་གེ་	mu-ge

Hungerstreik (m)	ཟས་བཅད་ངོ་རྒོལ་	säh-tscheh ngo-göl
hungrig	ལྟོགས་པ་	tohg-pa
Hupe (f)	དུང་སྒྲ་	dhung-d(r)ha
hüpfen	ཐོབ་མཆོང་རྒྱག་པ་	hob-tschhong gyag-pa
Hure (f)	འཚལ་མོ་	tschhel-mo
huschen	ལྷོ་བྷུར་དུ་འཁྱུག་པ་	lho-bhur-dhu khyug-pa
husten	ལྷོ་རྒྱབ་པ་	lho gyab-pa
husten (hon)	མགུལ་ལྷོ་སྐྱོན་པ་	gül-lho kyön-pa
Husten (m)	ལྷོ་	lho
Hustenbonbon (n)*	ལྷོ་སྨན་བྱེ་རིལ་	lho-men dschye-ril
Hut (m)	ཞྭ་མོ་	scha-mo
Hut (m), hon.	དབུ་ཞྭ་	u-scha
hüten	ལྟ་རྟོགས་བྱེད་པ་	ta-tohg dschye-pa
Hutmacher (m)	ཞྭ་མོ་བཟོ་མཁན་	schha-mo soh-ken
Hütte (f)	ཤིང་ཁང་	schhing-khang
Hydrant (m)*	ཆུ་འདྲེན་སྦུ་གུ་	tschhu-d(r)hen bu-gu
hydraulisch	ཆུ་ཤུགས་ཀྱིས་སྐུལ་བའི་	tschhu-schhug-kyih gül-wae
Hydrokultur (f)	གཤེར་སྐྱེད་ལྡུམ་ར་	schher-kyeh dum-ra
Hygiene (f)	འཕྲོད་བསྟེན་	t(r)hö-ten
hygienisch	འཕྲོད་བསྟེན་གྱི་	t(r)hö-tön-gyi
Hymne (f)	བསྟོད་དབྱངས་	töh-jang
Hypnose (f)	གཉིད་འབེབ་	nyih-beb
hypnotisieren	གཉིད་འབེབ་པ་	nyih beb-pa
Hypothek (f)	གཏའ་མ་	ta-ma

Deutsch	Tibetisch	Umschrift
Hypothekenzinsen (m/pl)	གཏའ་མའི་སྐྱེད་འབབ་	ta-mae kyeh-bab
Hypothese (f)	ཚོད་དཔག་གཞིར་གཞག་	tzö-pag schir-schag
hypothetisch	བདེན་པ་གཞིར་གཞག་གི་	den-pa schir-schag-gi
Hysterie (f)	ལྷོ་བུར་དྲག་འཚབ་	lho-bhur ngang-tzab
hysterisch	ལྷོ་བུར་དྲག་འཚབ་ཀྱི་	lho-bhur ngang-tzab-kyi

I

Deutsch	Tibetisch	Umschrift
ich	ང་	nga
ideal	དཔེར་འོས་ཀྱི་	per-wö-kyi
Ideal (n)	དཔེར་འོས་	per-wö
Idealfall (m)	དཔེར་འོས་ཀྱི་སྐབས་	per-wö-kyi kab
Idealismus (m)	སེམས་གཙོ་སྨྲ་བའི་རིང་ལུགས་	säm-tso mha-wae ring-lug
Idealist (m)	སེམས་གཙོ་སྨྲ་བ་	säm-tso mha-wa
Idee (f)	འཆར་སྒོ་	tschhar-go
identifizieren	ངོས་འཛིན་པ་	ngö dzin-pa
identisch	གཅིག་མཚུངས་ཀྱི་	tschig-tzung-kyi
Identität (f)	ངོ་བོ་	ngo-wo
Identitätskrise (f)	ངོ་བོའི་དཀའ་ཉེན་ཆེ་དུས་	ngo-wöe ka-nyen tschhe-dhü
Ideologie (f)	ལྟ་གྲུབ་	ta-d(r)hub
ideologisch	ལྟ་གྲུབ་ཀྱི་	ta-d(r)hub-kyi
Idiot (m)	བླེན་པ་	lhen-pa
idiotisch	བླེན་ཏགས་ཅན་	lhen-tahg-tschen
Idol (n)*	རྗེས་འབྲང་ཡུལ་རྟེན་	dschä-d(r)hang jül-ten
Igel (m), zo.	གང་	gang

ignorieren	སྣང་ཆུང་བཏང་བ་	nhang-tschhung tang-wa
ihr	མོ་རང་གི་	mo-rang-gi
illegal	ཁྲིམས་འགལ་གྱི་	t(r)him-gel-gyi
Illusion (f)	འཁྲུལ་སྣང་	t(r)hül-nhang
illusorisch	འཁྲུལ་སྣང་ཅན་	t(r)hül-nhang-tschen
Illustration (f)	པར་རིས་	par-ri
illustrieren	དཔེ་རིས་ཀྱི་ལམ་ནས་གསལ་ཁ་འདོན་པ་	pe-ri-kyi lam-nä sel-kha dön-pa
Illustrierte (f)	བརྙན་དེབ་	nyhen-dheb
Image (n)	སྣང་ཚུལ་	nhang-tzül
Imbiss (m)	ཁ་ཟས་	kha-säh
Imbiss (m), hon.	ཞལ་ཟས་	schel-säh
Imbissstube (f)	བྱེའུ་སུམ་ཟ་ཁང་	khye-u-sü sah-khang
imitieren	ལད་ཟློས་བྱེད་པ་	leh-dö dschye-pa
immer	རྟག་པར་	tahg-par
immer wieder	ཡང་ཡང་	jang-jang
Immigrant (m)	གཞིས་སྤོ་མཁན་	schi-po-khen
Immigration (f)	གཞིས་འདེགས་	schi-deg
immigrieren	གཞིས་སྤོ་བ་	schi pö-wa
Immobilien (f/pl)	ས་ཁང་	sa-khang
Immobilien- makler (m)	ས་ཁང་ཚོང་སྒྱུར་ངོ་ཚབ་	sa-khang tzong-gyur ngo-tzab
immun	ནད་རིགས་འགོ་ཉེན་མེད་པའི་	neh-rig go-nyen meh-pae
immunisieren	འགོ་ནད་སྔོན་འགོག་བྱེད་པ་	go-neh nghön-gog dschye-pa
Immunität (f)	ཡུལ་ཁྲིམས་ཅོལ་ཡང་	jül-t(r)him söhl-jang

Immunologie (f)	ནད་རིགས་སྔོན་འགོག་རིག་པ་	neh-rig ngön-gog rig-pa
Imperialismus (m)	བཙན་རྒྱལ་རིང་ལུགས་	tsen-gyel ring-lug
imperialistisch	བཙན་རྒྱལ་རིང་ལུགས་ལྟ་བུ་	tsen-gyel ring-lug ta-bu
impfen	སྔོན་འགོག་སྨན་ཁབ་རྒྱག་པ་	nghön-gog men-khab gyag-pa
Impfstoff (m)	འབུམ་སྨན་	d(r)hum-men
Impfung (f)	སྔོན་འགོག་སྨན་ཁབ་	nghön-gog men-khab
Import (m)	ནང་འདྲེན་	nang-d(r)hen
Importartikel (m)	ནང་ཡོང་དངོས་ཟོག་	nang-jong ngö-sohg
Importbeschränkung (f)	ཕྱི་ཚོང་ནང་འདྲེན་ཚད་བཀག་	tschhyi-sohng nang-d(r)hen tzeh-kag
importieren	ནང་འདྲེན་བྱེད་པ་	nang-d(r)hen dschye-pa
importieren	ཕྱི་ཚོང་ནང་འདྲེན་བྱེད་པ་	tschhyi-sohng nang-d(r)en dschye-pa
imposant	བརྗིད་ཆེན་	dschih-tschen
improvisieren	ཐད་བཀོད་	theh-schheh
Impuls (m)	གློ་བུར་གྱི་སེམས་འགུལ་	lho-bhur-gyi säm-gül
imstande sein	ཐུབ་པ་	thub-pa
in	ནང་དུ་	nang-dhu
inbegriffen	འཛུད་པའི་	tzüh-pae
Inder (m)	རྒྱ་གར་བ་	gya-ghar-wa
Index (m)	ཕྱོགས་སྟོན་	tschhyog-tön
Indexziffer (f)	སྟོན་གྲངས་	tön-d(r)hang
Indien (n)	རྒྱ་གར་	gya-ghar
indirekt	ཐད་ཀར་མིན་པ་	theh-kar min-pa
indisch	རྒྱ་གར་གྱི་	gya-ghar-gyi
indiskret	བག་མེད་ཀྱི་	bhag-meh-kyi

Indiskretion (f)	བག་མེད་ཀྱི་ངང་ཚུལ་	bhag-meh-kyi ngang-tzül
Individualismus (m)	སྒེར་སེམས་རིང་ལུགས་	ger-säm ring-lug
individuell	ཁེར་རྐྱང་	kher-kyang
Industrie (f)	བཟོ་ལས་	soh-lä
Industriegebiet (n)	བཟོ་ལས་རྒྱ་ཁྱོན་	soh-lä gya-khyön
Industriell	བཟོ་ལས་དང་འབྲེལ་བའི་	soh-lä-dhang d(r)hel-wae
Industrielle (m)	བཟོ་གྲྭའི་བདག་པོ་	soh-d(r)hae dag-po
Industrie-spionage (f)	བཟོ་གྲྭའི་སོ་ཉུལ་	soh-d(r)hae so-nyül
Industriestaat (m)*	བཟོ་ལས་ཡར་རྒྱས་རྒྱལ་ཁབ་	soh-lä jar-gyä gyel-khab
Infanterie (f)	རྐང་དམག་	kang-mhag
Infektion (f)	ཤན་སྟོབས་	schhen-tob
Infektionskrankheit (f)	འགོ་བའམ་ཁྱབ་པའི་ནད་	go-wa-am khyab-pae neh
infizieren	ནད་ཡམས་ཁྱབ་པ་	neh-jam khyab-pa
Inflation (f)	ཤོག་དངུལ་ཆད་ཡོལ་འཕར་བ་	schhog-nghül tzeh-jöl phar-wa
infolge	བརྟེན་ནས་	ten-nä
infolgedessen	དེར་བརྟེན་ནས་	dher ten-nä
Information (f)	གནས་ཚུལ་	nhä-tzül
Informationsbüro (n)	གནས་ཚུལ་ལས་ཁུང་	nhä-tzül lä-khung
informieren	གནས་ཚུལ་བརྗོད་པ་	nhä-tzül dschöh-pa
Infrastruktur (f)	མང་གཞིའི་འཛུགས་སྐྲུན་	mhang-schie dzug-t(r)hün
Ingenieur (m)	འཕྲུལ་ལས་མཆར་འགོད་པ་	t(r)hül-lä tschhar-göh-pa
Inhaber (m)	བདག་པོ་	dag-po
Inhalt (m)	ནང་དོན་	nang-dhön
inhaltsreich	ནང་དོན་འབལ་པོ་	nang-dhön bel-po

Deutsch	Tibetisch	Umschrift
Inhaltverzeichnis (n)	ནང་དོན་དཀར་ཆགས་	nang-dhön kar-tschhag
Initiative (f)	འགོ་འཛུགས་ཀྱི་འབད་སེམས་	go-dzug-kyi beh-säm
Initiator (m)	མགོ་ཙོམ་མཁན་	go-tsom-khen
Initiator (m), hon.	དབུ་ཙོམ་གནང་མཁན་	u-tsom nhang-khen
injizieren	སྨན་ཁབ་རྒྱག་པ་	men-khab gyag-pa
injizieren (hon.)	སྨན་ཁབ་སྐྱོན་པ་	men-khab kyön-pa
inkonsequent	རྟག་བརྟན་མེད་པ་	tahg-ten meh-pa
Inkonsequenz (f)	མི་བརྟན་པའི་རང་བཞིན་	mi-ten-pae rang-schin
inländisch*	རྒྱལ་ནང་གི་	gyel-nang-gi
Inland (n)*	རྒྱལ་ནང་	gyel-nang
inmitten	འཚམས་ལ་	tzam-la
innen	ནང་ལོགས་	nang-log
Innenminister (m)	ནང་སྲིད་བཀའ་བློན་	nang-sih ka-lön
Innenministerium (n)	ནང་སྲིད་ལས་ཁུངས་	nang-sih lä-khung
Innenpolitik (f)	ནང་སྲིད་	nang-sih
Innenstadt (f)	གྲོང་ཁྱེར་གྱི་ཁྲོམ་གཞུང་	d(r)hong-khyer-kyi t(r)hom-schung
inner	ནང་མ་	nang-ma
innerhalb	ནང་དོས་སུ་	nang-ngö-su
innerlich	ནང་ལོགས་ཀྱི་	nang-log-kyi
innig	གཏིང་ཟབ་པོའི་	ting-sahb-pöe
Innovation (f)	ལེགས་བཅོས་	leg-tschö
Innovationsschub (m)	ལེགས་བཅོས་ཀྱི་སྐུལ་སྟོབས་	leg-tschö-kyi kül-tohb
inoffiziell	གཞུང་འབྲེལ་མ་ཡིན་པའི་	schung-d(r)hel ma-jin-pae
Insasse (m)	འགུལ་པ་	d(r)hül-pa

Insassen-versicherung (f)	འགྲུལ་མིའི་ཉེན་སྲུང་མ་འཇོག་	d(r)hül-mie nyen-sung ma-dschog
Inschrift (f)	རྡོ་བཀོད་ཡི་གི་	do-köh ji-gi
Insekt (n)	འབུ་སྲིན་	bu-sin
Insektenlarve (f)	འབུ་ཕྲུན་	bu-t(r)hen
Insektenstich (m)	འབུ་སྲིན་གྱི་ཟད་པའམ་ཟ་བ་	bu-sin-gyi sehh-pa-am sah-wa
Insektizid (n)	འབུ་སྲིན་གསོད་རྫས་	bu-sin söh-dzä
Insel (f)	གླིང་ཕྲན་	lhing-t(r)hen
Inselbewohner (m)	གླིང་ཕྲན་པ་	lhing-t(r)hen-pa
Inserat (n)	ཚོང་དོན་དྲིལ་བསྒྲགས་	tzong-dhön d(r)hil-d(r)hag
inserieren	ཚོང་དོན་དྲིལ་བསྒྲགས་བྱེད་པ་	tzong-dhön d(r)hil-d(r)hag dschye-pa
insgesamt	ཁྱོན་བསྡོམས་	khyön-dom
insolvent	བུན་འཇལ་མི་ཐུབ་མཁན་	bhün-dschel mi-thub-khen
Insolvenz (f)	བློད་འཇལ་མི་ཐུབ་པའི་གནས་སྟངས་	t(r)hö-dschel mi-thub-pae nhä-tang
Inspektion (f)	ཞིབ་འཇུག་	schib-dschug
Inspektor (m)	ཞིབ་འཇུག་པ་	schib-dschug-pa
inspizieren	ཞིབ་འཇུག་བྱེད་པ་	schib-dschug dschye-pa
Instabilität (f)	བརྟན་པོ་མེད་པ་	ten-po meh-pa
Installateur (m)	བཤིག་སྒྲིག་པ་	schhig-d(r)hig-pa
installieren	འཇོགས་པ་	dzug-pa
Instandhaltung (f)	བདག་གཅེས་	dag-tschä
instand setzen	ཞིག་གསོ་བྱེད་པ་	schig-so dschye-pa
Instandsetzung (f)	ཞིག་གསོ་	schig-so
Instanz (f)	དབང་འཛིན་པ་	wang-dzin-pa

Instinkt (m)	ཚན་སྐྱེད་ཀྱི་རིག་པ་	hlen-kyeh-kyi rig-pa
instinktiv	ཚན་སྐྱེད་ཀྱི་རིག་པའི་ལམ་ནས་	hlen-kyeh-kyi rig-pae lam-nä
Institut (n)	སློབ་གཉེར་ཁང་	lhob-nyer-khang
Institution (f)	སྟེ་གནས་	te-nhä
instruieren	བཀོད་ཁྱུས་གཏོང་བ་	köh-tschyü tong-wa
Instrument (n)	ཡོ་ཆས་	jo-tschhä
Instrument (n), mus.	རོལ་ཆ་	röl-tschha
Intellekt (m)	ཤེས་སྟོབས་	schhä-tohb
intellektuell	ཤེས་སྟོབས་ཅན་	schhä-tohb-tschen
intelligent	རིག་པ་ངོན་པོ་	rig-pa ngön-po
intelligent (hon.)	ཐུགས་རིག་ཡག་པོ་	thug-rig jag-po
Intelligenz (f)	རིག་སྟོབས་	rig-tohb
Intensität (f)	དྲགས་ནན་ཆེ་ཆུང་	ngang-nen tschhe-tschhung
intensiv	གཟབ་ནན་གྱི་	sahb-nen-gyi
interaktiv	གཅིག་ལན་གཅིག་འཇལ་གྱི་	tschig-len tschig-dschel-gyi
interessant	བློ་འཐབ་པའི་	lho-la theh-pae
Interesse (n)	དོ་སྣང་	dho-nghang
Interesse (n), hon.	ཐུགས་སྣང་	thug-nhang
Interessengebiet (n)	བློ་འཐབ་པའི་གཞི་	lho-la theh-pae schi
interessen-gemeinschaft (f)	བློ་མཐུན་དཔུང་སྒྲིག་སྤྱི་ཚོགས་	lho-thün pung-d(r)hig tschyi-tzog
interessieren	དོ་སྣང་བྱེད་པ་	dho-nhang dschye-pa
interessieren, hon.	ཐུགས་སྣང་གནང་བ་	thug-nhang nhang-wa
interkulturell*	རིག་གནས་ཕན་ཚུན་	rig-nhä phen-tzün

Deutsch	Tibetisch	Transkription
Internat (n)	གཏན་སྡོད་སློབ་གྲྭ་	ten-dö lhob-d(r)ha
international	རྒྱལ་སྤྱིའི་	gyal-tschyie
Internationalismus (m)	རྒྱལ་སྤྱིའི་རིང་ལུགས་	gyal-tschyie ring-lug
Internet (n)	ད་རྒྱ་	d(r)ha-gya
Internetportal (n)*	ད་རྒྱའི་སྒོ་ལམ་	d(r)ha-gyae go-lam
Interview (n)	ངོ་གཏུགས་འདྲི་སྟེང་	ngo-tuhg d(r)hi-lheng
interviewen	ངོ་གཏུགས་འདྲི་སྟེང་བྱེད་པ་	ngo-tuhg d(r)hi-lheng dschye-pa
intim	དགའ་ཉེ་	ga-nye
Intimität (f)	ཉེ་ཚུལ་	nye-tzül
intolerant	བཟོད་སྒོམ་མི་ཐུབ་པའི་	söh-gom mi-thub-pae
Intoleranz (f)	མི་བཟོད་པ་	mi-söhh-pa
Intrige (f)	སྐོག་བྱུས་	kog-dschyü
intrigieren	སྐོག་བྱུས་འདིང་བ་	kog-dschyü ding-wa
intrigieren (hon.)	སྐོག་བྱུས་འདིལ་གནང་བ་	kog-bschyü-ding nhang-wa
Invalide (m)	རྨས་མ་	mhä-ma
Invalidität (f)	མི་ནུས་པའི་རང་བཞིན་	mi-nü-pae rang-schin
Inventar (n)	དངོས་ཆས་གྲོ་གཞུང་	nghö-tschhä tho-schung
investieren	མ་འཛུགས་བྱེད་པ་	ma-dzug dschye-pa
Investition (f)	མ་འཛུགས་	ma-dzug
Investitionssumme (f)	གཏོང་རྒྱུའི་མ་དངུལ་	tong-gyue ma-nghül
inzwischen	དེའི་བར་	dhee-bhar
irgend	འགའ་ཤས་	ga-schhä
irgendeiner	སུ་རུང་ཞིག་	su-rung-schig

irgendetwas	ག་རེ་ཡིན་ནའང་	ga-re jin-na-ang
irgendwann	དུས་ཡུན་གང་འཚམས་	dhü-jün ghang-tzam
irgendwie	ག་འདྲ་བྱས་ནའང་	gha-d(r)ha dschyä-na-ang
irgendwo	ས་ཆ་གང་ཡང་རུང་བར་	sa-tschha ghang-jang rung-war
Ironie (f)	རྫོག་ཕྱོགས་གཏམ་བཤད་	dog-tschhyog tam-schheh
ironisch	རྒྱག་གཏམ་གྱི་	gyag-tam-gyi
irre	རིག་ཚོ་མ་ཤེས་པའི་	rig-tzo ma-sihn-pae
irreführen	ལམ་ནོར་ལ་འཁྲིད་པ་	lam nor-la t(r)hih-pa
irren	ནོར་འཁྲུལ་ཤོར་བ་	nor-t(r)hül schhor-wa
Irrsinn (m)	སྨྱོ་ནད་	nyo-neh
Irrtum (m)	ནོར་འཁྲུལ་	nor-t(r)hül
irrtümlich	ནོར་འཁྲུལ་ཅན་གྱི་	nor-tr(hül) tschen-gyi
Ischiasnerv (m)	དཔྱི་མགོའི་དབང་རྩ་	tschyi-göe wang-tsa
Ischias (n)	དཔྱི་མགོའི་དབང་རྩའི་ནད་	tschyi-göe wang-tsae neh
Islam (m)	ཁ་ཆེའི་ཆོས་ལུགས་	kha-tschhäe tschhö-lug
isolieren, elektr.	བར་འཚང་རྒྱག་པ་	bhar-tzang gyag-pa
isolieren, med.	འབྲེལ་མཐུད་གཅོད་པ་	d(r)hel-thüh tschöh-pa

J

ja	ལགས་འོང་	lag-ong
Jacht (f)	དར་གྲུ་	dhar-d(r)hu
Jacke	སྟོད་གོས་	töh-gö
Jade (m oder f)	གཡང་ཏི་	jang-ti
Jagd (f)	རྔོན་	nghön

Jagdbeute (f)	རྔོན་བྱའི་ཡུལ་	nghön-dschyae-jül
Jagdhund (m)	རྔོན་ཁྱི་	nghön-khyi
Jagdrevier (n)	ཁྱི་ར་བའི་ས་སྡེ་	khyi-ra-wae sa-de
Jagdzeit (f)	ཁྱི་ར་བའི་ནམ་དུས་	khyi-ra-wae nam-dhü
jagen	རྔོན་པ་བརྒྱབ་པ་	nghön-pa gyab-pa
jagen (hon.)	རྔོན་པ་སྐྱོན་པ་	nghön-pa kyön-pa
Jäger (m)	རྔོན་པ་	ngön-pa
Jahr (n)	ལོ་	lo
Jahrbuch (n)	ལོ་དེབ་	lo-dheb
jahrelang	ལོ་དང་ལོ་	lo-dhang-lo
Jahresabonnement (n)	ལོ་ལྟར་གྱི་རྒྱུན་མངགས་	lo-tahr-gyi gyün-ngag
Jahresbericht (m)	ལོ་འཁོར་སྙན་ཐོ་	lo-kor nyen-tho
Jahresbilanz (f)	ལོ་འཁོར་སྡོམ་རྩིས་	lo-kor dom-tsi
Jahreseinkommen (n)	ལོ་རེའི་ཡོང་འབབ་	lo-rae jong-bab
Jahreszeit (f)	ནམ་དུས་	nam-dhü
Jahrhundert (n)	དུས་རབས་	dhü-rab
jährlich	ལོ་ལྟར་	lo-tahr
Jahrmarkt (m)	ཁྲོམ་འདུས་	t(r)hom-dü
Jahrtausend (n)	ལོ་སྟོང་གི་དུས་ཡུན་	lo-tong-gi dhü-jün
Jahrzehnt (n)	ལོ་བཅུ་ཕྲག་	lo-tschu-t(r)hag
Jammer (m)	ཐབས་དུག་	thab-dug
jammerlich	ཐབས་སྐྱོ་པོ་	thab-kyo-po
Jangtsekiang	འབྲི་ཆུ་	d(r)hi-tschhu
Januar (m)	ཕྱི་ཟླ་དང་པོ་	tschhyi-da dhang-po

Japan	ཉི་ཧོང་	nyi-hong
Jasmin (m), bot.	བ་སྤུའི་མེ་ཏོག་	bha-t(r)hue me-tog
jäten	ཡུར་མ་ཡུར་པ་	jur-ma jur-pa
jauchzen	དགའ་སྤྲོའི་སྐད་འབོད་རྒྱག་པ་	ga-t(r)höe keh-bö gyag-pa
jauchzen (hon.)	དགའ་སྤྲོའི་གསུང་འབོད་བསྐྱོན་པ་	ga-t(r)hö sung-bö kyön-pa
je	དུས་ནམ་ཡང་	dhü nam-jang
jede	རེ་རེ་བཞིན་	re-re-schin
jedenfalls	གང་ལྟར་ཡང་	ghang-tahr-jang
jederman	མི་ཚང་མ་	mi tzang-ma
jederzeit	དུས་ཀུན་ཏུ་	dhü-kün-tü
jedoch	ཡིན་ནའང་	jin-na-ang
jemand	སུ་རུང་གཅིག་	su-rung-tschig
jene	ཕ་གི་	pha-gi
Jenseits (n)	ཕ་རོལ་དུ་	pha-röl-dhu
jetzig	ད་ལྟའི་	dha-tae
jetzt	ད་ལྟ་	dha-ta
jeweilig	བྱེ་བྲག་སོ་སོའི་	dschye-d(r)hag so-söe
jobben	ལས་དོན་ཚག་ཚིག་བྱེད་པ་	lä-dhön tsag-tsig dschye-pa
Joch (n)	གཉའ་ཤིང་	nyha-schhing
Jochbein (n)	འགྲམ་རུས་	d(r)ham-rü
Jod (n)	བ་ཙ་	ba-tza
jodeln	རི་གླུ་ལེན་པ་	ri-lhu len-pa
Jodoform (n)	བ་ཙ་སྦྱར་རྫས་	ba-tza dschyar-dzä
Joga (n/m)	རྣལ་འབྱོར་	nhel-dschyor

Deutsch	Tibetisch	Umschrift
Joghurt (m)	ཞོ་	scho
Joghurt (m), hon.	གསོལ་ཞོ་	söl-scho
Jogi (m)	རྣལ་འབྱོར་པ་	nhel-dschor-pa
Jogini (f)	རྣལ་འབྱོར་མ་	nhel-dschor-ma
Journalismus (m)	གསར་འགོད་ལས་རིགས་	sar-göh lä-rig
Journalist (m)	གསར་འགོད་ལས་རིགས་པ་	sar-göh lä-rig-pa
Jubel (m)	སྤྲོ་ཉམས་སྤེལ་བའི་སྐད་བརྡ་	t(r)ho-nyam phel-wae keh-da
jubeln	སྤྲོ་བ་སྤེལ་བ་	t(r)ho-wa phel-wa
Jubiläum (n)	དགའ་སྟོན་གྱི་ལོ་ཚིགས་	ga-tön-gyi lo-tzig
jucken	ཟ་འཕྲུག་ལང་པ་	sah-t(r)hug lang-pa
Jugend (f)	གཞོན་ནུ་	schön-nu
Jugendamt (n)	གཞོན་ནུའི་བདེ་དོན་ལས་ཁུང་	schön-nue de-dhön lä-khung
Jugendherberge (f)	གཞོན་ནུའི་མགྲོན་ཁང་	schön-nue d(r)hön-khang
jugendlich	གཞོན་ཤ་ཅན་	schön-schha-tschen
Juli (m)	ཕྱི་ཟླ་བདུན་པ་	tschhyi-dha dün-pa
jung	ན་ཆུང་	na-tschhung
Junge (m)	བུ་	bhu
Junge (m), hon.	སྲས་	sä
Jungendzeit (f)	གཞོན་ནུའི་ལང་ཚོ་	schön-nue lang-tso
Jungfrau (f)	བུ་མོ་མོ་གསར་	bhu-mo mo-sar
Junggeselle (m)	ཕོ་ཧྲང་	pho-h(r)hang
Junggesellin (f)	མོ་ཧྲང་	mo-h(r)hang
Jüngling (m)	གཞོན་པ་	schön-pa
jüngst	ཆུང་ཤོས་	tschhung-schhö

Juni (m)	ཕྱི་ཟླ་དྲུག་པ་	tschhyi-dha d(r)hug-pa
Jupiter (m)	ཕུར་བུ་	phur-bhu
Jurist (m)	ཁྲིམས་རྩོད་པ་	t(r)him-tsöh-pa
juristisch	ཁྲིམས་ཐོག་གི་	t(r)him-thog-gi
Jury (f)	བཤེར་དཔང་ལྷན་ཚོགས་	schher-pang hlen-tzog
justieren	རིན་འཚམས་བསྒྲིགས་པ་	rin-tzam d(r)hig-pa
Justiz (f)	ཁྲིམས་ལུགས་སྟངས་འཛིན་	t(r)him-lug tang-dzin
Justizbeamte (m)	ཁྲིམས་དོན་གྱི་ལས་འཛིན་	t(r)him-dhön-gyi lä-dzin
Justizirrtum (m)	ཁྲིམས་དོན་འགལ་འཛོལ་	t(r)him-dhön gel-dzöl
Justizministerium (n)	ཁྲིམས་དོན་ལྷན་ཁང་	t(r)him-dhön hlen-khang
Justizmister (m)	ཁྲིམས་དོན་བཀའ་བློན་	t(r)him-dhön ka-lhön
Jute (f)	སེ་མ་ར་ཙ་	se-ma-ra-tsa
Juwel (n)	རིན་པོ་ཆེ་	rin-po-tschhe
Juwelier (m)	ཕ་རྒྱན་བཟོ་མཁན་	t(r)ha-gyen soh-khen

K

Kabarett (n)	བྲར་བའི་གློས་གར་	suhr-sahe dhö-ghar
Kabarettist (m)	བྲར་བའི་གློས་གར་བ་	suhr-sahe dhö-ghar-wa
Kabel (n)*	འཕྲིན་ཐག་	t(r)hin-thag
Kabelanschluss (m)*	འཕྲིན་ཐག་སྦྲེལ་བསྡུད་	t(r)hin-thag d(r)hel-thüh
Kabine (f)	ཁང་ཆུང་	khang-tschhung
Kabinett (n)	བཀའ་ཤག་	ka-schhag
Kachel (f)	ཐོག་ཛ་	thog-dza
kacheln	ཐོག་ཛ་འགེབས་པ་	thog-dza geb-pa

Kachelofen (m)	ཐོག་རྫའི་ཐབ་	thog-dzae-thab
Kadaver (m)	ཤི་རོ་	schhi-ro
Kaffee (m)	ཚིག་ཇ་	tzig-dscha
Kaffeekanne (f)*	ཚིག་ཇའི་ཁོག་མ་	tzig-dschae khog-ma
Kaffeelöffel (m)*	ཚིག་ཇའི་ཐུར་ཆུང་	tzig-dschae thur-tschhung
Kaffeemühle (f)*	ཚིག་ཇ་དར་རྡོ་	tzig-dscha dar-do
Käfig (m)	ལྷུང་ཙི་	lhung-tsi
Kahlkopf (m)	མགོ་རིལ་	go-ril
Kahlkopf (m), hon.	དབུ་ལྡུམ་	u-dum
Kaiser (m)	གོང་མ་	ghong-ma
Kaiserreich (n)	གོང་མའི་རྒྱལ་ཁམས་	ghong-mae gyel-kham
Kajüte (f)	གྲུའི་སྐྱིལ་བུ་	d(r)hue tschyil-bhu
Kaktus (m)	ཀླུ་ཤིང་	lhu-schhing
Kalb (n)	བེའུ་	bhe-u
Kalbfleisch (n)	བེའུའི་ཤ་	bhe-ue-schha
Kalbsbraten (m)*	བེའུ་ཤ་སྲེག་པ་	bhe-u-schha seg-pa
Kalbsleber (f)*	བེའུའི་མཆིན་པ་	bhe-ue tschhin-pa
Kalender (m)	ལོ་ཐོ་	lo-tho
Kaliber (n)	ཁོག་རྒྱ་	khog-gya
Kalk (m)	རྡོ་ཐལ་	do-thel
Kalkstein (m)	རྡོ་ཐལ་རྡོ་	do-thel-do
Kalkulation (f)	རྩི་གཞི་	tsi-schi
kalkulieren	རྩིས་རྒྱག་པ་	tsi gyag-pa
Kalligraph (m)	ཡིག་གཟུགས་མཁས་པ་	jig-suhg khä-pa
Kalligraphie (f)	ཡིག་གཟུགས་འབྲི་རྩལ་	jig-suhg d(r)hi-tsel

Kalorie (f)	དོད་ཚད་	d(r)höh-tzeh
kalorienarm	དོད་ཚད་དམའ་བོ་	d(r)höh-tzeh mha-wo
kalorienreich	དོད་ཚད་མཐོ་པོ་	d(r)höh-tzeh tho-po
kalt	གྲང་ངར་ཅན་	d(r)hang-ngar-tschen
kaltblütig	ཡ་ང་སྙིང་རྗེ་མེད་པ་	ja-nga nying-dsche meh-pa
Kälte (f)	གྲང་མོ་	d(r)hang-mo
Kälteeinbruch (m)	ལྷོ་བུར་གྱི་གྲང་ངར་	lho-bhur-gyi d(r)hang-ngar
Kälteperiode (f)*	གྲང་ངར་གྱི་དུས་ཡུན་	d(r)hang-ngar-gyi dhü-jün
Kaltfront (f)	གྲང་ངར་གྱི་འཐབ་མཚམས་	d(r)hang-ngar-gyi thab-tzam
Kaltluft (f)	ལྷུང་གྲང་	lhung-d(r)hang
Kamel (n)	རྔ་མོང་	ngha-mong
Kamelie (f), bot.	མེ་ཏོག་བྲག་སྤོས་	me-tog d(r)hag-pö
Kamera (f)	པར་ཆས་	par-tschhä
Kamerad (m)	བློ་བཟུན་	lho-thün
Kameradschaft (f)	བློ་བཟུན་གྱི་རང་ཆུལ་	lho-thün-gyi ngang-tzül
kameradschaftlich	བློ་བཟུན་རང་ཆུལ་གྱི་	lho-thün ngang-tzül-gyi
Kamille (f)	མེ་ཏོག་ལུག་མིག་	me-tog lug-mig
Kamillentee (m)	མེ་ཏོག་ལུག་མིག་གི་ཐང་	me-tog lug-mig-gi thang
Kamin (m)	དུ་ཁུང་	dhu-khung
Kaminfeger (m)	དུ་ཁུང་འཕྱག་མཁན་	dhu-khung tschhyag-khen
Kaminsims (m)	ཐབ་སྡོམ་བང་ཁྲི་	thab-d(r)hom bhang-t(r)hi
Kamm (m)	རྒྱུག་ཤད་	gyug-schheh

kämmen	རྒྱུག་ཤད་རྒྱུག་པ་	gyug-schheh gyag-pa
Kammer (f)	སྒྱིལ་བུ་	tschyil-bhu
Kampagne (f)	འཐབ་རྩོད་	thab-tzö
Kampf (m)	འཐབ་འཛིང་	thab-dzing
Kampf (m), blutiger	དམར་འཐབ་	mhar-thab
kämpfen	འཐབ་འཁྲུག་བྱེད་པ་	thab-t(r)hug dschye-pa
Kampfer (m)	ག་བུར་	gha-bhur
Kämpfer (m)	འཛིན་མཁན་	dzin-khen
Kampfflugzeug (n)	མཁའ་དམག་གནམ་གྲུ་	kha-mhag nham-d(r)hu
Kampfgeist (m)*	འཐབ་འཛིན་སྙིང་སྟོབས་	thab-dzin nying-tohb
Kampfkraft (f)*	འཐབ་འཛིན་ནུས་མཐུ་	thab-dzin nü-thu
Kanal (m)	ཆུ་ཡུར་	tschhu-jur
Kanalisation (f)	ས་འོག་གི་ཆུ་ཡུར་	sa-wog-gi tschhu-jur
kanalisieren*	ཆུ་ཡུར་གཏོང་བ་	tschhu-jur tong-wa
Kandidat (m)	འོས་ཞུགས་	wö-schug
kandidieren	འོས་བསྡུར་ཞུགས་པ་	wö-dur schug-pa
Känguru (n), zo.	ཁུག་བྱི་	khug-dschyi
Kaninchen (n)	རི་བོང་	ri-bhong
Kanister (m)	ཚགས་ཀྱིན་	tschag-t(r)hin
Kanone (f)	མེ་སྒྱོགས་	me-gyog
Kante (f)	ཟུར་གདོང་	suhr-dong
Kantine (f)	ཉེར་སྤྱོན་ཟ་ཁང་	nyer-tschyön sah-khang
Kanzel (f)	ཆོས་ཁྲི་	tschhö-t(r)hi
Kanzlei (f)	ཡིག་ཚང་	jig-tzang
Kanzler (m)	བློན་ཆེན་	lhön-tschhen

Kap (n), geog.	མཚོ་དོགས་རི་སྣ་	tzo-ngog ri-nha
Kapazität (f)	ནུས་ཚད་	nü-tzeh
Kapazität (f), (Volumen)	ཤོང་ཚད་	schhong-tzeh
Kapelle (f)	མཆོད་ཁང་	tschhöh-khang
Kapital (n), eco.	མ་རྩ་	ma-tsa
Kapital anlegen	མ་རྩ་འཇོག་པ་	ma-tsa dschog-pa
Kapitalanlage (f), eco.	མ་འཛུགས་	ma-dzug
Kapitalanleger (m)	མ་འཛུགས་བྱེད་མཁན་	ma-dzug dschyeh-khen
Kapitalaufwand (m)*	མ་འཛུགས་འགྲོ་སྒོ་	ma-dzug d(r)ho-go
Kapitalertrag (m)*	མ་འཛུགས་ཐོབ་འབབ་	ma-dzug thob-bab
Kapitalertragssteuer (f)*	མ་འཛུགས་ཁེ་ཕན་ཁྲལ་འབབ་	ma-dzug khe-phen t(r)hel-bab
Kapitalflucht (f)*	མ་འཛུགས་སྦུད་གསང་	ma-dzug beh-sang
kapitalisieren	མ་རྩར་འགྱུར་བ་	ma-tsar gyur-wa
Kapitalismus (m)	མ་རྩའི་རིང་ལུགས་	ma-tsae ring-lug
Kapitalist (m)	མ་རྩའི་རིང་ལུགས་པ་	ma-tsae ring-lug-pa
kapitalistisch	མ་རྩའི་རིང་ལུགས་ཀྱི་	ma-tsae ring-lug-kyi
Kapitän (m)	དེད་དཔོན་	dheh-pön
Kapitel (n)	ལེའུ་	le-wu
Kapitulation (f)	མགོ་བཏགས་ཚེམས་འབུལ་	go-tahg tsi-bül
kapitulieren	མགོ་བཏགས་པ་	go tahg-pa
Kapsel (f), med.	ཐུན་ཐུབ་	thün-thub
kaputt	ཆག་ཀྱོག་	tschhag-kyog
kaputtgehen	ཆག་ཀྱོག་འགྲོ་བ་	tschhag-kyog d(r)ho-wa
kaputtmachen	ཆག་ཀྱོག་གཏོང་བ་	tschhag-kyog tong-wa

Kapuze (f)	གདེངས་ཞ་	deng-scha
Karaffe (f)	ཤེལ་གྱི་ཆུ་དམ་	schhel-gyi tschhu-dham
Karat (n)	སྲང་འབྲུ་	sang-d(r)hu
karg	སྐམ་ཞིང་རིད་པ་	kam-sching rih-pa
kariert	ཁོ་སྒྲིག་ཅན་	schho-d(r)hig-tschen
Karies (f), med.	བམ་རུལ་	bham-rül
Karikatur (f)	མཚོན་དོན་རི་མོ་	tzön-dhön ri-mo
Karikaturist (m)	མཚོན་དོན་རི་མོ་མཁན་	tzön-dhön ri-mo-khen
karikieren	མཚོན་དོན་རི་མོ་འབྲི་བ་	tzön-dhön ri-mo d(r)hi-wa
Karosserie (f), mot.*	སྣུམ་འཁོར་ཁོག་སྒྲོམ་	nhum-khor khog-d(r)hom
Karotte (f)	ལབ་སེར་	lab-ser
Karpfen (m)	རྫིང་ཉ་	dzing-nya
Karre (f)	ལག་འདུད་འཁོར་ལོ་	lag-d(r)hüh khor-lo
Karte (f)	ས་ཁྲ་	sa-t(r)ha
Kartei (f)	དཀར་ཆག་ཤོག་ལྷེ་	kar-tschhag schhog-hle
Kartell (n)	བཟོ་ཚོང་མཐུན་གྲོས་སྡེ་ཚན་	soh-tzong thün-d(r)hö de-tzen
Kartoffel (f)	ཞོག་གོག་	scho-gog
Kartoffel (f), hon.	ཞལ་ཞོག་	schel-schog
Kartoffelbrei (m)	ཞོག་ཁོག་སྣུར་མ་	schog-khog nhur-ma
Kartoffelchips (m/pl)*	ཞོ་ཁོག་སྟིག་ཧྲུག་	scho-khog tihg-h(r)hug
Kartoffelknödel (m)*	ཞོ་ཁོག་བག་རིལ་	scho-khog bhag-ril
Kartoffelsuppe (f)	ཞོ་ཁོག་གི་ཐུག་པ་	scho-khog-gi thug-pa
Karton (m)	སྦྱར་པང་	dschar-pang
Karussell (n)	བསྐོར་ཏེ་	kor-te

Kaschmir (m)	ཁ་ཆེའི་ར་ཁུལ་	kha-tschhäe ra-khül
Käse (m)	ཕྱུར་ར་	tschhyur-ra
Käse (m), hon.	བཞེས་ཕྱུར་	schä-tschhyur
Kaserne (f)	དམག་མིའི་སྡོད་ཤག་	mhag-mie döh-schhag
Kasino (n)	རྒྱན་རྩེད་ཁང་	gyen-tseh-khang
Kasse (f)	དངུལ་སྒམ་	nghül-gam
Kassenbon (m)	འབྱོར་འཛིན་	dschyor-dzin
Kassette (f)	སྒྲ་ཐག་	düh-thag
Kassetten-rekorder (m)	སྒྲ་སྡུད་འཕྲུལ་ཆས་	d(r)ha-düh t(r)hül-tschhä
kassieren*	དངུལ་བསྡུ་བྱེད་པ་	nghül-du dschye-pa
Kassierer (m)	དངུལ་གཉེར་	nghül-nyer
Kastanie (f)	གམ་ཚིག་སྟར་ཁ་	gham-tzig tahr-kha
Kasten (m)	ཚ་སྒམ་	tschha-gam
kastrieren	བྱ་གཅོད་པ་	dschya tschöh-pa
Katalog (m)	ཐོ་གཞུང་	tho-schung
Katalysator (m)*	གཞན་འགྱུར་རང་བརྟན་རྒྱུ་རྫས་	schen-gyur rang-ten gyu-dzä
Katarrh (m)	ཡ་ཆམ་	ja-tschham
katastrophal	གནོད་སྐྱོན་གྱི་	nhöh-kyön-gyi
Katastrophe (f)	གནོད་སྐྱོན་	nhöh-kyön
Katastrophen-gebiet (n)	གནོད་སྐྱོན་བྱུང་བའི་ས་གནས་	nhöh-kyön dschung-wae sa-nhä
Katastrophen-schutz (m)	གནོད་སྐྱོན་དོ་དམ་ཉེན་སྲུང་	nhöh-kyön dho-dham nyen-sung
Kategorie (f)	ཁོང་གཏོགས་	khong-tohg
Kathedrale (f)*	ཡེ་ཤུའི་ལྷ་ཁང་ཆེ་མོ་	je-schhue hla-khang tschhe-mo

Katholik (m)	ཁ་ཐོ་ལིག་	kha-tho-lig
Katholizismus (m)	ཡེ་ཤུའི་ཁ་ཐོ་ལིག་ཆོས་ལུགས་	je-schhue kha-tho-lig tschhö-lug
Kätzchen (n)	ཞིམ་ཕྲུག་	schim-t(r)hug
Katze (f)	ཞི་མི་	schhi-mi
kauen	མུར་བ་	mur-wa
Kauf (m)	ཉོ་ཚ་	nyo-tschha
Kaufanreiz (m)*	ཉོ་ཆེད་སྐུལ་སློང་	nyo-tschheh kül-lhong
kaufen	ཉོ་བ་	nyo-wa
kaufen (hon.)	གཟིགས་པ་	sihg-pa
Käufer (m)	ཉོ་མཁན་	nyo-khen
Käufer (m), hon.	གཟིགས་མཁན་	sihg-khen
Kaufhaus (n)	ཚོང་ཁང་	tzong-khang
Kaufkraft (f), econ.	ཉོ་སྟོབས་	nyo-tohb
käuflich	ཉོ་རུང་བ་	nyo-rung-wa
Kaufmann (m)	ཚོང་པ་	tzong-pa
kaufmännisch	ཚོང་ལས་ཀྱི་	tzong-lä-kyi
Kaugummi (m)	འགྱིག་བྱི་རིལ་	gyig dschyi-ril
kaum	ཡིན་དཀའ་བ་	jin-ka-wa
Kaution (f)	བཙོན་འགྲོལ་ཁག་ཐེག་	tsön-d(r)höl khag-theg
Kautschukbaum (m)	འགྱིག་ཤིང་	gyig-schhing
Kavalier (m)	མི་ཡ་རབས་	mi ja-rab
Kaviar (m)*	ཉ་སྒོང་	nya-gong
keck	ཕོ་སྟོབས་ཚ་པོ་	pho-d(r)hob tza-po
Kehle (f)	སྐེ་	ke
Kehle (f), hon.	མགུལ་	gül

Deutsch	Tibetisch	Umschrift
Kehlkopf (m)	གྲེ་བ་	d(r)he-wa
Kehrseite (f)	རྒྱབ་ཕྱོགས་	gyab-tschhyog
kehrtmachen	ཕྱིར་ལོག་བྱེད་པ་	tschhyir-log dschye-pa
Keil (m)	ཁྱིའུ་	khyi-u
keilförmig	ཁྱིའུ་ལྟ་བུ་	khyi-u-ta-bhu
Keilriemen (m), mot.	རླུང་འཁོར་སྐོར་ཐག་	lhung-khor kor-thag
Keim (m), biol.	སྐྱེ་སྟེན་ཕྲ་རབ་	kye-den t(r)ha-mo
keimfrei	སྐྱེ་འཕེལ་མི་ནུས་པའི་	kye-phel mi-nü-pae
Keks (m)	ཏེན་ཤིང་	ten-schhing
Kelchblatt (n), biol.	འདབ་གདན་	dab-den
Keller (m)	ས་འོག་གི་ཁང་མིག་	sa-wog-gi khang-mig
Kellner (m)	ཟ་ཁང་ཞབས་ཞུ་བ་	sah-khang schab-schu-wa
kennen	ཤེས་པ་	schhä-pa
kennen (hon.)	མཁྱེན་པ་	kyen-pa
kennenlernen	ངོ་ཤེས་གཏོང་བ་	ngo-schhä tong-wa
Kenner (m)	ཉམས་རྒྱུས་ཅན་	nyam-gyü-tschen
Kenntnis (f)	ཤེས་ཡོན་	schhä-jön
Kenntnis (f), hon.	མཁྱེན་ཡོན་	kyen-jön
kennzeichnen	མངོན་པར་བསྟན་པ་	nghön-par ten-pa
Kennzeichnung (f)	རྣམ་པར་སྟོན་ཚུལ་	nham-par tön-tzül
kentern	གྲུ་ལོག་འཁོར་བ་	d(r)hu-log schhor-wa
Keramik (f)	རྫ་བཟོའི་ལས་རྩལ་	dza-söh lä-tsel
Keramiker (m)	རྫ་མཁན་	dza-khen
Kerbe (f)	ཉག་མ་	nyag-ma
Kern (m), (Frucht)	ཚི་གུ་	tzi-ghu

Deutsch	Tibetisch	Umschrift
Kern (m), (Wesen)	སྙིང་པོ་	nying-po
Kern (m), phys.	རྡུལ་ཕྲན་གྱི་སྙིང་པོ་	dül-t(r)hen-gyi nying-po
Kernenergie (f)*	རྡུལ་ཕྲན་གྱི་ནུས་ཤུགས་	dül-t(r)hen-gyi nü-schhug
kerngesund	གཟུགས་སྟོབས་ཆེ་བ་	suhg-tohb tschhe-wa
kerngesund (hon.)	སྐུ་སྟོབས་ཆེ་བ་	ku-tohb tschhe-wa
Kernkraftwerk (n)*	རྡུལ་ཕྲན་གྱི་གློག་འདོན་ས་ཚིགས་	dül-t(r)hen-gyi lhog-dön sa-tzig
Kernpunkt (m)	སྙིང་བཅུད་	nying-tschüh
Kernreaktor (m)	རྡུལ་ཕྲན་ལྡོག་འགྱུར་ཡོ་ཆས་	dül-t(r)hen dog-gyur jo-tschhä
Kerntechnik (f)*	རྡུལ་ཕྲན་བཟོ་ལས་རིག་རྩལ་	dül-t(r)hen soh-lä rig-tsel
Kernzerfall (m), phys.*	རྡུལ་ཕྲན་གྱི་ཆ་ཤས་སོ་སོར་བགྲལ་བ་	dül-t(r)hen-gyi tschha-schhä so-sor t(r)hel-wa
Kerze (f)	ཡང་ལ་	jang-la
Kessel (m)	ཁོག་སྟིར་	khog-dhir
Kessel (m), hon.	གསོལ་སྟིར་	söl-dhir
Kette (f)	ལྕག་	d(r)hog
ketten	ལྕགས་ལྕག་རྒྱག་པ་	tschag-d(r)hog gyag-pa
Kettenglied (n)	ལྕ་ཚིགས་	hlu-tzig
Kettenhund (m)	འདོགས་ཁྱི་	dog-khyi
Kettenraucher (m)	ཐ་མ་ཁ་མུ་བསྟུད་འཐེན་མི་	tha-ma mu-thüh then-mi
Kettenreaktion (f)	ལུ་གུ་བརྒྱུད་ཀྱི་ལྡོག་འགྱུར་	lu-ghu gyüh-kyi dog-gyur
keuchen	དབུགས་ཧལ་བ་	ug hel-wa
Keuchhusten (m)	གློ་ནད་ཐེས་པོ་	lho-neh thä-po
Keule (f)	དབྱུག་པ་	dschyug-pa (jhug-pa)
kichern	དགྱོད་དགོད་རྒྱག་པ་	gyöh-göh gyag-pa

Kiefer (f)	ཐང་ཤིང་	thang-schhing
Kiefer (m), anat.	འགྲམ་རུས་	d(r)ham-rü
Kies (m)	རྡོ་ཧྲུག་	do-h(r)hug
Kieselstein (m)	རྡེའུ་ཧྲུག་	de-u h(r)hug
Killer (m)	གསོད་མཁན་	söh-khen
Kilo (n)	ཀི་ལོ་	ki-lo
Kilometer (m)	ཀི་ལོ་མི་ཏར་	ki-lo me-tar
Kind (n)	ཕྲུ་གུ་	t(r)hu-ghu
Kind (n), hon.	ཨ་ཝ་	a-wa
Kindbettfieber (n)	བྱིས་པའི་བཙས་རྗེས་ཀྱི་ནད་	dschyi-wae tsä-dzä-kyi neh
Kinderarzt (m)	བྱིས་ནད་སྨན་པ་	dschyi-neh men-pa
Kindergarten (m)	བྱིས་པའི་བདེ་སྲུང་ཁང་	dschyi-wae de-sung-khang
Kinderkrippe (f)	བྱིས་པའི་ཚོལ་ཁང་	dschyi-wae tschöl-khang
Kinderlähmung (f), med.	དབང་རྩ་རེངས་པའི་ནད་	wang-tsa reng-wae neh
kinderlos	ཕྲུ་གུ་མེད་པ་	t(r)hu-ghu meh-pa
Kindermädchen (n)	མ་མ་	ma-ma
Kinderspielplatz (m)*	བྱིས་པའི་རྩེད་ཐང་	dschyi-wae tseh-thang
Kinderwagen (m)	བྱིས་པའི་འཁྱོགས་འཁོར་	dschyi-wae khyog-khor
Kindesalter (n)	བྱིས་པའི་ན་ཚོད་	dschyi-wae na-tzöh
Kindheit (f)	བྱིས་པའི་གནས་སྐབས་	dschyi-wae nhä-kab
kindisch	ཕྲུ་གུ་འདྲ་བའི་	t(r)hu-ghu d(r)ha-wae
kindlich	བྱིས་པ་ལྟ་བུ་	dschyi-wa ta-bhu
Kinn (n)	མས་ལེ་	mä-le
Kinn (n), hon.	ཞལ་མས་	schel-mä

Kino (n)	སློག་བརྙན་ཁང་	lhog-nyhen-khang
Kinovorstellung (f)	སློག་བརྙན་འཁྲབ་སྟོན་	lhog-nyhen t(r)hab-tön
kippen	སྣོད་སྒུར་བ་	nhöh gur-wa
Kippfenster (n)	འཕྲེ་སྙལ་སྒེའུ་ཁུང་	t(r)he-nyel ge-u-khung
Kirche (f)	ཡེ་ཤུའི་མཆོད་ཁང་	je-schhue tschhö-khang
Kirchenlied (n)	ཆོས་ཀྱི་བསྟོད་དབྱངས་	tschhö-kyi töh-jang
Kirschbaum (m)	སེའུའི་སྡོང་པོ་	se-üi dong-po
Kirsche (f)	སེའུ་	se-u
Kissen (n)	སྔས་འབོལ་	nghä-böl
Kiste (f)	སྒམ་	gam
Kiste (f), hon.	ཕྱག་སྒམ་	tschhag-gam
Kitsch (m)	མཁོ་མེད་	kho-meh
kitschig	མཁོ་མེད་པའི་	kho-meh-pae
Kittel (m)	སྟེང་གྱོན་	ten-gyön
kitzeln	ཨི་ཙི་གུ་ལུ་སློང་བ་	i-tsi ghu-lu lhang-wa
Kitzeln (n)	ཨི་ཙི་གུ་ལུ་	i-tsi ghu-lu
Klage (f)	ཞུ་གཏུགས་	schu-tuhg
klagen	ཞུ་གཏུགས་བྱེད་པ་	schu-tuhg dschye-pa
klagen (hon.)	ཞུ་གཏུགས་གནང་བ་	schu-tuhg nhang-wa
Kläger (m)	ཐིམས་གཏུགས་བྱེད་པོ་	t(r)him-tuhg dschyeh-po
kläglich	སྙིང་རྗེ་ཅན་	nying-dsche-tschen
Klammer (f)	སྟེབ་གཟེར་	tehb-sehr
klammern	འཐམ་པ་	tham-pa
Klang (m)	སྐད་གདངས་	keh-dang
klangvoll	མཛེས་སྐད་སངས་པོ་	d(r)hin-keh sang-po

Klappbett (n)	ཉལ་ཁྲི་ལྟེབ་ཚེག་	nyel-t(r)hi tehb-tseg
klappern	ཁྲོག་ཁྲོག་གི་སྒྲ་འབྱིན་པ་	t(r)hog-t(r)hog-gi d(r)ha dschyin-pa
Klapperschlange (f)	དུག་སྦྲུལ་ཁྲོག་སྒྲ་མ་	dhug-d(r)hül t(r)hog-d(r)ha-ma
Klappmesser (n)	ལྟེབ་གྲི་	tehb-d(r)hi
klapprig	ཡ་མེ་ཡོམ་མེ་	ja-me jom-me
Klappstuhl (m)*	ཀུབ་ཀྱག་ལྟེབ་ཚེག་	kub-kyag dehb-tseg
klar	གསང་པོ་	sang-po
Kläranlage (f)	བཙོག་ཆུ་དྭངས་འཛིན་བྱེད་ས་	tsog-tschhu je-d(r)hen dschye-sa
klären	སེལ་བ་	sel-wa
klarmachen	གཙང་སེལ་བྱེད་པ་	tsang-sel dschye-pa
klarstellen	གསལ་པོ་བཟོ་བ་	sel-po soh-wa
Klasse (f)	འཛིན་གྲྭ་	dzin-d(r)ha
Klassengesell-schaft (f)	གྲལ་རིམ་གྱི་སྤྱི་ཚོགས་	d(r)hel-rim-gyi tschyi-tzog
Klassenzimmer (n)	སློབ་ཁང་	lhob-khang
klassifizieren	སྡེ་ཚན་དུ་དབྱེ་བ་	de-tzen-dhu je-wa
Klassifizierung (f)	སྡེ་ཚན་དབྱེ་འབྱེད་	de-tzen je-dschyeh
Klassik (f)	གནའ་རབས་	nha-rab
Klassiker (m)	གནའ་རབས་པ་	nha-rab-pa
klassisch	གནའ་རབས་ཀྱི་	nha-rab-kyi
Klatsch (m)	གཏམ་འཆལ་	tam-tschhel
klatschen	མུ་ཚོར་སྒྲ་བ་	mu-tschor mha-wa
Klatschspalte (f)	གཏམ་འཆལ་ཀ་མིག་	tam-schhel ka-mig
klauen	རྐུ་བ་	ku-wa

Klausel (f), jur.	ཚན་པ་	tzen-pa
Klavier (n)	རྣོ་དཀྲོལ་	nho-t(r)höl
kleben	འབྱར་བ་	dschyar-wa
klebrig	འབྱར་བག་ཅན་	dschyar-bhag-tschen
Klebstoff (m)	འབྱར་རྩི་	dschyar-tsi
Kleid (n)	གོས་	gö
Kleid (n), hon.	ནམ་བཟའ་	nam-sah
Kleidung (f)	ཆས་གོས་	tschhä-gö
Kleiderschrank (m)	གོས་སྒམ་	gö-gam
klein	ཆུང་ཆུང་	tschhung-tschhung
Kleingeld (n)	དངུལ་སིལ་མ་	nghül sil-ma
Kleinhandel (m)	སིལ་ཚོང་	sil-tzong
Kleinhändler (m)	སིལ་ཚོང་རྒྱག་མཁན་	sil-tzong gyag-khen
Kleinhändler (m), hon.	སིལ་ཚོང་སྐྱོན་མཁན་	sil-tzong kyön-khen
Kleinkind (n)	ཕྲུ་གུ་ཆུང་ཆུང་	t(r)hu-ghu tschhung-tschhung
Kleinkrieg (m)	འཇབ་དམག་	dschab-mhag
kleinlich	སེམས་གུ་དོག་པོ་	sem-ghu dhog-po
Kleinod (n)	རིན་པོ་ཆེ་	rin-po-tschhe
Kleister (m)	སྐྱོ་མ་	kyo-ma
Klemme (f)	སྐམ་འཛིན་	kam-dzin
klettern	འཛེག་པ་	dzeg-pa
Kletterpflanze (f)	འཁྲི་ཤིང་	t(r)hi-schhing
Klettverschluss (m)	འཛིན་སློག་	dzen-d(r)hog
Klient (m)	ཚོང་ཕག་	tzong-schhag

Klima (n)	གནམ་གཤིས་	nham-schhi
Klimakatastrophe (f)*	གནམ་གཤིས་ཀྱི་རྐྱེན་ངན་	nham-tschhi-kyi kyen-ngen
Klimaschutz (m)*	གནམ་གཤིས་ཉེན་སྲུང་	nham-schhi nyen-sung
klimatisch	གནམ་གཤིས་ཀྱི་	nham-schhi-kyi
Klimaveränderung (f)*	གནམ་གཤིས་འཕོར་འགྱུར་	nham-schhi phor-gyur
Klinge (f)	དངོ་	ngo
Klingel (f)	དྲིལ་བུ་	d(r)hil-bhu
klingeln	དྲིལ་བུ་དཀྲོག་པ་	d(r)hil-bhu t(r)hog-pa
Klinik (f)	སྨན་བཅོས་ཁང་	men-tschö-khang
klinisch	མལ་ལུས་ནད་པའི་	mel-lü neh-pae
Klinke (f)*	སྒོའི་ལག་འཇུ་	göe lag-dschu
Klippe (f)*	བྲག་གི་གྱེན་གསེག་	d(r)hag-gi gyen-seg
klirren	སིལ་སྒྲ་སྒྲོག་པ་	sil-d(r)ha d(r)hog-pa
klobig	བོངས་ཆེན་པོ་	bhong tschhen-po
Klopapier (n)	གཙང་ཤོག་	tsang-schhog
klopfen	རྡུང་བ་	dung-wa
Kloster (n)	དགོན་པ་	gön-pa
Klosterhof (m)	ཆོས་ར་	tschhö-ra
Klub (m)	སློབ་སྦྱོང་ཚོགས་པ་	t(r)ho-kyih tzog-pa
Klubhaus (n)	སློབ་སྦྱོང་ཚོགས་ཁང་	t(r)ho-kyih tzog-khang
klug	སྤྱང་པོ་	tschyang-po
Klugheit (f)	རིག་སྟོབས་	ring-tohb
knabbern	སོ་འཐོག་རྒྱག་པ་	so-thog gyag-pa
Knabe (m)	བུ་	bhu

Knabe (m), hon.	སྲས་	säh
knacken	ཚག་སྒྲ་བརྒྱག་པ་	tzag-d(r)ha d(r)hag-pa
Knall (m)	ཐང་སྒྲ་	thang-d(r)ha
Knalleffekt (m)*	ཐང་སྒྲའི་ནུས་པ་	thang-d(r)hae nü-pa
knallen	ཐང་སྒྲ་སྒྲོག་པ་	thang-d(r)ha d(r)hog-pa
knallig	ཐང་སྒྲ་ཆེན་པོ་	thang-d(r)ha tschhen-po
knapp	ཚད་གཞི་ཅན་	tzeh-schi-tschen
knapphalten	ཚད་གཞི་ཅན་དུ་ཉར་བ་	tzeh-schi-tschen-dhu nyar-wa
Knappheit (f)	ཉུང་སྐྱེན་	nyung-kyen
knauserig	སེར་སྣ་ཅན་	ser-nha-tschen
kneifen	སེན་འཐོག་རྒྱག་པ་	sen-thog gyag-pa
Kneifzange (f)*	སྐམ་པ་ཅུ་འཛིན་	kam-pa tschu-dzin
Knie (n)	པུས་མོ་	pü-mo
Knie (n), hon.	ཞབས་པུས་	schab-pü
Kniebeuge (f)	པུས་མོ་མདུད་འགུག་	pü-mo düh-gug
Knie beugen	པུས་མོ་འགུག་པ་	pü-mo gug-pa
Kniescheibe (f)	པུས་མོའི་འཕང་ལོ་	pü-möe phang-lo
Kniestrumpf (m)	འབོབ་རིང་	bob-ring
knifflig	མགོ་རྙོག་པོ་	go-nyog-po
knirschen	ཊོབ་སྒྲ་བརྒྱག་པ་	h(r)hob-d(r)ha d(r)hag-pa
knittern	གཉེར་སུལ་ཐོབས་པ་	nyer-sül thob-pa
Knoblauch (m)	སྒོག་པ་	gog-pa
Knöchel (m)	རུས་ཚིགས་	rü-tzig
Knochen (m)	རུས་པ་	rü-pa

Knochenbruch (m)	རུས་པ་གས་ཆག་	rü-pa ghä-tschhag
Knochengerüst (n)	གེང་རུས་	keng-rü
Knödel (m)	བག་རིལ་	bhag-ril
Knopf (m)	ཐུབ་ཙེ་	thub-tschi
Knopfloch (n)	ཐེབ་ཁུང་	theb-khung
Knorpel (m)	ཕུམ་རུས་	t(r)hum-rü
Knospe (f), bot.	བེའུ་	the-wu
Knoten (m)	མདུད་པ་	düh-pa
Knoten (m), hon.	ཕྱག་མདུད་	tschhyag-düh
knüpfen	འཐག་པ་	thag-pa
knurren	དིར་སྒྲ་སྒྲོག་པ་	dhir-d(r)ha d(r)hog-pa
knusprig	སྐམ་ཧྲོག་ཧྲོག་	kam-h(r)hog-h(r)hog
Koalition (f)	ཐུད་མོང་	thüh-mong
Koalitionspartner (m)*	ཐུད་མོང་རོགས་ཟླ་	thüh-mong rog-dha
Koalitions-regierung (f)	ཐུད་མོང་སྲིད་གཞུང་	thüh-mong sih-schung
Koalitions-vereinbarung (f)	ཐུད་མོང་ཆིངས་ཡིག་	thüh-mong tschhing-jig
Koch (m)	མ་ཆེན་	ma-tschhen
Kochbuch (n)*	གཡོས་ཚོད་སྐོར་དེབ་	jö-tzöh kor-dheb
kochen	ཁ་ལག་བཟོ་བ་	kha-lag soh-wa
Kochnische (f)	ཐབ་ཚང་ཁང་ཆུང་	thab-tzang khang-tschhung
Kochtopf (m)	ཚལ་སྣང་	tzel-lhang
Koexistenz (f)	མཉམ་གནས་	nyam-nhä
Koexistenz (f), friedliche	ཞི་བདེ་མཉམ་གནས་	schi-de nyam-nhä

Koffein (n)	འཚིག་རྫའི་ངར་རྫས་	tzig-dschae ngar-dzä
Koffer (m)	ལག་སྒམ་	lag-gam
Kohl (m), bot.	ལོ་འཁོར་པད་ཚལ་	lo-khor peh-tzel
Kohle (f)	རྡོ་སོལ་	do-söl
Kohlefeld (n)	རྡོ་སོལ་གཏེར་ཁའི་ས་ཁུལ་	do-söl ter-khae sa-khül
Kohlengas (n)	རྡོ་སོལ་འབར་རླངས་	do-söl bar-lhang
Kohlenhydrat (n)*	ནག་རྫས་དངས་མ་	nag-dzä dhang-ma
Kohlensäure (f)	ནག་རྫས་སྐྱུར་ཚྭ་	nag-dzä kyur-tsa
kohlensäurehaltig	སི་སྦྲ་ཅན་	si-d(r)ha-tschen
Kohlenstoff (m)	ནག་རྫས་	nag-dzä
Kokain (n)*	ཤིང་ཕུན་ཀོ་ཀའི་ངར་རྫས་	schhing-t(r)hen ko-kae ngar-dzä
kokett	འཕུལ་ཚ་པོ་	t(r)hül-tza-po
kokettieren	འཕུལ་ཤོད་པ་	t(r)hül schheh-pa
Kokon (m)	དར་སྲིན་གྱི་འབུ་སོབ་	dhar-sin-gyi bu-sob
Kokosnuss (f)	བེ་ཏའི་འབྲས་བུ་	bhe-tae d(r)hä-bhu
Kokospalme (f)	བེ་ཏའི་སྡོང་པོ་	bhe-tae dong-po
Kolben (m), tech.	མདོང་མོའི་རྒྱ་ལོ་	dong-möe gya-lo
Kollege (m)	ལས་རོགས་	lä-rog
Kollektion (f)	བསྡུ་བྱ་	du-dschya
kollektiv	ཐུན་མོང་གི་	thün-mong-gi
Kollektivismus (m)	ཐུན་མོང་རིང་ལུགས་	thün-mong ring-lug
Kollektivwirtschaft (f)	ཐུན་མོང་ཞིང་ར་	thün-mong sching-ra
kollidieren	དུང་ཁ་ཤོར་བ་	dung-kha schhor-wa
Kollision (f)	དུང་ཁ་	dung-kha

Deutsch	Tibetisch	Umschrift
Kolonie (f)	སྤྱིའི་དབང་གྱུར་ཡུལ་	tschhyie wang-gyur jül
Kolonne (f)	རུ་ཁམ་	ru-kham
Koloss (m)	ཧ་ཅང་ཆེ་བའི་འདྲ་སྐུ་	ha-tschang tschhe-wae d(r)ha-ku
kolossal	ཚད་བགལ་ཆེན་པོ་	tzeh-gel tschhen-po
Kombination (f)	མཉམ་སྡེབ་	nyam-deb
kombinieren	སྡེབ་པ་	deb-pa
Komet (m)	དུ་བ་མཇུག་རིང་	dhu-wa dschug-ring
komfortabel	སྟོ་ཉམས་ཅན་	t(r)ho-nyam-tschen
komisch	ཁྱད་མཚར་པོ་	khyeh-tzar-po
Komitee (n)	ཚོགས་ཆུང་	tzog-tschhung
Komma (n)	བར་ཚེགས་	bhar-tzäg
Kommandant (m)	དམག་དཔོན་	mhag-pön
Kommando (n)	ཚལ་དམག་དཔུང་སྡེ་	tsel-mhag pung-de
kommen	ཡོང་བ་	jong-wa
kommen (hon.)	ཕེབ་པ་	pheb-pa
Kommentar (m)	འགྲེལ་བརྗོད་	d(r)hel-dschöh
kommentieren	འགྲེལ་བརྗོད་བྱེད་པ་	d(r)hel-dschöh dschye-pa
Kommerz (m)	ཚོང་ལས་	tzong-lä
kommerzialisieren	ཚོང་འགྲེལ་བྱེད་པ་	tzong-d(r)hel dschye-pa
kommerziell	ཚོང་ལས་ཀྱི་	tzong-d(r)hel-kyi
Kommissar (m)	བཀོད་འདོམས་པ་	köh-dom-pa
Kommission (f)	བཀོད་མངགས་	köh-ngag
kommunal	གྲོང་སྡེའི་	d(r)hon-dee
Kommunal-abgaben (f/pl)	ས་གནས་ཁྲལ་འབབ་	sa-nhä t(r)hel-bab

Kommunalpolitik (f)	ས་གནས་སྲིད་དོན་	sa-nhä sih-dhön
Kommunalwahlen (f/pl)	ས་གནས་འོས་བསྡུ་	sa-nhä wö-du
Kommunismus (m)	དམར་པོའི་རིང་ལུགས་	mhar-pöe ring-lug
Kommunist (m)	དམར་ཤོག་པ་	mhar-schhog-pa
kommunistisch	དམར་པོའི་	mhar-pöe
Komödiant (m)	བཞད་གད་སློང་མཁན་	schheh-gheh long-khen
Komödie (f)	དགོད་བྲོའི་གླུ་གར་	göh-d(r)höe dö-ghar
Kompanie (f), mil.	དཔུང་ཚོགས་	pung-tzog
Kompass (m)	ཕྱོགས་སྟོན་འཁོར་ལོ་	tschhyog-tön khor-lo
kompatibel	རྗེ་སུ་མཐུན་པ་	dsche-su thün-pa
Kompatibilität (f)	རྗེ་མཐུན་	dsche-thün
Kompensation (f)	གུན་གསབ་	ghün-sab
kompensieren	གུན་གསབ་སྟོད་པ་	ghün-sab t(r)höh-pa
kompetent	འཛོན་ཐང་ཅན་	dschön-thang-tschen
Kompetenz (f)	འཛོན་ཐང་	dschön-thang
Kompetenz- bereich (m)	འགན་འཁྲི་ཁྱབ་ཡུལ་	gen-t(r)hi khyab-jül
komplett	ཡོངས་སུ་རྫོགས་པ་	jong-su dzog-pa
Komplex (m)	དུ་མ་འདུས་པ་	dhu-ma dü-pa
Kompliment (n)	བསྟོད་བསྔགས་	töh-ngag
Komplize (m)*	ངན་པ་ཁ་མཐུན་	ngen-pa kha-thün
kompliziert	དཀའ་རྙོག་ཅན་	ka-nyog-tschen
Komplott (n)	ངན་ཤོམ་	ngen-schhom
komponieren*	རོལ་གདངས་རྩོམ་པ་	röl-dhang tsom-pa
Komponist (m)*	རོལ་གདངས་རྩོམ་མཁན་	röl-dhang tsom-khen

Komposition (f)	ཚོམ་བྲིས་	tsom-d(r)hi
Kompromiss (m)	ཕན་ཚུན་འགྲིག་ཐབས་	pen-tzün d(r)hig-thab
kompromisslos	ཐབས་བསྟུན་མི་བྱེད་པའི་	tab-tün mi-dschyeh-pae
Kondensator (m)	གློག་འཛིན་འགོག་ཆ་	lhog-dzin gog-tschha
Kondenswasser (n)	རླངས་གཟུགས་གཤེར་འགྱུར་	lhang-suhg schher-gyur
Kondition (f)	ཡུན་གནས་ཀྱི་སྟོབས་ཤུགས་	jün-nhä-kyi tohb-schhug
Kondition (f), econ.	རྒྱས་གཅད་	gyä-tscheh
kondolieren	སེམས་གསོ་གཏོང་བ་	säm-so tong-wa
kondolieren, hon.	ཐུགས་གསོ་འབུལ་བ་	thug-so bül-wa
Kondom (n)	ལྷིག་ཤུབ་	lhig-schhub
Konferenz (f)	གྲོས་སྐྱོང་ཚོགས་འདུ་	d(r)hö- lheng tzog-du
Konferenzraum (m)*	ཚོགས་འདུའི་ཚོགས་ཁང་	tzog-due tzog-khang
konferieren	ཚོགས་འདུ་ཚོགས་པ་	tzog-du tzog-pa
Konfession (f)	ཆོས་ལུགས་	tschhö-lug
konfessionell	ཆོས་རྒྱུད་དང་འབྲེལ་བའི་	tschhö-gyü-dhang d(r)hel-wae
konfiszieren	གཞུང་བཞེས་གཏོང་བ་	schung-schä tong-wa
Konfitüre (f)*	ཞིང་འབྲས་སྟེ་གུ་	schhing-d(r)hä de-ghu
Konflikt (m)	རྩོད་རྙོག་	tsöh-nyog
Konfrontation (f)	གདོང་ལེན་	dong-len
konfrontieren	གདོང་ལེན་བྱེད་པ་	dong-len dschye-pa
konfus	མགོ་རྙོག་གི་	go-nyog-gi
Kongress (m)	ལྷན་ཚོགས་	hlen-tzog
König (m)	རྒྱལ་པོ་	gyel-po
königlich	རྒྱལ་པོའི་	gyel-pöe

Königreich (n)	རྒྱལ་སྲིད་	gyel-sih
Konjunktur (f)	དཔལ་འབྱོར་གྱི་ཆགས་བབས་	pel-dschyor-gyi tschhag-bab
konkret	དངོས་ཡོད་	ngö-jöh
Konkurrenz (f)	འགྲན་སྡུར་བྱེད་མི་	d(r)hen-dur dschye-mih
konkurrenzfähig	འགྲན་སྡུར་གྱི་	d(r)hen-dur-gyi
Konkurrenzkampf (m)	འགྲན་སྡུར་ཐབས་རྩོད་	d(r)hen-dur thab-tsöh
konkurrenzlos	འགྲན་ཟླ་མེད་པའི་	d(r)hen-da meh-pae
konkurrieren	འགྲན་སྡུར་བྱེད་པ་	d(r)hen-dur dschye-pa
Konkurs (m)	ཚོང་པ་ཧ་ལོག་	tzong-pa ha-log
können	ཐུབ་པ་	thub-pa
Könner (m)	མཁས་པ་	khä-pa
konsequent	རྗེས་འབྲས་ཀྱི་	dschyä d(r)hä-kyi
Konsequenz (f)	རྗེས་འབྲས་	dschä-d(r)hä
Konservatismus (m)	རྙིང་ཞེན་རིང་ལུགས་	nying-schen ring-lug
konservativ	རྙིང་ཞེན་ཅན་	nying-schen tschen
Konservendose (f)	ཉར་ཚགས་ལྕགས་ཀྱིན་	nyar-tzag tschag-t(r)hin
konservieren	ཉར་ཚགས་བྱེད་པ་	nyar-tzag dschye-pa
Konservierungsstoff (m)	རུས་སྲུངས་འགོག་རྫས་	rü-sung gog-dzä
Konsonant (m)	གསལ་བྱེད་	sel-dschyeh
konstant	རྒྱུན་མི་ཆད་པ་	gyün mi-tschheh-pa
konstruieren	བཀོད་སྒྲིག་བྱེད་པ་	khöh-d(r)hig dschye-pa
Konstrukteur (m)	བཀོད་སྒྲིག་པ་	khöh-d(r)hig-pa
Konstruktion (f)	འཛུགས་སྐྲུན་	dzug-t(r)hün

Konsul (m)	ཚོང་འབྲེལ་དོན་གཅོད་	tzong-d(r)hel dhön-tschöh
Konsum (m)	འཛད་གྲོན་	dzeh-d(r)hön
Konsumartikel (m)	ཉེར་འཛད་མཁོ་ཆས་	nyer-dzeh kho-tschhä
Konsumgenossenschaft (f)*	ཉོ་ཚོང་མཉམ་སྦྲེལ་ཚོགས་པ་	nyo-tsong nyam-d(r)hel tzog-pa
Konsumgüter (f/pl)	མཛད་བྱའི་རྒྱུ་ཆས་	dzeh-dschyae gyu-tschhä
konsumieren	འཛད་པར་བྱེད་པ་	dzeh-par dschye-pa
Konsumverhalten (n)*	ཉེར་སྤྱོད་པའི་གོམས་འདྲིས་	nyer-tschyöh-pae gom-d(r)hi
Kontakt (m)	ཐུག་འཕྲད་	thug-t(r)heh
kontaktfreudig*	ཐུག་འཕྲད་ལ་དགའ་པོ་	thug-t(r)heh-la ga-po
Kontinent (m)	གླིང་ཆེན་	lhing-tschhen
kontinental	གླིང་ཆེན་གྱི་	lhing-tschhen-gyi
Kontinentalklima (n)*	གླིང་ཆེན་གྱི་གནམ་གཤིས་	lhing-tschhen-gyi nham-schhi
kontinuierlich	མུ་མཐུད་	mhu-thüh
Kontinuum (n)	རྒྱུད་	gyüh
Konto (n)	དངུལ་ཁང་བཅུག་ཁྲ་	nghül-khang tschug-t(r)ha
Kontoauszug (m)	དངུལ་ཁང་གི་རྩིས་འབྱོད་	nghül-khang-gi tsi-dschöh
Kontokorrent (n)	དངུལ་ཁང་རྩིས་དེབ་	nghül-khang tsi-dheb
Kontonummer (f)*	དངུལ་ཁང་བཅུག་ཁྲའི་ཨང་གྲངས་	nghül-khang tschug-t(r)hae ang-d(r)hang
Kontostand (m)*	བཅུག་ཁྲའི་བྱུང་སོང་རྩིས་ཤོག་	tschug-t(r)hae dschyung-song tsi-schhog
Kontrast (m)	དོག་མཚོས་	dog-tschhö
Kontrolle (f)	ལྟ་ཞིབ་	ta-schib
Kontrolleur (m)	ཞིབ་འཇུག་པ་	schib-dschug-pa

kontrollieren	དོ་དམ་བྱེད་པ་	dho-dham dschye-pa
kontrollieren (hon.)	དོ་དམ་གནང་བ་	dho-dham nhang-wa
Kontrollraum (m)	ཚོད་འཛིན་ཁང་	tzöh-dzin-khang
konventionell	ལམ་ལུགས་ལྟར་གྱི་	lam-lug tahr-gyi
Konvergenz (f)	སྟེ་བ་གཅིག་འདུས་	te-wa tschig-dü
Konvergenz-kriterium (n)	སྟེ་བ་གཅིག་འདུས་ཀྱི་དཔྱད་གཞི་	te-wa tschig-dü-kyi tschyeh-schi
Konversation (f)	ལབ་ལྷེང་	lab-lheng
konvertierbar	བརྗེ་སྒྱུར་རུང་བའི་	dsche-gyur rung-wae
konvertieren	སྒྱུར་བ་	gyur-wa
Konvertierung (f)	འགྱུར་ལྡོག་	gyur-dog
Konzentration (f)	བསམ་གཏན་	sam-ten
Konzentration (f), chem.	གར་ཚད་	ghar-tzeh
konzentrieren	རིག་པ་སྒྲིམ་པ་	rig-pa d(r)him-pa
konzentrieren, chem.	གར་དུ་གཏོང་བ་	ghar-dhu tong-wa
Konzept (n)	འཆར་སྙིན་	tschhar-sihn
Konzert (n)	རོལ་དབྱངས་སྟོ་སྟོན་	röl-jang t(r)ho-tön
Konzession (f)	ཆག་ཡང་	tschhag-jang
Kooperation (f)	མཉམ་ལས་	nyam-lä
kooperativ	མཉམ་རུབ་ཀྱི་	nyam-rub-kyi
kooperieren	མཉམ་རུབ་བྱེད་པ་	nyam-rub dschye-pa
Kopf (m)	མགོ་	go
Kopf (m), hon.	དབུ་	uh
Kopfkissen (n)	སྔས་མགོ་	nghä-go
kopflos	ཀླག་སྣང་གི་	t(r)hag-nhang-gi

Kopfschmerzen, (haben)	མགོ་ན་བ་	go na-wa
Kopfschmerzen, (haben), hon.	དབུ་འཁྲུང་བ་	u nyung-wa
Kopfschmerztablette (f)	མགོ་སྨན་	go-men
Kopfschmuck (m)	མགོ་རྒྱན་	go-gyen
Kopfschmuck (m), hon.	དབུ་རྒྱན་	u-gyen
Kopftuch (n),	མགོ་རས་	go-rä
Kopftuch (n), hon.	དབུ་རས་	u-rä
Kopfweh (n)	མགོ་ནད་	go-neh
Kopie (f)	ངོ་བཤུས་	ngo-schhü
Korb (m)	སློ་མ་	lho-ma
Körbchen (n)	གཟེབ་ཆུང་	sehb-tschhung
Koriander (m)	བསོད་ནམས་དཔལ་འཛོམས་	soh-nham pel-dzom
Korken (m)	སློ་བ་ཤིང་	lho-wa-schhing
Korkenzieher (m)	སློ་ཤིང་གཏུས་འབུག་	lho-schhing tschü-bug
Kormoran (m), zo.	སོ་བྱ་	so-dschya
Korn (n)	ཟེགས་མ་	sehg-ma
Körper (m)	གཟུགས་པོ་	suhg-po
Körper (m), hon.	སྐུ་གཟུགས་	ku-suhg
Körper, grobstofflicher (m), rel.	རག་ལུས་	rag-lü
Körperbau (m)	གཟུགས་པོའི་ཆགས་བབས་	suhg-pöe tschhag-bab
körperbehindert	དབང་པོ་སྐྱོན་ཅན་	wang-po kyön-tschen
Körpergeruch (m)*	གཟུགས་པོའི་དྲི་མ་	suhg-pöe d(r)hi-ma
Körpergewicht (n)*	གཟུགས་པོའི་ལྗི་ཚད་	suhg-pöe dschi-tzeh

Körpergrösse (f)*	གཟུགས་པོའི་ཆེ་ཆད་	suhg-pöe tschhe-tzeh
körperlich	ལུས་ཀྱི་	lü-kyi
Körperpflege (f)	ལུས་ཁམས་ཀྱི་འཕྲོད་བསྟེན་	lü-kham-kyi t(r)höh-ten
Körperschaft (f)	མཉམ་ཚོགས་	nyam-tzog
Körperschaftssteuer (f)*	མཉམ་ཚོགས་དཔྱ་ཁྲལ་	nyam-tzog tschya-t(r)hel
Körperteil (m)	གཟུགས་ཀྱི་ཡན་ལག་	suhg-kyi jen-lag
Körperverletzung (f)	གཟུགས་སྐྱོན་	suhg-kyön
korrekt	འཛོལ་མེད་	dzöl-meh
Korrespondent (m)	ཡིག་འགུལ་བྱེད་པོ་	jig-d(r)hül dschyeh-po
Korrespondenz (f)	ཡིག་འགུལ་	jig-d(r)hül
korrespondieren	ཡིག་འབྲེལ་བྱེད་པ་	jig-d(r)hel dschye-pa
Korridor (m)	བར་ཁྱམས་	bhar-khyam
korrigieren	ཞུ་དག་གཏོང་བ་	schu-dhag tong-wa
korrupt	སྐྱོག་བཟན་བཟའ་བའི་	kog-nghen sah-wae
Korruption (f)	སྐྱོག་བཟན་སྤྱོད་ལེན་	kog-nghen t(r)höh-len
Kosmetik (f)	དཀར་དམར་བྱུགས་རྫས་	kar-mhar dschug-dzä
Kosmetiker (m)	བྱད་བཞིན་མཛེས་བཀོད་པ་	dschyeh-schin dzä-köh-pa
kosmopolitisch	རྒྱལ་ཁབ་རིས་མེད་ཀྱི་	gyel-khab ri-meh-kyi
Kosmos (m)	འཇིག་རྟེན་གྱི་ཁམས་ཆེན་	dschig-ten-gyi kham-tschhen
Kost (f)	བཟའ་བཏུང་	sah-tung
kostbar	རྩ་ཆེན་	tsa-tschhen
Kostbarkeit (f)	ནོར་གྱི་མཛོད་	nor-gyi dzöh
kosten	གྲོ་བ་ལྟ་བ་	d(r)ho-wa ta-wa
Kosten (f/pl)	འགྲོ་སོང་	d(r)ho-song

Kostenaufwand (m)	འགྲོ་གྲོན་	d(r)ho-d(r)hön
Kostendämpfung (f)*	འགྲོ་གྲོན་ཉུང་གཅོག་	d(r)ho-d(r)hön nhü-tschog
Kostenexplosion (f)*	གྲོ་གྲོན་ཁ་ལོ་འཕོར་བ་	d(r)ho-d(r)hön kha-lo schhor-wa
kostenlos	རིན་མེད་	rin-meh
Kostenvoranschlag (m)	འཆར་རྩིས་	tschhar-tsi
köstlich	ཞིམ་མངར་འཛོམས་པའི་	schim-nghar dzom-pae
Kostprobe (f)	བྲོ་སྟོའི་ཟས་བྱུན་	d(r)ho-tae säh-thün
kostspielig	རིན་གོང་ཆེན་པོ་	rin-ghong tschhen-po
Kostüm (n)	ཆས་གོས་	tschhä-ghö
Kot (m)	སྐྱག་པ་	kyag-pa
Kot (m), hon.	ཆབ་ཆེན་	tschhab-tschhen
kotzen	ཟས་སྐྱུག་པ་	säh kyug-pa
krabbeln	གོག་འགྲོ་བྱེད་པ་	ghog-d(r)ho dschye-pa
Krach (m)	ཚག་སྒྲ་	tzag-d(r)ha
krachen	ཚག་སྒྲ་ཁོབ་སྒྲ་བྲགས་པ་	tzag-d(r)ha khob-d(r)ha d(r)hag-pa
krächzen	བྱ་རོག་དང་སྲམས་པའི་སྐད་རྒྱག་པ་	dschya-rog-dhang bhä-wae keh gyag-pa
Kraft (f)	སྟོབས་	tohb
Kraftfahrer (m)	རླངས་འཁོར་གཏོང་མཁན་	lhang-khor tong-khen
Kraftfahrzeug (n)	ལྡིང་ཐེག་རླངས་འཁོར་	dih-theg lhang-khor
Kraftstoff (m)	བུད་རྫས་	bhü-dzä
kräftig	སྟོབས་ཤུགས་ཅན་	tohb-schhug-tschen
kraftlos	སྟོབས་མེད་	tohb-meh
Kraftwerk (n)	གློག་སྐྱེད་བཟོ་གྲྭ་	lhog-kyöh soh-d(r)ha

Kragen (m)	གོས་ཀྱི་གོང་བ་	ghö-kyi ghong-wa
Kralle (f)	སྡེར་མོ་	dher-mo
Krampf (m)	རྩ་འཁྱལ་པ་	tsa-tschhül-pa
Kran (m)	སྒྲིད་འདེགས་འཁྱུལ་འཁོར་	dschih-deg t(r)hül-kor
krank	ནད་པ་	neh-pa
krank sein	ན་བ་	na-wa
krank sein (hon.)	སྙུང་བ་	nyung-wa
kränken	སེམས་ལ་ཕོག་པ་	säm-la phog-pa
Krankengymnastik (f)	ཕྱི་བཅོས་གསོ་ཐབས་	tschhyi-tschö so-thab
Krankenhaus (n)	སྨན་ཁང་	men-khang
Krankenkasse (f)*	ནད་སྐྱོན་ཉེན་སྲུང་མ་འཛོག་	neh-kyön nyen-sung ma-dschog
Krankenpfleger (m)*	ནད་གཡོག་རྒྱུག་མཁན་	neh-jog gyug-khen
Kranken-versicherung (f)	ནད་སྐྱོན་ཉེན་སྲུང་	neh-kyön nyen-sung
Krankenwagen (m)	ནད་པ་འདྲེན་འཁོར་	neh-pa d(r)hen-khor
Krankenzimmer (n)	ནད་པའི་སྡོད་གནས་	neh-pae dö-nhä
krankhaft	ནད་རིགས་བརྟན་དཔྱད་ཀྱི་	neh-rig ten-tschye-kyi
Krankheit (ansteckende) (f)	འགོས་ནད་	gö-neh
Krankheit (f)	ན་ཚ་	na-tza
Krankheit (f), hon.	སྙུང་གཞི་	nyung-schi
Krankheits-erreger (m)	ནད་རིགས་སྤེལ་བའི་ཕྲ་སྲིན་	neh-rig pel-wae t(r)ha-sin
Krankheits-ursache (f)	ནད་ཀྱི་རྒྱུ་རྐྱེན་	neh-kyi gyu-kyen
Kränkung (f)	མཐོང་ཆུང་ཁྱད་གསོད་	thong-tschhung kyeh-söh
Kranz (m)	བོད་རྒྱན་	thöh-gyen

krass	ཧ་ཅང་སྦྱེན་པ་	ha-tschang lhen-pa
kratzen	འབྲས་པ་	d(r)hä-pa
Kraut (n)	སྨན་རྩ་	men-tsa
Krawall (m)	འཁྲུག་ཟིང་	t(r)hug-sihng
kreativ	གསར་སྐྲུན་གྱི་	sar-t(r)hün-gyi
Kreativität (f)	གསར་སྐྲུན་གྱི་ནུས་པ་	sar-t(r)hün-gyi nü-pa
Kreatur (f)*	བཀོད་འགྲོ་	köh-d(r)ho
Krebs (m), med.	སྨན་ནད་	t(r)hen-neh
Krebs (m), zo.	ཉ་མ་སྟིག་	nya-ma-dig
krebsartig	སྨན་ནད་ཅན་	t(r)hen-neh-tschen
krebserregend*	སྨན་ནད་སྤེལ་ནུས་ཅན་	t(r)hen-neh pel-nü-tschen
Krebsforschung (f)*	སྨན་ནད་དཔྱད་ཞིབ་	t(r)hen-neh tschyeh-schib
Kredit (m)	ཡིད་ཆེས་བུན་གཏོང་	ji-tschhä bhün-tong
Kreditinstitut (n)*	བུན་གཏོང་སློབ་གཉེར་ཁང་	bhün-tong lhob-nyer-khang
kreditwürdig	རྩི་མཐོང་ཚ་འཛོག་བྱེད་རུང་	tsi-thong tschha-dschog-rung
Kreis (m)	སྒོར་སྒོར་	gor-gor
Kreisbahn (f)	གཟའ་སྐར་རྒྱུ་ལམ་	sah-kar gyu-lam
kreisen	སྒོར་བ་རྒྱག་པ་	kor-wa gyag-pa
kreisförmig	སྒོར་དབྱིབས་	gor-jhib
Kreislauf (m)	རེས་འཁོར་	rä-khor
Krematorium (n)	ཕུང་པོ་སྲེག་ས་	phung-po seg-sa
Krematorium (n), hon.	ཞུགས་འབུལ་ཞུ་ས་	schug-bül schu-sa
Kreuz (n)	ཀུ་རུ་ཁ་	ku-ru-kha
kreuzen	གཤག་ནས་འགྲོ་བ་	schhag-nä d(r)ho-wa

Kreuzer (m)	སྨྱུལ་ཞིབ་དམག་གྲུ་	nyül-schib mhag-d(r)hu
Kreuzfahrt (f)*	མཚོ་འགྲུལ་སྐོ་འཆམ་	tzo-d(r)hül t(r)ho-tschham
Kreuzung (f)	ལམ་གྱི་བཞི་མདོ་	lam-gyi schi-do
kreuzweise	འཕྲེད་ལ་	t(r)heh-la
kriechen	སྦོ་ཤུད་རྒྱག་པ་	po-schhüh gyag-pa
Krieg (m)	དམག་འཁྲུག་	mhag-t(r)hug
kriegerisch	དམག་ལ་དགའ་བའི་	mhag-la ga-wae
Kriegsführung (f)	དམག་འཐབ་	mhag-thab
Kriegs-gefangener (m)	བཟུང་དམག་	suhng-mhag
Kriegsrecht (n)	དགྲ་པོའི་ཁྲིམས་གཞི་	d(r)hag-pöe t(r)him-schi
Kriegsschiff (n)	དགམ་གྲུ་	mhag-d(r)hu
Kriegsverbrechen (n)*	དམག་དོན་ནག་ཉེས་ཡོད་གཅོད་ཙུལ་	mhag-dhön nag-nyä jö-tzül
Kriegszustand (m)	དམག་འཁྲུག་ཡོད་པའི་གནས་ཚུལ་	mahg-t(r)hug jöh-pae nhä-tsül
kriminell	ནག་ཅན་གྱི་	nag-tschen-gyi
Krise (f)	དུས་ཀྱི་གནན་འཕྲང་	dhü-kyi nyen-t(r)hang
Krisenherd (m)	དཀའ་རྙོག་ས་ཆ་	ka-nyog sa-tschha
Kristall (m)	ཆུ་ཤེལ་	tschhu-schhel
Kristallsalz (n)*	ཚ་དངས་ཤེས་	tsa dang-schhäl
Kristallzucker (m)	བྱེ་མ་ཀ་ར་	dsche-ma ka-ra
Kriterium (n)	དཔྱད་གཞི་	tschyeh-schi
Kritik (f)	དགག་བཞེར་དཔྱད་ཞིབ་	dhag-ther tschyeh-schib
Kritiker (m)	དགག་བཞེར་དཔྱད་ཞིབ་པ་	dhag-ther tschyeh-schib-pa
kritiklos	དགག་བཞེར་དཔྱད་ཞིབ་མེད་པའི་	dhag-ther tschyeh-schib meh-pae

kritisch	ཞིབ་བཏག་སྐྱོན་འཛུགས་ཀྱི་	schib-tahg kyön-dzug-kyi
kritisieren	སྐྱོན་འཛོད་བྱེད་པ་	kyön-dschö dschye-pa
Kronblatt (n), bio.	འདབ་མ་	dab-ma
Krone (f)	ཕྲོག་ཞུ་	t(r)hog-schu
krönen	ཕྲོག་ཞུ་སྐྲོན་པ་	t(r)hug-schu d(r)hön-pa
Kronleuchter (m)	དཔྱང་བཞུ་	tschyang-schu
Krönung (f)	ཕྲོག་ཞུ་གསོལ་བའི་དགའ་སྟོན་	t(r)hog-schu söl-wae ga-tön
Kropf (m)	སྐེའི་ལྦ་བ་	käe ba-wa
Kröte (f)	མཛེ་སྦལ་	dze-bel
Krücke (f)	ཞ་བའི་འཁར་ཤིང་	scha-wae khar-schhing
Krug (m)	ཆུ་སྣོད་	tschhu-nhöh
krumm	གུག་གུག་	gug-gug
krümmen	འཁྱོག་པ་	khyog-pa
Krümmung (f)	འཁྱོག་ཚ་	khyog-tschha
Kübel (m)	ཟོ་བ་	soh-wa
Küche (f)	ཐབ་ཚང་	thab-tzang
Küche (f), hon.	གསོལ་ཐབ་	söl-thab
Kuchen (m)	འཁུར་ར་	khur-ra
Küchenarbeit (f)	ཐབ་ལས་	thab-lä
Küchenkräuter (n/pl)	སྨན་སྣ་	men-nha
Küchenschabe (f), zo.	ཞ་ལུ་མ་	se-d(r)hang
Kuckuck (m), zo.	ཁུ་བྱུག་	khu-dschyug
Kugel (f)	མདེའུ་	de-wu
kugelsicher	མདེལ་ཐུབ་	del-thub

Kuh (f)	བ་ཕྱུགས་	bha-tschhyug
kühl	བསིལ་པོ་	sil-po
Kühlbox (f)	གྲང་སྒམ་	d(r)hang-gam
kühlen	གྲང་མོ་བཟོ་བ་	d(r)hang-mo soh-wa
Kühlmittel (n)	བསིལ་ཆུ་	sil-tschhu
Kühlschrank (m)	འཁྱགས་སྒམ་	kyag-gam
kühn	དཔའ་ངར་ཅན་	pa-ngar-tschen
Küken (n)	བྱིའུ་ཕྲུག་	tschyiu-t(r)hug
kulinarisch	གཡོས་བྱེད་ཀྱི་	jhö-dschyeh-kyi
Kulissen (f/pl)	ལྟིངས་བཀོད་	dschong-köh
Kult (m)	གསོལ་མཆོད་	söl-tschhöh
Kultur (f)	རིག་གནས་	rig-nhä
Kulturabkommen (n)*	རིག་གནས་མཐུན་གྲོས་	rig-nhä thün-d(r)hö
Kulturaustausch (m)	རིག་གཞུང་བརྗེ་རེས་	rig-schung dsche-rä
kulturell	རིག་གནས་ཀྱི་	rig-nhä-kyi
Kulturgeschichte (f)	ཤེས་རིག་རིམ་དར་ལོ་རྒྱུས་	schhä-rig rim-dhar lo-gyü
Kulturhaus (n)	རིག་གནས་ཁང་	rig-nhä-khang
Kulturminister (m)	ཤེས་རིག་བཀའ་བློན་	schhä-rig ka-lhön
Kulturministerium (n)	ཤེས་རིག་ལྷན་ཁང་	schhä-rig hlen-khang
Kulturraum (m)	རིག་ཚོད་ཁང་	rig-tsöh-khang
Kummer (m)	སེམས་སྡུག་	säm-dug
kümmerlich	ཐབས་དུག་	thab-dug
kümmern	གཟབ་ནན་བྱེད་པ་	sahb-nen dschye-pa
Kumpel (m)	ཟླ་གྲོགས་	dha-d(r)hog

kündbar	ཅི་མེད་བཟོ་རུང་	tsi-meh soh-rung
Kunde (f)	ཚོང་ཤག་	tzong-schhag
kundgeben	དངོས་སུ་སྟོན་པ་	ngö-su tön-pa
Kundgebung (f)	ངམ་སྟོན་	ngham-tön
kündigen	མདུག་མཚམས་རྫོགས་པ་	dschug-tzam dzog-pa
Kündigung (f)	མཚམས་འཇོག་	tzam-dschog
Kundschafter (m)	གདོང་ལེན་རུ་ཁག་པ་	dong-len ru-khag-pa
Kunst (f)	སྒྱུ་རྩལ་	gyu-tsel
Kunstausstellung (f)	སྒྱུ་རྩལ་འགྲེམ་སྟོན་	gyu-tsel d(r)hem-tön
Kunstdünger (m)*	ཚ་ལུད་བཅོས་མ་	tza-lü tschö-ma
Kunstfaser (f)	ཉག་མ་བཅོས་མ་	nyag-ma tschö-ma
Kunstgeschichte (f)	སྒྱུ་རྩལ་གྱི་བྱུང་རབས་	gyu-tsel-gyi dschyung-rab
Kunstleder (n)	སྒྱུ་རྩལ་འདྲ་རྫུས་	gyu-tsel d(r)ha-dzü
Künstler (m)	སྒྱུ་རྩལ་མཁན་	gyu-tsel-khen
künstlerisch	སྒྱུ་རྩལ་ཅན་གྱི་	gyu-tsel-tschen-gyi
künstlich	བཅོས་མ་	tschö-ma
Kunststoff (m)	རྫས་སྦྱོར་གྱིས་བཟོས་པའི་དངོས་པོ་	dzä-dschyor-gyi söh-pae ngö-po
kunstvoll	རྒྱས་སྤྲོད་ཅན་	gyä-t(r)höh-tschen
Kupfer (n)	ཟངས་	sahng
Kupferstich (m)	ཟངས་ཀྱི་བྱང་བུ་	sahng-kyi dschyang-bhu
Kupplung (f)	སྤྱེ་སྦྲེལ་	tschhye-d(r)hel
Kupplungspedal (n)	སྤྱེ་སྦྲེལ་རྐང་གདན་	tschhye-d(r)hel kang-den
Kupplungs-scheibe (f)	སྤྱེ་སྦྲེལ་བན་ཇེ་	tschhye-d(r)hel bhen-dze
Kur (f)	གསོ་དཔྱད་	so-tschyeh

Kurbelwelle (f)	འཁྱོག་མདའ་	khyog-da
Kürbis (m)	ཕར་ཤི་	phar-schhi
Kurhaus (n)	ལུས་གསོ་ཁང་	lü-so-khang
kurieren	གསོ་བ་	so-wa
Kurpfuscher (m)	སྨན་པ་རྫུས་མ་	men-pa dzü-ma
Kurs (m)	ལམ་ཕྱོགས་	lam-tschhyog
Kurs (m), econ.	གོང་ཚད་	ghong-tzeh
Kursanstieg (m), econ.	གོང་ཚད་འཕར་པ་	ghong-tzeh phar-pa
Kursgewinn (m), econ.	གོང་ཚད་ཁེ་ཕན་	ghong-tze khe-phen
Kursrückgang (m), econ.	གོང་ཚད་ཆག་པ་	ghong-tzeh tschhag-pa
Kursverlust (m), econ.	གོང་ཚད་གྱོང་གུད་	ghong-tzeh gyong-ghüh
Kurve (f)	གཞུ་ཐིག་	schu-thig
kurz	ཐུང་ཐུང་	thung-thung
Kürze (f)	ཡུན་ཐུང་	jün-thung
kürzen	ཐུང་དུ་གཏོང་བ་	thung-dhu tong-wa
kurzfassen	མདོར་བསྡུ་བ་	dor du-wa
kurzfristig	དུས་ཡུན་ཐུང་དུ་	dhü-jün thung-ngu
kürzlich	ཉེ་ཆར་	nye-tschhar
Kurzschluss (m), elektr.	གློག་ལམ་འབྲེལ་སྐྱོན་	lhog-lam d(r)hel-kyön
kurzsichtig	རྒྱང་མིག་མི་གསལ་བའི་	gyang-mig mi-sel-wae
Kürzung (f)	ཆོགས་ཆ་	tschhog-tschha
Kusine (f)	ཚ་མོ་	tza-mo
Kuss (m)	འོ་	wo

küssen	ཨོ་བྱེད་པ་	wo dschye-pa
Küste (f)	མཚོ་འགྲམ་	tzo-d(r)ham
Küstenschutz (m)	མཚོ་ཁའི་སྐོར་སྲུང་བ་	tzo-khae kor-sung-wa
Kuvert (n)	ཡིག་སྐོགས་	jig-kog

L

labil	བརྟན་པོ་མེད་པའི་	ten-po meh-pae
Laborant (m)	དཔྱད་ཞིབ་བྱེད་པོ་	tschyeh-schib dschyeh-po
Laboratorium (n)	བརྟག་དཔྱད་སློབ་སྟོན་ཁང་	tahg-tschyeh lhob-tön-khang
Lache (f)	རྫིང་བུ་	dzing-bhu
lächeln	འཛུམ་བག་གི་རྣམ་འགྱུར་སྟོན་པ་	dzum-bhag-gi nham-gyur tön-pa
Lächeln (n)	འཛུམ་མདངས་	dzum-dang
lachen	གད་མོ་བགད་པ་	gheh-mo geh-pa
lachen (hon.)	ཞལ་མོ་བཞེས་པ་	schhel-mo schhä-pa
Lachen (n)	གད་མོ་	gheh-mo
Lack (m)	བཀྲག་རྩི་	t(r)hag-tsi
lackieren	བཀྲག་རྩི་གཏོང་བ་	t(r)hag-tsi tong-wa
Ladegerät (n)	གློག་ཤུགས་གསོག་སྐྱིལ་	lhog-schhug sog-kyil
laden, elektr.	གློག་གསོག་སྐྱིལ་བྱེད་པ་	lhog-sog kyil-dschye-pa
Ladendieb (m)	ཚོང་ཚོག་འཛབ་རྐུ་རྒྱག་མཁན་	tzong-sohg dschab-ku gyag-khen
Ladeninhaber (m)	ཚོང་བདག་	tzong-dag
Ladenkasse (f)	དངུལ་སྣོད་ཤུད་ཚོག་	nghül-nhöh schhül-tschog
Ladenöffnungszeit (f)*	ཚོང་ཁང་སྒོ་འབྱེད་དུས་ཚོད་	tsong-khang go-dschyeh dhü-tzöh

Ladenpreis (m)*	སིལ་ཚོང་རིན་གོང་	sil-tzong rin-ghong
Ladenschlusszeit (f)*	ཚོང་ཁང་སྒོ་བརྒྱབ་དུས་ཚོད་	tzong-khang go-gyab dhü-tzöh
Ladung (f)	དོ་པོ་	dho-po
Lage (f)	གནས་སྟངས་	nhä-tang
Lage, internationale (f)	རྒྱལ་སྤྱིའི་གནས་སྟངས་	gyal-tschyie nhä-tang
Lager (n)	སྒར་	gar
Lager (n), eco.	མཛོད་ཁང་	dzöh-khang
Lagerbestand (m)	ཚོང་ཁང་གི་རྒྱུ་ཆ་	tzong-khang-gi gyu-tschha
Lagerhaus (n)	ཚོང་ཟོང་དོས་ཁང་	tzong-sohng dhö-khang
lagern	མཛོད་ཁང་དུ་འཇུག་པ་	dzöh-khang-dhu dschug-pa
Lagerraum (m)	བང་མཛོད་	bhang-dzöh
Lagerung (f)	མཛོད་ཁང་དུ་གཉེར་འཇོག་	dzöh-khang-dhu nyer-dschog
Lagune (f)	མཚོ་ལག་འཁྱིལ་ཆུ་	tzo-lag khyil-tschhu
lahm	རྐང་ཀྱོག་	kang-kyog
lähmen	རྩ་དཀར་གྱི་ཉེན་འཕོག་པ་	tsa-kar-gyi neh-phog-pa
Lähmung (f)	རྩ་དཀར་གྱི་ཉེན་	tsa-kar-gyi neh
Laib (n)	བག་ལེབ་དོག་	bhag-leb dog
Laich (m)	ཉ་སྦལ་སྒོ་ང་	nya-bel go-nga
laichen	ཉ་སྒོང་གཏོང་བ་	nya-gong tong-wa
laienhaft	གསར་བུའི་རྣམ་པ་འདྲ་བའི་	sar-bhue nham-pa d(r)ha-wae
Lamas und Laien (f/pl)	སེར་སྐྱ་	ser-kya
Lamm (n)	ལུ་གུ་	lu-ghu
Lammbraten (m)*	ལུ་གུའི་ཤ་བསྲེགས་	lu-ghue schha-seg

Lammfell (n)	ཚ་རུ་	tza-ru
Lampe (f)	སྒྲོན་མེ་	d(r)hön-me
Lampion (m)	སྒམ་བུ་	gam-schu
Land (n)	ས་གཞི་	sa-schi
Landarbeiter (m)	ཞིང་ལས་པ་	sching-lä-pa
Landbevölkerung (f)*	གྲོང་གསེབ་ཀྱི་མི་མང་	d(r)hong-seb-kyi mi-mhang
Landebahn (f)*	འབབ་ལམ་	bab-lam
Landeerlaubnis (n)*	འབབ་ཆོག་བཀའ་འཁྲོལ་	bab-tschhog ka-t(r)höl
landeinwärts	ཡུལ་གྱི་ནང་ཁུལ་	jül-gyi nang-khül
landen	འབབ་པ་	bab-pa
Landeplatz (m)	འབབ་ཐང་	bab-thang
Landerbe (n)	ཕ་གཞིས་	pha-schi
Landesgrenze (f)	རྒྱལ་ཁབ་ཀྱི་ས་མཚམས་	gyel-khab-kyi sa-tzam
Landesinnere (n)	ནང་ལོགས་	nang-log
Landessprache (f)	རྒྱལ་ཁབ་ཀྱི་སྐད་ཡིག་	gyel-khab-kyi keh-jig
Landesverrat (m)	རང་རྒྱལ་ཕྱིར་བཙོང་	rang-gyel tschhyir-tsong
Landesverteidigung (f)*	རྒྱལ་ཁབ་སྲུང་སྐྱོབ་	gyel-khab sung-kyob
Landeswährung (f)	རྒྱལ་ཁབ་ཀྱི་དངུལ་ལོར་	gyel-khab-kyi nghül-lor
Landflucht (f)*	གྲོང་གསེབ་སྟེབ་ཐོན་	d(r)hong-seb deb-thön
Landkarte (f)	ས་ཁྲ་	sa-t(r)ha
ländlich	གྲོང་གསེབ་ཀྱི་	d(r)hong-seb-kyi
Landschaft (f)	ཡུལ་ལྗོངས་	jül-dschong
landschaftlich	ལྗོངས་བཀོད་ཀྱི་	dschong-köh-kyi
Landsmann (m)	ཕ་ཡུལ་གཅིག་པ་	pha-jül tschig-pa

Landstrasse (f)	རྒྱ་ལམ་	gya-lam
Landstreicher (m)	མི་འཁྱམ་	mi-khyam
Landwirt (m)	ཞིང་པ་	sching-pa
Landwirtschaft (f)	ཞིང་ལས་	sching-lä
landwirtschaftlich	ཞིང་ལས་ཀྱི་	sching-lä-kyi
Landwirtschafts-ausstellung (f)	ཞིང་ལས་འགྲེམས་སྟོན་	sching-lä d(r)häm-tön
lang	རིང་པོ་	ring-po
Länge (f)	རིང་ཐུང་	ring-thung
Längengrad (m)	གཞུང་ཐིག་	schung-thig
Längenmass (n)	རིང་ཚད་	ring-tzeh
Langeweile (f)	སྙོབ་པའི་ཚུལ་	nyob-pae tzül
langfristig	རྒྱུན་རིང་པོ་	gyün-ring-po
langlebig	ཡུན་རིང་གནས་ཐུབ་པའི་	jün-ring nhä-thub-pae
länglich	ནར་ནར་	nar-nar
langsam	དལ་བུ་	dhel-bhu
langweilen (sich)	སྙོབ་པ་	nyob-pa
Langzeit-arbeitlose (m)*	རྒྱུན་རིང་ལས་མེད་	gyün-ring lä-meh
Langzeitarbeit-losigkeit (f)*	རྒྱུན་རིང་ལས་མེད་དལ་ལུས་	gyün-ring lä-meh dhel-lü
Lappalie (f)	བྱ་དངོས་ཆུང་ཚག་	dschya-ngö tschhung-tsag
Lärm (m)	སྒྲ་	d(r)ha
lärmend	སྐད་ཅོར་ཚ་པོ་	keh-tschor tza-wo
lassen	འཇུག་པ་	dschug-pa
Last (f)	དོག་ཁྲིས་	dog-t(r)hä

lästern	སྐུར་བ་འདེབས་པ་	kur-wa deb-pa
Lastkraftwagen (m)	དོས་སྐྱེལ་རླང་འཁོར་	dö-kyel lhang-khor
Lastschrift (f), econ.*	སོང་རྩིས་ཐོ་གཞུང་	song-tsi tho-schung
Lastwagenfahrer (m)	དོས་སྐྱེལ་རླང་འཁོར་གཏོང་མཁན་	dhö-kyel lhang-khor tong-khen
Laterne (f)	སྒང་ཞུ་	gang-schu
Laub (n)	ལོ་འདབ་	lo-dab
Laubbaum (m)	ལོ་མ་སྟུང་བའི་ཤིང་སྡོང་	lo-ma tung-wae schhing-tong
Lauch (m)	སྐྱུར་ཚལ་	kyur-tzel
lauern	མངོན་མེད་དུ་སྡོད་པ་	nghön-meh-dhu döh-pa
Lauf (m)	རྒྱུག་འགྲན་	gyug-d(r)hen
Laufbahn (f)	མདུན་ལམ་	dün-lam
laufen	རྒྱུག་པ་	gyug-pa
Läufer (m)	རྒྱུག་མཁན་	gyug-khen
Laufmasche (f)	སྐས་འཛེག་	kä-dzeg
Laune (f)	སེམས་ཀྱི་ཉམས་འགྱུར་	säm-kyi nyam-gyur
launisch	སེམས་ཁམས་མཁྱེན་པོ་	säm-kham kyen-po
Laus (f)	ཤིག་	schhig
lauschen	ཕག་ཉན་རྒྱག་པ་	phag-nyen gyag-pa
laut	སྐད་སྒྲ་ཆེན་པོ་	keh-d(r)ha tschhen-po
Laut (m)	སྐད་ཅོར་	keh-tschor
laut, gemäss	གཞིར་བཟུང་གིས་	schir-suhng-gi
läuten	དྲིལ་བརྡ་གཏོང་བ་	d(r)hil-da tong-wa
lautlos	འཇམ་ཐིང་ཐིང་	dscham-thing-thing
Lautsprecher (m)	རྒྱང་བསྒྲགས་	gyang-d(r)hag

Lautstärke (f)*	སྐད་ཤུགས་བོངས་ཚད་	keh-schhug bhong-tzeh
Lautstärkeregler (m)*	བོངས་ཚད་བསྡངས་འཛིན་ (འཇལ་ཆས་)	bhong-tzeh / tang-dzin (dschel-tschhä)
lauwarm	དྲོད་འཇམ་	d(r)hö-dscham
Lava (f)	མེ་རིའི་མེ་མུར་	me-rie me-mur
Lawine (f)	གངས་རུད་	ghang-rü
leben	སྡོད་པ་	dö-pa
leben (hon.)	བཞུགས་པ་	schug-pa
Leben (n)	ཚེ་	tze
Leben (n), hon.	སྐུ་ཚེ་	ku-tze
lebendig	སྲོག་ལྡན་	sog-den
Lebensader (f)	སྲོག་རྩ་	sog-tsa
Lebensanschauung (f)	མི་ཚེའི་ལྟ་བ་	mi-tzäe ta-wa
Lebensbedingungen (f/pl)*	འཚོ་བའི་གནས་སྟངས་	tzo-wae nhä-tang
Lebensdauer (f)*	མི་ཚེའི་དུས་ཡུན་	mi-tsäe dhü-jün
Lebenserfahrung (f)*	མི་ཚེའི་མྱོང་ཚོར་	mi-tzäe nyong-tzor
Lebenserhaltungskosten (f/pl)*	འཚོ་བ་འཁྱོལ་ཙམ་གྱི་འགྲོ་གྲོན་	tzo-wa khyel-tsam-gyi d(r)ho-d(r)hön
Lebenserwartung (f)	ཚེ་ཚད་	tze-tzeh
lebensfähig	འཚོ་གནས་ཐུབ་པའི་	tzo-nhä thub-pae
Lebensfreude (f)	འཚོ་བའི་དགའ་སྣང་	tzo-wae ga-nhang
Lebensgefahr (f)*	འཆི་བའི་ཉེན་ཁ་	tschhi-wae nyen-kha
Lebensgefährte (m)*	ཚེ་རོགས་	tze-rog
lebenslänglich	ཚེ་གང་གི་	tze-ghang-gi
Lebenslauf (m)	མི་ཚེའི་ལོ་རྒྱུས་མདོར་བསྡུས་	mi-tsäe lo-gyü dor-dü

Lebensmittel (f/pl)	བཟའ་ཆས་	sah-tschhä
Lebensmittel (f/pl), hon.	གསོལ་ཆས་	söl-tschhä
Lebensmittel-abteilung (f)*	བཟའ་བཅའི་སྡེ་ཚན་	sah-tschae de-tzen
Lebensmittel industrie (f)	བཟའ་བཅའི་བཟོ་སྲལ་	sah-tschae soh-lä
Lebensmittel-vergiftung (f)*	བཟའ་བཅའི་ཕོག་དུག་	sah-tschae phog-dhug
Lebensstandard (m)	འཚོ་བའི་གནས་ཚད་	tzo-wae nhä-tzeh
Lebensunterhalt (m)	འཚོ་བའི་ཆ་རྐྱེན་	tzo-wae tschha-kyen
Lebens-versicherung (f)*	འཚོ་བའི་ཉེན་སྲུང་མ་འཛོག་	tzo-wae nyen-sung ma-dschog
Lebensweise (f)	མཚོ་བ་བརྟེན་ལུགས་	tzo-wa ten-lug
lebenswichtig	སྲོག་རྩར་གྱུར་བའི་	sog-tsar gyur-wae
Leber (f)	མཆིན་པ་	tschhin-pa
Lebewesen (n)	སེམས་ཅན་	säm-tschen
lebhaft	གྲུང་གདོད་པོ་	d(r)hung-schha dhöh-po
Leck (n)	གས་ཆག་	ghä-tschhag
lecken	ཐིགས་པ་རྒྱག་པ་	thig-pa gyag-pa
lecker	ཞིམ་མངར་འཛོམས་པའི་	schim-ngar dzom-pae
Leder (n)	མཉེད་ཀོ་	nyeh-ko
Lederschuhe (f)	ཀོ་བའི་ལྷམ་གོག་	ko-wae hlam-gog
Lederwaren (f/pl)	ཀོ་བའི་ཐོན་ཟོག་	ko-wae thön-sohg
ledig	རྐྱང་པ་	kyang-pa
lediglich	ཤ་སྟག་	schha-tahg
leer	སྟོང་པ་	tong-pa
Leere (f)	སྟོང་ཆ་	tong-tschha

leeren	སྟོང་པ་བཟོ་བ་	tong-pa soh-wa
Leerheit (f)	སྟོངས་པ་ཉིད་	tong-pa nyih
legal	ཁྲིམས་ཐོག་གི་	t(r)him-thog-gi
legalisieren	ཁྲིམས་མཐུན་བཟོ་བ་	t(r)him-thün soh-wa
Legalisierung (f)	ཁྲིམས་མཐུན་བཟོ་བའི་བྱ་སྟོད་	t(r)him-thün soh-wae dschya-tschyöh
legen	བཞག་པ་	schag-pa
Legende (f)	གཏམ་རྒྱུད་	tahm-gyüh
Legierung (f)	ལྕགས་རིགས་བསྲེས་མ་	tschag-rig sä-ma
Legislative (f)	ཁྲིམས་བཟོ་ལྷན་ཚོགས་	t(r)him-soh hlen-tzog
Legislaturperiode (f)*	ཁྲིམས་བཟོ་ལྷན་ཚོགས་ཀྱི་ཡུན་ཚད་	t(r)him-soh hlen-tzog-kyi jün-tzeh
legitim	ཁྲིམས་མཐུན་	t(r)him-thün
Lehm (m)	འདམ་བག་	dam-bhag
Lehmhütte (f)	ས་ཁང་	sa-khang
Lehne (f)	རྒྱབ་སྙེ་	gyab-nye
lehnen	སྙེ་བ་	nye-wa
Lehnstuhl (m)	རྒྱབ་ཀྱག་ལག་འཛུ་ཅན་	kub-kyag lag-dschu-tschen
Lehrbuch (n)	སློབ་དེབ་	lhob-dheb
Lehre (f)	སྙོང་འདྲིས་སྟོང་བདར་	nyon-d(r)hi dschong-dar
lehren	སློབ་ཁྲིད་བྱེད་པ་	lhob-t(r)hih dschye-pa
Lehrer (m)	དགེ་རྒན་	ge-gen
Lehrgang (m)	སློང་གྲས་	dschong-d(r)hä
Lehrling (m)	སྙོང་འདྲིས་སློང་བདར་པ་	nyon-d(r)hi dschong-dar-pa
Lehrmethode (f)	སློབ་ཐབས་	lhob-thab

Lehrplan (m)	སློབ་ཁྲིད་འཆར་གཞི་	lhob-t(r)hih tschhar-schi
lehrreich	ཤེས་གསལ་འཛོམས་པོ་	schhä-sel dzom-po
Lehrsystem (n)	སློབ་ལུགས་	lhob-lug
Leib (m)	གཟུགས་པོ་	suhg-po
Leibesvisitation (f)	གཟུགས་པོ་ཞིབ་བཤེར་	suhg-po schib-schher
Leibwächter (m), hon.	སྐུ་སྲུང་བ་	ku-sung-wa
leichtgläubig	ཡིད་ཆེས་སླ་པོ་	jih-tschhä lha-po
Leichnam (m)	ཕུང་པོ་	phung-po
Leichnam (m), hon.	སྐུ་ཕུང་	ku-phung
leicht	ཡང་པོ་	jang-po
leichtfertig	སྣང་མེད་	nhang-meh
Leichtsinn (m)	བག་མེད་	bhag-meh
leichtsinnig	དོ་འཁུར་མེད་པའི་	do-khur meh-pae
Leid (n)	སྡུག་བསྔལ་	dug-ngel
leiden	སྡུག་བསྔལ་མྱོང་བ་	dug-ngel nyong-wa
leidend	ཉམ་ཐག་པ་	nyam-thag-pa
Leidenschaft (f)	ཆགས་དྲག་པའི་སེམས་འཚོར་	tschhä-d(r)hag-pae säm-tzor
leidenschaftlich	སེམས་འཚོར་དྲག་པོས་འདེད་པའི་	säm-tzor d(r)hag-pö dheh-pae
Leidensgenosse (m)*	སྡུག་བསྔལ་མྱོང་རོགས་	dug-ngel nyong-rog
leider	ལམ་འགྲོ་མེད་པར་	lam-d(r)ho meh-par
Leidtragende (m)*	སྡུག་བསྔལ་མྱོང་མཁན་	dug-nghel nyong-khen
leihen	གཡར་བ་	jar-wa
Leihgebühr (f)*	གཡར་གླ་	jar-lha
Leine (f)	འདོག་ཐག་	dog-thag

Leinwand (f)	རས་གཞི་	rä-schi
leise	ཁ་ཁུ་སིམ་པོ་	kha-khu sim-po
Leistung (f)	གྲུབ་འབྲས་	d(r)hub-d(r)hä
Leitungsausweis (m)	བྱ་དགའི་ལག་འཁྱེར་	dschya-gäe lag-khyer
leistungsbezogen*	གྲུབ་འབྲས་སུ་གནས་པའི་	d(r)hub-d(r)hä-su nhä-pae
Leistungsfähigkeit (f)	ནུས་ཚད་	nü-tzeh
Leistungsgesellschaft (f)*	གྲུབ་འབྲས་སུ་གནས་པའི་སྤྱི་ཚོགས་	d(r)hub-d(r)hä-su nhä-pae tschyi-tzog
Leitartikel (m)	གསར་ཤོག་ལྷེང་བརྗོད་	sar-schhog lheng-dschö
leiten	འཛིན་སྐྱོང་བྱེད་པ་	dzin-kyong dschye-pa
Leiter (m)	སྒོ་ཁྲིད་	go-t(r)hi
Leiter (m), hon.	དབུ་ཁྲིད་	u-t(r)hi
Leiter (f)	སྐས་འཛེག་	kä-dzeg
Leitgedanke (m)	བསམ་ཕུགས་	sam-phug
Leitung (f)	འགོ་འཛིན་	go-dzin
Leitungswasser (n)	ཀ་ལས་ཆུ་	ka-lä tschhu
Lektion (f)	སློབ་ཚན་	lhob-tzen
Lektüre (f)	ཀློག་གདོན་	lhog-dön
lenken	ཁ་ལོ་སྒྱུར་བ་	kha-lo gyur-wa
Lenkrad (n)*	དཀྱོག་འཁོར་	kyog-khor
Leopard (m)	གཟིག་	sihg
Lerche (f), zo.	ཚོ་ཀ་	tscho-ka
lernen	སློང་བ་	dschyong-wa
Lesbierin (f)	བུ་མེད་ནང་འབྲེལ་འཁྲིག་སྦྱོར་བྱེད་པོ་	bhu-meh nang-d(r)hel t(r)hig-dschyor dschyeh-po

lesen	སློག་པ་	lhog-pa
lesen (hon.)	ཕྱགས་སློག་གནང་བ་	dschag-log nhang-wa
Leser (m)	སློག་པ་པོ་	lhog-pa-po
leserlich	སློག་བདེ་པོ་	lhog-dhe-po
Lesesaal (m)	དཔེ་དེབ་སློག་ཁང་	pe-dheb lhog-khang
Lesung (f)	སློག་འདོན་	lhog-dön
letzte	ཕྱི་ཤོས་	tschhyi-schhä
letztlich	ཐ་མར་	tha-mar
Leuchte (f)	བཞུ་མར་	schu-mar
leuchten	འོད་ཟེར་བགྱེད་པ་	wö-sehr kyeh-wa
leuchtend	འོས་མདངས་འཕུ་བའི་	wö-dang t(r)ha-wae
Leuchtturm (m)	མཚོ་ཐོག་ལམ་དགས་སློག་ཞུ་	tzo-thog lam-tahg lhog-schu
leugnen	ངོས་ལེན་མི་བྱེད་པ་	ngö-len mi-dschye-pa
Leute (f/pl)	མི་མང་	mi-mang
Lexikon (n)	ཀུན་ཁྱབ་ཚིག་མཛོད་	kün-khyab tzig-dzöh
Libelle (f)	ཆུ་སྦྱིན་རྒྱལ་མོ་	tschhu-sin gyel-mo
liberal	ལྷོ་རྒྱ་ཆེན་པོ་	lho-gya tschhen-po
Licht (n)	འོད་	wöh
Lichtmaschine (f)	འགུལ་ཤུགས་སློག་འདོན་འཕུར་འཁོར་	gül-schhug lhog-dön t(r)hül-khor
Lichtschalter (m)*	སློག་གི་ཐུད་སྒོ་	lhog-gi thü-go
Lid (n)	ཞིབས་གཅོད་	kheb-tschöh
Lidschatten (m)	མིག་པགས་ཀྱི་མདངས་རིས་	mig-pag-kyi dang-ri
lieb	བརྩེ་བའི་	tse-wae
Liebe (f)	དགའ་ཞེན་	gha-schen

Liebe (f)	བརྩེ་དུངས་	tse-dhung
lieben	དགའ་ཞེན་བྱེད་པ་	ga-schen dschye-pa
lieben	བརྩེ་དུང་བྱེད་པ་	tse-dhung dschye-pa
liebenswürdig	སེམས་བཟང་པོ་	säm-sahng-po
Liebenswürdigkeit (f)	ཐུགས་བརྩེ་	thug-tse
lieber	དེ་བས་	dhe-wä
Liebesbrief (m)	མཛའ་ཡིག་	dza-jig
Liebespaar (n)	མཛའ་བོ་	dza-wo
liebevoll	མཛའ་བརྩེ་ལྡན་པའི་	dza-tse den-pae
Liebhaberei (f)	དབྱིངས་ལས་	jing-lä
lieblich	ཡིད་འོང་	jih-wong
Liebling (m)	སྙིང་སྡུག་	nying-dug
lieblos	དགའ་ཞེན་དང་བྲལ་བ་	ga-schen-dhang d(r)hel-wa
Lied (n)	གླུ་གཞས་	lhu-schä
Lied (n)	གཞས་	schä
Lied (n), hon.	གསུང་གཞས་	sung-schä
Liedermacher (m)	གླུ་གཞས་རྩོམ་པ་པོ་	lhu-schä tsom-pa-po
Lieferant (m), econ.	མཁོ་སྤྲོད་བྱེད་མཁན་	kho-t(r)höh dschyeh-khen
lieferbar	མཁོ་བདེ་ཅན་	kho-de-tschen
Lieferfrist (f)	སྐྱེལ་འགྲེམས་ཡུན་ཚད་	kyel-d(r)häm jün-tzeh
liefern	སྐྱེལ་བ་	kyel-wa
Lieferung (f)	སྐྱེལ་འགྲེམས་	Kyel-d(r)häm
Lieferwagen (m)	སྐྱེལ་འདྲེན་འཁོར་ལོ་	kyel-d(r)hen khor-lo
Liege (f)	ཁྲི་སྟེགས་ཉལ་ཁྲི་	teb-d(r)hig nyel-t(r)hi
liegen	འཕྲེད་ཉལ་རྒྱག་པ་	t(r)eh-nyel gyag-pa

Liegestuhl (m)	ཉལ་སྟེགས་རྐུབ་རྐྱག་	teb-d(r)hig kub-kyag
Liegewiese (f)	སྤང་	pang
Lift (m)*	ལྷོག་འདེགས་	lhog-deg
Likör (m)	ཆང་རག་མངར་མོ་	tschhang-rag nghar-mo
lila	མུ་མེན་	mu-men
Lilie (f), bot.	ལུག་མཉེའི་མེ་ཏོག་	lug-nyäe me-tog
Limonade (f)*	བུལ་ཆུ་མངར་མོ་	bul-tschhu ngar-mo
lindern	ཚབས་ཆུང་དུ་གཏོང་བ་	tzab-schhung-dhu tong-wa
Linderung (f)	ཚབས་ཆུང་དུ་གཏོང་ཐབས་	tzab-schhung-dhu tong-thab
Linguist (m)	སྐད་རིག་མཁས་པ་	d(r)ha-rig khä-pa
Linguistik (f)	བརྡ་སྤྱོད་རིག་གནས་	da-t(r)höh rig-nhä
Linie (f)	ཐིག་	thig
Linien ziehen	ཐིག་འཐེན་པ་	thig ten-pa
links	གཡོན་	jön
linke	གཡོན་ཕྱོགས་པ་	jön-tschhyog-pa
links	གཡོན་དུ་	jön-dhu
Linkshänder (m)	གཡོན་ལག་	jön-lag
Links-radikalismus (m)*	གཡོན་ཕྱོགས་རླུང་བཙས་རིང་ལུགས་	jön-tschhyog mhang-tschö ring-lung
Linse (f), bot.	སྲན་ཆུང་མ་སུར་	sen-tschhung ma-sur
Linse (f), opt.	དངས་ཤེལ་	dhang-schhel
Lippe (f)	མཆུ་ཏོ་	tschhu-to
Lippe (f), hon.	ཞལ་མཆུ་	schel-tschhu
Lippenstift (m)	མཆུ་ཚོས་	tschhu-tzö
Liquidation (f), econ.	བུ་ལོན་གཙང་དག་	bhu-lön tsang-dhag

liquidieren	ཚར་གཅོད་བྱེད་པ་	tzar-tschöh dschye-pa
liquidieren, eco	བུ་ལོན་གཙང་དག་བཟོ་བ་	bhu-lön tsang-dhag soh-wa
liquidieren, pol.	རྩ་མེད་བཟོས་པ་	tsa-meh söh-wa
List (f)	སྒྱང་སྒྱུས་	tschyang-dschyü
Liste (f)	ཐོ་	tho
Liste (f), hon.	ཕྱག་ཐོ་	tschhyag-tho
listig	སྒྱང་གྲུང་དོད་པོ་	tschang-d(r)hung dhöh-po
literarisch	རྩོམ་རིག་གི་	tsom-rig-gi
Literat (m)	རྩོམ་པ་པོ་	tsom-pa-po
Literatur (f)	རྩོམ་རིག་	tsom-rig
Litfasssäule (f)	དྲི་བསྒྲགས་བྱེད་སློའི་ཀ་བ་	d(r)hi-d(r)hag dschyeh-göe ka-wa
Lizenz (f)	ཆོག་མཆན་ལག་འཛིན་	tschhog-tschhen lag-dzin
Lob (n)	བསྟོད་ར་	töh-ra
loben	བསྔགས་བརྗོད་བྱེད་པ་	ngag-dschöh dschye-pa
loben (hon.)	བསྔགས་བརྗོད་ཞུ་བ་	ngag-dschöh schu-wa
lobenswert	བསྔགས་འོས་	ngag-wö
Lobpreisung (f)	བསྟོད་བསྔགས་	töh-ngag
Loch (n)	ཨི་ཁུང་	i-khung
lochen	ཨི་ཁུང་འབིགས་པ་	i-khung big-pa
Locher (m), tech.	ཨི་ཁུང་འབིགས་ཆས་	i-khung big-tschhä
Locke (f)	སུ་ལུ་	su-lu
locken	ལྷུ་བྱེད་བྱེད་པ་	lhu-d(r)hih dschye-pa
locker	ལྷོད་པོ་	hlöh-po
Löffel (m)	ཐུར་མ་	thur-ma

Löffel (m), hon.	བཞེས་ཐུར་	schä-thur
Loge (f)	སྒྲོམ་སྟེགས་	d(r)hom-tehg
Logik (f)	གཏན་ཚིག་རིག་པ་	ten-tzig rig-pa
logisch	རིག་པ་དང་མཐུན་པའི་	rig-pa-dhang thün-pae
logischerweise	གཏན་ཚིག་རིག་པ་ལྟར་དུ་	ten-tzig rig-pa tahr-dhu
Lohn (m)	གླ་ཕོགས་	lha-phog
Lohndumping (n)*	འབེབས་ཚོང་གླ་འབབ་	beb-tzong lha-bab
Lohnerhöhung (f)*	གླ་འབབ་འཕར་ཆ་	lha-bab phar-tschha
Lohnsteuer (f)	འབབ་ཁྲལ་	bab-t(r)hel
lokal	ས་གནས་ཀྱི་	sa-nhä-kyi
Lokal (n)	ཆང་རག་འཐུང་ས་	tschhang-rag thung-sa
Lokalblatt (n)*	ས་གནས་གསར་ཤོག་	sa-nhä sar-schhog
Lokführer (m)	མེ་འཁོར་ཁ་ལོ་པ་	me-khor kha-lo-pa
Lokomotive (f)	མེ་འཁོར་ཨ་མ་	me-khor a-ma
Los (n)	ཐོབ་སྐལ་	thob-kyel
losbinden	འགྲོལ་བ་	d(r)höl-wa
löschen	མེ་གསོད་པ་	me söh-pa
lose	ཧླུག་ཧླུག་	hlug-hlug
Lösegeld (n)	གླུ་ཡོན་	lhu-jön
losen*	ཐོབ་སྐལ་འབྱེན་པ་	thob-kyel then-pa
lösen	བཤིག་པ་	schhig-pa
loslassen	གློད་གཏོང་བ་	lhöh tong-wa
löslich	བཞུ་ཡལ་རུང་བའི་	schur-jel rung-wae
losschrauben	གཅུ་གཟེར་འགྲོལ་བ་	tschu-sehr d(r)höl-wa
Lösung (f)	ཐབས་ལམ་	thab-lam

löten, tech.	ཚ་ལ་རྒྱག་པ་	tza-la gyag-pa
Lotion (f)	བསྐུ་སྨན་	ku-men
Lotterie (f)	རྒྱན་ཤོག་	gyen-schhog
Lotus (m)	པད་མ་	peh-ma
Lotusblatt (n)	པད་མའི་ལོ་འདབ་	peh-mae lo-dab
Löwe (m), zo.	སེང་གེ་	seng-ghe
loyal	ཁ་ཞེན་ཅན་	schha-schen-tschen
Luchs (m)	གཡི་	ji
Lücke (f)	བར་སྟོང་	bar-tong
Lückenbüsser (m)	འཕྲལ་སེལ་གང་ཚབ་	t(r)hel-sel kang-tzab
lückenhaft	ཚ་མ་ཚང་བ་	tschha ma-tzang-wa
lückenlos	ཚ་ཚང་བ་	tschha-tzang-wa
Luft (f)	རླུང་	lhung
Luftaufnahme (f)	བར་སྣང་ནས་བླངས་པའི་འདྲ་པར་	bhar-nhang-nä lhang-pae d(r)ha-par
Luftballon (m)	སྦྲང་བུ་	gang-bhu
Luftblase (f)*	རླུང་བུར་	lhung-bhur
Luftbrücke (f)	གནམ་ཐོག་དོས་སྐྱེལ་	nham-thog dö-kyel
luftdicht	རླུང་ཐུབ་	lhung-thub
lüften	རླུང་གཏོང་བ་	lhung tong-wa
Luftfahrt (f)	མཁའ་འགྲུལ་རིག་གནས་	kha-d(r)hül rig-nhä
Luftfeuchtigkeit (f)	གཞན་ཚན་	scha-tzen
Luftfilter (m), tech.	རླུང་ཚགས་	lhung-tzag
Luftfracht (f)*	གནམ་ཐོག་དོས་འདྲེན་	nam-thog dö-d(r)hen
luftig	རླུང་འགྲོ་ལེགས་པོ་	lhung-d(r)ho leg-po

Luftkrankheit (f)	མཁའ་འགྲུལ་ཞི་མེར་	kha-d(r)hül sche-mar
luftleer	རླུང་མེད་	lhung-meh
Luftpirat (m)	གནམ་གྲུ་བཙན་འཁྲིད་བྱེད་པོ་	nam-d(r)hu tsen-t(r)hih dschye-po
Luftpost (f)	གནམ་སྦྲག་	nam-d(r)hag
Luftpumpe (f)	ཕུ་མདའ་	phu-da
Luftröhre (f)	ལྦོ་སྦུབས་	lho-bub
Lufttemperatur (f)	རླུང་གི་ཚ་གྲང་	lhung-gi tza-tzeh
Lüftung	རླུང་ལམ་	lhung-lam
Luftverkehr (m)*	ཕུར་འདེགས་འགྲིམ་འགྲུལ་	phur-deg d(r)him-d(r)hül
Luftwaffe (f)	གནམ་དམག་	nam-mhag
Lüge (f)	སྐྱག་རྫུན་	kyag-dzün
Lüge (f), hon.	ཞལ་རྫུན་	schel-dzün
lügen	རྫུན་བཤད་པ་	dzün schheh-pa
Lust (f)	སྲིད་པ་	seh-pa
lustig	སྤྲོ་སྣང་ཅན་	t(r)ho-nyam-tschen
lustlos	སྣང་བ་མི་གཏོང་པ་	nang-wa mi-töh-pa
Lustspiel (n)	དགོད་བྲོའི་ཟློས་གར་	göh-d(r)höe dö-ghar
lutschen	འཇིབ་པ་	dschib-pa
luxuriös	རྒྱས་སྤྲོས་ཅན་	gyä-t(r)hö-tschen
Luxus (m)	འདོད་ཡོན་ལོངས་སྤྱོད་	döh-jön long-tschöh
Luxusartikel (m)	འདོད་ཡོན་ལོངས་སྤྱོད་ཀྱི་དངོས་པོ་	döh-jön long-tschö-kyi ngö-po
Luxusausführung (f)	སྤུས་དག་	pü-dhag
Lymphdrüse (f)	མེན་བུ་	men-bhu

M

machbar	སྒྲུབ་ཏུ་རུང་བའི་	d(r)hub-dhu rung-wae
machen	བྱེད་པ་	dschye-pa
machen, hon.	གནང་བ་	nhang-wa
Machenschaften (f/pl)	གཡོ་རྫུས་	jo-dschü
Macher (m)	ལས་བྱེད་པ་པོ་	lä dschyeh-pa-po
Macht (f)	དབང་ཆ་	wang-tschha
Macht (f), hon.	སྐུ་དབང་	ku-wang
Machtbefugnis (f)	དབང་ཚད་	wang-tzeh
Machtbereich (m)	མངའ་ཁོངས་	ngha-khong
Machthaber (m)	དབང་འཛིན་	wang-dzin
machthungrig	དབང་འདོད་ཅན་	wang-döh-tschen
mächtig	སྟོབས་ཤུགས་ཅན་	tohb-schhug-tschen
Machtkampf (m)	དབང་ཆ་འཐབ་རྩོད་	wang-tschha thab-tsöh
machtlos	སྟོབས་མེད་	thob-meh
Machtmissbrauch (m)	དབང་ཚད་ལོག་སྤྱོད་	wang-tzeh log-tschöh
Machtübernahme (f)	དབང་ཆ་རྩིས་ལེན་	wang-tschha tsi-len
Machtwechsel (m)*	དབང་ཆ་འཕོ་འགྱུར་	wang-tschha pho-gyur
Mädchen (n)	བུ་མོ་	bhu-mo
Mädchen, junges (n)	གཞོན་མ་	schön-ma
Magazin (n)	བརྙན་དེབ་	nyhen-dheb
Magen (m)	གྲོད་པ་	d(r)höh-pa
Magen (m), hon.	གསོལ་གྲོད་	söl-d(r)höh
Magen-Darm-Infektion (f)	ཕོ་བ་དང་རྒྱུ་མའི་འགོ་ནད་	pho-wa-dhang gyü-mae go-neh

Magengeschwür (n)*	པོ་བའི་ཀྲ་འབུམ་	pho-wae mha-d(r)hum
Magenkrebs (m), med.	པོ་བའི་སྐྲན་ནད་	pho-wae t(r)hen-neh
Magensäure (f)	པོ་བའི་སྐྱུར་རྫས་	pho-wae kyur-dzä
Magenschmerz (m)	པོ་བའི་ན་ཟུག་	pho-wae na-suhg
Magenverstimmung (f)	ཟས་མ་བཞུ་བའི་ནད་	säh ma-schu-wae neh
mager	རིད་པོ་	rih-po
Magnesium (n), chem.	མ་འིལ་	ma-il
Magnet (m)	ལྕགས་ཁབ་ལེན་	tschag khab-len
Magnetfeld (n)	ཁབ་ལེན་ཁྱབ་ཡུལ་	khab-len khyab-jül
magnetisch	ཁབ་ལེན་གྱི་ནུས་པ་ཅན་	khab-len-gyi nü-pa-tschen
Magnetismus (m)	ཁབ་ལེན་གྱི་རང་བཞིན་	khab-len-gyi rang-schin
Magnetnadel (f)	ཁབ་ལེན་མདའ་ཁབ་	khab-len da-khab
Mähdrescher (m)	འབྲུ་བསྡུའི་འཕྲུལ་འཁོར་	ngha-due t(r)hül-khor
mähen	རྩྭ་རྔ་བ་	tsa ngha-wa
mahlen	འཐག་པ་	thag-pa
Mahlzeit (f)	ཟོ་ཚེས་	to-tschhä
mahnen*	དན་སྐུལ་གཏོང་བ་	d(r)hen-kül tong-wa
Mahngebühr (f)*	དན་སྐུལ་གཏང་ཡོན་	d(r)hen-kül tang-jön
Mahnung (f)*	དན་སྐུལ་	d(r)hen-kül
Mai (m)	ཕྱི་ཟླ་ལྔ་བ་	tschhyi-dha ngha-wa
Maibaum (m)	དབྱར་སྐྱེད་དར་ཤིང་	jhar-kyih dhar-schhing
Mais (m)	མ་མོས་ལོ་ཏོག་	ma-mö lo-tog
Major (m)	ཞལ་ངོ་	schel-ngo

Deutsch	Tibetisch	Umschrift
Makler (m)	བར་ཚོང་རྒྱག་མཁན་	bhar-tzong gyag-khen
Maklergebühr (f)*	བར་ཚོང་ཁེ་ཡོན་	bhar-tzong khe-jön
mal	དུས་	dhü
malen	ཚོན་རྩི་གཏོང་བ	tzön-tsi tong-wa
Maler (m)	ཚོན་རྩི་གཏོང་མཁན་	tzön-tsi tong-khen
Malerei (f)	ཚོན་བྲིས་རི་མོ་	tzön-d(r)hi ri-mo
malerisch	བྲིས་བཀོད་ལྟ་བུའི་	d(r)hi-köh ta-bhue
malnehmen, math.	སྒྱུར་ཚེས་རྒྱག་པ་	gyur-tzi gyag-pa
Malz (n)	བང་ལྷུམ་	bang-lhum
Malzbier (n)*	ལྷུམ་ཆང་	lhum-tschhang
Mama (f)	ཨ་མ་	a-ma
man	དེ་དག་	dhe-dhag
Management (n)	བཀོད་བསྒྱུར་སྟངས་འཛིན་	köh-dschyü tang-dzin
Manager-krankheit (f)	འགན་འཁྲི་ལྡིང་གནོན་ཚོར་ནད་	gen-t(r)hih dschih-nhöh tzor-neh
managen	བཀོད་བསྒྱུར་བྱེད་པ་	köh-dschyü dschye-pa
manchmal	འཚམས་འཚམས་	tzam-tzam
Mandant (m), jur.	དོ་དག་	dho-dhag
Mandarine (f)	ཚ་ལུ་མ་	tza-lu-ma
Mandat (n)	གཞུང་འབྲེལ་བཀའ་ཁྱབ་	schung-d(r)hel ka-khyab
Mandel (f), anat.	ལྕེ་རྩེའི་སྨན་བུ་	tsche-tsae men-bhu
Mangel (m)	ཉུང་སྐྱོན་	nyung-kyön
mangeln	མ་འདང་བ་	ma-dang-wa
Mängelrüge (f)*	སྐྱོན་ཚག་སྐྱོན་འཛུགས་	kyön-tschhag kyön-dzug
Mangelware (f)	དངོས་ཟོག་དཀོན་པོ་	ngö-sohg kön-po

Manier (f)	སྟོད་ལམ་	tschyöh-lam
Manifest (n), pol.	ཙ་ཚིག་གསལ་བསྒྲགས་	tsa-tzig sel-d(r)hag
Manipulation (f)	གཡོ་ཐབས་	jo-thab
manipulieren	གཡོ་བྱུས་ཀྱི་ལམ་ནས་བྱེད་པ་	jo-dschyü-kyi lam-nä dschye-pa
Mann (m)	སྐྱེ་བུ་	kye-bhu
Männchen (n)	ཕོ་	pho
männlich	ཕོའི་	phoe
Mannschaft (f)	རུ་ཁག་	ru-khag
Mansarde (f)	ཐོག་ཝོག་ཁང་ཆུང་	thog-wog khang-tschhung
Manschette (f)	ཕུ་ཐུང་གི་རྩེ་	phu-thung-gi tse
Manschetten-knopf (m)	ཐོབ་ཚེ་མགོ་འདྲེལ་མ་	thob-tschi go-d(r)hel-ma
Mantel (m)	སྟོད་གོས་	töh-ghö
Mantra (n)	སྔགས་	nghag
Mantra (n), hon.	སྔགས་སྔགས་	dschag-nghag
Mantra, geheimes (n), rel.	གསང་སྔགས་ཀྱི་ཐེག་པ་	sang-ngag-kyi theg-pa
manuell	ལག་པའི་	lag-pae
Manuskript (n)	བྲིས་མ་	d(r)hi-ma
Mappe (f)	ཊེབ་བྱེད་	teb-dschyeh
Märchen (n)	མཁན་འགྲོའི་ཏོག་སྒྲུང་	kha-d(r)höe tohg-d(r)hung
Marienkäfer (m)	ཐོམ་འབུ་	thom-bu
Marihuana (n)	སོ་མ་ར་རྫའི་རྡོ་ཐ་	so-ma ra-dzäe do-tha
Marine (f)	མཚོ་དམག་	tzo-mhag
maritim	རྒྱ་མཚོའི་འདབས་འབྲེལ་	gya-tzöe dab-d(r)hel
Marke (f)	ཚོང་རྟགས་	tsong-tahg

Markenerzeugnis (n)*	ཚོང་རྟགས་ཡོད་པའི་ཐོན་སྐྱེད་	tsong-tahg jöh-pae thön-kyeh
Markenzeichen (n)	ཐོན་ཟོག་གི་ཚོང་རྟགས་	thön-sohg-gi tzong-tahg
Marketing (n)*	ཚོང་སྦྱོང་སྐྱོར་བྱེད་	tzong-sohng kyor-dschyeh
markieren	རྟགས་རྒྱག་པ་	tahg gyag-pa
Markierung (f)	མཚོན་རྟགས་	tzön-tahg
Markt (m)	ཁྲོམ་	t(r)hom
Marktanalyse (f)*	ཁྲོམ་འདུས་དཔྱད་ཞིབ་	t(r)hom-dü tschyeh-schib
Marktanteil (m)	མ་ཤེར་ཁྲོམ་ར་	ma-schher t(r)hom-ra
Marktmacht (f)*	ཁྲོམ་འདུས་ནུས་མཐུ་	t(r)hom-dü nü-thu
Marktplatz (m)	ཁྲོམ་ར་	t(r)hom-ra
Marktpotenzial (n)*	ཁྲོམ་འདུས་ཕན་ནུས་	t(r)hom-dü phen-nü
Marktpreis (m)	ཡུལ་གོང་	jül-ghong
Marktwert (m)*	ཁྲོམ་འདུས་རིན་ཐང་	t(r)hom-dü rin-thang
Marmelade (f)*	སིལ་འདག་སྡེ་གུ་	sil-dag de-ghu
Marmor (m)	རྡོ་ཀ་མ་རུ་པ་	do-ka-ma ru-pa
Mars (m), ast.	མིག་དམར་	mig-mhar
Marsch (m)	རུ་སྒྲིག་ཀང་འགྲོས་	ru-d(r)hig kang-d(r)hö
Marschflugkörper (m)*	དམག་གྲུའི་འཕུར་མདའ་	mhag-d(r)hue phur-da
marschieren	གོམ་འགྲོས་བྱེད་པ་	gom-d(r)hö dschye-pa
Marxismus (m)	མར་སིའི་རིང་ལུགས་	mar-sie ring-lug
März (m)	ཕྱི་ཟླ་གསུམ་པ་	tschhyi-dha sum-pa
Maschine (f)	འཕྲུལ་འཁོར་	t(r)hül-khor
Maschinen- gewehr (n)	མེ་མདའ་སྦག་སྦག་	me-da bag-bag
Masern (pl)	སིབ་བི་	sib-bi

Maske (f)	འབག་	bag
Maske (f), hon.	ཞལ་འབག་	schel-bag
maskieren	འབག་གྱོན་པ་	bag gyön-pa
maskulin	ཕོའི་	phöe
Mass (n)	ཐིག་ཚད་	thig-tzeh
Mass (n), hon.	ཕྱག་ཚད་	tschhyag-tzeh
Massage (f)	ཕུར་མཉེ་	phur-nye
Massaker (n)	སྟེབ་གསོད་	deb-söh
Masse (f)	འདུས་ཚོགས་	dü-tzog
Masseinheit (f)*	ཚ་ཚད་རྩི་གཞི་	tschha-tzeh tsi-schi
Massenabsatz (m)*	ཁྱོན་ཆེའི་ཁེ་ཚོང་	khyön-tschhäe khe-tzong
Massenandrang (m)*	ཚང་ཀ་ཁྱོན་ཆེ་	tzang-ka khyön-tschhe
Massenbewegung (f)	མང་ཚོགས་ལས་འགུལ་	mang-tzog lä-gül
massenhaft	ཁྱོན་ཆེའི་	khyön-tschhee
Massenproduktion (f)	ཁྱོན་ཆེའི་ཐོན་སྐྱེད་	khyön-tschhee thön-kyeh
Masseur (m)	ཕུར་མཉེ་གཏོང་མཁན་	phur-nye tong-khen
massgeblich	དོན་སྙིང་ལྡན་པ་	dhön-nying den-pa
massieren	ཕུར་མཉེ་གཏོང་བའམ་བྱེད་པ་	phur-nye tong-wa-am dschye-pa
mässig	འཚམས་པོ་	tzam-po
mässigen	འཇགས་ཐབས་བྱེད་པ་	dschag-thab dschye-pa
Mässigung (f)	རན་ཚོད་	ren-tzöh
massiv	ནྷོགས་མོ་	nhog-mo
masslos	ཚད་རྒྱལ་གྱི་	tzeh-gyel-gyi
Massnahme (f)	སྔོན་འགོག་ཐབས་ལམ་	nghön-gog thab-lam

Massstab (m), geol.	ཚ་ཚད་	tschha-tzeh
Massstab (m)	ཐིག་ཤིང་	thig-schhing
massvoll	ཚད་ཡོད་པ་	tzeh-jöh-pa
Material (n)	དངོས་པོ་	nghö-po
Materialismus (m)	དངོས་གཙོ་སྨྲ་བའི་རིང་ལུགས་	ngö-tso mha-wae ring-lug
Materialist (m)	དངོས་གཙོ་སྨྲ་བ་	nghö-tso mha-wa
materialistisch	དངོས་གཙོ་སྨྲ་པའི་	nghö-tso mha-pae
Materie (f)	བེམ་གཟུགས་	bem-suhg
materiell	དངོས་པོའི་	nghö-pöe
Mathematik (f)	རྩི་རིག་	tsi-rig
Mathematiker (m)	རྩི་རིག་པ་	tsi rig-pa
Matratze (f)	འཇམ་གདན་	dscham-den
Matrose (m)	གྲུ་གཟིངས་ཀྱི་ལས་མི་	d(r)hu-sihng-kyi lä-mi
Matsch (m)	འདམ་ཉོག་	dam-nyog
Matte (f)	ས་གདན་	sa-den
Mauer (f)	རྩིག་པ་	tsig-pa
Mauerblümchen (n)	རྩིག་པའི་མེ་ཏོག་	tsi-pae me-tog
mauern	རྩིག་པ་རྒྱག་པ་	tsig-pa gyag-pa
Mauerwerk (n)	རྩིག་བཀོད་	tsig-köh
Maulesel (m)	དྲེལ་	d(r)hel
Maulwurf (m)	བྱི་ལོང་	dschyi-long
Maurer (m)	སོ་ཕག་རྩིག་མཁན་	so-phag tsi-khen
Maus (f)	ཙི་ཙི་	tsi-tsi
maximal	ཆེ་ཤོས་	tschhe-schhö
maximieren	མང་ཤོས་བཟོ་བ་	mang-schhö soh-wa

Maximum (n)	མང་མཐའ་	mang-tha
Mechanik (f)	འཕྲུལ་ལས་ཚན་རིག་	t(r)hül-lä tzen-rig
Mechaniker (m)	འཕྲུལ་འཁོར་གཏོང་མཁན་	t(r)hül-khor tong-khen
mechanisch	འཕྲུལ་ཆས་ཀྱི་	t(r)hül-tschhä-kyi
mechanisieren	འཕྲུལ་ཆས་ཅན་དུ་སྒྱུར་བ་	t(r)hül-tschhä tschen-dhu gyur-wa
Mechanisierung (f)	འཕྲུལ་ཆས་བཀོལ་སྒྱུར་	t(r)hül-tschhä köl-gyur
Mechanismus (m)	འཕྲུལ་འཁོར་གྱི་མ་ལག་	t(r)hül-khor-gyi ma-lag
meckern	དམོད་བཤུང་བགྲང་པ་	möh-schhung d(r)hang-pa
Medaille (f)	རྟགས་མ་	tahg-ma
Medaillon (n)	གའུ་	ga-wu
Media (f)	ཕྱེལ་ལམ་	phel-lam
Medikament (n)	སྨན་རིགས་	men-rig
medizinisch	གསོ་བ་རིག་པའི་	so-wa rig-pae
Meer (n)	རྒྱ་མཚོ་	gya-tzo
Meerenge (f)	མཚོ་ཁུག་	tzö-khug
Meeresfrüchte (pl)	མཚོ་ཟས་	tzo-säh
Meeresgrund (m)	མཚོའི་གཏིང་མཐའ་	tzöe ting-tha
Meereskunde (f)	རྒྱ་མཚོའི་རིག་པ་	gya-tzöe rig-pa
Meeresspiegel (m)	རྒྱ་མཚོའི་དོགས་ཚད་	gya-tzöe ngog-tzeh
Mehl (n)	གྲོ་ཞིབ་	d(r)ho-schib
mehr	མང་བ་	mang-wa
Mehraufwand (m)*	འགྲོ་སོང་ཁ་སྣོན་	d(r)ho-song kha-nhön
mehrdeutig	འགོ་དོན་མང་པོ་	go-dhön mang-po
Mehreinnahmen (f)	ཡོང་འབབ་ཁ་སྣོན་	jong-bab kha-nhön

mehrere	ཕོན་ཆེན་	phön-tschhen
Mehrheit (f)	མང་མོས་	mang-mö
mehrmals	དུས་ཡུན་མང་པོ་	dhü-jün mang-po
mehrstöckig	ཐོག་བརྩེགས་ཅན་	thog-tsäg-tschen
Mehrwertsteuer (f)	རིན་ཐང་འཕེལ་བའི་ཁྲལ་འབབ་	rin-thang phel-wae t(r)hel-bab
Mehrzahl (f)	མང་ཆེ་བ་	mang-tschhe-wa
meiden	སྤོང་བ་	pong-wa
Meilenstein (m)	ལམ་ཚད་ཀྱི་རྡོ་རིང་	lam-tzeh-kyi do-ring
mein	ངའི་	ngae
Meineid (m)	དམ་བཅའ་དང་འགལ་བའི་བུ་སྙོང་	dham-tscha-dhang gel-wae dschya-tschyöh
meinen	སེམས་ལ་བསམ་པ་	säm-la sam-pa
meinen, hon.	ཐུགས་ལ་དགོངས་པ་	thug-la gong-pa
Meinung (f)	བསམ་ཚུལ་	sam-tzül
Meinung (f), hon.	དགོངས་ཚུལ་	gong-tzül
Meinungs-austausch (m)*	བསམ་ཚུལ་བརྗེ་ལེན་	sam-tzül dsche-len
Meinungs-forscher (m)*	མང་ཚོགས་ཀྱི་བསམ་ཚུལ་ཉམས་ཞིབ་པ་	mang-tzog-kyi sam-tzül nyam-schib-pa
Meinungs-forschung (f)*	མང་ཚོགས་ཀྱི་བསམ་ཚུལ་ཉམས་ཞིབ་	mang-tsog-kyi sam-tsül nyam-schib
Meinungs-forschungsinstitut (n)*	བསམ་ཚུལ་ཉམས་ཞིབ་སློབ་གཉེར་ཁང་	sam-tzül nyam-schib lhob-nyer-khang
Meinungsfreiheit (f)	བསམ་ཚུལ་རང་དབང་	sam-tzül rang-wang
Meinungsumfrage (f)	བསམ་ཚུལ་བསྡུ་ལེན་	sam-tzül du-len
Meinungs-verschiedenheit (f)	བསམ་ཚུལ་མི་འདྲ་བ་	sam-tzül mi-d(r)ha-wa
meist	མང་ཤོས་	mang-schhö

meistens	མང་ཆེ་བ་	mang-tsche-wa
Meister (m)	གཙོ་བདག	tso-dag
meisterhaft	མཁས་པོ་	khä-po
Melancholie (f)	ཡིད་གདུང་	jih-dung
melancholisch	ཡིད་གདུང་བའི་	ji-dung-wae
Meldebehörde (f)*	དེབ་སྐྱེལ་ལས་ཁུང་	dheb-kyel lä-khung
melden	འབྱོར་བརྡ་སྟྲོད་པ་	dschyor-da t(r)höh-pa
melden, hon.	སྙན་ཞུ་འབུལ་བ་	nyen-schu bül-wa
meldepflichtig, med.	བརྡ་ཁྱབ་བྱེས་པར་བྱེད་དགོས་པའི་	da-khyab nghä-par dschyeh-gö-pae
Meldung (f)	བརྡ་ཁྱབ་	da-khyab
Melodie (f)	དབྱངས་སྙན་	jang-nyen
melodiös	དབྱངས་སྙན་པོ་	jang-nyen-po
Melone (f)	ག་གོན་	gha-ghön
Memoiren (f/pl)	མྱོང་དྲན་ལོ་རྒྱུས་	nyon-d(r)hen lo-gyü
Menge (f)	གྲང་འབོར་	d(r)hang-bor
Mensa (f)	ཉེར་སྤྱོད་ཟ་ཁང་	nyer-tschöh sah-khang
Mensch (m)	འགྲོ་བ་མི་	d(r)ho-wa-mi
Menschenaffe (m)*	མི་འདྲ་བའི་སྤྲེའུ་	mi-d(r)ha-wae t(r)he-u
Menschenhandel (m)	བན་གཡོག་ཉོ་ཚོང་	d(r)hen-jog nyo-tzong
Menschenleben (n)	མི་ཚོག་	mi-tzog
menschenleer	སྒྱ་ངམ་ཐང་	nya-ngam thang
Menschenmenge (f)	མི་ཚོགས་	mi-tzog
Menschenrecht (n)	འགྲོ་བ་མིའི་ཐོབ་ཐང་	d(r)ho-wa mie-thob-thang
Menschenseele (f)	མིའི་བླ་སྲོག་	mie lha-sog

menschenunwürdig	མི་ལ་ཆེ་མཐོང་མེད་པའི་	mi-la tschhe-thong meh-pae
Menschenwürde (f)	འགྲོ་བ་མིའི་ཆེ་མཐོང་	d(r)ho-wa mie-tschhe-thong
Menschheit (f)	འགྲོ་བ་མིའི་རིགས་	d(r)ho-wa mie-rig
Menschheitsgeschichte (f)	མིའི་རིགས་ཀྱི་ལོ་རྒྱུས་	mi-rig-kyi lo-gyü
Menschlichkeit (f)	འགྲོ་བ་མིའི་རིགས་ཀྱི་རང་གཤིས་	d(r)ho-wa mie-rig-kyi rang-schhi
Menstruation (f)	ཟླ་མཚན་	dha-tzen
menstruieren	ཟླ་མཚན་འབབ་པ་	dha-tzen bab-pa
Mentalität (f)	བསམ་བློའི་འཁྱེར་སོ་	sam-lhöe khyer-so
Merkblatt (n)*	མངོན་གསལ་ཤོག་ལྷེ་	nghön-sel schhog-hle
merken	བློ་ལ་འཛིན་པ་	lho-la dschog-pa
merklich	མངོན་གསལ་དོད་པོ་	nghön-sel döh-po
Merkmal (n)	ཁྱད་ཆོས་	khyeh-tschhö
merkwürdig	ཁྱད་མཚར་པོ་	khyeh-tzar-po
messbar	གཞལ་དུ་རུང་བ་	schel-dhu rung-wa
Messbecher (m)*	ཚད་འགྲེན་སྣོད་ཆས་	tzeh-d(r)hen nhöh-tschhä
Messe (f)	ཚོང་འདུས་	tzong-dü
Messegelände (n)*	འགྲེམ་སྟོན་ས་ཁུལ་	d(r)hem-dön sa-khül
messen	ཚད་ལེན་པ་	tzeh len-pa
messen, hon.	ཚད་གཞལ་བ་	tzeh schel-wa
Messer (n)	གྲི་	d(r)hi
Messer (n), hon.	ཕྱག་གཞན་	tschhyag-schhen
Messerstich (m)	གྲི་སྣུན་	d(r)hi-nhün
Messing (n)	རག་གན་	rag-ghen
Messung (f)	ཚ་ཚད་	tschha-tzeh

Metall (n)	ལྕགས་རིགས་	tschag-rig
Metaphysik (f)	ཆོས་མ་རིག་པ་	tzeh-ma rig-pa
Meteorologe (m)	གནམ་གཤིས་དཔྱད་རིག་པ་	nam-schhi tschyeh-rig-pa
Meteorologie (f)	གནམ་གཤིས་རིག་པ་	nam-schhi rig-pa
meteorologisch	གནམ་གཤིས་རིག་པའི་	nam-schhi rig-pae
Metermass (n)	འཇལ་ཐག་	dschel-thag
Methode (f)	ཐབས་ཚུལ་	thab-tzül
methodisch	ཐབས་བྱུས་ཅན་	thab-dschyü-tschen
metrisch	བཅུ་ཚིས་ཀྱི་	tschu-tsi-kyi
Metropole (f)	གྲོང་ཁྱེར་གཙོ་བོ་	d(r)hong-kyer tso-wo
Metzger (m)	ཤན་པ་	schhen-pa
Meuterei (f)	ལོག་འཁྲུག་ངོ་རྒོལ་	log-t(r)hug ngo-göl
mich	རང་ཉིད་	rang-nyih
Miene (f)	རྣམ་འགྱུར་	nam-gyur
Miete (f)	གཡར་གཏོང་	jar-tong
Mieteinnahme (f)	གཡར་གཏོང་ཡོང་འབབ་	jar-tong jong-bab
mieten	བོགས་མར་གཏོང་བ་	bhog-mar tong-wa
Mieter (m)	མོ་ཡན་	mo-jen
Miethaus (n)	མོ་ཡན་གནས་ཁང་	mo-jen nhä-khang
Migräne (f)	མགོ་གཟེར་	go-sehr
Migration (f)	གནས་ཡུལ་སྤོ་བགྱུར་	nhä-jül po-tschhüh
migrieren	གནས་སྤོ་བ་	nhä po-wa
Mikrochip (m)	ཅིབ་སི་ཆུང་བ་	tschib-si tschhung-wa
Mikrofilm (m)	པྲ་བརྒྱགས་སྟེན་ཤོག་	t(r)ha-suhg t(r)hyin-schhog
Mikrofon (n)	སྒྲ་སྐྱེད་ལྷོག་ལྷབས་	d(r)ha-kyeh lhog-lhab

Mikroskop (n)	ཕྲ་མཐོང་ཆེ་ཤེལ་	t(r)ha-thong tschhe-schhel
mikroskopisch	ཕྲ་མཐོང་ཆེ་ཤེལ་གྱི་	t(r)ha-thong tschhe-schhel-gyi
Milch (f)	འོ་མ་	wo-ma
Milch (f), hon.	ཆབ་ཞོ་	tschhab-scho
milchig	འོ་མའི་མདོག་	wo-mae-dog
Milchpulver (n)	འོ་ཕྱེ་	wo-tschhye
Milchstrasse (f)	དགུ་ཚིགས་སྐྱ་མོ་	gu-tzig kya-mo
Milchzahn (m)	འོ་སོ་	wo-so
milde	ཞི་དུལ་	schi-dhul
mildern	ཞི་འཇམ་དུ་གཏོང་བ་	schi-dscham-dhu tong-wa
Milieu (n)*	སྤྱི་ཚོགས་ཀྱི་ཉེ་འཁོར་	tschyi-tzog-kyi nye-khor
Militär (n)	དམག་དོན་	mhag-dhön
Militärakademie (f)	དམག་དོན་སློབ་ཁང་	mhag-dhön lhob-khang
Militärattaché (m)	དམག་དོན་ལས་བྱ་	mhag-dhön lä-dschya
Militärdienst (m)	དམག་ཞབས་	mhag-schab
Militärdiktatur (f)	དམག་དོན་སྲིད་དབང་སྒེར་འཛིན་ལམ་ལུགས་	mhag-dhön sih-wang ger-dzin lam-lug
militärisch	དམག་གི་	mhag-gi
Militarismus (m)	དམག་ཞེན་རིང་ལུགས་	mhag-schen ring-lug
Militärpolizei (f)	དམག་མིའི་སྐོར་འཚགས་པ་	mhag-mie kor-tschhag-pa
Militärregierung (f)*	དམག་དོན་སྲིད་གཞུང་	mhag-dhön sih-schung
Militärwissenschaft (f)	དམག་དོན་རིག་པ་	mhag-dhön rig-pa
Miliz (f)	སྡེ་དམག་	de-mhag
Milliarde (f)	ཐེར་འབུམ་	ther-bum

Million (f)	སའཡ་	sa-ja
Milz (f)	མཆེར་བ་	tzer-wa
Mimik (f)	རྣམ་འགྱུར་	nam-gyur
Minderheit (f)	གྲངས་ཉུང་	d(r)hang-nyung
minderwertig	ཕུལ་ཀ་ཞན་པ་	pü-ka schen-pa
Minderwertigkeit (f)	དམའ་འབམ་ཞན་པ་ཉིད་	mha-pa-wam schen-pa nyih
Minderwertigkeits-komplex (m)	གཉན་ཆགས་སེམས་ནད་	nya-tschhag säm-neh
mindest	ཉུང་མཐའ་	nyung-tha
Mine (f)	གཏེར་ཁ་	tehr-kha
Mineral (n)	གཏེར་རྫས་	tehr-dzä
Mineraldünger (m)	གཏེར་རྫས་ཀྱི་ལུད་	tehr-dzä-kyi lüh
Mineraloge (m)	གཏེར་རྫས་དཔྱད་ཞིབ་པ་	tehr-dzä tscheh-schib-pa
Mineralogie (f)	གཏེར་དཔྱད་རིག་པ་	tehr-tscheh rig-pa
Mineralöl (n)	རྡོ་སྣུམ་	do-nhum
Mineralölsteuer (f)	རྡོ་སྣུམ་ཁྲལ་འབབ་	do-nhum t(r)hel-bab
Mineralwasser (n)	གཏེར་ཆུ་	tehr-schhu
minimal	ཆུང་ཤོས་	tschhung-schhö
Minirock (m)	སྨད་གོས་ཐུང་ངོ་	mhäh-gö thung-ngo
Minister (m)	བཀའ་བློན་	ka-lhön
Ministerium (n)	བཀའ་བློན་ལྷན་ཁང་	ka-lhön hlen-khang
Ministerpräsident (m)	བཀའ་བློན་འཁྲི་པ་	ka-lön t(r)hi-pa
minus	འཕྲེན་གྲངས་	then-d(r)hang
Minus (n)	ཉུང་སྐྱོན་	nyung-kyön
Minus (n), econ.	འཕར་འདོན་	phar-dön

Minusbetrag (m)	ཆད་འབབ་	tschheh-bab
Minute (f)	སྐར་མ་	kar-ma
Minutenzeiger (m)	སྐར་མདའ་	kar-da
mir	ང་ལ་	nga-la
Mischapparat (m)	སྲེ་སྦྱོར་འཕྲུལ་འཁོར་	se-dschyor t(r)hül-khor
mischen	སྲེ་བ་	se-wa
Mischung (f)	འདྲེས་མ་	d(r)hä-ma
Mischwald (m)	ནགས་ཚལ་འདྲེལ་མ་	nag-tzel d(r)hel-ma
miserabel	ཐབས་སྐྱོ་པོ་	thab-kyo-po
missachten	བརྩི་འཇོག་མི་བྱེད་པ་	tsi-dschog mi-dschye-pa
Missachtung (f)	བརྩི་མེད་	tsi-meh
Missbrauch (m)	ཚུལ་མིན་བཀོལ་སྤྱོད་	tzül-min köl-tschyöh
missbrauchen	ཚུལ་མིན་བཀོལ་སྤྱོད་བྱེད་པ་	tzül-min köl-tschyöh dschye-pa
missdeuten	གོ་དོན་ལོག་པར་གྱུར་པ་	gho-dhön log-par gyur-pa
Misserfolg (m)	དོན་གོ་མ་ཚོད་པ་	dhön-gho ma-tschhöh-pa
Missernte (f)*	ལོ་ཐོག་ཁོ་མེད་	lo-tohg kho-meh
Missfallen (n)	དངོས་འགལ་	nghö-gel
Missfallen (n)	བློ་ལ་མི་འབབ་པ་	lo-la mi-bab-pa
Missgeschick (n)	རྐྱེན་ངན་	kyen-nyen
missglücken	ལམ་ལྷོང་མ་བྱུང་བ་	lam-hlong ma-dschyung-wa
Missgriff (m)	འགལ་འཛོལ་	gel-dzöl
missgünstig	སྡང་འཛིན་ཅན་	dang-dzin-tschen
misshandeln	སྡུག་སྦྱོང་གཏོང་བ་	dug-dschong tang-wa
Misshandlung (f)	སྡུག་སྦྱོང་	dug-dschong

misstrauen	བློ་གཏད་མི་བཙལ་པ་	lho-teh mi-tschöl-pa
Misstrauen (n)	བློ་དོགས་	lho-dhog
Misstrauens-votum (n)*	བློ་གཏད་མི་བཙལ་པའི་འོས་བསྡུ་	lho-teh mi-tschöl-pae wö-du
misstrauisch	བློ་མི་གཏད་པའི་	lho mi-teh-pae
Missverhältnis (n)	ཆ་སྙོམ་མེད་པ་	tschha-nyom meh-pa
Missverständnis (n)	གོ་ནོར་	gho-nor
missverstehen	གོ་ནོར་ཐེབས་པ་	gho-nor theb-pa
Misswirtschaft (f)	འཛིན་སྐྱོང་སྐྱོན་ཅན་	dzin-kyong kyön-tschen
misswirtschaften	འཛིན་སྐྱོང་མཐུད་ཕོར་གཏོང་བ་	dzin-kyong thüh-schhor tong-wa
mit	མཉམ་དུ་	nyam-dhu
Mitarbeit (f)	མཉམ་ལས་	nyam-lä
Mitarbeiter (m)	ལས་བྱེད་པ་	lä-dschyeh-pa
Mitarbeiterstab (m)	ལས་བྱེད་པའི་ཚན་པ་	lä-dschyeh-pae tzen-pa
mitbenützen	མཉམ་དུ་སྤྱོད་པ་	nyam-dhu tschyöh-pa
Mitbestimmung (f)*	ཐུན་མོང་ཐག་གཅོད་	thün-mong thag-tschöh
Mitbewerber (m)	འགྲན་ཟུར་བྱེད་མི་	d(r)hen-dur dschyeh-mi
Mitbringsel (n)	དན་རྟེན་ལག་རྟགས་	d(r)hen-ten lag-tahg
Miteigentümer (m)*	བདག་དབང་ཟུང་སྦྲེལ་	dag-wang suhng-d(r)hel
miteinander	མཉམ་དུས་	nyam-dhü
miterleben	དངོས་སུ་མཐོང་བ་	nghö-su thong-wa
Mitgefühl (n)	གདུང་སེམས་མཉམ་སྐྱེད་	dung-säm nyam-kyeh
Mitgefühl (n)	སྙིང་རྗེ་	nyig-dsche
Mitglied (n)	ཚོགས་མི་	tzog-mi
Mitgliedsbeitrag (m)	ཚོགས་དངུལ་	tzog-nghül

Mitgliedschaft (f)	ཚོགས་མིའི་གོ་གནས་	tzog-mie gho-nhä
Mitgliedsausweis (m)	ཚོགས་མིའི་ལག་འཁྱེར་	tzog-mie lag-khyer
Mithilfe (f)	མཉམ་རོགས་	nyam-rog
mithören	ཕག་ཉན་རྒྱག་པ་	phag-nyen gyag-pa
Mitleid (n)	སྙིང་རྗེ་	nying-dsche
mitleidig	སྙིང་རྗེ་ཅན་	nying-dsche-tschen
mitleidlos	སྙིང་རྗེ་མེད་པ་	nying-dsche meh-pa
mittelständisch	འབྱོར་འབྲིང་གྲལ་རིམ་གྱི་	dschyor-d(r)hing d(r)hel-rim-gyi
mittellos	སྐྱབས་མེད་མགོན་མེད་	kyab-meh gön-meh
mitschreiben	འདྲི་བ་	d(r)hi-wa
Mitschuldiger (m)	ངན་པ་ལག་འཁྲེལ་	ngen-pa lag-d(r)hel
Mittag (m)	ཉིན་གུང་	nyin-ghung
Mittagessen (n)	ཉིན་གུང་ཁ་ལག་	nyin-ghung kha-lag
Mittagessen (n), hon.	ཉིན་གུང་ཞལ་ལག་	nyin-ghung schel-lag
Mittagspause (f)	ཉིན་གུང་བར་སེང་	nyin-ghung bhar-seng
Mittagszeit (f)	ཉིན་གུང་དུས་ཚོད་	nyin-ghung dhü-tzöh
Mitte (f)	དབུས་	üh
mitteilen	གནས་ཚུལ་བརྗོད་པ་	nhä-tzül dschöh-pa
mitteilsam	ཁ་གསང་པོ་	kha-sang-po
Mitteilung (f)	བད་ལན་	da-len
Mittel (n)	མཐུན་རྐྱེན་	thün-kyen
Mittel (n), arith.	སྙོམས་གྲངས་	nyom-d(r)hang
Mittelalter (n)	དུས་རབས་བར་མ་	dhü-rab bhar-ma
mittelalterlich	དུས་རབས་བར་མའི་	dhü-rab bhar-mae
Mittelfinger (m)*	མཛུབ་མོ་བར་མ་	dzub-mo bhar-ma

mittelgross	དབྱིབས་འབྲིང་	jhip-d(r)hing
mittelmässig	བར་འབྲིང་	bhar-d(r)hing
Mittelpunkt (m)	དཀྱིལ་མ་	kyil-ma
Mittelstand (m)	འབྱོར་འབྲིང་གྲལ་རིམ་	dschyor-d(r)hing d(r)hel-rim
Mittelstrecke (f)	རྒྱང་ཐག་བར་མ་	gyang-thag bhar-ma
Mittelstufe (f)	འབྲིང་རིམ་	d(r)hing-rim
Mittelweg (m)	དབུ་མའི་ལམ་	u-mae lam
Mittelwelle (f)*	རླབས་རྒྱུན་བར་མ་	lhab-gyün bhar-ma
mitten	དཀྱིལ་དུ་	kyil-dhu
Mitternacht (f)	ནམ་ཕྱེད་	nam-tschhyeh
mittlere	བར་གྱི་	bhar-kyi
Mittwoch (m)	རེས་གཟའ་ལྷག་པ་	re-sah hlag-pa
mitwirken	མཉམ་དུ་སྦྱོད་པ་	nyam-dhu tschyöh-pa
Mitwirkende (m)*	མཉམ་ཞུགས་བྱེད་པོ་	nyam-schug dschye-po
Mitwirkung (f)	མཉམ་ཞུགས་	nyam-schug
mixen	སྲེ་བ་	se-wa
Mixgetränk (n)*	འཐུང་བ་འདྲེས་མ་	thung-wa d(r)hä-ma
mobben	ཐུབ་ཚོད་གཏོང་བ་	thub-tzöh tong-wa
Mobbing (n)	ཐུབ་ཚོད་	thub-tzöh
Möbel (f/pl)	ནང་ཆས་	nang-tschhä
Möbelspedition (f)	ནང་ཆས་གནས་སྤོས་	nang-tschhä nhä-pö
mobil	འགུལ་ནུས་ཅན་	gül-nü-tschen
Mobiltelefon (n)	སྤོ་འགྱུར་ཁ་དཔར་	po-khyer kha-par
Mobiliar (n)	ནང་གི་འཛིན་ཆས་	nang-gyi dzin-tschhä
Mobilität (f)	འགུལ་བདེའི་རང་བཞིན་	gül-däe rang-schin

Mobilmachung (f), mil.*	དམག་སྒུལ་	mhag-kül
möblieren	འཇིན་ཆས་ཁོམ་སྒྲིག་བྱེད་པ	dzin-tschhä schhom-d(r)hig dschye-pa
Mode (f)	དུས་བསྟུན་ཆ་ལུགས་	dhü-tün tschha-lug
Modell (n)	དཔེ་གཟུགས་	pe-suhg
Modenschau (f)*	དུས་བསྟུན་ཆ་ལུགས་མིག་སྟོན་	dhü-tün tschha-lug mig-tön
Moderator (m)	སྟངས་འཛིན་པ་	tang-dzin-pa
moderieren	སྟངས་འཛིན་བྱེད་པ་	tang-dzin dschye-pa
modern	དེང་དུས་ཀྱི་	dheng-dhü-kyi
modernisieren	དེང་རབས་ཅན་དུ་སྒྱུར་བ་	dheng-rab tschen-dhu gyur-wa
Modernisierung (f)	དེང་རབས་ཅན་དུ་སྒྱུར་བའི་བྱ་སྤྱོད་	dheng-rab-tschen-dhu gyur-wae dschya-tschyöh
Modeschmuck (m)	བཅོས་མའི་རྒྱན་ཆ་	tschö-mae gyen-tschha
Modeschöpfer (m)*	དུས་བསྟུན་ཆ་ལུགས་དུ་ཚོམ་མཁས་པ་	dhü-tün tschha-lug d(r)ha-tzem khä-pa
Modezeitschrift (f)*	དུས་བསྟུན་ཆ་ལུགས་བརྙན་དེབ་	dhü-tün tschha-lug nyhen-dheb
modisch	ཐོན་གསར་དང་བསྟུན་པ་	thön-sar-dhang thün-pa
mogeln	གཡོ་ཟོལ་བྱེད་པ་	jo-söhl dschye-pa
mögen	དགའ་མོས་བྱེད་པ་	ga-mö dschye-pa
mögen (hon.)	མཉེས་པོ་གནང་བ་	nyä-po nhang-wa
möglich	འོང་སྲིད་པ་	wong-sih-pa
möglicherweise	དེས་མེད་དུ་	ngä-meh-dhu
Möglichkeit (f)	འགྲུབ་སྲིད་པ་ཉིད་	d(r)hub-sih-pa nyih
Mohn (m)	ཉལ་མ་མེ་ཏོག་	nyel-ma me-tog
Möhre (f)	ལབ་སེར་	lab-ser
Molekül (n)	འདུས་རྫས་	dhü-dzä

Moment (m)	ཁྱུག་ཚམ་	khyug-tzam
momentan	ད་ལྟའི་ཆར་	dha-tae-tschhar
Monarch (m)	རྒྱལ་པོ་	gyel-po
Monarchie (f)	རྒྱལ་པོའི་སྲིད་དབང་ལམ་ལུགས་	gyel-pöe sih-wang lam-lug
Monat (m)	ཟླ་བ་	dha-wa
monatlich	ཟླ་རེའི་	dha-räe
Monatseinkommen (n)*	ཟླ་རེའི་ཡོང་འབབ་	dha-räe jong-bhab
Monatshälfte (f)	ཟླ་ཕྱེད་	dha-tschhyeh
Monatsrate (f)*	ཟླ་རེའི་རིམ་སྒྲོན་	dha-räe rim-t(r)hyöh
Mönch (m)	གྲྭ་བ་	d(r)ha-wa
Mond (m)	ཟླ་བ་	dha-wa
Mondschein (m)	ཟླ་འོད་	dha-wöh
Mondsichel (f)	ཟླ་གམ་	dha-gham
monetär	དངུལ་གྱི་	nghül-gyi
Mongole (m)	སོག་པོ་	sog-po
Mongolin (f)	སོག་མོ་	sog-mo
Mongolei, Innere (f)	ནང་སོག་	nang-sog
Monitor (m), (Computer)	འཆར་ཤེལ་	tschhar-schhel
Monolog (m)	རྐྱང་བཤད་	kyang-schheh
Monopol (n)	དབང་ཆ་རྐྱང་འཛིན་	wang-tschha kyang-dzin
monopolisieren	དབང་ཆ་རྐྱང་འཛིན་བྱེད་པ་	wang-tschha kyang-dzin dschye-pa
monoton	ཟླ་གདངས་གཅིག་རྐྱང་གི་	d(r)ha-dang tschig-kyang-gi
Monster (n)	སྲིན་པོ་	sin-po

Montag (m)	གཟའ་ཟླ་བ་	sah dha-wa
Montage (f)	ཀླུ་སྒྲིག་	hlu-d(r)hig
montieren	སྒྲིག་སྦྱོར་བྱེད་པ་	d(r)hig-dschyor dschye-pa
Monument (n)	དྲན་རྟེན་རྡོ་རིང་	d(r)hen-ten do-ring
Moorhuhn (n), zo.	ཟེར་མོ་	sehr-mo
Moral (f)	བཟང་སྤྱོད་	sahng-tschyöh
Mord (m)	མི་གསོད་ཁྲག་སྦྱོར་	mi-söh t(r)hag-dschyor
Mörder (m)	ལག་དམར་བ་	lag-mhar-wa
Mordprozess (m)*	མི་གསོད་ཁྲག་སྦྱོར་ཁྲིམས་ཞིབ་	mi-söh t(r)hag-dschyor t(r)him-schib
Mordverdacht (m)*	མི་གསོད་ཁྲག་སྦྱོར་གྱི་དོགས་འཚེར་	mi-söh t(r)hag-dschyor-gyi dog-tschhar
morgen	ས་ཉིན་	sa-nyin
Morgen (m)	ཞོགས་གས་	schog-ghä
Morgengrauen (n)	ཐོ་རེངས་	tho-reng
Morgenzeitung (f)	ཞོགས་གས་ཚགས་དཔར་	schog-ghä tzag-par
Morphium (n)	ཉལ་ཐབའི་རྩི་བཅུད་	nyel-thae tsi-tschüh
morsch	སྙིང་ཧྲུལ་	nying-h(r)hül
Mörser (m)	སྦྲོག་ཏིང་	gog-ting
Mosaik (n)*	རྡོ་ཤེལ་དུག་བསྒྲིགས་ཁོས་རིས་	do-schhel h(r)hug-d(r)hig kö-ri
Moschee (f)	ཁ་ཆེའི་ལྷ་ཁང་	kha-tschhae hla-khang
Moschus (f)	གླ་རྩི་	lha-tsi
Moschustier (n)	གླ་བ་	lha-wa
Motiv (n)	མཚོན་དོན་	tzön-dhön
Motivation (f)	ཀུན་སློང་	kün-lhong
motivieren	ཀུན་ནས་སློང་བ་	kün-nä lhong-wa

Motor (m)	འགུལ་བྱེད་འཕྲུལ་འཁོར་	gül-dschyeh t(r)hül-khor
Motorleistung (f)*	འགུལ་བྱེད་འཕྲུལ་འཁོར་གྱི་ནུས་ཤུགས་	gül-dschyeh t(r)hül-khor-gyi nü-schhug
Motoröl (n)*	འགུལ་བྱེད་འཕྲུལ་འཁོར་གྱི་སྣུམ་	gül-dschyeh t(r)hül-khor-gyi nhum
Motorrad (n)	བག་བག་	bag-bag
Motte (f)	སྲིན་འབུ་	sil-bu
Mottenkugel (f)	ག་བུར་རིལ་བུ་	gha-bhur ril-bhu
Motto (n)	རྩ་འཛིན་གདམས་ངག་	tsa-dzin dham-ngag
Möwe (f), zo.	ཆུ་སྐྱར་	tschhu-kyar
Mücke (f)	དུག་སྦྲང་	dhug-d(r)hang
müde	ཐང་ཆད་པའི་	thang tschheh-pae
Mühe (f)	དཀའ་ལས་	ka-lä
Mühe (f), hon.	སྐུ་ངལ་	ku-ngel
mühelos	དཀའ་ངལ་མེད་པའི་	ka-ngel meh-pae
mühevoll	དཀའ་ཚེགས་ཅན་	ka-tzäg-tschen
Mühle (f)	ཆུ་འཐག་	schhu-thag
mühsam	སྙེག་དཀའ་བའི་	nyeg-ka-wae
Müll (m)	གད་སྙིགས་	gheh-nyig
Müllabfuhr (f)*	གད་སྙིགས་སྐྱེལ་འདྲེན་	gheh-nyig kyel-d(r)hen
Mullbinde (f), med.*	རྨ་དཀྲིས་སང་རས་	mha-t(r)hi sang-rä
Müllcontainer (m)*	གད་སྙིགས་སྣོད་ཆེན་	gheh-nyig nhöh-tschhen
Mülldeponie (f)*	གད་སྙིགས་ཕུང་པོ་	gheh-nyig phung-po
Mülleimer (m)	གད་སྙིགས་སྣོད་	gheh-nyig nhöh
Müllmann (m)	གད་སྙིགས་འཁྱེར་མཁན་	gheh-nyig khyer-khen
Mülltrennung (f)	སྙིགས་རོ་དབྱེ་འབྱེད་	nyig-ro jhe-dschyeh

Müllverbrennungs-anlage (f)	གད་སྙིགས་མེར་སྲེག་གཏོང་བའི་ཡོ་ཆས་	geh-nyig mer-seg tong-wae jo-tschhä
Müllwagen (m)*	གད་སྙིགས་སྐྱེལ་འདྲེན་སྣུམ་འཁོར་	geh-nyig kyel-d(r)hen nhum-khor
Multimedia (n)	སྣེ་མང་གསར་འགོད་	nhe-mang sar-göh
Multiplikation (f), math.	དགུ་བཐབ་	gu-tha
multiplizieren	སྒྱུར་བ་	gyur-wa
Mumie (f)	པུར་གདུང་	pur-dung
Mund (m)	ཁ་	kha
Mund (m), hon.	ཞལ་	schel
Mundart (f)	ཡུལ་སྐད་	jül-keh
Mundgeruch (m)	ཁ་དྲི་	kha-d(r)hi
mündig	རྒན་ཚད་ལོངས་པའི་	gen-tzeh long-wae
mündlich	ངག་ཐོག་	ngag-thog
Munition (f)	མདེའུ་	de-wu
munter	གྲུང་པོ་	d(r)hung-po
Münze (f)	ཊམ་ཀ་	t(r)am-ka
Münzeinwurf (m)	ཊམ་ཤུར་	t(r)am-schhur
murmeln	མུར་མུར་བྱེད་པ་	mur-mur dschye-pa
Murmeltier (n), zo.	འཕྱི་བ་	tschhyi-wa
murren	དམོད་བཤུར་འབྱང་པ་	mhöh-schhur d(r)hang-pa
mürrisch	མོག་མོག་པོ་	mog-mog-po
Muschel (f)	ཉ་མོག་	nya-sog
Museum (n)	འགྲེམས་སྟོན་ཁང་	d(r)hem-töhn khang
Musik (f)	རོལ་དབྱངས་	röl-jang
musikalisch	རོལ་དབྱངས་ཀྱི་	röl-jang-kyi

Musiker (m)	རོལ་ཆ་བ་	röl-tschha-wa
Musikgruppe (f)	རོལ་ཙེད་རུ་ཁག་	röl-tseh ru-khag
Musikinstrument (n)	རོལ་ཆ་	röl-tschha
Muskel (m)	ཤ་གནད་	schha-neh
muskulös	ཤ་གནད་ཀྱི་	schha-neh-kyi
Muslim (m)	ཁ་ཆེ་	Kha-tschhe
Muss (n)	དེས་ཅན་	ngä-tschen
Musse (f)	དལ་བ་	dhel-wa
müssen	དེས་པར་དུ་བྱེད་དགོས་པ་	ngä-par-dhu dschyeh-gö-pa
müssig	དལ་པོ་	dhel-po
Muster (n)	དཔེ་ཆད་	pe-tzeh
musterhaft	དཔེར་འོས་པའི་	per-wö-pae
Mut (m)	སྙིང་སྟོབས་	nying-tohb
mutig	སྙིང་སྟོབས་ཅན་	nying-tohb-tschen
mutlos	སྙིང་སྟོབས་མེད་པ་	nying-top meh-pa
Mutter (f)	ཨ་མ་	a-ma
Mutter (f), tech.	མོ་གཅུས་	mo-tschü
mütterlich	མ་ལྟ་བུས་	ma ta-bhü
mütterlicherseits	ཨ་མའི་ཕྱོགས་ཀྱི་	a-mae tschhyog-kyi
Mutterliebe (f)	ཨ་མའི་བྱམས་བརྩེ་	a-mae dschyam-tse
Muttermal (n)	ཤ་རྟགས་	schha-tahg
Muttermilch (f)	ཨ་མའི་འོ་མ་	a-mae wo-ma
Mutterschaftsurlaub (m)	འཁོར་ཞག་གུང་སེང་	khor-schag ghung-seng
Muttersprache (f)	རང་སྐད་	rang-keh

Muttertag (m)	ཨ་མའི་དུས་དྲན་	a-mae dhü-d(r)hen
mutwillig	བག་མེད་རྒྱ་ཡན་	bhag-meh gya-jen
Mütze (f)	ཞྭ་མོ་	tscha-mo
Mütze (f), hon.	དབུ་ཞྭ་	u-scha
mysteriös	ཡ་མཚན་ཅན་	ja-tzen-tschen
Mystik (f)	གསང་བའི་སྒྲུབ་ཚོས་	sang-wae d(r)hub-tschhö
mystisch	གསང་བའི་སྒྲུབ་ཚོས་ཀྱི་	sang-wae d(r)hub-tschhö-kyi
Mythologie (f)	ལྷ་སྒྲུང་གི་གཏམ་རྒྱུད་	hla-d(r)hum-gi tam-gyü
Mythos (m)	གཏམ་རྒྱུད་	tam-gyü

N

Nabel (m), anat.	ལྟེ་བ་	te-wa
nach	བར་དུ་	bhar-dhu
nachahmen	ལད་ཟློག་བྱེད་པ་	leh-döh dschye-pa
Nachahmung (f)	ལད་མོ་	leh-mo
Nachbar (m)	ཁྱིམ་མཚེས་	khyim-tzä
nachbarlich	གྲོང་པ་ཁྱིམ་མཚེས་ལྟར་	d(r)hong-pa khyim-tzä-tahr
Nachbarschaft (f)	ཉེ་འདབས་	nye-dab
Nachbarstaat (m)	ཉེ་འདབས་རྒྱལ་ཁབ་	nye-dab gyel-khab
Nachbildung (f)	འདྲ་བཤུས་	d(r)ha-schhü
nachdenken	བསམ་བློ་གཏོང་བ་	sam-lo tang-wa
nachdenken, hon.	དགོངས་པ་བཞེས་པ་	gong-pa schä-pa
nachdenklich	དཔྱོད་ལྡན་	tschöh-den
Nachdruck (m)	ནན་བཤད་	nen-schheh

Nachfolge (f)	རྒྱུད་རིམ་	gyü-rim
nachfolgend	གཞམ་གསལ་	schham-sel
Nachfolger (m)	རྒྱུད་འཛིན་མཁན་	gyü dzin-khen
nachforschen	ཞིབ་དཔྱོད་བྱེད་པ་	schib-tschöh dschye-pa
Nachforschung (f)	ཞིབ་དཔྱོད་	schib-tschöh
Nachfrage (f)	དྲི་བཅད་	d(r)hi-tseh
Nachfrage (f), econ.	འགོ་རྒྱུག་	d(r)ho-gyug
nachfragen	འདྲི་རྟོགས་བྱེད་པ་	d(r)hi-tohg dschye-pa
nachfüllen	བསྐྱར་དུ་དགང་བ་	kyar-dhu geng-wa
Nachgebühr (f)	འཕར་འབྲི་	phar-t(r)hi
Nachgeburt (f), med.	ཤ་མ་	schha-ma
Nachgeschmack (m)*	རོ་ཤུལ་	d(r)ho-schhül
nachgiebig	སྒྱུར་བཅོས་བདེ་པོ་	gyur-tschö de-po
nachhaltig	ཡུན་གནས་ཐུབ་པའི་	jün-nhä thub-pae
nachher	རྗེས་སུར་	dsche-sur
Nachkomme (m)	རུས་རྒྱུད་	rü-gyüh
Nachkomme (m), hon.	གདུང་རྒྱུད་	dung-gyüh
Nachlass (m), econ.	གཅོག་ཆ་	tschog-tschha
Nachlass (m), jur.	ཕ་བཞིས་	pha-schi
nachlassen	རིམ་ཡལ་དུ་འགྲོ་བ་	rim-jel-dhu d(r)ho-wa
Nachlassgericht (n), jur.*	ཁ་ཆེམས་རྩོད་ཀྱི་ཁྲིམས་ཁང་	kha-tschhäm ra-t(r)höh-kyi t(r)him-khang
nachlässig	གཡེང་བ་ཅན་གྱི་	jeng-wa tschen-gyi
Nachlassverwalter (m)	ཁ་ཆེམས་འཛོག་ས་	kha-tschhäm dschog-sa
nachmachen	བད་མོ་བྱེད་པ་	leh-mo dschye-pa

Nachmittag (m)	ཉིན་རྒྱབ་	nyin-gyab
Nachname (m)	ནང་གི་མིང་	nang-gi ming
Nachrede (f)	དམའ་འབེབས་	mha-beb
Nachrichten (f/pl)	གསར་འགྱུར་	sar-gyur
Nachrichten-agentur (f)	གསར་འགྱུར་གཏོང་ལེན་ཁང་	sar-gyur tong-len-khang
Nachruf (m)	འདས་ཚོས་གསལ་བསྒྲགས་	dä-tschhö sel-d(r)hag
Nachschub (m)	མཁོ་སྟོད་	kho-t(r)höh
Nachsicht (f)	བཟོད་བསན་	söh-sen
Nachspeise (f)	འཇུ་ཟས་	dschu-säh
Nachspiel (n)	རྗེས་ཡོང་	dschä-jong
nächste	རྗེས་མ་	dschä-ma
Nächstenliebe (f)	བྱམས་བརྩེ་	dschyam-tse
Nacht (f)	མཚན་མོ་	tzen-mo
Nachtarbeit (f)	མཚན་ལས་	tzen-lä
Nachtdienst (m)	མཚན་མོའི་ལས་དགས་	tzen-möe lä-gen
Nachteil (m)	གནོད་སྐྱོན་	nhöh-kyön
nachteilig	གནོད་སྐྱོན་ཅན་	nhöh-kyön-tschen
Nachthemd (n)	མཚན་གོས་	tzen-ghö
Nachtklub (m)*	མཚན་འཛོམས་སྤྲོ་ཁང་	tzen-dzom t(r)ho-khang
Nachtleben (n)*	མཚན་མོའི་ཚོ་བ་	tzen-möe tzo-wa
nächtlich	མཚན་མོར་	tzen-mor
Nachtrag (m)	ཁ་སྣོན་	Kha-nhön
nachträglich	ཁ་སྣོན་གྱི་	Kha-nhön-gyi
Nachttisch (m)*	སྔས་ཚོག་	ngä-tschog

Nachttischlampe (f)*	ཉལ་སྒྲོན་	ngä-d(r)hön
Nachweis (m)*	ཁུངས་སྐྱེལ་ཚད་མ་	khung-kyel tzeh-ma
nachweisen	རང་འདོག་སྟོན་པ་	rang-dog tön-pa
Nachwelt (f)	རྒྱུད་འཛར་	gyü-dzar
Nachzahlung (f)*	སྟོད་འབབ་ཁ་སྣོན་	t(r)höh-bab kha-nhön
Nacken (m)	མཇིང་པ་	dsching-pa
nackt	དམར་ཧྲང་	mhar-h(r)hang
Nadel (f)	ཁབ་	khab
Nagel (m)	གཟེར་	sehr
Nagel (m), anat.	སེན་མོ་	sen-mo
Nagelfeile (f)	སེན་བདར་	sen-dar
Nagellack (m)	སེན་ཚོན་	sen-tzön
nageln	གཟེར་རྒྱག་པ་	sehr gyag-pa
nagelneu	གསར་རྐྱང་	sar-kyang
Nagelschere (f)	སེན་གཏུབ་	sen-tuhb
nahe	ཉེ་པོར་	nye-por
Nähe (f)	ཉེ་འགྲམ་	nye-d(r)ham
nähen	འཚེམ་པ་	tzem-pa
Nähere (n)	ཞིབ་ཕྲ་	schib-t(r)ha
nähern, (sich)	ཉེ་བར་སླེབ་པ་	nye-war lheb-pa
nahezu	ཏུ་ལམ་	hla-lam
Nähmaschine (f)	འཁོར་ལོ་འཚེམ་པོ་	khor-lo tzem-po
nahrhaft	འཚོ་བཅུད་ལྡན་པའི་	tzo-tschüh den-pae
Nährstoff (m)	འཚོ་བཅུད་	tzo-tschüh
Nahrung (f)	ཟས་	säh

Nahrungsmittel (n)	བཟའ་ཆས་	sah-tschhä
Nahrungsmittel (n), hon.	གསོལ་ཆས་	söl-tschhä
Nahrungsmittelchemiker (m)	བཟའ་བཅའི་རྫས་སྦྱོར་པ་	sah-tschae dzä-dschyor-pa
Nahrungsmittelindustrie (f)	བཟའ་བཅའི་བཟོ་ལས་	sah-tschae soh-lä
Nährwert (m)*	འཚོ་བཅུད་ཀྱི་རིན་ཐང་	tzo-tschüh-kyi rin-thang
Naht (f)	ཚེམས་སུབས་	tzäm-sub
Nähzeug (n)	ཚེམས་པོའི་ཡོ་ཆས་	tzäm-pöe jo-tschhä
naiv	བཅོས་མིན་	tschö-mhin
Naivität (f)	བཅོས་སླད་བྲལ་བའི་རང་བཞིན་	tschö-hleh d(r)hel-wae rang-schin
Name (m)	མིང་	ming
Name (m), hon.	མཚན་	tzen
Namensliste (f)	མིང་ཐོ་	ming-tho
Namensliste (f), hon.	མཚན་ཐོ་	tzen-tho
Namensvetter (m)	མིང་རོགས་	ming-rog
nämlich	འདི་ལྟ་སྟེ་	dhi-ta-te
Narbe (f)	རྨ་ཤུལ་	mha-schhül
Narkotikum (n)	བྲིད་སྨན་	d(r)hih-men
narkotisieren	བྲིད་སྨན་གཏོང་བ་	d(r)hih-men tong-wa
Narr (m)	བླེན་པ་	lhen-pa
narrensicher	བླེན་པས་ཀྱང་ནོར་མི་སྲིད་པ་	lhen-pae-kyang nor-mi-sih-pa
Nase (f)	སྣ་	nha
Nasenbluten (n)	སྣ་ཕྲག་	nha-t(r)hag
Nasenloch (n)	སྣ་བུག་	nha-bhug

Nasenring (m)	སྣ་གདུ་	nha-tschu
Nasenspitze (f)	སྣ་རྩེ་	nha-tse
Nashorn (n), zo.	བསེ་རུ་	se-ru
nass	རློན་པ་	lhön-pa
Nässe (f)	གཤེར་	scha
Nation (f)	རྒྱལ་ཁབ་	gyel-khab
national	རྒྱལ་ཡོངས་ཀྱི་	gyel-jong-kyi
Nationalfeiertag (m)	རྒྱལ་ཁབ་ཀྱི་དུས་ཆེན་	gyel-khab-kyi dhü-tschhen
Nationalhymne (f)	རྒྱལ་གླུ་	gyel-lhu
nationalisieren	གཞུང་འཛིན་དུ་སྒྱུར་བ་	schung-dzin-dhu gyur-wa
Nationalismus (m)	མི་རིགས་རིང་ལུགས་	mi-rig ring-lug
Nationalität (f)	རྒྱལ་འབངས་	gyel-wang
Nationaltracht (f)	མི་རིགས་ཀྱི་གྱོན་ཆས་	mi-rig-kyi gyön-tschhä
Natrium (n), chem.	བུལ་རྫས་	bhül-dzä
Natrium-bicarbonat (n)	ཕྱེ་སྨན་	tschhye-men
Natriumchlorid (n)	འདེབ་ཚྭ་	deb-tza
Natur (f)	རང་བྱུང་ཁམས་	rang-dschyung-kham
Naturerscheinung (f)	རང་བྱུང་གི་སྣང་ཚུལ་	rang-dschung-gi nhang-tzül
Naturkatastrophe (f)	རང་བྱུང་ཁམས་ཀྱི་རྐྱེན་ངན་	rang-dschyung kham-kyi kyen-ngen
natürlich	རང་བྱུང་གི་	rang-dschyung-gi
Naturschätze (m/pl)	གཏེར་དངོས་	tehr-ngö
Naturschutz (m)	རང་བྱུང་སྲུང་སྐྱོབ་	rang-dschyung sung-kyob
Naturschützer (m)	རང་བྱུང་སྲུང་སྐྱོབ་པ་	rang-dschyung sung-kyob-pa

Naturschutzgebiet (n)	རང་བྱུང་སྲུང་སྐྱོབ་ས་ཁུལ་	rang-dschyung sung-kyob sa-khül
Naturwissenschaft (f)	རང་བྱུང་ཚན་རིག་	rang-dschyung tzen-rig
Naturwissenschaftler (m)	རང་བྱུང་ཚན་རིག་པ་	rang-dschung tzen-rig-pa
Nebel (m)	སྨུག་པ་	mhug-pa
Nebenbeschäftigung (f)	ཞོར་ལས་	schor-lä
nebeneinander	མཉམ་གཤིབ་ཀྱིས་	nyam-schhib-kyi
Nebeneinnahme (f)	ཞོར་གྱི་ཡོང་འབབ་	schor-gyi jong-bab
Nebenfluss (m)	ཆུ་ལག་	tschhu-lag
Nebenkosten (f)	ཁ་སྣོན་འགྲོ་སོང་	kha-nhön d(r)ho-song
Nebenprodukt (n)	ཞོར་བྱུང་ཐོན་རྫས་	schor-dschung thön-dzä
Nebenwirkung (f)	ཞོར་ཕོག་	schor-phog
neblig	སྨུག་འཐིབས་	mug-thib
Neffe (m)	ཚ་བོ་	tza-wo
negativ	དགག་ཆའི་	gag-tschhae
nehmen	འཁྱེར་བ་	khyer-wa
nehmen (hon.)	བཞེས་པ་	schä-pa
Neid (m)	ཕྲག་དོག་	t(r)hag-dhog
neidisch	ཕྲག་དོག་ཅན་	t(r)hag-dhog-tschen
Neigung (f) allg.	འདོད་ཕྱོགས་	dö-tschhog
Neigung (f), (Gefälle)	གཟར་ཆད་	sahr-tzeh
nein	མིན་ (མ་མི་མིན་མེད་)	min (ma, mi, min, meh)
Nelke (f)	ལི་ཤི་མེ་ཏོག་	li-schhi me-tohg
nennen	འབོད་པ་	böh-pa
nennenswert	དགེ་མཚན་ལྡན་པའི་	ge-tzen den-pae

neoliberal *	གུ་ཡངས་རིང་ལུགས་གསར་པའི་	ghu-jang ring-lug sar-pae
Nerv (m)	དབང་རྩ་	wang-tsa
Nervenarzt (m)	དབང་རྩའི་ནད་རིགས་ཀྱི་ཨེམ་རྗེ་	wang-tsae neh-rig-kyi em-dsche
Nervenklinik (f)*	སེམས་གཅོང་བཅོས་ཐབས་ཀྱི་སྨན་བཅོས་ཁང་	säm-tschong tsö-thab-kyi men-tschyeh-khang
Nervenkrankheit (f)	སྙོ་ནད་	nhyo-neh
Nervensystem (n)	དབང་རྩའི་མ་ལག	wang-tsae ma-lag
Nervenzusammen-bruch (m)	དབང་རྩ་ཉམས་པ་	wang-tsa nyam-pa
nervös	དབང་རྩའི་	wang-tsae
Nest (n)	ཚང་	tzang
nett	བཟམས་པོ་	dscham-po
netto, econ.	བྱུང་སོང་ཁ་ཧྲག་	dschyung-song kha-hlag
Nettoeinkommen (n)	བྱུང་སོང་ཡོང་སྒོ་	dschyung-song jong-go
Netz (n)	དྲ་བ་	d(r)ha-wa
Netzanschluss (m), elektr.	བསྐྱར་ཁུང་	gar-khung
Netzhaut (f)	མིག་གི་རྒྱབ་ཡོལ་	mig-gi gyab-jöl
Netzwerk (n)	དྲ་བའི་དངོས་ཆས་	d(r)ha-wae ngö-tschhä
neu	གསར་པ་	sar-pa
neuartig	དཔེ་གསར་གྱི་	pe-sar-gyi
Neubauwohnung (f)	ཐོན་གསར་གནས་ཁང་	thön-sar nhä-khang
neuerdings	དེང་སང་	dheng-sang
Neugestaltung (f)	སྐྱར་བཟོ་	lhar-soh
Neugier (f)	ཤེས་འདོད་	schhä-döh
neugierig	ཤེས་འདོད་ཆེན་པོ་	schhä-döh tschhen-po

Neuheit (f), (ausserordentliches)	དཔེ་གསར་	pe-sar
Neuheit (f), (neues Produkt)	ཐོན་གསར་	thön-sar
Neuigkeit (f)	གནས་ཚུལ་	nhä-tzül
Neujahr (n)	ལོ་གསར་	lo-sar
neumodisch	ཐོན་གསར་	thön-sar
neun	དགུ་	gu
neunte	དགུ་བ་	gu-wa
neuntel*	དགུ་ཆ་	gu-tschha
neunzig	དགུ་བཅུ་	gu-tschu
neutral	བར་གནས་	bhar-nhä
Neutralität (f)	ཕྱོགས་རིས་མེད་པའི་རང་ཚུལ་	tschhyog-rig meh-pae ngang-tzül
Neutron (n), phys.	བར་རྡུལ་	bhar-dül
nicht	མ་(མི་)(མིན་)(མེད་)	ma (mi)(min)(me)
Nichtangriffspakt (m)	དགྲ་སློལ་མི་བྱེད་པའི་ཆིངས་ཡིག་	d(r)hag-göl mi-dschyeh-pae tschhing-jig
Nichte (f)	ཚ་མོ་	tza-mo
nichtig	ཅི་ཡང་མེད་	tschi-jang meh
Nichtraucher (m)	ཐ་མ་མི་འཐེན་མཁན་	tha-ma mi-then-khen
Nichtraucherzone (f)	ཐ་མ་འཐེན་མི་ཆོགས་ས་	tha-ma-then mi-tschhog-sa
nichts	གང་ཡང་མེད་པར་	ghang-jang meh-par
Nichtschwimmer (m)	རྒྱལ་མི་ཤེས་མཁན་	kyel mi-schhä-khen
Nichtschwimmerbecken (n)	རྒྱལ་མི་ཤེས་མཁན་གྱི་ཆུ་རྫིང་	kyel mi-schhä-khen-gyi tschhu-dzing
nichtssagend	གོ་དོན་མེད་པ་	gho-dhön meh-pa
Nickel (n)	སྣས་	nhä

nicken	མགོ་བོ་ཚུག་ཚུག་བྱེད་པ་	go-wo tschog-tschog dschye-pa
nie	ནམ་ཡང་	nam-jang
nieder	དམའ་བོ་	mha-wo
Niedergang (m)	ཉམས་རྒུད་	nyam-güh
Niederlage (f)	ཕམ་ཉེས་དངོས་ལེན་	pham-nyä ngö-len
niederlassen	གཞིས་ཆགས་པ་	schi tschhag-pa
niederlegen	གཏན་འབེབ་བྱེད་པ་	ten-beb dschye-pa
Niederschlag (m)	ཆར་ཞོད་	tschhar-schöh
Niederschlag (m), phys.	སྙིགས་མ་	nyig-ma
Niederschlags-menge (f)	ཆར་བ་འབབ་ཆད་	tschhar-wa bab-tzeh
niedrig	དམའ་པོ་	mha-po
niemand	སུ་ཡང་མིན་པ་	su-jang min-pa
Niere (f)	མཁལ་མ་	khel-ma
nieseln	སྦྲང་ཆར་འབབ་པ་	d(r)hang-tschhar bab-pa
Nieselregen (m)	སྦྲང་ཆར་	d(r)hang-tschhar
niesen	སྦྲིད་པ་རྒྱག་པ་	d(r)hih-pa gyab-pa
Niesen (n)	སྦྲིད་པ་	d(r)hih-pa
Niete (f)	ཤོག་སྟོང་	schhog-tong
Nihilismus (m)	དོན་སྟོང་རིང་ལུགས་	dhön-tong ring-lug
Nikotin (n)	དོ་ཐའི་དུག་རྫས་	do-thae dhug-dzä
nirgends	གང་དུ་ཡང་མེད་པར་	gang-dhu-jang meh-pa
Nische (f)	ཚིག་ཁུང་	tsig-khung
nisten	ཚང་བཅའ་བ་	tzang tscha-wa
Niveau (n), (geistig)	མཐོ་ཚད་	tho-tzeh

Deutsch	Tibetisch	Umschrift
Niveau (n), kulturelles	རིག་གནས་ཡོན་ཚད་	rig-nhä jön-tzeh
nobel (allg.)	ཡ་རབས་	ja-rab
Nobelpreis (m)	ནོ་བེལ་གཟེངས་རྟགས་	no-bhel sehng-tahg
noch	ད་དུང་	dha-dhung
nochmals	སླར་ཡང་	lhar-jang
Nomade (m)	འབྲོག་པ་	d(r)hog-pa
Nominalwert (m), econ.	དངོས་འབོད་རིན་ཐང་འབོར་གྲངས་	ngö-khöh rin-thang bor-d(r)hang
nominieren	འོས་མིང་དུ་འཇུག་པ་	wö-ming-dhu dschug-pa
Nonne (f)	ཨ་ནེ་	a-ni
Nonnenkloster (n)	ཨ་ནེའི་དགོན་སྡེ་	a-nae gön-de
nonstop	མཚམས་འཇོག་མེད་པའི་	tzam-dschog meh-pae
Norden (m)	བྱང་	dschyang
nördlich	བྱང་ཕྱོགས་ཀྱི་	dschyang-tschhyog-kyi
Nordosten (m)	བྱང་ཤར་	dschyang-schhar
Nordpol (m)	བྱང་རྩེ་	dschyang-nhe
Nordwesten (m)	བྱང་ནུབ་	dschyang-nub
nörgeln	བསུན་གཙེར་བཟོ་བ་	sün-tser soh-wa
Norm (f)	ཚད་གཞི་	tzeh-schi
normal	སྤྱིར་བཏང་གི་	tschyir-tang-gi
normalerweise	འཆར་ཅན་	tschhar-tschen
normalisieren	སྔ་ས་དྭངས་འགྲོས་བཟོ་བ་	ngha-sa dha-dschag soh-wa
normen	ཚད་ལྡན་བཟོ་བ་	tzeh-den soh-wa
Not (f)	བཀའ་སྡུག་	ka-dug
Notar (m)	བཞེར་དཔང་	schher-pang

notariell	བཤེར་དཔང་བྱེད་མཁན་གྱི་	schher-pang dschyeh-khen-gyi
Notarzt (m)*	ཇ་དྲག་ཨེམ་རྗེ་	dza-d(r)hag em-dsche
Notausgang (m)*	ཇ་དྲག་ཐོན་སྒོ་	dza-d(r)hag thön-go
Notbremse (f)*	ཇ་དྲག་འཁོར་སྒག་	dza-d(r)hag khor-gag
notdürftig	འཕྲལ་སེལ་གྱི་	t(r)hel-sel-gyi
Notfall (m)	ཇ་དྲག་	dza-d(r)hag
notieren	དྲན་ཐོ་འགོད་པ་	d(r)hen-tho göh-pa
nötig	དགོས་གནད་ཅན་	gö-neh-tschen
Notiz (f), allg.	དྲན་ཐོ་	d(r)hen-tho
Notizbuch (n)	དྲན་ཐོ་འགོད་དེབ་	d(r)hen-tho göh-dheb
Notlösung (f)	འཕྲལ་སེལ་གྱི་ཐབས་ལམ་	t(r)hel-sel-gyi thab-lam
Notlüge (f)	ཀུན་སློང་དག་པའི་རྫུན་	kün-lhung dhag-pae dzün
Notruf (m)*	ཇ་དྲག་གི་སྐད་འབོད་	dza-d(r)hag-gi keh-böh
Notrufnummer (f)*	ཇ་དྲག་སྐད་འབོད་ཨང་གྲངས་	dza-d(r)hag keh-bö ang-d(r)hang
notwendig	མེད་དུ་མི་རུང་བ་	meh-dhu mi-rung-wa
Notwendigkeit (f)	མཁོ་གནད་	kho-neh
November (m)	ཕྱི་ཟླ་བཅུ་གཅིག་པ་	tschhyi-dha tschu-tschig-pa
Nuance (f)	མཚོན་མདངས་	tzen-dang
nüchtern	ར་མ་བཟིལ་བའི་	ra ma-sihl-wae
Nudel (f)	རྒྱ་ཐུག་	gya-thug
nuklear	དུལ་ཕྲན་གྱི་	dül-t(r)hen-kyi
Nuklearmedizin (f)*	དུལ་ཕྲན་གསོ་རིག་	dül-t(r)hen so-rig
Nuklearwaffe (f)*	དུལ་ཕྲན་མཚོན་ཆ་	dül-t(r)hen tzön-tschha

null	ཅི་ཡང་མེད་པ་	tschi-jang meh-pa
Nummer (f)	ཨང་ཀི་	ang-ki
nummerieren	ཨང་གྲངས་འགོད་པ་	ang-d(r)hang göh-pa
nun	ད་ལྟར་	dha-tahr
nur	ཁོ་ན་	kho-na
Nuss (f)	སྐོགས་མཁྲེགས་ཞིང་འབྲས་	kog-t(r)häg schhing-d(r)hä
Nussbaum (m)	སྟར་སྡོང་	tahr-dong
Nussknacker (m)	སྟར་སྐམ་	tahr-kam
Nussschale (f)	སྟར་སྐོགས་	tahr-kog
nutzbringend	ཁེ་བཟང་ཡོད་པའི་	khe-sang jöh-pae
Nutzen (m)	ཕན་ཐོགས་	phen-thog
nützlich	ཕན་ཐོགས་པོ་	phen-thog-po
nützlich, hon.	ཐུགས་ཕན་གསོས་པོ་	thug-phen sö-po
nutzlos	ཕན་མེད་	phen-meh
Nutzungs-möglichkeit (f)	བོད་སྤྱོད་བྱེད་ཐོགས་	bhöh-tschöh dschyeh-tschog
Nymphe (f)	སྨན་མོ་	men-mo
Nymphomanin (f)	བུ་མེད་ཆགས་སྲེད་ཅན་	bhu-meh tschhag-seh-tschen

O

Oase (f)	བྱེ་ཐང་གྲོད་ཀྱི་གཤིན་ས་	dschye-thang t(r)höh-kyi schhin-sa
ob	གལ་ཏེ་	ghel-te
Obdach (n)	ཐོག་གཡབ་	thog-jab
obdachlos	ཁྱིམ་མེད་	khyim-meh

Obduktion (f)	རོ་དཔྱད་	ro-tschyeh
obduzieren*	རོ་ལ་བརྟག་དཔྱད་བྱེད་པ་	ro-la tahg-tschyeh dschye-pa
oben	སྟེང་ལ་	gang-la
Oberarm (m)	ལག་པ་སྟོད་མ་	lag-pa thöh-ma
Oberbefehls-haber (m)	རྒྱལ་ཡོངས་དམག་སྤྱི་ཆེན་མོ་	gyel-jong mhag-tschyi tschhen-mo
Oberfläche (f)	ཕྱི་ངོས་	tschhyi-ngö
oberflächlich	ཕྱི་ངོས་ཀྱི་	tschhyi-ngö-kyi
Oberhemd (n)	སྟོད་ཐུང་	töh-thung
oberirdisch	ས་སྟེང་གི་	sa-teng-gi
Oberkiefer (m)*	འགྲམ་པ་སྟོད་མ་	d(r)ham-pa thöh-ma
Oberkörper (m)*	གཟུགས་སྟོད་	suhg-töh
Oberlippe (f)*	མཆུ་ཏོ་སྟོད་མ་	tschhu-to thöh-ma
Oberschicht (f)	གྲལ་རིམ་གོང་མ་	d(r)hel-rim ghong-ma
Oberst (m)	མདའ་དཔོན་	da-pön
oberste	མཐོ་ཤོས་	tho-schhö
Oberteil (n)*	སྟོད་ཆ་	töh-tschha
Obhut (f)	ལྟ་ཏོག་	ta-tohg
Objekt (n)	དངོས་པོ་	ngö-po
objektiv	ཕྱོགས་རིས་བྲལ་བའི་	tschhyog-ri d(r)hel-wae
Objektiv (n), phys.	དངས་ཤེལ་	dhang-schhel
Objektivität (f)	ཕྱོགས་རིས་བྲལ་བའི་དང་ཚུལ་	tschhyog-ri d(r)hel-wae ngang-tzül
Obligation (f), econ.	བུན་སྐྱེད་གན་འཛིན་	bhün-kyeh gen-dzin
obligatorisch	མི་བྱེད་ཀ་ཐུབ་མེད་ཀྱི་	mi-dschyeh thu-meh-kyi
Obrigkeit (f)	དཔོན་རིགས་	pön-rig

Observatorium (n)	བརྟག་དཔྱད་ཁང་	tahg-tschyeh-khang
Obst (n)	ཤིང་ཏོག་	schhing-tohg
Obstbaum (m)	ཤིལ་ཏོག་ཤིང་སྡོང་	sil-tohg schhing-dong
Obstgarten (m)	ཤིང་འབྲས་སྡུམ་ར་	schhing-d(r)hä dum-ra
Obstkuchen (m)	ཤིང་འབྲས་བག་ལེབ་	schhing-d(r)hä bhag-leb
Obstplantage (f)*	ཤིང་འབྲས་འདེབས་ལས་	schhing-d(r)hä deb-lä
obszön	ཚུལ་མིན་གྱི་	tzül-min-gyi
obwohl	ཡིན་ན་ཡང་	jin-na-jang
Ochse (m)	གླང་	lhang
Ochsenkarren (m)	ཕྱུགས་འཐེན་འཁོར་ལོ་	tschhyug-thön khor-lo
oder	ཡང་ན་	jang-na
Ofen (m)	མེ་ཐབ་	me-thab
Ofenheizung (f)	ཐབ་ཁའི་ཚ་དྲོད་	thab-khae tza-d(r)höh
offen	ཁ་སངས་པོ་	kha-sang-po
offenbar	མངོས་གསལ་དོད་པོ་	ngö-sel dhöh-po
Offenheit (f)	ཁ་སངས་སྟིང་སངས་ཀྱི་ཚུལ་	kha-sang ding-sang-kyi tzül
offenherzig	ཁ་སངས་གཏིང་སངས་	kha-sang ting-sang
offensichtlich	གསལ་པོར་	sel-por
offensiv	བཙན་ཤེད་ཀྱི་	tsen-schheh-kyi
öffentlich	སྤྱི་པའི་	tschyi-pae
Öffentlichkeits- arbeit (f)	སྤྱི་དམངས་འབྲེལ་ལམ་	tschy-mang d(r)hel-lam
offiziell	གཞུང་འབྲེལ་	schung-d(r)hel
öffnen	ཕྱེ་བ་	tschhe-wa
Öffnung (f)	འགོ་འབྱེད་	go-dschyeh

Öffnungszeit (f)*	འགོ་འབྱེད་དུས་ཚོད་	go-dschyeh dhü-tzöh
oft	ཡང་ཡང་	jang-jang
ohne	མེད་པར་	meh-par
Ohnmacht (f)	དྲན་འཐོར་	d(r)hen-thor
Ohr (n)	རྣ་ཅོག་	nha-tschog
Ohr (n), hon.	སྙན་ཅོག་	nyhen-tschog
Ohrenschmerz (m)	རྣ་བའི་ན་ཟུག་	nha-wae na-suhg
Ohrfeige (f)	འགྲམ་ལྕག་	d(r)ham-tschag
ohrfeigen	འགྲམ་ལྕག་བཞུ་བ་	d(r)ham-tschag schu-wa
Ohrläppchen (n)	རྣ་ཤལ་	nha-schhel
Ohrring (m)	རྣ་ལོང་	nha-long
Ohrschmuck (m)	རྣ་རྒྱན་	nha-gyen
Ohrschmuck (m), hon.	སྙན་རྒྱན་	nyehn-gyen
Ökologe (m)	སྐྱེད་བཅུད་འབྱུང་ཁམས་དཔྱད་ཞིབ་པ་	nhöh-tschüh dschyung-kham tschyeh-schib-pa
Ökologie (f)	སྐྱེད་བཅུད་འབྱུང་ཁམས་རིག་པ་	nhöh-tschüh dschyung-kham rig-pa
ökologisch	སྐྱེད་བཅུད་འབྱུང་ཁམས་ཀྱི་	nhöh-tschüh dschyung-kham-kyi
Ökonomie (f)	དཔལ་འབྱོར་གནས་སྟངས་	pel-dschyor nhä-tang
ökonomisch	དཔལ་འབྱོར་གྱི་	pel-jor-gyi
Ökosystem (n)	སྐྱེད་བཅུད་འབྱུང་ཁམས་མ་ལག་	nhöh-tschüh dschyung-kham ma-lag
Oktober (m)	ཕྱི་ཟླ་བཅུ་པ་	tschhyi-dha tschu-pa
Öl (n)	སྣུམ་	nhum
Öl, ätherisches (n)	དྲི་ཞིམ་སྣུམ་	d(r)hi-schim nhum
ölen	སྣུམ་བྱུག་པ་	nhum dschug-pa
Ölfarbe (f)	སྣུམ་ཚོན་	nhum-tzön

Ölfeld (n)	རྡོ་སྣུམ་གཏེར་ཁ་	do-nhum tehr-kha
Ölgemälde (n)	སྣུམ་ཚོན་རི་མོ་	nhum-tzön ri-mo
Ölheizung (f)	རྡོ་སྣུམ་ཚ་དྲོད་	do-nhum tza-d(r)höh
Ölleitung (f)*	རྡོ་སྣུམ་འདྲེན་ལམ་	do-nhum d(r)hen-lam
Ölpest (f)*	རྡོ་སྣུམ་ངན་བསླད་	do-nhum ngen-lheh
Öltanker (m)	སྣུམ་འདྲེན་གྲུ་གཟིངས་	nhum-d(r)hen d(r)hu-sihng
Ölteppich (m)*	རྡོ་སྣུམ་བོ་ཤུལ་	do-nhum bho-schhül
Olympiade (f)	ཨོ་ལེམ་པིག་ཙེད་མོའི་འགྲན་བསྡུར་	o-lem-pik tseh-möe d(r)hen-dur
Oma (f)	རྨོ་མོ་	mho-mo
Omnibus (m)	ཐག་སྐྱོད་འགུལ་འཁོར་	tahg-kyöh d(r)hül-khor
onanieren	ཁུ་བ་ལག་པས་འབྱིན་པ་	khu-wa lag-pä dschyin-pa
Onkel (m), (Bruder der Mutter)	ཨ་ཞང་	a-schang
Onkel (m), (Bruder des Vaters)	ཨ་ཁུ་	a-khu
Opa (m)	པོ་པོ་	po-po
Oper (f)	རོལ་གར་	röl-ghar
Operation (f)	གཤག་བཅོས་	schhag-tschö
operativ, med.	གཤག་བཅོས་ཀྱི་	schhag-tschö-kyi
operieren	གཤག་བཅོས་བྱེད་པ་	schhag-tschö dschye-pa
Opfer (n), rel.	མཆོད་སྦྱིན་	tschhöh-dschyin
Opfergabe (f)	སྦྱིན་ཚས་	t(r)höh-tschhä
Opfergabe (f), hon.	འབུལ་སྐྱེས་	bül-kyä
opfern	ཡར་སྦྱིན་པ་	jar t(r)höh-pa
opfern, hon.	འབུལ་བ་	bül-wa
Opium (n)	དུད་ནག་	dhü-nag

Opiumkrieg (m)	ཉལ་ཐག་གི་འཐབ་དམག་	nyel-thag-gi thab-mhag
opportun	སྐབས་འཚོལ་	kab-tzöl
Opportunismus (m)	སྐབས་འཚོལ་རིང་ལུགས་	kab-tzöl ring-lug
Opportunist (m)	སྐབས་འཚོལ་པ་	kab-tzöl-pa
Opposition (f)	རྡོག་ཕྱོགས་	dog-tschhyog
Oppositions-führer (m)*	རྡོག་ཕྱོགས་ཤོག་ཁའི་དབུ་འཁྲིད་	dog-tschhyog schhog-khae u-t(r)hi
Oppositionspartei (f)*	རྡོག་ཕྱོགས་སྲིད་དོན་ཚོགས་པ་	dog-tschhyog si-dhön tzog-pa
Optik (f)	མིག་དབང་དཔྱད་རིག་	mig-wang tschyeh-rig
Optiker (m)	མིག་ཤེལ་བཟོ་མཁན་	mig-schhel soh-khen
optimal	ཆ་རྐྱེན་བཟང་པོ་	tschha-kyen sahng-po
Optimismus (m)	རེ་བཟང་ཕུགས་བཅོལ་	re-sahng phug-tschöl
Optimist (m)	ལེགས་ཤོས་ཡོང་འགག་བྱེད་མཁན་	leg-schhö jong-schhag dschyeh-khen
optimistisch	རེ་བཟང་ཕུགས་བཅོལ་གྱི་	re-sahng phug-tschöl-gyi
optisch	མཐོང་རིག་གི་	thong-rig-gi
Optometer (n)	མཐོང་རྒྱ་འཇལ་ཆས་	thong-gya dschel-tschhä
Orange (f)	ཚ་ལུ་མ་	tza-lu-ma
Orangensaft (m)	ཚ་ལུ་མའི་ཁུ་བ་	tza-lu-mae khu-wa
Orang-Utan (m), zo.	སྤྲ་	t(r)ha
Orchester (n)*	རོལ་སྣ་མཉམ་སྒྲིག་	röl-nha nyam-d(r)hig
Orchidee (f)	སྤྲ་མའི་མེ་ཏོག་	nha-mae me-tohg
Orden (m)	བྱ་དགའི་རྟགས་མ་	dscha-gae tahg-ma
ordentlich	གཙང་སྦྲ་དོད་པོ་	tsang-d(r)ha dhöh-po
Order (f)	བཀའ་ཁྱབ་	ka-khyab

ordnen	དབྱེ་བསལ་བྱེད་པ་	je-sel dschye-pa
Ordner (m)	ཡིག་སྣོད་	jig-nhöh
Ordnung (f)	གཙང་མའི་རང་བཞིན་	tsang-mae rang-schin
Ordnung (f), jur.	གོ་རིམ་	gho-rim
Organ (n)	ཚོར་ཤེས་ཀྱི་དབང་པོ་	tzor-schhä-kyi wang-po
Organisation (f)	སྒྲིག་འཛུགས་	d(r)hig-dzug
Organisator (m)	གོ་སྒྲིག་བྱེད་མཁན་	gho-d(r)hig dschye-khen
organisch	སྐྱེ་ལྡན་གྱི་	kye-den-gyi
organisieren	བཀོད་སྒྲིག་བྱེད་པ་	köh-d(r)ig dschye-pa
Organismus (m)	དབང་པོའི་མ་ལག་	wang-pöe ma-lag
Orgasmus (m)	འཁྲིག་སྤྱོར་གྱི་ཚོར་བ་མཐར་ཐུག་	t(r)hig-dschyor-gyi tzor-wa thar-thug
Orgie (f)	བག་མེད་འཁྲིག་སྤྱོར་	bhag-meh t(r)hig-dschyor
orientieren	ཁ་ཤར་ཕྱོགས་སུ་བསྟན་པ་	kha-schhar tschhyog-su ten-pa
Orientierung (f)	རྒྱུས་སྟོན་	gyü-töhn
Original (n)	ངོ་མ་	ngo-ma
originell	དན་སྙེན་པོ་	d(r)hen-kyen-po
Orkan (m)*	རླུང་ཚུབ་དྲག་ཚུབ་	lhung-tzub d(r)hag-tsub
orkanartig*	རླུང་ཚུབ་དྲག་ཚུབ་ཅན་	lhung-tzub d(r)hag-tsub-tschen
Ornament (n)	མཛེས་རྒྱན་	dzä-gyen
Ornithologe (m)	འདབ་ཆགས་བདག་རིག་མཁས་པ་	dab-tschhag tahg-rig khä-pa
Ornithologie (f)	འདབ་ཆགས་རིག་པ་	dab-tschhag rig-pa
ornithologisch	འདབ་ཆགས་རིག་པའི་	dab-tschhag rig-pae
Ort (m)	གནས་ཡུལ་	nhä-jül

Orthographie (f)	ཡི་གེ་དག་ཐབས་	ji-ghe dhag-thab
Orthopäde (m)	ཡན་ལག་སྐྱོན་ཅན་བཅོས་ཐབས་མཁས་པ་	jen-lag kyön-tschen tschö-thab khä-pa
Orthopädie (f)	ཡན་ལག་སྐྱོན་ཅན་བཅོས་ཐབས་	jen-lag kyön-tschen tschö-thab
örtlich	ས་གནས་ཀྱི་	sa-nhä-kyi
Ortschaft (f)	གྲོང་ཚོ་	d(r)hong-tzo
Ortszeit (f)	ས་གནས་དུས་ཚོད་	sa-nhä dhü-tzöh
Ostasien (n)	ཤར་གླིང་ཨེ་ཤི་ཡ་	schhar-lhing e-schhi-ja
Osten (m)	ཤར་ཕྱོགས་	schhar-tschhyog
östlich	ཤར་ཕྱོགས་ཀྱི་	schhar-tschhyog-kyi
ostwärts	ཤར་ཕྱོགས་སུ་	schhar-tschhyog-su
Ostwind (m)	ཤར་རླུགས་	schhar-hlag
Otter (m)	སྲམ་	sam
Ouvertüre (f)	སྔོན་འགྲོའི་གླུ་	ngön d(r)höe-lhu
Oval (n)	སྒོང་དབྱིབས་	gong-jhip
Ovation (f)	དགའ་བསུ་ཆེ་བསྟོད་	ga-su tschhe-töh
oxidieren	གཡའ་དང་བཙའ་རྒྱག་པ་	ja-dhang tsa-gyag-pa
Ozean (m)	མཐའི་རྒྱ་མཚོ་	thae-gya-tzo
Ozeanographie (f)	རྒྱ་མཚོའི་ཚན་རིག་	gya-tzöe tzen-rig

P

paar	ཉུང་ཤས་	nyung-schhä
Paar (n)	ཆ་	tschha
paaren	འབྲིག་སྦྱོར་བྱེད་པ་	t(r)hig-dschyor dschye-pa
Paarung (f)	འབྲིག་སྦྱོར་	t(r)hig-dschyor

paarweise	ཚ་ཚ་	tschha-tschha
Pacht (f)	བོགས་མ་	bhog-ma
pachten	བོགས་མར་གཏོང་བ་	bhog-mar tong-wa
Pächter (m)	བོགས་མ་ལེན་མཁན་	bhog-ma len-khen
Pachtvertrag (m)*	བོགས་མའི་ཁ་ཚད་	bog-mae kha-tschheh
Pack (n)	ཚག་པ་	tschhag-pa
Päckchen (n)	ཐུམ་སྒྲིལ་	thum-d(r)hil
packen	ཐུམ་སྒྲིལ་བཟོ་བ་	thom-d(r)hil soh-wa
Packesel (m)	ཁལ་དྲེལ་	khel-d(r)hel
Packtiere (n/pl)	རྟ་དྲེལ་	ta-d(r)hil
Packung (f)	སྦོག་ཐུམ་	schhog-thum
Pädagoge (m)	ཤེས་ཡོན་སློབ་སྟོན་པ་	schhä-jön lhob-tön-pa
pädagogisch	ཤེས་ཡོན་གྱི་	schhä-jön-gyi
Paddel (n)	གྲུ་སྐྱ་	d(r)hu-kya
Paddelboot (n)	ཀོ་བ་	ko-wa
paddeln	གྲུ་སྐྱ་རྒྱག་པ་	d(r)hu-kya gyag-pa
Pädiatrie (f)	བྱིས་ནད་གསོ་ཐབས་	dschyi-neh so-thab
Paket (n)	ཐུམ་སྒྲིལ་	thum-d(r)hil
Pakt (m)	མཐུན་གྲོས་	thün-d(r)hö
Paläontologie (f)	གདོད་མའི་སྐྱེ་དངོས་དཔྱད་རིག་	dö-mae kye-ngö tschyeh-rig
Palast (m)	ཕོ་བྲང་	pho-d(r)hang
Palme (f)	ཏ་ལའི་ཤིང་	ta-lae-schhing
Palmwedel (m)	ཏ་ལའི་ལོ་མ་	ta-lae lo-ma
Pampelmuse (f)*	གམ་བུ་རའི་ཤིང་འབྲས་	gham-bhu-rae schhing-d(r)hä

Pamphlet (n)	བུར་ཟབའི་འབྲི་ཚོམ་	suhr-sahe d(r)hi-tsom
Pandabär (m)	བྱི་ལ་དོམ་	dschyi-la dhom
Pandemie (f), med.	ཡོངས་ཁྱབ་རིམས་ནད་	jong-khyab rim-neh
Panik (f)	འཇིགས་དངངས་	dschig-ngang
Panikkauf (m), econ.*	འཇིགས་དངངས་ཀྱིས་ཉོ་ཚོང་	dschig-ngang-kyi nyo-tzong
panisch	འཇིགས་དངངས་ཀྱིས་ཁྱབ་པའི་	dschig-ngang-kyi khyab-pae
Panne (f)*	འགོག་སྐྱོན་	gog-kyön
Panorama (n)	མཐོང་ཡངས་ཆེ་བའི་ཡུལ་ལྗོངས་	thong-jang tschhe-wae jül-dschong
panschen	ལྷད་རྒྱག་པ་	hleh gyag-pa
Panzer (m), mil.	ཐང་ག་རི་	thang-ga-ri
Panzerglas (n)*	མདེལ་ཐུབ་ཤེལ་སྒོ་	del-thug schhel-go
Papa (m)	པ་ལགས་	pa-lag
Papagei (m)	ནེ་ཙོ་	nhe-tso
Papaya (f)	སེ་ཡབ་	se-jab
Papier (n)	ཤོག་བུ་	schhog-bhu
Papier (n), hon.	ཕྱག་ཤོག་	tschhyag-schhog
Papierfabrik (f)	ཤོག་བུའི་བཟོ་གྲྭ་	schhog-bhue soh-d(r)ha
Papiergeld (n)	ཤོག་ལོར་	schhog-lor
Papierhandtuch (n)	ལག་ཕྱིས་ཤོག་བུ་	lag-tschhyih schhog-bhu
Papiertiger (m)	ཤོག་སྟག་	schhog-tahg
Papierwaren (pl)	ཡིག་ཆས་	jig-tschhä
Papierwaren-geschäft (n)	ཡིག་ཆས་ཚོང་ཁང་	jig-tschhä tzong-khang
Pappe (f)	སྦྱར་པང་	dschyar-pang

Pappel (f)	སྦྲ་པ་	dschyar-pa
pappig	འབྱར་བག་ཅན་	dschyar-bhag-tschen
Paprika (m)	དམར་ཚོ་	mhar-tza
Parabel (f), lit.	གཏམ་དཔེ་	tahm-pe
Parabolantenne (f)	རྙན་འཕྲིན་སྡུད་སྣང་	nyen-t(r)hin dü-lhang
Paradies (n)	དག་ཞིང་	dhag-sching
paradiesisch	དག་ཞིང་གི་	dhag-sching-gi
Paraffin (n)	སྣུམ་ཞུན་སྣ་ཚིལ་	nhum-schün t(r)ha-tzil
Paragraf (m), jur.	ཡིག་འབེབ་	jig-beb
parallel, geom.	ཐད་གཤིབ་ཀྱི་	theh-schhib-kyi
Parallele (f)	ཐད་གཤིབ་	theh-schhib
Parallelogramm (n)	ཐད་གཤིབ་གྲུ་བཞི་	theh-schhib d(r)hu-schi
paralytisch	རྩ་དཀར་ནད་ཀྱི་	tsa-kar neh-kyi
paranoid	འཁྲུལ་སྨྱོའི་	t(r)hül-nyöe
Parasit (m), biol.	གཞན་རྟེན་སྲིན་འབུ་	schen-ten sin-bu
parasitisch	གཞན་རྟེན་བྱེད་པའི་	schen-ten dschyeh-pae
Parfüm (n)	དྲི་ཞིམ་	d(r)hi-schim
parfümieren	དྲི་ཞིམ་སྦྱོར་བའམ་བསྒོ་བ་	d(r)hi-schim dschyor-wa-am soh-wa
Parität (f)	དོ་མཉམ་	dho-nyam
paritätisch	དོ་མཉམ་གྱི་	dho-nyam-gyi
Park (m)	གླིང་ག་	lhing-gha
Parkanlage (f)	སྤྱི་གླིང་	tschyi-lhing
Parkausweis (m)*	བཀག་འཇོག་ཆོག་མཆན་	kag-dschog tschhog-tschhen
parken	བཀག་འཇོག་བྱེད་པ་	kog-dschog dschye-pa

Parkett (n)	ཁ་སྐྱོག་པང་གཅལ་	t(r)ha-d(r)hig pang-tschel
Parkuhr (f)*	བཀག་འཇོག་འཇལ་ཆས་	kag-dschog dschel-tschhä
Parkverbot (n)*	བཀག་འཇོག་བཀག་རྒྱ་	kag-dschog kag-gya
Parlament (n)	གྲོས་ཚོགས་	d(r)hö-tzog
Parlamentarier (m)	གྲོས་ཚོགས་ཀྱི་ཚོགས་མི་	d(r)hö-tzog-kyi tzog-mi
parlamentarisch	གྲོས་ཚོགས་ཀྱི་	d(r)hö-tzog-kyi
Parlaments-ausschuss (m)*	གྲོས་ཚོགས་ཀྱི་ཚོགས་ཆུང་	d(r)hö-tzog-kyi tzog-tschhung
Parlaments-beschluss (m)*	གྲོས་ཚོགས་ཀྱི་གཏན་འབེབས་	d(r)hö-tzog-kyi ten-beb
Parlamentswahl (f)*	གྲོས་ཚོགས་འོས་འདེམས་	d(r)hö-tzog wö-däm
Parodie (f)	འཕྱ་སྨོད་ཀྱི་སྒྲོས་གར་	tschhya-möh-kyi dhö-ghar
parodieren	འཕྱ་སྨོད་རྩོམ་ཡིག་འབྲི་བ་	tschhya-möh tsom-jig d(r)hi-pa
Parole (f), mil.	གསང་རྟ་	sang-da
Parole (f), pol.	སྐད་འབོད་བརྗོད་ཚིག་	keh-bhöh dschöh-tzig
Partei (f)	ཕྱོགས་ཁ་	schhog-kha
Partei (f), pol.	ཚབ་སྲིད་རུ་ཁག་	tschhab-sih ru-khag
parteiisch	ཕྱོགས་རིས་ཅན་	tschhog-rih-tschen
Parteilichkeit (f)	ཕྱོགས་རིས་	tschhog-rih
Parteilinie (f)	སྲིད་དོན་ཚོགས་པའི་གཏན་འབེབ་སྲིད་དུས་	sih-dhön tzog-pae ten-beb sih-dschü
parteilos	གཞན་ལ་བརྟེན་མི་དགོས་པ་	schen-la ten mi-gö-pa
Parteimitglied (n)	སྲིད་དོན་ཚོགས་པའི་ཚོགས་མི་	sih-dhön tzog-pae tzog-mi
Parteinahme (f)	ཕྱོགས་གཏོགས་ཀྱི་ཞེན་པ་	tschhyog-tohg-kyi schen-pa
Partei-programm (n)*	ཚབ་སྲིད་རུ་ཁག་གི་རྩ་ཚིག་གསལ་བསྒྲགས་	tschhab-sih ru-khag-gi tsa-tzig sel-d(r)hag

Parteitag (m)	ཚབ་སྲིད་རུ་ཁག་ལྷན་ཚོགས་	tschhab-sih ru-khag hlen-tzog
Partei-vorsitzender (m)*	ཚབ་སྲིད་རུ་ཁག་གི་དབུ་ཁྲིད་	tschhab-sih ru-khag-gi u-t(r)hih
Parteivorstand (m)*	ཚབ་སྲིད་རུ་ཁག་གི་རྒྱུན་ལས་	tschhab-sih ru-khag-gi gyün-lä
Parterre (n)	ཐོག་བརྩེགས་དང་པོ་	thog-tseg dhang-po
Partikel (n), phys.	ཕྲ་རབ་	t(r)ha-rab
Partisan (m)	འཛབ་དམག་	dschab-mhag
Partisaneneinheit (f)	འཛབ་དམག་རུ་ཁག་	dschab-mhag ru-khag
Partner (m)	རོགས་ཟླ་	rog-dha
Partnerschaft (f)	ཟླ་གྲོགས་ཀྱི་རང་བཞིན་	dha-d(r)hog-kyi rang-schin
Parzelle (f)	ས་དུམ་ཆུང་ཆུང་	sa-dhum tschhung-tschhung
Pass (m)	ཕྱི་སྐྱོད་ལག་ཁྱེར་	tschhyi-kyöh lag-khyer
passabel	ཚད་ལོངས་ཙམ་	tzeh-long-tsam
Passage (f)	འགྲོ་ལམ་	d(r)ho-lam
Passagier (m)	འགྲུལ་མི་	d(r)hül-mi
Passagierliste (f)	འགྲུལ་མིའི་ཐོ་གཞུང་	d(r)hül-mie tho-schung
Passamt (n)*	ཕྱི་སྐྱོད་ལག་ཁྱེར་ལས་ཁུངས་	tschhyi-kyöh lag-khyer lä-khung
passen	རན་པ་	ren-pa
passend	རན་པོ་	ren-po
passieren	སྐབས་འཁེལ་པ་	kab khel-pa
Passion (f)	ཆེས་དྲག་པའི་སེམས་ཚོར་	tschhä-d(r)hag-pae säm-tzor
passioniert	བློ་ཤུགས་ཅན་	t(r)o-schhug-tschen
passiv	སྟོད་ཡུལ་གྱི་	t(r)öh-jül-gyi

Deutsch	Tibetisch	Umschrift
Passiv (n), gram.	བྱ་བའི་ཡུལ་	dschya-wae-jül
Passivität (f)	ཡ་ལན་མི་བྱེད་པ་ཉིད་	ja-len mi-dschyeh-pa nyih
Passivposten (m)	སོང་རྩིས་རེའུ་མིག་	song-tsih re-u-mig
Passkontrolle (f)	ཕྱི་སྐྱོད་ལག་ཁྱེར་དོ་དམ་	tschhyi-kyöh lag-khyor dho-dham
Passus (m)	བགྲོད་ལམ་	d(r)höh-lam
Passwort (n)	གསང་ཚིག་	sang-tzig
Paste (f)	སྐྱོ་མ་	kyo-ma
Pastell (n)	བཙག་སྙུག་	tsag-nyug
pasteurisieren*	སྲིན་བསལ་ཚ་སྐོལ་བྱེད་པ་	sin-sel tza-köl dschye-pa
Pastille (f)	སྨན་བཏབ་པའི་བྱི་རིལ་	men-tab-pae dschyi-ril
Pastor (m)	ཡེ་ཤུའི་མཆོད་གནས་	ji-schhue tschhöh-nhä
Patent (n)	ཁེ་དབང་སྒེར་སྤྱོད་བདག་པོ་	khe-wang ger-tschyöh dag-po
Patentamt (n)	དངོས་རིགས་དེབ་སྐྱེལ་ལས་ཁུངས་	ngö-rig dheb-kyel lä-khung
patentieren	ཁེ་དབང་སྒེར་སྤྱོད་ཐོབ་ཐང་ལེན་པ་	khe-wang ger-tschyöh thob-thang len-pa
Patentschutz (m)*	ཁེ་དབང་སྒེར་སྤྱོད་ཐོབ་ཐང་སྐྱོབ་ཡིག་	khe-wang ger-tschyöh thob-thang kyob-jig
Pathologe (m)	ནད་རིགས་བརྟག་དཔྱད་པ་	neh-rig tagh-tschyeh-pa
Pathologie (f)	ནད་རིགས་བརྟག་དཔྱད་རིག་པ་	neh-rig tahg-tschyeh rig-pa
pathologisch	ནད་རིགས་བརྟག་དཔྱད་ཀྱི་	neh-rig tahg-tschyeh-kyi
Patient (m)	གསོ་དཔྱད་བྱེད་བཞིན་པའི་ནད་པ་	so-tschyeh dschyeh-schin-pae neh-pa
Patriot (m)	རྒྱལ་གཅེས་པ་	gyel-tschä-pa
patriotisch	རྒྱལ་གཅེས་ཀྱི་	gyel-tschä-kyi
Patriotismus (m)	རྒྱལ་གཅེས་	gyel-tschä

Patrouille (f)	སྐོར་འཆག་རྒྱུལ་ཞིབ་	kor-tschhag nyul-schib
patrouillieren	སྐོར་གཡེང་བྱེད་པ་	kor-jeng dschye-pa
pauken	སྦང་བཙོན་བྱེད་པ་	dschyang-tsön dschye-pa
Pauschalbetrag (m)	སྤོམ་དངུལ་	pom-nghül
pausbäckig	འགྲམ་པ་རྒྱག་རིལ་	d(r)ham-pa gyag-ril
pauschal	ཡོངས་སུ་སྒྲིལ་ཏེ་	jong-su d(r)hil-te
Pause (f)	བར་སེང་	bhar-seng
pausenlos	བར་མཚམས་མི་འཇོག་པའི་	bhar-tzam mi-dschog-pae
pausieren*	བར་སེང་གཏོང་བ་	bhar-seng tong-wa
Pavillon (m)	སྡིང་གུར་	ding-ghur
Pazifismus (m)	ཞི་མཐུན་རིང་ལུགས་	schi-thün ring-lug
Pazifist (m)	ཞི་མཐུན་རིང་ལུགས་པ་	schi-thün ring-lug-pa
pazifistisch	ཞི་མཐུན་གྱི་	schi-thün-gyi
Pedal (n)	རྐང་གྲབ་	kang-t(r)hab
Pedant (m)	ཤེས་སློབ་ཅན་གྱི་མི་	schhä-lhob-tschen-gyi mi
Pedanterie (f)	ཤེས་སློབ་	schhä-lhob
pedantisch	ཤེས་སློབ་ཅན་	schhä-lhob-tschen
Pediküre (f)	རྐང་པའི་གསོ་སྦྱད་	kang-pae so-tschyeh
peilen*	གཏིང་མཐའ་འཇལ་བ་	ting-tha dschel-wa
peinigen	མནར་གཅོད་གཏོང་བ་	nhar-tschöh tong-wa
peinlich	ངོ་ཚ་ཁ་སྐྱེངས་ཀྱི་	ngo-tza kha-kyeng-kyi
Peitsche (f)	ལྕག་	ta-tschag
Peitsche (f), hon.	ཆིབས་ལྕག་	tschhib-tschag
Pekinese (m)	རྒྱ་ཁྱི་ཨ་སྲོག་	gya-khyi a-sohb
Pelargonie (f), bot.	ཧྲུང་ཧྲུང་མེ་ཏོག་	t(r)hung-t(r)hung me-tohg

Pelikan (m)	བྱུ་དགའ་	kyu-ga
Pelle (f)	ཤུན་པགས་	schhün-pag
pellen	ཤུན་པགས་བཤུ་བ་	schhün-pag schhu-wa
Pelz (m)	གྲ་པགས་	d(r)ha-pag
pelzig	གྲ་སྤུ་ཟིང་ཟིང་	d(r)ha-pu sihng-sihng
Pelzmantel (m)	གྲ་སྤུའི་སྟོད་གོས་	d(r)ha-pue töh-ghö
Pendel (n)	དཔྱང་ཐུལ་	tschyang-t(r)hül
pendeln	དཔྱང་ཐུལ་དུ་གཡོ་བ་	tschyang-t(r)hül-dhu jo-wa
Pendeltür (f)	དཔྱང་སྒོ་	tschyang-go
Penetration (f)*	ཐོལ་བའམ་འཛུལ་བའི་བྱ་ལས་	töl-wa-am dzül-wae dschya-lä
penetrieren*	ཐོལ་བའམ་འཛུལ་བ་	töl-wa-am dzül-wa
Penis (m)	ཕོ་མཚན་	pho-tzen
Pension (f), (Hotel)	མགྲོན་ཁང་	d(r)hön-khang
Pension (f), (Rente)	རྒས་ཡོལ་	gä-jöl
pensionieren	རྒས་ཡོལ་འགྲོ་བ་	gä-jöl d(r)ho-wa
Pensionsalter (n)*	རྒས་ཡོལ་ལོ་ཚད་	gä-jöl lo-tzeh
Pensum (n)	བགོ་སྐལ་	go-kel
Peperoni (f)	སུར་པན་	sur-pen
perfekt	ཡང་དག་པ་	jang dhag-pa
Perfekt (n), gram.	འདས་ཟིན་པའི་	dä-sihn-pae
Perfektion (f)	ཡང་དག་	jang-dhag
perfektionieren	ཡང་དག་པར་བསྒྲུབས་པ་	jang-dhag-par d(r)hub-pa
perforieren	ཁུང་བུག་འབིགས་པ་	khung-bhug big-pa
Pergament (n)	ཀོ་ཤོག་	ko-schhog

Pergola (f)	ཝུམ་རའི་བསིལ་གཡབ་	dum-rae sil-jab
Periode (f)	ཡུན་ཚད་	jün-tzeh
periodisch	དུས་མཚམས་ཅན་	dhü-tzam-tschen
Peripherie (f)	མཚའ་མཚམས་	tza-tzam
Periskop (n)	ཁོར་སྨྱུལ་རྒྱང་ཤེལ་	khor-nyul gyang-schhel
Perle (f)	མུ་ཏིག་	mu-tihg
Perlenkette (f)	མུ་ཏིག་ཕྲེང་ཞགས་	mu-tihg t(r)hen-schag
permanent	གཏན་འཇགས་ཀྱི་	ten-dschag-kyi
Perron (n)	མེ་འཁོར་འབབ་སྟེགས་	me-khor bab-tehg
Person (f)	སྐྱེ་བོ་	kye-bho
Personal (n)	ཆེད་ལས་མི་སྣ་	tschheh-lä mi-nha
Personal-bestand (m)*	ཆེད་ལས་མི་སྣའི་གྲངས་ཚད་	tschheh-lä mi-nhae d(r)hang-tzeh
Personalchef (m)	ཆེད་ལས་མི་སྣའི་འགོ་འཛིན་	tschheh-lä mi-nhae go-dzin
Personalkosten (pl)*	ཆེད་ལས་མི་སྣའི་འགྲོ་གྲོན་	tschheh-lä mi-nhae d(r)ho-d(r)hön
Personalpro-nomen (n), gram.	གང་ཟག་གི་མིང་ཚབ་	ghang-sahg-gi ming-tzab
Personenzug (m)	འགྲུལ་བཞུལ་མེ་འཁོར་	d(r)hül-schül me-khor
personifizieren	མི་ཡི་གཟུགས་སུ་བཀོད་པ་	mi-ji suhg-su köh-wa
Personifizierung (f)	གཟུགས་བཀོད་	suhg-köh
persönlich	རང་ཉིད་སྒེར་གྱི་	rang-nyi ger-gyi
Persönlichkeit (f)	སྐྱེ་བོ་བྱེ་བྲག་གི་ཁྱད་ཆོས་	ke-bo dschye-d(r)hag-gi khyeh-tschhö
Perspektive (f)	རྒྱང་རིང་གི་མཐོང་ཡུལ་	gyang-ring-gi thong-jül
perspektivlos	མཐོང་རྒྱ་མེད་པའི་	thong-gya meh-pae
Perücke (f)	སྐྲ་ཚབ་	t(r)ha-tzab

pervers	ལྷང་དོར་གོ་ལྟོག་གི་	lhang-dhor go-dog-gyi
Perversion (f)	ལྷང་དོར་གོ་ལྟོག་	lhang-dhor go-dog
Pessimismus (m)	ཡིད་ཆད་རིང་ལུགས་	jih-tschheh ring-lug
pessimistisch	ཡིད་ཆད་རིང་ལུགས་ཀྱི་	jih-tschheh ring-lug-kyi
Pest (f)	བྱི་ནད་	dschyi-neh
Pestizid (n)	གནོད་འབུ་གསོད་སྨན་	nhöh-bu söh-men
Petition (f)	སྙན་ཞུ་	nyen-schu
Petrochemie (f)	རྡོ་སྣུམ་རྫས་སྦྱོར་	do-nhum dzä-dschyor
petrochemisch	རྡོ་སྣུམ་རྫས་སྦྱོར་གྱི་	do-nhum dzä-dschyor-gyi
Petroleum (n)	རྡེ་སྣུམ་གར་མ་	do-nhum ghar-ma
Pfad (m)	ལམ་	lam
Pfad (m), hon.	ཕེབས་ལམ་	pheb-lam
Pfadfinder (m)	གདོང་ལེན་རུ་ཁག་	dong-len ru-khag
Pfahl (m)	ཀ་གྱུག་	ka-gyug
Pfand (n)	གཏའ་མ་	ta-ma
pfändbar	བུན་དམིགས་བདག་འཛིན་བྱེད་རུང་བ་	bhün-mhig dag-dzin dschyeh-rung-wa
Pfandleihe (f)*	གཏའ་མའི་བུ་ལོན་	ta-mae bhu-lön
Pfandleiher (m)	གཏའ་མ་བླངས་ནས་བུ་ལོན་གཏོང་མི་	ta-ma lhang-nä bhu-lön tong-mi
Pfandschein (m)	གཏའ་མའི་བྱུང་འཛིན་	ta-mae dschyung-dzin
Pfanne (f)	ཚལ་སླང་	tzel-lhang
Pfau (m)	རྨ་བྱ་	mha-dschya
Pfeffer (m)	གཡེར་མ་	jer-ma
Pfeffergurke (f)	གགོན་རྗེན་པ་	go-ghön dschen-pa
Pfefferkorn (n)	གཡེར་མའི་འབྲུ་	jer-mae d(r)hu

German	Tibetan	Transliteration
Pfefferminze (f)	ཕོ་བ་རི་ལུ་	pho-wa ri-lu
pfeffern	གཡེར་མ་འདེབས་པ་	jer-ma deb-pa
Pfeife (f)	སི་སྒྲ་	si-d(r)ha
pfeifen	ཤུ་སྒྲ་སྒྲོག་པ་	schhu-d(r)ha d(r)hog-pa
Pfeil (m)	མདའ་	da
Pfeiler (m)	ཀ་བ་	ka-wa
Pfeilspitze (f)	མདའ་རྩེ་	da-tse
Pferd (n)	རྟ་	ta
Pferd (n), hon.	ཆིབས་པ་	tschhib-pa
Pferdebremse (f), zo.	རྟ་སྦྲང་	ta-d(r)hang
Pferdekutsche (f)	རྟ་སྒྲོ་རིལ་	ta-ga-ril
Pferdepeitsche (f)	རྟ་ལྕག་	ta-tschag
Pferderennen (n)	རྟ་རྒྱུགས་	ta-gyug
Pferdesattel (m)	རྟ་སྒ་	ta-ga
Pferdesattel (m), hon.	ཆིབ་སྒ་	tschhib-ga
Pferdestall (m)	རྟ་ར་	ta-ra
Pferdestall (m), hon.	ཆིབས་ར་	tschhib-ra
Pferdestärke (f)	རྟ་ཤུགས་	ta-schhug
Pferdezucht (f)	རྟ་བརྒྱུད་སྤེལ་ས་	ta-gyü pel-sa
pfiffig	གྲུང་སིར་སིར་	d(r)hung sir-sir
Pfingstrose (f)	ཞིང་པད་མ་	schhing peh-ma
Pfirsich (m)	ཁམ་བུ་	kham-bhu
Pfirsichblüte (f)	ཁམ་བུའི་མེ་ཏོག་	kham-bue me-tohg
Pflanze (f)	རྩི་ཤིང་	tsi-schhing
pflanzen	འདེབས་འཛུགས་བྱེད་པ་	deb-dzug dschye-pa

Pflanzenfaser (f)	ཙི་ཤིང་གི་ཐག་རེན་	tsi-schhing-gi thag-ren
Pflanzenfett (n)	ཙི་ཤིང་གི་ཞག་ཚི་	tsi-schhing-gi schag-tzi
Pflanzenfresser (m)	རྩྭ་ཟན་	tsa-sehn
Pflanzenkunde (f)	ཙི་ཤིང་རིག་པ་	tsi-schhing rig-pa
Pflanzenöl (n)	ཙི་ཤིང་གི་སྣུམ་	tsi-schhing-gi nhum
Pflanzenschutz-mittel (n)	འབུ་སྨན་	bu-men
Pflanzung (f)	ནགས་ཚལ་འདེབས་ལས་	nag-tzel deb-lä
Pflaume (f)	པ་ལམ་	pa-lam
Pflege (f)*	ལྟ་རྟོག་གཅེས་སྐྱོང་	ta-tohg tschä-kyong
pflegebedürftig*	ལྟ་རྟོག་གཅེས་སྐྱོང་དགོས་པའི་	ta-tohg tschä-kyong gö-pae
Pflegedienst (m)*	གཅེས་སྐྱོང་ཞབས་ཞུ་	tschä-kyong schab-schu
Pflegeeltern (pl)	ཕ་ཚབ་མ་ཚབ་	pha-tzab ma-tzab
Pflegeheim (n)	གནད་གསོ་ཁང་	neh-so-khang
Pflegekind (n)	གསོས་ཕྲུག་	sö-t(r)hug
Pflegemutter (f)	མ་ཚབ་	ma-tzab
pflegen	ལྟ་རྟོགས་བྱེད་པ་	ta-tohg dschye-pa
Pfleger (m)*	གཅེས་སྐྱོང་པ་	tschä-kyong-pa
Pflegesohn (m)	བུ་ཚབ་	bhu-tzab
Pflegetochter (f)	བུ་མོ་ཚབ་	bhu-mo-tzab
Pflegevater (m)	ཕ་ཚབ་	pha-tzab
Pflicht (f)	ལས་འགན་	lä-gen
pflichtbewusst	རྣམ་དཔྱོད་དང་རྗེས་སུ་མཐུན་པ་	nham-tschyöh-dhang dschä-su thün-pa
Pflichtübung (f)	མི་བྱེད་མཐུད་མེད་ཀྱི་སྦྱོང་བདར་	mi-dschyeh thüh-meh-kyi dschyong-dar

Pflichtversicherung (f)	མི་བྱེད་མཐུད་མེད་ཀྱི་ཉེན་སྲུང་མ་འཇོག་	mi-dschyeh thüh-meh-kyi nyen-sung ma-dschog
pflücken	བཏོག་པ་	tohg-pa
Pflücker (m)	བཏོག་མཁན་	tohg-khen
Pflug (m)	ཐོང་བཤོལ་	thong-schhöl
pflügen	རྨོན་པ་རྒྱག་པ་	mhön-pa gyang-pa
Pforte (f)	འཇུག་སྒོ་	dschug-go
Pförtner (m)	སྒོ་ར་བ་	go-ra-wa
Pfund (n)	རྒྱ་མ་ (སྲང་རམ་༥༠༠)	gya-ma
Pfütze (f)	འདམ་རྫི་	dam-tzi
Phallus (m)	པོ་མཚན་གྱི་འདྲ་གཟུགས་	pho-tzen-gyi d(r)ha-suhg
Phallussymbol (n)*	པོ་མཚན་འདྲ་གཟུགས་ཀྱི་མཚོན་རྟགས་	pho-tzen d(r)ha-suhg-kyi tzön-tahg
Phänomen (n)	སྣང་ཚུལ་	nhang-tzül
phänomenal	སྣང་ཚུལ་གྱི་	nhang-tzül-gyi
Phantasie (f)	སྟོང་བསམ་	tong-sam
Phantom (n)	འཆར་སྣང་	tschhar-nhang
Pharmaindustrie (f)*	སྨན་སྦྱོར་ལག་ལེན་གྱི་བཟོ་ལས་	men-dschyor lag-len-gyi soh-lä
Pharmakologe (m)	སྨན་སྦྱོར་པ་	men-dschyor-pa
Pharmakologie (f)	སྨན་སྦྱོར་རིག་པ་	men-dschyor rig-pa
pharmakologisch	སྨན་སྦྱོར་རིག་པའི་	men-dschyor rig-pae
Pharmaunternehmen (n)	སྨན་སྦྱོར་ལག་ལེན་གྱི་མཉམ་ཚོགས་	men-dschyor lag-len-gyi nyam-tzog
Philatelie (f)	སྦྲག་རྟགས་སྡུབ་བསོག་	d(r)hag-tahg d(r)hub-sog
Philologe (m)	བརྡ་སྤྱོད་རིག་གནས་ལ་མཁས་པ་	da-t(r)höh rig-nhä-la khä-pa
Philologie (f)	བརྡ་སྤྱོད་རིག་པ་	da-t(r)höh rig-pa

philologisch	བརྡ་སྒྲོད་རིག་པའི་	da-t(r)höh rig-pae
Philosoph (m)	རིག་པ་མཁའ་བ་	rig-pa mha-wa
Philosophie (f)	རིག་པའི་གཞུང་ལུགས་	rig-pae schung-lug
philosophieren	རིག་པའི་གཞུང་ལུགས་སུ་གྱུར་བ་	rig-pae schung-lug-su gyur-wa
philosophisch	རིག་པའི་གཞུང་ལུགས་ཀྱི་	rig-pae schung-lug-kyi
Phlegma (n)	བྱིང་རྨུགས་	dschying-mhug
phlegmatisch	བྱིང་རྨུགས་ཅན་གྱི་	dschying-mhug tschen-gyi
Phobie (f)	སྐྲག་སྣང་	t(r)ag-nhang
Phon (n)	སྒྲའི་འཇལ་གཞི་	d(r)hae-dschel-schi
Phonetik (f)	སྒྲ་གདངས་	d(r)ha-dang
phonetisch	སྒྲ་གདངས་ཀྱི་	d(r)ha-dang-kyi
Phosphat (n)	འོད་ཀྱི་མ་མའི་སྐྱུར་ཚ་	wö-kyi ma-mae kyur-tza
phosphatfrei	འོད་ཀྱི་མ་མའི་སྐྱུར་ཚ་མེད་པའི་	wö-kyi ma-mae kyur-tza meh-pae
Phosphor (m)	འོད་ཀྱི་མ་མ་	wö-kyi ma-ma
phosphoreszieren	འོད་སྐྱ་ལ་སྔོ་ལ་འབར་བ་	wö-kya-la ngho-la bar-wa
Photosynthese (f), bot.	འོད་ཀྱི་སྦྱོར་སྡེབ་	wö-kyi dschyor-deb
Photozelle (f)	འོད་ལ་བརྟེན་པའི་ སྒློག་རྡུལ་གྱི་སྦུབས་ཕྲན་	wö-la ten-pae lhog-dül-gyi bub-t(r)hen
Phrase (f)	ཚིག་འགྲོས་	tzig-d(r)hö
Physik (f)	དངོས་ཁམས་རིག་པ་	ngö-kham rig-pa
physikalisch	དངོས་ཁམས་ཀྱི་	ngö-kham-kyi
physiologisch	ལུས་ཁམས་ཆགས་ཚུལ་གྱི་	lü-kham tschhag-tzül-gyi
Physiotherapeut (m)	ཕྱི་བཅོས་གསོ་ཐབས་མཁས་པ་	tschhyi-tschö so-thab khä-pa

Physiotherapie (f)	ཕྱི་བཅོས་གསོ་ཐབས་	tschhyi-tschö so-thab
physisch	དངོས་གཟུགས་ཀྱི་	ngö-suhg-kyi
Pickel (m)	ཐོག་ཙེ་	tohg-tse
picken	མཆུ་འཐོག་རྒྱག་པ་	tschhu-thog gyag-pa
Picknick (n)	སྤྲོ་སྐྱིད་	t(r)ho-kyih
Pigment (n)	ཚོན་རྫས་	tzön-dzä
pikant	སྐྱུར་ཏིག་ཅན་	kyur-tihg-tschen
Piktogramm (n)	རི་མོར་བཀོད་པའི་མཚོན་རྟགས་	ri-mor khöh-pae tzön-tahg
Pilger (m)	གནས་མཇལ་བ་	nhä-dschel-wa
Pilgerfahrt (f)	གནས་མཇལ་	nhä-dschel
pilgern	གནས་བསྐོར་ལ་འགྲོ་བ་	nhä-kor-la d(r)ho-wa
Pille (f)	སྨན་རིལ་	men-ril
Pilot (m)	གནམ་གྲུའི་ཁ་ལོ་པ་	nham-d(r)hue kha-lo-pa
Pilotprojekt (n)	སྔོན་འགྲོའི་ལས་འཆར་	ngön-d(r)hoe lä-tschhar
Pilz (m)	ཤ་མོ་	schha-mo
Pilzkrankheit (f)*	ཤ་མོའི་རིགས་ནད་	schha-möe rig-neh
Pinguin (m)	བྱ་ཁྱིའུ་	dschya-khye-u
Pinie (f)	ཐང་ཤིང་	thang-schhing
Pinsel (m)	པུ་སྨྱུག་	pu-nyug
pinseln	ཚོན་ཙི་གཏོང་བ་	tzön-tsi tong-wa
Pinzette (f)	སྐམ་ཆུང་	kam-tschhung
Pionier (m)	མདུན་སྐྱེད་དཔུང་སྡེ་	dün-kyeh pung-dhe
Pipeline (f)	སྦུགས་མདོང་མཐུད་འཛིན་	bug-dong thüh-d(r)hen
Pipette (f)	སྙུང་སྦུབས་	nyung-bub

Pirat (m)	མཚོ་རྒྱག་	tzo-dschag
Piratenschiff (n)	མཚོ་རྒྱག་པའི་གྲུ་གཟིངས་	tzo-dschag-pae d(r)hu-sihng
Piraterie (f)	མཚོ་རྒྱག་གི་བྱ་སྤྱོད་	tzo-dschag-gi dschya-tschyöh
Pistole (f)	ཐུང་མདའ་	thung-da
pittoresk	བྲིས་བཀོད་ལྟ་བུའི་	d(r)hi-köh ta-bhue
plädieren	ཞུ་གཏུག་བྱེད་པ་	schu-tuhg dschye-pa
Plädoyer (n)	སྐྱོད་གཏུགས་ཀྱི་ཞུ་ལན་	gyöh-dzug-kyi schu-len
Plafond (m)	ཐོག་པང་	thog-pang
Plage (f)	ནད་ཡམས་དྲག་པོ་	neh-jam d(r)hag-po
plagen	གནོད་འཚེ་བྱེད་པ་	nhöh-tze dschye-pa
Plakat (n)	གྱང་སྦྱར་པར་གཞི་	gyang-dschyar par-schi
plakatieren	སྦྱར་པང་འཛུག་པ་	dschyar-pang dzug-pa
Plakatwerbung (f)*	སྦྱར་པང་དྲིལ་བསྒྲགས་བྱེད་སྒོ་	dschyar-pang d(r)hil-d(r)hag dschye-go
Plakette (f)	དཔུང་རྟགས་	pung-tahg
Plan (m), allg.	འཆར་གཞི་	tschhar-schi
planen	འཆར་གཞི་འགོད་པ་	tschhar-schi göh-pa
Planet (m)	གྱུ་སྐར་	gyu-kar
planetarisch	གྱུ་སྐར་གྱི་	gyu-kar-gyi
Planetarium (n)	གྱུ་སྐར་བཀྲམ་སྟོན་	gyur-kar t(r)ham-töhn
Planke (f)	པང་ལེབ་མཐུག་པོ་	pang-leb thug-po
Plankton (n), zo.*	མཚོ་ཆུ་ཀླུང་གི་སྐྱེ་དངོས་ཕྲ་མོ་	tzo-tschu-lhung-gi kye-ngö t(r)ha-mo
planlos	མཆར་གཞི་མེད་པའི་	tschhar-schi meh-pae
planmässig	མཆར་གཞི་ལྟར་པའི་	tschhar-schi den-pae
Planung (f)	འཆར་གཞི་	tschhar-schi

Plasma (n)	ཁྲག་འབག	t(r)hag-bag
Plastik (n)	འགྱིག་ཚི	gyig-tzi
Plastikbeutel (m)	འགྱིག་ཚིའི་ཁུག་མ	gyig-tzie khug-ma
Plastikflasche (f)	འགྱིག་དམ	gyig-dham
Plastikfolie (f)	འགྱིག་ཤོག	gyig-schhog
plastisch	འགྱིག་ཚེའི	gyig-tzae
Platane (f)	ཤིང་ཙི་ནར	schhing tsi-nar
Plateau (n)	མཐོ་སྒང	tho-gang
Platin (n)	གསེར་དཀར་པོ	ser-kar-po
platt	ལེབ་ལེབ	leb-leb
Platte (f)	པང་ལེབ	pang-leb
Plattform (f)	སྟིངས་ཆ	ding-tschha
Plattfuss (m)	རྐང་མཐིལ་ལེབ་ལེབ	kang-thil leb-leb
plattmachen	ཁོད་སྙོམ་བཟོ་བ	khöh-nyom soh-wa
Platz (m)	ས་ཆ	sa-tschha
Platzangst (f)	སྦུག་འཚུད་འཇིགས་སྣང	bug-tzü dschig-nhang
Platzanweiser (m)	གདན་ཐོབ་ངོ་སྟོན་པ	den-thob ngo-t(r)höh-pa
platzen	འབྷོར་བ	thor-wa
Platzhalter (m)	ས་ཆ་འཛིན་རྟགས	sa-tschha dzin-tahg
platzieren	འཇོག་པ	dschog-pa
Platzpatrone (f)	རྫས་རྐྱང་པའི་མདེའུ	dzä-kyang-pae de-u
Platzregen (m)	དྲག་ཆར	d(r)hag-tschhar
plaudern	ལབ་ལྷེང་གཏོང་བ	lab-lheng tong-wa
plausibel	བསླགས་འོས	ngag-wö
Plazenta (f)	བུ་རོགས	bhu-rog

Deutsch	Tibetisch	Umschrift
Pleite (f)	ཧ་ལོག་	ha-log
pleitegehen	བུན་འཇལ་མ་ཐུབ་པ་	bhün-dschel ma-thub-pa
Plenartagung (f)	རྒྱས་འཛོམ་གྲོས་ཚོགས་	gyä-dzom d(r)hö-tzog
Plenum (n)	རྒྱས་འཛོམ་	gyä-dzom
plötzlich	གློ་བུར་དུ་	lho-bhur-dhu
Plötzlichkeit (f)	གློ་བུར་གྱི་རང་བཞིན་	lho-bhur-gyi rang-schin
plump	དགྱེ་གུག་མི་ཐུབ་པའི་	gye-ghug mi-thub-pae
Plumpheit (f)	ཚུལ་ལག་མེད་པའི་རང་བཞིན་	tsel-lag meh-pae rang-schin
Plünderer (m)	བཅོམ་མཁན་	tschom-khen
plündern	འཕྲོག་བཅོམ་བྱེད་པ་	t(r)hog-tschom dschye-pa
Plünderung (f)	འཕྲོག་བཅོམ་	t(r)hog-tschom
Plural (m)	མང་ཚིག་	mang-tzig
Pluralismus (m)	དུ་མ་འདོད་པའི་རིང་ལུགས་	dhu-ma dö-pae ring-lug
plus	ཁ་སྣོན་	kha-nhön
Pluspol (m), elektr.	ལྷོག་གི་ཕོ་སྣེ་	lhog-gi pho-nhe
Pluszeichen (n)	དོམ་རྟགས་	dom-tahg
Pluto (m), ast.	སྐར་མ་གཤིན་རྒྱལ་	kar-ma schhing-gyel
Pneu (m)	འགྱིག་འཁོར་	gyig-khor
pneumatisch	རླུང་གིས་གང་བའི་	lhung-gi ghang-wae
Pöbel (m)	མི་ཚོགས་ཟང་ཟིང་	mi-tzog sahng-sihng
pöbelhaft	གཤིས་སྤྱོད་རྩིང་པོ་	schhi-tschyöh tsing-bho
Pocke (f)	འབུམ་ཚག་	d(r)hum-tzag
Pockenimpfung (f)	འབུམ་སྨན་འདེབས་པ་	d(r)hum-men deb-pa
Pockennarbe (f)	འབུམ་ཤུལ་	d(r)hum-schhül

Podium (n)	བོད་སྟེགས་	schhöh-tehg
Podiums-diskussion (f)	སྟེགས་སྟེང་བགྲོ་གླེང་	tehg-teng d(r)hö-lheng
Poesie (f)	སྙན་ངག་	nyen-ngag
Poetik (f)	སྙན་ངག་གི་གཞུང་	nyen-ngag-gi schung
poetisch	སྙན་ངག་གི་	nyen-ngag-gi
Pökelfleisch (n)*	ཚྭ་འདེབས་ཤ་སྐམ་	tza-deb schha-kam
Pol (m)	སྙེ་མོ་	nhe-mo
polar	སྙེ་མོའི་	nhe-möe
Polarisierung (f)	ལྷོག་ནུས་སྐྱེད་སྦྱོར་	lhog-nhü kyeh-dschyor
Polarkreis (m)*	ས་སྙེའི་འཁོར་ཡུག་	sa-nhäe khor-jug
Polemik (f)	གླེང་རྙོག་	lheng-nyog
polemisch	གླེང་རྙོག་ཅན་	lheng-nyog-tschen
polemisieren	ཙེད་རྙོག་སླང་བ་	tseh-nyog lhang-wa
polieren	འོད་མདངས་འདོན་པ་	wö-dang dön-pa
Polio (f)	དབང་རྩ་རེངས་པའི་ནད་	wang-tsa räng-wae neh
Politbüro (n)*	ཆབ་སྲིད་ལས་ཁུངས་	tschhab-sih lä-khung
Politik (f)	ཆབ་སྲིད་རིག་པ་	tschhab-sih rig-pa
Politiker (m)	ཆབ་སྲིད་པ་	tschhab-sih-pa
politisch	ཆབ་སྲིད་ཀྱི་	tschhab-sih-kyi
Politologie (f)	སྲིད་དོན་མཚན་རིག་	sih-dhön tzen-rig
Politur (f)	འོད་མདངས་	wö-dang
Polizei (f)	ཉེན་རྟོག་སྐོར་འཚག་	nyen-tog kor-tschhag
Polizeiauto (n)	སྐྱོར་སྲུང་པའི་སྣུམ་འཁོར་	kyor-sung-pae nhum-khor
Polizeidienst-stelle (f)	སྐོར་སྲུང་ས་ཚིག་	kor-sung sa-tzig

German	Tibetan	Transliteration
Polizeihund (m)	སྐྱོར་སྲུང་པའི་ཁྱི་	kyor-sung-pae khyi
Polizeikontrolle (f)	སྐོར་སྲུང་ཞིབ་བཤེར་	kor-sung schib-schher
polizeilich	སྐོར་སྲུང་པའི་	kor-sung-pae
Polizeirevier (n)	སྐོར་སྲུང་པའི་ལས་ཁུང་	kor-sung-pae lä-kung
Polizeischutz (m)*	སྐོར་སྲུང་པའི་སྲུང་སྐྱོབ་	kor-sung-pae sung-kyob
Polizeistaat (m)	གསང་བའི་སྐོར་སྲུང་པས་ ཁྲིམས་ཁ་སྒྱུར་བའི་རྒྱལ་ཁབ་	sang-wae kor-sung-pä t(r)him-kha-gyur-wae gyel-khab
Polizeistreife (f)	སྐོར་སྲུང་པའི་སྐོར་གཡེང་	kor-sung-pae kor-jeng
Polizist (m)	ཉེན་རྟོག་པ་	nyen-tohg-pa
Pollen (m)	ཟེ་འབྲུའི་ཟེགས་དུལ་	seh-d(r)hue sehg-dül
Polstersessel (m)	རྐུབ་ཀྱག་ལག་འཛུ་ཅན་	kub-kyag lag-dschu-tschen
Polygamie (f)	ཆུང་མ་མང་བསྟེན་གྱི་ལམ་སྲོལ་	tschhung-ma mang-ten-gyi lam-söl
Polytechnikum (n)	ལས་རིགས་སྣེ་མང་སློབ་གཉེར་ཁང་	lä-rig nhe-mang lhob-nyer-khang
Pomade (f)	སྐྲ་སྣུམ་	t(r)ha-nhum
Pomp (m)	གཟབ་མཆོར་	sahb-tschhor
pompös	ཆེ་འདོད་ཅན་	tschhe-dö-tschen
Pony (n)	རྟ་ཆུང་	ta-tschhung
Pop (m), mus.	དར་སྲོལ་ཆེ་བའི་རོལ་གཞས་	dhar-söl tschhe-wae röl-schä
Popcorn (n)	མ་མོས་ལོ་ཏོག་གི་ཡོས་ཁྲ་	ma-mhö lo-tog-gi jö-t(r)ha
populär	དར་སྲོལ་ཆེ་པོ་	dhar-söl tschhe-po
Popularität (f)	དར་སྲོལ་	dhar-söl
populistisch*	དམངས་ཁྲོད་ཁྱབ་སྤེལ་གྱི་	mang-t(r)höh khyab-phel-gyi
Pornografie (f)	འཆལ་སྤྱོད་ཀྱི་རྣམ་འགྱུར་	tschhel-tschyöh-kyi nham-gyur

porös	ཚགས་མིག་ཅན་	tzag-mig-tschen
Prosa (f)	ཚིག་ལྷུག་	tzig-hlug
Portal (n)	གཞུང་སྒོ་	schung-go
Portemonnaie (n)	དངུལ་ཁུག་	nghül-khug
Portemonnaie (n), hon	ཕྱག་ཁུག་	tschhyag-khug
Portion (f)	དུམ་བུ་	dhum-bhu
Porto (n)	སྦྲག་ལྷ་	d(r)hag-lha
Porträt (n)	འདྲ་པར་	d(r)ha-par
porträtieren	འདྲ་རིས་བཟོ་བ་	d(r)ha-rih soh-wa
Porzellan (n)	དཀར་ཡོལ་གྱི་དངོས་རིགས་	kar-jöl-gyi ngö-rig
Pose (f)	ལུས་ཀྱི་སྟངས་ཀ་	lü-kyi tang-ka
posieren	ལུས་ཀྱི་སྟངས་ཀ་བྱེད་པ་	lü-kyi tang-ka dschye-pa
positionieren	འཇོག་བཀོད་བྱེད་པ་	dschog-köh dschye-pa
positiv	དེས་གཏན་	ngä-ten
Post (f)	སྦྲག་	d(r)hag
postalisch	སྦྲག་ཐོག་གི་	d(r)hag-thog-gi
Postamt (n)	སྦྲག་ཁང་	d(r)hag-khang
Postanweisung (f)	སྦྲག་ཐོག་དངུལ་འཛིས་	d(r)hag-thog nghül-dschä
Postbote (m)	སྦྲག་པ་	d(r)hag-pa
Posten (m)	གནས་སྟངས་	nhä-tang
Poster (n)*	གསལ་བསྒྲགས་པར་གཞི་	sel-d(r)ag par-schi
Postfach (n)	སྦྲག་སྒམ་	d(r)hag-gam
Postfachnummer (f)*	སྦྲག་སྒམ་ཨང་གྲངས་	d(r)hag-gam ang-d(r)hang
postieren	ས་གནས་སུ་གཏོང་བ་	sa-nhä-su tong-wa
Postkarte (f)	སྦྲག་ཡིག་ལྟེབ་མ་	d(r)hag-jig hleb-ma

Deutsch	Tibetisch	Umschrift
Postskript (n)	ཡིག་གཞམ་ཟུར་བཀོད་	jig-schham suhr-dschöh
Poststempel (m)	སྦྲག་ཏགས་	d(r)hag-tahg
Postulat (n)	རྒྱུ་མཚན་གྱི་རྟེན་གཞི་	gyu-tzen-gyi ten-schi
postulieren	དགོས་འདུན་འདོན་པ་	gö-dün dön-pa
postum	འདས་རྗེས་ཀྱི་	dä-dschä-kyi
Postwagen (m)	སྦྲག་འཁོར་	d(r)hag-khor
Potala (m)	པོ་ཏ་ལ་	po-ta-la
potent	ནུས་པ་ལྡན་པའི་	nü-pa den-pae
Potential (n)	ནུས་པ་	nü-pa
potenziell	ནུས་པ་ཅན་གྱི་	nü-pa tschen-gyi
Poulet (n)	བྱ་ཤ་	dschya-schha
Pracht (f)	མཚར་སྡུག་	tzar-dug
prachtvoll	ངོ་མཚར་ཅན་	ngo-tzar-tschen
Prädikat (n)	ཁ་ཚོན་གཅོད་པ་	kha-tzön tschöh-pa
Prädikat (n), gram.	ཁྱད་པར་བརྗོད་བྱེད་རིས་ཚིག་གི་བརྗོད་པ་	khyeh-par dschöh-dschyeh nghä-tzig-gi dschöh-pa
Präfix (n)	སྔོན་འཇུག་	ngön-dschug
pragmatisch	ཐེ་གཏོགས་ཚ་པོ་	the-tohg tza-po
prägnant	ཚིག་ཉུང་དོན་གསལ་	tzig-nyung dhön-sel
prähistorisch	གདོད་མའི་དུས་ཀྱི་	döh-mae dhü-kyi
prahlen	རང་བསྟོད་བྱེད་པ་	rang-töh dschye-pa
Prahlerei (f)	རང་བསྟོད་	rang-töh
prahlerisch	ལྷོམ་ཤེད་ཅན་	lhom-schheh-tschen
praktikabel	ལག་ལེན་བསྟར་འོས་ཀྱི་	lag-len tahr-wö-kyi
Praktikant (m)	ལག་ལེན་པ་	lag-len-pa

Praktikum (n)	ལག་ལེན་སྦྱོང་བདར་	lag-len dschyong-dar
praktisch	སྟབས་བདེ་པོ་	tahb-de-po
praktizieren	ལག་ལེན་བསྟར་བ་	lag-len tahr-wa
Prämie (f)	འཕར་འབབ་	phar-bab
prämieren	མཚན་གནས་ཕུལ་བ་	tzen-nhä phül-wa
Prämisse (f)	ཐོག་མའི་བརྗོད་པ་	thog-mae dschöh-pa
pränatal	མ་སྐྱེས་གོང་བྱུང་བའི་	ma-kyä-ghong dschyung-wae
Pranger (m)	ཁྲིམས་སྒོ་	t(r)him-go
präparieren	མི་ཉམས་རྒྱུད་འཛིན་བྱེད་པ་	mi-nyam gyü-dzin dschye-pa
Präposition (f)	འབྲེལ་བའི་ཚིག་ཕྲད་	d(r)hel-wae tzig-t(r)heh
Präsens (n), gram.	ད་ལྟ་བ་	dha-ta-wa
präsent	དངོས་སུ་ཡོད་པ་	ngö-su jöh-pa
präsentabel	སྟོན་འོས་པའི་	tön-wö-pae
Präsentation (f)	སྟོན་བསྟར་	tschyen-tahr
präsentieren	སྟོན་ལམ་དུ་བསྟར་བ་	tschyen-lam-dhu tahr-wa
Präservativ (n)	པོ་མཚན་གྱི་ཤུབ་	pho-tzen-gyi schhub
Präsident (m)	གཙོ་འཛིན་	tso-dzin
Präsidentschafts-kandidat (m)	གཙོ་འཛིན་གྱི་འོས་མི་	tso-dzin-gyi wö-mi
präsidieren	ཚོགས་འདུའི་གཙོ་སྐྱོང་བྱེད་པ་	tzog-due tso-kyong dschye-pa
Präsidium (n)	རྒྱུན་ལས་ལྷན་ཚོགས་	gyüng-lä hlen-tzog
prasseln	ཁྲོག་སྒྲ་དང་བཅས་ཏེ་ལྷུང་བ་	t(r)hog-d(r)ha-dhang tschä-te hlung-wa
Präteritum (n)	བྱ་ཚིག་འདས་པ་	dschya-tzig dä-pa
Prävention (f)	སྔོན་འགོག་	ngön-gog

präventiv	སྔོན་འགོག་གི་	ngön-gog-gi
Präventivkrieg (m)	སྔོན་འགོག་གི་དམག་	ngön-gog-gi mhag
Präventivmedizin (f)	སྔོན་འགོག་གི་སྨན་	ngön-gog-gi men
Prasihs (f)	ལག་ལེན་	lag-len
präzis	ཏག་ཏག་	tahg-tahg
Präzision (f)	ཕུག་མེད་	tschhyug-meh
predigen	ཆོས་བཤད་བྱེད་པ་	tschhö-schheh dschye-pa
predigen (hon.)	གསུང་ཆོས་གནང་པ་	sung-tschö nhang-pa
Prediger (m)	ཆོས་གསུང་མཁན་	tschhö-sung-khen
Preis (m)	རིན་གོང་	rin-ghong
preisen	བསྟོད་བསྔགས་འབུལ་བ་	töh-nghag bül-wa
Preisentwicklung (f)*	རིན་གོང་འཕེལ་ཕྱོགས་	ring-ghong phel-tschhyog
Preiserhöhung (f)*	རིན་གོང་འཕེལ་སྐྱེད་	ring-ghong phel-kyeh
preisgeben	དམར་རྗེན་སྟོན་པ་	mhar-dschen töhn-pa
Preisgefälle (f)	རིན་གོང་བར་ཁྱད་	ring-ghong bhar-khyeh
preisgünstig	རིན་གོང་ཆུང་དུ་	ring-ghong tschhung-ngu
Preisnachlass (m)*	རིན་གོང་གཅོག་ཆ་	ring-ghong tschog-tschha
Preissenkung (f)*	གོང་འཆག་	ghong-tschhag
Preisstabilität (f)*	རིན་གོང་བརྟན་ཚུགས་	ring-ghong ten-tzug
prellen	སྨུག་ཐིག་ཐོན་པ་	mhug-thig thön-pa
Prellung (f)	སྨུག་ཐིག་	mhug-thig
Premiere (f)	འཁབ་སྟོན་སྒོ་འབྱེད་	t(r)hab-töhn go-dschyeh
Premierminister (m)	སྤྱི་ཁྱབ་བློན་ཆེན་	tschyi-khyab lhön-tschhen
Prozentsatz (m)	བརྒྱ་ཆའི་འབབ་	gya-tschhae bab
Presse (f)	དཔེ་སྐྲུན་	pe-t(r)hün

Pressefreiheit (f)*	གསར་འགོད་རང་དབང་	sar-göh rang-wang
pressen	གཙིར་བ་	tsir-pa
Pressevertreter (m)	གསར་འགོད་པ་	sar-göh-pa
Pressluft (f)*	གནོན་ཚིར་རླུང་ཁམས་	nhön-tzir lhung-kham
Pressluft-bohrer (m)*	རླུང་ཤུགས་(ལ་བརྟེན་པའི་) གསོར་འབིགས་	lhung-schhug (la-ten-pae) sor-big
Pressluft-hammer (m)*	རླུང་ཤུགས་(ལ་བརྟེན་པའི་)ཐོ་བ་	lhung-schhug-(la ten-pae) tho-wa
Prestige (n)	སྙན་གྲགས་	nyen-d(r)hag
Primel (f), bot.	དཔྱིད་བསུ་མེ་ཏོག་	tschyih-su me-tohg
primitiv	ཡར་ཐོན་མེད་པའི་	jar-thön meh-pae
Prinz (m)	རྒྱལ་སྲས་	gyel-sä
Prinzip (n)	རྣམ་གཞག་	nham-schag
prinzipienlos	རྩ་ལུགས་མེད་པ་	tsa-lug meh-pa
Prise (f)	སེན་མོ་གང་	sen-mo-ghang
privat	སྒེར་གྱི་	ger-gyi
Privat-angelegenheit (f)	སྒེར་གྱི་གནད་དོན་	ger-gyi neh-dhön
Privateigentum (n)	སྒེར་ནོར་	ger-nor
Privathandel (m)	སྒེར་གཉེར་ཚོང་ལས་	ger-nyer tzong-lä
Privatklinik (f)	སྒེར་གྱི་སྨན་དཔྱད་ཁང་	ger-gyi men-tschyeh-khang
Privatquartier (n)	སྒེར་གྱི་སྡོད་གནས་	ger-gyi döh-nhä
Privatwirtschaft (f)	སྒེར་བདག་ཁེ་ལས་	ger-dag khe-lä
Privileg (n)	དམིགས་བསལ་ཐོབ་ཐང་	mhig-sel thob-thang
pro	ཆེད་དུ་	tschheh-dhu
Probe (f)	ཚོད་ལྟ་	tzöh-ta

probeweise	ཚོད་ལྟའི་སྐབས་	tzöh-tae-kab
Probezeit (f)	འོས་མིན་གྱི་ཚོད་ལྟ་	wö-min-gyi tzöh-ta
probieren	ཉམས་ཚོད་ལེན་པ་	nyam-tzöh len-pa
Problem (n)	དཀའ་རྙོག་	ka-nyog
Problem (n), hon.	སྐུ་ངལ་	ku-ngel
problematisch	དཀའ་རྙོག་ཅན་	ka-nyog-tschen
Produkt (n)	ཐོན་སྐྱེད་	thön-kyeh
Produkt (n), chem.	གྲུབ་རྫས་	d(r)hub-dzä
Produktion (f)	ཐོན་སྐྱེད་འདོན་ལས་	thön-kyeh dön-lä
Produktionskosten (f)*	ཐོན་སྐྱེད་འདོན་ལས་(ཀྱི་)རིན་གོང་	thön-kyeh dön-lä-(kyi) rin-ghong
Produktionsmenge (f)	ཐོན་འབབ་	thön-bab
Produktionsmittel (n)*	ཐོན་སྐྱེད་འདོན་ལས་(ཀྱི་)ཆ་རྐྱེན་	thön-kyeh dön-lä-(kyi) tschha-kyen
Produktionsrückgang (m)*	ཐོན་སྐྱེད་འདོན་ལས་ཆག་ཆ་	thön-kyeh dön-lä tschhag-tschha
Produktionssteigerung (f)*	ཐོན་སྐྱེད་འདོན་ལས་འཕེལ་རྒྱས་	thön-kyeh dön-lä phel-gyä
produktiv	ཐོན་སྐྱེད་བཟང་པོ་	thön-kyeh sahng-po
Produktivität (f)	ཐོན་ཁུངས་བཟང་ངན་	thön-khung sahng-ngen
Produktivitätskapazität (f)	ངལ་རྩོལ་ཐོན་སྐྱེད་ཀྱི་ཚད་	ngel-tzöl thön-kyeh-kyi tzeh
produzieren	བཟོ་སྐྲུན་བྱེད་པ་	soh-t(r)hün dschye-pa
professionell	ཆེད་ལས་ཀྱི་	tschheh-lä-kyi
Professor (m)	དགེ་རྒན་ཆེན་མོ་	ghe-gen tschhen-mo
Profil (n)	གཞོགས་ཕྱེད་	schog-tschhyeh
profilieren	དམིགས་བསལ་འདོན་པ་	mhig-sel dön-pa
Profit (m)	ཁེ་སང་	khe-sang

profitabel	ཁེ་སང་ཡོད་པའི་	khe-sang jöh-pae
Prognose (f)	སྔོན་བརྟ་	ngön-ta
Programm (n), allg.	བྱ་རིམ་	dschya-rim
programmieren	ལས་རིམ་སྒྲིག་པ་	lä-rim d(r)hig-pa
Projekt (n)*	ལས་གཞི་	lä-schi
Projektant (m)	འཆར་འགོད་པ་	tschhar-göh-pa
projektieren*	ལས་གཞི་འགྲིགས་པ་	lä-schi d(r)hig-pa
Projektionsapparat (n)	ལྷོག་བརྙན་སྟོན་བྱེད་འཕྲུལ་འཁོར་	lhog-nyhen töhn-dschyeh t(r(hül-khor
prominent	གྲགས་ཅན་	d(r)hag-tschen
Promotion (f)	མཁས་པའི་ཞེས་ཚད་	khä-pae schhä-tzeh
Pronomen (n)	མིང་ཚབ་	ming-tzab
Propaganda (f)	དྲོག་གཏམ་	t(r)hog-tahm
prophezeien	མངོན་ཤེས་བཤད་པ་	nghön-schhä schheh-pa
prophylaktisch	སྔོན་འགོག་གི་	ngön-gog-gi
Prophylaseh (f)	སྔོན་འགོག་	ngön-gog
Proportion (f)	སྙོམ་ཚད་	nyom-tzeh
Proportion (f), math.	བསྡུར་ཚད་	dur-tzeh
proportional	ཆ་ཚད་གཞི་བཟུང་གི་	tschha-tzeh schi-suhng-gi
Proporz (m)	འོས་ཐོབ་ཆ་ཚད་ལྟར་གྱི་འབུས་གནས་	wö-thob tschha-tzeh tahr-gyi thü-d(r)hang
Prosa (f)	ཚིག་ལྷུག་	tzig-hlug
Prospekt (m)	དྲིལ་བསྒྲགས་དེབ་ཆུང་	d(r)hil-d(r)hag dheb-tschhung
Prostituierte (f)	གཞན་འཚོང་མ་	schang-tzong-ma
Protest (m)	ངོ་རྒོལ་	ngo-göl
protestieren	ངོ་རྒོལ་བྱེད་པ་	ngo-göl dschye-pa

Prothese (f)	རྐང་ལག་བཅོས་མ་	kang-lag tschö-ma
Protokoll (n)	གྲོས་ཆོད་ཞིན་ཐོ་	d(r)hö-tschhöh sihn-tho
Protokollführer (m)	ཐོ་འགོད་བྱེད་པོ་	tho-göh dschyeh-po
protokollieren	ཞིན་ཐོ་རྒྱག་པ་	sihn-tho gyag-pa
Proton (n), phys.	ཕོ་དུལ་	pho-dül
Proviant (m)	བཟའ་ཆས་	sah-tschhä
Provinz (f)	ཆོལ་ཁ་	tschhöl-kha
provinziell	ཆོལ་ཁའི་	tschhöl-khae
provisorisch	འཕྲལ་སེལ་གྱི་	t(r)hel-sel-gyi
Provokation (f)	དཀྲོག་རྐྱེན་	t(r)hog-kyen
provozieren	འཁྲུག་རྐྱེན་སློང་བ་	t(r)hug-kyen lhong-wa
Prozent (n)	བརྒྱ་ཆ་	gya-tschha
Prozess (m)	བྱ་བའི་རྒྱུད་རིམ་	dschya-wae gyüh-rim
Prozess (m), jur.	ཁྲིམས་གཏུགས་	t(r)him-tuhg
Prozess (m), tech	འཕྲུལ་རིམ་	t(r)hül-rim
prüde	ཚུལ་འཆོས་ཅན་	tzül-tschhö-tschen
prüfen	ཞིབ་འཇུག་བྱེད་པ་	schib-dschug dschye-pa
Prüfverfahren (n)	རྒྱུགས་ལེན་ལམ་ལུགས་	gyug-len lam-lug
Pseudonym (n)	མིང་རྫུས་	ming-dzü
Psyche (f)	ཡིད་ལུས་	jih-lü
Psychiater (m)	སེམས་གཅོང་བཅོས་ཐབས་མཁས་པ་	säm-tschong tschö-thab khä-pa
psychiatrisch	སེམས་གཅོང་བཅོས་ཐབས་ཀྱི་	säm-tschong tschö-thab-kyi
psychisch	སེམས་ཁམས་དབང་བའི་སྐྱེ་གནས་	säm-kham mha-wae kye-nhä

Psychoanalyse (f)	སེམས་ཀྱི་ནད་རིགས་དཔྱད་ཐབས་	säm-kyi neh-rig tschyeh-thab
Psychologe (m)	སེམས་ནད་དཔྱད་ཐབས་མཁས་པ་	säm-neh tschyeh-thab khä-pa
Psychologie (f)	སེམས་ཁམས་རིག་པ་	säm-kham rig-pa
psychologisch	སེམས་ཁམས་རིག་པའི་	säm-kham rig-pae
Pubertät (f)	ལང་ཚོ་དར་འབབ་	lang-tzo dhar-bab
Publikum (n)	ལྟད་མོ་བ་	teh-mo-wa
publizieren	པར་འགྲེམས་བྱེད་པ་	par-d(r)häm dschye-pa
Puder (m)	ཕྱེ་ཞིབ་	tschhyi-schib
Puff (m)	གཞང་ཁང་	schang-khang
Puffer (m)	བརྡབ་འཁྲུག་ལེན་ཆས་	dab-t(r)hug len-tschhä
Puffmais (m)	མ་མོས་ལོ་ཐོག་གི་ཡོས་ཁྲ་	ma-mhö lo-tohg-gi jö-t(r)ha
Pullover (m)	ཨུ་སུའི་སྟོད་ཐུང་	u-sue töh-thung
Puls (m)	འཕར་རྩ་	phar-tsa
Pulsader (f)	ཁྲག་རྩ་	t(r)ag-tsa
Pult (n)	ཡིག་ཅོག་	jig-tschog
Pulver (n)	ཕྱེ་མ་	tschhye-ma
Pumpe (f)	ཕུ་མདའ་	phu-da
Punkt (m)	ཚེག་	tzeg
pünktlich	དུས་ཐོག་ཐག་ཐག་	dhü-thog tahg-tahg
Pünktlichkeit (f)	དུས་ཐོག་དོ་ནན་	dhü-thog dho-nen
Pupille (f)	མིག་གི་གྱར་མོ་	mig-gi gyar-mo
Puppe (f)	ཨ་ལད་པད་ཀོ་	a-leh peh-ko
pur	དངས་མ་	dhang-ma
Putsch (m)*	རྒྱེན་ལོག་གསར་བརྗེས་	gyen-log sar-dschä

putschen	བྱེན་ལོག་བྱེད་པ་	gyen-log dschye-pa
putzen	དཔྱིད་དར་གཏོང་བ་	tschhyih-dhar tong-wa
Putzlappen (m)	ཕྱིས་རས་	tschhyih-rä
Putzmittel (n)*	དག་བཤེར་རྒྱུ་རྫས་	dhag-schher gyu-dzä
Puzzle (n)	སྒྲུ་སྒྲིག་རྩེ་མོ་	hlu-d(r)ig tse-mo
Pyjama (m)	ནང་གྱོན་དོར་མ་	nang-gyön dhor-ma
Pyramide ((f)	དེའུ་བང་སོ་	dhe-u bhang-so
pyramidenförmig	དེའུ་བང་སོའི་དབྱིབས་	dhe-u bhang-söe jhip
Python (m)	སྦྲུལ་སྦྲམ་ཆེན་	d(r)hül-d(r)ham-tschhen

Q

Quacksalber (m)	སྨན་པ་རྫུས་མ་	men-pa dzü-ma
Quacksalberei (f)	སྨན་རྫུས་ལག་ལེན་	men-dzü lag-len
Quadrat (n)	གྲུ་བཞི་	d(r)hu-schi
quadratisch	གྲུ་བཞིའི་	d(r)hu-schii
Quadratmeter (m)	སྤྱིའི་གྲུབ་བཞི་	tschyie-d(r)hub-schi
Quadratur (f)	གྲུ་བཞིར་བསྒྱུར་ཏེ་རྒྱ་ཁྱོན་བརྩི་ཐབས་	d(r)hu-schir gyur-te gya-khyön tsi-thab
Quadratwurzel (f)	རང་བསྒྱུར་རྩ་གྲངས་	rang-gyur tsa-d(r)hang
quadrieren	བསྒྱུར་གྲངས་ཀྱིས་བསྒྱུར་བ་	rang-d(r)hang-kyi gyur-wa
Qual (f)	ངལ་དུབ་	ngel-dhub
quälen	མནར་བཅོད་གཏོང་བ་	nhar-tschöh tong-wa
Quälerei (f)	མནར་བཅོད་	nhar-tschöh
Qualifikation (f)	ཁྱད་ཆོས་	khyeh-tschhö
qualifizieren	ཁྱད་ཆོས་འདོན་པ་	khyeh-tschhö dön-pa

Deutsch	Tibetisch	Aussprache
Qualität (f)	སྤུད་ཀ་	püh-ka
qualitativ	སྤུད་ཀའི་	püh-kae
Qualitäts-kontrolle (f)*	སྤུད་ཚད་ཞིབ་བཤེར་	püh-tzeh schib-schher
Qualitätsware (f)*	སྤུད་ཀའི་དངོས་ཟོག་	püh-kae ngö-sohg
Qualle (f)	མཚོ་འབུ་ཤ་མོ་	tzo-bu schha-mo
Qualm (m)	དུ་བ་	dhu-wa
qualmen*	དུ་འཚུབ་བྱེད་པ་	dhu-tzub dschye-pa
qualmig	དུ་བ་འཚུབ་འཚུབ་	dhu-wa tzub-tzub
qualvoll	སྡུག་རྡུ་དྲག་པོ་	suhg-ngu d(r)hag-po
Quanten-mechanik (f)	ཕ་གྲུགས་དངོས་པོའི་རིག་པ་	t(r)ha-suhg ngö-pöe rig-pa
Quantenphysik (f)*	ཕ་གྲུགས་དངོས་ཁམས་ཚན་རིག་	t(r)ha-suhg ngö-kham tzen-rig
Quantentheorie (f)*	ཕ་གྲུགས་དངོས་ཁམས་གཞུང་ལུགས་	t(r)ha-suhg ngö-kham schung-lug
quantifizieren	གྲངས་ཚད་སྟོན་པ་	d(r)hang-tzeh töhn-pa
Quantität (f)	ཁྱོན་འབོར་	kyön-bor
quantitativ	གྲངས་འབོར་གྱི་	d(r)hang-bor-gyi
Quantum (n)	གཏན་འབེབས་ཁྱོན་འབོར་	ten-bäb khyön-bor
Quarantäne (f)	སྔོན་འགོག་སུར་བཀག་	ngön-gog suhr-kag
Quark (n), phys.	ཉེ་བའི་རྡུལ་ཕྲན་	nye-wae dül-t(r)hen
Quartal (n)	བཞི་ཆ་	schi-tschha
quartalsweise	ཟླ་བ་གསུམ་རེའི་	dha-wa sum-räe
Quartett (n)	རོལ་མོ་བཞི་སྡེབ་	röl-mo schi-deb
Quartier (n)	སྡོད་གནས་	döh-nhä
Quarz (m)	ཤེལ་རྡོ་	schhel-do

Quatsch (m)	ཚོ་མེད་	tschho-meh
Quecksilber (n)	དངུལ་ཆུ་	nghül-tschhu
Quelle (f), allg.	འབྱུང་ཁུངས་	dschyung-khung
Quelle (f), Wasser	ཆུ་མིག་	tschhu-mig
Quellenangabe (f)	ཁུངས་གཏུགས་དཔེ་དེབ་	khung-tuhg pe-dhep
quer	འཕྲེད་ལ་	t(r)heh-la
Querflöte (f)	འཕྲེད་གླིང་	t(r)heh-lhing
Querformat (n)*	ཡུལ་སྟོང་བཀོད་དབྱིབས་	jül-dschong köh-jhib
Querschnitt (m)	ཁ་གཤག་གི་དོས་	kha-schhag-gi ngö
querschnittgelähmt	སྨད་གྲིབ་ཀྱི་	meh-d(r)hib-kyi
Querschnitt-lähmung (f)	སྨན་གྲིབ་	men-d(r)hib
Querstrasse (f)	ཟུར་ལམ་	suhr-lam
Querstrich (m)	འཕྲེད་ཐིག་	t(r)heh-thig
Querulant (m)	དམོད་བཤུང་འགྲང་བ་	möh-schhung d(r)hang-wa
quetschen	འཚིར་བ་	tzir-wa
Quetschung (f)	སྨུག་ཐིག་	mhug-thig
Quetschwunde (f)	རྨ་ཧྲེད་	mha-h(r)heh
quietschen	གཙེར་སྒྲ་རྒྱག་པ་	tsir-d(r)ha gyag-pa
Quintessenz (f)*	དོན་གྱི་སྙིང་བཅུད་	dhön-gyi nying-tschüh
Quintett (n)	ལྔ་ཚག་	nga-tschhag
Quitte (f)	སེ་ཡབ་	se-jab
quittieren*	རྩིས་ལེན་གཙང་ཐག་གཅོད་པ་	tsi-len tsang-thag tschöh-pa
Quittung (f)	བྱུང་འཛིན་	dschyung-dzin
Quittungsblock (n)*	བྱུང་འཛིན་བཀོད་དེབ་	dschyung-dzin köh-dheb

Quiz (n)	འདྲི་སྟེང་	d(r)hi-lheng
Quizmaster (m)*	འདྲི་སྟེང་སྟངས་འཛིན་པ་	d(r)hi-lheng tang-dzin-pa
Quote (f)	ཐོབ་ཆ་	thob-tschha

R

Rabatt (m)	གཅོག་ཆ་	tschog-tschha
Rabauke (m)	མི་སྤྱོད་རེངས་ཅན་	mi-tschyöh räng-tschen
Rabe (m)	ཕོ་རོག་	pho-rog
rabenschwarz	ནག་ཀྱང་	nag-kyang
Rache (f)	དགྲ་ཤ་	d(r)ha-schha
Racheakt (m)*	དགྲ་ཤའི་བྱ་སྤྱོད་	d(r)ha-schhae dschya-tschyöh
rächen	དགྲ་ཤ་ལེན་པ་	d(r)ha-schha len-pa
Rachen (m)	མགྲིན་པ་	d(r)hin-pa
Rachitis (f)	བྱིས་པའི་རུས་གཅོང་	dschyi-pae rü-tschong
rachsüchtig	ཁོན་འཛིན་བྱེད་པའི་	khön-dzin dschyeh-pae
Rad (n)	འཁོར་ལོ་	khor-lo
radeln	རྐང་འཁོར་གཏོང་བ་	kang-khor tong-wa
Radfahrer (m)	རྐང་འཁོར་གཏོང་མཁན་	kang-khor tong-khen
Radweg (m)	རྐང་འཁོར་གཏོང་ལམ་	kang-khor tong-lam
radial	འོད་ཟེར་གྱི་	wö-sehr-gyi
radieren	སུབ་པ་	sub-pa
Radiergummi (m)	འགྱིག་སུབ་	gyig-sub
Radieschen (n)	ལ་ཕུག་	la-phug
radikal	གཞི་རྩ་ནས་	schi-tsa-nä

Radikal (n), chem.	བྱིངས་རྫས་	dschying-dzä
Radikal (n), math.	སྒྱུར་བྱེད་རྩ་གྲངས་	gyur-dschyeh tsa-d(r)hang
Radikalismus (m), pol.	མཧང་བཅོས་རིང་ལུགས	mhang-tschö ring-lug
Radio (n)	རླུང་འཕྲིན་	lhung-t(r)hin
radioaktiv*	འོད་རླབས་གནམ་དཔྱད་ཀྱི་ནུས་པའི་	wö-lhab nam-tschyeh-kyi nü-pae
Radioaktivität (f)*	འོད་རླབས་གནམ་དཔྱད་ཀྱི་ནུས་པ་	wö-lhab nam-tschyeh-kyi nü-pa
Radiografie (f)	ལྷོག་པར་ལས་རིགས་	lhog-par lä-rig
Radiologie (f)	ཁྱབ་འགྱེད་དཔྱད་རིག་	khyab-gyeh tschyeh-rig
Radiosender (m)	རྒྱང་སྲིང་རླུང་འཕྲིན་ཁང་	gyang-sing lhung-t(r)hin-khang
Radiotherapie (f)	ཟེར་མདའི་བཅོས་ཐབས་	sehr-dae tschö-thab
Radiowelle (f)	རླུང་འཕྲིན་ལྷོག་རླབས་	lhung-t(r)hin lhog-lhab
Radius (m)	ཚངས་བྱེད་ཐིག་	tzang-tschhyeh-thig
Radrennen (n)*	ཀང་འཁོར་འགྲོགས་རྩལ་	kang-khor gyog-tsel
Radtour (f)*	ཀང་འཁོར་སྐྱོ་འཆམ་	kang-khor t(r)ho-tschham
Raffinerie (f)	དངས་འབྱེད་བཟོ་གྲྭ་	dhang-jeh soh-d(r)ha
Raffinesse (f)	དངས་སིང་	dhang-sing
raffinieren	དངས་མ་བཟོ་བ་	dhang-ma soh-wa
raffiniert	དངས་མ་བཟོ་བའི་	dhang-ma soh-wae
Rage (f)	ཁ་གཏུམ་	t(r)ho-tuhm
ragen	འབུར་དུ་ཐོན་པ་	bur-dhu thön-pa
Rahm (m)	འོ་སྐྱི་	wo-t(r)hi
rahmen	སྒྲོམ་རྒྱག་པ་	d(r)hom gyag-pa
Rahmen (m)	སྒྲོམ་	d(r)hom

Rahmenbedingung (f)*	གཞི་རྩའི་ཆ་རྐྱེན་	schi-tsae tschha-kyen
Rahmenvertrag (m)*	གཞི་རྩའི་མཐུན་གྲོས་	schi-tsae thün-d(r)hö
rahmig	སྤྲི་མ་ཅན་	t(r)hi-ma-tschen
Rakete (f)	མེ་ཤུགས་འཕུར་མདའ་	me-schhug phur-da
Raketenstützpunkt (m)*	མེ་ཤུགས་འཕུར་མདའི་ས་ཚིགས་	me-schhug phur-dae sa-tzig
RAM (n), IT	ཁ་འཐོར་གནས་པའི་དྲན་པ་ (རྨ་)	kha-thor nhä-pae d(r)hen-pa (ram)
Ramadan (m)	རམ་རྫོན་བསྙུང་གནས་	ram-dzen nyung-nhä
rammen	གདུང་ཤིང་གིས་སྙུན་པ་	dung-schhing-gi nhün-pa
Rampenlicht (n)	མདུན་གཞུ་	dün-schu
Rand (m)	མཐའ་	tha
Randale (f)*	ཟང་ཟིང་ཆགས་སྐྱོན་	sahng-sihng tschhag-kyön
randalieren*	ཟང་ཟིང་ཆགས་སྐྱོན་བྱེད་པ་	sahng-sihng tschhag-kyön dschye-pa
randlos	མཐའ་སྒྲོལ་མེད་པའི་	tha-d(r)höl meh-pae
Rang (m)	གོ་གནས་	gho-nhä
Rangelei (f)	ལག་འཛིང་	lag-dzing
rangeln	ལག་འཛིང་འཚོར་བ་	lag-dzing tschhor-wa
ranghoch	གོ་གནས་མཐོ་བའི་	gho-nhä tho-wae
Rangordnung (f)	མཐོ་དམན་གོ་གནས་	tho-men gho-nhä
Ranke (f)	འཁྲིལ་ཐག་ཁ་སྤུ་	t(r)hil-thag kha-pu
ranken	དྲི་ལྷས་རྒྱག་པ་	t(r)hi-lhä gyag-pa
ranzig	ཁ་ཚ་ཅན་	kha-tza-tschen
Rappe (m)	རྟ་ནག་	ta-nag
Rapport (m)	སྙན་ཐོ་	nyen-tho

Raps (m)	ཡུངས་དཀར་	jung-kar
Rapsöl (n)	ཡུངས་དཀར་གྱི་སྣུམ་	jung-kar-gyi nhum
rar	དགོན་པོ་	kön-po
Rarität (f)	དགོན་པོའི་རང་བཞིན་	kön-pöe rang-schin
rasant	མྱུར་པོ་	nyur-po
rasch	མགྱོགས་པོ་	gyog-po
rascheln	ཚག་སྒྲ་སྒྲོག་པ་	tzag-d(r)ha d(r)hog-pa
Rasen (m)	སྤང་	pang
Rasenmäher (m)	རྩ་འབྲེག་འཕྲུལ་འཁོར་	tsa-d(r)heg t(r)hül-khor
Rasensprenger (m)*	རྩར་ཆུ་གཏོར་བྱེད་	tsar-tschhu tohr-dschyeh
Rasierapparat (m)*	སྤུ་བཞར་འཕྲུལ་ཆས་	pu-schar t(r)hül-tschhä
rasieren	ཁ་སྤུ་གཞར་བ་	kha-pu schar-wa
Rasierer (m)	གཞར་མཁན་	schar-khen
Rasiermesser (n)	སྤུ་གྲི་	pu-d(r)hi
Raspel (f)	ལབ་དར་	lab-dar
raspeln	འདར་ཟད་གཏོང་བ་	dar-sehh tong-wa
Rasse (f)	རིགས་རྒྱུད་	rig-gyüh
Rassendiskriminierung (f)	མི་རིགས་ཉེ་རིང་ཁྱད་འཛིན་	mi-rig nye-ring khyeh-dzin
Rassenhass (m)	མི་རིགས་སྡང་འཛིན་	mi-rig dang-dzin
Rassenkonflikt (m)	མི་རིགས་ཀྱི་རྩོད་རྙོག་	mi-rig-kyi tsöh-nyog
Rassenpolitik (f)*	མི་རིགས་སྲིད་ཇུས་	mi-rig sih-dschü
Rassentrennung (f)	མི་རིགས་དབྱེ་འབྱེད་	mi-rig jeh-dschyeh
Rassenunruhe (f)*	མི་རིགས་དུས་ཟིང་	mi-rig dhü-sihng
Rassismus (m)	མི་རིགས་རིང་ལུགས་	mi-rig ring-lug

German	Tibetan	Transliteration
Rassist (m)	མི་རིགས་རིང་ལུགས་པ་	mi-rig ring-lug-pa
rasten	ངལ་གསོ་རྒྱག་པ་	ngel-so gyag-pa
rastlos	ངལ་གསོ་མེད་པ་	ngel-so meh-pa
Rastplatz (m)*	ངལ་གསོ་རྒྱག་ས་	ngel-so gyag-sa
Rasur (f)	གཞར་བོའི་བྱ་ལས་	schar-wöe dschya-lä
Rat (m)	སློབ་སྟོན་	lhob-töhn
Rate (f)	བཟའ་ཚག་རིམ་སྒྲོད་	sah-tschag rim-t(r)höh
raten	བསླབ་བྱ་རྒྱག་པ་	lhab-dschya gyag-pa
Ratenzahlung (f)*	བཟའ་ཚག་རིམ་སྒྲོད་ཀྱི་སྒྲོད་འབབ་	sah-tschag rim-t(r)höh-kyi t(r)höh-bab
Ratespiel (n)	ཚོད་དཔག་རྩེ་མོ་	tzöh-pag tse-mo
Ratgeber (m)	སློབ་སྟོན་པ་	lhob-töhn-pa
Rathaus (n)	གྲོང་སྡེའི་ཚོགས་ཁང་	d(r)hang-dee tzog-khang
ratifizieren	གཏན་འབེབ་ཆོག་མཆན་སྒྲོད་པ་	ten-beb tschhog-tschhen t(r)höh-pa
Ratifizierung (f)	གཏན་འབེབ་ཆོག་མཆན་	ten-beb tschhog-tschhen
Ration (f)	ཐོབ་འབབ་ཚད་གཞི་	thob-bab tzeh-schi
rational	རྒྱུ་མཚན་ལྡན་པའི་	gyu-tzen den-pae
rationalisieren	རྒྱུ་མཚན་དང་མཐུན་པ་བཟོ་བ་	gyu-tzen-dhang thün-pa soh-wa
Rationalisierung (f)	རྒྱུ་མཚན་མཐུན་སྒྲུབ་	gyu-tzen thün-d(r)hub
Rationalisierungs-massnahme (f)*	རྒྱུ་མཚན་མཐུན་སྒྲུབ་ཀྱི་ཐབས་ལམ་	gyu-tzen thün-d(r)hub-kyi thab-lam
rationell	ཕན་ནུས་ལྡན་པ་	phen-nü den-pa
rationieren	ཐོབ་ཆ་བཟོ་བ་	thob-tschha soh-wa
ratlos	ཅི་བྱ་གཏོལ་མེད་	tschi-dschya töl-meh
Ratlosigkeit (f)	ཅི་བྱ་གཏོལ་མེད་དུ་གྱུར་པ་	tschi-dschya töl-meh-dhu gyur-wa

ratsam	བགྱིད་རུང་	gyih-rung
Ratschlag (m)	སློབ་སྟོན་	lhob-töhn
Ratschlag (m), hon.	ཞལ་གདམས་	schel-dam
Rätsel (n)	ཡ་མཚན་གྱི་གནས་	ja-tzen-gyi nhä
rätselhaft	ཡ་མཚན་ཅན་	ja-tzen-tschen
Ratte f)	བྱི་བ་	dschyi-wa
Rattengift (n)*	ཙི་ཙི་གསོད་སྨན་	tsi-tsi söhh-men
Rattenfänger (m)	ཙི་ཙི་འཛིན་མཁན་	tsi-tsi dzin-khen
rau	རྩུབ་པོ་	tsub-po
Raub (m)	འཕྲོག་བཅོམ་	t(r)hog-tschom
Raubbau (m)*	བཀོད་སྟྱོད་འཕྲོག་བཅོམ་	köh-tschyöh t(r)hog-tschom
rauben	བཅོམ་པ་	tschom-pa
Räuber (m)	ཇག་པ་	dschag-pa
Räuberbande (f)	ཇག་ཚོགས་	dschag-tzog
Räuberhauptmann (m)	ཇག་དཔོན་	dschag-pön
räuberisch	བཅན་འཕྲོག་བྱས་པའི་	tsen-t(r)hog dschyä-pae
Raubtier (n)	གཅན་གཟན་	tschen-sehn
Raubüberfall (m)	ཇག་བཅོམ་	dschag-tschom
Rauch (m)	དུ་བ་	dhu-wa
Rauchbombe (f)*	དུ་བའི་འབར་མདེལ་	dhu-wae bar-del
rauchen (Feuer)	དུ་བ་ཐོན་པ་	dhu-wa thön-pa
rauchen (Zigarette)	ཐ་མ་འཐེན་པ་	tha-mag then-pa
rauchen, hon.	བཞེས་ཐག་བཞེས་པ་	schä-thag schä-pa
Raucher (m)	ཐ་མ་ཁ་འཐེན་མཁན་	tha-ma-kha then-khen

Deutsch	Tibetisch	Umschrift
Räucherstäbchen (n)	རྒྱ་སྤོས་	gya-pö
Raucherzone (f)*	ཐ་མག་གཏེན་ས་	tha-mag then-sa
rauchfrei	དུ་བ་མེད་	dhu-wa-meh
rauchig	དུ་བ་འཚུབ་འཚུབ་	dhu-wa tzub-tzub
Rauchverbot (n)*	ཐ་མག་བཀག་སྡོམ་	tha-mag kag-dom
Rauchvergiftung (f)*	དུ་བའི་དུག་ཕོག་	dhu-wae dhug-phog
Rauchwaren (f)	དོ་ཐས་བཙོས་པའི་དངོས་པོ་	do-thä söh-pae ngö-po
Raufbold (m)	རྨུ་གོད་	mhu-göh
raufen	འཛིང་བ་	dzing-wa
Rauferei (f)	ལག་འཛིང་	lag-dzing
Raum (m)	ཁང་མིག་	khang-mig
Raum (m), hon.	གཟིམ་ཆུང་	sihm-tschhung
räumen	སྟོང་པ་བཟོ་བ་	tong-pa soh-wa
Raumfahrt (f)	འཇིག་རྟེན་མཁའ་སྐྱོད་རིག་པ་	dschig-ten kha-kyöh rig-pa
Raumfahrttechnik (f)*	འཇིག་རྟེན་མཁའ་སྐྱོད་བཟོ་ལས་རིག་རྩལ་	dschig-ten kha-kyöh soh-lä rig-tsel
Raumgestaltung (f)*	ནང་ལོགས་བཀོད་སྒྲིག་	nang-log köh-d(r)hig
Rauminhalt (m)	ཤོང་ཚད་	schhong-tzeh
Raumklima (n)	ཁང་པའི་ནང་གི་བསིལ་དྲོད་	khang-pae nang-gi sil-d(r)höh
räumlich	སྟོང་ཆའི་	tong-tschhae
Raumschiff (n)	བར་སྣང་འཕུར་གྲུ་	bhar-nhang phur-d(r)hu
Raumsonde (f)	བར་སྣང་རྟོག་ཞིབ་	bhar-nhang tohg-schib
Raumstation (f)	བར་སྣང་ས་ཚིགས་	bhar-nhang sa-tzig
Räumung (f)	གཙང་མར་བཟོ་ལས་	tsang-mar soh-lä
Raupe (f)	སྦོ་འབུ་	ngo-bu

Raupenfahrzeug (n)*	འཁོར་ཁྲབ་བཞིན་འཁོར་	khor-t(r)hab schön-khor
Raureif (m)	འཁྱགས་ཞིལ་	khyag-sihl
raus	ཕྱི་ལ་	tschhyi-la
Rausch (m)	ར་བཟི་	ra-sih
Rauschgift (n)	བཟི་སྨན་	sih-men
Rauschgifthandel (m)	བཟི་སྨན་ནག་ཚོང་	sih-men nag-tzong
Rauschgifthändler (m)	བཟི་སྨན་ཚོང་མཁན་	sih-men tzong-khen
rauschgiftsüchtig	བཟི་སྨན་ལང་ལ་འཁོར་བའི་	sih-men lang-la schhor-wae
Rauschgiftsüchtiger (m)*	བཟི་སྨན་ལང་ལ་འཁོར་བའི་མི་	sih-men lang-la schhor-wae-mi
Rauschmittel (n)	བཟི་ནུས་ཀྱི་རྫས་	sih-nü-kyi dzä
rausschmeissen	ཕྱིར་འབུད་པ་	tschhyir bü-pa
Rausschmeisser (m)	ཕྱིར་འབུད་མཁན་སྒོ་སྲུང་	tschhyir-bü-khen go-sung
Raute (f), math.	ཐད་རྒྱུགས་དངོས་མཉམ་མཐའ་བཞི་མ་	theh-gyug ngö-nyam tha-schi-ma
rautenförmig	མཉམ་རྒྱུགས་མཐའ་བཞི་མ་	nyam-gyug tha-schi-ma
Reagenzglas (n), chem.	ཚོད་ལྟའི་ཤེལ་སྦུབ་	tzöh-tae schhel-bub
reagieren, chem.	རྣམ་པ་འགྱུར་བ་	nham-pa gyur-wa
Reaktion (f)	རྣམ་འགྱུར་	nham-gyur
Reaktion (f), chem.	འགྱུར་ལྡོག་	gyur-dog
Reaktionär (m)	ལོག་སྤྱོད་པ་	log-tschyöh-pa
Reaktionszeit (f), chem.	འགྱུར་ལྡོག་གི་དུས་ཚོད་	gyur-dog-gi dhü-tzöh
reaktivieren	ནུས་པ་སྐྱར་ལྷོང་བྱེད་པ་	nü-pa kyar-lhong dschye-pa
Reaktor (m), phys.	དུལ་ཕྲན་ལྡོག་འགྱུར་ཡོ་ཆས་	dül-t(r)hen dog-gyur jo-tschhä

real	དངོས་ཡོད་ཀྱི་	ngö-jöh-kyi
Realeinkommen (n)*	དངོས་ཡོད་ཡོང་འབབ་	ngö-jöh jong-bab
realisierbar	སྒྲུབ་ཏུ་རུང་བའི་	d(r)hub-dhu rung-wae
realisieren	དངོས་སུ་སྒྲུབ་པ་	ngö-su d(r)hub-pa
Realismus (m)	དངོས་ཡོད་རིང་ལུགས་	ngö-jöh ring-lug
Realist (m)	དངོས་ཡོད་རིང་ལུགས་པ་	ngö-jöh ring-lug-pa
realistisch	དངོས་ཡོད་ལྟ་བུ་	ngö-jöh ta-bhu
Realität (f)	དངོས་པོ་	ngö-po
Reallohn (m)*	དངོས་ཡོད་གླ་འབབ་	ngö-jöh lha-bab
Realpolitik (f)*	སྲིད་དོན་དངོས་ཡོད་རིང་ལུགས་	si-dhön ngö-jöh ring-lug
Rebe (f)	རྒུན་འབྲུམ་གྱི་སྡོང་པོ་	gün-d(r)hum-gyi dong-po
Rebell (m)	ཇོ་ལོག་ཟིང་འཁྲུག་པ་	ngo-log sihn-t(r)hug-pa
rebellieren	ཇོ་ལོག་རྒྱག་པ་	ngo-log gyag-pa
Rebellion (f)	ཇོ་ལོག་	ngo-log
rebellisch	ཇོ་ལོག་པའི་	ngo-log-pae
Rebhuhn (n)	སྲེག་ཆུང་	seg-schhung
Rechenfehler (m)	རྩིས་ནོར་	tsi-nor
Rechenschaft (f)	རྒྱུ་མཚན་གསལ་བཤད་	gyu-tzen sel-schheh
Rechenschieber (m)	ཤུད་རྒྱུག་ཐིག་ཤིང་	schhüh-gyug thig-schhing
Recherche (f)	ཞིབ་དཔྱོད་	schib-tschyöh
recherchieren	ཞིབ་དཔྱོད་བྱེད་པ་	schib-tschyöh dschye-pa
rechnen	རྩིས་རྒྱག་པ་	tsi-gyag-pa
Rechnen (n)	ཨང་རྩིས་ཀྱི་རྣམ་གཞག་	ang-tsi-kyi nham-schag
rechnen, hon.	ཕྱགས་རྩིས་སྐྱོན་པ་	dschag-tsi kyön-pa
Rechner (m)	རྩིས་འཁོར་	tsi-khor

Deutsch	Tibetisch	Umschrift
rechnerisch	ཨང་རྩིས་ཀྱི་	ang-tsi-kyi
Rechnung (f)	རྩིས་གཞི་	tsi-schi
Rechnungsprüfung (f)	རྩིས་ཞིབ་དག་ཐེར་	tsi-schib dhag-ther
recht	དྲང་པོ་	d(r)hang-po
Recht (n),	ཁྲིམས་ལུགས་	t(r)him-lug
Rechte (f)	ཐོབ་ཐང་	thob-thang
Rechteck (n)	གྲུ་བཞི་ནར་མོ་	d(r)hu-schi nar-mo
rechteckig	གྲུ་བཞི་ནར་མོའི་	d(r)hu-schi nar-möe
rechtfertigen	བདེན་པ་དག་སྐྱེལ་བྱེད་པ་	den-pa dhag-kyel dschye-pa
Rechtfertigung (f)	བདེན་པ་དག་སྐྱེལ་	den-pa dhag-kyel
rechthaberisch	མགོ་མཁྲེགས་པོ་	go-t(r)heng-po
rechtlich	ཁྲིམས་ཐོག་གི་	t(r)him-thog-gi
rechtmässig	ལུགས་མཐུན་གྱི་	lug-thün-gyi
Rechtmässigkeit (f)	ཁྲིམས་མཐུན་ནམ་ཁུངས་དག་གི་རང་བཞིན་	t(r)him-thün nam-khung dhag-gi rang-schin
rechts	གཡས་	jä
Rechtsanspruch (m)	ཁྲིམས་ཀྱི་ཐོབ་ཐང་	t(r)him-kyi thob-thang
Rechtsanwalt (m)	ཁྲིམས་རྩོད་པ་	t(r)him-tsöh-pa
rechtschaffen	དྲང་ཚུགས་ཅན་	d(r)hang-tzug-tschen
Rechtschaffenheit (f)*	དྲང་བདེན་གྱི་རང་བཞིན་	d(r)hang-den-gyi rang-schin
rechtschreiben	ཡི་གེའི་དག་ཆ་འབྲི་བ་	ji-gäe dhag-tschha d(r)hi-pa
Rechtschreibung (f)	དག་ཆ་	dhag-tschha
Rechtsgeschäft (n)*	ཁྲིམས་མཐུན་ཚོང་ལས་	t(r)him-thün t(r)him-lä

rechtsgültig	ཁྲིམས་མཐུན་	t(r)him-thün
rechtshändig	གཡས་ལག་	jä-lag
rechtsradikal, pol.	ལྟ་བ་མཐར་ལྷུང་གི་གཡས་ཕྱོགས་ཤོག་ཁག་	ta-wa thar-lhung-gi jä-tschhyog schhog-khag
Rechtsschutz (m)	ཁྲིམས་ཀྱི་སྲུང་སྐྱོབ་	t(r)him-kyi sung-kyob
Rechtssprechung (f)	ཁྲིམས་ཐག་གཅོད་པའི་དབང་ཚད་	t(r)him-thag tschöh-pae wang-tzeh
Rechtsspruch (m)	དཔྱད་ཁྲ་	tschyeh-t(r)ha
rechtsstaatlich	རྩ་ཁྲིམས་དང་མཐུན་པ་	tsa-t(r)him-dhang thün-pa
Rechtsstreit (m)	ཁྲིམས་གཏུགས་	t(r)him-tuhg
Rechtssystem (n)*	ཁྲིམས་ཀྱི་ལམ་ལུགས་	t(r)him-kyi lam-lug
rechtswidrig	ཁྲིམས་འགལ་གྱི་	t(r)him-gyel-gyi
Rechtswidrigkeit (f)	ཁྲིམས་འགལ་གྱི་རང་བཞིན་	t(r)him-gyel-gyi rang-schin
rechtwinklig	གྲུ་བཞུར་	d(r)hang-suhr
rechtzeitig	དུས་ཐོག་ཏག་ཏག་	dhü-thog tahg-tahg
Redakteur (m)	རྩོམ་སྒྲིག་པ་	tsom-d(r)hig-pa
Redaktion (f)	པར་གཞི་	par-schi
redaktionell	རྩོམ་སྒྲིག་པའི་	tsom-d(r)hig-pae
Rede (f)	གཏམ་བཤད་	tahm-schheh
Rede (f), hon.	གསུང་བཤད་	sung-schheh
Redefreiheit (f)	སྨྲ་བརྗོད་རང་དབང་	mhar-dschöh rang-wang
redegewandt	ངག་རྩལ་ཅན་	ngag-tsel-tschen
Redegewandtheit (f)	ངག་རྩལ་ཅན་གྱི་རང་བཞིན་	ngag-tsel-tschen-gyi rang-schin
reden	གྲོས་མོལ་བྱེད་པ་	d(r)hö-mö dschye-pa
Redensart (f)	བརྗོད་ཚུལ་	dzöh-tzül

Redeverbot (n)*	གཏམ་བཤད་བཀག་འགོག་	tahm-schheh kag-gog
Redewendung (f)	སྐད་བརྡ་	keh-da
redigieren	ཚོམ་སྒྲིག་བྱེད་པ་	tsom-d(r)hig dschye-pa
redlich	དྲང་པོ་	d(r)hang-po
Redlichkeit (f)	དྲང་བདེན་	d(r)hang-den
Redner (m)	སྨྲ་བརྗོད་མཁས་པོ་	mha-dschöh khä-po
Rednerpult (n)	དཔེ་ཁྲི་	pe-t(r)hi
redselig	སྐད་ཆ་མང་པོ་	keh-tschha mang-po
Reduktion, chem.	ཁམས་རྫས་བཞུ་སྦྱང་	kham-dzä schu-dschyang
reduzieren	གཅོག་པ་	tschog-pa
Reduzierung (f)	གཅོག་ཁྲི་	tschog-t(r)hi
Reederei (f)*	མཚོ་ཐོག་སྐྱེལ་འདྲེན་མཉམ་ཚོགས་	tzo-thog kyel-d(r)hen nyam-tzog
Referat (n)	ལེགས་འཆར་	leg-tschhar
Referendum (n)	མང་མོས་འོས་བསྡུ་	mang-mö wö-du
referieren	ལེགས་འཆར་བཤད་པ་	leg-tschhar schheh-pa
reflektieren	ཚུར་ལྡོག་པ་	tzur dog-pa
Reflektor (m)	ལྡོག་འཕྲོའི་མེ་ལོང་	dog-t(r)höe me-long
Reflex (m)	ལྡོག་འཕྲོས་	dog-t(r)hö
Reflexbewegung (f)	ལྡོག་འགུལ་	dog-gül
reflexiv	ལྡོག་འཕྲོས་ཀྱི་	dog-t(r)hö-kyi
Reflexivpronomen (n), gram.	རང་ལྡོག་མིང་ཚབ་	rang-dog ming-tzab
Reform (f)	བཅོས་སྒྱུར་	tschhö-gyur
reformieren	བཅོས་སྒྱུར་གཏོང་བ་	tschö-gyur tong-wa
Reformkurs (m)*	བཅོས་སྒྱུར་བྱ་ཐབས་	tschö-gyur dschya-thab

Refrain (m)	མཚམས་གཞས་	nyam-schä
Regal (m)	བང་ཁྲི་	bhang-t(r)hi
Regatta (f)	དར་གྲུའི་མགྱོགས་འགྲན་ཚོགས་འཛོམས་	dhar-d(r)hue gyog-d(r)hen tzog-dzom
rege	ཁྲེལ་བ་ཚ་པོ་	d(r)hel-wa tza-po
Regel (f)	འགྲིག་སྲོལ་	d(r)hig-söl
regelbar *	སྙོམ་སྒྲིག་རུང་བ་	nyom-d(r)hig rung-wa
regelmässig	འཆར་ཅན་གྱི་	tschhar-tschen-gyi
regeln	སྙོམ་སྒྲིག་བྱེད་པ་	nyom-d(r)hig dschye-pa
Regelung (f)	སྒྲིག་སྲོལ་གཏན་འབེབས་	d(r)hig-söl ten-beb
regelwidrig*	ཚུལ་དང་མི་མཐུན་པའི་	tzül-dhang mi-thün-pae
Regelwidrigkeit (f)	ཚུལ་དང་མི་མཐུན་པའི་རང་བཞིན་	tzül-dhang mi-thün-pae rang-schin
Regen (m)	ཆར་པ་	tschhar-pa
regenarm*	ཆར་ཆུ་ཉུང་བའི་	tschhar-tschhu nyung-wae
Regenbogen (m)	འཇའ་	dscha
Regenbogen-farben (f)*	འཇའི་ཚོན་མདོག་	dschae-tzön-dog
Regeneration (f)	བསྐྱར་སྐྱེས་	kyar-kyä
regenerieren	བསྐྱར་དུ་ནུས་པ་སྐྱིན་པ་	kyar-dhu nü-pa dschyin-pa
regenerieren, biol.	བསྐྱར་དུ་སྐྱེས་པ་	kyar-dhu kyä-pa
Regenfall (m)*	ཆར་འབབ་	tschhar-bab
Regenguss (m)	དྲག་ཆར་	d(r)hag-tschhar
Regenmantel (m)	ཆར་ཁེབས་	tschhar-kheb
Regenmenge (f)	ཆར་ཞོད་	tschhar-schöh
regenreich	ཆར་ཞོད་ཆེན་པོ་	tschhar-scheh tschhen-po

Regenrinne (f)	ཆར་ཆུའི་ཡུར་བ་	tschhar-tschhue jur-wa
Regenschirm (m)*	ཆར་གདུགས་	tschhar-dug
Regent (m)	རྒྱལ་ཚབ་	gyel-tzab
Regentropfen (m)*	ཆར་ཐིགས་	tschhar-thig
Regenwasser (n)	ཆར་ཆུ་	tschhar-tschhu
Regenwetter (n)*	ཆར་ཞེད་གནམ་གཤིས་	tschhar-scheh nham-schä
Regenwolke (f)	ཆར་སྤྲིན་	tschhar-t(r)hin
Regenwurm (m)	ས་འབུ་	sa-bu
Regenzeit (f)	ཆར་པའི་ནམ་དུས་	tschhar-pae nam-dhü
regieren	སྐྱོང་བ་	kyong-wa
Regierung (f)	གཞུང་	schung
Regierungsbezirk (m)	རྫོང་ཁོངས་	dzong-khong
Regierungschef (m)	གཞུང་གི་དབུ་ཁྲིད་	schung-gi u-t(r)i
Regierungsform (f)*	གཞུང་གི་ངོ་བོ་	schung-gi ngo-wo
Regierungssitz (m)*	གཞུང་གདན་	schung-den
Regierungsumbildung (f)	གཞུང་འཛིན་བསྐྱར་བསྒྲིགས་	schung-dzin kyar-t(r)hug
Regierungsvertreter (m)	གཞུང་ཚབ་	schung-tzab
Regime (n)	སྲིད་ལུགས་	sih-lug
Regimegegner (m)*	སྲིད་ལུགས་ཁ་གཏད་པ་	sih-lug kha-teh-pa
Regimekritiker (m)*	སྲིད་ལུགས་དག་བྱེར་དཔྱད་ཞིབ་པ་	sih-lug dhag-ther tschyeh-schib-pa
Regiment (n)	སྐམ་དམག་གི་མདའ་ཤོག་	kam-mhag-gi da-schhog
Region (f)	ས་ཁུལ་	sa-khül
regional	ས་ཁུལ་གྱི་	sa-khül-gyi

Deutsch	Tibetisch	Umschrift
Regionalprodukt (n)	ཡུལ་རྫས་ཁྲེད་རྫས་	jül-dzä kheh-dzä
Regionalverkehr (m)	ས་གནས་སྐྱེལ་འདྲེན་	sa-nhä kyel-d(r)hen
Regionalzug (m)*	ས་གནས་མེ་འཁོར་འགྲུལ་བཞུད་	sa-nhä me-khor d(r)hül-schüh
Regisseur (m)*	བཀོད་སྒྲིག་གྱོང་སྟོན་པ་	köh-d(r)hig dschyong-töhn-pa
Register (n)	དེབ་གཞུང་	dheb-schung
registrieren	དེབ་འགོད་བྱེད་པ་	dheb-göh dschye-pa
Registrierung (f)	དེབ་འགོད་	dheb-göh
reglementieren	སྒྲིག་སྲོལ་ལྟར་གཏན་འབེབས་བྱེད་པ་	d(r)hig-söl-tahr ten-beb dschye-pa
Regler (m)	སྙོམ་སྒྲིག་ཡོ་ཆས་	nyom-d(r)hig jo-tschhä
reglos	གཡོ་འགུལ་མེད་པའི་	jo-gül meh-pae
regnen	ཆར་པ་འབབ་པ་	tschhar-pa bab-pa
regnerisch	ཆར་འབབ་པའི་	tschhar bab-pae
Regress (m), jur.	སྟོན་འཇལ་བཅུད་སླུབ་ཀྱི་ཐོབ་ཐང་	t(r)höh-dschel d(r)hub-kyi thob-thang
regulierbar	སྒྲིག་གསལ་གྱི་	d(r)hig-sel-gyi
regulieren	སྟངས་འཛིན་བྱེད་པ་	tang-dzin dschye-pa
Regulierung (f)	སྒྲིག་གསོལ་གཏན་འབེབས་	d(r)hig-sol tehn-beb
Reh (n)	ཤ་བ་	schha-wa
Rehabilitation (f)	བསྐྱར་གསོ་	kyar-so
Rehabilitations-klinik (f)*	བསྐྱར་གསོའི་སྨན་དཔྱད་ཁང་	kyar-söe men-tschyöh-khang
rehabilitieren	བསྐྱར་གསོ་བྱེད་པ་	kyar-so dschye-pa
Rehbock (m)	ཤ་ཕོ་	schha-pho
reiben	བདར་བ་	dar-wa
Reiberei (f)	ཕུར་རྫར་	phur-dar

reibungslos	དར་ཤུད་མེད་པའི་	dar-schhüh meh-pae
reich	འབྱོར་ལྡན་	dschyor-den
reich und mächtig	སྟོབས་འབྱོར་གཉིས་ལྡན་	tohb-dschyor nyii-den
reichhaltig	ཕྱུག་པོ་	tschhyug-po
reichlich	འབེལ་ལྷུག་ལྷུག་	bel-lhug-lhug
Reichtum (m)	སྟོབས་འབྱོར་	tohb-dschyor
Reichweite (f)	རྒྱ་ཁྱོན་	gya-khyön
reif	སྨིན་པའི་	mhin-pae
Reife (f)	སྨིན་པའི་རང་བཞིན་	mhin-pae rang-schin
Reife (m)	འགྱིག་འཁོར་	gyig-khor
reifen	སྨིན་པ་	mhin-pa
Reifendruck (m)*	འགྱིག་འཁོར་གནོན་ཤུགས་	gyig-khor nhön-schhug
Reifenschlauch (m)	འགྱིག་འཁོར་	gyig-khor
Reifenwechsel (m)*	འགྱིག་འཁོར་བརྗེ་ལེན་	gyig-khor dsche-len
Reigen (m)	སྒོར་གཞས་	gor-schä
Reihe (r)	གྲལ་བསྒྲིགས་	d(r)hel-tahr
Reihenfolge (f)	བང་རིམ་	bhang-rim
rein	གཙང་མ་	tsang-ma
Reinerlös (m)	གཙང་ཁེ་	tsang-khe
Reinheit (f)	གཙང་མའི་རང་བཞིན་	tsang-mae rang-schin
reinigen	གཙང་མ་བཟོ་བ་	tsang-ma soh-wa
Reinigungsmittel (n)	དག་རྫས་	dhag-dzä
Reinkarnation (f)	ཡང་སྲིད་	jang-sih
reinkarnieren	སྐྱེ་བ་ལེན་པ་	kye-wa len-pa
reinkarnieren, hon.	ཡང་སྲིད་དུ་འཁྲུངས་བ་	jang-sih-dhu t(r)hung-wa

Deutsch	Tibetisch	Umschrift
Reinkultur (f), biol.*	བསྐལ་སྦྱོང་དྭངས་མ་	nyel-dschyong dhang-ma
Reinschrift (f)	གཙང་བཤུས་	tsang-schhü
Reis (m)	འབྲས་	d(r)hä
Reise (f)	འགྲིམ་འགྲུལ་	d(r)him-d(r)hül
Reiseandenken (n)*	འགྲིམ་འགྲུལ་དྲན་རྟེན་	d(r)him-d(r)hül d(r)hen-ten
Reisebegleiter (m)*	འགྲིམ་འགྲུལ་རོགས་ཟླ་	d(r)him-d(r)hül rog-dha
Reisebüro (n)	འགྲིམ་འགྲུལ་ཚོ་ཚབ་ཁང་	d(r)him-d(r)hül ngo-tzab-khang
Reiseführer (m)	ལམ་རྒྱུད་བྱེད་མཁན་	lam-gyüh dschyeh-khen
Reisegepäck (n)	འགྲུལ་འཁྱེར་དོ་ཆས་	d(r)hül-kyer dho-tschhä
Reisegruppe (f)	ཡུལ་སྐོར་སློ་འཚམ་རུ་ཁག་	jül-kor t(r)ho-tschham ru-khag
Reisekosten (f)	འགྲིམ་འགྲུལ་གྲོ་སོང་	d(r)him-d(r)hül d(r)ho-song
Reisekrankheit (f)	འགྲིམ་འགྲུལ་གྱི་ནད་	d(r)him-d(r)hül-gyi neh
Reiseleiter (m)*	འགྲིམ་འགྲུལ་ལམ་རྒྱུས་བྱེད་མཁན་	d(r)him-d(r)hül lam-gyü dschyeh-khen
reisen	འགྲུལ་རྒྱག་པ་	d(r)hül gyag-pa
Reisender (m)	འགྲུལ་མི་	d(r)hül-mi
Reisescheck (m)	འགྲུལ་ཁྱེར་ཚེག་འཛིན་	d(r)hül-khyer tscheg-dzin
Reiseunterlagen (f)	འགྲིམ་འགྲུལ་ཡིག་ཆ་	d(r)him-d(r)hül jig-tschha
Reiseversicherung (f)	འགྲིམ་འགྲུལ་ཉེན་སྲུང་མ་འཇོག་	d(r)him-d(r)hül nyen-sung ma-dschog
Reiseziel (n)	འགྲོ་ཡུལ་	d(r)ho-jül
Reisfeld (n)	ཆུ་ཞིང་	tschhu-sching
Reiskorn (n)	འབྲས་འབྲུ་	d(r)hä-d(r)hu
Reispapier (n)	འབྲས་ཤོག་	d(r)hä-schhog
reissen	རྩ་གག་གཏོང་བ་	tsa-schhag tong-wa

Reissnagel (m)	མཉེན་གཟེར་	nhen-sehr
Reissverschluss (m)	ཚེར་	tzer
Reisszahn (m)	མཆེ་བ་	tschhe-wa
Reiswein (m)	འབྲས་ཆང་	d(r)hä-tschhang
reiten	རྟ་ལ་བཞོན་པ་	ta-la schön-pa
reiten, hon.	ཆིབས་པ་ལ་ཆིབས་པ་	tschhi-pa-la tschhip-pa
Reiter (m)	བཞོན་མཁན་	schön-khen
Reitkunst (f)	རྟ་འཆག་མཁན་	ta tschhag-khen
Reitpeitsche (f)	རྟ་ལྕག་	ta-tschag
Reitpferd (n)	བཞོན་རྟ་	schön-ta
Reitsattel (m)	རྟ་སྒ་	ta-ga
Reiz (m), med.	ཟ་འཕྲུག་	sah-t(r)hug
Reiz (m), physiol.	རེག་འཚོར་ལྷང་བྱེད་	reg-tzor lhang-dschyeh
reizbar	ཁོང་ཁྲོ་ལང་ལྷ་པོ་	khong-t(r)ho lang-lha-po
Reizbarkeit (f)	ཁོང་ཁྲོ་སློང་བའི་རང་བཞིན་	khong-t(r)ho lhong-wae rang-schin
reizen	ཁོང་ཁྲོ་ལང་བ་	khong-t(r)ho lang-wa
reizend	ཡིད་འཕྲོག་	jih-t(r)hog
reizlos	ཉབ་པེ་ཉོབ་པེ་	nyab-pe nyob-pe
rekapitulieren	ཕྱོགས་སྡོམ་བྱེད་པ་	tschhyog-dom dschye-pa
Reklamation (f)	སྐྱོན་བརྗོད་	kyön-dschöh
Reklame (f)	དྲིལ་བསྒྲགས་བྱེད་སྒོ་	d(r)hil-d(r)hag dschye-go
reklamieren	སྐྱོན་བརྗོད་བྱེད་པ་	kyön-dschöh dschye-pa
rekonstruieren	བསྐྱར་དུ་འཛུགས་སྐྲུན་བྱེད་པ་	kyar-dhu dzug-t(r)hün dschye-pa
Rekonstruktion (f)	བསྐྱར་འཛུགས་	kyar-dzug

Rekord (m)	ཟིན་ཐོ་གསར་པ་	sihn-tho sar-pa
Rekrut (m)	དམག་མི་འདུ་སྐོང་	mhag-mi du-kong
rekrutieren	དམག་མི་འདུ་སྐོང་བྱེད་པ་	mhag-mi du-kong dschye-pa
Rektor (m)	སློབ་སྤྱི་	lhob-tschyi
Rektorat (n)	སློབ་སྤྱིའི་གོ་དབང་	lhob-tschyii gho-wang
Relais (n), elektr.	བར་མཐུད་	bhar-thüh
Relation (f)	ཉེ་འབྲེལ་	nye-d(r)hel
relational	ཉེ་འབྲེལ་གྱི་	nye-d(r)hel-gyi
relativ	ཀུན་རྫོབ་ཀྱི་	kün-dzob-kyi
Relativität (f)	ཏེན་འབྱུང་	tehn-dschyung
Relativitäts-theorie (f)	སྟོས་གྲུབ་ཀྱི་རྣམ་གཞག་	tö-d(r)hub-kyi nham-schag
Relativ-pronomen (n)	འབྲེལ་སྦྱོར་གྱི་མིང་ཚབ་	d(r)hel-d(r)hae ming-tzab
Relativsatz (m)*	འབྲེལ་སྦྱོར་གྱི་ཚིག་མཚམས་	d(r)hel-d(r)hae tzig-tzam
relevant	བབས་འོས་ཀྱི་	bhab-wö-kyi
Relevanz (f)	སྐབས་དོན་གྱི་འབྲེལ་བ་	kab-dhön-gyi d(r)hel-wa
Relief (n)	འབུར་ཀོས་	bur-kö
Religion (f)	ཆོས་ལུགས་	tschhö-lug
Religionsfreiheit (f)	ཆོས་དད་རང་དབང་	tschhö-dheh rang-wang
religiös	ཆོས་དད་ཅན་	tschö-dheh-tschen
Relikt (n)	རིང་བསྲེལ་	ring-sel
Renaissance (f)	བསྐྱར་དར་	kyar-dhar
Rendite (f)*	མ་རྩའི་སྐྱེད་འབབ་	ma-tsae kyeh-bab
renitent	ཁ་གཏད་ལངས་པོའི་	kha-teh lang-pöe
Renitenz (f)	ཁ་གཏད་ལངས་པ་	kha-teh lang-pa

rennen	རྒྱུག་པ་	gyug-pa
Rennen (n)	རྒྱུག་འགྲན་	gyug-d(r)hen
Rennpferd (n)	རྒྱུག་རྟ་	gyug-ta
Renntier (n)	བྱང་མཐའི་ཤ་བ་	dschyang-thae schha-wa
Rennvelo (n)*	རྒྱུག་འགྲན་རྐང་འཁོར་	gyug-d(r)hen kang-khor
Rennwagen (m)*	རྒྱུག་འགྲན་སྣུམ་འཁོར་	gyug-d(r)hen nhum-khor
renovieren	བཟོ་བཅོས་རྒྱག་པ་	soh-tschö gyag-pa
Renovierung (f)	བཟོ་བཅོས་	soh-tschö
rentable	ཁེ་ཕོགས་ཅན་གྱི་	khe-pog-tschen-gyi
Rente (f)	ལས་ཡོལ་ཕོགས་ཐོབ་	lä-jöl phog-thob
Rentenalter (n)*	ལས་ཡོལ་ལོ་ཚད་	lä-jöl lo-tzeh
Rentenbeitrag (m)*	ལས་ཡོལ་བསྡུ་བྱ་	lä-jöl du-dschya
Renten-empfänger (m)*	རྒས་ཕོགས་ཐོབ་མི་	gä-phog thob-mi
Reorganisation (f)	བསྐྱར་བསྒྲིགས་	kyar-d(r)hig
reorganisieren	བསྐྱར་བསྒྲིགས་བྱེད་པ་	kyar-d(r)hig dschye-pa
reparable	བསྐྱར་གསོ་བྱུ་རུང་	kyar-so dschya-rung
Reparatur (f)	བསྐྱར་གསོ་	kyar-so
Reparaturarbeit (f)*	བསྐྱར་གསོའི་ལས་ཀ་	kyar-söe lä-ka
Reparaturwerkstatt (f)*	བཟོ་བཅོས་བཟོ་ཁང་	soh-tschö soh-khang
reparieren	བཟོ་བཅོས་རྒྱག་པ་	soh-tschö gyag-pa
repatriieren	རང་ཡུལ་དུ་ཕྱིར་འཁོར་བའམ་ལོག་པ་	rang-jül-dhu tschhyir-khor-wa am log-pa
Report (m)	གནས་ལུགས་	nhä-lug
Reporter (m)	གསར་འགོད་པ་	sar-göh-pa
Repräsentant (m)	འཐུས་མི་	thü-mi

Repräsentation (f)	མཚོན་དོན་	tzön-dhön
repräsentativ	མཚོན་བྱེད་ཀྱི་	tzön-dschyeh-kyi
repräsentieren	ངོ་ཚབ་བྱེད་པ་	ngo-tzab dschye-pa
Repressalie (f)	འཁོན་ལན་	khön-len
Repression (f)	དྲག་གནོན་གྱི་	d(r)hag-nön-gyi
Reproduktion (f)	པར་སློག་	par-lhog
Reproduktion (f), biol.	སྐྱེ་འཕེལ་	kye-phel
reproduzieren	བསྐྱར་དུ་སྐྲུན་པ་	kyar-dhu t(r)hün-pa
reproduzieren, biol.	སྐྱེ་འཕེལ་འགྲོ་བ་	kye-phel d(r)ho-wa
Republik (f)	སྤྱི་མཐུན་རྒྱལ་ཁབ་	tschyi-thün gyel-khab
republikanisch	སྤྱི་མཐུན་རྒྱལ་ཁབ་ཀྱི་	tschyi-thün gyel-khab-kyi
Reputation (f)	སྙན་གྲགས་	nyen-d(r)hag
Requisit (n)	མཁོ་ཆས་	kho-tschhä
Reservat (n)	ཟུར་བཅད་	suhr-tscheh
Reserve (f)	ཟུར་འཇོག་	suhr-dschog
reservieren	ཟུར་འཇོག་བྱེད་པ་	suhr-dschog dschye-pa
reserviert	ཟུར་བཅད་བྱས་པའི་	suhr-tscheh dschye-pae
Reservist (m)	ཟུར་བཀག་དམག་མི་	suhr-kag mhag-mi
Reservoir (n)	ཆུ་མཛོད་	tschhu-dzöh
Residenz (f)	གཞུགས་གནས་	schug-nhä
residieren	གནས་བཅའ་བ་	nhä tscha-wa
Resignation (f)	བློས་བཏང་	lhö-tang
resignieren	བློས་བཏང་བ་	lhö tang-wa
resistent	འགོག་ནུས་ཅན་	gog-nü-tschen

Resistenz (f)	འགོག་རྐོལ་	gog-göl
resolut	སེམས་ཐག་གཅོང་གཅོང་གྱི་	säm-thag tsang-tscheh-kyi
Resolution (f)	ཐག་གཅོད་གཏན་འབེབས་	thag-tscheh ten-bäb
Resonanz (f)	ལྡོག་སྒྲ་	dog-d(r)ha
resozialisieren	བསྐྱར་དུ་གཞིས་ས་འཛུགས་པ་	kyar-dhu schi-sa tzug-pa
Respekt (m)	གུས་ཞབས་	ghü-schab
respektable	བཀུར་འོས་	kur-wö
respektieren	གུས་ཞབས་བཞུ་བ་	ghü-schab schu-wa
respektlos	མ་གུས་པའི་རྣམ་པ་ཅན་	ma-ghü-pae nham-pa-tschen
respektvoll	གུས་ཞབས་ཅན་	ghü-schab-tschen
Ressentiment	སྡང་འཛིན་	dang-dzin
Ressort (n)	སྡེ་ཚན་	de-tzen
Ressource (f)	འབྱུང་ཁུངས་	dschyung-khung
Rest (m)	ལྷག་པ་	hlag-pa
Restaurant (n)	ཟ་ཁང་	sah-khang
restaurieren	སླར་གསོ་བྱེད་པ་	lhar-so dschye-pa
Restaurierung (f)	སླར་གསོ་	lhar-so
Restbestand (m)*	ལྷག་ལྡོད་རྒྱུ་ཆ་	lhag-t(r)höh gyu-tschha
Restbetrag (m)	ལྷག་མ་	lhag-ma
restlos	ཡོངས་སུ་རྫོགས་པ་	jong-su dzog-pa
Restmüll (m)*	བེད་མེད་ལྷག་ལྡོད་	bheh-meh lhag-t(r)höh
restriktiv	བཀག་འགོག་བྱེད་པའི་	kag-gog dschye-pae
Restrisiko (n)*	ཉེན་ཚབས་ལྷག་ལྡོད་	nyen-tzab lhag-t(r)höh
Resultat (n)	འབྲས་འབྲས་	dschä-d(r)hä

Resümee (n)	མདོར་བསྡུས་	dor-dü
resümieren	མདོར་སྡུད་པ་	dor-dü-pa
Retourkutsche (f)	སྐྱོན་འཛུགས་ཕྱིར་ལྡོག་	kyön-dzug tschhyir-dog
Retrospektive (f)	སྔར་བྱུང་དང་འབྲེལ་མཐུན་གྱི་	ngar-dschyung-dhang d(r)hel-thün-gyi
retten	ཉེན་སྐྱོབ་བྱེད་པ་	nyen-kyob dschye-pa
Retter (m)	ཉེན་སྐྱོབ་པ་	nyen-kyob-pa
Rettich (m)	ལ་ཕུག་	la-phug
Rettung (f)	ཉེན་སྐྱོབ་	nyen-kyob
Rettungsaktion (f)*	ཉེན་སྐྱོབ་ལས་འགུལ་	nyen-kyob lä-gül
Rettungsboot (n)	སོག་སྐྱོབས་གྲུ་ཆུང་	sog-kyob d(r)hu-tschhung
Rettungsdienst (m)	ཉེན་སྐྱོབ་ཞབས་འདེགས་	nyen-kyob schab-deg
Rettungshub-schrauber (m)*	ཉེན་སྐྱོབ་འཁོར་ལྷུང་གནམ་གྲུ་	nyen-kyob khor-lhung nham-d(r)hu
rettungslos	སོས་རྒྱུ་མེད་པའི་	sö-gyu meh-pae
Rettungsmann-schaft (f)*	ཉེན་སྐྱོབ་རུ་ཁག་	nyen-kyob ru-khag
Rettungs-sanitäter (m)*	གཞོགས་འདེགས་སྨན་པ་	schog-deg men-pa
Rettungswagen (m)	ནད་པ་འདྲེན་འཁོར་	neh-pa d(r)hen-khor
retuschieren	གསལ་སྐྱོར་རྒྱག་པ་	sel-kyor gyag-pa
Reue (f)	འགྱོད་སེམས་	gyöh-säm
Revanche (f)	འཁོན་ལེན་	khön-len
revanchieren	འཁོན་ལེན་ལེན་པ་	khön-len len-pa
Revanchismus (m)*	དགྲ་ཤ་རིང་ལུགས་	d(r)ha-schha ring-lug
revidieren	བསྐྱར་བཅོས་བྱེད་པ་	kyar-tschö dschye-pa
Revision (f)	ཞིབ་བཤེར་	schib-schher

Revisor (m)	ཚེས་ཞིབ་པ་	tsi-schib-pa
Revolte (f)	གྱེན་ལང་	gyen-lang
revoltieren	གྱེན་ལང་བྱེད་པ་	ghyen-lang dschye-pa
Revolution (f)	གསར་བརྗེ་	sar-dsche
Revolutionär (m)	ངོ་ལོག་པ་	ngo-log-pa
revolutionieren	གསར་བརྗེ་བྱེད་པ་	sar-dsche dschye-pa
Revolver (m)	ཐུང་མདའ་རང་འཁོར་མ་	thung-da rang-khor-ma
Revue (f)*	བསྐྱར་དུ་ལྟ་ཞིབ་	kyar-dhu ta-schib
rezensieren	བསྐྱར་ཞིབ་བྱེད་པ་	kyar-schib dschye-pa
Rezension (f)	བསྐྱར་ཞིབ་	kyar-schib
Rezept (n), med.	སྨན་ཡིག་	men-jig
Rezeption (f)	སྙེ་ལེན་	nhe-len
reziprok	གཅིག་ལན་གཅིག་འཇལ་གྱི་	tschig-len tschig-dschel-gyi
rezitieren	སྐྱོར་བ་	kyor-wa
Rhabarber (m)	ཆུ་ལོ་	tschhu-lo
Rhesusaffe (m)	རེ་སུ་སྤྲེའུ་	re-su t(r)he-wu
Rhesusfaktor (m), med.	ཁྲག་དམར་ཁ་ཕུང་	t(r)hag-mhar t(r)ha-phung
Rhetorik (f)	དགོས་དོན་ཕིགས་སྨྲའི་གཏམ་བཤད་	gö-dhön phig-mae tahm-schheh
rhetorisch	ཨུ་སྐྲོབ་གཏམ་བཤད་ཀྱི་	wü-d(r)hob tahm-schheh-kyi
rheumatisch	གྲུམ་ནད་ཀྱི་	d(r)hum-neh-kyi
Rheumatismus (m)	གྲུམ་ནད་	d(r)hum-neh
Rhinozeros (n)	བསེ་རུ་	se-ru
Rhododendron (m)	སྟག་མ་	tahg-ma
Rhombus (m)	བད་རྒྱགས་དངོས་མཉམ་མཐའ་བཞི་མ་	theh-gyug ngö-nyam tha-schi-ma

Deutsch	Tibetisch	Umschrift
Rhythmus (m)	སྒྲ་གདངས་བཅད་མཚམས་ཅན་གྱི་སྐྱེན་རྩོམ་	d(r)ha-dang tscheh-tzam-tschen-gyi nyhen-tsom
richten, jur.	ཁྲིམས་ཐག་གཅོད་པ་	t(r)him-thag tschhöh-pa
Richter (m)	ཁྲིམས་དཔོན་	t(r)him-pön
richterlich	ཁྲིམས་ཀྱི་	t(r)him-kyi
Richterspruch (m)	ཁྲིམས་པའི་བཅད་མཚམས་	t(r)him-sae tscheh-tzam
richtig	དྲང་བདེན་	d(r)hang-den
richtigstellen	ཡོ་བསྲང་ལེགས་བཅོས་བྱེད་པ་	jo-sang leg-tschö dschye-pa
Richtlinie (f)	གཅོད་མཚམས་	tschheh-tzam
Richtschnur (f)	ཐིག་ཚད་	thig-tzeh
Richtung (f)	ཕྱོགས་	tschhyog
Richtungs-kampf (m), pol.*	ཕྱོགས་ཁག་འཐེན་འཁྱེར་གྱི་འཐུག་རྩོད་	schhog-khag then-khyer-gyi t(r)hug-tsöh
Richtungs-wechsel (m)*	ཁ་ཕྱོགས་བརྗེ་འགྱུར་	kha-tschhyog dsche-gyur
Richtzahl (f)	དཀར་ཆག་	kar-tschhag
riechen	དྲི་མ་ཁ་བ་	d(r)hi-ma kha-wa
Riegel (m)	ཨ་ཤིང་	a-schhing
Riemen (m)	ཀོ་ཐག་ལེབ་མོ་	ko-thag leb-mo
Riese (m)	མིའོ་ཆེ་	mi-wo-tschhe
rieseln	སྦྲང་ཆར་འབབ་པ་	d(r)hang-tschhar bab-pa
riesig	ཧ་ཅང་ཆེན་པོ་	ha-tschang tschhen-po
rigoros	ཤུགས་དྲག་ཅན་	schhug-d(r)hag-tschen
Rikscha (f)	འཁྱོག་འཁོར་	khyog-khor
Rind (n)	ལྷན་གོག་	lhan-gog
Rinde (f)	ཤིང་པགས་	schhing-pag

Rinderfilet (n)	སླང་ཤ་ཕྲུག་མ་	lhang-schha tschug-ma
Rinderlende (f)*	སླང་གི་ལོང་ཤ་	lhang-gi long-schha
Rinderzucht (f)	སྒོ་ཕྱུགས་སྐྱེད་འཕེལ་	go-tschhyug kyeh-phel
Rindfleisch (n)	སླང་ཤ་	lhang-schha
Rindsleder (n)	བ་ཀོ་	bha-ko
Ring (m)	ཨ་ལོང་	a-long
Ringblume (f)	གུར་ཀུམ་མེ་ཏོག་	ghur-kum me-tohg
ringen	འབ་ཐང་འཁྲབ་པ་	ab-thang t(r)hab-pa
Ringen (n)	འབ་ཐང་	ab-thang
Ringfinger (m)	གུང་མཛུབ་	ghung-dzub
ringsumher	མཐའ་འཁོར་དུ་	tha-khor-dhu
Rinne (f)	ཆུ་ཡུར་	tschhu-jur
Rinnsal (n)	ཆུ་ཕྲན་	tschhu-t(r)hen
Rippe (f)	རྩིབ་རུས་	tsib-rü
Rippenfell (n)	ལྷོ་བའི་སྐྱི་པགས་	lho-wae kyi-pag
Rippenfell-entzündung (f)	ལྷོ་སྐྱིའི་སྣངས་ནད་	lho-kyii t(r)hang-neh
Risiko (n)	ཉེན་ཁ་	nyen-kha
risikoreich	ཉེན་ཁ་ཅན་	nyen-kha-tschen
riskieren	ཉེན་ཁར་རྗེ་མི་སྙམ་པ་	nyen-kha-la dschi-mi nyam-pa
Rispe (f), bot.	ཕོན་ལོ་	phön-lo
Riss (m)	སེར་ཀ་	ser-ka
Risswunde (f)	གཤག་བཏུབ་	schhag-tuhb
Ritual (n)	ཆོ་ག་	tschho-gha
ritzen	འབྲད་འབྲད་གཏོང་བ་	d(r)heh-d(r)heh tong-wa

Rivale (m)	ཁ་གཏད་	kha-teh
rivalisieren	ཁ་གཏད་འཛལ་བ་	kha-teh dschel-wa
Rivalität (f)	རྩོད་འགྲན་	tseh-d(r)hen
Rizinusöl (n)	དན་རོག་གི་སྣུམ་	den-rog-gi nhum
Robbe (f)	མཚོ་གཞིག་	tzo-sihg
Roboter (m)	མི་གཟུགས་འཕྲུལ་ཆས་	mi-suhg t(r)hül-tschhä
robust	ཤེད་ཤུགས་ཅན་	schheh-schhug-tschen
Robustheit (f)	ཤེད་ཤུགས་ལྡན་པ་ཉིད་	schheh-schhug den-pa nyih
Rock (m)	སྱར་མ་	dschyar-ma
Roggen (m)	ཡུག་པོ་	jug-po
roh	རྗེན་པ་	dschen-pa
Rohdiamant (m)	ཕ་ལམ་རགས་པ་	pha-lam rag-pa
Roheisen (n)	ལྕགས་རྗེན་	tschag-dschen
Rohentwurf (m)	ཟིན་བྲིས་རགས་པ་	sihn-d(r)hi rag-pa
Rohkost (f)*	ཟས་ཚོད་མ་	säh-tzöh-ma
Rohleder (n)	དམར་ཀོ་	mhar-ko
Rohmaterial (n)*	དངོས་པོ་རགས་པ་	ngö-po rag-pa
Rohöl (n)	རྡོ་སྣུམ་རྗེན་པ་	do-nhum dschen-pa
Rohr (n)	འདམ་རྩྭ་	dam-tsa
Rohr (n), tech.	སྦུམས་མདོང་	bum-dong
röhrenförmig	སྦུག་མདོང་ཅན་	bug-dong-tschen
Rohrleitung (f)	སྦུབ་ཡུར་	bub-jur
Rohrzucker (m)	བུར་ཤིང་ཀ་ར་	bhur-schhing ka-ra
Rohseide (f)*	དར་གོད་	dhar-göh

Rohstoff (m)	ལས་སྣོན་མ་བྱས་པའི་རྒྱུ་ཆ་	lä-nhön ma-dschyä-pae gyu-tschha
Rohzustand (m)*	རང་བྱུང་གནས་སྟངས་	rang-dschyung nhä-tang
Rollbild (n)	ཐང་ཀ་	thang-ka
Rollschuh (m)	སྐམ་ཤུད་ལྷམ་	kam-schhüh-hlam
Rollschuh laufen	སྐམ་ཤུད་ལྷམ་གཏོང་བ་	kam-schhüh-hlam tong-wa
Rollstuhl (m)	འཁོར་ལོའི་ཀུབ་སྟེགས་	khor-löe kub-tehg
Rolltreppe (f)	འཁོར་སྐས་	khor-kä
Roman (m)	བརྩམས་སྒྲུང་	tsam-d(r)hung
romantisch	བརྩེ་དགའི་ཉམས་ཚོར་གྱི་	tse-gae nyam-tzor-gyi
Romantik (f)	བརྩེ་དགའི་ཉམས་ཚོར་	tse-gae nyam-tzor
röntgen	གློག་འོད་ནད་ཞིབ་བྱེད་པ་	lhog-wöh neh-schib dschye-pa
röntgen	གློག་པར་རྒྱག་པ་	lhog-par gyag-pa
Röntgen (n)	གློག་པར་	lhog-par
Röntgenologe (m)	ཁྱབ་འགྱེད་དཔྱད་རིག་པ་	khyab-gyeh tschyeh-rig-pa
Röntgenuntersuchung (f)*	གློག་པར་བརྟག་དཔྱད་	lhog-par tahg-tschyeh
rosa	ཟིང་སྐྱ་	sihng-kya
Rose (f), bot.	རྒྱ་སེ་མེ་ཏོག་	gya-se me-tohg
Rosengarten (m)	རྒྱ་སེ་ལྡུམ་ར་	gya-se dum-ra
Rosenholz (n)	སེ་ཤིང་	se-schhing
Rosenkranz (m)	ཕྲེང་བ་	t(r)heng-wa
Rosenkranz (m), hon.	ཕྱག་ཕྲེང་	tschhyag-t(r)heng
Rosenstrauch (m)	སེ་བ་	se-wa
rosig	དམར་མདངས་ཅན་	mhar-dang-tschen

Rosine (f)	རྒུན་འབྲུམ་སྐམ་པོ་	gün-d(r)hum kam-po
Rosmarin (m)	དྲི་བཟང་ལྫུམ་བུ་	d(r)hi-sahng dum-bhu
Ross (n)	རྟ་	ta
Rost (m)	བཙའ་	tsa
rostbraun	རྫ་མདོག་	dza-dog
rosten	བཙའ་རྒྱག་པ་	tsa gyag-pa
rösten	མེ་སྲེག་གཏོང་བ་	me-seg tong-wa
rostfrei	བཙའ་ཐུབ་པ་	tsa thub-pa
rostig	བཙའ་བརྒྱབ་པའི་	tsa-gyab-pae
rot	དམར་པོ་	mhar-po
Rotation (f)	འཁོར་འཁྱིལ་	khor-khyil
Röte (f)	དམར་པོའི་རང་བཞིན་	mhar-pöe rang-schin
Rothirsch (m), zo.	ཤ་བ་སེར་ཆེན་	schha-wa ser-tschhen
rotieren	འཁོར་བ་	khor-wa
Rotkohl (m)*	པད་ལོག་དམར་པོ་	peh-log mhar-po
rötlich	དམར་ཤུབ་	mhar-schhub
Rottanne (f)*	ཐང་ཤིང་དམར་པོ་	thang-schhing mhar-po
Rotwein (m)*	རྒུན་ཆང་དམར་པོ་	gün-tschhang mhar-po
Rotz (m)	སྣབ་ལྷུད་	nhab-lhü
Rotznase (f)	སྣབ་ལྷུད་ཛར་ཛར་	nhab-lhü dzar-dzar
Routine (f)	རྒྱུད་སྟོན་	gyuh-den
routiniert	ཉམས་མྱོང་ཅན་	nyham-nyong-tschen
rubbeln	འབུད་པ་	d(r)heh-pa
Rübe (f)	ཉུང་མ་	nyung-ma
Rübenkraut (n)	ཀ་རའི་ཉུང་མ་	ka-rae nyung-ma

Rübenzucker (m)	ཞུང་དམར་གྱི་ཀ་ར་	nyung-mhar-gyi ka-ra
Rubin (m)	པདྨ་ར་ག་	peh-ma ra-ga
Rubrik (f)	སྡེ་ཚན་	de-tzen
Rückantwort (f)	ལན་འདེབས་	len-deb
Rückblende (f)	རྒྱབ་གཤིབ་	gyab-schhib
Rücken (m)	སྒལ་བ་	gel-wa
Rückenlage (f)	གན་རྒྱལ་དུ་ཉལ་བ་	ghen-kyel-dhu nyel-wa
Rückenmark (n)	སྒལ་རྣག་	gel-nhag
Rücken-schmerzen (f)*	སྒལ་ཟུག་	gel-suhg
Rückenwind (m)	རྒྱབ་རླུང་	gyab-lhung
rückerstatten	དངུལ་འབབ་ཕྱིར་སློག་སྟོད་པ་	nghül-bab tschhyir-lhog t(r)höh-pa
Rückerstattung (f)	དངུལ་འབབ་ཕྱིར་སློག་	nghül-bab tschhyir-lhog
Rückfahrtkarte (f)	ཕྱིར་ལོག་ལག་ཁྱེར་	tschhyir-log lag-khyer
Rückfall (f)	བསྐྱར་ལོག་རྒྱག་པ་	kyar-log gyag-pa
Rückfall (f), med.	ནད་ལོག་རྒྱག་པ་	nheh-log gyag-pa
Rückführung (f), pol.	རང་ཡུལ་དུ་ཕྱིར་སློག་	rang-jül-dhu tschhyir-lhog
Rückgabe (f)	ཕྱིར་སློག་	tschhyir-lhog
Rückgang (m)	ཆག་ཆ་	tschhag-tschha
Rückgewinnung (f)*	བསྐྱར་ཐོབ་	kyar-thob
Rückgrad (n)	སྒལ་ཚིགས་	gel-tzig
Rückhalt (m)	རྒྱབ་སྐྱོར་	gyab-kyor
Rückkauf (m)*	ཕྱིར་ལེན་ཉོ་ཆ་	tschhyir-len nyo-tschha
Rückkaufsrecht (n)*	ཕྱིར་ཉོས་ཐོབ་ཐང་	tschyhir-nyö thob-thang

Rücklage (f), econ.	དགོས་མཁོ་ཟར་འཇོག	gö-kho sahr-dschog
rückläufig	མར་ཆག་པའི་	mar-tschhag-pae
Rücklicht (n)	རྒྱབ་གློག	gyab-lhog
Rücknahme (f)*	ཕྱིར་ལེན་	tschhyir-len
Rucksack (m)	རྒྱབ་ཕད་	gyab-pheh
Rückschluss (m)	མཐའ་དོན་	tha-dhön
Rückschritt (m)*	རྒྱབ་འགྲོས་	gyab-d(r)hö
rückschrittlich	ཉམ་ཆགས་འགྲོ་བའི་	nyam-tschhag d(r)ho-wae
Rückseite (f)	རྒྱབ་ངོས་	gyab-ngö
Rücksicht (f)	བསམ་ཞིབ་	sam-schib
rücksichtslos*	རྩི་འཇོག་སྤུ་ཚམ་མེད་པ་	tsi-dschog pu-tsam meh-pa
Rücksichtslosigkeit (f)*	རྩི་འཇོག་མི་འདང་བའི་རང་བཞིན་	tsi-dschog mi-dang-wae rang-schin
rücksichtsvoll	བསམ་ཡོད་	sam-jöh
Rücksprache (f)	གོ་སྡུར་	go-dur
Rückstand (m), chem.	སྙིགས་རོ་	nyig-ro
rückständig	རྗེས་སུ་ལུས་པ་	dschä-su lu-pa
Rückstrahler (m)	སློག་འཕྲོའི་མེ་ལོང་	dog-t(r)höe me-long
Rücktritt (m)	རྩ་དགོངས་	tsa-gong
Rückversicherung (f)	ཉེན་སྲུང་བསྐྱར་འཇོག	nyen-sung kyar-dschog
rückwirkend	སྔར་བྱུང་དང་འབྲེལ་མཐུན་གྱི་	ngar-dschyung-dhang d(r)hel-thün-gyi
Rückwirkung (f)	སློག་ཤུགས་	dog-schhug
rückzahlbar	སྐྱིན་ཚབ་སློད་རུང་	kyin-tzab t(r)höh-rung
Rückzahlung (f)	སྐྱིན་ཚབ་	kyin-tzab

Rückzug (m)	ཕྱིར་འཐེན་	tschhyir-then
Rudel (n)	ཁྱུ་	khyu
Ruder (n)	གྲུ་སྐྱེ་	d(r)hu-kya
Ruderboot (n)	སྐྱ་བ་ཅན་གྱི་གྲུ་	kya-wa-tschen-gyi d(r)hu
Ruderer (m)	གྲུ་པ་	d(r)hu-pa
rudern	གྲུ་སྐྱེ་རྒྱག་པ་	d(r)hu-kya gyag-pa
rudimentär	བཙམ་གཞིའི་	tsam-schii
Ruf (m)	འབོད་སྐད་	böh-keh
rufen	འབོད་པ་	böh-pa
Rufname (f)*	འབོད་མིང་	böh-ming
Rüge (f)	གཤེ་གཤེ་	schhe-schhe
Rüge (f), hon.	བཀའ་བཀྱོན་	ka-kyön
rügen	གཤེ་གཤེ་བཏང་བ་	schhe-schhe tang-wa
rügen, hon.	བཀའ་བཀྱོན་གནང་བ་	ka-kyön nhang-wa
Ruhe (f)	ཁ་ཁུ་སིམ་པོ་	kha-khu sim-po
ruhelos	དལ་མེད་ཀྱི་	dhel-meh-kyi
Ruhepause (f)*	ངལ་གསོའི་བར་མཚམས་	ngel-söe bhar-tzam
Ruhm (m)	སྐད་གྲགས་	keh-d(r)hag
Ruhm (m), hon.	སྙན་གྲགས་	nyen-d(r)hag
ruhmreich	གཟི་བརྗིད་ཅན་	sih-dschih-tschen
rühren	དཀྲུག་པ་	t(r)hug-pa
rührend	ཚོར་ཤེས་མྱུར་བའི་	tzor-schhä nyur-wae
Rührseligkeit (f)	སེམས་ཚོར་སྐྱེན་པོའི་རང་བཞིན་	säm-tzor kyen-pae rang-schin
Ruin (m)	ཉམས་རྒུད་	nyam-güh

Ruine (f)	རྒྱང་རོ་	gyang-ro
ruinieren	རྒྱུད་ཆག་བཟོ་བ་	gyüh-tschhag soh-wa
Rülps (m)	གསུད་	süh
rülpsen	གསུད་པ་	süh-pa
Rum (m)	བུར་ཤིང་ཨ་རག་	bhur-schhing a-rag
Rummel (m)	འབྲེལ་འཚུབ་	d(r)hel-tzub
Rumpf (m)	མིའི་སྟོད་ཁོག་	mii töh-khog
rund	རིལ་རིལ་	ril-ril
Rundblick (m)	ཁོར་ཡུག་གི་མཐོང་རྒྱ་	khor-jug-gi thong-gya
Rundbrief (m)	གསལ་བསྒྲགས་ཡིག་ཆ་	sel-d(r)hag jig-tschha
Rundfahrt (f)	ཡུལ་སྐོར་	jül-kor
Rundfrage (f)	དྲི་འགོད་དཔྱད་ཞིབ་	d(r)hi-göh tschyeh-schib
Rundfunk (m)	རླུང་འཕྲིན་རྒྱང་བསྒྲགས་	lhung-t(r)hin gyang-sing
Rundfunk-anstalt (f)*	རླུང་འཕྲིན་རྒྱང་བསྒྲགས་ཚོགས་འཛུགས་	lhung-t(r)hin gyang-sing tzog-dzug
Rundfunk-gebühr (f)*	རླུང་འཕྲིན་ཚོག་མཆན་རིན་འབབ་	lhung-t(r)hin tschhog-tschhen rin-bab
Rundfunk-sender (m)	རླུང་འཕྲིན་རྒྱང་བསྒྲགས་ཡོ་ཆས་	lhung-t(r)hin gyang-sing jo-tschhä
Rundfunk-sprecher (m)	རླུང་འཕྲིན་རྒྱང་བསྒྲགས་གསལ་བསྒྲགས་པ་	lhung-t(r)hin gyang-sing sel-d(r)hag-pa
Rundgang (m)	ལྟ་སྐོར་	ta-kor
rundlich	རྒྱགས་རིལ་	gyag-ril
Rundung (f)	གུག་གུག་	ghug-ghug
Runzel (f)	སྙེར་མ་	nyher-ma
runzelig	སྙེར་མ་འཁུམ་འཁུམ་	nyher-ma khum-khum
runzeln	སྙེར་མ་འཁུམ་པ་	nyher-ma khum-pa

rupfen	འབྲོག་པ་	thog-pa
Russ (m)	དུ་རྡེག་	dhu-d(r)heg
Rüssel (m)	སྣ་གདོང་	nha-dong
russisch	ཨུ་རུ་སུའི་	u-ru-süe
Russland (n)	ཨུ་རུ་སུའི་རྒྱལ་ཁབ་	u-ru-süe gyel-khab
rüsten, mil.	གོ་མཚོན་སྣས་པ་	go-tzön t(r)hä-pa
rustikal	གྲོང་གསེབ་ཀྱི་	d(r)hong-seb-kyi
Rüstung (f)*	དག་དཔུང་ཡོ་བྱད་	d(r)hag-pung jo-dschyeh
Rüstungs-industrie (f)	དམག་ཆས་བཟོ་ལས་	mhag-tschhä soh-lhä
Rutsch (m)	འདེད་བདར་	d(r)heh-dar
rutschen	ཤུད་འགྲོས་བྱེད་པ་	schhüh-d(r)hö dschye-pa
rutschig	འདེད་ཆོག་ཆོག་	d(r)heh-tschhog-tschhog
rütteln*	འགུལ་འཁྲུག་རྒྱག་པ་	gül-t(r)hug gyag-pa

S

Saal (m)	འདུ་ཁང་	du-khang
Saatgut (n)	སོན་འབྲུ་	sön-d(r)hu
Säbel (m)	གྲི་གུག་	d(r)hi-ghug
Sabotage (f)	གཏོར་རྒོལ་ངན་བྱུས་	tohr-göl ngen-dschyü
Sabotageakt (m)	གཏོར་རྒོལ་ངན་བྱུས་ཀྱི་བྱ་སྤྱོད་	tohr-göl ngen-dschyü-kyi dschya-tschyöh
Saboteur (m)	གཏོར་རྒོལ་ངན་བྱུས་བྱེད་མཁན་	tohr-göl ngen-dschyü dschyeh-khen
sabotieren	གཏོར་རྒོལ་བྱེད་པ་	tohr-göl dschye-pa
Saccharin (n)	མངར་བཅུད་	ngar-tschüh
Sach-beschädigung (f)*	མཁར་དབང་སྐྱོན་ཆག་	khar-wang kyön-tschhag

sachdienlich	ཕན་ཐོགས་པོ་	phen-thog-po
Sache (f)	དངོས་པོ་	ngö-po
Sachlage (f)	ཆགས་ཚུལ་	tschhag-tzül
sachlich	དངོས་འབྲེལ་གྱི་	ngö-d(r)hel-gyi
sächlich	མ་ནིང་	ma-ning
sachte	ཞི་འཇམ་	schi-dscham
Sachverhalt (m)	བྱ་བཞག་	dschya-schag
Sachverstand (m)	རྩལ་ལག་མཁས་པའི་ཆོས་ཉིད་	tsel-lag khä-pae tschhö-nyih
Sack (m)	ཁུག་མ་	khug-ma
sacken	ནུབ་པ་	nhub-pa
Sackgasse (f)	གང་དུའང་མི་སླེབ་པ་	ghang-dhuan mi-lheb-pa
Sackkarre (f)	དོས་འདྲེན་ལག་འཁོར་	dhö-d(r)hen lag-khor
Sadismus (m)	ཙུབ་སྤྱོད་འཁྲིག་སྦྱོར་	tsub-tschyöh t(r)hig-dschyor
Sadist (m)	ཙུབ་སྤྱོད་འཁྲིག་སྦྱོར་བྱེད་པོ་	tsub-tschyöh t(r)hig-dschyor dschye-po
sadistisch	ཙུབ་སྤྱོད་འཁྲིག་སྦྱེར་གྱི་	tsub-tschyöh t(r)hig-dschyor-gyi
säen	ས་བོན་འདེབས་པ་	sa-bhön deb-pa
Safari (f)	ཁྱི་ར་ཡུལ་སྐོར་	khyi-ra jül-kor
Safran (m)	ཁ་ཚེ་ག་སྨམ་མ་	kha-tschhe schha-kam-ma
Saft (m)	ཁུ་བ་	khu-wa
saftig	ཁུ་བ་ཅན་	khu-wa-tschen
Saga (f)	དཔའ་བོའི་རྟོགས་བརྗོད་	pa-wöe tohg-dschöh
Sage (f)	གཏམ་རྒྱུད་	tahm-gyüh
Säge (f)	སོག་ལེ་	sog-le

Sägefisch (m)	ཉ་མོ་སོག་མཆུ་	nya-mo sog-tschhu
Sägemehl (n)	སོག་ཕྱེ་	sog-tschhye
sagen	བཤད་པ་	schheh-pa
sagen, hon.	གསུང་བ་	sung-wa
sägen	སོག་ལས་བྲེག་པ་	sog-lä d(r)heg-pa
sagenhaft	གཏམ་རྒྱུད་དུ་གྲགས་པའི་	tahm-gyüh-dhu d(r)hag-pae
Sägewerk (n)	སོག་ག་འག་བཟོ་གྲྭ་	sog-schhag soh-d(r)ha
Sahne (f)	འོ་ཕྲིས་	wo-t(r)hi
sahnig	ཕྲིས་མ་ཅན་	t(r)hi-ma-tschen
Saison (f)	ནམ་དུས་	nam-dhü
Saisonarbeit (f)	ནམ་དུས་ཀྱི་ལས་ཀ་	nam-dhü-kyi lä-ka
saisonbedingt	ནམ་དུས་ཀྱི་	nam-dhü-kyi
Saite (f), mus.	རོལ་ཆའི་རྒྱུད་སྐུད་	röl-tschhae gyuh-küh
sakral	ཙང་ཚིགས་ཀྱི་	tzang-tzig-kyi
Sakrament (n)	མཆོན་དོན་ཆོ་ག་	tzön-dhön tschho-ga
Sakrileg (n)	འབག་བཙོག་	bag-tsog
säkular	ཆོས་ལུགས་རིས་མེད་ཀྱི་	tschhö-lug ri-meh-kyi
Salär (n)	དངུལ་ཕོགས་	nghül-phog
Salat (m)	གྱང་ཚལ་	d(r)hang-tzel
Salatsosse (f)	གྱང་ཚལ་སྦྱོར་སྤོད་	d(r)hang-tzel dschyor-pöh
Salbe (f)	བྱུག་སྨན་	dschyug-men
Salbei (m), bot.	འཇིབ་རྩི་	dschib-tsi
Saldo (m), econ.	བྱུང་སོང་ཞྭག་བསྡུད་	dschyung-song hlag-deh
Salmiakgeist (m)	སེ་ལྷུང་སྦྱར་ཆུ་	seh-lhung dschyar-tschhu

Salpeter (m), chem.	གོའོ་	schha-wo
Salpetersäure (f)	ཛེ་ཚོའི་སྐྱུར་རྫས་	seh-tzae kyur-dzä
Salve (f)	མེ་མཚོན་སྟེབ་འཕན་གྱུས་བདུད་	me-tzön deb-phen ghü-düh
Salz (n)	ཚྭ་	tza
Salzmine (f)	ཚྭ་གཏེར་	tza-tehr
salzen	ཚྭ་འདེབས་པ་	tza deb-pa
salzfrei	ཚྭ་མེད་	tza-meh
salzig	ཚྭ་ཁུ་	tza-khu
Salzsäure (f)	ཆུའི་ཚྭ་རླུངས་སྐྱུར་རྫས་	tschhue tza-lhung kyur-dzä
Salzsee (m)	ཚྭ་མཚོ་	tza-tzo
Salzwasser (n)	ཚྭ་ཆུ་	tza-tschhu
Samen (m), bot.	སོན་ཙ་	sön-tsa
Sammelband (m)	ཚོམ་ཡིག་ཕྱོགས་བསྡུས་	tsom-jig tschhyog-dü
Sammelmappe (f)	ཏེབ་བྱེད་	tehb-dschyeh
sammeln	བསྡུ་རུབ་བྱེད་པ་	du-rub dschye-pa
Sammelsurium (n)	གོང་བུ་གཅིག་འདུས་	ghong-bhu tschig-dü
Sammelwerk (n)	དཔེ་དེབ་ཕྱོགས་བསྒྲིགས་	pe-dhep tschhyog-d(r)ig
Sammlung (f)	ཕྱོགས་བསྡུས་	tschhyog-dü
Samstag (m)	རེ་གཟའ་སྤེན་པ་	re-sah pen-pa
Samt (m)	སྤུ་མ་	pu-ma
samtartig	སྤུ་མ་ལྟར་འཇམ་པོ་	pu-ma-tahr dscham-po
sämtlich	ཚང་མ་	tzang-ma
Sanatorium (n)	དབེན་གནས་སྨན་ཁང་	ben-nhä men-khang
Sand (m)	བྱེ་མ་	dsche-ma

Sandale (f)	སྦྲོག་ལྷམ་	d(r)hog-hlam
Sandbank (f)	བྱེ་བྲམ་	dschye-d(r)ham
Sanddorn (m), bot.	ཚེར་དཀར་	tzer-kar
sandig	བྱེ་མ་འདྲ་	dschye-ma-d(r)ha
Sandpapier (n)	ཀོ་གཤེག་	ko-seg
Sandsack (m)	བྱེ་སྒྱེ་	dschye-ge
Sandstein (m)	བྱེ་རྡོ་	dschye-do
Sandsturm (m)	བྱེ་མའི་རླུང་འཚུབ་	dschye-mae lhung-tzub
Sanduhr (f)	བྱེ་མའི་ཆུ་ཚོད་	dschye-mae tschhu-tzöh
Sandwüste (f)	བྱེ་ཐང་	dschye-thang
sanft	འཇམ་པོ་	dscham-po
Sänfte (f), hon.	ཕེབས་ཁྲི་	pheb-t(r)i
Sänger (m)	གཞས་གཏོང་མཁན་	schä-tong-khen
sanieren	བཟོ་བཅོས་རྒྱག་པ་	soh-tschö gyag-pa
Sanierung (f)	བཟོ་བཅོས་	soh-tschö
Sanierungs-kosten (f)	བཟོ་བཅོས་འགྲོ་གྲོན་	soh-tschö d(r)ho-d(r)hön
sanitär	གཙང་སྦྲ་འཕྲོད་བསྟེན་གྱི་	tsang-d(r)ha t(r)höh-tehn-gyi
Sanktion (f)	དམ་བསྒྲག་བཀའ་ཆད་	dham-d(r)hag ka-tschheh
sanktionieren	དམ་བསྒྲག་བཀའ་ཆད་གཏོང་བ་	dham-d(r)hag ka-tschheh tong-wa
Saphir (m)	དབང་སྔོན་	wang-ngön
Sarg (m)	རོ་སྒམ་	ro-gham
Sarg (m), hon.	གདུང་སྒྲོམ་	dung-d(r)hom
Sarkasmus (m)	ཟུར་ཟའི་གཏམ་	suhr-sahe-tahm
sarkastisch	ཟུར་ཟའི་	suhr-sahe

Sarkom (n), med.	སྐྲན་དོག་	t(r)hen-dhog
Sarkophag (m)	རོའི་རོ་སྒམ་དཀྱིལ་རིས་ཅན་	döe-ro-gam t(r)höl-ri-tschen
Satan (m)	བདུད་	düh
satanisch	བདུད་ལྟ་བུ་	düh-ta-bhu
Satanismus (m)	འདྲེ་ཆོས་	d(r)he-tschhö
Satellit (m)	འཕུལ་སྐར་	t(r)hül-kar
Satellitenstaat (m), pol.	མངའ་འོག་རྒྱལ་ཁབ་	nga-wog gyel-khab
Satelliten-übertragung (f)*	འཕུལ་སྐར་རྒྱུད་འཕྱེན་བརྒྱུད་སྒྱིང་	t()hül-kar lhung-t(r)hin gyüh-sing
Satin (m)	གོས་ཆེན་མཛོད་གོས་	ghö-tschhen dzöh-gö
Satire (f)	འཕུ་དམོད་ཀྱི་སྙན་ཚོམ་	tschhya-möh-kyi nyen-tsom
satirisch	ཟུར་ཟའི་སྙན་ཚོམ་གྱི་	suhr-sahe nyen-tsom-gyi
Sattel (m)	རྟ་སྒ་	ta-ga
satteln	རྟ་སྒ་རྒྱབ་པ་	ta-ga gyab-pa
Satteltasche (f)	རྟ་སྒྲོ་	ta-d(r)ho
sättigen*	སིམ་སྦྱོར་ཟིན་པ་	sim-dschyor sihn-pa
Sättigung (f)	གཞིར་ཁུའི་ནང་སྦྱང་བའམ་སི་སྦྱོར་	schhir-khue-nang bang-bha-wam se-dschyor
Sättigungs-grad (m)*	སིམ་སྦྱོར་ཟིན་པའི་ཚད་	sim-dschyor sihn-pae tseh
Saturn (m)	གཟའ་ཆེན་སྤེན་པ་	sah-tschhen pen-pa
Satz (m)	བརྗོད་པ་	dschöh-pa
Satzbau (m)	ཚིག་སྦྱོར་	tzig-dschyor
Satzung (f)	སྒྲིག་གཞི་	d(r)hig-schi
Satzzeichen (n)	ཡི་གེའི་མཚམས་རྟགས་	ji-ghee tzam-tahg
Sau (f)	ཕག་མོ་	phag-mo

sauber	གཙང་མ་	tsang-ma
Sauberkeit (f)	གཙང་སྦྲ་	tsang-d(r)ha
säubern	གཙང་མ་བཟོ་བ་	tsang-ma soh-wa
Saubohne (f)	མོན་སྲན་ལེབ་མོ་	mhön-sen leb-mo
sauer	སྐྱུར་མོ་	kyur-mo
säuerlich	སྐྱུར་ཙམ་	kyur-tsam
Sauerstoff (m)	སོག་འཛིན་རླུང་	sog-dzin lhung
Sauerstoffgerät (n)	དབུགས་འབྱིན་རྔུབ་ཀྱི་ཡོ་ཆས་	ug dschyib-ngub-kyi jo-tschhä
saufen	ཆང་འཐུང་རྒྱག་པ་	tschhang-thung gyag-pa
Säufer (m)	ཆང་འཐུང་རྒྱག་མཁན་	tschhang-thung gyag-khen
saugen	འཛིབ་པ་	dschib-pa
Sauger (m)	ནུ་རྡོག་	nu-dog
Säugetier (n)	ནུ་མ་སྙུན་པའི་སྲོག་ཆགས་	nu-ma nhün-pae sog-tschhag
saugfähig	འཛིབ་ནུས་ཀྱི་	dschib-nü-kyi
Säugling (m)	ནུ་ཞོ་ནུ་བའི་ཕྲུ་གུ་	nu-scho nu-wae t(r)hu-ghu
Säuglingsalter (n)	མ་འབྱར་གྱི་གནས་སྐབས་	ma-dschyar-gyi nhä-kab
Säuglings- pflege (f)*	ཕྲུ་གུ་མ་འབྱར་གྱི་ལྟ་རྟོག་	t(r)hu-ghu ma-dschyar-gyi ta-tohg
Säule (f)	ཀ་རིལ་	ka-ril
Säulengang (m)	ཀ་བའི་བརྒྱལ་བསྒར་	ka-wae d(r)hel-tahr
Saum (m)	མཐའ་འབྲིལ་	tha-d(r)hil
säumen	མཐའ་སྒྲིགས་གཏོང་བ་	tha-tschag tong-wa
Sauna (f)	རྔུལ་ཁྲུས་ཆུ་ཁང་	lhung-t(r)hü tschhu-khang

Säure (f)	སྐྱུར་རྫས་	kyur-dzä
Savanne (f)	ཤིང་མེད་རྩ་ཐང་	schhing-meh tsa-thang
Schabe (f)	ཤུ་ལུ་མ་	schu-lu-ma
Schablone (f)	སྣུམ་པར་འདྲི་ཤོག་	nhum-par d(r)hi-schhog
Schach (n)	མིག་མང་	mig-mang
Schachbrett (n)	མིག་མང་རྩེད་གཞོང་	mig-mang tseh-schong
Schachfigur (f)	མིག་མང་གི་རྡེའུ་	mig-mang-gi de-u
Schacht (m), allg.	ཐོན་སྐྱེད་ཀྱི་གཏེར་ཁྲོན་	thön-kyeh-kyi tehr-t(r)hön
Schachtel (f)	སྒམ་	gam
Schädel (m)	མགོ་རུས་	go-rü
Schädel (m), hon.	དབུ་རུས་	u-rü
Schaden (m)	སྐྱོན་ཆག་	kyön-tschhag
schadhaft	སྐྱོན་ཅན་	kyön-tschen
schädigen	གནོད་སྐྱོན་གཏོང་བ་	nöh-kyön tong-wa
schädlich*	གནོད་སྐྱོན་ཅན་	nöh-kyön-tschen
Schädling (m)	གནོད་འཚེ་ཅན་	nöh-tze-tschen
Schädlings-bekämpfung (f)	གནོད་འབུ་སྡངས་འཛིན་	nöh-bu tang-dzin
Schädlingsbekämp-fungsmittel (n)	གནོད་འབུ་གསོད་སྨན་	nöh-bu söh-men
Schadstoff (m)	གནོད་རྫས་	nöh-dzä
schadstofffrei	གནོད་རྫས་མེད་པའི་	nöh-dzä meh-pae
Schaf (n)	ལུག་	lug
Schafbock (m)	ཕོ་ལུག་	pho-lug
Schäfchen (n)	ལུ་གུ་	lu-gu
Schäfer (m)	ལུག་རྫི་	lug-dzi

Schafsmilch (f)	ལུག་གི་འོ་མ་	lug-gi wo-ma
Schaft (m)	ཕང་མདའ་	phang-da
Schaftstiefel (m,pl)	ལྷམ་ཡུ་རིང་	hlam ju-ring
Schafwolle (f)	ལུག་བལ་	lug-bhel
Schafzucht (f)	ལུག་འཚོ་སྐྱོང་	lug tzo-kyong
Schakal (m), zo.	ཅེ་སྤྱང་	tsche-tschyang
schäkern	འཕྱལ་ཤོད་པ་	t(r)hül schhöh-pa
Schal (m)	ཁ་དཀྲིས་	kha-t(r)hi
Schal (m), hon.	ཞལ་དཀྲིས་	schel-t(r)hi
Schale (f)	ཕོར་པ་	phor-pa
Schale (f), (Frucht)	ཤིང་འབྲས་ཀྱི་ཤུན་པགས་	schhing-d(r)hä-kyi schhün-pag
schälen	ཤིང་པགས་བཤུ་བ་	schhing-pag schhu-wa
Schalk (m)	བསྟན་བཤིག་ཚ་པོ་	ten-schhig tza-po
Schall (m)	སྒྲ་གདངས་	d(r)ha-dang
schalldicht	སྒྲ་འགོག་	d(r)ha-gog
Schallgeschwindigkeit (f)	སྒྲའི་མྱུར་ཚད་	d(r)hae nyur-tzeh
Schallgrenze (f)	སྒྲ་འདས་འགོག་མཚམས་	d(r)ha-dä gog-tzam
Schallwelle (f)	སྒྲ་རླབས་	d(r)ha-lhab
Schalotte (f)	རི་ཙོང་	ri-tsong
schalten	བཐུད་སྒོ་བྱེད་པ་	thüh-go dschye-pa
Schalter (m), elektr.	མཐུད་སྒོ་	thüh-go
Schaltfläche (f), elektr.	བཐུད་སྒོའི་སྤྱི་སྣོམ་	thüh-göe tschyi-d(r)hom
Schaltplan (m)	ལྷོག་སྐུད་མཐུད་ཁྲིད་ཀྱི་བཀོད་རིས་	lhog-küh thüh-t(r)hih-kyi köh-ri

Schaltjahr (n)	ཧློལ་ལོ་	schhöl-lo
Scham (f)	ངོ་ཚ་	ngo-tza
schämen, sich	ངོ་ཚ་བ་	ngo tza-wa
schämen, sich, hon.	ཞལ་ཚ་བ་	schel tza-wa
schamhaft	ངོ་ཚ་ཅན་	ngo-tza-tschen
schamlos	ངོ་ཚ་མེད་པའི་	ngo-tza meh-pae
Schande (f)	ཞབས་འདྲེན་	scham-d(r)hen
schänden	བརྙས་སྨོད་བྱེད་པ་	nyä-möh dschye-pa
Schandfleck (m)*	བྱ་ངན་ནག་ཐིག་	dschya-ngen nag-thig
Schandtat (f)*	ཞབས་འདྲེན་བྱ་བ་	scham-d(r)hen dschya-wa
Schänke (f)	འགྱུལ་ཁང་	d(r)hül-khang
Schanktisch (m)	ཆང་རག་འཐུང་ས་	tschhang-rag thung-sa
Schar (f)	མི་ཚོགས་	mi-tzog
Scharlach (m)	དམར་སེར་	mhar-ser
scharf	རྣོ་ངར་ཅན་	nho-ngar-tschen
scharf (Gewürz)	ཁ་ཚ་པོ་	Kha-tza-po
Scharfrichter (m)	སྲོག་ཐོག་གཏོང་མཁན་	sog-thog tong-khen
Scharfschützer (m)	ཀོག་མདའ་རྒྱག་མཁན་	kog-da gyag-khen
Scharfsinn (m)	རིག་པ་རྣོན་པོ་	rig-pa nhön-po
scharfsinnig	བྱང་གྲུང་འཛོམས་པོ་	tschyang-d(r)hung dzom-po
Scharlach (m)	དམར་སེར་	mhar-ser
Scharlatan (m)	བྲོག་རྫུས་	sohg-dzü
Scharnier (n)	དབྱེ་ཚགས་	dschye-tschag
scharren	འབྲད་འབྲད་གཏོང་བ་	d(r)heh-d(r)heh tong-wa

Schatten (m)	སྒྲིབ་ནག	d(r)ib-nag
Schattenbosehn (n)	སྒྲིབ་ནག་ཁུ་ཚུར་	d(r)hib-nag khu-tzur
schattenhaft	སྒྲིབ་གཟུགས་ཅན་	d(r)hib-suhg-tschen
Schattenkabinett (n), pol.	གཟུགས་བརྙན་བཀའ་ཤག	suhg-nyhen ka-schhag
schattenlos	སྒྲིབ་གཟུགས་མེད་པའི་	d(r)hib-suhg meh-pae
Schattenseite (f)	སྒྲིབ་ནག་ཕྱོགས་	d(r)hib-nag-tschhyog
schattieren	སྒྲིབ་གཡོག་འགེབས་པ་	d(r)hib-jog geb-pa
Schattierung (f)	སྒྲིབ་གཡོག	d(r)hib-jog
Schatulle (f)	སྒྲོམ་བུ་	d(r)hom-bhu
Schatz (m)	གཏེར་	tehr
Schatzamt (n)	དཔལ་འབྱོར་འདུ་འགོད་ཁང་	pel-dschyor dhu-göh-khang
Schätzchen (n)	སྙིང་སྡུག	nying-dug
schätzbar	རོབ་ཙིས་རྒྱག་ཐུབ་པ་	rob-tsi gyag-thub-pa
schätzen	ཚོད་དཔག་པ་	tzöh pag-pa
Schatzkammer (f)	གཏེར་མཛོད་ཁང་	tehr-dzöh-khang
Schatzmeister (m)	ཕྱག་མཛོད་	tschhyag-dzöh
Schätzung (f)	ཚོད་དཔག	tzöh-pag
schätzungsweise	ཚོད་དཔག་གི་	tzöh-pag-gi
Schätzwert (m)*	ཚོད་དཔག་གི་རིན་ཐང་	tzöh-pag-gi rin-thang
Schau (f)	འཁྲབ་སྟོན་	t(r)hab-töhn
Schaubild (n)	དཔེ་རིས་	pe-ri
Schauder (m)	འདར་སིག	dar-sig
schaudern	འདར་སིག་སིག་བྱེད་པ་	dar-sig-sig dschye-pa
schauen	ལྟ་བ་	ta-wa

schauen (hon.)	སྤྱན་གཟིགས་པ་	tschyen sihg-pa
Schaufel (f)	འཇག་མ་	dschag-ma
Schaukel (f)*	དཔྱང་འཕུལ་	tschyang-t(r)hül
schaukeln	ལང་ལིང་དུ་འགུལ་བ་	lang-ling-dhu gül-wa
Schaukelpferd (n)	འཁྱོམ་འགུལ་རྟེའུ་	khyom-gül tewu
Schaukelstuhl (m)	འཁྱོམ་འགུལ་རྐུབ་སྟེགས་	khyom-gül kub-tehg
schaulustig*	ལྟ་འདོད་ཆེན་པོ་	ta-döh tschhen-po
Schaum (m)	སྦུ་སོབ་	bu-sob
schäumen	སྦུ་སོབ་ལང་བ་	bu-sob lang-wa
schaumig	སྦུ་བ་སོབ་སོབ་	bu-wa sob-sob
Schaumstoff (m)*	སྦུ་སོབ་ཀྱི་དངོས་པོ་	bu-sob-kyi ngö-po
schaurig	འཇིགས་སུ་རུང་བ་	dschig-su rung-wa
Schauspiel (n)	འཁྲབ་སྟོན་	t(r)hab-töhn
Schauspieler (m)	ཟློས་གར་བ་	dhö-ghar-wa
schauspielern	ཟློས་གར་ནང་འཁྲབ་པ་	dhö-ghar-nang t(r)hab-pa
Schauspielhaus (n)	འཁྲབ་སྟོན་ཁང་	t(r)hab-töhn-khang
Schauspielschule (f)	ཟློས་གར་སློབ་གྲྭ་	dhö-ghar lhob-d(r)ha
Schausteller (m)	འཁྲབ་སྟོན་ལ་མཁས་པའི་མི་	t(r)hab-töhn-la khä-pae-mi
Scheck (m)	ཚེག་འཛིན་	tscheg-dzin
scheckig	ཐིག་ཁྲ་ཅན་	thig-t(r)ha-tschen
Scheibe (f)	སྒོར་ལེབ་	gor-leb
Scheide (f)	ཤུབས་	schhub
scheiden	ལོགས་སུ་འཕྲལ་བ་	log-su t(r)hel-wa
Scheidung (f) allg.	དབྱེ་འཕྲལ་	je-t(r)hel
Scheidung (f), Ehe	བཟའ་མི་ཁ་བྲལ་	sah-mi kha-d(r)hel

Schein (m)	འོད་	wöh
Schein (m), (Anschein)	ཕྱིའི་སྣང་ཚུལ་	tschhyie-nhang-tzül
scheinbar	མངོན་མཚན་ཅན་གྱི་	nghön-tzen tschen-gyi
scheinen, (Lichtquelle)	འོད་འཕྲོ་བ་	wöh t(r)ho-wa
scheinen, (Eindruck)	སྣང་ཚུལ་དུ་འཆར་བ་	nhang-tzül-dhu tschhar-wa
Scheinheiligkeit (f)	ཛོག་རྫུ་	sohg-dzu
Scheinwerfer (m)	ལྷོག་གི་འོད་ལྷབས་	lhog-gi wöh-lhab
Scheinwerfer-licht (n)	སྒོར་ཐིག་མདངས་བཞིན་	gor-thig dang-schu
Scheissdreck (m)	སྐྱག་པ་	kyag-pa
Scheitel (m)	སྤྲ་ལམ་	t(r)ha-lam
scheiteln	སྤྲ་མཚམས་བཞེད་པ་	t(r)ha-tzam dschyeh-pa
Scheitelpunkt (m)	རྩེ་ཐོག་	tse-tohg
Scheiterhaufen (m)	སེག་ཤིང་	seg-schhing
scheitern	ལས་དོན་མི་འགྲུབ་པ་	lä-dhön mi-d(r)hub-pa
Scheitern (n)	དོན་གོ་མ་ཚོད་པ་	dhön-gho ma-tschhe-pa
Schelle (f)	དྲིལ་བུ་	d(r)hil-bhu
Schelte (f)	གཤེ་གཤེ་	schhe-schhe
Schelte (f), hon.	བཀའ་བཀྱོན་	ka-kyön
schelten	གཤེ་གཤེ་གཏོང་བ་	schhe-schhe tong-wa
schelten (f), hon.	བཀའ་བཀྱོན་གནང་བ་	ka-kyön nhang-wa
schemenhaft	གྲིབ་སོ་ཅན་	d(r)hib-so-tschen
Schenkel (m)	བརླ་ཤ་	lha-schha
Schenkel (m), math.*	ཟུར་དངོས་	suhr-ngö
schenken	སྦྱིན་པ་	t(r)höh-pa

schenken, hon.	འབུལ་བ་	bül-wa
Scherbe (f)	ཆག་གུམ་	tschhag-t(r)hum
Schere (f)	རྗེམ་ཙེ་	dschem-tse
Schererei (f)	དཀའ་རྙོག་	ka-nyog
Schermaus (f)	བྱི་ལོང་	dschyi-long
Scherz (m)	བསྟན་བཤིག་	tehn-schhig
scherzen	བསྟན་བཤིག་ལྷོང་བ་	tehn-schhig lhong-wa
scherzhaft	དགོད་བྲོ་པོ་	göh-d(r)ho-po
scheu	སྙེམ་ཆུང་	nyam-tschhung
Scheu (f)	སྙེམ་ཆུང་གི་རང་བཞིན་	nyam-tschhung-gi rang-sching
scheuen	འདྲོག་མགོ་ལངས་པ་	d(r)hog-go lang-pa
scheuern	ཕུར་བདར་གཏོང་བ་	phur-dar tong-wa
Scheuklappe (f)	མིག་ཡོལ་	mig-jöl
Scheune (f)	རྩ་ཁང་	tsa-khang
scheusslich	འཇིགས་སྣང་ཅན་	dschig-nhang-tschen
Schicht (f)	ཆགས་རིམ་	tschhag-rim
Schichtwechsel (m)*	ཆགས་རིམ་བརྗེ་ལེན་	tschhag-rim dsche-len
schicken	གཏོང་བ་	tong-wa
Schicksal (n)	ལས་སྐལ་	lä-kel
schicksalhaft	ལས་དབང་གི་	lä-wang-gi
schieben	འཕུལ་བ་	phül-wa
Schiebetür (f)	ཤུད་རྒྱུག་འཇུག་སྒོ་	schhüh-gyug dschug-go
Schiedsgericht (n)*	བར་དཔང་ལས་དོན་གྱི་ཁྲིམས་ཁང་	bhar-pang lä-dhön-kyi t(r)him-khang
Schiedsrichter (m)*	བར་དཔང་	bhar-pang

schiedsrichtern	བར་འདུམ་བྱེད་པ་	bhar-dum dschye-pa
Schiedsspruch (m)*	བར་དཔང་ལས་དོན་གྱི་བཅད་ཁྲ་	bhar-pang lä-dhön-kyi tscheh-t(r)ha
schief	གུག་ཀྱོག་ཅན་	ghug-kyog-tschen
Schiefer (m)	རྡོ་གཡམ་	do-jham
schielen	ཟུར་མིག་ལྟ་བ་	suhr-mig ta-wa
Schienbein (n)	ངར་གདོང་	ngar-dong
Schiene (f), med.	ཚག་གུམ་སྐྱོར་ཤིང་	tschhag-d(r)hum kyor-schhing
schienen	སྐྱོར་ཤིང་རྒྱག་པ་	kyor-schhing gyag-pa
Schienenfahrzeug (n)*	ལྕགས་ལམ་འགུལ་འཁོར་	tschhag-lam d(r)hül-khor
Schienenweg (m)	ལྕགས་ལམ་	tschag-lam
schiessen	མེ་མདའ་རྒྱབ་པ་	me-da gyab-pa
schiessen (hon.)	ཕྱག་མདའ་བཀྱོན་པ་	tschhyag-da kyön-pa
Schiessplatz (m)	མེ་མདའ་སྦྱོང་ས་	me-da dschyong-sa
Schiesspulver (n)	མེ་རྫས་	me-dzä
Schiessscheibe (f)	འབེན་	ben
Schiff (n)	གྲུ་གཟིངས་	d(r)hu-sihng
schiffbar	མཚོ་འགྲུལ་བྱེད་རུང་བ་	tzo-d(r)hül dschyeh-rung-wa
Schiffbau (m)	གྲུ་གཟིངས་བཟོ་ལས་	d(r)hu-sihng soh-lä
Schifffahrt (f)	མཚོ་ཐོག་སྐྱེལ་འདྲེན་	tzo-thog kyel-d(r)hen
Schifffahrtsgesellschaft (f)	མཚོ་ཐོག་སྐྱེལ་འདྲེན་ཚོགས་པ་	tzo-thog kyel-d(r)hen tzog-pa
Schifffahrtskunde (f)	མཚོ་འགྲུལ་རིག་པ་	tzo-d(r)hül rig-pa
Schifffahrtslinie (f)	ཆུ་ཐོག་གི་འགྲོ་ལམ་	tschhu-thog-gi d(r)ho-lam
Schifffahrtsweg (m)	མཚོ་ཐོག་སྐྱེལ་འདྲེན་གྱི་ལམ་	tzo-thog kyel-d(r)hen-gyi lam

Schiffladung (f)	གྲུ་གཟིངས་གང་	d(r)hu-sihng-ghang
Schikane (f)	བསུན་གཙེར་	sün-tser
Schild (n)	ཕྱང་བུ་	dschyang-bhu
Schilddrüse (f)	ཨོལ་སྒོའི་སྨན་བུ་	öl-göe men-bhu
schildern	བཤད་པ་རྒྱག་པ་	schheh-pa gyag-pa
Schilderung (f)	བཤད་པ་	schheh-pa
Schildkröte (f)	རུས་སྦལ་	rül-bel
Schildkrötesuppe (f)*	རུས་ཐང་	rü-thang
Schilf (n)	འདམ་རྩྭ་	dam-tsa
schillern	འོད་ལྷམ་ལྷམ་བྱེད་པ་	wöh lham-lham dschye-pa
schillernd	འོད་ལྷམ་ལྷམ་	wö-lham-lham
Schimmel (m)	རྟ་གྲོ་བོ་	ta-d(r)ho-wo
Schimmel (m), biol.	སྦོ་བམ་	ngo-bham
schimmelig	སྦོ་བམ་ཅན་	ngo-bam-tschen
schimmeln*	སྦོ་བམ་རྒྱག་པ་	ngo-bam gyab-pa
Schimmelpilz (m)*	ཀ་ཤ་སྦོ་བམ་	ka-schha ngo-bam
Schimmer (m)	འོད་རབ་རིབ་	wöh rab-rib
schimpfen	གཤེ་གཤེ་གཏོང་བ་	schhe-sche tong-wa
schimpfen, hon.	བཀའ་བཀྱོན་གནང་བ་	ka-kyön nhang-wa
Schinken (m)3	ཚ་བཏབ་དུ་སྲེག་ཀང་ཤ་	tza-tahb dhu-seg kang-schha
Schirm (m)	གདུགས་	dug
Schirm (m), hon.	དབུ་གདུགས་	u-dug
Schirmherr (m)	འགོ་འདོན་གནང་མཁན་	go-dön nhang-khen
Schirmherrschaft (f)	འགོ་འདོན་འཚོ་སྐྱོང་	go-dön tzo-kyong

Schirmständer (m)	ཉི་གདུགས་སློང་ས་	nyi-dug lhong-sa
schizophren	སེམས་ཁམས་འཚོལ་བའི་	säm-kham tschhöl-wae
Schizophrenie (f)	སེམས་ཁམས་འཚོལ་བའི་ནད་	säm-kham tschhöl-wae neh
Schlacht (f)	དམག་འཐུག་	mhag-t(r)hug
schlachten	སྲེབ་གསོད་གཏོང་བ་	deb-söh tong-wa
Schlachter (m)	བཤན་པ་	schhen-pa
Schlachtfeld (n)	དམག་ས་	mhag-sa
Schlachthof (m)	བཤས་ར་	schhä-ra
Schlacke (f)	ཞུན་རོ་	schün-ro
Schlaf (m)	གཉིད་	nyih
Schlaf (m), hon.	མཉལ་	nyel
Schlafanzug (m)	ཉལ་གོས་	ngel-gö
Schläfe (f)	སྨུར་གོང་	mur-ghong
schlafen	གཉིད་ཉལ་བ་	nyih nyel-wa
schlafen, hon.	མཉལ་གཟིམ་པ་	nyel sihm-pa
Schlafenszeit (f)	ཉལ་རྒྱུའི་དུས་ཚོད་	nyel-gyue dhü-tzöh
schlaff	སྟོབས་མེད་	tohb-meh
schlaflos	གཉིད་མེད་	nyih-meh
Schlaflosigkeit (f)	གཉིད་ཡེར་	nyih-jer
Schlafmittel (n)	གཉིད་སྨན་	nyih-men
Schlafraum (m)	དམངས་སྤྱོད་ཉལ་ཁང་	mang-tschyöh nyel-khang
schläfrig	གཉིད་བྲོ་པོ་	nyih d(r)ho-po
Schlafsack (m)	ཉལ་ཁུག་	nyel-khug
schlaftrunken	གཉིད་བཟི་	nyih-sih

Schlafwagen (m)	ཉལ་ཁང་སྒྲུགས་མའི་མེ་འཁོར་	nyel-khang d(r)hag-mae me-khor
schlafwandeln	གཉིད་ལང་རྒྱག་པ་	nyih-lang gyag-pa
Schlafwandler (m)	གཉིད་ལང་རྒྱག་མཁན་	nyih-lang gyag-khen
Schlafzimmer (n)	ཉལ་ཁང་	nyel-khang
Schlag (m)	མུར་རྫོག་	mur-dzog
Schlagader (f)	ཁྲག་རྩ་	t(r)hag-tsa
Schlaganfall (m)	གཟའ་གྲིབ་	sah-d(r)hib
schlagen	ཉེས་བརྡུང་བཏང་བ་	nyä-dung tang-wa
schlagen, hon.	ཕྱག་འདྲུག་གནང་བ་	tschhyag-dschug nhang-wa
Schläger (m)	སྟོད་པ་རྩིང་པོ་	tschyöh-pa tsing-po
Schlägerei (f)	ཁུ་ཚུར་གྱི་འཛིང་པ་	khu-tzur-gyi dzing-pa
Schlagkraft (f)	འཐབ་ཤུགས་	thab-schhug
Schlagloch (n)	ཀོང་དོང་	kong-dhong
Schlagsahne (f)	འོ་སྦྲི་	wo-t(r)hi
Schlagwort (n)	ཁྱབ་བཞིན་པའི་འབོད་ཚིག་	khyab-schin-pae böh-tzig
Schlagzeile (f)	གསར་གནས་འགོ་བརྗོད་	sar-nhä go-dschöh
Schlagzeug (n)	རྔ་	ngha
Schlagzeuger (m)	རྔ་པ་	ngha-pa
Schlamm (m)	འདམ་བག་	dam-bhag
Schlammbad (n)	འདམ་ལུམས་	dham-lum
schlammig	འདམ་ཉོག་ཅན་	dham-nyog-tschen
Schlampe (f)	འཆལ་མོ་	tschhel-mo
schlampig	ལྷན་སླབས་ཅན་	lhen-pab-tschen
Schlange (f)	སྦྲུལ་	d(r)hül

Schlangengift (n)	སྦྲུལ་དུག་	d(r)hül-dug
Schlangenhaut (f)	སྦྲུལ་པགས་	d(r)hül-pag
schlank	གཟུགས་བྱད་ཕྲ་པོ་	sug-dschyeh t(r)ha-po
schlappmachen	ཞུམ་པ་	schum-pa
schlau	གྲུང་པོ་	d(r)hung-po
Schlauch (m)	སྦུ་གུ་	bu-ghu
Schlauchboot (n)	འགྱིག་གི་གྲུ་ཆུང་	gyig-gi d(r)hu-tschhung
Schlaufe (f)	གུག་ལུང་	ghug-lung
Schlauheit (f)	ཕྲང་གྲུང་	tschang-d(r)hung
schlecht	སྡུག་ཅག་	dug-tschag
schlechtmachen	མིང་ཆད་བཟོ་བ་	ming-tschheh soh-wa
schleichen	སྤོ་ཤུད་རྒྱག་པ་	po-schhüh gyag-pa
Schleichweg (m)	གསང་ལམ་	sang-lam
Schleier (m)	སེང་རས་	seng-rä
Schleiereule (f)	ཐླས་རའི་འུག་པ་	hlä-rae wug-pa
schleifen	བདར་བ་	dar-wa
Schleif-maschine (f)	བདར་སྟེགས་	dar-teg
Schleifpapier (n)	བདར་བྱེད་ཤོག་བུ་	dar-dschyeh schhog-bhu
Schleifstein (m)	རྡར་རྡོ་	dhar-do
Schleim (m)	མྱག་མྱོག་	nyag-nyog
Schleimhaut (f)	བེ་སྣབས་ཅན་གྱི་སྐྱི་མོ་	bhe-nhab tschen-gyi kyi-mo
schleimig	མྱག་མྱོག་ཅན་	nyag-nyog-tschen
schlemmen	སྟོན་མོ་བཞོམ་པ་	töhn-mo schhom-pa
schlendern	འཁྱམས་འཁྱམས་དུ་སྐྱོད་པ་	khyam-khyam-dhu kyöh-pa

Deutsch	Tibetisch	Umschrift
Schleppboot (n)	འདྲུད་གྲུ་	d(r)hüh-d(r)hu
schleppen	འདྲུད་པ་	d(r)hüh-pa
Schleppnetz (n)	གྲུ་འཐེན་ཉ་དྲ་	d(r)hu-then nya-d(r)ha
schleudern	འཕེན་པ་	phen-pa
Schleuderpreis (m)*	འབེབས་ཚོང་རིང་གོང་	beb-tzong ring-ghong
schleunigst	འཕྲལ་མར་	t(r)hel-mar
Schleuse (f)	རྫིང་རགས་ཀྱི་འབབ་སྒོ་	dzing-rag-kyi bab-go
schlicht	སྦྱོད་མེད་	t(r)höh-meh
schlichten	བར་སྡུམ་བྱེད་པ་	bhar-dum dschye-pa
Schlichter (m)	བར་སྡུམ་གཏོང་མཁན་	bhar-dum tong-khen
Schlichtheit (f)	སྦྱོད་མེད་ཀྱི་ངང་ཚུལ་	t(r)höh-meh-kyi ngang-tzül
Schlichtung (f)	བར་སྡུམ་	bhar-dum
schliessen	རྒྱག་པ་	gyag-pa
Schliessfach (n)	མཛོད་སྒམ་	dschöh-gam
schliesslich	ཐ་མ་	tha-ma
Schliessung (f)	མདུག་སྡོམ་	dschug-dom
schlimm	ཞན་པ་	schen-pa
schlimmstenfalls	ཞན་ཤོས་	schen-schhö
Schlinge (f)	གུག་ལུང་	ghug-lung
schlingen	འཁྱིམ་པ་	khyim-pa
Schlips (m)	སྐེ་སྒྲོག་	kye-gyog
schlitteln	ཤུད་སྦྱང་གཏོང་བ་	schhüh-pang tong-wa
Schlitten (m)	ཤུད་སྦྱང་	schhüh-pang
Schlittschuh (m)	འཁྱགས་ཤུད་ལྷྭགས་ལྷམ་	khyag-schhüh tschag-hlam

schlittschuhlaufen	འཁྱགས་ཤུད་གཏོང་བ་	khyag-schhüh tong-wa
Schlitz (m)	ཁ་ཤུར་	kha-schhur
Schlitzauge (n)*	གསོག་མིག་	sog-mig
schlitzen	གསེག་པ་	seg-pa
Schlitzohr (n)	རྫུ་ཅན་	dzu-tschen
Schloss (n)	ཕོ་བྲང་	pho-d(r)hang
Schlosser (m)	ཟ་བཟོ་མཁན་	sah-soh-khen
Schlot (m)	དུ་ཁང་	dhu-khang
schlottern	འདར་ཁྲུག་ཁྲུག་བྱེད་པ་	dar t(r)hug-t(r)hug dschye-pa
Schlucht (f)	གཅོང་རོང་	tschong-rong
schluchzen	དངུ་མོ་བྱེད་པ་	ngüh-mo dschye-pa
Schluckauf (m)	ཨི་ཀ་	i-ka
schlucken	ཁྱུར་མིག་གཏོང་བ་	khyur-mig tong-wa
schlummern	གཉིད་དུ་ཡུར་བ་	nyih-dhu jur-wa
Schlund (m), med.	བྲེ་བ་	d(r)he-wa
schlüpfen	སྒོང་མྱིན་པ་	go-nga min-pa
Schlupfloch (n)	ཡིབ་ས་	jip-sa
schlüpfrig	འདྲེད་བདར་ཤོར་ལྷ་བོ་	d(r)heh-dar schhor-lha-bo
schlürfen	ཧུབ་འཐུང་རྒྱག་པ་	hub-thung gyag-pa
Schluss (m)	རྫོགས་མཚམས་	dzog-tzam
Schluss-abrechnung (f)	མཐའ་མའི་རྩིས་བརྗོད་	tha-mae tsi-dschöh
Schlüssel (m)	ལྡེ་མིག་	de-mig
Schlüssel (m), hon.	ཕྱག་ལྡེ་	tschhyag-de
Schlüsselbein (n)	སྒྲོག་རུས་	d(r)hog-rü

Schlüsselblume (f)	གངས་དྲིལ་	schhang-d(r)hil
Schlüsselloch (n)*	ལྡེ་ཁུང་	de-khung
schlussfolgern	འཇུག་སྡོམ་བྱེད་པ་	dschug-dom dschye-pa
Schlussfolgerung (f)	མཇུག་བསྡོམས་	dschug-dom
schlüssig	མཐར་སྡོམ་གྱི་	tha-dom-gyi
Schluss-notierung (f), eco.*	མཇུག་བསྡུའི་གོང་ཚད་	dschug-due ghong-tzeh
Schlussverkauf (m)*	མཇུག་བསྡུའི་སྤྲེབས་ཚོང་	dschug-due deb-tzong
schmackhaft	བྲོ་བ་ཡག་པོ་	d(r)ho-wa jag-po
schmählich	ཁ་སྐྱེངས་པོ་	kha-kyeng-po
schmal	ཕྲ་པོ་	t(r)ha-po
schmälern	ཕྲ་རུ་གཏོང་བ་	t(r)ha-ru tong-wa
Schmalz (n)	ཕག་པའི་ཚིལ་ཞག་	phag-pae tzil-schag
schmarotzen	གཞན་རྟེན་ཁེ་ཕན་ལེན་ཐབས་བྱེད་པ་	schen-tehn khe-phen len-thabdschye-pa
Schmarotzer (m)	གཞན་རྟེན་ཁེ་ཕན་ལེན་ཐབས་བྱེད་མཁན་	schen-tehn khe-phen len-thab dschye-khen
schmecken	རོ་བ་ལྟ་བ་	d(r)ho-wa ta-wa
Schmeichelei (f)	ངོ་བསྟོད་	ngo-töh
schmeichelhaft	ངོ་བསྟོད་ཅན་	ngo-töh-tschen
schmeicheln	ངོ་བསྟོད་བྱེད་པ་	ngo-töh dschye-pa
Schmeichler (m)	ངོ་བསྟོད་བྱེད་མི་	ngo-töh dschye-mi
schmeissen	བེད་མེད་འཕང་བ་	bhe-meh phang-wa
Schmeissfliege (f)	ཤ་སྦྲང་	schha-d(r)hang
schmelzen	བཞུ་བ་	schu-wa
Schmelzofen (m)	ཞུན་སྦྱང་ཁྲོ་ཐབ་	schu-dschyang t(r)ho-thab
Schmelzpunkt (m)	བཞུར་ཚད་	schur-tzeh

Schmelzwasser (n)	བཞར་ཆུ་	schur-tschhu
Schmerz (m)	ཟུག་ཏུ་	suhg-nghu
schmerzen*	ཟུག་ཏུ་རྒྱག་པ་	suhg-nghu gyag-pa
schmerzfrei	ཟུག་ཏུ་མེད་པའི་	suhg-nghu meh-pae
schmerzhaft	ཟུག་ཏུ་དྲག་པོ་	suhg-nghu d(r)hag-po
schmerzlindernd	ན་ཟུག་ཞི་བྱེད་ཀྱི་	nha-suhg schi-dschye-kyi
Schmerzmittel (n)*	ཟུག་ཏུ་འགོག་རྫས་	suhg-nghu gog-dzä
Schmetterling (m)	ཕྱེ་མ་ལེབ་	tschhye-ma-leb
schmettern	དུག་བུར་གཅོག་པ་	dhug-bhur tschog-pa
Schmied (m)	མགར་བ་	gar-wa
Schmiede (f)	མགར་ཁང་	gar-khang
Schmiedeeisen (n)	ལས་བཟོན་དངས་ལྕགས་	lä-nghön dhang-tschag
schmieden	ཚ་དུང་བྱེད་པ་	tza-dung dschye-pa
schmiegen	འཁྱུད་པ་	khyüh-pa
Schmiere (f)	སྣུམ་ཞག་	nhum-schag
schmieren	ཚིལ་ཞག་བྱུག་པ་	tzil-schag dschyug-pa
Schmiergeld (n)	སྐོག་རྔན་	kog-nghen
Schmierheft (n)	དྲན་ཐོ་འགོད་དེབ་	d(r)hen-tho gö-dheb
schmierig	ཚིལ་ཞག་ཅན་	tzil-schag-tschen
Schmieröl (n)	འཇམ་སྣུམ་	dscham-nhum
Schmierseife (f)	ཡི་ཙིའི་ལྡེ་གུ་	ji-tsii de-ghu
Schminke (f)	དཀར་ཁྲ་དམར་ཁྲ་	kar-t(r)ha mhar-t(r)ha
schminken	དཀར་ཁྲ་དམར་ཁྲ་བྱུག་པ་	kar-t(r)ha mhar-t(r)ha dschyug-pa
schmirgeln	བྱེད་མས་བདར་བ་	dschyeh-mä dar-wa

Schmirgelpapier (n)*	བདར་ཤོག་	dar-schhog
schmollen	བཅུ་ཏོ་ཚོག་ཚོག་བྱེད་པ་	tschhu-to tsog-tsog dschye-pa
Schmollmund (m)	མཆུ་ཏོ་ཚོག་ཚོག་	tschhu-to tsog-tsog
Schmuck (m)	རྒྱན་ཆ་	gyen-tschha
schmücken	རྒྱན་གྱིས་རྒྱན་པ་	gyen-gyi gyen-pa
schmucklos	མཛེད་བཀོད་མེད་པའི་	dzeh-köh meh-pae
Schmucksachen (pl)	རྒྱན་ཆའི་རིགས་	gyen-tschae rig
Schmuckstück (n)	ནོར་བུ་	nor-bhu
schmuggeln	ནག་ཚོང་རྒྱག་པ་	nag-tzong gyag-pa
Schmuggler (m)	ནག་ཚོང་པ་	nag-tzong-pa
Schmugglerware (f)	ནག་ཚོང་གི་དངོས་ཟོག་	nag-tzong-gi ngö-sohg
Schmutz (m)	གད་སྙིགས་	gheh-nyhig
schmutzen	བཙོག་པ་བཟོ་བ་	tsog-pa soh-wa
Schmutzfleck (m)	དྲི་ནོག་	d(r)hi-nog
schmutzig	རྫོར་པོ་	dzor-po
Schnabel (m)	བྱའི་མཆུ་	dschyae-tschhu
Schnalle (f)	ཆབ་རྩེ་	tschhab-tse
schnallen	ཆབ་རྩེ་རྒྱག་པ་	tschhab-tse gyag-pa
Schnäppchen (n)	རིང་གོང་ཆུང་དུར་ཉོ་སྒྲུབ་	ring-ghong tschhung-ngur nyo-d(r)hub
schnappen	ཧོབ་འཕྲོག་རྒྱག་པ་	hob-t(r)hog gyag-pa
Schnappschuss (m)	ལྷོ་བུར་དུ་བརྒྱབ་པའི་འདྲ་པར་	lho-bhur-dhu gyab-pae d(r)ha-par
Schnapsbrennerei (f)	ཨ་རག་འཚག་འབེབས་	a-rag tzag-beb
schnarchen	སྔུར་བ་འབྱིན་པ་	nghur-wa then-pa
schnaufen	སྣ་ཆུ་རྒྱག་པ་	nha-schhu gyag-pa

Schnauzbart (m)	ཁ་སྨ་	kha-pu
Schnauze (f)	སྣ་གདོང་	nha-dong
Schnecke (f)	སྦུག་པའི་བུ་མོ་	mhug-pae bhu-mo
Schnee (m)	གངས་	ghang
Schneeball (m)	གངས་རིལ་	ghang-ril
Schneebesen (m)	དཀྲུག་བྱེད་	t(r)hug-dschyeh
schneeblind	གངས་ཞྱིད་	ghang-tschhyih
Schneebrille (f)	གངས་ཤེལ་	ghang-schhel
Schneeflocke (f)	གངས་ཀྱི་འདབ་མ་	ghang-kyi dab-ma
Schneegans (f)	གངས་བཟང་དཀར་མོ་	ghang-sahng kar-mo
Schneegrenze (f)	གངས་མཚམས་	ghang-tzam
Schneeleopard (m), zo.	གསའ་གཟིག་	sa-sihg
Schneelöwe (m)	སེངྒེ་དཀར་མོ་	seng-ge kar-mo
Schneemann (m)	གངས་མི་	ghang-mi
Schneematsch (m)	གངས་མ་ཆུ་	ghang-ma-tschhu
Schneemensch (m)	མི་གོད་	mi-göh
Schneeregen (m)	གངས་མ་ཆར་	ghang-ma-tschhar
Schneeschaufel (f)*	གངས་ཁྱེམ་	ghang-khyem
Schneeschmelze (f)	གངས་བཞུ་	ghang-schu
Schneesturm (m)	གངས་ཚུབ་	ghang-tzub
schneeweiss	གངས་སྟར་དཀར་པོ་	ghang-tahr kar-po
schneiden	གཏུབ་པ་	tuhb-pa
Schneider (m)	ཚེམ་བཟོ་བ་	tzem-soh-wa
Schneiderei (f)	ཚེམ་བཟོ་ཁང་	tzem-soh-khang
schneidern	ཚེམ་བུ་རྒྱག་པ་	tzem-bhu gyag-pa

Schneidersitz (m)	སྐྱིལ་ཀྲུང་	kyil-t(r)hung
Schneidezahn (m)	མདུན་སོ་	dün-so
schneien	གངས་འབབ་པ་	ghang bab-pa
schnell	མགྱོགས་པོ་	gyog-po
Schnelligkeit (f)	མགྱོགས་ཚད་	gyog-tzeh
Schnellkochtopf (m)	རྔངས་ཤུགས་འཚོད་སྣོད་	lhang-schhug tzöh-nhöh
Schnellstrasse (f)	མགྱོགས་ལམ་	gyag-lam
Schnellzug (m)	མྱུར་འགྲོས་མེ་འཁོར་	nyur-d(r)hö me-khor
Schnitt (m)	གཅོད་གཏུབ་	tschöh-tuhb
Schnitt (m) med.	གཤག་གཏུབ་	schhag-tuhb
Schnittlauch (m)	རི་སྒོག་	ri-gog
Schnittmuster (n)*	གོས་བཀོད་དཔེ་རིས་	gö-köh pe-ri
Schnittpunkt (m)	དུམ་བུར་བྱེག་གཅོད་	dhum-bhur d(r)heg-tschöh
Schnittstelle (f)*	དབར་ཐུས་	bar-thü
Schnittwinkel (m)	དུམ་བུར་བྱེག་གཅོད་ཀྱི་ཟུར་	dhum-bhur d(r)heg-tschöh-kyi suhr
Schnittwunde (f)	རྨ་ཁ་	mha-kha
schnitzen	ཀོ་བ་	ko-wa
Schnitzerei (f)	ཀོས་རིས་	kö-ri
Schnupfen (m)	ཆམ་པ་	tschham-pa
Schnupftabak (m)	སྣ་ཐག་	nha-thag
schnuppern	དྲི་སྣོམ་པ་	d(r)hi nhom-pa
schnüren	འཆིང་བ་	tschhing-wa
schnurlos	ཐག་སྐུད་མེད་པའི་	thag-küh meh-pae
Schnurrbart (m)	ཁ་སྤུ་	kha-pu

schnurren	སྔུར་སྒྲ་སྒྲོག་པ་	nghur-d(r)ha d(r)og-pa
Schnürsenkel (m)	འདྲུར་སྒྲོག་	dschur-d(r)hog
Schock (m)	ཧ་ལས་ཧོན་འཐོར་	ha-lä hön-thor
schockieren	ཧོན་འཐོར་བ་	hön thor-wa
Schokolade (f)	ཤོཀོ་ལ་དེ་	scho-ko la-de
schön	མཛེས་པོ་	dzä-po
schon	ད་ལྟ་ཉིད་ནས་	dha-ta nyhih-nä
Schönheit (f)	མཛེས་སྡུག་	dzä-dug
schonen	གཟབ་ནན་བྱེད་པ་	sahb-nen dschye-pa
schönen	རྒྱན་གྱིས་སྤྲས་པ་	gyen-gyi t(r)hä-pa
schonend	འཇམ་པོའི་སྒོ་ནས་	dscham-pöe go-nä
Schöngeist (m)	མཛེས་ཉམས་ལ་དགའ་བདད་ཅན་	dzä-nyam-la ga-deh-tschen
schöngeistig	མཛེས་ཉམས་ཀྱི་	dzä-nyam-kyi
Schönheitschirurgie (f)	བཟོ་བཀོད་གཤག་བཅོས་	soh-köh schhag-tschö
Schönheitsfehler (m)	ཉེས་སྐྱོན་	nyä-kyön
Schonkost (f)	ཟས་སྐྱོད་	säh-tschyöh
schöpfen	སྐྱོགས་ཀྱིས་འཁྲུ་བ་	kyog-kyih tschhu-wa
schöpferisch	བཟོ་སྐྲུན་གྱི་ནུས་པ་ཅན་	soh-t(r)hün-gyi nü-pa-tschen
Schöpfkelle (f)	སྐྱོགས་	kyog
Schöpfung (f)	འཇིག་རྟེན་གྱི་བཀོད་པ་	dschig-tehn-gyi köh-pa
Schorf (m)	ཕྱི་སྐོགས་	tschhyi-kog
Schornstein (m)	དུ་ཁུང་	dhu-khung
Schornsteinfeger (m)	དུ་ཁུང་འཕྱག་མཁན་	dhu-khung tschhyag-khen

Schoss (m)	པང་པ་	pang-pa
Schosshund (m)	ཁྱིའུ་	khyi-wu
Schössling (m), bot.	མྱུག་གསར་	nyug-sar
Schote (f), bot.	གང་བུ་	ghang-bhu
Schotter (m)	རྡོ་ཧྲུག་	do-h(r)hug
schraffieren	ཐིག་རིས་ཞིབ་མོས་གྲིབ་མདངས་བཟོ་བ་	thig-ri schib-mö d(r)hib-dangsoh-wa
Schraffierung (f)	ཐིག་རིས་གྲིབ་མདངས་	thig-ri d(r)hib-dang
schräg	གསོག་ལངས་	seg-lang
Schräge (f)	གསེག་དོས་	seg-ngö
Schrägstrich (m)	གསེང་ཤད་	seg-schheh
Schramme (f)	བད་ཤུད་	d(r)heh-schhüh
Schrank (m)	འཆའ་སྒམ་	tschha-gam
schrankenlos	མུ་མཐའ་མེད་པའི་	mu-tha meh-pae
Schraube (f)	གཅུས་གཟེར་	tschhü-sehr
schrauben	གཅུས་གཟེར་རྒྱག་པ་	tschü-sehr gyag-pa
Schraubenmutter (f)	མོ་གཅུས་	mo-tschü
Schrauben-schlüssel (f)	གཅུ་སྐམ་	tschu-kam
Schrauben-zieher (m)	གཅུས་གཟེར་སྒྲིམ་བྱེད་	tschü-sehr d(r)him-dschyeh
Schraubstock (m)	གཅུས་གཟེར་འདེགས་མ་	tschü-sehr deg-ma
Schreck (m)	འཇིགས་སྐྲག་	dschig-t(r)hag
schrecken	སྐྲག་པ་སྐྱེད་པ་	t(r)hag-pa kyeh-pa
Schreckens-nachricht (f)	ཞེད་སྐྲག་ཆེ་བའི་གནས་ཚུལ་	scheh-t(r)hag tschhe-wae nhä-tzül
schrecklich	ཞེད་སྐྲག་ཆེ་བའི་	scheh-t(r)hag tschhe-wae

Schrei (m)	སྐད་ངན་	keh-ngen
Schreibblock (m)	འབྲི་དེབ་	d(r)hi-dheb
schreiben	འབྲིས་པ་	d(r)hi-pa
Schreiber (m)	འབྲི་རྩོམ་པ་	d(r)hi tsom-pa
Schreibfeder (f)	སྙུ་གུ་	nyu-ghu
Schreibfehler (m)*	དག་ཆའི་ནོར་འཁྲུལ་	dhag-tschhae nor-t(r)hül
Schreibkraft (f)	ཚགས་པར་རྒྱག་མཁན་	tschag-par gyag-khen
Schreibmaschine (f)	མཛུབ་གནོན་ཚགས་པར་	dzub-nhön tschag-par
Schreibpapier (n)	འབྲི་ཤོག་	d(r)hi-schhog
Schreibtafel (f)	སྦྱོང་ཤིང་	dschyong-schhing
Schreibtisch (m)	འབྲི་ཅོག་	d(r)hi-tschog
Schreibtisch-lampe (f)	འབྲི་ཅོག་ཞུ་མར་	d(r)hi-tschog schu-mar
Schreibweise (f)	འབྲི་སྟངས་	d(r)hi-tang
schreien	སྐད་ཆེར་རྒྱག་པ་	keh-tschor gyag-pa
Schrein (m)	མཆོད་གསོམ་	tschhöh-schhom
Schreiner (m)	ཤིང་བཟོ་	schhing-soh
schreiten	གོམ་པ་རྒྱག་པ་	gom-pa gyag-pa
schreiten, hon.	ཞབས་ཐང་ལ་ཕེབས་པ་	schab-tang-la peb-pa
Schrift (f)	ཡིག་གཟུགས་	jig-suhg
Schriftbild (n)	འབྲི་གཟུགས་	d(r)hi-suhg
Schriftführer (m)	དྲུང་ཡིག་	d(r)hung-jig
Schriftgrad (m)	ཡིག་གཟུགས་ཆ་ཚད་	jig-suhg tschha-tzeh
schriftlich	ཡིག་ཐོག་	jig-thog
Schriftsetzer (m)	ཚགས་འབྲུ་སྒྲིག་མཁན་	tschag-d(r)hu d(r)hig-khen

Schriftsteller (m)	རྩོམ་པ་པོ་	tsom-pa-po
schriftstellerisch	ཡི་གེར་བཀོད་པའི་	ji-gher köh-pae
Schriftstück (n)	ཡིག་ཆ་	jig-tschha
Schriftwechsel (m)	ཡིག་འཕྲེལ་	jig-d(r)hel
schrill	གཙེར་སྐད་ཀྱི་	tser-keh-kyi
Schritt (m)	གོམ་པ་	ghom-pa
Schrittmacher (m)	གོམ་ཚད་འཛལ་མཁན་	ghom-tzeh dschel-khen
Schritttempo (n)	གོམ་འགྲོས་མྱུར་ཚད་	ghom-d(r)hö nyur-tzeh
schrittweise, adj.	རིམ་བཞིན་	rim-schin
schrittweise, adv.	རིམ་གྱིས་	rim-gyi
Schrott (m)	ལྷགས་རུག་	tschhag-h(r)ug
Schrotthändler (m)	ལྷགས་རུག་ཚོང་པ་	tschhag-h(r)ug tzong-pa
Schrottplatz (m)	ཚག་རུག་ཕུང་པོ་	tschhag-h(r)ug phung-po
schrumpfen	འཁུམ་པ་	khum-pa
schrumplig	སྙེར་མ་འཁུམ་འཁུམ་	nyer-ma khum-khum
Schub (m)	འཕུལ་འདོད་	phül-döh
Schubkarre (f)	ལག་འདུད་འཁོར་ལོ་	lag-d(r)hüh khor-lo
Schubkraft (f), phys.	འཕུལ་ཤུགས་	phül-schhug
schubsen	འབུད་རྒྱག་གཏོང་བ་	büh-gyag tong-wa
schüchtern	ངོ་ཚ་ཅན་	ngo-tza-tschen
Schüchternheit (f)	ངོ་ཚ་མིན་པའི་རང་བཞིན་	ngo-tza min-pae rang-schin
Schuh (m)	ལྷམ་	hlam
Schuhlöffel (m)	ལྷམ་ཁྱེམ་	hlam-khyem
Schuhputzer (m)	འཇུར་ཙི་གཏོང་མཁན་	dschur-tsi tong-khen

Schulabgänger (m)	སློབ་ཐོན་པ་	lhob-thön-pa
Schulabschluss (m)	སློབ་གྲྭའི་ཤེས་ཚད་ལག་འཁྱེར་	lhob-d(r)hae schhä-tzeh lag-khyer
Schularbeit (f)	ནང་སྦྱོང་	nang-dschyong
Schulbildung (f)	སློབ་སྦྱོང་	lhob-dschyong
Schulbuch (n)	སློབ་དེབ་	lhob-dheb
Schuld (f)	ནག་ཉེས་	nag-nyä
schulden	བུ་ལོན་འཇལ་བ་	bhu-lön dschel-wa
Schulden (f/pl)	བུ་ལོན་	bhu-lön
Schuldentilgung (f)	བུ་ལོན་ཆག་ཡངས་	bhu-lön tschhag-jang
schuldhaft	ཉེས་ཅན་	nyä-tschen
schuldig	ནག་ཉེས་ཅན་	nag-nyä-tschen
Schuldige (m)	ནག་ཉེས་པ་	nag-nyä-pa
Schuldirektor (m)	སློབ་གྲྭའི་གཙོ་འཛིན་	lhob-d(r)hae tso-dzin
schuldlos	ནག་ཉེས་མེད་པའི་	nag-nyä meh-pae
Schuldner (m)	བུ་ལོན་ལེན་མཁན་	bhu-lön len-khen
Schuldnerstaat (m)	བུན་གཡར་རྒྱལ་ཁབ་	bhün-jhar gyel-khab
Schuldspruch (m)	ནག་ཉེས་དཔྱད་ཁྲ་	nag-nyä tschyeh-t(r)ha
Schule (f)	སློབ་གྲྭ་	lhob-d(r)ha
schulen	སྦྱོང་བདར་སྦྱོད་པ་	dschyong-dar t(r)höh-pa
Schüler (m)	སློབ་ཕྲུག་	lhob-t(r)hug
Schülerausweis (m)	སློབ་གཉེར་བའི་ལག་འཁྱེར་	lhob-nyer-wae lag-khyer
Schülerschaft (f)	སློབ་ཕྲུག་གི་གནས་སྐབས་	lhob-t(r)hug-gi nhä-kab
Schulfach (n)	སློབ་ཚན་	lhob-tzen
Schulferien (f)	སློབ་གྲྭའི་གུང་སེང་	lhob-d(r)hae ghung-seng

Schulgeld (n)	སློབ་དོད་	lhob-dhöh
Schulklasse (f)	འཛིན་གྲྭ་	dzin-d(r)ha
Schulsystem (n)*	སློབ་ཚུལ་	lhob-tzül
Schulter (f)	དཔུང་པ་	pung-pa
Schulterblatt (n), biol.	སོག་རུས་	sog-rü
schultern	དཔུང་སུག་རྒྱག་པ་	pung-sug gyag-pa
Schulterschluss (m)	ཅིག་སྒྲིལ་	tschhig-d(r)hil
Schulung (f)	སྦྱོང་བདར་	dschyong-dar
schummeln	གཡོ་ཟོལ་བྱེད་པ་	jho-söhl dschye-pa
Schuppe (f)	ཉ་སག་	nya-sag
schuppen	ཉ་སག་བཀྲད་པ་	nya-sag d(r)heh-pa
schürfen	གཏེར་ཁ་འབྲུ་བ་	tehr-kha d(r)hu-wa
Schürfwunde (f)	འདར་གཤུད་	dar-schhüh
Schurke (m)	མི་ངན་ཕྲམ་ཀུན་	mi-ngen t(r)ham-kün
Schurkenstaat (m)*	རྫབ་ཅན་ཕྲམ་ཀུན་རྒྱལ་ཁབ་	dzab-tschen t(r)ham-khün gyel-khab
Schürze (f)	པང་གདན་	pang-den
Schürzenjäger (m)	འཐིག་སྲིད་ཅན་	t(r)hig-seg-tschen
Schuss (m)	འཕེན་པའི་བྱ་སྤྱོད་	phen-pae dschya-tschyöh
Schüssel (f)	ཕོར་པ་	phor-pa
Schusslinie (f)*	མེ་འཕེན་ཁ་ཕྱོགས་	me-phen kha-tschhyog
Schussverletzung (f)	མདེའུ་ཡི་རྨས་སྐྱོན་	de-wu-ji mhä-kyön
Schuster (m)	ལྷམ་བཟོ་པ་	hlam-soh-pa
Schutt (m)	ས་རོ་རྡོ་རོ་	sa-ro do-ro
Schuttabladeplatz (m)	གད་སྙིགས་ཕུང་པོ་	gheh-nyig phung-po

schütteln	སྤུག་པ་	t(r)hug-pa
Schutz (m)	ཉེན་སྲུང་	nyen-sung
Schutzblech (n)	འདམ་འགོག་	dam-gog
Schütze (m)	འཕོང་མཁྱེན་པོ་	phong-kyen-po
schützen	སྐྱོབ་པ་	kyob-pa
Schutzgebiet (n)	སྲུང་སྐྱོབ་མངའ་ཁུལ་	sung-kyob nga-khül
Schutzherr (m)	མགོན་སྐྱབས་	gön-kyab
Schutzimpfung (f)	སྔོན་འགོག་སྨན་ཁབ་	nghön-gog men-khab
Schützling (m)	སྐྱབས་འོག་པ་	kyab-wog-pa
schutzlos	སྲུང་སྐྱོབ་མེད་པའི་	sung-kyob meh-pae
Schutzmann (m)	སྐོར་སྲུང་པ་	kor-sung-pa
Schutzmass-nahme (f)	ཉེན་གཡོལ་	nyen-jhöl
Schutzraum (m)	སྐྱབས་གནས་	kyab-nhä
schwach	སྟོབས་མེད་	tohb-meh
Schwäche (f)	སྟོབས་མེད་ཀྱི་རང་བཞིན་	tohb-meh-kyi rang-schin
schwächeln	སྐྱོ་རུ་གཏོང་བ་	kyo-ru tong-wa
schwächlich	ནུས་ཤུགས་མེད་པར་	nü-schhug meh-pa
Schwächling (m)	སྟོབས་མེད་	tohb-meh
Schwachsinn (m)	བླེན་པ་	len-pa
schwachsinnig	བླེན་རྟགས་ཅན་	lhen-tahg-tschen
Schwachstrom (m)	གློག་ཤུགས་དམའ་བ་	lhog-schhug mha-wa
Schwager (m)	སྙིད་པོ་	nyih-po
Schwägerin (f)	སྙིད་མོ་	nyih-mo
Schwalbe (f)	ཁུག་ཏ་	khug-ta

Schwamm (m)	སོབ་མོ་	sob-mo
schwammig	སོབ་སོབ་	sob-sob
Schwan (m), zo.	ངང་དཀར་	ngang-kar
Schwangere (f)	སྦྲུམ་མ་	d(r)hum-ma
Schwangerschaft (f)	སྦྲུམ་མའི་གནས་སྐབས་	d(r)hum-mae nhä-kab
schwanken	ཡོམ་ཡོམ་བྱེད་པ་	jum-jum dschye-pa
Schwankung (f)	འཕེལ་འགྲིབ་	phel-d(r)hib
Schwankungsbereich (m)	འཕེལ་འགྲིབ་ཀྱི་རྒྱ་ཁྱོན་	phel-d(r)hib-kyi gya-khön
Schwanz (m), zo.	མཇུག་མ་	dschug-ma
Schwarm (m)	ཁྱུ་ཚོགས་	khyu-tzog
schwärmen	སྙིང་རུས་སྐྱེད་པ་	nying-rü kyeh-pa
Schwärmerei (f)	སྦྲོ་ཤུགས་	t(r)ho-schhug
schwärmerisch	སྦྲོ་ཤུགས་ཅན་	t(r)ho-schhug-tschen
schwarz	ནག་པོ་	nag-po
Schwarzarbeit (f)	ཆོག་མཆན་མེད་པའི་ལས་ཀ་	tschhog-tschhen meh-pae lä-ka
schwarzarbeiten	ཆོག་མཆན་མེད་པའི་ལས་ཀ་བྱེད་པ་	tschhog-tschhen meh-pae lä-ka dschye-pa
Schwarzbär (m), zo.	དོམ་ནག་	dhom-nag
schwärzen	ནག་པོ་བཟོ་བ་	nag-po soh-wa
Schwarzgeld (n)	ཁྲིམས་འགལ་ཡོང་འབབ་	t(r)him-gel jong-bab
Schwarzhandel (m)	ནག་ཚོང་	nag-tzong
Schwarzpulver (n)	རྫས་ནག་	dzä-nag
Schwarztee (m)	ཇ་ནག་	dscha-nag
schwarzweiss	དཀར་ནག་	kar-nag

Schwarzwurzel (f), bot.	ཤུག་ཏི་མེ་ཏོག་	schhug-ti me-tog
schwatzen	མུ་ཚོར་སྨྲ་བ་	mu-tschor mha-wa
Schwätzerei (f)	ངག་འཁྱལ་	ngag-khyel
schwatzhaft	ངག་འཁྱལ་ཅན་	ngag-khyel-tschen
schweben	ནམ་མཁར་ལྡིང་བ་	nam-khar ding-wa
Schwefel (m)	མུ་ཟི་	mu-sih
schwefelhaltig	མུ་ཟི་སྦྱར་བའི་	mu-sih dschyar-wae
Schwefelsäure (f)	མུ་ཟིའི་སྣུམ་སྐྱུར་	mu-sihi nhum-kyur
schweflig	མུ་ཟིའི་རྫས་ལྡན་གྱི་	mu-sihi dzä-den-gyi
schweigen	ཁ་འགོག་པ་	kha gog-pa
Schweigen (n)	ཁ་ཁུ་སིམ་པའི་རང་བཞིན་	ka-khu sim-pae rang-schin
schweigend	ཁ་ཁུ་སིམ་པོ་	ka-khu sim-po
Schweigepflicht (f)	གསང་རྒྱའི་ཁས་ལེན་དམ་བཅའ་	sang-gyae khä-len dham-tscha
Schwein (n)	ཕག་པ་	phag-pa
Schweinefleisch (n)	ཕག་ཤ་	phag-schha
Schweinestall (m)	ཕག་ཚང་	phag-tzang
Schweinezucht (f)*	ཕག་པ་གསོ་ལས་	phag-pa so-lä
schweinisch	ཕག་པ་འདྲ་བའི་	phag-pa d(r)ha-wae
Schweinsleder (n)	ཕག་ཀོ་	phag-ko
Schweiss (m)	རྔུལ་ནག་	ngül-nag
Schweissdrüse (f)	རྔུལ་ཆུའི་སྨན་བུ་	ngül-schhue men-bhu
schweissen, tech.	ཚ་ལ་རྒྱག་པ་	tza-la gyag-pa
schweissen, tech., elektrisches	གློག་གི་ཚ་ལ་རྒྱག་པ་	lhog-gi tza-la gyag-pa

Schweisser (m)	ཚལ་རྒྱག་མཁན་	tza-la gyag-khen
Schweissgeruch (m)	རྔུལ་ནག་གྱི་དྲི་ངན་	ngül-nag-gyi d(r)hi-ngen
schweissnass	རྔུལ་ནག་ཚེར་ཚེར་	ngül-nag tzir-tzir
Schweiz (f)	སུ་ཛར་ལན་	su-dzar-len
Schweizer (m)	སུ་སིའི་མི་	su-sii-mi
schwelgen	ཚད་བརྒལ་དུ་སྤྱོད་པ་	tzeh-gyel-dhu tschyöh-pa
Schwelle (f)	སྒོ་ཐེམ་	go-them
Schwellung (f)	སྐྲང་སྦོས་	t(r)hang-bö
schwer	ལྗི་པོ་	tschi-po
Schwerarbeit (f)	ངལ་རྩོ་	ngel-tso
Schwerarbeiter (m)	ངལ་རྩོལ་པ་	ngel-tsel-pa
Schwere (f)	ལྗིད་པའི་རང་བཞིན་	tschil-wae rang-schin
schwerelos	ལྗིད་མེད་	dschih-meh
Schwergewicht (n)	ལྗིད་ཚད་མཐོ་པོ་	dschih-tzeh tho-po
schwerhörig*	གོ་ཐོས་ཁག་པོ་	go-thö khag-po
Schwerindustrie (f)	ལྗི་བའི་བཟོ་ལས་	tschi-wae soh-lä
Schwerkraft (f)	གོ་ལའི་འཐེན་ཤུགས་	go-lae then-schhug
Schwermut (f)	ཡིད་སྨུག་	jih-mug
schwermütig	ཡིད་སྨུག་གི་	jih-mug-gi
Schwert (n)	རལ་གྲི་	rel-d(r)hi
Schwertlilie (f), bot.	རྗེས་མ་མེ་ཏོག་	d(r)hä-ma me-tog
Schwer-verbrecher (m)	ནག་ཉེས་ཚབས་ཆེན་བྱེད་མི་	nag-nyä tzab-tschhen dschyeh-mi
schwerwiegend	ཚབས་ཆེན་པོ་	tzab-tschhen-po
Schwester (f), jüngere	གཅུང་མོ་	tschung-mo

Schwester (f), ältere	གཅེན་མོ་	tschen-mo
schwesterlich	གཅེན་མོའི་རང་བཞིན་གྱི་	tschen-möe rang-schin-gyi
Schwiegereltern (pl)	མནའ་མའི་ཕ་མ་	nha-mae pha-ma
Schwiegermutter (f)	གྱོས་མོ་	gyö-mo
Schwiegersohn (m)	མག་པ་	mag-pa
Schwiegertochter (f)	མནའ་མ་	nha-ma
Schwiegervater (m)	གྱོས་པོ་	gyö-po
schwierig	ཁག་པོ་	khab-po
Schwierigkeit (f)	དཀའ་ངལ་	ka-ngel
Schwimmbad (n)	རྐྱལ་རྫིང་	kyel-dzing
schwimmen	རྐྱལ་རྒྱག་པ་	kyel gyag-pa
schwimmen (hon.)	རྐྱལ་སྐྱོན་པ་	kyel kyön-pa
Schwimmer (m)	རྐྱལ་རྒྱག་མཁན་	kyel-gyag-khen
Schwindel (m)	མགོ་ཡོམ་	go-jom
Schwindelei (f)	མགོ་སྐོར་	go-kor
schwindelig	མགོ་ཡོམ་ཡོམ་	go-jom-jom
schwindeln	རྫུན་ཤོད་པ་	dzün schhöh-pa
schwinden	གུད་པ་	güh-pa
Schwindler (m)	ཁབ་པ་	t(r)ham-pa
schwindlerisch	གཡོ་ཟོལ་གྱི་	jho-söhl-gyi
schwingen	དཔྱང་འཕུལ་དུ་གཡོ་བ་	tschang-t(r)hül-dhu jho-wa
Schwingtür (f)	དཔྱང་སྒོ་	tschyang-go
Schwingung (f)	གཡོ་འགུལ་	jho-gül
schwitzen	རྔུལ་ནག་ཤོར་བ་	nghül-nag schhor-wa

schwören	མནའ་སྐྱེལ་བ་	nha kyel-wa
schwül	གཞན་ཚན་ཅན་	scha-tzen-tschen
Schwüle (f)	དྲོད་གཞེར་ཆེ་བའི་རང་བཞིན་	d(r)höh-schher tschhe-wae rang-schin
Schwur (m)	དམ་བཅའ་	dham-tscha
sechs	དྲུག་	d(r)hug
Sechseck (n)	ཟུར་དྲུག་	suhr-d(r)hug
sechseckig	ཟུར་དྲུག་པ་	suhr-d(r)hug-pa
sechsmal	ཐེངས་དྲུག་	theng-d(r)hug
Sechstel (m,n)	དྲུག་ཆ་	d(r)hug-tschha
sechster	དྲུག་པ་	d(r)hug-pa
sechzehn	བཅུ་དྲུག་	tschu-d(r)hug
sechzig	དྲུག་ཅུ་ཐམ་པ་	d(r)hug-tschu tham-pa
See (m)	མཚོ་	tzo
Seeaal (m), zo.	ཀོང་གར་འདམ་ཉ་	kong-ghar dam-nya
Seebeben (n)	མཚོ་ཡོམ་	tzo-jom
See-Elefant (m)	མཚོའི་གླང་ཆེན་	tzöe lhang-tschhen
Seefahrer (m)	རྒྱ་མཚོར་སྐྱོད་མཁན་	gya-tzor kyöh-khen
Seehafen (m)	མཚོ་འགོགས་གྲུ་ཁ་	tzo-ngog d(r)hu-kha
Seehund (m), zo.	མཚོ་ཁྱི་	tzo-khyi
Sehkraft (f)	མཐོང་ཤུགས་	thong-schhug
Seele (f)	རྣམ་ཤེས་	nham-schhä
seelenlos	རྣམ་ཤེས་མེད་པའི་	nham-schhä meh-pae
Seelenzustand (m)*	སེམས་ཁམས་ཀྱི་གནས་སྟངས་	säm-kham-kyi nhä-tang
Seelilie (f)	རྒྱ་མཚོའི་ཀུ་མུད་	gya-tzöe ku-müh

seelisch	སེམས་ཁམས་ཀྱི་	säm-kham-kyi
Seelöwe (m), zo.	མཚོ་གཟིག་	tzo-sihg
Seeluft (f)	མཚོ་རླུང་	tzo-lhung
Seemacht (f)*	མཚོ་ཐོག་སྐྱེལ་འདྲེན་གྱི་སྟོབས་ཤུགས་	tzo-thog kyel-d(r)hen-gyi tohb-schhug
Seemöwe (f)	ཆུ་སྐྱར་	tschhu-kyar
Seeotter (m)	མཚོ་སྲམ་	tzo-sab
Seepferd (n)	མཚོ་རྟ་	tzo-ta
Seeräuber (m)	མཚོ་རྡག་པ་	tzo dschag-pa
Seeräuberei (f)	མཚོ་རྡག་གི་བྱ་སྤྱོད་	tzo-dschag-gi dschya-tschyöh
Seereise (f)	མཚོ་གྲུལ་	tzo-d(r)hül
Seerose (f)	ཆུ་པད་མ་	tschhu peh-ma
Seeschlacht (f)	མཚོ་དམག་	tzo-mhag
Seestern (m), zo.	ཉ་སྐར་ཆེན་	nya kar-tschhen
Seestreitkraft (f)	མཚོ་དམག་གི་དཔུང་ཤུགས་	tzo-mhag-gi pung-schhug
Seetang (m)	མཚོ་རྩ་	tzo-tsa
seetüchtig	རྒྱ་མཚོར་འཇུག་རུང་	gya-tzor dschug-rung
Seeverkehr (m)	མཚོ་ཐོག་སྐྱེལ་འདྲེན་	tzo-thog kyel-d(r)hen
Seevogel (m)	མཚོ་བྱ་	tzo-dschya
Seeweg (m)	མཚོ་ལམ་	tzo-lam
Segel (n)	གྲུ་གཡོར་	d(r)hu-jhor
segelfliegen	སྡིང་སྐོར་རྒྱག་པ་	ding-kor gyag-pa
Segelfliegen (n)	སྡིང་སྐོར་	ding-kor
Segelflugzeug (n)	སྡིང་སྐྱོད་གནམ་གྲུ་	ding-kyöh nam-d(r)hu
Segelklub (m)	དར་གྲུའི་སྐྱིད་སྡུག་	dhar-d(r)hü kyih-dug

Segelschiff (n)	དར་གྲུ་	dhar-d(r)hu
Segen (m)	བྱིན་རླབས་	dschyih-lhab
segensreich	བདེ་སྐྱིད་སྤེལ་པ་	de-kyi pel-pa
Segment (n)	ཆ་ཤས་	tschha-schhä
segnen	བྱིན་གྱིས་སློབ་པ་	dschyin-gyi lhob-pa
sehen	མཐོང་བ་	thong-wa
Sehenswürdigkeit (f)	གནའ་ཤུལ་སྣན་གྲགས་ཅན་	nha-schhül nyhen-d(r)hag-tschen
Sehfehler (m)	མིག་དབང་སྐྱོན་ཆག་	mig-wang kyön-tschhag
Sehne (f)	རྩ་རྒྱུས་	tsa-gyü
sehnen	འདུན་པ་སྐྱེད་པ་	dün-pa kyeh-pa
Sehnerv (m)*	མིག་དབང་རྩ་རྒྱུས་	mig-wang tsa-gyü
sehnig	རྒྱུས་པ་ཅན་	gyu-pa-tschen
Sehnsucht (f)	ཞེ་འདོད་	sche-döh
sehnsüchtig	གདུང་ཤུགས་དྲག་པོས་	dung-schhug d(r)hag-pö
sehr	ཧ་ཅང་	ha-tschang
seicht	གཏིང་ཐུང་དུ་	ting-thung-ngu
Seide (f)	གོས་ཆེན་	gö-tschhen
Seidengewebe (n)	ཐགས་དྲུབས་མ་	thag-d(r)hub-ma
Seidenkleid (n)	དར་གོས་	dhar-ghö
Seidenraupe (f)	དར་འབུ་	dhar-bu
seidig	དར་གོས་ལྟ་བུ་	dhar-ghö ta-bhu
Seife (f)	ཡི་ཙི་	ji-tsi
Seifenblase (f)	ཡི་ཙིའི་ལྦུ་བ་	ji-tsii bu-wa
Seifenpulver (n)	ཡི་ཙིའི་ཕྱེ་མ་	ji-tsii tschhye-ma

Seifenschale (f)	ཡི་ཙིའི་སྣོད་	ji-tsii nhöh
Seifenschaum (m)	ཡི་ཙིའི་ལྦུ་སོབ་	ji-tsii bu-sob
seifig	ཡི་ཙི་འདུ་བའི་	ji-tsi d(r)ha-wae
Seil (n)	ཐག་པ་	thag-pa
Seilbahn (f)	དཕྱང་འཁོར་	tschyang-khor
seilspringen	ཐག་མཆོང་རྒྱག་པ་	thag-tschhog gyag-pa
sein	ཡིན་པ་	jin-pa
seismisch	ས་ཡོམ་གྱི་	sa-jom-gyi
Seismograf (m)	ས་འགུལ་འཇལ་ཆས་	sa-gül dschel-tschhä
Seismologe (m)	ས་ཡོམ་བརྟག་ཞིབ་པ་	sa-jom tahg-schib-pa
seit	དེ་ནས་	dhe-nä
seitdem	དེ་ནས་བཟུང་	dhe nä-suhng
Seite (f)	ཕྱོགས་	tschhyog
Seitenansicht (f)	གཞོགས་ཏོས་ནས་བལྟོང་བའི་ཆ་	schog-nghö-nä thong-wae-tschha
Seitenausgang (m)*	ཟུར་གྱི་ཐོན་སྒོ་	suhr-gyi thön-go
Seiteneingang (m)*	ཟུར་གྱི་འཛུག་སྒོ་	suhr-gyi dschug-go
Seitenstechen (n)	ལྷོ་བུར་གྱི་ཟུག་གཟེར་	lho-bhur-gyi suhg-sehr
Seitenstrasse (f)	ཟུར་ལམ་	suhr-lam
Seitenstreifen (m)	དབུ་གུ་	dschyu-ghu
Seitenwechsel (m)*	ཕྱོགས་བརྗེ་	tschhyog-dsche
Seitenwind (m)*	འཕྱེད་རླུང་	t(r)heh-lhung
Seitenzahl (f)	ཤོག་གྲངས་	schhog-d(r)hang
seitlich	ཟུར་ཕྱོགས་ཀྱི་	suhr-tschhyog-kyi
Sekret (n)	ཟགས་བཞིན་གྱི་དངོས་པོ་	sahg-thön-gyi ngö-po

Sekretär (m)	དྲུང་ཡིག	d(r)hung-jig
Sekretariat (n)	དྲུང་ལས་ཁང་	d(r)hung-lä-khang
Sekt (m)*	ཆང་བུ་སོབ་	tschhang bu-sob
Sekte (f)	ཕྱོགས་རིས་	tschhyog-ri
Sektierertum (n)	ཕྱོགས་རིས་རིང་ལུགས་	tschhyog-ri ring-lug
Sektion (f)	སྡེ་ཚན་	de-tzen
Sektor (m)	སྡེ་ཁག་	de-khag
sekundär	གལ་གནད་ཆུང་བའི་	gel-neh tschhung-wae
Sekundärliteratur (f)	གལ་གནད་ཆུང་བའི་རྩོམ་རིག	gel-neh tschhung-wae tsom-rig
Sekundarschule (f)	འབྲིང་རིམ་སློབ་གྲྭ་	d(r)hing-rim lhob-d(r)ha
Sekunde (f)	སྐར་ཆ་	kar-tschha
Sekundenkleber (m)*	འབྱར་རྩི་དེ་མ་ཐག་	dschyar-tsi dhe-ma-thag
Sekundenzeiger (m)	སྐར་ཆའི་མདའ་	kar-tschhae da
selbst	རང་ཉིད་	rang-nyih
Selbstkosten (f/pl)	མ་གནས་	ma-nhä
Selbstachtung (f)	རང་བབས་ཆེ་མཐོང་	rang-bab tschhe-thong
Selbstaufopferung (f)	རང་དོན་བློས་བཏང་	rang-dhön lhö-tang
Selbstbedienung (f)*	རང་ཉིད་རང་ལས་	rang-nyih rang-lä
Selbstbestimmung (f)	རང་ཐག་རང་གཅོད་	rang-thag rang-tschöh
Selbstbestimmungsrecht (n)	རང་ཐག་རང་གཅོད་ཀྱི་ཐོབ་ཐང་	rang-thag rang-tschöh-kyi thob-thang
Selbsteinschätzung (f)	རང་མཐོང་	rang-thong
Selbsterhaltung (f)	རང་ཉིད་འཚོ་སྲུང་	rang-nyih tzo-sung
selbstgefällig	འདོད་ཆུང་ཚོག་ཤེས་ཅན་	döh-tschhung tschhog-schhä-tschen

Selbstgefälligkeit (f)	འདོད་ཆུང་ཚོག་ཤས་	döh-tschhung tschhog-schhä
selbstgerecht	རང་དྲུང་དག་འཛིན་	rang-tschyeh dhag-dzin
Selbsthilfe (f)	རང་འཚོ་	rang-tzo
selbstlos	རང་ཞེད་མེད་པ་	rang-schheh meh-pa
selbstsicher	རང་རྒྱུད་རང་ཤས་	rang-gyüh rang-schhä
selbstständig	རང་ཁ་རང་གསོ་	rang-kha rang-so
selbstverständlich	བདེན་པ་རང་ངོས་ནས་གྲུབ་པའི་	den-pa rang-ngö-nä d(r)hob-pae
Selbstverteidigung (f)	རང་སྡེ་རང་སྲུང་	rang-de rang-sung
Selbstverwaltung (f)	རང་སྲིད་རང་སྐྱོང་	rang-si rang-kyong
Selbstzucht (f)	སྡོམ་པ་རང་སྲུང་	dom-pa rang-sung
Selektion (f)	འདེམ་སྒྲུག་	dem-d(r)hug
selektiv	འདམ་ག་ཅན་	dam-gha-tschen
selig	བྱིན་ཅན་	dschyin-tschen
Seligkeit (f)	ཚེ་སྲོག་ཉེན་སྐྱོབ་	tze-sog nyen-kyob
Sellerie (m/f)	ཙ་ཚལ་	tsa-tzel
selten	དཀོན་པོ་	kön-po
Seltenheit (f)	དཀོན་པའི་རང་བཞིན་	kön-pae rang-schin
Selterswasser (n)	བུལ་ཆུ་	bhül-tschhu
seltsam	ཡ་མཚན་ཅན་	ja-tzen-tschen
seltsam (komisch)	ཁྱད་མཚར་པོ་	khyeh tzar-po
semantisch	ཚིག་དོན་གྱི་	tzig-dhön-gyi
Semantik (f)	ཚིག་དོན་རིག་པ་	tzig-dhön rig-pa
Semester (n)	ལོ་ཕྱེད་སློབ་ཐུན་	lo-tschyeh lhob-thün

Semifinale (n)	ཕྱེད་འགྲན་མཐར་མའི་སྔོན་མ་	tseh-d(r)hen tha-mae nghön-ma
Semikolon (n)	ཕྱེད་གཅོད་མཚམས་	tschhyeh-tschöh tzam
Seminar (n)	སློབ་གཉེར་འདུ་ཚོགས་	lhob-nhyer du-tzog
Senat (m)	གྲོས་ཚོགས་གོང་མ་	d(r)hö-tzog ghong-ma
Senator (m)	གྲོས་ཚོགས་གོང་མའི་ཚོགས་མི་	d(r)hö-tzog ghong-mae tzog-mi
Sendebereich (m)	རླུང་འཕྲིན་རྒྱང་སྒྲིང་གི་རྒྱ་ཁྱོན་	lhung-t(r)hin gya-sing-gi gya-khyön
Sendefolge (f)	རིམ་པ་བསྒྱུར་ཚགས་	rim-pa tahr-tschhag
Sendemast (m)	རླུང་འཕྲིན་གཏོང་ཚས་ཀྱི་དར་ཤིང་	lhung-t(r)hin tong-tschhä-kyi dhar-schhing
senden	སྐུར་བ་	kur-wa
senden, tech.	རླུང་འཕྲིན་རྒྱང་སྒྲིང་བྱེད་པ་	lhung-t(r)hin gyang-sing dschye-pa
Sendepause (f)	རླུང་འཕྲིན་རྒྱང་སྒྲིང་གི་བར་སེང་	lhung-t(r)hin gyang-sing-gi bhar-seng
Sender (m)	རླུང་འཕྲིན་གཏོང་ཚས་	lhung-t(r)hing tong-tschhä
Senderaum (m)	རླུང་འཕྲིན་ཁང་	lhung-t(r)hing khang
Sendezeit (f)	རྒྱང་བསྒྲིང་བྱེད་བཞིན་པའི་དུས་	gyang-sing dschyeh-schin-pae dhü
Senf (m)	པད་ཀ་	peh-ka
Senfgas (n)	དུག་རླངས་སེར་པོ་	dhug-lhang ser-po
Senfkorn (n)	པད་ཀའི་སོན་འབྲུ་	peh-kae sön-d(r)hu
Senior (m)	རྒན་པ་	gen-pa
Senkblei (n)	དཔྱང་ཁུད་	tschyang-küh
senken	དམར་རུ་གཏོང་བ་	mha-ru tong-wa
senkrecht	གེར་ལངས་	ker-lang
Senkung (f)	གོང་གོང་	kong-kong
Sensation (f)	མྱོང་ཚོར་	nyong-tzor

sensationell	མྱོང་ཚོར་གྱི་	nyong-tzor-gyi
Sense (f)	ཟོར་གྲི་	sohr-d(r)hi
sensibel	བསམ་ཤེས་ཅན་	sam-schhä-tschen
sensibilisieren	ཚོར་བ་སྐྱེན་པོ་བཟོ་བ་	tzor-wa kyen-po soh-wa
Sensibilität (f)	ཚོར་བའི་ནུས་པ་	tzor-wae nü-pa
sensorisch	ཚོར་བའི་	tzor-wae
sentimental	འདུ་ཤེས་ཅན་	du-schhä-tschen
Sentimentalität (f)	སེམས་ཚོར་སྐྱེད་པའི་རང་བཞིན་	sem-tzor kyeh-pae rang-schin
separat	ལོགས་དགར་	log-gar
September (m)	ཕྱི་ཟླ་དགུ་པ་	tschhyi-dha gu-pa
Sequenz (f)	བསྟར་ཚགས་	tahr-tschhag
Serenade (f)	ནུབ་མོའི་རི་གླུ་	nub-mae ri-lhu
Serie (f)	རིམ་པ་བསྟར་ཚགས་	rim-pa tahr-tschhag
seriell	བསྟར་ཚགས་ཀྱི་	tahr-tschhag-kyi
serienweise	དེབ་ཚོང་	deb-tzong
seriös	གཞི་སྟྱེད་པོ་	schi-dschih-po
Serpentine (f)	ཀྱ་གེ་ཀྱོག་གེ་	kya-ge kyo-ge
Serum (n)	དངས་ཁྲག་	dhang-t(r)hag
Service (m)	ཞབས་ཞུ་	schab-schu
servieren	ཞབས་འདེགས་ཞུ་བ་	schab-deg schu-wa
Serviertochter (f)	ཟ་ཁང་ཞབས་ཞུ་བ་	sah-khang schab-schu-wa
Serviette (f)	སྟོ་རས་	to-rä
Sesam (m)	ཏིལ་	tihl
Sessel (m)	སྐྱབ་ཀྱག་ལག་འཛུ་ཅན་	khub-kyag lag-dschu-tschen

Deutsch	Tibetisch	Umschrift
sesshaft	བཅའ་སྡོད་པ་	tscha-döh-pa
setzen	འཛོག་པ་	dschog-pa
Setzer (m)	ལྕགས་འབྲུ་སྒྲིག་མཁན་	tschag-d(r)hu d(r)hig-khen
Seuche (f)	ནད་ཡམས་	neh-jam
Seuchenbekämpfung (f)	ནད་ཡམས་སྟངས་འཛིན་	neh-jam tang-dzin
Seuchengebiet (n)	ནད་ཡམས་ས་ཁུལ་	neh-jam sa-khül
Seuchengefahr (f)	ནད་ཡམས་ཉེན་ཁ་	neh-jam nyen-kha
seufzen	དབུགས་རིང་གཏོང་བ་	ug-ring tong-wa
Seufzer (m)	དབུགས་རིང་	ug-ring
Sex (m)	ཕོ་མོ་	po-mo
Sex-Appeal (m)	ཡིད་དབང་འཕྲོག་ནུས་ཀྱི་ཕོ་མོའི་རྣམ་འགྱུར་	jih-wang t(r)hog-nü-kyi pho-möe nham-gyur
Sexfilm (m)	ཆགས་སྲེད་སློང་བའི་གློག་བརྙན་	tschhag-seg lhong-wae lhog-nyhen
Sexualität (f)	ཕོ་མོའི་དབང་པོ་ལྡན་པ་ཉིད་	po-möe wang-po den-pa nyi
Sexualkunde (f)*	ཕོ་མོའི་དབང་པོ་ལྡན་པའི་སློབ་གསོ་	po-möe wang-po den-pae lhob-so
Sexualstraftäter (m)*	ཕོ་མོར་ཁྲིམས་འགལ་བཙན་ཤེད་བྱེད་པོ་	po-mor t(r)him-gel tsen-schheh dschyeh-po
sexuell	ཕོ་མོའི་མཚན་མའི་	po-möe tzen-mae
sexy	ཆགས་སྲེད་སློང་བའི་	tschhag-seg lhong-wae
sezieren	དུམ་བུར་བསིལ་བ་	dhum-bhur sil-wa
sich	རང་ཉིད་	rang-nyih
Sichel (f)	ཟོར་བ་	sohr-wa
sicher	ཏན་ཏན་	ten-ten
Sicherheit (f)	ཉེན་སྲུང་	nyen-sung

sichern	བཏན་སྲུང་བྱེད་པ་	ten-sung dschye-pa
Sicherung (f), elektr.	ཉེན་འགོག་བཞུར་སྐུད་	nyen-gog schur-küh
sichtbar	མངོན་དུ་འགྱུར་བའི་	nghön-dhu gyur-wae
sichtlich	མངོན་བཞིན་དུ་	nghön-schin-dhu
Sichtverhältnisse (pl)	བཟོང་ཚོས་	tong-tschhö
Sichtvermerk (m)	ཞིབ་མཆན་	schib-tschhen
sickern	སིམ་པ་	sim-pa
Siderit (m), chem.	ལིང་ཐལ་	ling-thel
sie	མོ་	mo
Sieb (n)	ཚགས་མ་	tzag-ma
sieben	ཚགས་རྒྱག་པ་	tzag gyag-pa
siebenfach	ལྡབ་བདུན་	dab-dün
siebte	བདུན་པ་	dün-pa
Siebtel (n/m)	བདུན་ཆ་	dün-tschha
siebzehn	བཅུ་བདུན་	tschu-dün
siebzig	བདུན་བཅུ་	dün-tschu
sieden	ཁོལ་བ་	khöl-wa
Siedepunkt (m)*	ཁོལ་ཚེག་	khöl-tzeg
Siedler (m)	གཞིས་ཚགས་པ་	schi-tschhag-pa
Siedlung (f)	གཞིས་ཚགས་	schi-tschhag
Sieg (m)	རྣམ་རྒྱལ་	nham-gyel
Siegel (n)	ཐེལ་ཙེ་	thel-tse
Siegel (n), hon.	ཕྱག་དམ་	tschhyag-dham
Siegellack (m)	ལ་ཚ་	la-tschha
siegen	རྒྱལ་ཁ་ཐོབ་པ་	gyel-kha thob-pa

Sieger (m)	རྒྱལ་ཁ་ཐོབ་མཁན་	gyel-kha thob-khen
Siegermacht (f)	རྣམ་པར་རྒྱལ་བའི་རྒྱལ་ཁབ་	nham-par gyel-wae gyel-khab
Siegerpodest (n)	རྒྱལ་ཐོབ་མྱང་སྟེགས་	gyel-thob mhang-tehg
siegreich	རྣམ་པར་རྒྱལ་བའི་	nham-par gyel-wae
Signal (n)	བརྡ་	da
signalisieren	བརྡ་གཏོང་བ་	da tong-wa
Signatur (f)	མིང་རྟགས་	ming-tahg
signieren	མིང་རྟགས་འགོད་པ་	ming-tahg göh-pa
Silbe (f)	སྒྲ་ཚིགས་	d(r)ha-tzig
Silber (n)	དངུལ་	nghül
silbern	དངུལ་རྩི་བླུགས་པ་	nghül-tsi dschyug-pa
silbrig	དངུལ་མདོག་ཅན་	nghül-dog-tschen
Silhouette (f)	གྲིབ་གཟུགས་	d(r)hib-suhg
Sims (m/n)	མ་ཐེམ་	ma-them
Simulant (m)	ན་རྫུ་འདེབས་མཁན་	na-dzu deb-khen
Simulation (f)	གཡོ་རྫུས་	jho-dzü
simulieren	རྫུ་བ་	dzu-wa
simulieren, tech.	ཟོག་རྫུ་བྱེད་པ་	sohg-dzu dschye-pa
simultan	དུས་གཅིག་ཏུ་	dhü-tschig-tu
Simultan- dolmetscher (m)*	དུས་མཚུངས་སྐད་སྒྱུར་	dhü-tzung keh-gyür
Sinfonie (f)	མཉམ་གཏོང་རོལ་དབྱངས་	nyam-tong röl-jang
sinfonisch	མཉམ་གཏོང་རོལ་དབྱངས་དང་འདྲ་བའི་	nyam-tong röl-jang-dhang d(r)ha-wae
singen	གཞས་གཏོང་བ་	schä tong-wa
Sänger (m)	གཞས་གཏོང་མཁན་	schä-tong-khen

Single (m)	རྐྱང་པ་	kyang-pa
Singular (m), gram.	གཅིག་ཚིག་	tschig-tzig
Singvogel (m)	སྐད་སྙན་སྒྲོག་པའི་བྱེའུ་	keh-nyhen d(r)hog-pae dschyi-wu
sinken	ནུབ་པ་	nub-pa
Sinn (m)	རིག་ཚོར་	reg-tzor
Sinnbild (n)	མཚོན་རྟགས་	tzön-tahg
sinnbildlich	མཚོན་རྟགས་ཀྱི་	tzön-tahg-kyi
Sinnesorgan (n)	དབང་པོ་	wang-po
Sinnestäuschung (f)	འཁྲུལ་སྣང་	t(r)hül-nhang
sinnlich	རིག་ཚོར་གྱི་བདེ་བ་བསྟེར་བའི་	reg-tzor-gyi de-wa tehr-wae
Sinnlichkeit (f)	རིག་པའི་བདེ་བ་	reg-pae de-wa
sinnlos	གོ་དོན་མེད་པའི་	gho-dhön meh-pae
Sinnlosigkeit (f)	གོ་དོན་མེད་པ་	gho-dhön meh-pa
sinnvoll	གོ་དོན་དང་ལྡན་པ་	gho-dhön-dhang den-pa
Sintflut (f)	ཆུ་ལོག་	tschhu-log
sintflutartig	ཆར་རྒྱུན་དྲག་པོ་	tschhar-gyün d(r)hag-po
Sinus (m), math.	སེན་ཐིག་	sen-thig
Sippe (f)	མི་རྒྱུད་	mi-gyüh
Sippschaft (f)	གདོད་མའི་ཚོ་པ་	döh-mae tzo-pa
Sirup (m)	མངར་ཆའི་ཁུ་བ་	ngar-tschhae khu-wa
Sitte (f)	ལུགས་སྲོལ་	lug-söl
sittenlos	མི་ཆོས་དང་མི་མཐུན་པའི་	mi-tschhö-dhang mi-thün-pae
sittenwidrig	མ་རབས་	ma-rab
sittlich	བཟང་སྤྱོད་ཀྱི་	sahng-tschyöh-kyi

Sittlichkeit (f)	ཚུལ་ཁྲིམས་	tzül-t(r)him
Situation (f)	གནས་སྟངས་	nhä-tang
Sitz (m)	གདན་	den
Sitzbank (f)	ཀུབ་ཀྱག་ནར་མོ་	kub-kyag nar-mo
Sitzblockade (f)	ཚོགས་སྡོད་བཀག་འགོག་	tsog-döh kag-gog
sitzen	སྡོད་པ་	döh-pa
sitzen, hon.	བཞུགས་པ་	schug-pa
Sitzkissen (n)	འབོལ་གདན་	böl-den
Sitzordnung (f)	བཞུགས་གྲལ་གོ་རིམ་	schug-d(r)hel gho-rim
Sitzung (f)	ཚན་འཛོམས་	hlän-dzom
Skala (f)	ཚད་གཞི་	tze-schi
Skalpell (n)*	གཤག་བཅོས་ཀྱི་ཆུང་	schhag-tschö d(r)hi-tschhung
skalpieren	མགོ་སྤགས་བཤུ་བ་	go-pag schhu-wa
Skandal (m)	དགོག་གཏམ་	t(r)hog-tahm
skandalös	དགོག་གཏམ་ཚ་པོ་	t(r)hog-tahm tza-po
Skelett (n)	གིང་རུས་	keng-rü
Skepsis (f)	དོགས་ཟོན་རིང་ལུགས་	dhog-söhn ring-lug
Skeptiker (m)	དོགས་ཟོན་པ་	dhog-söhn-pa
skeptisch	ཡིད་ཆེས་དཀའ་བའི་	jih-tschhä ka-wae
Skeptizismus (m)	དོག་ཟོན་རིང་ལུགས་	dhog-söhn ring-lug
Ski (m)	གངས་ཤུད་	ghang-schhüh
Skiausrüstung (f)	གངས་ཤུད་སྒྲིག་ཆས་	ghang-schhüh d(r)hig-tschhä
skifahren	གངས་ཤུད་གཏང་བ་	ghang-schhüh tang-wa
Skifahrer (m)	གངས་ཤུད་གཏོང་མཁན་	ghang-schhüh tong-khen

Deutsch	Tibetisch	Umschrift
Skigebiet (n)*	གངས་ཤུད་ས་ཁུལ་	ghang-schhüh sa-khül
Skizze (f)	སྐྱ་རིས་	kya-ri
skizzieren	སྐྱ་རིས་འབྲི་བ་	kya-ri d(r)hi-wa
Sklave (m)	བྲན་གཡོག་	d(r)hen-jhog
Sklavenhandel (m)	ཚེ་གཡོག་ཉོ་ཚོང་	tze-jhog nyo-tzong
Sklaverei (f)	ཚེ་གཡོག་ལམ་ལུགས་	tze-jhog lam-lug
sklavisch	བྲག་གཡོག་ལྟ་བུའི་	d(r)hag-jhog ta-bhue
Sklerose (f), med.	འཕར་རྩ་སྡངས་པའི་ནད་	phar-tsa t(r)hang-pae neh
Skonto (n)	དངུལ་རྒྱང་གཅོག་ཆ་	nghül-kyang tschog-tschha
Skorpion (m), zo.	སྡིག་པ་ར་ཙ་	dig-pa ra-tsa
Skrupel (m)	བཟང་ངན་དབར་གྱི་ཐེ་ཚོམ་	sahng-ngen bar-gyi the-tzom
skrupellos	ཁྲེལ་གཞུང་མེད་པ་	t(r)hel-schung meh-pa
Skulptur (f)	རྡོ་སྐོད་	do-köh
Slalom (m)	ཀྱག་ཀྱོག་	kyag-kyog
Slang (m)	ལོག་སྐད་	log-keh
Slogan (m)	སྐད་འབོད་རྡོད་ཚིག་	keh-bö dschöh-tzig
Slum (m)	དབུལ་གྲོང་	bül-d(r)hong
Smaragd (m)	མགད་	geh
Smog (m)	དུ་ཞག་	dhu-schag
Smoking (m)*	གསོལ་སྟོན་གྱོན་ཆས་	söl-töhn gyön-tschhä
Snack (m)	ཁ་ཟས་སྟབས་བདེ་	kha-säh tahb-de
sobald	གང་མགྱོགས་	ghang-gyog
Sockel (m)	མཐིལ་	thil
Soda (n)	བུལ་ཏོག་	bhül-tohg

Soda (n), chem.	བུལ་ཚྭ་	bhül-tza
Sodawasser (n)	བུལ་ཆུའི་བཏུང་བ་	bhül-tschhue tung-wa
Sodbrennen (n)*	པོ་བའི་ཚ་ཤར་	pho-wae tza-schhar
soeben	ད་ལྟ་རང་	dha-ta-rang
Sofa (n)	འབོལ་སྟེགས་	böl-tehg
sofort	ལམ་སེང་	lam-seng
Sofortmass- nahme (f)*	འཕྲལ་གྱི་ཐབས་ལམ་	t(r)hel-gyi thab-lam
Sog (m)	རྡུབ་འཐེན་	nghub-then
sogenannt	ཟེར་བའི་	sehr-wae
Sohle (f)	ལྷམ་མཐིལ་	hlam-thil
Sohn (m)	བུ་	bhu
Sohn (m), hon.	སྲས་	sä
Soja (f)	སྲན་སེར་	sen-ser
Sojabohnen- keim (m)	རྒྱ་སེར་མྱུག་གསར་	gya-ser nyug-sar
Solarenergie (f)	ཉི་མའི་ནུས་ཤུགས་	nyi-mae nü-schhug
Solarium (n)	ཉི་མ་སྲོག་ཁང་	nyi-ma sog-khang
Solarstrom (m)*	ཉི་མའི་ནུས་ཤུགས་ཀྱི་གློག་	nyi-mae nü-schhug-kyi lhog
solch	འདི་ལྟར་	dhi-tahr
Sold (m)	ཕོགས་	phog
Soldat (m)	དམག་མི་	mhag-mi
Söldner (m)	གླས་དམག་	lhä-mhag
solidarisch	ཚིག་སྒྲིལ་གྱི་	tschhig-d(r)hil-gyi
solidarisieren	ཚིག་སྒྲིལ་བྱེད་པ་	tschig-d(r)hil dschye-pa
Solidarität (f)	ཚིག་སྒྲིལ་	tschhig-d(r)hil

solide	ཉོགས་མོ་	nog-mo
Solist (m)	རྐྱང་གཞས་གཏོང་མཁན་	kyang-schä tong-khen
Soll (n)	སོང་ཐོ་	song-tho
sollen	(བྱེད་)དགོས་	(dschyeh) gö
Solo (n)	རྐྱང་གཏོང་	kyang-tong
solvent, econ.	བུ་ལོན་སྤྲོད་འཇལ་ཐུབ་པའི་	bhu-lön t(r)höh-dschel thub-pae
Sommer (m)	དབྱར་ཁ་	jar-ka
Sommeranfang (m)*	དབྱར་ཁ་འགོ་འཛུགས་	jar-kha go-dzug
Sommerferien (f)*	དབྱར་ཁའི་གུང་སེང་	jar-khae ghung-seng
Sommerkleid (n)*	དབྱར་ཁའི་གྱོན་ཆས་	jhar-khae gyön-tschhä
Sommer-olympiade (f)*	དབྱར་ཁའི་རྒྱལ་སྤྱིའི་རྩེད་འགྲན་རྒྱས་འཛོམས་	jhar-khee gyel-tschyi tseh-d(r)hen gyä-dzom
Sommerschluss-verkauf (m)*	དབྱར་ཁའི་ཁེ་ཚོང་	jhar-khae khe-tzong
Sommer-semester (n)	དབྱར་ཁའི་ལོ་ཕྱེད་སློབ་ཐུན་	jhar-käe lo-tschhyeh lob-thün
Sommersprosse (f)	གྲོ་ཐིག་	d(r)ho-thig
Sommerzeit (f)	དབྱར་དུས་	jhar-dhü
Sonder-beauftragter (m)	ཆེད་མངགས་སྐུ་ཚབ་	tschheh-nghag khu-tzab
Sonderfall (m)*	དམིགས་གསལ་གནད་དོན་	mhig-sel nheh-dhön
sonderlich	དམིགས་གསལ་གྱི་	mhig-sel-kyi
Sondermüll (m)*	དམིགས་གསལ་བེད་མེད་	mhig-sel bhe-meh
Sonne (f)	ཉི་མ་	nyi-ma
sonnen	ཉི་མར་སྲོ་བ་	nyi-mar t(r)ho-wa
Sonnenaufgang (m)	ཉི་མ་རྩེ་འཛར་	nyi-ma tse-schhar

Sonnenbad (n)	ཉི་སྲོ་	nyi-t(r)hro
Sonnenblume (f)	ཉི་མ་མེ་ཏོག་	nyi-ma me-tohg
Sonnenblumen-öl (n)	ཉི་མ་མེ་ཏོག་གི་སྣུམ་	nyi-ma me-tohg-gi nhum
Sonnenbrand (m)	ཉི་སྲེག་	nyi-seg
Sonnenbrille (f)	ཉི་ཤེལ་	nyi-schhel
Sonnenfinsternis (f)	ཉི་འཛིན་	nyi-dzin
Sonnensystem (n)	ཉི་མའི་ཁྱིམ་རྒྱུད་	nyi-mae kyim-gyüh
Sonnenuntergang (m)	ཉི་བནུད་	nyi-schüh
Sonnenwende (f)	ཉི་ལྡོག་	nyi-dog
Sonntag (m)	གཟའ་ཉི་མ་	sah-nyi-ma
Sonntagsarbeit (f)	རེ་ཟ་ཉི་མའི་ལས་ཀ་	re-sah nyi-mae lä-ka
Sonntagsschule (f)	རེ་ཟ་ཉི་མའི་སློབ་གྲྭ་	re-sah nyi-mae lhob-d(r)ha
Sonntagszeitung (f)	རེ་ཟ་ཉི་མའི་གསར་ཤོག་	re-sah nyi-mae sar-schhog
sonst	ཡན་པ་	jen-pa
sooft	གདུས་ཡིན་ཡང་	gha-dhü jin-jang
Sorge (f)	སེམས་ཁྲལ་	säm-t(r)hel
Sorge (f), hon.	ཐུགས་ཁྲལ་	thug-t(r)hel
sorgen	སེམས་ཁྲལ་བྱེད་པ་	säm-t(r)hel dschye-pa
sorgenfrei	བག་ཕེབས་	bhag-pheb
Sorgerecht (n)	བདག་གཉེར་	dag-nyer
sorgfältig	གཟབ་ནན་	sahb-nen
sorglos	བག་མེད་	bhag-meh
Sorte (f)	སྣ་ཁ་	nha-kha
sortieren	དབྱེ་འབྱེད་བྱེད་པ་	je-dscheh dschye-pa

Deutsch	Tibetisch	Umschrift
Sortiment (n)	སྣ་འཛོམས་	nha-dzom
Sosse (f)	ཁུ་བ་	khu-wa
Souffleur (m)	དྲན་འཛིན་པ་	d(r)hen-dzin-pa
soufflieren	དྲན་འཛིན་བྱེད་པ་	d(r)hen-dzin dschye-pa
Souverän (m)	གཙོ་བདག་	tso-dag
Souveränität (f)	རང་དབང་གཅང་མའི་བདག་དབང་	rang-wang tsang-mae dag-wang
soweit	དེ་བར་	dhe-bhar
sowieso	ཇི་ལྟར་ཡང་	dschi-tahr-jang
sozial	སྤྱི་ཚོགས་ཀྱི་	tschyi-tzog-kyi
Sozialabgabe (f)	སྤྱི་ཚོགས་བདེ་དོན་	tschyi-tzog de-dhön
Sozialamt (n)	སྤྱི་ཚོགས་བདེ་དོན་ལས་ཁུང་	tschyi-tzog de-dhön lä-khung
Sozialarbeiter (m)	སྤྱི་ཚོགས་ཞབས་ཞུ་བ་	tschyi-tzog schab-schu-wa
Sozial-einrichtungen (f)	སྤྱི་ཚོགས་ཐུན་རྐྱེན་	tschyi-tzog thün-kyen
Sozialismus (m)	སྤྱི་ཚོགས་རིང་ལུགས་	tschyi-tzog ring-lug
sozialistisch	སྤྱི་ཚོགས་རིང་ལུགས་ཀྱི་	tschyi-tzog ring-lug-kyi
Sozialkunde (f)	སྤྱི་ཚོགས་རིག་གནས་	tschyi-tzog-rig-nhä
Sozialpolitik (f)	སྤྱི་ཚོགས་སྲིད་དུས་	tschyi-tzog sih-dschü
Sozialstaat (m)	སྤྱི་བདེ་རྒྱལ་ཁབ་	tschyi-de gyel-khab
Sozial-unterstützung (f)	སྤྱི་ཚོགས་རྒྱུད་སྐྱོབ་	tschyi-tzog gyüh-kyob
Sozial-versicherung (f)	སྤྱི་ཚོགས་བདེ་སྲུང་	tschyi-tzog de-sung
Sozialwohnung (f)	སྤྱི་ཚོགས་རྒྱུད་སྐྱོབ་སྡོད་ཁང་	tschyi-tzog gyüh-kyog döh-khang
Soziologe (m)	སྤྱི་ཚོགས་རིག་གནས་པ་	tschyi-tzog rig-nhä-pa

Soziologie (f)	སྤྱི་ཚོགས་རིག་པ་	tschyi-tzog rig-pa
soziologisch	སྤྱི་ཚོགས་རིག་པའི་	tschyi-tzog rig-pae
Spachtel (m)	སྐྱིལ་ཐུར་	tschyil-thur
spähen	ཡིབ་ལྟ་བྱེད་པ་	jip-ta dschye-pa
Spalier (n)	གྲལ་བསྒྲོས་	d(r)hel-tahr
Spalt (m)	བར་སྟོང་	bhar-tong
spaltbar	ཁ་གཤག་གཏོང་བདེ་པོ་	kha-schhag tong-de-po
spalten	ཁ་གཤོག་པ་	kha-schhog-pa
Spaltung (f)	ཐ་དད་	tha-deh
Spange (f)	ཆབ་ཙེ་	tschhab-tse
spannen	དམ་པོའམ་གྲིམ་པོ་བཟོ་བ་	dham-po-wam d(r)him-po soh-wa
spannend	སེམས་ངར་སྐྱེད་པའི་	sem-ngar kyeh-pae
Spannkraft (f)	ཤུགས་དྲག་	schhug-d(r)hag
Spannung (f), elektr.	གློག་ཤུགས་	lhog-schhug
Spannungs-messer (m), elektr.	གློག་ཤུགས་འཇལ་ཆས་	lhog-schhug dschel-tschhä
Spannungs-prüfer (m)	གློག་ཤུགས་བརྟོན་པ་	lhog-schhug da-töhn-pa
Spannweite (f)	རྒྱང་ཚད་	gyang-tzeh
Spannweite (f), math.	རྒྱ་ཁྱོན་	gya-khyön
Sparbuch (n)*	གསོག་འཇོག་དངུལ་དེབ་	sog-dschog nghül-dheb
Spareinlage (f)*	གསོག་འཇོག་བཅོལ་དངུལ་	sog-dschog tschöl-nghül
sparen	བསག་པ་	sag-pa
Spargel (m/f)	འདམ་སྨྱུག་	dam-nyug
Sparkasse (f)	གསོག་འཇོག་དངུལ་ཁང་	sog-dschog nghül-khang
spärlich	ཐར་ཐོར་	thar-thor

Sparmassnahme (f)	གྲོན་ཆུང་དམ་ཚགས་	d(r)hün-tschhung dham-tzag
sparsam	བསྲི་ཚགས་མཁས་པོ་	sih-tzag khä-po
Sparsamkeit (f)	ཐོན་སྤེལ་གྲོན་ཆུང་	thön-pel d(r)hön-tschhung
spartanisch	བཟོད་སྲན་ཆེན་པོ་	söhh-sen tschhen-po
Spass (m)	དགོད་བྲོ་	göh-d(r)ho
spasshaft	གད་མོ་བྲོ་པོ་	gheh-mo d(r)ho-po
Spassvogel (m)	བཞད་གད་སློང་མཁན་	scheh-geh lhong-khen
spät	ཕྱི་པོ་	tschhyi-po
Spaten (m)	སྐུག་མ་	dschyag-ma
später	རྗེས་སོར་	dschä-sor
spätestens	ཕྱི་ཤོས་	tschhyi-schhö
spazieren	འཆམ་འཆམ་དུ་འགྲོ་བ་	tschham-tschham-dhu d(r)ho-wa
spazieren, hon.	སྐུ་འཆམ་ལ་ཕེབ་པ་	ku-tschham-la pheb-pa
Spaziergang (m)	འཆམ་འཆམ་	tschham-tschham
Spaziergänger (m)	འཆམ་འཆམ་འགྲོ་མཁན་	tschham-tschham d(r)ho-khen
Spaziergänger (m), hon.	སྐུ་འཆམ་གནང་མཁན་	ku-tschham nhang-khen
Spazierstock (m)	འཁར་རྒྱུག་	khar-gyug
Specht (m)	བྱ་ཤིང་ཏ་མོ་	dschya-schhing ta-mo
Speck (m)	ཕག་ཤ་སྐམ་པོ་	phag-schha kam-po
speckig	ཚིལ་ཅན་	tzil-tschen
Speckscheibe (f)	ཕག་ཤའི་ཐིག་གཞོག་	phag-schhae tihg-schog
spektakulär	ངོ་མཚར་ཅན་གྱི་	ng!ô-tzar-tschen-gyi
Speer (m)	མདུང་	dung

Speiche (f)	ཁོར་ལོའི་རྩིབས་	khor-löe tsib
Speichel (m)	མཆིལ་མ་	tschhil-ma
Speichel (m), hon.	ཞལ་ཆུ་	schel-tschhu
Speicher (m)	མཛོད་ཁང་	dzöh-khang
speichern	མཛོད་ཁང་དུ་འཇུག་པ་	dzöh-khang-dhu dschug-pa
Speicherofen (m)	ལྷོག་དྲོད་གསོག་འཛོད་	lhog-d(r)höh sog-dzöh
Speicherzelle (f)	གསོག་འཛོག་ལྷོག་སྨན་	sog-dschog lhog-men
speien	མཆིལ་མ་འདོར་བ་	tschhil-ma dhor-wa
Speise (f)	ཟས་སྣེ་	säh-nhe
Speisekammer (f)	གཉེར་ཁང་	nyer-khang
Speisekarte (f)	ཟས་སྣེའི་རེའུ་མིག་	säh-nhäe re-u-mig
speisen	ཟ་བ་	sah-wa
speisen, hon.	མཆོད་པ་	tschhöh-pa
Speiseröhre (f)	མིད་པ་	mih-pa
Speisesaal (m)	ཁ་ལག་ཟ་ས་	kha-lag sah-sa
Speisesaal (m), hon.	གསོལ་ཚིགས་ཁང་	söl-tzig-khang
Speisewagen (m)	མེ་འཁོར་གྱི་ཟ་ཁང་	me-khor-gyi sah-khang
Spektakel (n)	ངོ་མཚར་གྱི་ལྟད་མོ་	ngo-tzar-gyi teh-mo
Spektrum (n)	མཇའ་མདངས་	dscha-dang
Spekulant (m)	ཚོད་དཔག་བྱ་ར་བྱེད་མཁན་	tzöh-pag dschya-ra dschyeh-khen
Spekulation (f)	ཚོད་དཔག་བྱ་ར་	tzöh-pahg dschya-ra
spekulativ	ཚོད་དཔག་གི་	tzöh-pahg-gi
spekulieren	ཚོད་དཔག་བྱེད་པ་	tzöh-pahg dschye-pa
spendabel	གཏོང་ཕོད་ཅན་	tong-phöh-tschen

Spende (f)	ཤལ་འདེབས་	schel-dep
spenden	ཤལ་འདེབས་སྟོད་པ་	schel-dep t(r)höh-pa
Spendenaffäre (f)*	ཤལ་འདེབས་ཀྱི་མིང་རྗེས་	schel-dep-kyi ming-dschä
Spendenkonto (n)*	ཤལ་འདེབས་དངུལ་ཁང་བཅུག་ཁྲ་	schel-dep nghül-khang tschug-t(r)ha
Spender (m)	ཤལ་བདེབས་འབུལ་མཁན་	schel-dep bül-khen
Sperling (m), zo.	ཁང་བྱིའུ་	khang-dschi-u
Sperma (n)	ཕོའི་ས་བོན་	phöe-sa-bhön
Sperre (f)	ར་བ་	ra-wa
sperren	གཏན་འགག་བྱེད་པ་	tehn-gag dschye-pa
Sperrgebiet (n)	བཀག་རྒྱའི་ས་ཁུལ་	kag-gyae sa-khül
Sperrholz (n)	ཚེགས་སྦྱར་ཤིང་ལེབ་	tseg-dschyar schhing-leb
sperrig	བོངས་ཆེན་པོ་	bhong-tschhen-po
Spesen (f)	འགྲོ་གྲོན་	d(r)ho-d(r)hön
Spezialabteilung (f)*	དམིགས་བསལ་སྡེ་ཚན་	mhig-sel de-tzen
Spezialausbildung (f)	ཆེད་ལས་སློབ་སྦྱོང་	tschheh-lä lhob-dschyong
spezialisieren	ཆེད་ལས་སློབ་སྦྱོང་བྱེད་པ་	tschheh-lä lhob-dschong dschye-pa
Spezialist (m)	ཆེད་མཁས་པ་	tschheh-khä-pa
Spezialität (f)	དམིགས་བསལ་བྱེད་ཆོས་	mhig-sel kyeh-tschhö
speziell	དམིགས་བསལ་	mhig-sel
spezifisch	ངས་ཅན་	ngä-tschen
spezifizieren	མིག་སྟོས་བྱེད་པ་	mig-mhö dschye-pa
Spickzettel (m)	དཔེའི་ཙོམ་ཀུ་བཤུས་	pe-tsom ku-schhü
Spiegel (m)	གདོང་ཤེལ་	dong-schhel
Spiegelbild (n)	གཟུགས་བརྙན་	suhg-nyhen

spiegeln	འོད་ཟེར་སོགས་ཕྱིར་འཕྲོ་བ་	wö-sehr-sog tschyir-t(r)ho-wa
Spiegelung (f)	ལྡོག་འཕྲོ་	dog-t(r)ho
Spiel (n)	རྩེད་མོ་	tseh-mo
Spiel (n), hon.	སྐུ་རྩེ་	ku-tse
Spielbank (f)	རྒྱན་རྩེ་ཁང་	gyen-tse-khang
spielen	རྩེད་མོ་རྩེ་བ་	tse-mo tse-wa
spielen, hon.	སྐུ་རྩེད་གནང་བ་	ku-tseh nhang-wa
Spieler (m)	རྩེད་མོ་བ་	tseh-mo-wa
Spielkamerad (m)	རྩེད་གྲོགས་	tseh-d(r)hog
Spielkarte (f)	ཏག་སེ་	tahg-se
Spielschuld (f)	རྩེད་བོར་བུ་ལོན་	tseh-schhor bhu-lön
Spielverderber (m)	རྩེད་མོ་འཕྲོ་བརླག་གཏོང་མཁན་	tseh-mo t(r)ho-lhag tong-khen
Spielwarengeschäft (n)	རྩེད་ཆས་ཚོང་ཁང་	tseh-tschhä tzong-khang
Spielzeug (n)	རྩེད་ཆས་	tseh-tschhä
Spinat (m)	ཚལ་སྔག་	tzel-nhag
Spindel (f)	སྤུལ་སྙིང་	nghel-nying
Spinne (f)	སྡོམ་	dom
spinnen	སྤུལ་མ་འཁེལ་བ་	nghel-ma khel-wa
Spinner (m)	འཁེལ་མཁན་	khel-khen
Spinnerei (f)	སྤུལ་མའི་བཟོ་ཁང་	nghel-mae soh-khang
Spinnrad (n)	འཐག་འཁོར་	thag-khor
Spinnwebe (f)	སྡོམ་ཐག་	dom-thag
Spion (m)	སོ་པ་	so-pa
Spionage (f)	སོ་ཉུལ་	so-nyül

Spionageabwehr (f)	སོ་ཉུལ་འགོག་སྲུང་	so-nyül gog-sung
spionieren	སོ་ཉུལ་བྱེད་པ་	so-nyül dschye-pa
Spirale (f)	གཅུས་སྒྲིམ་མ་	tschü-d(r)him-ma
Spirale (f), med.	དྲི་སྐོར་	t(r)hi-kor
Spiritismus (m)	སེམས་གཙོ་སྨྲ་བའི་རིང་ལུགས་	säm-tso mha-wae ring-lug
Spiritus (m)	ཨ་རག་གི་དྭངས་མ་	a-rag-gi dhang-ma
Spital (n)	སྨན་ཁང་	men-khang
Spitzbart (m)	ཨག་ཚོམ་ཅན་	ag-tzom-tschen
Spitze (f)	རྩེ་	tse
Spitzel (m)	སྙུལ་མ་	nyül-ma
spitzen	རྩེ་རྣོན་པོ་བཟོ་བ་	tse-nhön-po soh-wa
Spitzer (m)*	རྩེ་རྣོན་བཟོ་ཆས་	tse-nhön soh-tschhä
Spitzhacke (f)	ཏོག་རྩེ་	tohg-tse
Spitzname (f)	མིང་འདོགས་	ming-dog
spitzwinklig	རྣོ་ཟུར་	nho-suhr
Spliss (m)	ཆག་གྲུབ་དུམ་བུ་	tschhag-d(r)hub dhum-bhu
Splitt (m)	བྱེད་རྡོ་	dschyeh-do
spontan	རང་འགུལ་གྱི་	rang-gül-gyi
Spontaneität (f)	རང་ཤུགས་ཀྱིས་བྱུང་བའི་རང་བཞིན་	rang-schhug-kyih dschyung-wae rang-schin
sporadisch	སྲིད་མཐའ་ཙམ་	sih-tha-tsam
Sport (m)	ལུས་རྩལ་	lü-tsel
Sportart (f)	རྩེད་སྣ་	tseh-nha
Sportler (m)	ལུས་རྩལ་མཁས་པ་	lü-tsel khä-pa
sportlich	རྩེད་མོར་དགའ་པོ་	tseh-mor ga-po

Sportverein (m)	ལུས་རྩལ་སྐྱིད་སྡུག་	lü-tsel kyih-dug
Spott (m)	འཕྱ་སྨོད་	tschhya-mhöh
spötteln	འཕྱ་སྨོད་བྱེད་པ་	tschhya-mhöh dschye-pa
spöttisch	འཕྱ་སྨོད་ཀྱི་	tschhya-mhöh-kyi
sprachbegabt	སྐད་རིགས་རིག་རྩལ་ཅན་	keh-rig rig-tsel-tschen
Sprache (f)	སྐད་རིགས་	keh-rig
Sprachenschule (f)	སྐད་རིགས་སློབ་གྲྭ་	keh-rig lhob-d(r)ha
sprachgewandt	ཚིག་མཚམས་མཆོད་པོ་	tzig-tzam tschhöh-po
Sprachkurs (m)*	སྐད་ཡིག་སློབ་ཚན་	keh-jig lhob-tzen
sprachlich	སྐད་རིགས་ཀྱི་	keh-rig-kyi
sprachlos	ཁ་བྲག་རྒྱུ་མེད་པར་	kha-d(r)hag-gyu meh-par
Sprachrohr (n)	གཞན་གྱི་ཚབ་ཏུ་བཤོད་མཁན་	schen-gyi tzab-tu schhöh-khen
Sprachunterricht (m)	སྐད་རིགས་སློབ་སྦྱོང་	keh-rig lhob-dschyong
Sprachwissen-schaft (f)	བརྡ་སྤྲོད་རིག་པ་	da-t(r)höh rig-pa
Sprachwissen-schaftler (m)	བརྡ་སྤྲོད་རིག་གནས་ལ་མཁས་པ་	da-t(r)höh rig-nhä-la khä-pa
sprachwissen-schaftlich	བརྡ་སྤྲོད་རིག་པའི་	da-t(r)höh rig-pae
Spray (m)	ཟེག་འཕྱོར་	sehg-thor
sprayen	ཟེག་ཆུ་གཏོར་བ་	sehg-schhu tohr-wa
Sprechanlage (f)	ཉེར་སྤྱོད་ཁ་པར་	nyer-tschyöh kha-par
sprechen	སྐད་ཆ་བཤད་པ་	keh-tschha schheh-pa
sprechen, hon.	བཀའ་མོལ་གནང་བ་	ka-möl nhang-wa
Sprecher (m)	བཤད་མཁན་	schheh-khen
Sprechstunde (f)	བསྟེན་གཏུགས་	tehn-tuhg

spreizen	ཁ་འཕལ་བ་	kha t(r)hel-wa
sprengen, phys.	འབར་གཏོར་	bar-tohr
Sprengkapsel (f)	ན་རྫས་	nha-dzä
Sprengstoff (m)	འབར་རྫས་	bar-dzä
Sprengstoff-anschlag (m)*	འབར་མདེལ་གནོད་འཚེ་	bar-del nhöh-tze
sprenkeln	ཆུ་ཚག་གཏོར་བ་	tschhu-tschhag tor-wa
Spreu (f)	སྦུན་པ་	bün-pa
Sprichwort (n)	གཏམ་དཔེ་	tahm-pe
sprichwörtlich	གཏམ་དཔེའི་	tahm-pee
spriessen, bot.	མྱུ་གུ་འབུས་པ་	nyu-ghu bü-pa
Springbrunnen (m)	འཕོར་ཆུ་	thor-tschhu
springen	མཆོང་བ་	tschhong-wa
springen, hon.	མཆོང་རྒྱག་སྐྱོན་པ་	tschhog-gyag kyön-pa
Springflut (f)	རྒྱ་མཚོའི་དུས་རླབས་	gya-tzöe dhü-lhab
Springseil (n)	ཐག་མཆོང་	thag-tschhong
Sprinkler (m)	འཕོར་ཆུ་གཏོར་བྱེད་	thor-tschhu tohr-dschyeh
Sprinkleranlage (f)	འཕོར་ཆུའི་མ་ལག་	thor-tschhüe ma-lag
Sprint (m)	ཐག་ཐུང་བང་རྒྱུག་	thag-thung bhang-gyug
sprinten	ཐག་ཐུང་བང་རྒྱུག་གཏོང་བ་	thag-thung bhang-gyug tong-wa
Spritze (f), med.	སྨན་ཁབ་	men-khab
spritzen	སྨན་ཁབ་རྒྱག་པ་	men-khab gyag-pa
Spritzpistole (f)	ཟེགས་མདའ་	sehg-da
spröde	ཁྲིལ་བོ་	t(r)höl-bho
Sprosse (f)	ད་མ་	d(r)ha-ma

Sprossenfenster (n)	སྒེའུ་ཁུང་ད་མིག་ཅན་	gye-u-khung d(r)ha-mig-tschen
Spruch (m)	གཏམ་དཔེ་	tahm-pe
sprudeln	དབུ་བ་འབྱོན་པ་	bu-wa thön-pa
sprühen	ཟེགས་ཆུ་གཏོར་བ་	sehg-tschhu tohr-wa
Sprühregen (m)	སྦང་ཆར་	d(r)hang-tschhar
Sprung (m)	མཆོང་	tschhong
Sprungbrett (n)	མཆོང་སྟེགས་	tschhong-tehg
Spucke (f)	ཐུ་ལུད་	thu-lüh
spucken	ཐུ་ལུད་འདེབ་པ་	thu-lüh deb-pa
spuken	འདྲེ་གནས་པ་	d(r)he nhä-pa
Spule (f)	དཀྲིས་འཁོར་	t(r)hi-khor
spulen	དཀྲིས་འཁོར་རྒྱག་པ་	t(r)hi-khor gyag-pa
spülen	ཆུ་ཤེལ་གཏོང་བ་	tschhu-schhel tong-wa
Spülung (f)	འཁྱུད་བཤལ་	t(r)hüh-schhel
Spur (f)	རྗེས་ཤུལ་	dschä-schhül
spürbar	དབང་པོས་འཛིན་རུང་	wang-pö dzin-rung
spüren	རེག་པས་ཚོར་བ་	reg-pae tzor-wa
Spurenelement (n)*	ཁམས་རྫས་ཕྲ་ཞིབ་ཕྲ་བ་	kham-dzä t(r)ha-schin t(r)ha-wa
Spürhund (m)*	ཁྱི་རྗེས་སྟེག་པ་	khyi dschä-nyeg-pa
spurlos	རྗེས་ཤུལ་མེད་པར་	dschä-schhül meh-par
Staat (m)	རྒྱལ་ཁབ་	gyel-khab
Staat, ausländischer	ཕྱིའི་རྒྱལ་ཁབ་	tschhyie gyel-kab
Staatenbund (m)	ཕྱོགས་མཐུན་གཅིག་སྒྲིལ་རྒྱལ་ཁབ་	tschhyog-thün tschig-d(r)hil gyel-khab

Staatengemeinschaft (f)	མཐུན་འབྲེལ་རྒྱལ་ཁབ་	thün-d(r)hel gyel-khab
staatenlos	རྒྱལ་ཁབ་མེད་པའི་	gyel-khab meh-pae
staatliche	གཞུང་གི་	schung-gi
Staatsangehöriger (m)	རྒྱལ་འབངས་ཀྱི་	gyel-wang-kyi
Staatsangehörigkeit (f)	རྒྱལ་འབངས་	gyel-wang
Staatsangestellter (m)	གཞུང་གི་ལས་བྱེད་པ་	schung-gi lä-tschyeh-pa
Staatsanleihe (f)	གཞུང་གི་གན་ཤོག་	schung-gi ghen-schhog
Staatsanwalt (m)	རྫོང་ཁོངས་ཁྲིམས་རྩོད་པ་	dzong-khong t(r)him-tsöh-pa
Staatsbeamter (m)	གཞུང་ཞབས་པ་	schung-schab-pa
Staatsbürger (m)	མི་སེར་	mi-ser
staatsbürgerlich	ཚབ་འབངས་ཀྱི་	tschha-wang-kyi
Staatschef (m)*	རྒྱལ་ཁབ་ཀྱི་གཙོ་འཛིན་	gyel-khab-kyi tso-dzin
Staatsdienst (m)	ཞི་བའི་སྲི་ཞུ་	schi-wae si-schu
Staatsfeiertag (m)	རྒྱལ་ཁབ་ཀྱི་དུས་ཆེན་	gyel-khab-kyi dhü-tschhen
Staatsform (f)	རྒྱལ་ཁབ་ཀྱི་ངོ་བོ་	gyel-khab-kyi ngo-wo
Staatsgeheimnis (n)*	རྒྱལ་ཁབ་ཀྱི་གསང་བའི་གནད་དོན་	gyel-khab-kyi sang-wae nhä-dhön
Staatsgrenze (f)	རྒྱལ་ཁབ་ཀྱི་ས་མཚམས་	gyel-khab-kyi sa-tzam
Staatshaushalt (m)	རྒྱལ་ཡོངས་ཀྱི་འགྲོ་བྱོན་སྔོན་རྩིས་	gyel-jong-kyi d(r)ho-d(r)hön ngön-tsi
Staatshaushaltplan (m)	རྒྱལ་ཁབ་ཀྱི་སྔོན་རྩིས་	gyel-khab-kyi ngön-tsi
Staatshoheit (f)	རང་དབང་གཙང་མའི་བདག་དབང་	rang-wang tsang-mae dag-wang
Staatskasse (f)	རྒྱལ་ཁབ་ཀྱི་བང་མཛོད་	gyel-khab-kyi bhang-dzöh
Staatskosten (f)	རྒྱལ་ཡོངས་ཀྱི་འགྲོ་སོང་	gyel-jong-kyi d(r)ho-song

Deutsch	Tibetisch	Umschrift
Staatsmann (m)	སྲིད་སྐྱོང་མི་སྣ་	sih-kyong mi-nha
staatsmännisch	སྲིད་སྐྱོང་མི་སྣ་འདྲ་བའི་	sih-kyong mi-nha d(r)ha-wae
Staatspräsident (m)	སྲིད་འཛིན་	sih-dzin
Staatsstreich (m)*	སྲིད་གཞུང་གྱེན་ལངས་	sih-schung gyen-lang
Staatstrauer (f)	རྒྱལ་ཡོངས་ཀྱི་མྱ་ངན་	gyel-jong-kyi nya-ngen
Staatsverschuldung (f)	རྒྱལ་ཁབ་ཀྱི་བུ་ལོན་	gyel-khab-kyi bhu-lön
Staatsvertrag (m)	ཆིངས་ཡིག་	tschhing-jig
Stab (m)	ལྕུག་མ་	tschug-ma
stabil	བརྟན་པོ་	tehn-po
Stabilität (f)	བརྟན་ཚུགས་	tehn-tzug
Stablampe (f)	གློག་བཞུ་	lhog-schu
Stachel (m)	ཚེར་མ་	tzer-ma
Stacheldraht (m)	ལྕགས་སྐུད་གཟེ་མ་ར་མགོ་	tschag-küh seh-ma ra-go
Stacheldrahtzaun (m)	ལྕགས་སྐུད་གཟེ་མ་མགོའི་ར་སྐོར་	tschag-küh seh-ma ra-göe ra-kor
stachelig	ཚེར་མ་ཅན་	tzer-ma-tschen
Stachelschwein (n)	ཟེ་མོང་	seh-mong
Stadion (n)	རྩེད་ར་	tseh-ra
Stadium (n)	རིམ་མཚམས་	rim-tzam
Stadt (f)	གྲོང་ཁྱེར་	d(r)hong-khyer
Städter (m)	གྲོང་སྡེའི་ཡུལ་མི་	d(r)hong-däe jül-mi
Stadtbücherei (f)*	མང་ཚོགས་ཀྱི་དཔེ་མཛོད་ཁང་	mang-tzog-kyi pe-dzöh-khang
Städtebau (m)	གྲོང་སྡེ་འཛུགས་སྐྲུན་	d(r)hong-de dzug-t(r)hün
Stadtplan (m)	གྲོང་ཁྱེར་གྱི་ས་ཁྲ་	d(r)hong-khyer-gyi sa-t(r)ha

Stadtplanung (f)	གྲོང་སྡེ་འཛུགས་སྐྲུན་གྱི་འཆར་གཞི་	d(r)hong-de dzug-t(r)hün-gyi tschhar-schi
Stadtpolizei (f)*	གྲོང་ཁྱེར་གྱི་སྐོར་སྲུང་པ་	d(r)hong-khyer-gyi kor-sung-pa
Stadtpräsident (m)	གྲོང་སྡེའི་སྤྱི་ཁྱབ་	d(r)hong-däe tschyi-khyab
Stadtrat (m)	གྲོང་སྡེའི་ལྷན་ཚོགས་	d(r)hong-däe hlen-tzog
Stadtteil (m)*	གྲོང་སྡེའི་ས་ཁུལ་	d(r)hong-dae sa-khül
Staffel (f)	དཔུང་སྒྲིག་རུ་བསྟར་	pung-d(r)hrig ru-tahr
Stagnation (f)	རང་སོར་འགག་པའི་རང་བཞིན་	aang-sor gag-päe rang-schin
stagnieren	རང་སོར་གནས་པ་	rang-sor nhä-pa
Stahl (m)	དངས་ལྕགས་	dhang-tschag
stählern	དངས་ལྕགས་ཀྱི་	dhang-tschag-kyi
Stahlplatte (f)	ལྕགས་ལེབ་	tschag-lep
Stahlrohr (n)	དངས་ལྕགས་ཀྱི་སྦུག་མདོང་	dhang-tschag-kyi bug-dong
Stahlseil (n)	ལྕགས་ཐག་	tschag-thag
Stahlwolle (f)	ལྕགས་བལ་	tschag-bhel
Stalagmit (m)	གྱེན་དུ་ལང་པའི་རྡོ་མདུང་	gyen-dhu lang-pae do-dung
Stalaktit (m)	ཐུར་དུ་འཕྱང་བའི་རྡོ་མདུང་	thur-dhu tschyang-wae do-dung
Stall (m)	ཕྱུགས་ར་	tschhyug-ra
Stamm (m)	གདོད་མའི་ཚོ་པ་	döh-mae tzo-pa
Stamm (m), bot.	སྡོང་པོ་	dong-po
Stammbaum (m)	རིགས་རྒྱུད་བྱུང་རབས་རེའུ་མིག་	rig-gyüh dschyung-rab re-u-mig
stammeln	ངག་དིག་པ་	ngag dig-pa
stammen	འབྱུང་བ་	dschyung-wa

Stammhalter (m)*	རུས་སྡེ་རྒྱུད་འཛིན་	rü-de gyüh-dzin
stampfen	རྐང་པ་རྡེབ་པ་	kang-pa deb-pa
Stand (m)	གནད་སྟངས་	nhä-tang
standardisieren	ཚད་ལྡན་བཟོ་བ་	tzeh-den soh-wa
Standart (m)	ཚད་གཞི་	tzeh-schi
Ständerat (m)	གྲོས་ཚོགས་གོང་མ་	d(r)hö-tzog ghong-ma
Standesamt (m)	དེབ་སྐྱེལ་ལས་ཁུངས་	dheb-kyel lä-khung
Standes-beamter (m)	དེབ་འགོད་བྱེད་པོ་	dheb-göh dschyeh-po
standfest	བརྟན་པོ་	tehn-po
standhalten	གཡོ་འགུལ་མེད་པར་གནས་པ་	jo-gul meh-par nhä-pa
ständig	བར་མཚམས་མེད་པའི་	bhar-tzam meh-pae
Standleitung (f), elektr.*	ཐད་རྒྱུག་སྟར་རྒྱུས་	theh-gyug tahr-gyü
Standort (m)	ཆགས་ཡུལ་	tschhag-jül
Standpunkt (m)	ལངས་ཕྱོགས་	lang-tschhyog
Standrecht (n)	དྲག་པོའི་ཁྲིམས་གཞི་	d(r)hag-pöe t(r)him-schi
Stängel (m)	གཞུང་རྟ་	schung-ta
Stangenbohne (f)	ཁྱབ་རྒྱུག་སྲན་མ་	khyab-gyug sen-ma
Stapel (m)	ཕུང་གསོག་	phung-sog
stapeln	ཕུང་གསོག་རྒྱག་པ་	phung-sog gyag-pa
stark	ཤེད་ཤུགས་ཅན་	schheh-schhug-tschen
Starkbier (n)	ཆང་གར་པོ་	tschhang ghar-po
Stärke (f), allg.	སྟོབས་	tohb
Stärke (f), chem.	ཚི་སྣ་	tzi-nha
stärken	ཤེད་ཤུགས་ཆེ་རུ་གཏོང་བ་	schheh-schhug tschhe-ru tong-wa

Stärkung (f)	ཤེད་བསྐུགས་	schheh-schhug
Stärkungsmittel (n), med.	སྟོབས་སྐྱེད་སྨན་	tohb-kyeh men
starr	མཁྲེགས་པོ་	t(r)heg-po
starrköpfig	མགོ་མཁྲེགས་པོ་	go-t(r)heg-po
Start (m)	སློ་འབུར་འགུལ་སློད་	lho-bhur gül-kyöh
Startbahn (f), (Flugzeug)	འཕུར་ལམ་	phur-lam
starten, allg.	འགོ་འཛུགས་པ་	go-dzug-pa
Startkapital (n)*	འགོ་འཛུགས་མ་རྩ་	go-dzug ma-tsa
startklar	གྲ་སྒྲིག་ཨང་སར་	d(r)ha-d(r)hig ang-sar
Startschuss (m)*	སྒུལ་བརྡ་	gül-da
Statik (f)	སོར་གནས་རིག་པ་	sor-nhä rig-pa
Station (f)	ས་ཚིགས་	sa-tzig
stationär	གཏན་ཚུགས་	tehn-tzug
stationieren	ས་གནས་སུ་གཏོང་བ་	sa-nhä-su tong-wa
statisch	སོར་གནས་ཀྱི་	sor-nhä-kyi
Statistik (f)	རྣམ་གྲངས་རིག་པ་	nham-d(r)hang rig-pa
statistisch	རྣམ་གྲངས་རིག་པའི་	nham-d(r)hang rig-pae
stattdessen	ཚབ་ཏུ་	tzab-tu
Stätte (f)	གནས་ཡུལ་	nhä-jül
stattfinden	དབྱུང་བ་	dschyung-wa
stattgeben	ཚོག་མཆན་སྟོད་པ་	tschhog-tschhen t(r)höh-pa
stattlich	འཇིད་ཉམས་ཅན་	dschih-nyam-tschen
Statue (f)	འད་སྐུ་	d(r)ha-ku
Status (m)	གནས་བབས་	nhä-bab

Statussymbol (n)	གྲལ་གནས་རྟོགས་འཛིན་གྱི་རྟགས་	d(r)hel-nhä ngö-dzin-gyi tahg
Statut (n)	སྒྲིག་ཡིག་	d(r)hig-jig
Stau (m), Auto	འགྲིམ་འགྲུལ་འཆང་འགགས་	d(r)him-d(r)hül tzang-gag
Staub (m)	ཐལ་བ་	thel-wa
Staubbeutel (m), bot.	ཟེ་བུ་ཕོ་	seh-d(r)hu pho
Staubblatt (n), bot.	ཟེའུ་འབྲུ་ཕོ་	sihu-d(r)hu pho
Staubecken (n)	ཆུ་གསོག་འཛིན་བུ་	tschhu-sog dzin-bhu
staubig	ཐལ་བ་ཁོག་ཁོག་	thel-wa khog-khog
Staubsauger (m)	རྡུབ་འཕྲུག་	ngub-tschhyag
Staubtuch (n)	ཕྱིས་རས་	tschhyih-rä
Staubwolke (f)*	ཐལ་འཚུབ་སྤྲིན་པ་	thel-tzub t(r)hin-pa
Staudamm (m)	ཆུ་རགས་	tschhu-rag
stauen	ཆུ་སྐྱིལ་བ་	tschhu kyil-wa
staunen	ཧོན་འཐོར་བ་	hön thor-wa
Staunen (n)	ཧ་ལས་ཧོན་འཐོར་	ha-lä hön-thor
staunenswert	ཧ་ལས་པོ་	ha-lä-po
Stausee (m)	ཆུ་མཛོད་	tschhu-dzöh
Steak (n)	ཤ་སྲེག་	schha-seg
stechen	རྩེ་རྣོན་གྱིས་འཛུགས་པ་	tse-nhön-gyi dzug-pa
Stechmücke (f)*	དྲག་འདྲེབ་སྦྲང་ཆུང་	t(r)hag-dschib d(r)hang-tschhung
Steckbrief (m)*	འཛིན་སྲུང་གསལ་བསྒྲགས་སྦྱར་ཡིག་	dzin-suhng sel-d(r)hag dschyar-jig
Stecker (m), elektr.	གློག་གི་རྩབ་ཕུར་	lhog-gi tsab-phur
Stecknadel (f)	འཛིན་ཁབ་	dzin-khab

Steg (m)	གང་ཟམ་	kang-sahm
stehlen	རྐུ་བ་	ku-wa
Steigbügel (m)	ཡོབ་	job
Steigeisen (n)	འཁྱགས་གཟེར་མཐིལ་ལྕགས་	khyag-sehr thil-tschag
steigen	གྱེན་དུ་འཛེག་པ་	gyen-dhu dzeg-pa
steigern	སྤེལ་བ་	pel-wa
Steigerung (f)	འཕེལ་རྒྱས་	phel-gyä
steil	གྱེན་གཟར་པོ་	gyen-sahr-po
Steilheit (f)	གཟར་པོའི་རང་བཞིན་	sahr-wöe rang-schin
Steilküste (f)*	མཚོ་ཁ་གྱེན་གཟར་	tzo-kha gyen-sahr
Stein (m)	རྡོ་	do
Steinadler (m)	ལྷག་སྐྱེ་སེར་	lhag kye-ser
Steinbock (m)	ར་གོད་	ra-göh
Steinbruch (m)	རྡོའི་གཏེར་ཁ་	döe-tehr-kha
Steinfrucht (f)	གམ་ཚིག་ཅན་གྱི་ཤིང་འབྲས་	gham-tzig-tschen-gyi schhing-d(r)hä
Steingarten (m)	རྡོ་གླིང་	do-lhing
Steingut (n)	ཛ་རྡོའི་ཡོ་ཆས་	dza-döe jo-tschhä
steinig	རྡོས་ཁེངས་པའི་	dö-khäng-pae
Steinkohle (f)	རྡོ་སོལ་	do-söl
Steinmetz (m)	རྡོ་བཀོད་པ་	do-köh-pa
Steinwall (m)	རྡོ་ཅིག་	do-tsig
Steinzeit (f)	རྡོ་ཆས་ཀྱི་དུས་རབས་	do-tschhä-kyi dhü-rab
steinzeitlich	རྡོ་ཆས་དུས་རབས་ཀྱི་	do-tschhä dhü-rab-kyi
Steiss (m), anat.	ང་རུས་	ngha-rü

Stellage (f)	བང་ཕྱི་	bhang-t(r)hi
Stellen-vermittlung (f)*	ལས་སྨིག་ལས་ཁུང་	lä-d(r)hig lä-khung
Stellenwert (m)	གནས་ཐང་	nhä-thang
Stellung (f)	གནས་སྟབས་	nhä-tab
Stellungnahme (f)	ཆེས་བརྗོད་	tsi-dschöh
Stellungs-wechsel (m)*	ལས་ཀ་འཕོ་འགྱུར་	lä-ka pho-gyur
stellvertretend	ངོ་ཚབ་ཏུ་	ngo-tzab-tu
Stellvertreter (m)	ངོ་ཚབ་	ngo-tzab
Stellvertreter (m), hon.	སྐུ་ཚབ་	ku-tzab
Stellvertretung (f)	མཚོན་དོན་	tzön-dhön
Stelze (f)	རྐང་ཤིང་	kang-schhing
Stemmeisen (n)	ལྕགས་ཧྲང་	tschag-h(r)ang
stemmen	འདེགས་པ་	deg-pa
Stempel (m)	ཐམ་ག་	tham-gha
Stempelkissen (n)*	སྣག་གདན་	nhag-den
stempeln	ཐམ་ག་འབེབས་པ་	tham-ka beb-pa
Stenografie (f)	མགྱོག་ཡིག་	gyog-jig
Steppdecke (f)	ཕོ་ཁེབས་	pho-khäb
Steppe (f)	ཐང་ཆེན་	thang-tschhen
sterben	ཤི་བ་	schhi-wa
sterben, hon.	དགོངས་པ་རྫོགས་པ་	gong-pa dzog-pa
Sterbehilfe (f)	འཛམ་ཤི་	dscham-schhi
Sterblichkeit (f)	འཆི་འདས་	tschhi-dä

Deutsch	Tibetisch	Umschrift
Sterblichkeitsrate (f)	འཆི་འདས་གྲངས་ཚད་	tschhi-dä d(r)hang-tzeh
Stereoskop (n)	སྲ་གཟུགས་དཔྱིབས་འགོད་ཡོ་ཆས་	sa-suhg jip-göh jo-tschhä
steril	སྐྱེ་འཕེལ་མི་ནུས་པའི་	kye-phel mi-nhü-pae
Sterilisation (f)	སྐྱེ་འཕེལ་འགོག་ཐབས་	kye-phel gog-thab
sterilisieren	སྐྱེ་སྒོ་འགོག་པ་	kye-go gog-pa
Stern (m)	སྐར་མ་	Kar-ma
Sternbild (n)	སྐར་ཚོགས་	kar-tzog
Sternchen (n)	སྐར་ཆུང་	kar-tschhung
Sternenhimmel (m)	གནམ་ཁྲ་ཐིང་ཐིང་	nam t(r)ha-thing-thing
sternenklar	སྐར་མ་ཁྲ་ཆེམ་ཆེམ་	kar-ma t(r)ha-tschhem-tschhem
Sternkunde (f)	གཟའ་སྐར་དཔྱད་རིག་	sah-kar tschyeh-rig
Sternschnuppe (f)	དུ་བ་འཇུག་རིང་	dhu-wa dschug-ring
Sternwarte (f)*	གཟའ་སྐར་དཔྱད་ཞིབ་ཁང་	sah-kar tschyeh-schib-khang
Sternzeichen (n)*	སྐར་ཁྱིམ་གྱི་མཚོན་རྟགས་	kar-khyim-gyi tzön-tahg
Stethoskop (n)	བྱང་ཁྱིམ་བཏག་ཆས་	d(r)hang-khyim tahg-tschhä
stets	གདུས་ཡིན་ནའང་	gha-dhü jin-na-ang
Steuer (f)	དཔྱ་ཁྲལ་	tschya-t(r)hel
Steuer (f), (Boden)	ས་ཁྲལ་	sa-t((r)hel
Steueraufkommen (n)	ཁྲལ་གྱི་བྱུང་སྒོ་	t(r)hel-gyi dschyung-go
steuerbar, econ.	ཁྲལ་བསྡུ་རུང་	t(r)hel-du-rung
steuerbegünstigt*	གཅིག་ཆ་གཏོང་བའི་ཁྲལ་འབབ་	tschog-tschha tong-wae t(r)hel-bab
Steuerbelastung (f)*	ཁྲལ་ཁལ་	t(r)hel-khel
Steuererhöhung (f)*	ཁྲལ་བསྡུ་ཡར་འཕེལ	t(r)hel-du jar-phel

Steuer-ermässigung (f)*	ཁྲལ་བསྒྱུར་མར་ཆག་	t(r)hel-du mar-tschhag
Steuerflucht (f)*	ཁྲལ་འབབ་གཡོལ་ཐབས་	t(r)hel-bab jhöl-thab
steuerfrei	ཁྲལ་མི་དགོས་པ་	t(r)hel-mi-gö-pa
steuern	ཁ་ལོ་སྒྱུར་བ་	kha-lo gyur-wa
Steuerrad (n)	ཁ་ལོ་གཅུ་བྱེད་འཁོར་ལོ་	kha-lo tschu-dschyeh khor-lo
Stich (m)	ཁབ་གཙགས་	khab-tsag
Stichelei (f)	འཆོག་བཤད་	khyog-schheh
stichhaltig	ཐག་གཅང་བཅད་ཀྱི་	thag-tsang tscheh-kyi
Stichprobe (f)	རེས་མེད་ཐོལ་བྱུང་གི་དཔེ་ཚོད་	ngä-meh thöl-dschyung-gi pe-tzeh
Stichsäge (f)	གཞུ་སོག་	schu-sog
sticken	པར་ཆེན་རྒྱག་པ་	phar-tschhin gyag-pa
Sticker (m)	སྦྱར་ཤོག་	dschyar-schhog
Stickerei (f)	པར་ཆེན་	phar-tschhin
Stickstoff (m)	ཟེ་རླངས་	seh-lhang
Stiefbruder (m)	བུ་སྤུན་ཡར་	bhu pün-jar
Stiefel (m)	ལྷམ་ཡུ་རིང་	hlam ju-ring
Stiefeltern (pl)	ཕ་ཡར་མ་ཡར་	pha-jar ma-jar
Stiefmutter (f)	མ་ཡར་	ma-jar
Stiefschwester (f)	བུ་མོ་སྤུན་ཡར་	bhu-mo phün-jar
Stiefsohn (m)	བུ་ཚབ་	bhu-tzab
Stieftochter (f)	བུ་མོ་ཚབ་	bhu-mo-tzab
Stiefvater (m)	ཕ་ཡར་	pha-jar
Stier (m)	གླང་	lhang
stieren	ཅེར་ལྟ་བྱེད་པ་	tscher-ta dschye-pa

Stierkampf (m)	མི་གླང་འཐུག་རྩེད་	mi-lhang t(r)hug-tseh
Stierkampfarena (f)	མི་གླང་འཐུག་རྩེད་དོ་ར་	mi-lhang t(r)hug-tseh do-ra
stiften	གཞི་འཛུགས་པ་	schi dzug-pa
Stifter (m)	གཞི་རྩ་འཛུགས་མཁན་	schi-tsa dzug-khen
Stiftung (f)	ཐེབ་རྩ་	theb-tsa
Stigma (n)	ནག་ཐིག་	nhag-thig
Stigma (n), bot.	ཀ་འགོ་	ka-go
Stil (m)	དབྱིངས་	jhing
stilisieren	བྱེད་བཟོ་དོད་པོ་བཟོ་བ་	dschyeh-soh döh-po soh-wa
still	ཁ་ཁུ་སིམ་པོ་	kha-khu sim-po
Stille (f)	ཁ་ཁུ་སིམ་པོའི་རང་བཞིན་	kha-khu sim-pöe rang-schin
Stillhalteabkommen (n), econ.	བུན་འཛེལ་འགྱངས་ཆ་	bhün-dschel gyang-tschha
stillhalten	ཁུ་སིམ་ཉར་བ་	khu-sim nyar-wa
Stilllegung (f)	མཇུག་བསྡུ་	dschug-du
stillos	དབྱིངས་མེད་པ་	jhing-meh-pa
Stillstand (m)	ཁྱོང་སྡོད་	t(r)hong-döh
stilvoll	མཚར་འདོད་ཅན་	tschhor-döh-tschen
Stimmabgabe (f)	འོས་བོ་སྟོད་པ་	wö-tho t(r)höh-pa
Stimmberechtigter (m)	འོས་ཐོར་ཡོད་པ་	wö-thor jöh-pa
Stimmbürger (m)	འོས་ཤོག་འཕེན་མཁན་	wö-schhog phen-khen
Stimme (f)	སྐད་སྒྲ་	keh-d(r)ha
Stimmenfang (m)	འོས་ཤོག་འབོད་སྐུལ་	wö-schhog böh-kül
Stimmengleichheit (f)	ཨང་ཐོབ་འདྲ་མཉམ་ཚགས་པ་	ang-thob d(r)ha-nyam tschhag-pa

Stimmenmehrheit (f)	འོས་ཐོ་མང་བ་	wö-tho mang-wa
Stimmenthaltung (f)	བར་ཞུགས་	bhar-schug
Stimmgabel (f)	རོལ་དབྱངས་སྙོམས་སྒྲིག་གི་གསེབ་ཐུར་	röl-jhang nyom-d(r)hig-gi seb-thur
stimmhaft	སྒྲ་དང་ལྡན་པའི་	d(r)ha-dhang den-pae
stimmig	མཉམ་འགྱུར་གྱི་	nham-dschyar-gyi
stimmlos	སྒྲ་འམ་སྐད་མེད་པའི་	d(r)ha-am keh-meh-pae
Stimmrecht (n)	འོས་འཕེན་པའི་ཐོབ་ཐང་	wö-phen-pae thob-thang
Stimmung (f)	སེམས་ཀྱི་ཉམས་འགྱུར་	säm-kyi nyam-gyur
Stimmzettel (m)	འདེམས་ཤོག་	däm-schhog
Stimulation (f)	རེག་འཚོར་	reg-tzor
stimulieren	རེག་འཚོར་སློང་བ་	reg-tzor lhong-wa
stinkig	དྲི་ངན་ཁ་བའི་	d(r)hi-ngen kha-wae
Stinktier (n)	སེ་མོང་སྐང་ཀ	se-mong kang-ka
Stipendium (n)	རོགས་སྐྱོར་སློབ་ཡོན་	rog-kyor lhob-jön
Stirn (f)	ཐོད་པ་	thöh-pa
Stirn (f), hon.	དབུ་ཐོད་	u-thöh
Stirnband (n)	མགོའི་འཆིང་ཐག་	göe tschhing-thag
Stirnhöhlenentzündung (f)	སྣའི་སྦུགས་སྟོང་སྐྲང་ནད་	nhae-bug-tong t(r)hang-neh
Stirnrunzeln (n)	སྨིན་མ་སྡུ་བ་	mhin-ma du-wa
stöbern	སྔོག་གཤེར་གཏོང་བ་	nghog-tschher tong-wa
Stock (m)	དབྱུག་པ་	dschyug-pa
stockdunkel	ནག་ཀྱང་	nag-kyang
Stockente (f)	རི་སྐྱེས་ངུར་བ་	ri-kyä ngur-wa
Stockwerk (n)	ཐོག་ཚེག་	thog-tseg

Stoff (m)	རས་ཆ་	rä-tschha
Stoff (m), chem.	རྒྱུ་རྫས་	gyu-dzä
Stoffpuppe (f)	གོས་ཚལ་གྱི་ཨ་ལད་པད་ཀོ་	ghö-tzel-gyi a-leh peh-ko
Stoffrest (m)	གོས་ཀྱི་དྲས་ཧྲུག་	ghö-kyi d(r)hä-h(r)hug
Stoffwechsel (m), biol.	རྫས་འགྱུར་བསྟུ་ལེན་	dzä-gyur du-len
Stoffwechselkrankheit (f)	རྫས་འགྱུར་བསྟུ་ལེན་གྱི་ནད་	dzä-gyur du-len-gyi neh
stöhnen	འཁུན་སྐད་འབྱིན་པ་	khün-d(r)ha dschyin-pa
stoisch	ཞི་ཞེན་དུལ་བ་	schi-schin dul-wa
Stollen (m)	ས་འོག་དོང་ལམ་	sa-wog dong-lam
stolpern	ཁ་བུབ་ལོག་པ་	kha-bhub log-pa
Stolperstein (m)	འགག་རྡོ་	gag-do
Stolz (m)	ང་རྒྱལ་	nga-gyel
stolzieren	འགྱིང་ཉམས་ཀྱིས་སྐྱོད་པ་	gying-nham-kyih kyöh-pa
stopfen	རྒྱོང་བ་	gyong-wa
Stopfgarn (n)	སྣལ་མ་	nhel-ma
Stopp (m)	བཀག་འགོག་	kag-gog
Stoppel (f)	སྣོར་མ་	nhor-ma
Stoppelbart (m)	སྤུ་གཞར་ཤུལ་	pu-schar-schhül
stoppelig	གཞར་ཤུལ་ཅན་	schar-schhül-tschen
stoppen	བཀག་པ་	kag-pa
Stopper (m)	འགོག་མཁན་	gog-khen
Stoppschild (n)	འགོག་རྟ་	gog-da
Stoppuhr (f)	འཕྲལ་འགོག་ཆུ་ཚོད་	t(r)hel-gog tschhu-tzöh
Stör (m), zo.	ཉ་ཁྲབ་ཆེན་	nya t(r)hab-tschhen

stören	དཀྲོག་པ་	t(r)hog-pa
Störer (m)	རྙོག་དྲ་སློང་མཁན་	nyog-t(r)ha lhong-khen
störfällig	ཤུགས་རྒྱེན་ཞུགས་སླ་པོ་	schhug-kyen schug-lha-po
stornieren	ཕྱིར་འཐེན་བྱེད་པ་	tschhyir-then dschye-pa
Stornierung (f)	ཕྱིར་འཐེན་	tschhyir-then
störrisch	གཟུ་ལུམ་ཅན་	xu-lum-tschen
Störung (f)	དཀྲོག་རྒྱེན་	t(r)hog-kyen
störungsfrei	རྙོག་དྲ་མེད་པར་	nyog-t(r)ha meh-par
Stoss (m)	འབུད་རྒྱག་	büh-gyag
stossen	འབུད་རྒྱག་གཏོང་བ་	büh-gyag tong-wa
Stosszeit (f)	དྲེལ་འཚུབ་དུས་སྐབས་	d(r)hel-tzub dhü-gang
Stotterer (m)	ཅེ་སྒྲོག་	tsche-d(r)hog
stottern	ཅེ་སྒྲོག་ཐེབས་པ་	tsche-d(r)hog thäb-pa
Strafanstalt (f)	བཙོན་ར་	tsön-ra
Strafantrag (m)*	ཁྲིམས་གཅོད་ཅོད་ལེན་	t(r)him-tschöh tsöh-len
Strafanzeige (f)*	ཁྲིམས་གཅོད་སྙན་ཐོ་	t(r)him-tschöh nyhen-tho
strafbar	ཉེས་ཆད་གཏོང་འོས་	nyä-tschheh tong-wö
Strafe (f)	ཉེས་ཆད་	nyä-tschheh
strafen	ཉེས་ཆད་འགེལ་བ་	nyä-tschheh ghel-wa
strafend	ཉེས་ཆད་འཕོག་ངེས་ཀྱི་	nyä-tschheh phog-ngä-kyi
Straferlass (m)*	ཉེས་ཆད་བཀའ་ཁྱབ་	nyä-tschheh ka-khyab
straff	དམ་པོ་	dham-po
straffen	དམ་དུ་གཏོང་བ་	dham-dhu tong-wa
straffrei*	ཉེས་མེད་	nyä-meh

Deutsch	Tibetisch	Umschrift
Straffreiheit (f)	ཡུལ་ཁྲིམས་ཐོལ་ཡང་	jül-t(r)him söhl-jang
Strafgebühr (f)	འཕར་འབྲི་	phar-t(r)hi
Strafgefangener (m)*	ཉེས་ཅན་པ་	nyä-tschheh-pa
Strafgericht (n)*	ནག་ཉེས་ཀྱི་ཁྲིམས་ཁང་	nag-nyä-kyi t(r)him-khang
Strafgesetz (n)*	ནག་ཉེས་ཀྱི་ཁྲིམས་སྲོལ་	nag-nyä-kyi t(r)him-söl
Strafgesetzbuch (n)	ཉེས་ཅན་བཅའ་ཡིག་	nyä-tschheh tscha-jig
sträflich	ཁྲིམས་འགལ་གྱི་	t(r)him-gel-gyi
Sträfling (m)	བཙོན་པ་	tsön-pa
Strafmass (n)	བཅད་ཁྲ་	tscheh-t(r)ha
strafmildernd	ཉེས་ཆད་ཆ་ཡང་གི་	nyä-tschheh tschha-jang-gi
Strafmilderung (f)	ཉེས་ཆད་ཆ་ཡང་	nyä-tschheh tschha-jang
Strafprozess (m)	ཁྲིམས་ཞིབ་	t(r)him-schib
Strafpunkt (m), (Sport) *	ཆད་པའི་དོན་གནས་	tschheh-pae dhön-nhä
Strafraum (m), (Sport)	ཆད་འགེལ་གྱི་ཐིག་མཚམས་	tschheh-gel-gyi thig-tzam
Strafrecht (n)	ཉེས་ཁྲིམས་	ngä-t(r)him
Strafregister (n)*	ནག་ཉེས་ཀྱི་ཐོ་གཞུང་	nag-nyä-kyi tho-schung
Strafstoss (m), (Sport)	ཉེས་ཆད་རྡོག་འཕུལ་	nyä-tschheh dog-phül
Straftat (f)	ཁྲིམས་འགལ་	t(ri)him-gel
Straftäter (m)	ཁྲིམས་འགལ་པ་	t(r)him-gel-pa
Strafverteidiger (m)	ཁྲིམས་རྩོད་པ་	t(r)him-tsöh-pa
Strafzettel (m)*	ཉེས་ཆད་འཛིན་ཤོག་	nyä-tschheh dzin-schhog
Strahl (m), allg.	འོད་ཟེར་	wöh-sehr
Strahl (m), phys.	རྡུལ་ཕྲན་འོད་རླབས་	dül-t(r)hen wöh-lhab
Strahlen	འོད་མདངས་འཕྲོ་བ་	wöh-dang t(r)ho-wa

Strahlenbelastung (f)	འོད་ཟེར་ཁྱབ་འགྱེར་	wö-sehr kyab-gyer
Strahlendosis (f)*	འོད་ཟེར་ཁྱབ་འགྱེར་གྱི་ཐུན་ཚད་	wö-sehr kyab-gyer-gyi thün-tzeh
strahlenförmig	འོད་ཟེར་ལྟར་རྒྱས་པའི་	wö-sehr-tahr gyä-pae
Strahlenkrankheit (f)*	འོད་ཟེར་གྱི་དུག་ནད་	wö-sehr-gyi dhug-neh
Strahlenschäden (f)*	འོད་ཟེར་གྱི་རྨས་སྐྱོན་	wöh-sehr-gyi mhä-kyön
Strahlenschutz (m)*	འོད་ཟེར་ཉེན་སྲུང་	whö-sehr nyen-sung
Strahlentherapie (f)	ཟེར་མདའི་བཅོས་ཐབས་	sehr-dae tschö-thab
strahlenverseucht	འོད་ཟེར་གྱིས་སྦགས་པའི་	wöh-sehr-gyi bag-pae
Strahlung (f)	འོད་ཟེར་ཁྱབ་འགྱེད་	wöh-sehr khyab-gyeh
strahlungsarm	འོད་ཟེར་ཁྱབ་འགྱེད་དམའ་པོ་	wö-sehr khyab-gyeh mha-po
Strähne (f)	སྐྲའི་ལན་ཚར་	t(r)hae len-tzar
strähnig	ཁ་གྱར་བའི་	kha-gyar-wae
stramm	གྱེན་འགྲེང་དུ་	gyen-d(r)heng-dhu
Strand (m)	མཚོ་ཁ་	tzo-kha
Strandläufer (m) zo.	བྱིའུ་ཏི་ཏི་མ་	dschyi-u ti-ti-ma
Strand- promenade (f)	མཚོ་ཁའི་སྤྲོ་འཆམ་གང་ལམ་	tzo-khae t(r)ho-tschham kang-lam
strangulieren	སྐེ་བཙིར་གཏོང་བ་	ke-tsir tong-wa
Strasse (f)	འཁོར་ལམ་	khor-lam
Strassenarbeiter (m)	ལམ་བཟོ་པ་	lam-soh-pa
Strassenbahn (f)	སྲང་ལམ་འགུལ་འཁོར་	sang-lam d(r)hül-khor
Strassenbau (m)*	སྲང་ལམ་བཟོ་སྐྲུན་	sang-lam soh-t(r)hün
Strassen- beleuchtung (f)*	སྲང་ལམ་སློག་བཞུ་	sang-lam lhog-schu
Strassengraben (m)*	སྲང་ལམ་གི་ཡུར་བ་	sang-lam-gi jur-wa

Strassenhändler (m)	ཉི་ཚེ་བའི་ཁྲོམ་ཚོང་བ་	nyi-tze-wae tzong-wa
Strassenkarte (f)*	གཞུང་ལམ་གྱི་ས་ཁྲ་	schung-lam-gyi sa-t(r)ha
Strassen-kreuzung (f)	ལམ་གྱི་བཞི་མདོ་	lam-gyi schi-do
Strassenlaterne (f)	ལམ་སྒྲོན་	lam-d(r)hön
Strassenrand (m)	ལམ་ཟུར་	lam-suhr
Strassenschild (n)	ལམ་རྟགས་	lam-tahg
Strassensperre (f)	གཞུང་ལམ་འགྱེད་བཀག་	schung-lam t(r)heh-kag
Strassen-transport (m)	འདྲུད་འབོར་གྱི་བྱ་གཞག་	d(r)hüh-thön-gyi dschya-schag
Strassen-verhältnisse (f)*	འཁོར་ལམ་གནས་སྟངས་	khor-lam nhä-tang
Strassenverkehr (m)*	འཁོར་ལམ་འགྲིམ་འགྲུལ་	khor-lam d(r)him-d(r)hül
Strassenverkehrs-verordnung (f)*	འཁོར་ལམ་འགྲིམ་འགྲུལ་གྱི་ཁྲིམས་གཞི་	khor-lam d(r)him-d(r)hül-gi t(r)him-schi
Strassenwalze (f)	ལམ་སྒྲོན་རྣངས་འཁོར་	lam-nhön lhang-khor
Strassenzustands-bericht (m)*	འཁོར་ལམ་འགྲིམ་འགྲུལ་གྱི་གནས་ཚུལ་	khor-lam d(r)him-d(r)hül-gi nhä-tzül
Strategie (f)	འཐབ་རྫས་	thab-dschü
strategisch	འཐབ་རྫས་ཀྱི་	thab-dschü-kyi
Stratosphäre (f)	དོད་སྟོམས་གོ་ལ་	d(r)höh-nyom gho-la
Strauch (m)	ཤིང་ཕྲན་	schhing-t(r)hen
Strauss (m), zo.	རྔ་མོང་བྱ་ཆེན་	ngha-mong dscha-tschhen
streben	དོན་དུ་གཉེར་བ་	dhön-dhu nyher-wa
Streben (n)	རེ་འདོད་	re-döh
Strebepfeiler (m)	ཙིག་སྐྱོར་	tsig-kyor
strebsam	ཧུར་བརྩོན་ཅན་	hur-tsön-tschen

Deutsch	Tibetisch	Transkription
Strecke (f)	རྒྱང་ཐག་བར་ཐག་	gyang-thag bhar-thag
strecken	རྐྱོང་བ་	gyong-wa
Streich (m)	སླུ་ཐབས་	lhu-thab
streicheln	བྱུག་བྱུག་གཏོང་བ་	tschug-tschug tong-wa
Streichholz (n)	ཚག་སྒྲ་	tsag-d(r)ha
Streichinstrument (n)*	རྒྱུད་སྐུད་རོལ་ཆ་	gyuh-küh röl-tschha
Streichorchester (n)*	རྒྱུད་སྐུད་རོལ་ཚེད་རུ་ཁག་	gyuh-küh röl-tseh ru-khag
Streichquartett (n)*	རྒྱུད་སྐུད་རོལ་མོ་བཞི་སྡེབ་	gyuh-küh röl-mo schi-deb
Streife (f)	སྐོར་འཚག་	kor-tschhag
Streifen (m)	ཐིག་རིས་ནར་མོ་	thig-ri nhar-mo
Streifendienst (m)*	སྐོར་འཚག་ལས་འགན་	kor-tschhag lä-gen
Streifenwagen (m)	སྙུལ་ཞིབ་སྣུམ་འཁོར་	nyul-schib nhum-khor
Streifzug (m)	དཔུང་རྒོལ་	pung-göl
Streik (m)	ལས་མཚམས་ངོ་རྒོལ་	lä-tzam ngo-göl
Streikaufruf (m)	ལས་མཚམས་ངོ་རྒོལ་གྱི་འབོད་སྐུལ་	lä-tzam ngo-göl-kyi bö-kül
Streikbrecher (m)	ལས་མཚམས་ངོ་རྒོལ་གཏོར་མཁན་	lä-tzam ngo-göl tohr-khen
streiken	ལས་མཚམས་ངོ་རྒོལ་བྱེད་པ་	lä-tzam ngo-göl dschye-pa
Streikender (m)	ལས་མཚམས་ངོ་རྒོལ་བྱེད་མཁན་	lä-tzam ngo-göl dschyeh-khen
Streikgeld (n)	ལས་མཚམས་ངོ་རྒོལ་ཟུར་ཕོགས་	lä-tzam ngo-göl suhr-phog
Streit (m)	འཐབ་རྩོད་	t(r)hug-tsöh
streiten	འཐབ་པ་རྒྱག་པ་	t(r)hug-pa gyag-pa
Streitfall (m)	རྩོད་གླེང་	tsöh-lheng
Streitgespräch (n)	འགྲོ་གླེང་	d(r)ho-lheng

Streitigkeit (f)	འཐུག་རྩོད་	t(r)hug-tsöh
Streitkräfte (f/pl)	གོ་མཚོན་དཔུང་ཁག་	gho-tzön pun-khag
Streitmacht (f)*	གོ་མཚོན་སྟོབས་ཤུག་	gho-tzön tohb-schhug
streitsüchtig	འཐུག་པ་ཚ་པོ་	t(r)hug-pa tza-po
streng	དྲིག་དམ་པོ་	d(r)hig-dham-po
Strenge (f)	དམ་བསྒྲགས་ཆེ་བའི་རང་བཞིན་	dham-d(r)hag tschhe-wae rang-schin
Stress (m)	སྙིད་གནོན་	dschih-nhön
stressen	གནོན་ཤུགས་སྟོད་པ་	nhön-schhug t(r)höh-pa
stressfrei	སྙིད་གནོན་མེད་པ་	dschih-nhön meh-pa
stressig	སྙིད་གནོན་གྱི་	dschih-nhön-gyi
Streu (f)	སོག་མ་	sog-ma
streuen	གཏོར་བ་	tohr-wa
Streuer (m)*	གཏོར་ཆས་	tohr-tschhä
Strich (m)	ཐིག་	thig
Strichcode (m)*	ཐིག་རིས་གསང་ཏགས་	thig-ri sang-tahg
Strick (m)	ཐག་པ་	thag-pa
stricken	ལྷས་པ་	hlä-pa
Strickjacke (f)	ལྷས་པའི་ཨུ་སུའི་སྟོད་གོས་	hlä-pae ü-sü töh-ghö
Strickleiter (f)	ཐག་སྐེད་	thag-keh
Strickmaschine (f)*	སླེ་བྱེད་འཕུལ་འཁོར་	lhe-dschyeh t(r)hül-khor
Strickmuster (n)*	སླེ་བྱེད་བཀོད་རིས་	lhe-dschyeh köh-ri
Stricknadel (f)	ལྕགས་མདའ་	tschag-da
Strickwaren (f,pl)	ཨོ་མོ་སུའི་གྱོན་ཆས་	o-mo-sue gyön-tschhä
Strickzeug (n)	སླེ་བའི་བྱ་སྟོད་	lhe-wae dschya-tschyöh

Striptease (m,n)	གྱོན་གོས་རིམ་འབུད་ཀྱི་ལྟ་མོ་	gyön-gö rim-büh-kyi ta-mo
Stroh (n)	སོག་མ་	sog-ma
strohblond	སོག་མའི་མདོག་ཅན་	sog-mae dog-tschen
Strohdach (n)	རྩྭ་ཐོག་	tsa-thog
Strom (m)	ཆུ་བོ་	tschhu-wo
Strom (m), elektr.	གློག་རྒྱུན་	lhog-gyün
stromabwärts	ཆུ་རྒྱུག་ཕྱོགས་སུ་	tschhu-gyug tschhyog-su
stromaufwärts	ཆུ་འགོའི་ཕྱོགས་སུ་	tschhu-göe tschhyog-su
Stromausfall (m)*	གློག་ཤུགས་འགག་སྐྱོན་	lhog-schhug gag-kyön
strömen	ཆུ་རྒྱུན་ལྟར་འབབ་པ་	tschhu-gyün-tahr bab-pa
Stromgebiet (n), (Fluss)	ཆུ་རྒྱུན་འབབ་ཡུལ་	tschhu-gyün bab-jül
Stromkabel (n)	གློག་འཕྲིན་	lhog-t(r)hin
Stromkreis (m), elektr.	གློག་རྒྱུན་གྱི་འགྲོ་ལམ་	lhog-gyün-gyi d(r)ho-lam
Strompreis (m)	གློག་རིང་	lhog-ring
Stromstärke (f)*	གློག་གི་ནུས་ཚད་	lhog-gi nhü-tzeh
Strömung (f)	རྒྱུག་ཕྱོགས་	gyug-tschhyog
Strömung (f), elektr.	རྒྱུན་	gyün
Stromverbrauch (m)*	གློག་ཤུགས་བེད་སྤྱོད་	lhog-schhug bheh-tschyöh
Stromversorgung (f)*	གློག་ཤུགས་མཁོ་སྤྲོད་	lhgo-schhug kho-t(r)höh
Stromzähler (m)	གློག་ཤུགས་འཇལ་ཆས་	lhog-schhug dschel-tschhä
Strophe (f)	ཚིགས་བཅད་	tzig-tscheh
Strudel (m)	རྦ་འཁོར་	ba-khor
Struktur (f)	བཟོ་བཀོད་	soh-köh

Strukturanalyse (f)*	བཟོ་བཀོད་དཔྱད་ཞིབ་	soh-köh tschyeh-schib
strukturell	གཞི་སྟོམ་གྱི་	schi-d(r)hom-gyi
strukturieren	གཞི་སྟོམ་བཀོད་པ་	schi-d(r)hom köh-pa
Strunk (m)	རྩེ་ཞིང་གི་གཞུང་རྟ་	tsi-schhing-gi schung-ta
struppig	རལ་པ་ཐྲོག་ཐྲོག་	rel-pa t(r)hog-t(r)hog
Stube (f)	སྡོད་ཁང་	döh-khang
Stubenfliege (f)	སྦྲང་བུ་	d(r)hang-bhu
Stück (n), allg.	དུམ་བུ་	dhum-bhu
Stückarbeit (f)	དོ་གྲངས་བཟོ་ལས་	ngo-d(r)hang soh-lä
stückeln	དུམ་བུར་གཏོང་བ་	dhum-bhur tong-wa
Stücklohn (m)	དོ་གྲངས་བཟོ་གླ་	ngo-d(r)hang soh-lha
Stückpreis (m)*	དོ་གྲངས་རིན་གོང་	ngo-d(r)hang ring-ghong
Stückzahl (f)*	དོ་གྲངས་གྲངས་འབོར་	ngo-d(r)hang d(r)hang-bor
Student (m)	སློབ་གཉེར་བ་	lhob-nyher-wa
Studiengebühren (f, pl)	སློབ་ཡོན་	lhob-jön
studieren	སློབ་སྦྱོང་བྱེད་པ་	lhob-dschyong dsche-pa
Stufe (f)	རིམ་པ་	rim-pa
stufenweise	གོམ་རེ་བཞིན་	ghom-re-schin
Stuhl (m)	ཀུབ་ཀྱག་	kub-kyag
Stuhl (m), hon.	ཞབས་ཀྱག་	schab-kyag
Stuhlgang (m), hon.	ཆབ་གསང་ཆེན་མོ་	tschhab-sang tschhen-mo
stumm	སྨྲ་མི་ཐུབ་པ་	mha-mi thub-pa
stumpf	རྣོ་མེད་	nho-meh
stumpfwinklig	ཐུལ་ཟུར་	tühl-suhr

Stunde (f)	ཆུ་ཚོད་	tschhu-tzöh
Stundenlohn (m)*	ཆུ་ཚོད་གླ་འབབ་	tschhu-tzöh lha-bab
Stundenplan (m)	དུས་ཚོད་རེའུ་མིག་	dhü-tzöh re-u-mig
stundenweise*	ཆུ་ཚོད་རེ་རེར་	tschhu-tzöh re-rer
Stundenzeiger (m)	ཆུ་ཚོད་ཀྱི་མདའ་	tschhu-tzöh-kyi da
Stunt (m)*	ཉེན་ཆེའི་རྩལ་སྟོན་	nyen-tschhae tsel-töhn
Stuntman (m)	རྩལ་ལག་སྟོན་མཁན་	tsel-lag töhn-khen
Stupa (n)	མཆོད་རྟེན་	tschhöh-tehn
Stupsnase (f)	སྣ་ཙོག་	nha-tsog
Sturm (m), (Wind)	རླུང་འཚུབ་	lhung-tzub
Sturm (m), (Gewitter)	ཆར་རླུང་	tschhar-lhung
stürmen	དྲག་ཏུ་གཡོ་བ་	d(r)hag-tu jho-wa
Sturmflut (f)*	དྲག་ཆར་རླུང་འཚུབ་	d(r)hag-tschhar lhung-tzub
stürmisch	རླུང་འཚུབ་ཅན་གྱི་	lhung-tzub tschen-gyi
Sturmschaden (m)*	རླུང་དམར་སྐྱོན་ཆག་	lhung-mhar kyön-tschhag
Sturmwarnung (f)	རླུང་འཚུབ་ཉེན་བརྡ་	lhung-tzub nyen-da
Sturz (m)	འབབ་ཚད་	bab-tzeh
stürzen	ལྷུང་བ་	hlung-wa
stürzen, (Regierung)	གཏན་བསྒྱག་བྱེད་པ་	tehn-lhag dsche-pa
Sturzhelm (m)	བྱིངས་རྨོག་	jing-mhog
Stute (f)	རྟ་གོད་མ་	ta göh-ma
Stütze (f)	རྒྱབ་སྐྱོར་	gyab-kyor
stützen	སྐྱོར་གདུང་སློང་བ་	kyor-dung lhong-wa
Stützpunkt (m)	གཞི་རྟེན་	schi-tehn

Subjekt (n), gram.	བྱ་བའི་ཡུལ་	dschya-wae jül
subjektiv	གང་ཟག་ལ་བརྟོས་པའི་	gang-sahg-la tö-pae
Subkontinent (m)	ཉེ་བའི་གླིང་ཆེན་	nye-wae lhing-tschhen
Subkultur (f)	ཉེ་བའི་རིག་གཞུང་	nye-wae rig-schung
Substantiv (n)	མིང་ཚིག་	ming-tzig
substantivieren	མིང་ཚམ་སྟོན་པ་	ming-tsam töhn-pa
substantivisch	མིང་ཚམ་གྱི་	ming-tsam-gyi
Substanz (f)	རྒྱུ་རྫས་	gyu-dzä
substanziell	དོན་སྙིང་ལྡན་པ་	dhön-nying den-pa
subtil	ཤིན་ཏུ་ཕྲ་མོ་	schhin-tu t(r)ha-mo
subtrahieren	འཐེན་རྩིས་རྒྱག་པ་	then-tsi gyag-pa
Subtraktion (f)	འཐེན་རྩིས་	then-tsi
Subtropen (pl)	ཅུང་ཟད་ཚ་བའི་ཁུལ་	tschung-sehh tza-wae khül
Subunter-nehmer (m)	ནང་གསེས་བོགས་མ་ལེན་མི་	nang-sä bhog-ma len-mi
Subvention (f)	རམ་འདེགས་	ram-deg
subventionieren	རམ་འདེགས་སྟོན་པ་	ram-deg t(r)höh-pa
subversiv	མགོ་མཇུག་སྟེང་སློག་གི་	go-dschug ting-lhog-gi
Suchaktion (f)*	འཚོལ་ཞིབ་ལས་འགུལ་	tzöl-schib lä-gül
Suchanfrage (f)*	འཚོལ་ཞིབ་འདྲི་བཅད་	tzöl-schib d(r)hi-tseh
Suche (f)	འཚོལ་ཞིབ་	tzöl-schib
suchen	འཚོལ་བ་	tzöl-wa
Suchergebnis (n)*	འཚོལ་ཞིབ་གྲུབ་འབྲས་	tzöl-schib d(r)hub-d(r)hä
Suchmannschaft (f)	འཚོལ་ཞིབ་རུ་ཁག་	tzöl-schib ru-khag
Suchschein-werfer (m)	འཚོལ་ཞིབ་སློག་གཞུ་	tzöl-schib lhog-schu

Sucht (f)*	ཡང་འཁོར་སེམས་ནད་	lang-schhor säm-neh
Suchtgefahr (f)	ངན་ལོབ་ནུས་ཅན་གྱི་ཉེན་ཚབས་	ngen-lob nhü-tschen-gyi nyen-tzab
süchtig	ཡང་ལ་འཁོར་བའི་	lang-la schhor-wae
Süchtiger (m)	ངན་ལོབ་	ngen-lob
Suchtmittel (n)	ངན་ལོབ་ནུས་ཅན་གྱི་བཟི་སྨན་	ngen-lob nhü-tschen-gyi sih-men
Südafrika (n)	ལྷོ་ཨཕ་རི་ཀ	hlo-afrika
Südamerika (n)	ལྷོ་ཨ་མེ་རི་ཀ	hlo-amerika
Süden (m)	ལྷོ་ཕྱོགས་	hlo-tschhyog
Südfrüchte (f)	ཚ་ཡུལ་གྱི་ཤིང་ཏོག་	tza-jül-gyi schhing-tohg
südlich	ལྷོ་ཕྱོགས་ཀྱི་	hlo-tschhyog-kyi
Südosten (m)	ལྷོ་ཤར་	hlo-schhar
Südpol (m)	ལྷོ་རྩེ་	hlo-nhe
südwärts	ལྷོ་ཕྱོགས་སུ་	hlo-tschhyog-su
Südwesten (m)	ལྷོ་ནུབ་	hlo-nub
Südwind (m)	ལྷོ་ནས་ལྡང་བའི་རླུང་	hlo-nä dang-wae lhung
Sühne (f)	འགྱོད་བཤགས་	gyöh-schhag
sühnen	བཤགས་སྡོམ་བྱེད་པ་	schhag-dom dschye-pa
Suizid (m)	རང་ཤི་	rang-schhi
Sulfat (n), chem.	མི་ཟིའི་ཏི་ཚབ་ཀྱི་སྐྱུར་ཚྭ་	mi-sihi ti-tsab-kyi kyur-tza
summarisch	མདོར་བསྡུས་པའི་	dor-dhü-pae
Summe (f)	སྡོམས་གྲངས་	d(r)hom-d(r)hang
summen	མངྲིན་སྒྲ་སྒྲོག་པ་	d(r)hin-d(r)ha d(r)hog-pa
summieren	སྡོམ་རྩིས་རྒྱག་པ་	dom-tsi gyag-pa
Sumpf (m)	འདམ་གཞུང་	dam-schung

Sumpfgras (n)	འདམ་རྩ་	dam-tsa
sumpfig	འདམ་རྫབ་ཅན་	dam-dzab-tschen
Sünde (f)*	སྡིག་སྤྱོད་	dig-tschyöh
Sündendbock (m)	ཁག་དྲི་བྱེད་ས་	khag-t(r)hi dschye-sa
sündhaft	སྡིག་སྤྱོད་ཅན་	dig-tschyöh-tschen
super	གཞན་ལས་ལྷག་པ་	schen-lä hlag-pa
Superlativ (m)	ལྷ་ན་མེད་པ་	lha-na meh-pa
Supermacht (f)	རིམ་འདས་རྒྱལ་ཁབ་	rim-dä gyel-khab
Supermarkt (m)	རིམ་འདས་ཁྲོམ་ར་	rim-dä t(r)hom-ra
Suppe (f)	ཐུག་པ་	thug-pa
Suppe (f), hon.	བཞེས་ཐུག་	schä-thug
Surfbrett (n)*	རླབས་ཤུད་པང་ལེབ་	lhab-schhüh pang-leb
surfen*	རླབས་ཤུད་པང་ལེབ་གཏོང་བ་	lhab-schhüh pang-leb tong-wa
Surrealismus (m)	བག་ཉལ་མངོན་གྱུར་རང་ལུགས་	bhag-nyen nghön-gyur ring-lug
surrealistisch	བག་ཉལ་མངོན་གྱུར་རང་ལུགས་ཀྱི་	bhag-nyen ngön-gyur ring-lug-kyi
suspekt	དོགས་ཟོན་ཚ་པོ་	dhog-söhn tza-po
suspendieren	གནས་སྐབས་རིང་མཚམས་འཇོག་བྱེད་པ་	nhä-kab-ring tzam-dschog dschye-pa
süss	མངར་མོ་	nghar-mo
Süssigkeit (f)	མངར་ཆ་	nghar-tschha
süsslich	མངར་ཆག་ཆག་	nghar-tschhag-tschhag
süsssauer	མངར་མོ་སྐྱུར་མོ་	nghar-mo kyur-mo
Süssstoff (m)*	མངར་རྫས་	nghar-dzä
Symbiose (f)	གཅིག་ཕན་གཅིག་གྲོགས་ཀྱི་འཚོ་སྟངས་	tschig-phen tschig-d(r)hog-kyi tzo-tang

Symbol (n)	མཚོན་རྟགས་	tzön-tahg
Symbolik (f)	བརྡ་མཚོན་རིག་པ་	da-tzön rig-pa
symbolisch	མཚོན་དོན་ཙམ་གྱི་	tzön-dhön tsam-gyi
symbolisieren	མཚོན་པར་བྱེད་པ་	tzön-par dschye-pa
Symmetrie (f)	དོས་མཉམས་	ngö-tzung
Symmetrieachse (f)	དོས་མཉམས་ཚངས་ཐིག་	ngö-tzung tzang-thig
symmetrisch	དོས་མཉམས་པའི་	ngö-tzung-pae
Sympathie (f)*	སེམས་འཚོར་མཉམ་སྐྱེས་	säm-tzor nyham-kyä
sympathisch	སེམས་འཚོར་མཉམ་སྐྱེས་ཀྱི་	säm-tzor nyham-kyä-kyi
sympathisieren	སེམས་འཚོར་མཉམ་སྐྱེས་བྱེད་པ་	säm-tzor nyham-kyä dschye-pa
Symptom (f)	ནད་རྟགས་	neh-tahg
symptomatisch	ནད་རྟགས་ཀྱི་	neh-tahg-kyi
Synchronisation (f)*	ཅིག་ཅར་མཉམ་སྒྲིག་	tschig-tschar nyham-d(r)hig
synchronisch	ཅིག་ཅར་དུ་སྒྲིག་པའི་	tschig-tschar-dhu d(r)hig-pae
Syndrom (n)	གཅིག་འདུས་ནད་སྟགས་	tschig-dü neh-tahg
Synergie (f)*	གཅིག་འདུས་ནུས་ཤུག་	tschig-dü nü-schhug
Synergieeffekt (m)*	གཅིག་འདུས་ནུས་ཤུག་གི་ཕན་གནོད་	tschig-dü nü-schhug-gi phen-nöh
syntaktisch	ཚིག་སྦྱོར་གྱི་	tzig-dschyor-gyi
Syntax (f)	ཚིག་སྦྱོར་	tzig-dschyor
Synthese (f)	རྫས་རིགས་བསྡེབ་སྦྱོར་	dzä-rig deb-dschyor
synthetisch	རྫས་སྦྱོར་གྱིས་བཟོས་པའི་	dzä-dschyor-gyi söh-pae
synthetisieren	རྫས་རིགས་བསྡེབ་སྦྱོར་བྱེད་པ་	dzä-rig deb-dschyor dschye-pa
Syphilis (f)	བསེ་མོག་	se-mog

System (n)	ལམ་ལུགས་	lam-lug
systematisch	གོ་རིམ་ལྡན་པ་	gho-rim den-pa
Szenario (n)	འཁྲབ་ཚན་	t(r)hab-tzen

T

Tabak (m)	དོ་ཐ་	do-tha
Tabakladen (m)	དོ་ཐ་ཚོང་ཁང་	do-tha tzong-khang
Tabaksteuer (f)	དོ་ཐའི་ཁྲལ་འབབ་	do-thae t(r)hel-bab
Tabelle (f)	རེའུ་མིག་	re-u-mig
tabellarisch	རེའུ་མིག་གི་	re-u-mig-gi
Tablett (n)	གཞོང་པ་	schong-pa
Tabu (n)	བཀག་རྒྱ་	kag-gya
Tabulator (m)	རེའུ་མིག་སྒྲིག་བྱེད་	re-u-mig d(r)hig-dschyeh
Tachometer (m)	མགྱོགས་ཚད་འཇལ་ཆས་	gyog-tzeh dschel-tschhä
Tacker (m)	སྟེབ་གཟེར་ཇོ་ཆས་	tehb-sehr jo-tschhä
Tadel (m)	གཤེ་གཤེ་	schhe-schhe
Tadel (m), hon.	བཀའ་བཀྱོན་	ka-kyön
tadellos	སྐྱོན་བརྗོད་མེད་པ་	kyön-dschöh meh-pa
tadeln	སྐྱོན་བརྗོད་པ་	kyön dschöh-pa
Täfelung (f)	གྱང་ལེབས་སྦྱོར་པང་	gyang-deb dschyor-pang
Tafelwasser (n)	གཏེར་ཆུ་	tehr-tschhu
Tag (m)	ཉིན་མོ་	nyin-mo
Tag und Nacht	ཉིན་མཚན་	nyin-tzen
Tagebuch (n)	ཉིན་དེབ་	nyin-dheb
Tagelöhner (m)*	ཉིན་རེའི་ངལ་རྩོལ་བ་	nyin-räe ngel-tsöl-wa

Tagesanbruch (m)	བྷོ་རངས་	tho-rang
Tagesgeschehen (n)*	ཉིན་རེའི་བྱུང་བ་	nyin-räe dschyung-wa
Tageskarte (f)*	ཉིན་རེའི་འཛིན་ཤོག་	nyin-räe dzin-schhog
Tageskurs (m)*	ཉིན་རེའི་གོང་ཚད་	ryin-räe ghong-tzeh
Tageslicht (n)	ཉི་མོའི་འོད་མདངས་	nyi-möe wöh-dang
Tagesmutter (f)	བུ་རྫི་	bhu-dzi
Tagesordnung (f)	ཉིན་རེའི་ལས་རིམ་	nyin-räe lä-rim
Tagesordnung (f), hon.	ཉིན་རེའི་མཛད་རིམ་	nyin-räe dzeh-rim
Tageszeitung (f)	ཉིན་རེའི་ཚགས་དཔར་	nyin-räe tzag-par
täglich	ཉིན་ལྟར་	nyin-tahr
Tagtraum (m)	ཉིན་མོའི་རྨི་ལམ་	nyin-möe mhi-lam
Tagung (f)	ཚོགས་འདུ་	tzog-du
Taille (f)	སྐེད་པ་	keh-pa
Taktik (f)	ཐབས་རྩུས་	thab-dschü
taktisch	ཐབས་རྩུས་ཀྱི་	thab-dschü-kyi
taktlos	ཐབས་ལ་མི་མཁས་པ་	thab-la mi-khä-pa
taktvoll	ཐབས་བྱུས་མཁས་པ་	thab-dschyü khä-pa
Tal (n)	ལུང་གཤོངས་	lung-schhong
Talent (n)	རྩལ་སྟོབས་	tsel-tohb
talentiert	རིག་རྩལ་ཅན་	rig-tsel-tschen
talentlos	རིག་སྟོབས་མེད་པའི་	rig-tohb meh-pae
Talfahrt (f)	ཐུར་འབབ་	thur-bab
Talg (m)	ཚིལ་མར་	tzil-mar
Talisman (m)	སྲུང་བ་	sung-wa

Deutsch	Tibetisch	Umschrift
Talsperre (f)*	གཞོངས་རགས་	schhong-rag
Tamburin (n)	སིལ་ཁྲོལ་རྔ་ལེབ་	sil-t(r)höl ngha-leb
Tank (m)	རྫིང་བུ་	dzing-bhu
tanken	སྣུམ་བླུགས་པ་	nhum lhug-pa
Tankha (f)	ཐང་ཀ་	thang-ka
Tankha (f), hon.	སྐུ་ཐང་	ku-thang
Tanksäule (f)	རྡོ་སྣུམ་ས་ཚིགས་	do-nhum sa-tzig
Tankschiff (n)	སྣུམ་འདྲེན་གྲུ་གཟིངས་	nhum-d(r)hin d(r)hu-sihng
Tanne (f)	ཐང་ཤིང་	thang-schhing
Tannennadel (f)	གསོམ་ཤིང་ངམ་ཐང་གི་ལོ་མ་	som-schhing ngam-thang-gi lo-ma
Tannenzapfen (m)	གསོམ་འབྲས་	som-d(r)hä
Tante (f)	ཨ་ནེ་	a-ne
Tante (f), mütterlicherseits	སོ་མོ་	so-mo
Tanz (m)	ཞབས་བྲོ་	schab-d(r)o
tanzen	ཞབས་བྲོ་རྒྱག་པ་	schab-d(r)o gyag-pa
Tanzfläche (f)*	ཞབས་བྲོའི་སྡིངས་ཆ་	schab-d(r)höe ding-tschha
Tanzkurs (m)*	ཞབས་བྲོའི་སློང་བདར་	schab-d(r)höe dschyong-dar
Tanzschule (f)	ཞབས་བྲོའི་སློབ་ཁང་	schab-d(r)höe lhob-khang
Tanzturnier (n)	ཞབས་བྲོའི་འགྲན་སྡུར་	schab-d(r)höe d(r)hen-dur
tapfer	བློ་ཁོག་ཅན་	lho-khog-tschen
Tapferkeit (f)	སྙིང་སྟོབས་	nying-tohb
tapsen	འཁྱོར་འགྲོས་རྒྱག་པ་	kyor-d(r)hö gyag-pa
Tarantel (f)	ཤིག་སྡོམ་	schhig-dom
tarnen	རྫུས་འབག་གཡོག་པ་	dzü-bag jhog-pa

Tarnung (f)	རྫུས་འབག་	dzü-bag
Tasche (f)	ཁུག་མ་	khug-ma
Taschendieb (m)	བ་ཁུག་ཀུ་མ་	ba-khug ku-ma
Taschengeld (n)	ལག་སྙེ་	lag-nhe
Taschenlampe (f)	ལྷོག་གཞུ་	lhog-schu
Taschenmesser (n)	ཨམ་གྲི་	am-d(r)hi
Tasse (f)	དཀར་ཡོལ་	kar-jöl
Tasse (f), hon.	ཞལ་དཀར་	schel-kar
Tastatur (f)	ཐེབས་གཞོང་	theb-schong
Tasteninstrument (n)	ཐེབས་གཞོང་རོལ་ཆ་	theb-schong röl-tschha
Tat (f)	བྱ་སྤྱོད་	dschya-tschyöh
Tat (f), hon.	མཛད་འཕྲིན་	dzeh-t(r)hin
Tatbestand (m), jur.	དཔྱད་གཞི་	tschyeh-schi
Täter (m)	ཉེས་ཅན་	nyä-tschen
tätig	འགུལ་ནུས་ཅན་	gül-nhü-tschen
tätigen	ལག་ལེན་བསྟར་བ་	lag-len tahr-wa
Tätigkeit (f)	འགུལ་སྟངས་	gül-tang
Tatkraft (f)	སྦུབ་ཕྱོགས་	d(r)hub-tschhyog
tatkräftig	ཧུར་བརྩོན་	hur-tsön
tätlich	དྲག་པོ་	d(r)hag-po
Tätlichkeit (f)	དྲག་སྤྱོད་	d(r)hag-tschyöh
Tatmotiv (n)*	ཉེས་ཉེས་ཀྱི་ཀུན་སློང་	dschyä-nyä-kyi kün-lhong
Tatort (m)*	ཉེས་ཉེས་ས་གནས་	dschyä-nyä sa-nhä
Tatsache (f)	དངོས་འབྲེལ་	nghö-d(r)hel

tatsächlich	དངོས་འབྲེལ་གྱི་	nghö-d(r)hel-gyi
Tatverdacht (m)*	བྱས་ཉེས་དོགས་པ་	dschyä-nyä dhog-pa
Tatverdächtiger (m)	དོགས་གནས་ཡོད་པའི་མི་	dhog-nhä jöh-pae-mi
Tatwaffe (f)	བྱས་ཉེས་ཀྱི་མཚོན་ཆ་	dschyä-nyä-kyi tzön-tschha
Tatze (f)	པར་མོ་	par-mo
Tau (m)	ཟིལ་པ་	sihl-pa
Tau (n)	ཐག་པ་	thag-pa
taub	འོན་པ་	wön-pa
Taube (f), zo.	འང་གུ་	ang-ghu
Tauber (m)	འོན་པ་	wön-pa
taubstumm	འོན་ལྐུགས་	wön-kug
Tauch (m)	བརྗེ་ལེན་	dsche-len
Tauchboot (n)	ཆུ་འོག་འབྱིང་རུང་	tschhu-wog dschying-rung
tauchen	ཐུར་མཆོང་རྒྱག་པ་	thur-tschhong gyag-pa
Taucher (m)	ཆུ་འོག་འགྲོ་མི་	tschhu-wog d(r)ho-mi
Taucheranzug (m)*	ཆུ་འོག་ཡོལ་བྱད་	tschhu-wog jo-dschyeh
Taucherbrille (f)*	ཆུ་འོག་མིག་ཤེལ་	tschhu-wog mig-schhel
tauen	ཟིལ་བ་བཞུ་བ་	sihl-wa schu-wa
Taufe (f)	ཡི་ཤུའི་ཁྲུས་དབང་	ji-schhue t(r)hü-wang
taufen	ཁྲུས་དབང་བསྐུར་བ་	t(r)hü-wang kur-wa
taumeln	ཁྱར་ཁྱོར་བྱེད་པ་	khyar-khyor dschye-pa
tauschen	བརྗེ་ལེན་བྱེད་པ་	dsche-len dschye-pa
täuschen	སླུ་བྲིད་བྱེད་པ་	lhu-d(r)hih dschye-pa
Tauschgeschäft (n)	བརྗེ་ཚོང་	dsche-tzong

Täuschung (f)	གཡོ་སྒྱུ་	jho-gyu
Tauschwert (m)	ཕན་ཚུན་བརྗེ་བའི་རིན་ཐང་	phen-tzün dsche-wae rin-thang
tausend	སྟོང་	tong
Tausend-füssler (m), zo.	ཏ་ལྷ་	ta-lha
tausendmal	སྟོང་འགྱུར་	tong-gyur
Tausendstel (f)	སྟོང་གི་ཆ་	tong-gi-tschha
Tautropfen (m)	ཟིལ་བ་	sihl-wa
Team (n)	རུ་ཁག་	ru-khag
Teamarbeit (f)	མཉམ་རུབ་ཀྱི་ལས་ཀ་	nyam-rub-kyi lä-ka
Technik (f)	བཟོ་སྐྱུན་ལས་རིགས་	soh-t(r)hün lä-rig
Techniker (m)	བཟོ་རྩལ་པ་	soh-tsel-pa
technisch	ཆེད་ལས་ཀྱི་	tschheh-lä-kyi
technisieren	འཕྲུལ་ཆས་བཀོལ་སྒྱུར་བྱེད་པ་	t(r)hül-tschhä köl-gyur dschye-pa
Technokrat (m)	ཆེད་ལས་གཞུང་འཛིན་མི་སྣ་	tschheh-lä schung-dzin mi-nha
technokratisch	ཆེད་ལས་དབང་འཛིན་གྱི་	tschheh-lä wang-dzin-gyi
Technologie (f)	འཕྲུལ་ལས་རིག་པ་	t(r)hül-lä rig-pa
technologisch	འཕྲུལ་ལས་རིག་པའི་	t(r)hül-lä rig-pae
Tee (m)	ཇ་	dscha
Tee (m), hon.	གསོལ་ཇ་	söl-dscha
Teebeutel (m)	ཇ་འབུམ་	dscha-thum
Teeblatt (n)	ཇ་ལོ་	dscha-lo
Teegarten (m)	ཇ་ཞིང་	dscha-sching
Teegebäck (n)	ཞལ་ཏོག་	schel-tohg

Teehaus (n)	ཇ་ཁང་	dscha-khang
Teekanne (f)	ཇ་ཁོག་	dscha-khog
Teelöffel (m)	ཁེམ་	khem
Teenager (m)	བཅུ་ཐོག་གི་ན་གཞོན་	tschu-thog-gi na-schön
Teer (m)	ཏར་ཞུན་	tahr-schün
teeren	ཏར་ཞུན་བྱུག་པ་	tahr-schün dschyug-pa
Terrier (m)	ཁྱི་ཨ་སོབ་	khyi-a-sob
Teesieb (n)	ཇ་ཚགས་	dscha-tzag
Teestrauch (m)	ཇ་ཤིང་	dscha-schhing
Teestube (f)	ཇ་ཁང་	dscha-khang
Teetasse (f)	ཇ་དཀར་	dscha-kar
Teich (m)	རྫིང་ཆུ་	dzing-tschhu
Teig (m)	བག་ཟན་	bhag-sehn
Teigwaren (pl)*	བག་ཟན་གྱི་རིགས་	bhag-sehn-gyi rig
Teil (m)	བགོ་སྐལ་	go-kel
teilbar	བགོ་རུང་བ་	go-rung-wa
Teilchen (n), phys.	རྡུལ་	dül
teilen	བགོ་བ་	go-wa
Teiler (m), math	ཆ་གསེས་སྒྱུར་གྲངས་	tschha-sä gyur-d(r)hang
Teilgebiet (n)	ས་ཁུལ་	sa-khül
teilhaben	མཉམ་ཞུགས་བྱེད་པ་	nyham-schug dschye-pa
Teilhaber (m), econ.	ཚོང་སྦྲེལ་མཉམ་རོགས་	tzong-d(r)hel nyham-rog
Teilnahme (f)	མཉམ་སློང་	nyham-döh
Teilnahme (f), hon.	མཉམ་ཞུགས་	nyham-schug

teilnahmslos	ཕྱོགས་ལྷུང་བྲལ་བའི་	tschyog-hlung d(r)hel-wae
teilnehmen	ཚོགས་སྐྱོད་བྱེད་པ་	tzog-kyöh dschye-pa
Teilnehmer (m)	མཉམ་སྡོད་པ་	nyham-döh-pa
Teilnehmer (m), hon.	སྐུ་བཅར་བ་	ku-tschar-wa
teils	ཆ་ཚམ་	tschha-tsam
Teilung (f)	ཆ་བགོས་	tschha-gö
teilweise	ཕྱོགས་གཅིག་ཚམ་	tschhyog-tschig-tsam
Teilzahlung (f)	བཟའ་ཚག་རིམ་སྤྲོད་	sah-tschag rim-t(r)höh
Teilzeitarbeit (f)	ཞོར་ལས་	schor-lä
teilzeitbeschäftigt	ཞོར་ལས་ཀྱི་	schor-lä-kyi
Teint (m)	བཞིན་མདངས་	schin-dang
Telefon (n)	ཁ་པར་	kha-par
Telefon (n), hon.	ཞལ་པར་	schel-par
telefonieren	ཁ་པར་གཏོང་བ་	kha-par tong-wa
telefonieren, hon.	ཞལ་པར་གནང་བ་	schel-par nhang-wa
telefonisch	ཁ་པར་ཐོག་གི་	kha-par thog-gi
Telefonkabine (f)	ཁ་པར་གྱི་སྐྱིལ་བུ་	kha-par-gyi tschyil-bhu
Telegramm (n)	ཊར་	tahr
Telepathie (f)	སེམས་སློང་གི་བརྡ་	säm-lhong-gi da
telepathisch	སེམས་སློང་བརྡ་སྤྲོད་ཀྱི་	säm-lhong da-t(r)höh-kyi
Telefongebühr (f)	ཁ་པར་ལྷ་འབབ་	kha-par lha-bab
Teleskop (n)	རྒྱང་བསྲིངས་སྡུད་ཤེལ་	gyang-sing düh-schhel
Teller (m)	སྡེར་མ་	der-ma
Teller (m), hon.	ཞལ་སྡེར་	schel-der

Tempel (m)	ཆོས་ཁང་	tschhö-khang
Temperament (n)	གཤིས་སྟོད་	schhi-tschyöh
Temperatur (f)	ཚ་ཚད་	tza-tzeh
Temperaturregler (m)	ཚ་དྲོད་སྟངས་འཛིན་ཡོ་ཆས་	tza-d(r)höh tang-dzin jo-tschhä
Tempo (n)	མགྱོགས་ཚད་	gyog-tzeh
Tempolimit (n)	མགྱོགས་ཚད་གཅད་རྒྱ་	gyog-tzeh tscheh-gya
temporär	གནས་སྐབས་ཀྱི་	nhä-kab-kyi
Tempus (n), gram.	དུས་གསུམ་གྱི་རྣམ་གཞག་	dhü-sum-gyi nham-schag
Tendenz (f)	བགྲོད་ཕྱོགས་	d(r)höh-tschhyog
tendenziös	ཕུགས་བསམ་བཅངས་པའི་	phug-sam tschang-pae
tendieren	ཕྱོགས་པ་	tschhyog-pa
Teppich (m)	རུམ་གདན་	rum-den
Termin (m)	དུས་ཚོད་གཏན་ཁེལ་	dhü-tzöh tehn-khel
termingerecht	འཆར་གསལ་དུས་ཐོག་	tschhar-sel dhü-thog
Terminologie (f)	བརྡ་ཆད་	da-tschheh
Terminplan (m)	ལས་འཆར་	lä-tschhar
Terminus (m)	རྒྱས་གཅད་	gyä-tscheh
Termite (f), zo.	གྲོག་མ་དཀར་པོ་	d(r)hog-ma kar-po
Terrain (n)	ས་འབབ་ཆགས་ཚུལ་	sa-bab tschhag-tzül
terrestrisch	འཛམ་གླིང་གི་	dzam-lhing-gi
Territorium (n)	མངའ་ཁོངས་	ngha-khong
Terror (m)*	དྲག་རྩུབ་	d(r)hag-tsub
Terrorangriff (m)*	དྲག་རྩུབ་རྒོལ་རྡུང་	d(r)hag-tsüb göl-dung
terrorisieren	དྲག་རྩུབ་དབང་འགྱུར་བྱེད་པ་	d(r)hag-tsub wang-gyur dschye-pa

Deutsch	Tibetisch	Umschrift
Terrorismus (m)	དྲག་རྩུབ་རིང་ལུགས་	d(r)hag-tsub ring-lug
Terrorist (m)	དྲག་རྩུབ་རིང་ལུགས་པ་	d(r)hag-tsub ring-lug-pa
Testament (n)	ཁ་ཆེམས་	kha-tschhäm
Testament (n), hon.	ཞལ་ཆེམས་	schel-tschhäm
testamentarisch	བཀའ་ཆེམས་ཀྱི་	ka-tschhäm-kyi
Testamentsvollstrecker (m)*	ཁ་ཆེམས་ལག་ལེན་བསྟར་མཁན་	kha-tschhäm lag-len tahr-khen
Tetanus (m)	རྩ་རྒྱུས་འཁུམ་ནད་	tsa-gyü khum-neh
teuer	འགྲོ་སོང་ཆེན་པོ་	d(r)ho-song tschhen-po
Teuerung (f)*	རིན་གོང་འཕེལ་རྒྱས་	rin-ghong phel-gyä
Teuerungsrate (f)*	རིན་གོང་འཕེལ་ཚད་	rin-ghong phel-tzeh
Teufel (m)	བདུད་	düh
Teufelskreis (m)	རྒྱུ་མཚན་འཁོར་ལོ་མ་	gyu-tzen khor-lo-ma
Teufelsaustreibung (f)	ལྷ་འདྲེ་སྐྱོད་ཐབས་	hla-d(r)he t(r)höh-thab
teuflisch	བདུད་འདྲ་པོ་	düh-d(r)ha-po
Text (m)	ཡིག་གཞི་	jig-schi
texten	ཡི་གེར་འགོད་པ་	ji-ger göh-pa
Textilarbeiter (m)*	ཐགས་ལས་པ་	thag-lä-pa
Textilfabrik (f)	ཐགས་རས་བཟོ་གྲྭ་	thag-lä soh-d(r)ha
Textilien (pl)*	ཐགས་རས་	thag-rä
Textilindustrie (f)*	ཐགས་རས་བཟོ་ལས་	thag-rä soh-lä
Textverarbeitung (f)*	ཚིག་གི་བཀོད་སྒྲིག་	tzig-gi köh-d(r)hig
Theater (n)	འཁྲབ་སྟོན་ཁང་	t(r)hab-töhn-khang
theatralisch	འཁྲབ་སྟོན་གྱི་	t(r)hab-töhn-gyi
Thema (n)	བརྗོད་གཞི་	dschöh-schi

thematisch	བརྗོད་གཞི་དང་མཐུན་པའི་	dschöh-schi-dhang thün-pae
Theologe (m)	ཆོས་ལུགས་ཀྱི་རྣམ་བཞག་ལ་མཁས་པ་	tschhö-lug-kyi nham-schag-pa khä-pa
Theologie (f)	ཆོས་ལུགས་རིག་པ་	tschhö-lug rig-pa
theologisch	ཆོས་ལུགས་ཀྱི་རྣམ་བཞག་གི་	tschhö-lug-kyi nham-schag-gi
Theoretiker (m)	རྣམ་བཞག་པ་	nham-schag-pa
theoretisch	རྣམ་བཞག་གི་	nham-schag-gi
Theorie (f)	རྣམ་བཞག་	nham-schag
Therapeut (m)	གསོ་ཐབས་པ་	so-thab-pa
therapeutisch	གསོ་ཐབས་ཀྱི་	so-thab-kyi
Therapie (f)	གསོ་ཐབས་	so-thab
therapieren*	གསོ་ཐབས་བྱེད་པ་	so-thab dschye-pa
Thermalquelle (f)	ཆུ་ཚན་	tschhu-tzen
thermisch	ཚ་དྲོད་ཀྱི་	tza-d(r)höh-kyi
Thermodynamik (n)	ཚ་དྲོད་སྐུལ་ཤུགས་	tza-d(r)höh kül-schhug
thermodynamisch	ཚ་དྲོད་སྐུལ་ཤུགས་ཀྱི་	tza-d(r)höh kül-schhug-kyi
Thermoflasche (f)	ཚ་དམ་	tza-dham
Thermometer (n)	ཚ་དྲོད་འཇལ་ཆས་	tza-d(r)höh dschel-tschä
These (f)	ཚོད་དཔག་གཞིར་གཞག་	tzöh-pag schir-schag
Thriller (m)	གཡའ་སག་ལྷོང་བྱེད་	ja-sag lhong-dschyeh
Thrombose (f)	ཁྲག་ཞོ་	t(r)hag-scho
Thron (m)	ཁྲི་	t(r)hi
thronen	ཁྲི་ལ་བཀོད་པ་	t(r)hi-la köh-pa
Thiamin (n)	ར་ཚང་མེ་ཏོག་	ra-tschhang me-tohg

Tibet (n)	བོད་	bhö
Tibeter (m)	བོད་མི་	bhö-mi
tibetisch	བོད་ཀྱི་	bhö-kyi
Tiefe (f)	གཏིང་ཟབ་	ting-sahb
tiefgründig	གཏིང་ཟབ་པོའི་	ting-sahb-pöe
Tiefkühltruhe (f)	འཁྱགས་སྒམ་	khyag-gam
Tiefpreis (m)	རིན་ཐང་དམའ་ཤོས་	rin-thang mha-schhö
Tiegel (m)	ལྷང་	lha-nga
Tier (n)	དུད་འགྲོ་	dhüh-d(r)ho
Tierarzt (m)	ཕྱུགས་ནད་སྨན་པ་	tschhyug-neh men-pa
tierisch	དུད་འགྲོ་ལྟར་གྱི་	dhüh-d(r)ho tahr-gyi
Tierkreiszeichen (n)	སྐར་ཁྱིམ་གྱི་མཚོན་རྟགས་	kar-khyim-gyi tzön-tahg
Tierkunde (f)	དུད་འགྲོའི་མཚན་རིག་	dhüh-d(r)höe tzen-rig
Tiermedizin (f)	ཕྱུགས་ནད་གསོ་རིག་	tschhyug-neh so-rig
Tierpark (m)	སྦྱིན་གཉེགས་ཁང་	tschyen-sihg-khang
Tierpfleger (m)	སྒོ་ཕྱུགས་གསོ་མཁན་	go-tschhyug so-khen
Tierprodukt (n)	དུད་འགྲོའི་ཐོན་རྫས་	dhüh-d(r)höe thön-dzä
Tierschutz (m)*	སྲོག་ཆགས་བདེ་འཇགས་སྲུང་སྐྱོབ་	sog-tschhag de-dschag sung-kyob
Tiger (m)	སྟག་	tahg
tilgen	གུན་གསབ་སྤྲོད་པ་	ghün-sab t(r)höh-pa
Tilgung (f)	སྐྱིན་ཚབ་	kyin-tzab
Tinktur (f)	རྩི་མདངས་	tsi-dang
Tinnitus (m), med.*	རང་བཞིན་རྣ་བའི་གྲགས་སྒྲ་	rang-schin nha-wae d(r)hag-d(r)ha
Tinte (f)	སྣག་ཚ་	nhag-tza

Tisch (m)	རྒྱ་ཅོག་	gya-tschog
Tischler (m)	ཤིང་ཆས་བཟོ་མཁན་	schhing-tschhä soh-khen
Tischtennis (n)	པིང་པོང་	ping-pong
Titel (m), allg.	འགོ་བརྗོད་	go-dschöh
Titelbild (n)	ཁྱབ་ཆེད་པར་རིས་	khyab-tzeh par-ri
Titelblatt (n)	མདུན་ཤོག་	dün-schhog
Toast (m)	ཚ་སྲེག་བག་ལེབ་	tza-seg bhag-leb
toasten	ཚ་སྲེག་གཏོང་བ་	tza-seg tong-wa
toben	དྲག་ཏུ་ཁྲོས་པ་	d(r)hag-tu t(r)hö-pa
Tobsucht (f)	རིག་འཚོ་མ་ཟིན་པ་	rig-tzo ma-sihn-pa
Tochter (f)	རིག་ཀྱི་བུ་མོ་	rig-kyi bhu-mo
Tod (m)	འཆི་བ་	tschhi-wa
Todesfall (m)	ཚེ་ལས་འདས་པ་	tze-lä del-pa
Todesgefahr (f)*	ཤི་བའི་ཉེན་ཁ་	schhi-wae nyen-kha
Todesstrafe (f)	སྲོག་ཐོག་ཉེས་ཆད་	sog-thog nyä-tschheh
Todesursache (f)	འཆི་བའི་རྒྱུ་མཚན་	tschhi-wae gyu-tzen
tödlich	འཆི་རེས་ཀྱི་	tschhi-ngä-kyi
Toilette (f)	གསང་སྤྱོད་	sang-tschyöh
Toilette (f), hon.	ཆབ་གསང་	tschhab-sang
Toilettenartikel (m)	བྱི་དོར་གྱི་ཡོ་ཆས་	dschyi-dhor-gyi jo-tschhä
Toilettenpapier (n)	འབྱིད་ཤོག་	dschyih-schhog
tolerant	བཟོད་སྲན་ཆེན་པོ་	söhh-sen tschhen-po
Toleranz (f)	བཟོད་སྲན་	söhh-sen
tolerieren	བཟོད་སྲན་བྱེད་པ་	söhh-sen dschye-pa
tollkühn	རྟུལ་ཕོད་ཅན་	tül-phöh-tschen

tollpatschig	ཁོབ་ཏོ་	khob-to
Tollwut (f)	མཆེ་དུག་སྙོ་ནད་	tschhe-dhug nyho-neh
tollwütig	ཁྱི་སྙོན་གྱི་མཆེ་དུག་ཕོག་པའི་	khyi-nyön-kyi tschhe-dhug phog-pae
Tölpel (m)	སླེན་པ་	lhen-pa
Tomate (f)	ལྡུམ་སྒོང་	dum-gong
Tomatenmark (n)	ལྡུམ་སྒོང་གྱི་སྟེ་གུ་	dum-gong-gyi de-ghu
Tomatensaft (m)	ལྡུམ་སྒོང་གྱི་ཁུ་བ་	dum-gong-gyi khu-wa
Ton (m)	སྒྲ་	d(r)ha
Tonbandgerät (n)	སྒྲ་འཛིན་འཁོར་ལོ་	d(r)ha-dzin khor-lo
tönen	སྒྲ་སྒྲོག་པ་	d(r)ha d(r)hog-pa
Tonerde (f)	རྫ་ཁོ་	dza-kho
Tonfigur (f)	འདམ་བརྙན་	dam-nyhen
Tonne (f)	ཞིང་ཚོམ་	schhing-sohm
Tontasse (f)	རྫ་ཁོའི་དཀར་ཡོལ་	dza-khöe kar-jöl
Tontaube (f)	འཇིམ་པའི་ཕུག་རོན་	dschim-pae phug-rön
Topas (m)	སྐྱིན་རྡོ་	t(r)hin-do
Topf (m)	རྫ་མ་	dza-ma
Töpfer (m)	རྫ་མ་བཟོ་མཁན་	dza-ma soh-khen
Töpferei (f)	རྫ་བཟོའི་ལག་རྩལ་	dza-söhe lag-tsel
Töpferscheibe (f)	རྫ་མཁན་གྱི་འཁོར་ལོ་	dza-khen-gyi khor-lo
Topflappen (m)	ཐབ་རས་	thab-rä
Topfpflanze (f)*	རྫ་འདེབས་རྩི་ཤིང་	dza-deb tsi-schhing
Topografie (f)	ས་བབས་གནས་བཤད་	sa-bhab nhä-schheh
topografisch	ས་བབས་རིག་པའི་	sa-bhab rig-pae

Tor (n)	རྒྱལ་སྒོ་	gyel-go
Torbogen (m)*	གཞུ་དབྱིབས་རྒྱལ་སྒོ་	schu-jhib gyä-go
Torf (m)	སྤང་བོག་	pang-bhog
torfig	སྤང་བོག་འདྲ་བའི་	pang-bhog d(r)ha-wae
Torfmoor (n)	སྤང་བོག་འདྲུ་ས་	pang-bhog d(r)hu-sa
Torhüter (m)	སྒོ་རགས་པ་	go-rag-pa
töricht	བླེན་འཐོམ་	lhen-thom
torkeln	ཁྱར་ཁྱོར་དུ་འགྲོ་བ་	khyar-khyor-dhu d(r)ho-wa
Tortur (f)	མནར་མཆོད་	nhar-tschöh
tosen	སྡིར་སྒྲ་བྲགས་པ་	dir-d(r)ha d(r)hag-pa
tot	ཤི་རོ་	schhi-ro
total	ཆ་ཚང་	tschha-tzang
totalitär	གཅིག་སྡུད་སྲིད་གཞུང་གྱི་	tschig-düh sih-schung-gyi
töten	གསོད་པ་	söh-pa
töten, hon.	སྐུ་བཀྲོངས་པ་	ku t(r)hong-pa
Totengräber (m)*	དུར་ཁུང་འབུ་མི་	dhur-khung d(r)hu-mi
Totenkopf (m)	ཐོད་པ་	thöh-pa
Totenstarre (f)	རོ་རེངས་	ro-reng
Totgeburt (f)	ཤི་རོ་བསྐྱེད་པ་	schhi-ro kyeh-pa
Totschlag (m)	མི་གསོད་ཁྲག་སྦྱོར་	mi-söh t(r)hag-dschyor
totschweigen	གསང་ཐབས་བྱེད་པ་	sang-thab dschye-pa
Tötung (f)	སྲོག་གཅོད་	sog-tschöh
Toupet (n)	སྐྲས་པའི་སྒྲ་རྫུས་	kyä-pae t(r)ha-dzü
Tour (f)	ཡུལ་སྐོར་	jül-kor

Tourismus (m)	ཡུལ་སྐོར་སྤྲོ་འཆམ་	jül-kor t(r)ho-tschham
Tourist (m)	ཡུལ་སྐོར་སྤྲོ་འཆམ་པ་	jül-kor t(r)ho-tschham-pa
Touristenklasse (f)	ཡུལ་སྐོར་སྤྲོ་འཆམ་པའི་རིམ་པ་	jül-kor t(r)ho-tschham-pae rim-pa
Toxikologe (m)	དུག་རྫས་དཔྱད་ཞིབ་པ་	dhug-dzä tschyeh-schib-pa
toxikologisch	དུག་རྫས་དཔྱད་ཞིབ་རིག་པའི་	dhug-dzä tschyeh-schib rig-pae
toxisch	དུག་རྫས་ཀྱི་	dhug-dzä-kyi
Trab (m)	བང་འགྲོས་	bhang-d(r)hö
Trabant (m)	འཁོར་སྐར་	khor-kar
Trabantenstadt (f)	འདབས་གནས་གྲོང་སྡེ་	dab-nhä d(r)hong-de
traben	བང་འགྲོས་རྒྱག་པ་	bhang-d(r)hö gyag-pa
Tracht (f)	གྱོན་ཆས་	gyön-tschhä
tradiert	ཕ་མེས་ནས་བརྒྱུད་པ་	pha-mä-nä gyüh-pa
Tradition (f)	རྒྱུན་སྲོལ་	gyün-söl
Traditionalismus (m)	རྒྱུན་སྲོལ་རིང་ལུགས་	gyün-söl ring-lug
Traditionalist (m)	རྒྱུན་སྲོལ་རིང་ལུགས་པ་	gyün-söl ring-lug-pa
traditionell	རྒྱུན་སྲོལ་གྱི་	gyün-söl-gyi
Trafo (m)	གློག་རྒྱུན་སྒྱུར་ཆས་	lhog-gyün gyur-tschhä
Tragbahre (f)	ཁྱོགས་ཤིང་	khyog-schhing
tragbar	འཁྱེར་སྤྱོད་བདེ་པོ་	khyer-tschyöh de-po
träge	སྒྱིད་སྙོམས་ཅན་	gyih-nyom-tschen
tragen	འཁུར་བ་	khur-wa
Träger (m)	འཁྱེར་མཁན་	khyer-khen
Trägheit (f)	སྒྱིད་ལུག་	gyih-lug

Trägheit (f), phys.	བེམ་གཤིས་	bhem-schhi
Tragik (f)*	ཡིད་སྐྱོའི་འཕྲལ་རྐྱེན་	jih-kyöe t(r)hel-kyen
Tragikomik (f)	དགའ་སྡུག་སྤེལ་མའི་རྫས་གར་	ga-dug pel-mae dhö-ghar
tragisch	ཡིད་གདུང་བའི་མཐའ་ཅན་	jih-dung-wae tha-tschen
Trainer (m)	སྦྱོང་བདར་གཏོང་མཁན་	dschyong-dar tong-khen
trainieren	རྩལ་སྦྱོང་བྱེད་པ་	tsel-dschyong dschye-pa
Training (n)	སྦྱོང་བདར་	dschyong-dar
Trainings-anzug (m)	སྦྱོང་བདར་ཡོ་བྱད་	dschyong-dar jo-dschyeh
Traktor (m)	མོན་ལྷོག་འཐུལ་འཁོར་	mhön-lhog t(r)hül-khor
trampeln	རྐང་པ་རྡེབ་པ་	kang-pa deb-pa
Tran (m)	ཉ་ཆེན་སྦྱིལ་གྱི་ཚིལ་སྣུམ་	nya-tschhen wal-gyi tzil-nhum
Trance (f)	སྐུ་ཕེབས་སྐབས་	ku pheb-kab
tranchieren	ཆ་བགོས་རྒྱག་པ་	tschha-gö gyag-pa
Träne (f)	མིག་ཆུ་	mig-tschhu
Träne (f), hon.	སྤྱན་ཆབ་	tschyen-tschhab
tränen	མིག་ཆུ་གཏོང་བ་	mig-tschhu tong-wa
Tränendrüse (f)	མིག་ཆུའི་རྨེན་བུ་	mig-tschhue men-bhu
Tränengas (n)	མིག་ཆུ་དུག་རླངས་	mig-tschhu dhug-lhang
Tränke (f)	ཆུ་འཐུང་གཞོང་པ་	tschhu-thung schong-pa
Transfer (m)	འཕོ་འགྱུར་གཏོང་བ་	pho-gyur tong-wa
Transformation (f)	གཟུགས་སྒྱུར་	suhg-gyur
Transformator (m)	ལྷོག་སྒྱུར་ཡོ་ཆས་	lhog-gyur jo-tschhä
Transformatoren-haus (n)	ལྷོག་སྒྱུར་ཁང་	lhog-gyur-khang

transformieren	རྣམ་པ་གྱུར་བ་	nham-pa gyur-wa
Transfusion (f)	གཅིག་ལ་གཅིག་བརྒྱུད་དུ་གཏོང་བ་	tschig-la tschig-gyüh-dhu tong-wa
Transfusion (f), med.	ཁྲག་སྣོན་རྒྱག་པའི་བྱ་བ་	t(r)hag-nhön gyag-pae dschya-wa
Transistor (m)	གློག་འདྲེན་ཤེལ་སྦུབས་	lhog-d(r)hen schhel-bub
Transit (m)	རྒྱུ་འགྲུལ་	gyu-d(r)höl
Transitabkommen (n)	རྒྱུ་འགྲུལ་མཐུན་གྲོས་	gyu-d(r)höl thün-d(r)hö
Transitverkehr (m)*	རྒྱུ་འགྲུལ་ལམ་ཆེན་	gyu-d(r)höl lam-tschhen
transparent	ཕྱི་གསལ་ནང་གསལ་	tschhyi-sel nang-sel
transparent	དངས་གསལ་	dhang-sel
Transparenz (f)	དངོས་གཟུགས་དངས་མ་	ngö-suhg dhang-ma
transplantieren	སྡོང་འཛུགས་རྒྱག་པ་	dong-dzug gyag-pa
Transport (m)	སྐྱེལ་འདྲེན་	kyel-d(r)hen
Transporter (m)	སྐྱེལ་འདྲེན་འཕྲུལ་འཁོར་	kyel-d(r)hen t(r)hrül-khor
transportfähig	སྐྱེལ་འདྲེན་བྱ་འོས་ཀྱི་	kyel-d(r)hen dschya-wö-kyi
transportieren	འོར་འདྲེན་བྱེད་པ་	wor-d(r)hen dschye-pa
Transportkosten (pl)	འདྲེན་ལྷ་	d(r)hen-lha
Transportmittel (n)	འགྲིམས་འགྲུལ་གྱི་ཡོ་ཆས་	d(r)him-d(r)hül-gyi jo-tschhä
Transportunternehmen (n)	འདུད་འཛིན་བྱེད་པོ་	d(r)hüh-then dschye-po
Transportwesen (n)	འོར་འདྲེན་ལས་རིགས་	wor-d(r)hen lä-rig
Transvestit (m)	ཕོ་ཆས་མོ་ཆས་བརྗེ་འདོད་	pho-tschhä mo-tschhä dsche-döh
Trapez (n)	དཔྱང་གདང་	tschyang-dang
Trapez (n), math.	ཕྱོགས་གཉིས་ཐད་གཤིབ་ཅན་གྱི་ཟུར་བཞི་མ་	tschhyog-nyii theh-schhib tschen-gyi suhr-schi-ma

trappeln	ཁྲིག་ཊ་དང་བཅས་ཏེ་ཆུང་བ་	t(r)hog-d(r)ha-dhang tschä-te hlung-wa
Tratsch (m)	གཏམ་འཆལ་	tam-tschhel
tratschen	མུ་ཅོར་སྨྲ་བ་	mu-tschor mha-wa
Traube (f)	རྒུན་འབྲུམ་	gün-d(r)hum
Traubensaft (m)	རྒུན་འབྲུམ་གྱི་ཁུ་བ་	gün-d(r)hum-gyi khu-wa
Traubenzucker (m)	རྒུན་འབྲུམ་ཀ་ར་	gün-d(r)hum ka-ra
trauen	བློ་འགེལ་བྱེད་པ་	lho-gel dschye-pa
Trauer (f)	མྱ་ངན་	nya-ngel
trauern	མྱ་ངན་བྱེད་པ་	nya-ngel dschye-pa
Trauerfall (m)	འདས་སོན་ཁ་འབྲེལ་	dä-sön kha-d(r)hel
Trauerfeier (f)	མྱ་ངན་གྱི་མཆོད་ཀ་	nya-ngel-gyi tschho-ka
Trauerweide (f)	འབྲུག་ཤིང་	d(r)hug-schhing
Traufe (f)	གྲལ་འཕྱངས་	d(r)hel-tschhyang
träufeln	ཐིགས་པ་འཛག་པ་	thig-pa dzag-pa
Traum (m)	གཉིད་ལམ་	nyih-lam
Trauma (n)	སེམས་གཅོང་	säm-tschong
traumatisch	སེམས་གཅོང་གི་	säm-tschong-gi
träumen	རྨི་ལམ་གཏོང་བ་	mhi-lam tong-wa
traumhaft	རྨི་ལམ་འདྲ་པོ་	mhi-lam d(r)ha-po
traumlos	རྨི་ལམ་མེད་པའི་	mhi-lam meh-pae
traurig	བློ་ཕམ་པོ་	lho-pham-po
Trauschein (m)*	ཆང་སའི་ར་སྤྲོད་ཡིག་ཆ་	tschang-sae ra-t()r)höh jig-tschha
Trauung (f)	ཆང་སའི་དགའ་སྟོན་	tschhang-sae ga-töhn
Trauzeuge (m)	གཉེན་དཔང་	nyen-pang

Treck (m)	རྐང་འགུལ་	kang-d(r)hül
Treff (m)	ཚོགས་འདུ་	tzog-du
treffen	ཐུག་པ་	thug-pa
Treffen (n)	ཐུག་འཕྲད་	thug-t(r)heh
Treffen (n), hon.	མཇལ་འཕྲད་	dschel-t(r)heh
treffen, hon.	མཇལ་པ་	dschel-pa
treffend	འཚམས་པོ་	tzam-po
Treffer (m)	སླེབས་འཁེལ་	tahb-khel
Treffpunkt (m)	ཐུག་འཕྲད་ས་གནས་	thug-t(r)heh sa-nhä
Treibeis (n)*	འཕྱོ་གཡེང་འཁྱགས་པ་	tschhyog-jheng khyag-pa
treiben	འཕྱོ་བ་	tschhyo-wa
Treibhaus (n)	དྲོད་ཁང་	d(r)höh-khang
Treibhauseffekt (m)	དྲོད་ཁང་གི་འགྱུར་རྐྱེན་	d(r)höh-khang-gi gyur-kyen
Treibhausgas (n)*	དྲོད་ཁང་སོལ་རླངས་	d(r)höh-khang söl-lhang
Treibjagd (f)	སྙེབ་གསོད་	deb-söh
Treibsand (m)	བྱེ་འདམ་	dschye-dam
Treibstoff (m)	བུད་རྫས་	bhü-dzä
Trend (m)	འཕེལ་ཕྱོགས་	phel-tschhyog
trendig	དར་བཞིན་པའི་	dhar-schin-pae
trennbar	ཁ་འཕྲལ་རུང་	kha-d(r)hel-rung
trennen	ཐ་དད་བཟོ་བ་	tha-dheh soh-wa
Trennung (f)	ཁ་བྲལ་	kha-d(r)hel
Trennwand (f)	བར་བཅད་གྱང་	bhar-tscheh gyang
Treppe (f)	ཐེམ་སྐས་	them-kä

German	Tibetan	Transliteration
Treppengeländer (n)	རྡོའི་ཀ་ཐུང་	döe ka-thung
Tresor (m)	མཛོད་སྒམ་	dzöh-gam
Tretboot (n)	རྐང་སྒུལ་ཀོ་བ་	kang-gül ko-wa
treten	རྡོག་དེག་རྒྱག་པ་	dog-deg gyag-pa
Tretmine (f)	ས་འོག་འབར་རྫས་	sa-wog bar-dzä
treu	དམ་ཚིག་ལྡན་པ་	dham-tzig den-pa
Treuhänder (m)	ཁར་དབང་འཛོའཛིན་བྱེད་པོ་	khar-wang tzo-dzin dschyeh-po
Treuhandgesellschaft (f)	ཁར་དབང་འཛོའཛིན་མཉམ་ཚོགས་	khar-wang tzo-dzin nyam-tzog
treulos	དད་གུས་མེད་པ་	dheh-ghü meh-pa
Triangel (m)	ཟུར་གསུམ་མ་	suhr-sum-ma
Tribunal (n)	ཁྲིམས་ཞིབ་ཁང་	t(r)him-schib-khang
Tribüne (f)	སྡིངས་ཆ་	ding-tschha
Trichter (m)	ལྡུག་མ་	dug-ma
Trick (m)	གཡོ་བྱུས་	jho-dschyü
trickreich	གཡོ་སྒྱུ་ཚ་པོ་	jho-gyu tza-po
Trieb (m)	སྐུལ་ཤུགས་	kül-schhug
Triebtäter (m)*	འཁྲིག་སྤྱོད་བཙན་ཤེད་བྱེད་པོ་	t(r)hig-tschyöh tsen-schheh dschyeh-po
Triebwerk (n)	འཕྲུལ་འཁོར་གྱི་མ་ལག་	t(r)hül-khor-gyi ma-lag
Trigonometrie (f)	ཟུར་གསུམ་རིག་པ་	suhr-sum rig-pa
trigonometrisch	ཟུར་གསུམ་རྩིས་རིག་གི་	suhr-sum tsi-rig-gi
Trikot (n)	སྟོད་ཐུང་	töh-thung
trillern	སི་སྒྲ་རྒྱག་པ་	si-d(r)ha gyag-pa
Trillerpfeife (f)	སི་སྒྲ་	si-d(r)ha

Deutsch	Tibetisch	Umschrift
Trillion (f)	ཁྲག་ཁྲི་ཆེན་པོ་	t(r)hag-t(r)hi tschhen-po
Trimester (n)	དུས་ཡུན་	dhü-jün
trimmen	གཙང་དྲས་རྒྱག་པ་	tsang-d(r)hä gyag-pa
trinkbar	འཐུང་འོས་པ་	thung-wö-pa
trinken	འཐུང་བ་	thung-wa
Trinker (m)	ཆང་པ་	tschhang-pa
Trinkwasser (n)	འཐུང་ཆུ་	thung-tschhu
Trio (n)	གསུམ་ཚོགས་	sum-tzog
Tripper (m), (med.)	གཅིན་སྙི་	tschin-nyi
Tritt (m)	གོམ་པ་	ghom-pa
Triumph (m)	རྒྱལ་ཁའི་དགའ་སྟོན་	gyel-khae ga-töhn
triumphieren	རྒྱལ་ཁའི་དགའ་སྟོན་བྱེད་པ་	gyal-khae ga-töhn dschye-pa
triumphierend	རྣམ་པར་རྒྱལ་བའི་	nham-par gyel-wae
trivial	གལ་གནད་མེད་པའི་	ghel-nheh meh-pae
Trizeps (m)	གྲུ་མོའི་ཆུ་བ་	d(r)hu-möe tschhu-wa
trocken	སྐམ་པོ་	kam-po
Trockenheit (f)	ཐན་པ་	then-pa
trockenlegen	ཆུ་འབྱིན་པ་	tschhu then-pa
Trockenmilch (f)	འོ་ཚམ་	wo-tsam
Trockenreinigung (f)	སྐམ་འཁྲུས་	kam-t(r)hü
Trockenzeit (f)	སྐམ་དུས་	kam-dhü
trocknen	སྐམ་པོ་བཟོ་བ་	kam-po soh-wa
Trog (m)	གཞོང་པ་	schong-pa
Trommel (f)	རྔ་	ngha

Trommelfell (n)	རྣ་བའི་རྔ་སྐྱི་	nha-wae ngha-kyi
trommeln	རྔ་རྡུང་བ་	ngha dung-wa
Trommler (m)	རྔ་པ་	ngha-pa
Trompete (f)	དུམ་གླིང་	t(r)ham-lhing
trompeten	དུམ་གླིང་གཏོང་བ་	t(r)ham-lhing tong-wa
Trompeter (m)	དུམ་གླིང་གཏོང་མཁན་	t(r)ham-lhing tong-khen
Tropen (pl)	ཚ་ཡུལ་	tza-jül
Tropenkrankheit (f)	ཚ་ཡུལ་གྱི་ནད་	tza-jül-gyi neh
Tropf (m)	ཐིགས་པ་	thig-pa
tropfen	ཐིགས་པ་རྒྱག་པ་	thig-pa gyag-pa
Trophäe (f)	དྲན་རྟེན་	d(r)hen-tehn
tropisch	ཚ་ཡུལ་གྱི་	tza-jül-gyi
Trost (m)	སེམས་གསོ་	säm-so
trösten	སེམས་གསོ་གཏོང་བ་	säm-so tong-wa
trostlos	སེམས་གསོ་བྱེད་མི་ཐུབ་པ་	säm-so dschyeh mi-thub-pa
Trostpreis (m)	སེམས་གསོའི་བྱ་དགའ་	säm-söe dschya-ga
Trott (m)	རྒྱུག་མ་འདུར་	gyug-ma-dur
trotten	རྒྱུག་མ་འདུར་དུ་འགྲོ་བ་	gyug-ma dur-dhu d(r)ho-wa
Trottoir (n)	རྡོ་གཅལ་གྱི་རྐང་ལམ་	do-tschel-gyi kang-lam
Trotz (m)	ཁ་གཏད་ལངས་པ་	kha-teh lang-pa
trotzdem	གང་ལྟར་ཡང་	ghang-tahr-jang
trotzen	གདོང་ལེན་བྱེད་པ་	dong-len dschye-pa
trotzig	ཁ་གཏད་ལངས་པའི་	kha-teh lang-pae
trüb	ཐིབ་ཐིབ་	thib-thib

trüben	ཐིབ་འཇུག་པ་	thib dschug-pa
trübselig	མུན་འཐིབས་འཐིབས་	mün-thib-thib
Trübsinn (m)	ཡིད་མུག་པ་	jih-mug-pa
Trüffel (m,f)	ཀླུའི་ག་མོ་	lhue schha-mo
Trugschluss (m)	འཁྲུལ་སྣང་	t(r)hül-nhang
Truhe (f)	དཔེ་སྒམ་	pe-gam
Trümmer (pl)	ས་རོ་དོ་རོ་	sa-ro do-ro
Trunkenheit (f)	ར་བཟི་	ra-sih
Trunksucht (f)	ཆང་རག་ངན་ལོབ་	tschhang-rag ngen-lob
trunksüchtig	བཟི་རྫས་ལྡན་པའི་	sih-dzä den-pae
Truppe (f)	དཔུང་སྡེ་	pung-de
Tuberkulose (f)	གློ་ནད་ཏི་བི་	lho-neh ti-bi
Tuch (n)	རས་ཆ་	rä-tschha
tüchtig	འཛོན་པོ་	dschön-po
Tüchtigkeit (f)	འཛོན་ཐང་	dschön-thang
Tücke (f)	སྡང་སེམས་	dang-säm
tückisch	སྡང་སེམས་ཅན་	dang-säm-tschen
Tugend (f)	ལེགས་ཚོགས་	leg-tzog
tugendhaft	ལེགས་ཚོགས་ཅན་	leg-tzog-tschen
Tugendhaftigkeit (f)	ལེགས་པའི་ཡོན་ཏན་	leg-pae jön-ten
tummeln	འཕག་ཚག་རྒྱག་པ་	phag-tzag gyag-pa
Tumor (m)	སྐྲན་ནད་	t(r)hen-neh
Tümpel (m)	འཁྱིལ་ཆུ་	khyil-tschhu
Tumult (m)	འུར་ཟིང་	wur-sihng
tun	བྱེད་པ་	dschye-pa

Tundra (f)	མཐོ་སྒང་རྫ་ཐང་	tho-gang dza-thang
Tuner (m)	སྙོམ་སྒྲིག་ཡོ་ཆས་	nyom-d(r)hig jo-tschhä
Tunke (f)	ཁུ་བ་	khu-wa
tunken	དམྱོག་པ་	mhog-pa
Tunnel (m)	སྦུབས་ལམ་	bub-lam
Tüpfelchen (n)	ཚེག་	tzeg
tupfen	ཐུག་ཐུག་བྱེད་པ་	thug-thug dschye-pa
Türe (f)	སྒོ་	go
Turban (m)	བོད་དཀྲིས་	thöh-t(r)hi
Turbine (f)	ཆུ་འཁོར་	tschhu-khor
turbulent	རབ་ཏུ་འཁྲུགས་པའི་	rab-tu t(r)hug-pae
Turbulenz (f)	རབ་ཏུ་འཁྲུགས་པ་ཉིད་	rab-tu t(r)hug-pa-nyih
Türkis (m)	གཡུ་	jhu
Turm (m)	ཙོག་མཁར་	tschog-khar
türmen	སྙེབ་སྤུངས་རྒྱག་པ་	deb-pung gyag-pa
Turmfalke (m)	སྐྱ་ཁྲ་	kya-t(r)ha
Turnanzug (m)	རྩལ་སྦྱོང་གྱོན་ཆས་	tsel-dschyor gyön-tschhä
turnen	ལུས་རྩལ་རྩེ་བ་	lü-tsel tse-pa
Turnhalle (f)	ལུས་རྩལ་ཁང་	lü-tsel-khang
Turnier (n)	འགྲན་སྡུར་	d(r)hen-dur
Turnschuh (m)	ལུས་རྩལ་ལྷམ་	lü-tsel-hlam
Turnstunde (f)	ལུས་རྩལ་སློབ་ཚན་	lü-tsel lhob-tzen
Turnübung (f)	ལུས་རྩལ་སྦྱོང་བདར་	lü-tsel dschyong-dar
Turnus (m)	རེས་འཁོར་	rä-khor
Turnverein (m)	ལུས་རྩལ་གྱི་སྐྱིད་སྡུག་	lü-tsel-gyi kyih-dug

Türschwelle (f)	སྒོ་ཐེམ་	go-them
Tusche (f)	སྣག་ཚ་	nhag-tza
tuscheln	ཤུབ་ཤུབ་བཤད་པ་	schhub-schhub schheh-pa
Tutor (m)	ཟུར་བརྟེན་སློབ་དཔོན་	suhr-tehn lhob-pön
Typ (m)	གྲས་	d(r)hä
Typhus (m)	དམར་ཐིག་རྒྱུ་ཚད་	mhar-thig gyu-tzeh
typisch	དཔེ་མཚོན་འཁྲུལ་མེད་	pe-tzen t(r)ül-meh
Typografie (f)	པར་སྣུན་ལགས་རྩལ་	par-t(r)hün lag-tsel
Tyrann (m)*	བཙན་ཤེས་བྱེད་པོ་	tsen-schhä dschyeh-po
Tyrannei (f)	བཙན་ཤེས་དབང་གྱུར་	tsen-schhä wang-gyur
tyrannisieren	བཙན་ཤེས་དབང་གྱུར་བྱེད་པ་	tsen-schhä wang-gyur dschye-pa

U

U-Bahn (f)	ས་འོག་འཁོར་ལམ་	sa-wog khor-lam
übel	ཉེན་པ་	nyen-pa
Übelkeit (f)	སྐྱུག་མེར་	kyug-mer
Übeltäter (m)	ངན་སྤྱོད་ཅན་	ngen-tschyöh-tschen
üben	སྦྱོང་བདར་བྱེད་པ་	dschyong-dar dschye-pa
über	ཐོག་ལ་	thog-la
überaktiv*	འགུལ་ནུས་ཆེད་བཀལ་	gül-nhü tzeh-gel
überall	ག་ས་ག་ལ་	ga-sa ga-la
überallhin	ག་ས་གར་	ga-sa-gar
Überangebot (n)	འཕར་འབུལ་དགོས་མཁོ་	phar-thöl gö-kho
überanstrengen*	འབད་བརྩོན་ཧུས་དྲགས་པ་	beh-tsön dschyä-d(r)hag-pa

überarbeiten	བསྐྱར་བཅོས་བྱེད་པ་	kyar-tschö dschye-pa
überaus	ཧ་ཅང་	ha-tschang
überbelegen	ཚད་ལས་བརྒྱལ་ཏེ་སྟོད་པ་	tzeh-lä gyel-te t(r)höh-pa
Überbevölkerung (f)*	ཚད་བརྒྱལ་མི་འབོར་	tzeh-gel mi-bor
überbieten	མི་འཚམས་པའི་རིན་གོང་སྟོད་པ་	mi-tzam-pae ring-ghong t(r)höh-pa
Überbleibsel (n)	གོས་ཀྱི་དས་དྲུག་	gö-kyi d(r)hä-h(r)hug
überblicken	མཐོང་རྒྱ་ཆེ་སའམ་བགྲོ་ས་ནས་བལྟ་བ་	thong-gya tschhe-sa-wam tho-sa-nä ta-wa
überdauern	ཡུན་དུ་གནས་པ་	jün-dhu nhä-pa
überdenken	བསམ་ཞིབ་བྱེད་པ་	sam-schib dschye-pa
überdies	དེར་མ་ཟད་	dher-ma-sehh
Überdosis (f)	སྨན་ཐུན་ཚད་བརྒྱལ་	men-thün tzeh-gel
Überdruck (m), phys.*	ཚད་བརྒྱལ་གཞན་ཤུགས་	tzeh-gel nhen-schhug
überdurch-schnittlich*	སྤྱི་སྙོམས་ཚད་བརྒྱལ་	tschyi-nhom tzeh-gel
Übereifer (m)*	འཁུར་ཞེན་ཚད་བརྒྱལ་	khur-schen tzeh-gel
übereifrig*	འཁུར་ཞེན་ཚད་བརྒྱལ་གྱི་	khur-schen tzeh-gel-kyi
übereinkommen	གྲོས་འཆམ་པ་	d(r)hö tschham-pa
Übereinkunft (f)	མཐུན་གྲོས་	thün-d(r)hö
übereinstimmen	མོས་མཐུན་བྱེད་པ་	mö-thün dschye-pa
übereinstimmend	དེ་ལ་མཚུངས་པའི་	dhe-la tzung-pae
Übereinstimmung (f)	འགྲིགས་ཆགས་	d(r)hig-tschhag
überempfindlich	ཚོར་བ་ཤིན་དུ་སྐྱེན་པའི་	tzor-wa schhin-dhu kyen-pae
Überempfindlich-keit (f)	ཚོར་བ་ཤིན་དུ་སྐྱེན་པོ་	tzor-wa schhin-dhu kyen-po
überessen	ཟས་དྲགས་པ་	säh d(r)hag-pa

Überfall (m)	འཕྲོག་བཅོམ་	t(r)hog-tschom
überfallen	འཕྲོག་བཅོམ་བྱེད་པ་	t(r)hog-tschom dschye-pa
Überfluss (m)	འཛད་མེད་	dzeh-meh
überflüssig*	དགོས་དེས་ལས་ལྷག་པའི་	gö-ngä-lä hlag-pae
überfluten	ཁེངས་ནས་ལུད་པ་	kheng-nä lüh-pa
Überflutung (f)	ཆུ་ལོག་	tschhu-log
Überfremdung (f)	ཕྱི་མི་འཛབ་འཛུལ་	tschhyi-mi dschab-dzül
überführen	འཕོ་འགྱུར་གཏོང་བ་	pho-gyur tong-wa
überführen (Täter)	ནག་ཉེས་ར་སྤྲོད་བྱེད་པ་	nag-nyä ra-t(r)höh dschye-pa
überfüllen	མང་ཐལ་ཤོར་བ་	mang-thel schhor-wa
überfüllt	འཚང་ཀ་ཤིག་ཤིག་	tzang-ka schhig-schhig
Übergabe (f)	རྩིས་སྤྲོད་	tsi-t(r)höh
Übergabe (f), mil.	མགོ་བཏགས་	go-tahg
Übergang (m)	བཞི་མདོ་	schi-do
übergangslos*	བར་བསྐལ་མེད་པའི་	bhar-kel meh-pae
Übergangslösung (f)*	གནས་སྐབས་ཀྱི་བསལ་ཐབས་	nhä-kab-kyi sel-thab
Übergangsperiode (f)	བར་བསྐལ་གྱི་ཡུན་ཚད་	bhar-kyel-kyi jün-tzeh
übergeben	རྩིས་སྤྲོད་བྱེད་པ་	tsi-t(r)höh dschye-pa
Übergewicht (n)	ཚད་ལས་བརྒལ་བའི་ལྗིད་	tzeh-lä gel-wae dschih
überglücklich	དགའ་སྤྲོ་ཚད་མེད་	ga-t(r)ho tzeh-meh
überhaupt	གང་ལྟར་ཡང་	ghang-tahr-jang
überheblich	ཆེད་འདོད་ཚ་པོ་	tschheh-döh tza-po
Überheblichkeit (f)	ཆེད་འདོད་	tschheh-döh
überhöht	ཧ་ཅང་གི་	ha-tschang-gi

überholen	མདུན་དུ་འཆང་བ་	dün-dhu tzang-wa
Überholspur (f)	བརྒལ་ལམ་	gel-lam
überholt	དུས་ཚོད་ཡོལ་ཟིན་པའི་	dhü-tzeh jöl-sihn-pae
überhören	སྣང་བ་མི་གཏོད་པ་	nhang-wa mi-töh-pa
Überkapazität (f)*	ནུས་ཤུགས་མང་དྲགས་པ་	nü-schhug mang-d(r)hag-pa
überlagern	སྟེལ་སྟེབ་རྒྱག་པ་	nhöl-tehb gyag-pa
Überläufer (m)*	མགོ་གཉིས་མ་	go-nyii-ma
überleben	སྲོག་ཉེན་ལས་ཐར་པ་	sog-nyhen-lä thar-pa
überlegen	བསམ་བཞི་བྱེད་པ་	sam-schi dschye-la
überlegen, hon.	དགོངས་བཞི་གནང་པ་	gong-schi nhang-pa
Überlegenheit (f)	ཁྱད་འཕགས་ཀྱི་རང་བཞིན་	khyeh-phag-kyi rang-schin
Überlegung (f)	བསམ་ཞིབ་	sam-schib
Überlieferung (f)	རྒྱུན་སྲོལ་	gyün-söl
überlisten	མགོ་སྐོར་གཏོང་བ་	go-kor tong-wa
übermächtig	གཞན་ལས་ལྷག་པའི་	schen-lä hlag-pae
übermässig	མང་དྲགས་པ་	mang-d(r)hag-pa
übermenschlich	མིའི་སྟོབས་ཤུགས་ལས་བརྒལ་བའི་	mii tob-schhug-lä gel-wae
übermitteln	བརྡ་སྤྲོད་པ་	da t(r)heh-pa
Übermittlung (f)	སྐྱེལ་འདྲེན་	kyel-d(r)hen
übermorgen	ན་ཉིན་	na-nyin
übermüden	ཐང་ཆད་དྲགས་པ་	thang tschheh-d(r)hag-pa
Übernahme (f)	རྩིས་ལེན་	tsi-len
übernehmen	རྩིས་ལེན་པ་	tsi-len-pa
überprüfbar	ཞིབ་བཤེར་བྱས་རུང་བ་	schib-schher dschyä-rung-wa

überprüfen	ཞིབ་འཇུག་བྱེད་པ་	schib-dschug dschye-pa
Überprüfung (f)	ཞིབ་འཇུག་	schib-dschug
überqueren	ཕ་རོལ་དུ་འགྲོ་བ་	pha-röl-dhu d(r)ho-wa
überragend	གཞན་ལས་ལྷག་པ་	schen-lä hlag-pa
überraschen	ཧ་སང་བ་	ha-sang-wa
überraschend	ཧ་ལས་དགོས་པའི་	ha-lä gö-pae
Überraschung (f)	ཧ་ལས་ཧོན་ཐོར་	ha-lä hön-thor
überreden	ནན་སྐུལ་བྱེད་པ་	nen-kül dschye-pa
Überredungs-kunst (f)*	ནན་སྐུལ་བྱེད་ཐུབ་པའི་མཁས་སྟོད་	nen-kül dschyeh-thub-pae khä-tschyöh
überregional	རྒྱལ་ཡོངས་ཀྱི་	gyel-jong-kyi
Überrest (m)	བམ་རོ་	bham-ro
übersättigen	ཡོངས་སུ་ཚིམ་པ་	jong-su tzim-pa
Übersättigung (f)	ཡོངས་སུ་ཚིམས་པའམ་ངོམས་པའི་རང་བཞིན་	jong-su tzim-pa-wam ngom-pae rang-schin
überschatten	གྲིབ་ནག་གིས་འགེབས་པ་	d(r)hib-nag-gi geb-pa
überschätzen	རྩིས་ཐང་བཟོ་དྲགས་པ་	tsi-thang tho-(r)hag-pa
überschäumen	ལྦུ་སོབ་ལངས་པ་	bu-sob lang-pa
Überschlag (m), gym.	ཏིང་ལྷོག་	ting-lhog
Überschlag (m), math.	ཚོད་དཔག་	tzöh-pag
überschlagen	ཚོད་དཔག་པ་	tzeh pag-pa
überschlagen, sich	ཏིང་ལྷོག་རྒྱག་པ་	ting-lhog gyag-pa
überschreiten	གཤགས་ནས་འགྲོ་བ་	schhag-nä d(r)ho-wa
Überschrift (f)	གསར་གནས་འགོ་བརྗོད་	sar-nhä go-dschöh
Überschuss (m)	འཕར་ཐོལ་	phar-thöl

überschütten	བྱུར་བུར་སྦྱང་བབམ་ཙེག་པ་	dschyur-bhur pun-ba-wam tseg-pa
überschwänglich	མཐོན་གསལ་ཅན་	ngön-sel-tschen
überschwemmen	ཆུ་ལོག་བརྒྱབ་པ་	tschhu-log gyab-pa
Überschwemmung (f)	ཆུ་ལོག་	tschhu-log
Überschwemmungsgefahr (f)	ཆུ་ལོག་པའི་ཉེན་ཁ་	tschhu-log-pae nyen-kha
Übersee	ཕྱི་གླིང་ཡུལ་གྱི་	tschhyi-lhing jül-gyi
übersehbar	མཐོང་ཐུབ་བཞིན་པར་	thong-thub schin-par
übersehen	བཞི་མོར་མི་ལྟ་བ་	schi-mor mi-ta-wa
übersetzen	སྒྱུར་བ་	gyur-wa
Übersetzer (m)	ལོ་ཙཱ་བ་	lo-tsa-wa
Übersicht (f)*	མཐོང་ཁྱབ་	thong-khyab
überspitzt	འུད་བཟོད་ཀྱི་	wüh-dschöh-kyi
übersteigen	ཚད་ལས་བརྒལ་བ་	tzeh-lä gyel-wa
überstimmen	མང་མོས་ཀྱི་རྒྱལ་ཁ་ཐོབ་པ་	mang-mö-kyi gyel-kha thob-pa
Überstunde (f)	དུས་འཕར་ལས་ཀ་	dhü-phar lä-ka
übertragbar	སྤོ་བཞུད་ཚོགས་པའི་	po-schüh tschhog-pae
übertragen	མིང་སྒྱུར་བྱེད་པ་	ming-gyur dschye-pa
übertreffen	ཕ་མཐར་བརྒལ་བ་	pha-thar gel-wa
übertreiben	འུད་གཏམ་སློག་པ་	wüh-tahm d(r)hog-pa
Übertreibung (f)	འུད་བཟོད་	wüh-dschöh
Übertritt (m)	འགྱུར་ལྡོག་	gyur-dog
überwachen	བརྟག་ཞིབ་བྱེད་པ་	tahg-schib dschye-pa
Überwachung (f)	གསང་ཞིབ་སྨྱུལ་ལྟ་	sang-schib nyül-ta

überwältigen	དྲང་སངས་པ་	hang sang-pa
überwältigend	དྲང་སངས་དགོས་པའི་	hang-sang gö-pae
überwerfen	འཐབ་ཚོད་བྱེད་པ་	thab-tsöh dschye-pa
überwiegen	དབང་ཤུགས་ཆེར་སོན་བྱེད་པ་	wang-schhug tser-sön dschye-pa
überwiegend	དབང་ཤུགས་ཆེར་སོན་གྱི་	wang-schhug tser-sön-gyi
überwinden	ཐར་བར་བྱེད་པ་	thar-war dschye-pa
überzeugen	ནན་སྐུལ་བྱེད་པ་	nen-kül dschye-pa
überzeugend	ནན་སྐུལ་བྱེད་ཐུབ་པའི་	nen-kül dschyeh-pae
Überzeugungskraft (f)	ནན་སྐུལ་བྱེད་ཐུབ་པའི་ནུས་པ་	nen-kül dschyeh-thub-pae nü-pa
üblich	རྒྱུན་བཏན་གྱི་	gyün-ten-gyi
U-Boot (n)	མཚོ་འོག་གི་གྲུ་	tzo-wog-gi d(r)hu
übrig	ལྷག་པ་	hlag-pa
übrigens	ཞོར་ལ་	schor-la
Übung (f)	སྦྱོང་བརྡར་	dschyong-dar
Übungsraum (m)	སྦྱོང་བརྡར་ཁང་	dschong-dar-khang
Überbleibsel (n)	ལྷག་ལུས་	hlag-lü
Übereinkunft (f)	གྲོས་འཆམ་	d(r)hö-tschham
Überlegenheit (f)	གཞན་ལས་ལྷག་པའི་ཁྱད་ཆོས་	schen-lä hlag-pae khyeh-tschhö
Überlegung (f)	བསམ་བཞི་	sam-schi
Überlegung (f), hon.	དགོངས་བཞི་	gong-schi
Überproduktion (f)	ཚད་བརྒལ་ཐོན་སྐྱེད་	tzeh-gel thön-kyeh
Ufer (n)	ཆུ་འགྲམ་	tschhu-d(r)ham
uferlos	མཐའ་ཡས་པ་	tha-jä-pa

Uhr (f)	ཆུ་ཚོད་	tschhu-tzöh
Uhr (f), hon.	ཕྱག་ཚོད་	tschhyag-tzöh
Uhrmacher (m)	ཆུ་ཚོད་བཟོ་མཁན་	tschhu-tzöh soh-khen
Uhrwerk (n)	ཆུ་ཚོད་ཀྱི་འཕྲུལ་འཁོར་	tschhu-tzöh-kyi t(r)hül-khor
Uhrzeigersinn (m)	གཡས་སྐོར་དུ་	jhä-kor-dhu
Uhu (m)	འུག་པ་	wug-pa
Ulme (f)	ཡོ་འབོག་	jo-bog
ultimativ	མཐར་ཐུག་གི་	thar-thug-gi
Ultimatum (n)	མཐའ་སྡོམ་ཐག་གཅོད་	tha-dom thag-tschöh
ultramodern	ཆེས་དེང་དུས་	tschhä-dheng-dhü
Ultraschall (m), phys.	རྣམ་པར་ཕྲ་བའི་སྒྲ་	nham-par t(r)ha-wae d(r)ha
umändern	བརྗེ་སྒྱུར་གཏོང་བ་	dsche-gyur tong-wa
umarmen	འཐམ་པ་	tham-pa
Umarmung (f)	འཐམ་འཁྱུད་	tham-khyü
umbauen	བཟོ་བཅོས་རྒྱག་པ་	soh-tschö gyag-pa
umbesetzen	སྡོམ་སྐྱོར་རྒྱག་པ་	dom-kyor gyag-pa
umbilden	བསྐྱར་སྒྲིག་བྱེད་པ་	kyar-d(r)hig dschye-pa
umbringen	སྲོག་བཅད་པ་	sog tschöh-pa
umfallen	མགྱེལ་བ་	gyel-wa
Umfang (m)	མུ་ཁྱུད་	mu-khyüh
umfangreich	རྒྱ་ཁྱབ་ཀྱི་	gya khyab-kyi
umfassen	འཁྱུད་པ་	khyüh-pa
umfassend	ཡོངས་སུ་རྫོགས་པ་	jong-su dzog-pa
Umfeld (n)	ཉེ་འཁོར་	nye-khor

umformen	བསྐྱར་དུ་བཟོ་ལྟ་བཟོ་བ་	kyar-dhu soh-ta soh-wa
Umfrageergebnis (n)	དཔྱད་ཞིབ་གྲུབ་འབྲས་	tschyeh-schib d(r)hub-d(r)hä
Umgang (m)	ཕན་ཚུན་བཐུན་འབྲེལ་	phen-tzün thün-d(r)hel
umgänglich	འདྲིས་གཤིབ་བདེ་པོ་	d(r)hi-schhib de-po
Umgangsform (f)	སྤྱོད་ཚུལ་	tschyöh-tzül
umgeben	མཐའ་བསྐོར་བ་	tha kor-wa
Umgebung (f)	ཁོར་ཡུག་	khor-jug
umgehend	དེ་མ་ཐག་ཏུ་	dhe-ma thag-tu
Umgehung (f)	གཟུར་གཡོལ་	suhr-jöl
Umgehungsstrasse (f)	ལམ་ཕྲན་	lam-t(r)hen
umgekehrt	ལྡོག་ཕྱོགས་ཀྱི་	dog-tschhyog-kyi
umgewöhnen	གོམས་འདྲིས་ཐུབ་པ་	ghom-d(r)hi thub-pa
umgraben (Boden)	ས་ཁུ་སློག་པ་	sa-t(r)hu lhog-pa
Umhang (m)	གཟན་ཡོལ་	sehn-jöl
umhängen	དཔུང་པར་འགེལ་པ་	pung-par gel-pa
Umhängetasche (f)*	དཔུང་བརྟེན་ཁུག་མ་	pung-tehn khug-ma
umherziehen	འཁྱམ་པ་	khyam-pa
umhüllen	ཐུམ་རྒྱག་པ་	thum gyag-pa
umjubeln	དགའ་བསུའི་སྐད་འབོད་རྒྱག་པ་	ga-sue keh-böh gyag-pa
umkämpfen	འཐབ་རྩོད་བྱེད་པ་	t(r)hug-tsöh dschye-pa
umkehrbar	རྒྱབ་མདུན་བརྗེ་རུང་	gyab-dün dsche-rung
umkehren	ཁ་ཕྱོགས་བརྗེ་བ་	kha-tschhyog dsche-pa
Umkleideraum (m)	གོས་བརྗེ་ཁང་	gö-dsche-khang
umknicken	གུག་གུག་བཟོ་བ་	gug-gug soh-wa

umkommen	སྲོག་འགུམས་པ་	sog gum-pa
Umkreis (m)	མཐའ་སྐོར་	tha-kor
umkreisen	མཐའ་སྐོར་དུ་འགྲོ་བ་	tha-kor-dhu d(r)ho-wa
Umlauf (m)	འཁོར་སྐྱོད་	khor-kyöh
Umlaufbahn (f)	གཟའ་སྐར་རྒྱུ་ལམ་	sah-kar gyu-lam
umlaufen	འགྲིམ་བསྐྱོད་བྱེད་པ་	d(r)him-kyöh dschye-pa
Umlaut (m)	དབྱངས་ཡིག་	jhang-jig
umleiten	ལམ་ཀྱོག་ཏུ་འགྲོ་བ་	lam-kyog-tu d(r)ho-wa
Umleitung (f)	ལམ་ཀྱོག་	lam-kyog
umordnen	བཀོད་སྒྲིག་བསྐྱར་མ་བྱེད་པ་	köh-d(r)hig kyar-ma dschye-pa
umpflanzen	སྡོང་འཛུགས་རྒྱག་པ་	dong-dzug gyag-pa
umpflügen	མོན་པ་རྒྱག་པ་	mhön-pa gyag-pa
umrahmen	སྒྲོམ་སྒྲིག་པ་	d(r)hom d(r)hig-pa
umranden	མཐའ་ཚག་གཏོང་བ་	tha-tschag tong-wa
Umrechnungs-kurs (m)	འཛའ་ཐང་	dza-thang
umreissen	རོབ་བསྡུས་འབྲི་བ་	rob-dhü d(r)hi-pa
Umriss (m)	རོབ་བྲིས་	rob-d(r)hi
umrühren	དཀྲུག་པ་	t(r)hug-pa
Umsatz (m), econ.	ཚོང་སྒྱུར་	tzong-gyur
Umsatz-beteiligung (f)*	ཚོང་སྒྱུར་ཐོབ་ཆ་	tzong-gyur thob-tschha
Umsatzsteuer (f)	ཚོང་ཁྲལ་	tzong-t(r)hel
Umschlag (m)	ཁེབས་	kheb
umseitig	རྒྱབ་ཤོག་	gyab-schhog
Umsicht (f)	བསམ་ཞིབ་	sam-schib

umsichtig	བདག་དཔྱད་ཞིབ་མོ་	tahg-tschyeh schib-mo
umsiedeln*	གནས་དཔོད་བྱེད་པ་	nhä-pöh dschye-pa
umsonst	དོན་གྱིས་སྟོང་པའི་	dhön-gyi tong-pae
umsorgen*	ལྟ་རྟོགས་གཟབ་ནན་བྱེད་པ་	ta-tohg sahb-nen dschye-pa
Umstand (m)	སྟབས་བསྟུན་	tahb-tühn
Umständlichkeit (f)	མགོ་རྙོག་	go-nyog
umsteigen	བརྗེ་ལེན་བྱེད་པ་	dsche-len dschye-pa
umstossen	སྟོབས་ཀྱིག་ལྷོག་པ་	tohb-kyog lhog-pa
umstritten	རྩོད་པའི་རྩ་བར་གྱུར་བའི་	tsöh-pae tsa-war gyur-wae
Umsturz (m)	གནས་དབྱུང་	nghä-dschyung
umstürzen	མགོ་ཏིང་ལྷོག་པ་	go-ting lhog-pa
umstürzen (pol.)	གོ་དབང་ནས་དབྱུང་བ་	gho-wang-nä dschyung-wa
Umtausch (m)	བརྗེ་ལེན་	dsche-len
umtauschen	བརྗེ་ལེན་བྱེད་པ་	dsche-len dschye-pa
Umtriebe (f)	གཡོ་རྡུས་	jho-dschü
Umverteilung (f)*	བསྐྱར་འགྲེམས་	kyar-d(r)häm
umwälzen, tech.	འཁོར་སྐྱོད་བྱེད་པ་	khar-kyöh dschye-pa
Umwälzpumpe (f)	འཁོར་སྐྱོད་ཕུ་མདའ་	khor-kyöh phu-da
Umwälzung (f)	འཁོར་སྐྱོད་	khor-kyöh
umwandeln	བསྒྱུར་སྐྱོད་བྱེད་པ་	gyur-tschyöh dschye-pa
Umwandlung (f)	དབྱིབས་གཟུགས་སྒྱུར་སྟངས་	jhip-suhg gyur-tang
Umwelt (f)	ཁོར་ཡུག་	khor-jug
Umweltbewusstsein (n)*	ཁོར་ཡུག་དོ་སྣང་	khor-jug dho-nhang

Deutsch	Tibetisch	Transkription
Umweltkatastrophe (f)*	ཁོར་ཡུག་གི་རྐྱེན་ངན་	khor-jug-gi kyen-ngen
Umweltpapier (n)*	བསྐྱར་སྐོར་ཤོག་བུ་	kyar-kor schhog-bhu
Umweltpolitik (f)*	ཁོར་ཡུག་གི་སྲིད་དུས་	khor-jug-gi sih-dschü
Umweltschutz (m)	ཁོར་ཡུག་སྲུང་སྐྱོབ་	khor-jug sung-kyob
Umweltzerstörung (f)	ཁོར་ཡུག་གཏོར་སྐྱོན་	khor-jug tohr-kyön
umwerben	བཙེ་བཐོང་ཡོང་ཐབས་བྱེད་པ་	tsi-thong jong-thab dschye-pa
umwerfend	དོག་བདགས་ཀྱི་	tohg-tahg-kyi
umwickeln	ཐུམ་རྒྱག་པ་	thum gyag-pa
umzingeln	མཐའ་སྐོར་བ་	tha kor-wa
Umzug (m)	སྤོ་བཞུད་	po-schüh
unabänderlich	འགྱུར་དུ་མེད་པའི་	gyur-dhu meh-pae
unabdingbar	མེད་དུ་མི་རུང་བ་	meh-dhu me-rung-wa
unabhängig	རང་བཙན་གྱི་	rang-tsen-gyi
Unabhängigkeit (f)	རང་བཙན་	rang-tsen
Unabhängigkeitserkärung (f)	རང་བཙན་གསལ་བསྒྲགས་	rang-tsen sel-d(r)hag
unablässig	རྒྱུན་ཆད་མེད་པའི་	gyün-tschheh meh-pae
unabsehbar	མི་མངོན་པའི་	mi-ngön-pae
unabsichtlich	བསམ་བཞིན་མ་ཡིན་པ་	sam-schin ma-jin-pa
unabwendbar	བཟློག་ཐབས་མེད་པ་	dhog thab-meh-pa
unachtsam	དོ་སྣང་མེད་པ་	dho-nhang meh-pa
unähnlich	མི་འདྲ་བ་	mi-d(r)ha-wa
unanfechtbar	རྩོད་མེད་	tsöh-meh
unangebracht	འོས་མི་མཚམས་པའི་	wö mi-tzam-pae

unangemeldet	སྔོན་བརྡ་སྦྱོང་མེད་པའི་	nghön-da t(r)höh-meh-pae
unangemessen	རྒྱུ་མཚན་མེད་པའི་	gyu-tzen meh-pae
unangenehm	ལྟ་ན་མི་སྡུག་པའི་	ta-na mi-dug-pae
unannehmbar*	ངོས་ལེན་བྱེད་མི་རུང་བ་	ngö-len dschyeh-mi-rung-wa
unansehnlich*	ལྟ་སྣང་མཐོང་ཕྱོགས་མི་བདེ་བ་	ta-nhang thong-tschhyog mi-de-wa
unanständig	ཚུལ་དང་མི་ལྡན་པ་	tzül-dhang mi-den-pa
unantastbar	ཤིན་ཏུ་གཙང་མ་	schhin-tu tsang-ma
unartig	སྤྱོད་ངན་	tschyöh-nyen
unauffällig	མངོན་གསལ་མེད་པ་	ngön-sel meh-pa
unauffindbar*	རྙེད་ཐོབ་མེད་པའི་	nyeh-thob meh-pae
unaufhaltsam*	དགག་མི་ཐུབ་པའི་	gag-mi thub-pae
unaufhörlich	བར་མཚམས་མེད་པའི་	bhar-tzam meh-pae
unaufmerksam	སེམས་གཡེངས་པ་	säm-jheng-pa
unaufmerksam, hon.	ཐུགས་གཡེངས་པ་	thug-jheng-pa
unausgefüllt	དགོས་དོན་མི་སྒྲུབ་པའི་	gö-dhön mi-d(r)hub-pae
unausgeglichen	སྙོམ་པོ་མེད་པའི་	nyom-po meh-pae
Unausgeglichenheit (f)	འདུ་བ་མི་སྙོམ་པ་	du-wa mi-nyom-pa
unaussprechlich	བརྗོད་མི་ཤེས་པའི་	dschöh mi-schhä-pae
unausstehlich	བཟོད་སྒོམ་མི་ཐུབ་པའི་	sohh-gom mi-thub-pae
unausweichlich	གཡོལ་ཐབས་མེད་པའི་	jhöl-thab meh-pae
unbarmherzig	སྙིང་བརྩེའི་བྲལ་བའི་	nying-dschee d(r)hel-wae
unbeachtet*	དོགས་ཟོན་མེད་པའི་	dog-söhn meh-päe
unbedacht	བསམ་མེད་	sam-meh

unbedeutend	མདོན་མཚན་མེད་པ་	ngön-tzen meh-pa
unbedingt	ཡིན་གཅིག་མིན་གཅིག་	jin-tschig min-tschig
unbeeindruckt	སེམས་ལ་མི་འཇུག་པའི་	säm-la mi-dschug-pae
unbefahrbar	བགྲོད་དཀའ་བའི་	d(r)höh-ka-wae
unbefangen	ཕྱོགས་རིས་བྲལ་བའི་	tschhyog-rii d(r)hel-wae
Unbefangenheit (f)	ཕྱོགས་རིས་བྲལ་བའི་རང་ཚུལ་	tschhyog-rii d(r)hel-wae ngang-tzül
unbefriedigend	འདོད་བློ་མི་ཁེངས་པའི་	döh-lho mi-khäng-pae
unbefristet*	དུས་མཚམས་མེད་པའི་	dhü-tzam meh-pae
unbegreiflich	རྟོག་དཀའ་བའི་	tohg-ka-wae
unbegrenzt	ཚད་མེད་པའི་	tzeh-me-pae
unbegründet	རྩི་མྟྷང་མེད་པའི་	tsi-mhang meh-pae
Unbehagen (n)	བག་ཕེབས་མེད་པ་	bhag-pheb meh-pa
unbehaglich	བག་ཕེབས་མེད་པའི་	bhag-pheb meh-pae
unbehandelt	སྐྱོང་བསྐྱར་མི་བྱེད་པའི་	kyong-tahr mi-dschyeh-pae
unbehelligt	གནོད་འཚེ་མ་བྱེད་པའི་	nöh-tze ma-dschyeh-pae
unbeherrscht	རང་ཚོད་མ་ཟིན་པའི་	rang-tzöh mi-sihn-pae
unbeholfen	ཅི་བྱ་གཏོལ་མེད་	tschi-dschya töl-meh
unbeirrt	ཐེ་ཚོམ་མེད་པའི་	the-tzom meh-pae
unbekannt	མ་གྲགས་པའི་	ma-d(r)hag-pae
Unbekannte (f), math.	མ་རྟོགས་པའི་	ma-tohg-pae
Unbekannter (m)	ངོ་འདྲི་མེད་པའི་མི་	ngo-d(r)hi meh-pae-mi
unbekleidet	གོས་གྱོན་མེད་པ་	gö-gyön meh-pa
unbekümmert	དོ་འཁུར་མེད་པའི་	dho-khur meh-pae
unbeliebt	སྙན་གྲགས་མེད་པའི་	nyen-d(r)hag meh-pae

unbemerkt	དོ་སྣང་མེད་པའི་	dho-nhang meh-pae
unbenutzt	བེད་མ་སྤྱད་པའི་	bheh ma-tschyeh-pae
unbequem	ཁམས་མི་བདེ་བའི་	kham mi-de-wae
unberechenbar	སྔོན་བདག་བྱེད་མི་ཐུབ་པའི་	ngön-tahg dschyeh-mi thub-pae
unberechtigt	གཞི་མེད་ཀྱི་	schi-meh-kyi
unberührt*	མ་རེག་མ་བཏུལ་པའི་	ma-reg ma-tül-pae
unbeschädigt	ཆག་སྐྱོན་མེད་པའི་	tschhag-kyön meh-pae
unbescheiden	ལྷོམ་སེམས་ཅན་	lhom-säm-tschen
unbeschränkt	བཀག་འདོམས་མེད་པའི་	kag-dom meh-pae
unbeschreiblich	འགྲེལ་བརྗོད་མི་ཐུབ་པའི་	d(r)hel-dschöh mi-thub-pae
unbesetzt	སྟོང་པ་	tong-pa
unbesiegbar	འདུལ་མི་ཐུབ་པའི་	dül mi-thub-pae
unbesonnen	སྣང་མེད་	nhang-meh
unbeständig	འགྱུར་དུ་རུང་བ་	gyur-dhu rung-wa
Unbeständigkeit (f)	འགྱུར་བའི་རང་བཞིན་	gyur-wae rang-schin
unbestechlich	དྲང་ཆུགས་ཟིན་པོ་	d(r)hang-tzub sihn-po
unbestimmt	ངེས་མེད་ཀྱི་	ngä-meh-kyi
unbestreitbar	རྩོད་མེད་	tsöh-meh
unbeteiligt	ཐེ་གཏོགས་མེད་པ་	the-tohg meh-pa
unbeugsam	སྙིང་སྟོབས་སྲ་བརྟན་ཅན་	nyhing-tohb sa-tehn-tschen
unbewaffnet	གོ་མཚོན་མེད་པའི་	go-tzön meh-pae
unbeweglich	སྐྱུལ་མི་ཐུབ་པའི་	gül mi-thub-pae
unbewohnbar	གནས་བཅའ་མི་འོས་པའི་	nhä-tscha mi-wö-wae
unbewusst	མི་ཤེས་བཞིན་	mi-schhä-schin

unbezahlbar	རིན་ཐང་བྲལ་བའི་	rin-thang d(r)hel-wae
unblutig	ཁྲག་མེད་པའི་	t(r)hag-meh-pae
unbrauchbar	སྤྱོད་མི་རུང་བའི་	tschyöh mi-rung-wae
Undank (m)	དྲིན་གཟོ་མེད་པ	d(r)hin-soh meh-pa
undankbar	བཀའ་དྲིན་བསམ་ཤེས་མེད་པའི་	ka-d(r)hin sam-schhä meh-pae
undatiert	ཟླ་ཚེད་འགོད་མེད་པའི་	dha-tzeh göh-meh-pae
undefinierbar	བརྗོད་དུ་མེད་པ	dschöh-dhu meh-pa
undemokratisch	དམངས་གཙོའི་ལམ་ལུགས་དང་མ་མཐུན་པའི་	mhang-tsöe lam-lug-dhang mi-thün-pae
undenkbar	བློ་ངོར་འཆར་མི་ཐུབ་པའི་	lho-ngor tschhar mi-thub-pae
undeutlich	གསལ་ཆ་མི་འདོད་པའི་	sel-tschha mi-dhöh-pae
undiszipliniert	སྒྲིག་ལམ་དུ་མ་འཚུད་པའི་	d(r)hig-lam-dhu mi-tzü-pae
undurchlässig	མི་ཕིགས་པའི་	mi-phig-pae
undurchsichtig	ཕྱི་གསལ་ནང་གསལ་མིན་པའི་	tschhyi-sel nang-sel min-pae
unecht	མངོན་སུམ་མིན་འི་	ngön-sum min-pae
unehelich	བྱི་ཕྲུག	dschyi-t(r)hug
unehrlich	རྒྱུད་མ་དྲང་པ	gyüh ma-d(r)hang-pa
Unehrlichkeit (f)	གྱ་གྱུའི་སྤྱོད་ཚུལ་	gya-gyue tschyöh-tzül
uneigennützig	རང་འདོད་མ་ཡིན་པའི་	rang-döh ma-jin-pae
Uneingennützig-keit (f)	རང་འདོད་མེད་པ	rang-döh meh-pa
uneingeschränkt	སྟོས་མེད་	tö-meh
uneinheitlich*	ཆ་སྙོམས་མེད་པ	tschha-nyom meh-pa
uneinig*	བློ་མི་མཐུན་པའི་	lho mi-thün-pae

uneinnehmbar	བསྟོར་བཅོམ་མི་ཐུབ་པའི་	tohr-tschom mi-thub-pae
unempfänglich	སེམས་འགུལ་མི་ལྷ་བའི་	säm-gül mi-lha-wae
unempfindlich	ཚོར་མི་ཀྱེན་པའི་	tzor mi-kyen-pae
Unempfindlichkeit (f)	རེག་ཚོར་དང་བྲལ་བ་ཉིད་	reg-tzor-dhang d(r)hal-wa nyih
Unempfindlichkeit (f), med.	འགོ་ནད་སྔོན་འགོག་ཟིན་པ་	go-neh nghön-gog sihn-pa
unendlich	མུ་མཐའ་མེད་པའི་	mu-tha meh-pae
Unendlichkeit (f)	མཐའ་མེད་	tha-meh
unentbehrlich	མེད་དུ་མི་རུང་བ་	meh-dhu mi-rung-wa
unentgeltlich	གླ་རིན་ལེན་མི་རུང་བ་	lha-rin len-mi-rung-wa
unentrinnbar	བྲོས་ཐབས་མེད་པ་	d(r)hröl-thab meh-pa
unentschlossen	ཐག་གཅོད་མ་བྱས་པའི་	thag-tschöh ma-dschyä-pae
unentschuldigt	དགོངས་དག་མི་ཞུ་བའི་	gong-dhag mi-schu-wae
unerbittlich	སྙིང་རྗེ་བྲལ་པའི་	nyin-dsche d(r)hel-pae
unerfahren	མྱོང་འདྲིས་མེད་པའི་	nyong-d(r)hi meh-pae
Unerfahrenheit (f)	ཉམས་མྱོང་མི་པ་ཉིད་	nyam-nyong mi-pa nyih
unerfreulich	ཡིད་ལ་མི་འབད་པ་	jih-la mi-theh-pa
unerfüllbar	དགོས་དོན་སྒྲུབ་མི་ཐུབ་པ་	gö-dhön d(r)hub mi-thub-pa
unerfüllt	དགོས་དོན་སྒྲུབ་མི་ཐུབ་པའི་	gö-dhön d(r)hub mi-thub-pae
unergründlich	གཏིང་མཐའ་མེད་པའི་	ting-tha meh-pae
unerheblich	མཚོན་མཚན་མེད་པ་	ngön-tzen meh-pa
unerhört	ཚད་བརྒལ་ཁྲོ་གདུམ་ཅན་གྱི་	tzeh-gel t(r)ho-tuhm-tschen-gyi
unerkannt	ངོ་མི་འཕྲོད་པ་	ngo mi-t(r)höh-pa
unerklärbar	གསལ་བཤད་མི་ཐུབ་པའི་	säl-schheh mi-thub-pae

unerlässlich	མེད་དུ་མི་རུང་བ་	meh-dhu me-rung-wa
unerlaubt	དབང་ཚད་མི་ལྡན་པའི་	wang-tzeh mi-den-pae
unerlaubterweise	ཆོག་མཆན་མེད་པར་	tschhog-tschhen meh-par
unerledigt	མ་ཚར་བའི་	ma-tzar-wae
unermesslich	དཔག་མེད་ཀྱི་	pag-meh-kyi
unermüdlich	ངལ་དུ་མེད་པའི་	ngel-dhu meh-pae
unerreichbar	འགྲུབ་མི་ཐུབ་པ་	d(r)hub mi-thub-pa
unersättlich	འདོད་པ་ཚིམས་མི་ནུས་པའི་	döh-pa tzim mi-nü-pae
unerschöpflich	རྫོགས་མཐའ་མེད་པའི་	dzog-tha meh-pae
unerschrocken	འཇིགས་གཉང་མེད་པ་	dschig-nhang meh-pa
unerschütterlich	གཡོ་བར་མི་ནུས་པ་	jho-war mi nhü-pa
unersetzlich	ཚབ་སྒྲིག་མི་ཐུབ་པའི་	tzab-d(r)hig mi-thub-pae
unerträglich	བཟོད་ཐབས་མེད་པའི་	soh-thab meh-pae
unerwähnt	མ་སྨྲས་པའི་	ma-mhä-pae
unerwartet	གློ་བུར་གྱི་	lho-bhur-gyi
unerwünscht	མགུ་མི་འོས་པའི་	gu mi-wö-pae
unerzogen	ཚུལ་དང་མི་ལྡན་པ་	tzül-dhang mi-den-pa
unfähig	མི་འཛོན་པ་	mi-dschön-pa
Unfähigkeit (f)	འཛོན་སྟངས་མེད་ཚུལ་	dschön-tang meh-tzül
unfair	དྲང་བདེན་མ་ཡིན་པ་	d(r)hang-den ma-jin-pa
Unfall (m)	རྐྱེན་ངན་	kyen-ngen
unfallfrei	རྐྱེན་ངན་མེད་པའི་	kyen-ngen meh-pae
Unfallopfer (n)	རྐྱེན་ངན་པ་	kyen-ngen-pa
Unfallrisiko (n)	རྐྱེན་ངན་ཉེན་ཚབས་	kyen-ngen nyen-tzab
Unfallursache (f)	རྐྱེན་ངན་རྒྱུ་མཚན་	kyen-ngen gyu-tzen

Unfallzeuge (m)	རྐྱེན་ངན་བར་དཔང་	kyen-ngen bhar-pang
unfassbar	རྟོགས་དཀའ་བ་	tohg-ka-wa
unfehlbar	སྐྱོན་དང་ནོར་འཁྲུལ་མེད་པ་	kyön-dhang nor-t(r)hül meh-pa
unfolgsam	བཙི་འཇོག་མེད་པའི་	tsi-dschog meh-pae
unfreiwillig	དང་བླང་མིན་པའི་སྒོ་ནས་	dhang-lhang min-pae go-nä
unfreundlich	མི་མཛའ་བའི་	mi-dza-wae
unfruchtbar	སྐྱེ་འཕེལ་གྱི་ནུས་པ་མེད་པ་	kye-phel-gyi nü-pa meh-pa
Unfruchtbarkeit (f)	སྐྱེ་འཕེལ་གྱི་ནུས་པ་མེད་པ་ཉིད་	kye-phel-gyi nü-pa meh-pa nyih
Unfug (m)	ཚོ་མེད་	tschho-meh
ungastlich	མགྲོན་ལ་བསྙེན་བཀུར་མི་བྱེད་པ་	d(r)hön-la nyhen-kur mi-dschye-pa
ungebeten	མགྲོན་དུ་མི་འབོད་པའི་	d(r)hön-dhu mi-böh-pae
ungebildet	ཤེས་ཡོན་མེད་པའི་	schhä-jön meh-pae
ungeboren	མ་སྐྱེད་པའི་	ma-kyeh-pae
ungebraucht	བེད་སྤྱོད་མ་བཏང་བའི་	bheh-tschyöh ma-tang-wae
ungebrochen	ཟམ་མ་ཆད་པའི་	sahm-ma tschheh-pae
ungebunden	མབྱུད་མེད་	thüh-me
ungedeckt	ཁེབ་མ་བརྒྱབས་པའི་	kheb-ma gyag-pae
Ungeduld (f)	ངང་རྒྱུད་མེད་པ་	ngang-gyü meh-pa
ungeduldig	ངང་རྒྱུད་ཐུང་ཐུང་	ngang-gyü thung-thung
ungeeignet	མི་འཚམས་པའི་	mi-tzam-pae
ungefähr	ཧ་ལམ་ཙམ་གྱི་	ha-lam tsam-gyi
ungefährlich	ཉེན་ཁ་མེད་པ་	nyen-kha meh-pa
ungeheizt	དྲོད་གཏོང་མེད་པ་	d(r)höh-tong meh-pa

ungeheuer	དྲག་ལས་པའི་	ha-lä-pae
Ungeheuer (n)	སྲིན་པོ་	sin-po
ungeheuerlich	འཛིན་རུང་གི་	dschig-rung-gi
ungehindert	འགོག་རྐྱེན་མེད་པའི་	gog-kyen meh-pae
ungehörig	གནད་དོན་དང་འབྲེལ་མེད་ཀྱི་	neh-dhön-dhang d(r)hel-meh-kyi
ungehorsam	ཉན་འཇོག་མེད་པའི་	nyen-dschog meh-pae
Ungehorsam (m)	ཚིས་མེད་དོག་རོལ་	tsä-meh dog-röl
ungeklärt	དཀའ་ངལ་སེལ་མེད་པའི་	ka-ngel sel-meh-pae
ungekürzt	མདོར་མི་བསྡུ་བ་	dor mi-du-wa
ungelegen	ཐབས་མི་བདེ་པའི་	tahb mi-deh-wae
Ungelegenheit (f)	ཐབས་མི་བདེ་བ་	tahb mi-deh-wa
ungelernt	སྦྱོང་བདར་མེད་པའི་	dschyong-dar meh-pae
ungemütlich	ལྷོད་པོ་མེད་པ་	hlöh-po meh-pa
ungenannt	མིང་མེད་པའི་	ming-meh-pae
ungenau	ཏན་ཏན་མེད་པ་	ten-ten meh-pa
Ungenauigkeit (f)	མེད་དག་པ་ཉིད་	mi-dhag-pa nyih
ungeniessbar	ཟ་མི་རུང་བ་	sah mi-rung-wa
ungenügend	མི་འདང་བ་	mi-dang-wa
ungeprüft	དཔྱད་ཞིབ་མེད་པའི་	tschyeh-schib meh-pae
ungerade	ཡ་གྱར་	ja-gyar
ungerecht	བདེན་པ་དག་སྐྱིལ་མེད་པའི་	den-pa dhag-kyil meh-pae
Ungerechtigkeit (f)	མི་དྲང་བ་	mi-d(r)hang-wa
ungeregelt	ཚུལ་དང་མིན་མཐུན་པའི་	tzül-dhang mi-thün-pae
Ungereimtheit (f)	མི་བརྟན་པའི་རང་བཞིན་	mi-ten-pae rang-schin

ungern	འདོད་པ་མེད་པ་	döh-pa meh-pa
ungerührt	མི་དགུག་པ་	mi-t(r)hug-pa
ungesalzen	ཚར་མི་བྱངས་པའི་	tzar mi-dschyang-pae
ungeschickt	ཐབས་བྱུས་མི་ཤེས་པ་	thab-dschyü mi-schhä-pa
ungeschminkt	མ་བཙོས་པའི་	ma-tschö-pae
ungeschrieben	ཡི་གེར་མ་བཀོད་པའི་	ji-ger ma-köh-pae
ungeschützt	མི་སྐྱོབ་པའི་	mi-kyob-pae
ungesellig	མཛའ་འབྲེལ་མི་བྱེད་པའི་	dza-d(r)hel me-dschye-pae
ungesetzlich	ཁྲིམས་འགལ་གྱི་	t(r)him-gel-gyi
ungestört	བསུན་པོ་མེད་པའི་	süm-po meh-pae
ungestraft	ཉེས་ཆད་ཆགས་ཡང་མེད་པར་	nyä-tschheh tschhag-jang meh-par
ungestüm	ངར་ཤུགས་ཅན་	ngar-schhug-tschen
ungesund	བདེ་ཐང་མེད་པ་	de-thang meh-pa
ungesüsst*	མངར་ཆ་མེད་པ་	ngar-tschha meh-pa
ungeteilt*	བགོས་མེད་	gö-meh
ungewiss	དེས་མེད་ཀྱི་	ngä-meh-kyi
Ungewissheit (f)	དེས་མེད་	ngä-meh
ungewöhnlich	སྤྱིར་བཏང་དང་མི་འདྲ་བ་	tschyir-tang dhang me-d(r)ha-wa
ungewollt	བསམ་བཞིན་མ་ཡིན་པ་	sam-schin ma-jin-pa
Ungeziefer (n)	གནོད་འབུ་	nöh-bu
ungezwungen	བཙན་འདེད་མེད་པའི་	tsen-deh meh-pae
ungläubig	ཡིད་ཆེས་མེད་པའི་	jih-tschhä meh-pae
Ungläubiger (m)	ཡིད་ཆེས་མི་བྱེད་མཁན་	jih-tschhä mi-dschyeh-khen
unglaublich	ཡིད་ཆེས་མི་རུང་བ་	jih-tschhä mi-rung-wa

unglaubwürdig	ཡིད་ཆེས་མི་ཐུབ་པའི་	jih-tschhä mi-thub-pae
ungleich	འད་མཉམ་མེད་པ་	d(r)ha-nyham meh-pa
Ungleichgewicht (n)	ཆ་སྙོམ་མ་ཡིན་པ་	tschha-nyhom ma-jin-pa
Ungleichheit (f)	མི་འད་བའི་ཁྱད་པར་	mi-d(r)ha-wae khyeh-par
ungleichmässig	ཆ་མི་སྙོམས་པ་	tschha mi-nyhom-pa
Unglück (n)	རྐྱེན་ངན་	kyen-tschhag
unglücklicherweise	ལམ་འགྲོ་མེད་པར་	lam-d(r)ho meh-par
Unglücksfall (m)	ལྷོ་བུར་གྱི་རྐྱེན་	lho-bhur-gyi kyen
Ungnade (f)	ཞབས་འདྲེན་	scham-d(r)hen
ungnädig	བྱམས་བརྩེ་བྲལ་བའི་	dschyam-tse d(r)hel-wae
ungültig	རྩི་མེད་ཀྱི་	tsi-meh-kyi
ungünstig	མ་འཕྲོད་པའི་	ma-t(r)hö-pae
ungut	སྡུག་ཅག་	dug-tschag
unhaltbar	བཟོད་སྒོམ་མི་ཐུབ་པའི་	söhh-gom mi-thub-pae
unhandlich	བཀོལ་སྤྱོད་མི་བདེ་བའི་	köl-tschyöh mi-de-pae
Unheil (n)	གནོད་སྐྱོན་	ngöh-kyön
unheilbar	བཅོས་མི་རུང་གི་	tsö mi-rung-gi
unheimlich	དངངས་སྐྲག་ཅན་	nghang-t(r)hag-tschen
unhöflich	གཞི་སྤྱོད་བཙུབ་པོ་	schhi-tschyöh tsub-po
Unhöflichkeit (f)	སྤྱོད་ངན་	tschyöh-ngen
Uniform (f)	སྒྲིག་ཆས་	d(r)hig-tschhä
uniformiert	གཅིག་གྱུར་གྱི་	tschig-gyur-gyi
unilateral	ཕྱོགས་གཅིག་གི་	tschhyog-tschig-gi
uninteressant	བློ་ལ་མི་འབབ་པའི་	lho-la mi-theh-pae

Deutsch	Tibetisch	Umschrift
Union (f)	འདུས་ཚོགས་	dhü-tzog
universal	ཡོངས་ཁྱབ་ཀྱི་	jong-khyab-kyi
Universität (f)	གཙུག་ལག་སློབ་གྲྭ་ཆེན་མོ་	tsug-lag lhob-d(r)ha tschhen-mo
Universitäts-bibliothek (f)	གཙུག་ལག་སློབ་གྲྭ་ཆེན་མོའི་དཔེ་མཛོད་ཁང་	tsug-lag lhob-d(r)ha tschhen-möe pe-dzöh-khang
Universitäts-gelände (f)	གཙུག་ལག་སློབ་གྲྭ་ཆེན་མོའི་ས་ཁོངས་	tsug-lag lhob-d(r)ha tschhen-möe sa-khong
Universitäts-klinik (f)	གཙུག་ལག་སློབ་གྲྭ་ཆེན་མོའི་སྨན་བཅོས་ཁང་	tsug-lag lhob-d(r)ha tschen-möe men-tschyeh-khang
Universum (n)*	འཇིག་རྟེན་བར་སྣང་	dschig-tehn bhar-nhang
unkenntlich	ངོས་འཛིན་མི་ཐུབ་པའི་	ngö-dzin mi-thub-pae
Unkenntnis (f)	གཏི་མུག་	ti-mug
unklar	མི་གསལ་བའི་	mi-sel-wae
Unklarheit (f)	ངེས་མེད་	ngä-meh
unklug	བློ་གྲོས་མེད་པའི་	lho-d(r)hö meh-pae
unkompliziert	དཀའ་རྙོག་མེད་པ་	ka-nyhog meh-pa
unkontrollierbar	དབང་དུ་འདུ་མི་ཐུབ་པའི་	wang-dhu du-mi-thub-pae
unkonventionell	ལམ་ལུགས་དང་མི་མཐུན་པའི་	lam-lug-dhang mi-thün-pae
Unkosten (f/pl)	འགྲོ་གྲོན་	d(r)ho-d(r)hön
Unkosten-beitrag (m)*	འགྲོ་གྲོན་ཞལ་འདེབས་ཀྱི་བསྡུ་ཆ་	d(r)ho-d(r)hön schel-deb-kyi du-tschha
Unkraut (n)	རྩ་ཡན་	tsa-jen
unkritisch	གནད་འགག་མི་ཆེ་བའི་	neh-gag mi-tschhe-wae
unlauter	རྒྱུད་མ་དྲང་པ་	gyüh ma-d(r)hang-pa
unleserlich	ཀློག་མི་ཐུབ་པའི་	lhog mi-thub-pae

unlogisch	རྒྱུ་མཚན་དང་མི་ལྡན་པ་	gyu-tzen-dhang mi-den-pa
unlösbar	སེལ་མི་ཐུབ་པ་	sel mi-thub-pa
unlöslich, chem.	འདལ་མི་ཐུབ་པ་	del mi-thub-pa
Unlust (f)	བློ་མོས་མེད་པ་ཉིད་	lho-mö meh-pa nyih
Unmenge (f)	ཧ་ཅང་མང་པོ་	ha-tschang mang-po
Unmensch (m)	མི་ངན་	mi-ngen
unmenschlich	མི་སྤྱོད་ལས་འདས་པའི་	mi-tschyöh-lä dä-pae
Unmenschlichkeit (f)	མི་སྤྱོད་ལས་འདས་པ་ཉིད་	mi-tschyöh-lä dä-pa nyih
unmissverständlich	གོ་དོན་མང་པོར་མི་འཇུག་པའི་	go-dhön mang-por mi-dschug-pae
unmittelbar	དེ་མ་ཐག་ཏུ་	dhe-ma-thag-tu
unmöbliert	ནང་ཆས་ཤོམ་སྒྲིག་མི་བྱེད་པའི་	nang-tschhä schhom-d(r)hig mi-dschyeh-pae
unmodern	ཐོན་གསར་དང་མི་མཐུན་པ་	thön-sar-dhang mi-thün-pa
unmöglich	མི་སྲིད་པ་	mi-sih-pa
Unmöglichkeit (f)	མི་སྲིད་པའི་རང་བཞིན་	mi-sih-pae rang-schin
unmoralisch	མི་ཆོས་དང་མི་མཐུན་པའི་	mi-tschhö-dhang mi-thün-pae
unmündig	ན་ཚོད་མ་ལོན་པ་	na-tzöh ma-lön-pa
Unmündigkeit (f)	ན་ཚོད་མ་ལོན་པའི་གནས་སྐབས་	na-tzöh ma-lön-pae nhä-kab
unnachgiebig	འགུག་མི་ཐུབ་པའི་	gug mi-thub-pae
unnachsichtig	སྙིང་རྗེ་བྲལ་པའི་	nying-dsche d(r)hel-pae
unnahbar	འབྲེལ་གཏུགས་མི་བདེ་བའི་	d(r)hel-tuhg mi-de-wae
unnatürlich	རང་བཞིན་མ་ཡིན་པ་	rang-schin ma-jin-pa
unnötig	དགོས་མེད་ཀྱི་	gö meh-kyi
unnötigerweise	དགོས་མེད་དུ་	dö meh-dhu

unordentlich	ཟ་རེ་ཟིང་རེ་	sah-nge sihng-nge
Unordnung (f)	ཟིང་ཆ་	sihng-tschha
unorthodox	ལམ་ལུགས་ལ་ཞེན་མི་ཆགས་པའི་	lam-lug-la schen-mi-tschhag-pae
unparteiisch	ཕྱོགས་རིས་བྲལ་བའི་	tschhog-rig d(r)hel-wae
Unparteiische (m)	ཅེད་དཔང་	tzeh-pang
unpassend	མི་འཚམས་པ་	mi-tzam-pa
unpersönlich	ངོ་བོ་མེད་པ་	ngo-wo meh-pa
unpolitisch	སྱིད་དོན་དང་མི་མཐུན་པ་	sih-dhön-dhang mi-thün-pa
unpopulär	སྙན་གྲགས་མེད་པའི་	nyen-d(r)ag meh-pae
unpraktisch	ལག་ལེན་བསྟར་དཀའ་བའི་	lag-len tar-ka-wae
unproblematisch	དཀའ་རྙོག་མེད་པའི་	ka-nyhog meh-pae
unproduktiv	ཐོན་སྐྱེད་མེད་པའི་	thön-kyeh meh-pae
unpünktlich	དུས་ཐོག་ཏག་ཏག་མེད་པའི་	dhü-thog tahg-tahg meh-pae
unqualifiziert	ཁྱད་ཆོས་མི་ཚང་བའི་	khyeh-tschhö mi-tzang-wae
unrasiert	སྤུ་བྲིས་མི་བཞར་བའི་	pu-d(r)hi mi-schar-wae
Unrecht (n)	མི་དྲང་བ་	mi-d(r)hang-wa
unrechtmässig	ཁྲིམས་དང་མི་བཐུན་པའི་	t(r)him-dhang mi-thün-pae
unregelmässig	འཆར་ཅན་མ་ཡིན་པའི་	tschar-tschen ma-jin-pae
unreif	མ་སྨིན་པའི་	ma-ming-pae
unrentabel	ཁེ་མེད་	khe-meh
unrichtig	མ་དག་པ་	ma-dhag-pa
Unruhe (f)	དལ་མེད་	dhel-meh
Unruhe (f), pol.	དུས་ཟིང་	dhü-sihng
Unruhestifter (m)	དཀའ་རྙོག་བཟོ་མཁན་	ka-nyhog soh-khen

unruhig	དལ་མེད་ཀྱི་	dhel-meh-kyi
unrühmlich	སྙན་གྲགས་ལ་གནོད་པའི་	nyen-d(r)ag-la nöh-pae
uns	ང་ཚོ་ལ་	nga-tzo-la
unsachgemäss	འཚོ་ཐབས་ལས་རིགས་སུ་མི་མཐུན་པའི་	tzo-thab-lä rig-su mi-thün-pae
unsanft	ཞི་འཇམ་མ་ཡིན་པའི་	schi-dscham ma-jin-pae
unsauber*	གཙང་མ་མ་ཡིན་པ་	tsang-ma ma-jin-pa
unschädlich	གནོད་མེད་	nöh-meh
unschätzbar	བགྲང་གིས་མི་ལངས་པའི་	d(r)hang-gi mi-lang-pae
unscheinbar	མངོན་གསལ་མེད་པའི་	ngön-sel meh-pae
unschlüssig	སེམས་ཐག་མ་ཆོད་པའི་	sem-thag mi-tschhöh-pae
unschön	ལྟ་སྣང་ལ་མི་འཛེད་པའི་	ta-nhang-la mi-dzeh-pae
Unschuld (f)	ཉེས་སྐྱོན་བྲལ་བའི་རང་བཞིན་	nyä-kyön d(r)hel-wae rang-schin
unschuldig	ཉེས་སྐྱོན་མེད་པའི་	nyä-kyön meh-pae
unselbstständig	གཞན་ལ་བརྟེན་དགོས་པའི་	schen-la tehn-gö-pae
unser	ང་ཚོའི་	nga-tzöe
unseriös	འདྲེད་ཉེན་ཅན་	d(r)heh-nyen-tschen
unsertwegen	ང་ཚོའི་ངོ་ཚབ་ཏུ་	nga-tzöe ngo-tzab-tu
unsicher	གཏན་མ་འཁེལ་པའི་	tehn ma-khel-pae
Unsicherheit (f)	དེས་མེད་	ngä-meh
unsichtbar	མི་མཐོང་བའི་	mi-thong-wae
Unsinn (m)	ཚོ་མེད་	tschho-meh
unsinnig	ཚོ་མེད་པའི་	tschho-meh-pae
Unsitte (f)*	གོམས་འདྲིས་ངན་པ་	ghom-d(r)hi ngen-pa
unsittlich	མ་རབས་	ma-rab

unsolid	བརྟན་པོ་མེད་པའི་	tehn-po meh-pae
unsozial	སྤྱི་ཚོགས་དང་རྒྱབ་འགལ་གྱི	tschyi-tzog-dhang gyab-gel-gyi
unsportlich	རྩེད་འཛོར་མི་དགའ་བའི་	tseh-dschor mi-ga-wae
unsterblich	འཆི་མེད་	tschhi-meh
unstimmig	མི་བཐུན་པའི་	mi-thün-pae
Unstimmigkeit (f)	ཧེ་བག་མི་མཐུན་པ་	he-bhag mi-thün-pa
unsystematisch	གོ་རིམ་མི་ལྡན་པའི་	gho-rim mi-den-pae
Untat (f)	སྡུག་སྤྱོང་	dug-dschyong
untätig	ལས་མེད་	lä-meh
Untätigkeit (f)	ཡ་ལན་མི་བྱེད་པ་ཉིད་	ja-len mi-dschyeh-pa nyi
untauglich	མི་འཚམས་པའི་	mi-tzam-pae
unteilbar	བགོ་མི་ཐུབ་པའི་	go mi-thub-pae
unten	གཤམ་དུ་	schham-dhu
Unterabteilung (f)	ནང་གསེས་ཚ་བགོས་	nang-sä tschha-gö
Unterarm (m)	ལག་ངར་	lag-ngar
unterbewusst	སེམས་བྱུང་	säm-dschyung
unterbieten	གོང་ཚད་གཅོག་པ་	ghon-tzeh tschog-pa
unterbinden	མཚམས་ཆད་པ་	tzam tscheh-pa
unterbrechen	བར་ཆད་གཏོང་བ་	bhar-tschheh tong-wa
Unterbrechung (f)	བར་ཆད་	bhar-tschheh
unterbringen	གནས་ཁང་སྦྱིན་པ་	nhä-khang dschyin-pa
Unterbringung (f)	སྡོད་གནས་	döh-nhä
unterdessen	དེའི་དབར་	dhee-bar
unterdrücken	བཙན་གནོན་བྱེད་པ་	tsen-nhön dschye-pa

Deutsch	Tibetisch	Umschrift
Unterdrücker (m)	བཙན་གནོན་གཏོང་མཁན་	tsen-nhön tong-khen
Unterdrückung (f)	བཙན་གནོན་	tsen-nhön
untereinander	ཕན་ཚུན་	phen-tzün
unterer	དམའ་བ་	mha-wa
unterernährt	ཏོ་འཚག་ཐེབས་པའི་	to-tschhag thäb-pae
Unterernährung (f)	ཟས་བཅུས་མ་འདང་བའི་སྐྱོན་	säh-tschü ma-dhang-wae kyön
Unterführung (f)	ཟམ་འོག་གི་རྒྱུ་ལམ་	sahm-wog-gi gyu-lam
Untergang (m)	ཉམས་རྒུད་	nyam-güh
untergeben	དབང་འོག་ཏུ་འཇུག་པ་	wang-og-tu dschug-pa
untergehen	ནུབ་པ་	nub-pa
untergeordnet	དམའ་རིམ་	mha-rim
Untergeschoss (n)	འོག་ཁང་	wog-khang
Untergewicht (n)	ལྗིད་ཚད་མ་ལོངས་པའི་	dschi-tzeh ma-long-pae
untergliedern	ནང་གསེས་སུ་ཆ་བགོས་གཏོང་བ་	nang-sä-su tschha-gö tong-wa
untergraben	ས་དོང་འབྲུ་བ་	sa-dhong d(r)hu-wa
Untergrund (m)	ས་འོག་	sa-wog
Untergrundbahn (f)	ས་འོག་འཁོར་ལམ་	sa-wog khor-lam
Unterhalt (m)	ཏ་སྐྱོང་	ta-kyong
unterhalten	འཚོ་སྐྱོང་བྱེད་པ་	tzo-kyong dschye-pa
unterhalten, hon.	དབུ་སྐོར་ཞུ་བ་	u-kor schu-wa
Unterhalter (m), hon.	དབུ་སྐོར་ཞུ་མཁན་	u-kor schu-khen
Unterhaltsgeld (n)	འཚོ་དོད་གུན་གསབ་	tzo-dhöh ghün-sab
Unterhaltung (f)	ལབ་ལྷེང་	lab-lheng

Unterhaltung (f), mus.	སྒྲ་སྙན་	t(r)ho-seng
Unterhändler (m)	གྲོས་མོལ་བྱེད་མཁན་	d(r)hö-möl dschye-khen
Unterholz (n)	ཤིང་ཕྲན་	schhing-t(r)hen
Unterhose (f)	འདོམས་རས་	dom-rä
unterjochen	དབང་དུ་འདུ་བ་	wang-dhu du-wa
unterkühlt	གྲང་ཤུམ་	d(r)hang-schhum
Unterkunft (f)	གནས་ཚང་	nhä-tzang
Unterleib (m)	གྲོད་ཁོག་	d(r)höh-khog
Unterleibsschmerzen (m/pl)	ཁོག་པའི་ཟུག་གཟེར་	khog-pae suhg-sehr
unterliegen	ཕམ་པ་	pham-pa
Unterlippe (f)*	མཆུ་འོག་	tschhu-wog
untermauern	རྟེགས་བུ་རྒྱག་པ་	tehg-bhu gyag-pa
unternehmen	བཀོད་བྱུས་བྱེད་པ་	köh-dschyü dschye-pa
Unternehmen (n)	ཚོང་ལས་སྒྲིག་འཛུགས་	tzong-lä d(r)hig-dzug
Unternehmensberater (m)	ཚོང་ལས་སྒྲིག་འཛུགས་སློབ་སྟོན་པ་	tzong-lä d(r)hig-dzug lhob-thön-pa
unternehmungslustig	འཇིག་ཞུམ་མེད་པ་	dschig-schum meh-pa
unterordnen	དབང་འོག་ཏུ་འཇུགས་པ་	wang-wog-tu dschug-pa
unterprivilegiert	ཐོབ་ཐང་འདྲ་མཉམ་མེད་པའི་	thob-thang d(r)ha-nyam meh-pae
Unterredung (f)	གོ་སྡུར་	go-dur
Unterricht (m)	སློབ་ཚན་	lhob-tzen
unterrichten	སློབ་ཁྲིད་བྱེད་པ་	lhob-t(r)hi dschye-pa
Unterrichtsstoff (m)	སླེང་གཞིའི་གནད་དོན་	lheng-schii nhä-dhön
Unterrichtsstunde (f)	སློབ་ཚན་	lhob-tzen

unterste	དམའ་ཤོས་	mha-schhö
untersagen	མི་ཆོག་པ་བཟོ་བ་	mi-tschhog-pa soh-wa
unterschätzen	རྩི་མཐོང་ཆུང་དྲགས་པ་	tsi-thong tschhung-d(r)hag-pa
unterscheiden	དབྱེ་འབྱེད་གཏོང་བ་	je-dschyeh tong-wa
Unterscheidung (f)	དབྱེ་འབྱེད་	je-dschyeh
Unterschied (m)	ཁྱད་པར་	khyeh-par
unterschiedlich	ཁྱད་པར་ཤོར་པ་	kyeh-par schhor-pa
unterschiedslos	དབྱེ་འབྱེད་མེད་པར་	je-dschyeh meh-par
unterschlagen	བར་ཟོས་བྱེད་པ་	bhar-söh dschye-pa
Unterschlagung (f)	གཞན་ནོར་ཧམ་ཟ་	schen-nor ham-sah
Unterschlupf (m)	གབ་ས་	ghab-sa
unterschlüpfen	གབ་པ་	ghab-pa
unterschreiben	མིང་རྟགས་འགོད་པ་	ming-tahg göh-pa
Unterschrift (f)	མིང་རྟགས་	ming-tahg
Unterschrift (f), hon.	མཚན་རྟགས་	tzen-tahg
Unterseeboot (n)	མཚོ་འོག་གི་ཀོ་གྲུ་	tzo-wog-gi ko-d(r)hu
untersetzt	རྒྱགས་ཐུང་	gyag-thung
unterstellen	རིམ་གྱིས་སློལ་གཏོད་པ་	rim-gyä söl-töh-pa
Unterstellung (f)	རིམ་གྱིས་པ་	rim-gyi-pa
unterstreichen	ནན་ཏན་གྱིས་བཤད་པ་	neh-ten gyi schheh-pa
Unterstufe (f)	འཛིན་རིམ་འོག་མ་	dzin-rim wog-ma
unterstützen	རྒྱབ་སྐྱོར་བྱེད་པ་	gyab-khyor dschye-pa
Unterstützung (f)	རྒྱབ་སྐྱོར་	gyab-khyor
untersuchen, allg.	ཉམས་ཞིབ་བྱེད་པ་	nyam-schib dschye-pa

Deutsch	Tibetisch	Umschrift
untersuchen, med.	ཞིབ་དཔྱོད་བྱེད་པ་	schib-tschyöh dschye-pa
Untersuchung (f)	བརྟག་དཔྱད་	tahg-tschyeh
Untersuchungs-ausschuss (m)*	ཞིབ་དཔྱོད་ལྷན་ཚོགས་	schib-tschyöh hlen-tzog
Untersuchungs-ergebnis (n)*	ཞིབ་དཔྱོད་གྲུབ་འབྲས་	schib-tschyöh d(r)hub-d(r)hä
Untersuchungs-gefängnis (n)	ཅད་ཞིབ་བཙོན་ཁང་	tseh-schib tsön-khang
Untersuchungs-haft (f)*	ཅད་ཞིབ་བདག་གཉེར་	tseh-schib dag-nyeh
Untersuchungs-richter (m)*	ཞིབ་དཔྱོད་ཁྲིམས་དཔོན་	schib-tschyöh t(r)him-pön
Untertan (m)*	མི་སེར་	mi-ser
Untertasse (f)	དཀར་ཡོལ་གྱི་བཀྱག་	ka-jöl-gyi kyag
Untertasse (f), hon.	ཞལ་བཀྱག་	schel-kyag
Unterteller (m)	སྡེར་མ་	der-ma
Untertitel (m)	འགོ་བརྗོད་འོག་མ་	go-dschöh wog-ma
Unterton (m)	སྒྲ་གདངས་དམའ་པོ་	d(r)ha-dhang mha-po
untertreiben	འཁྱོག་བཤད་བྱེད་པ་	khyog-schheh dschye-pa
Untertreibung (f)	འཁྱོག་བཤད་	kyog-schheh
unterwandern	འཇབ་བུས་འཛུལ་བ་	dschab-bhü dzül-wa
Unterwäsche (f)	ནང་གྱོན་	nang-gyön
Unterwasser-kamera ((f)	ཆུ་འོག་པར་ཆས་	tschhu-wog par-tschhä
unterweisen	སློབ་ཁྲིད་བྱེད་པ་	lhob-t(r)hih dschye-pa
Unterweisung (f)	སློབ་ཁྲིད་	lhob-t(r)hih
Unterwelt (f)	ནག་ཅན་སྐྱེ་ཚོགས་	nag-tschen tschyi-tzog
unterwerfen	དབང་འོག་ཏུ་ཞུགས་པ་	wang-wog-tu schug-pa

unterzeichnen	མིང་རྟགས་འགོད་པ་	ming-tahg göh-pa
unterzeichnen, hon.	ཕྱག་རྟགས་བསྐྱོན་པ་	tschhyag-tahg kyön-pa
Unterzeichner (m)	མིང་རྟགས་འགོད་པོ་	ming-tahg göh-po
Unterzeichnete (f)	མིག་རྟགས་གཞམ་འཁོད་ཀྱི་	ming-tahg schham-khöh-kyi
unterziehen	མྱོང་བ་	nyong-wa
Untiefe (f)	ས་གཞོངས་	sa-schong
untragbar	ནད་མི་ཐེག་པའི་	neh mi-theg-pae
untreu	དམ་ཚིག་མི་ལྡན་པའི་	dham-tzig mi-den-pae
untröstlich	སེམས་གསོ་བྱེད་མི་ཐུབ་པ་	säm-so dschyeh-mi-thub-pa
Untugend (f)	གོམས་འདྲིས་ངན་པ་	ghom-d(r)hi ngen-pa
unüberbietbar	ཕ་མཐར་བརྒྱལ་མི་ཐུབ་པའི་	pha-thar gel mi-thub-pae
unüberlegt	སྣང་མེད་	nhang-meh
unübersichtlich	མགོ་རྙོག་པོ་	go-nyhog-po
unüblich	སྤྱིར་བཏང་དང་མི་འདྲ་བའི་	tschyir-tang-dhang mi-d(r)ha-wae
unumgänglich	གཡོལ་ཐབས་མེད་པ་	jhöl-thab meh-pa
unumschränkt	མུ་མཐའ་མེད་པའི་	mu-tha meh-pae
unumstösslich	ཕྱིར་འཐེན་བྱུ་ཐབས་མེད་པའི་	tschhyir-then dschya-thab meh-pae
unumstritten	རྩོད་མེད་	tsöh-meh
ununterbrochen	བར་མཚམས་མི་གཅོད་པར་	bhar-tzam mi-tschöh-par
unveränderlich	འགྱུར་དུ་མི་རུང་བ་	gyur-dhu mi-rung-wa
unverantwortlich	སེམས་འཁུར་མེད་པའི་	säm-khur meh-pae
unveräusserlich	ཁ་འབྲལ་ཐབས་མེད་པ་	kha-d(r)hel thab-meh-pa
unverbesserlich	བཅོས་ཐབས་མེད་པ་	tschö-thab meh-pa

unverdächtig	དོགས་ཟོན་མེད་པའི་	dog-söhn meh-pae
unverdaulich	འཇུ་མི་ཐུབ་པའི་	dschu mi-thub-pae
unverdorben	ཉེས་སྐྱོན་བྲལ་བའི་	nyä-kyön d(r)hel-pae
unverdünnt	སེ་ལྷད་མེད་པའི་	se-hleh meh-pae
unvereinbar*	མོས་མཐུན་བྱེད་མི་ཐུབ་པའི་	mö-thün dschyeh-mi-thub-pae
unverfälscht	རྫུས་མ་མ་ཡིན་པ་	dzü-ma ma-jin-pa
unverfänglich	གནོད་མེད་	nöh-meh
unvergänglich	ནམ་ཡང་མི་འགྱུར་བ་	nam-jang mi-gyur-wa
unvergessen	བརྗེད་མེད་པའི་	dscheh meh-pae
unvergesslich	བརྗེད་དུ་མི་རུང་བའི་	dscheh-dhu mi-rung-wae
unvergleichlich	འགྲན་ཟླ་མི་ཐུབ་པ་	d(r)hen-dha mi-thub-pa
unverhältnismässig	ཚ་ཚད་མི་སྙོམས་པའི་	tschha-tzeh mi-nyom-pae
unverhofft	རེ་དོགས་མེད་པའི་	re-dhog meh-pae
unverkäuflich	འཚོང་མི་འོས་པའི་	tzong mi-wö-pae
unverkennbar	འཁྲུལ་པ་མེད་པའི་	d(r)hül-pa meh-pae
unverletzlich	སྐྱོན་ཆག་གཏོང་མི་ཐུབ་པའི་	kyön-tschhag tong-mi-thub-pae
unverletzt	རྨས་མེད་པ་	mhä-meh-pa
unvermeidbar	བཟློག་ཏུ་མེ་པ་	dog-tu me-pa
unvermindert	ཉུང་དུ་མི་འགྲོ་བའི་	nyung-dhu mi-d(r)ho-wae
unvermutet	གློ་བུར་གྱི་	lho-bhur-gyi
Unvernunft (f)	རྒྱུ་མཚན་མེད་པ་	gyu-tzen meh-pa
unvernünftig	རྒྱུ་མཚན་མེད་པའི་	gyu-tzen meh-pae
unverschämt	ངོ་ཚ་ཞེ་འབྲེལ་མེད་པ་	ngo-tza sche-t(r)hel meh-pa
Unverschämtheit (f)	ངོ་ཚ་བྲལ་བ་	ngo-tza d(r)hel-wa

unversehrt	སྐྱོན་སློན་མེད་པའི་	mhä-kyön meh-pae
unversöhnlich	འགྲིགས་འཇགས་མི་ཐུབ་པའི་	d(r)hig-dschag mi-thub-pae
unverständlich	གོ་དཀའ་བ་	go-ka-wa
unverwechselbar	ནོར་ཐབས་མེད་པའི་	nor-thab meh-pae
unverwundbar	གནོད་སྐྱོན་གཏོང་མི་ཐུབ་པའི་	nöh-kyön tong-mi-thub-pae
unverwüstlich	ཐལ་བར་མི་བརླག་པའི་	thel-war mi-lhag-pae
unverzeihlich	དགོངས་ཡངས་གནང་མི་ཐུབ་པའི་	gong-jang nhang-mi-thub-pae
unverzichtbar	མེད་ཐབས་མེད་པའི་	meh-thab meh-pae
unverzüglich	དེ་མ་ཐག་པ་	dhe ma-thag-pa
unvollendet	ཚ་མ་ཚང་བ་	tschha ma-tzang-wa
unvollkommen	ཡང་མི་དག་པ་	jang mi-dhag-pa
unvorbereitet	གྲ་སྒྲིག་མེད་པའི་	d(r)ha-d(r)hig meh-pae
unvoreingenommen	ཕྱོགས་རིས་བྲལ་བའི་	tschhyog-ri d(r)hel-wae
Unvoreingenommenheit (f)	ཕྱོགས་རིས་བྲལ་བའི་རང་ཚུལ་	tschhyog-ri d(r)hel-wae ngang-tzül
unvorhergesehen	མི་མངོན་པའི་	mi-ngön-pae
unvorsichtig	དོ་འཁུར་མེད་པ་	dho-khur meh-pa
unvorstellbar	བློ་འདོར་འཆར་མི་ཐུབ་པའི་	lho-ngar tschhar mi-thub-pae
unvorteilhaft	ཁེ་འབབ་མེད་པའི་	khe-bab meh-pae
unwahr	དངོས་འབྲེལ་མིན་པའི་	ngö-d(r)hel min-pae
Unwahrheit (f)	བདེན་མིན་	den-min
Unwahrscheinlichkeit (f)	འབྱུང་མི་སྲིད་པའི་རང་བཞིན་	dschyung mi-sih-pae rang-schin
Unwetter (n)	འབྲུག་གླགས་ཆར་རླུང་	d(r)hug-d(r)hag tschhar-lhung

unwichtig	གནད་མི་ཆེ་བ་	nhä mi-tschhe-wa
unwiderruflich	ཕྱིར་འཐེན་བྱ་ཐབས་མེད་པའི་	tschhyir-then dschya-thab meh-pae
Unwille (m)	དགའ་མེན་	ga-min
unwirklich	མངོན་སུམ་མིན་པའི་	ngön-sum min-pae
unwirksam	ནུས་པ་མེད་པའི་	nü-pa meh-pae
unwirtlich	མགྲོན་ལ་བསྙེན་བཀུར་མི་བྱེད་པ་	d(r)hön-la nyhen-kur mi-dschye-pa
Unwissen (n)	མ་རིག་པ་	ma-rig-pa
unwissend	གཏི་མུག་ཅན་	ti-mug-tschen
unwissendlich	མགོ་མ་འཚོས་བྱས་ཏེ་	go-ma-tzö dschyä-te
unwohl	ལྷོ་བག་མི་སྟོད་པའི་	lho-bhag mi-hlöh-pae
Unwohlsein (n)	འདོད་བབས་མེད་ཚུལ་	döh-bab meh-tzül
unwürdig	རིན་ཐང་མེད་པའི་	ring-thang meh-pae
unzählbar	གྲངས་ལས་འདས་པ་	d(r)hang-lä dä-pa
unzeitgemäss	དར་སྲོལ་རྙིང་པའི་	dhar-söl nying-pae
unzerbrechlich	ཆག་གྲུམ་མི་ལྷ་བའི་	tschhag-d(r)hum mi-lha-wae
unzerstörbar	བསྟོར་བཤིག་མི་ཐུབ་པའི་	tohr-schhig mi-thub-pae
unzertrennlich	ཁ་འཕྲལ་མི་ཐུབ་པ་	kha-t(r)hel mi-thub-pa
unzivilisiert	སྤྱིད་པའི་དཔལ་ཡོན་མེད་པའི་	sih-pae pel-jön meh-pae
Unzucht (f)	བག་མེད་	bhag-meh
unzüchtig	བག་མེད་ཀྱི་	bhag-meh-kyi
unzufrieden	འདོད་བློ་མ་ཁེངས་པ་	döh-lho ma-khen-pa
Unzufriedenheit (f)	བློ་མ་ཁེངས་	lho-ma-khäng
unzulänglich	མ་ལོངས་བ་	ma-long-wa
unzulässig	མི་ཆོག་པའི་	mi-tschhog-pae

unzumutbar	རྒྱུ་མཚན་མེད་པའི་	gyu-tzen meh-pae
unzusammen-hängend	འབྲེལ་མི་ཆགས་པའི་	d(r)hel mi-tschhag-pae
unzutreffend	མི་འོས་པ་	mi-wö-pa
unzuverlässig	བློས་འགེལ་མི་ཐུབ་པའི་	lhö-gel mi-thub-pae
unzweifelhaft	ཐེ་ཚོམ་བྲལ་བའི་	the-tzom d(r)hel-wae
üppig	རྒྱས་སྤྲོས་ཅན་	gyä-t(r)hö-tschen
uralt	གནའ་བོའི་	nha-wöe
Uran (n)	ཡའུ་	ja-u
Uraufführung (f)	འཁྲབ་སྟོན་སྒོ་འབྱེད་	t(r)hab-töhn go-dschyeh
Urbevölkerung (f)	གདོད་མིའི་ཡུལ་མི་	döh-mäe jül-mi
Urgeschichte (f)*	གདོད་མའི་བྱུང་རབས་	döh-mäe dschyung-rab
Urgrossmutter (f)*	རྨོ་མོ་ཡང་པོ་	mho-mo jang-po
Urgrossvater (m)*	སྤོ་པོ་ཡང་པོ་	po-po jang-po
Urheber (m)	དང་ཐོག་འགོ་འཛུགས་བྱེད་པོ་	dhang-thog go-dzug dschyeh-po
Urheberrecht (n)	དཔར་སྐྲུན་བདག་དབང་	par-t(r)hün dag-wang
Urin (m)	གཅིན་པ་	tschin-pa
Urin (m), hon.	ཆབ་གསང་	tschhab-sang
urinieren	གཅིན་པ་གཏོང་བ་	tschin-pa tong-wa
Urkunde (f)*	རྩ་འཛིན་ཡིག་ཆ་	tsa-dzin jig-tschha
Urkundenfälschung (f)*	རྩ་འཛིན་ཡིག་ཆ་རྫུན་མ་	tsa-dzin jig-tschha dzün-ma
Urlaub (m)*	གུང་སེང་	ghung-seng
Urmenschen (m/pl)	གནའ་རབས་ཀྱི་མིའི་རིགས་	nha-rab-kyi mii-rig
Ursache (f)	རྒྱུ་	gyu
Ursprung (m)	འབྱུང་ཁུངས་	dschyung-khung

ursprünglich	དང་ཐོག་གི་	dhang-thog-gi
Urteil (n)	དཔད་ཁྲ་	tschyeh-t(r)ha
urteilen	ཁྲིམས་ཐག་གཅོད་པ་	t(r)him-thag tschöh-pa
Urteilsspruch (m)	དཔད་མཚམས་	tschyeh-tzam
Urteilsverkündigung (f)	བཅད་ཁྲ་སྒྲོག་པ་	tschyeh-t(r)ha d(r)hog-pa
Urwald (m)	ནགས་ཚལ་	nag-tzel
Urzeit (f)	བསྐལ་པ་དང་པོ་	kel-wa dhang-po
urzeitlich	བསྐལ་པ་དང་པོའི་	kel-wa dhang-pöe
Utensil (n)	སྤྱོད་ཆས་	nhöh-tschhä
Uterus (m)	བུ་སྣོད་	bhu-nhöh
Utopie (f)	རྟོག་འཆར་སེམས་སྣང་	tohg-tschhar säm-nhang
utopisch	རྟོག་འཆར་སེམས་སྣང་གི་	tohg-tschhar säm-nhang-gi

V

Vagabund (m)	མི་འཁྱར་	mi-khyar
vage	ངེས་གསལ་མེད་པའི་	ngä-sel meh-pae
Vagina (f)	མོ་མཚན་	mo-tzen
Vandale (m)	བཅོམ་བརླག་པ་	tschom-lhag-pa
Vandalismus (m)	བཅོམ་བརླག་རིང་ལུགས་	tschom-lhag ring-lug
variabel	འགྱུར་ལྡོག་ཅན་	gyur-dog-tschen
variieren	བརྗེ་སྒྱུར་གཏོང་བ་	dsche-gyur tong-wa
Vase (f)	བུམ་པ་	bhum-pa
Vater (m)	པ་ཕ་	pa-pha
Vater (m), hon.	པ་ལགས་	pa-lag

Vaterland (n)	ཕ་ཡུལ་	pha-jül
Vaterlandsliebe (f)	རྒྱལ་གཅེས་རིང་ལུགས་	gyel-tschä ring-lug
väterlich	ཕ་ལྟ་བུའི་	pha-ta-bhue
Vaterschaft (f)	ཕའི་དང་ཚུལ་	phae-ngang-tzül
Vegetarier (m)	དཀར་ཟས་པ་	kar-säh-pa
Vegetarismus (m)	དཀར་ཟས་སྤྱོད་པའི་ལུགས་	kar-säh tschyöh-pae-lug
Vegetation (f)	སྔོ་རིགས་	ngho-rig
vegetieren	མི་ཚེ་སྟོང་ཟད་ཀྱིས་སྐྱེལ་བ་	mi-tze tong-sehh-kyi kyel-wa
Veilchen (n), bot.	མུ་མེན་མེ་ཏོག་	mu-men me-tohg
Velo (n)	རྐང་འཁོར་	kang-khor
Vene (f)	ཏྲོད་རྩ་	döh-tsa
Venenentzündung (f)	ཁྲག་རྩ་སྐྲངས་ནད་	t(r)hag-tsa t(r)hang-neh
Ventil (n), anat.	འདབ་སྐྱི་	dab-kyi
Ventil (n), tech.	གཅད་སྒོ་	tscheh-go
Ventilation (f)	རླུང་ལམ་	lhung-lam
Ventilator (m)	རླུང་ལམ་འཕུལ་འཁོར་	lhung-lam t(r)hül-khor
verabreden	འགྲིག་འཇགས་བྱེད་པ་	d(r)hig-dschag dschye-pa
Verabredung (f)	འགྲིག་ཆ་	d(r)hig-tschha
verabscheuen	ཞེ་ལོག་པ་	sche log-pa
verabscheuens-wert	ཞེ་ལོག་རུང་	sche log-rung
Verabscheuung (f)	ཞེ་ལོག་	sche-log
verabschieden	ག་ལེར་ཕེབས་ཞུ་བ་	ga-ler-pheb schu-wa
verachten	ཁྱད་གསོད་བྱེད་པ་	khyeh-söh dschye-pa
verächtlich	ཁྱད་གསོད་ཀྱི་	khyeh-söh-kyi

Deutsch	Tibetisch	Aussprache
Verachtung (f)	ཁྱད་གསོད་	khyeh-söh
verallgemeinern	སྤྱིར་བཏང་བཟོ་བ་	tschyir-tang soh-wa
Verallgemeinerung (f)	སྤྱིར་བཏང་ཅན་དུ་བསྒྱུར་བ་	tschyir-tang tschen-dhu gyur-wa
veraltet	རྙིང་ཞེན་	nying-schen
veränderbar	སྒྱུར་དུ་རུང་བ་	gyur-dhu rung-wa
veränderlich	སྒྱུར་ལྡོག་ཅན་	gyur-dog-tschen
Veränderlichkeit (f)	འགྱུར་ལྷའི་གཞི་	gyur-lha-wae schi
verändern	བརྗེ་སྒྱུར་གཏོང་བ་	dsche-gyur tong-wa
Veränderung (f)	བརྗེ་སྒྱུར་	dsche-gyur
veranlassen	བཀོད་པ་གཏོང་བ་	köh-pa tong-wa
Veranlassung (f)	རྒྱུད་སྐུལ་	gyüh-kül
veranschaulichen	དཔེ་རིས་ཀྱི་ལམ་ནས་གསལ་ཁ་བསྟོན་པ་	pe-ri-kyi lam-nä säl-kha dön-pa
Veranschau-lichung (f)	དཔེ་རིས་	pe-ri
veranschlagen	རོབ་ཚིས་རྒྱག་པ་	rob-tsi gyag-pa
veranstalten	གོ་སྒྲིག་བྱེད་པ་	gho-d(r)hig dschye-pa
Veranstalter	གོ་སྒྲིག་བྱེད་མཁན་	gho-d(r)hig dschye-khen
Veranstaltung (f) (Begrüssung)	ཕེབས་བསུའི་དགའ་སྟོན་	peb-süe ga-tön
verantworten	འགན་ལེན་བྱེད་པ་	gen-len dschye-pa
verantwortlich	འགན་འཁྲི་ཡོད་པའི་	gen-t(r)hi jöh-pae
Verantwortung (f)	འགན་འཁུར་	gen-khur
Verantwortung (f), hon.	མཛད་འཁུར་	dzeh-khur
verarbeiten	བཟོ་སྐྲུན་བྱེད་པ་	soh-t(r)hün dschye-pa
Verarbeitung (f)	བཟོ་སྐྲུན་བྱེད་སྟངས་	soh-t(r)hün dschye-tang

verärgern	རྙུང་ལངས་པ་	lhung lang-pa
verärgern, hon.	དགོངས་པ་ཚོམ་པ་	gong-pa tzom-pa
verarmen	ཉམས་གུད་དུ་སོང་བ་	nyam-güh-dhu song-wa
verarzten	སྨན་སྦྱོད་བྱེད་པ་	men-tschyöh dschye-pa
Verb (n)	བྱ་ཚིག་	dschya-tzig
verbal	ངག་ཐོག་	ngag-thog
verbannen	རྒྱང་འབུད་གཏོང་བ་	gyang-büh tong-wa
Verbannung (f)	རྒྱང་འབུད་	gyang-büh
verbarrikadieren	འཛིང་རགས་རྒྱག་པ་	dzing-rag gyag-pa
verbauen	འགོག་རྐྱེན་བཟོ་བ་	gog-kyen soh-wa
verbergen	སྦེད་པ་	beh-pa
verbessern	ལེགས་བཅོས་གཏོང་བ་	läg-tschö tong-wa
Verbesserung (f)	ལེགས་བཅོས་	leg-tschö
verbeugen	གུས་འདུད་བྱེད་པ་	gü-düh dschye-pa
Verbeugung (f)	གུས་འདུད་	gü-düh
verbiegen	གུག་གུག་བཟོ་བ་	gug-gug soh-wa
verbieten	མི་ཆོག་པ་བཟོ་བ་	mi-schhog-pa soh-wa
verbilligen	ཞན་དུ་གཏོང་བ་	schen-dhu tong-wa
verbinden	མཐུད་པ་	thüh-pa
verbindlich	འགན་འཁྲིད་ཅན་	gen-t(r)hih-tschen
Verbindung (f), chem.	སྡེབ་འདུས་	deb-dhü
Verbindung (f)	མཐུད་འཚམས་	thü-tzam
verbissen	ཨུ་ཚུགས་ཚ་བོ་	u-tzug tza-wo
verblassen	རིམ་ཡལ་དུ་འགྲོ་བ་	rim-jel-dhu d(r)ho-wa

Verbleib (m)	གནས་ས་	nhä-sa
verbleiben	ཤུལ་དུ་གནས་པ་	schhül-dhu nhä-pa
verblüffen	ཧོན་འཐོར་བ་	hön thor-wa
Verblüffung (f)	ཧ་ལས་ཧོན་འཐོར་	ha-lä hön-thor
verbohrt	འདུལ་དཀའ་པོ་	dül-ka-bo
Verbot (n)	བཀག་སྡོམ་	kag-dom
verboten	བཀག་འགོག་གི་	kag-gog-gi
Verbrauch (m)	ཟད་གྲོན་	sehh-d(r)hön
verbrauchen	བེད་སྤྱོད་པ་	beh tschyoh-pa
Verbraucher (m)	བེད་སྤྱོད་མཁན་	beh tschyoh-khen
Verbrechen (n)	ནག་ཉེས་	nag-nyä
Verbrecher (m)*	ནག་ཉེས་པ་	nag-nyä-pa
verbrecherisch	ནག་ཅན་གྱི་	nag-tschen-gyi
Verbrechertum (n)	ནག་ཉེས་ཡོད་ཚུལ་	nag-nyä jöh-tzül
verbreiten	ཁྱབ་གདལ་དུ་འགྲོ་བ་	khyab-del-dhu d(r)ho-wa
Verbreitung (f)	ཁྱབ་གདལ་	khyab-del
verbrennen	མེ་སྲེག་གཏོང་བ་	me-seg tong-wa
Verbrennung (f)	མེ་ཚེ་	me-tsche
Verbrennungs-ofen (m)	ཞུན་སྦྱང་ཁྲོ་ཐབ་	schün-dschyang t(r)ho-thab
verbringen	ཚེད་དུ་གཏོང་བ་	tschheh-dhu tong-wa
verbünden	འབྲེལ་མཐུན་བཟོ་བ་	d(r)hel-thün soh-wa
verbürgen	འགན་ལེན་ཁག་ཐེག་བྱེད་པ་	gen-len khag-theg dschye-pa
verbüssen	ཁྲིམས་ཆད་སྒྲུབ་པ་	t(r)him-tschheh d(r)hub-pa
Verdacht (m)	དོགས་འཚར་	dhog-tschhar

verdächtig	དོགས་ཟོན་ཚ་པོ་	dhog-söhn tza-po
verdächtigen	དོགས་པ་ཟ་བ་	dhog-pa sah-wa
verdächtigen, hon.	ཐགས་དོགས་གནང་བ་	thag-dhog nhang-wa
verdammen	དམོད་མོ་འདེབས་པ་	möh-mo deb-pa
verdampfen	རླངས་པར་གྱུར་བ་	lhang-par gyur-wa
verdanken	བློ་འཛལ་བྱེད་པ་	t(r)hö-dschel dschye-pa
verdattert	ཧོན་འཐོར་བ་	hön thor-wa
verdauen	ཟས་འཇུ་བ་	säh dschu-wa
verdaulich	འཇུ་རུང་	dschu-rung
Verdauung (f)	འཇུ་ནུས་	dschu-nü
Verdauungs-störung (f)	མ་འཇུ་བ་	ma-dschu-wa
verderben*	ཆུད་ཟོས་འགྲོ་བ་	tschhü-söh d(r)ho-wa
verdeutlichen	གཙང་སེལ་བྱེད་པ་	tsang-sel dschye-pa
verdichten	གར་དུ་གཏོང་བ་	ghar-dhu tong-wa
verdienen	ཐོབ་པ་	thob-pa
Verdienst (m), econ.	ཡོང་བབ་	jong-bab
Verdienst (m), rel.	དགེ་བ་	ge-wa
verdientermassen	འོས་འཚམས་ཀྱི་སྒོ་ནས་	wö-tzam-kyi go-nä
verdoppeln	ལྡབ་འགྱུར་གཏོང་བ་	dab-gyur tong-wa
verdrängen	འགོག་གནོན་བྱེད་པ་	gog-nhön dschye-pa
verdrehen	བཅོས་ཉེས་བཟོ་བ་	tschö-nyä soh-wa
verdreifachen	སུམ་སྒྱུར་གཏོང་བ་	sum-gyur tong-wa
Verdruss (m)	ཞེ་སུན་	sche-sün
verdunkeln	ནག་ཁུང་བཟོ་བ་	nag-khung soh-wa

verdünnen	སླ་རུ་གཏོང་བ་	lha-ru tong-wa
Verdünnung (f)	སླ་སྦྱོར་	lha-dschyor
veredeln*	དངས་བཟང་དུ་གཏོང་བ་	dhang-sahng-dhu tong-wa
verehren, (Respekt zollen)	གུས་ཅེ་བྱེད་པ་	gü-tsi dschye-pa
verehren	ཆེ་བསྟོད་བྱེད་པ་	tschhe-töh dschye-pa
Verehrung (f)	གུས་ཅེ་	gü-tsi
vereidigen	དམ་བཅའ་འཇོག་པ་	dham-tscha dschog-pa
Vereidigung (f)	དམ་བཅའ་	dham-tscha
Verein (m)	སྒྲིག་འཛུགས་	d(r)hig-dzug
vereinbaren	མོས་མཐུན་བྱེད་པ་	mö-thün dschye-pa
Vereinbarung (f)	མཐུན་གྲོས་	thün-d(r)hö
vereinen	གཅིག་ཏུ་འདུས་པ་	tschig-tu dü-pa
vereinfachen	ལས་སླ་ར་གཏོང་བ་	lä-lha-ru tong-wa
vereinheitlichen	གཅིག་གྱུར་བཟོ་བ་	tschig-gyur soh-wa
vereinigen, sich	གཅིག་ཏུ་འདུས་པ་	tschig-tu dü-pa
vereinigt	གཅིག་སྒྲིལ་གྱི་	tschig-d(r)hil-gyi
Vereinigung (f)	ཅིག་སྒྲིལ་	tschhig-d(r)hil
Vereinigung, akademische (f)	གཙུག་ལག་སློབ་རིག་གི་ཚོགས་པ་	tsug-lag lhob-rig-gi tzog-pa
vereinsamen	ཁེར་རྐྱང་སྡོད་པ་	kher-kyang döh-pa
Vereinsamung (f)	ཁེར་རྐྱང་གི་རང་བཞིན་	kher-kyang-gi rang-sching
Vereinshaus (n)	སྐྱིད་སྡུག་ཚོགས་ཁང་	kyih-dug tzog-khang
Vereinsmitglied (n)	ཚོགས་མི་	tzog-mi
vereisen	འཁྱགས་རྒྱག་པ་	khyag gyag-pa

vereist	འཁྱགས་པ་	khyag-pa
vereiteln	འདབ་གཟུགས་བཀོད་པ་	dab-suhg köh-pa
verengen	དོག་པོ་བཟོ་བ་	dhog-po soh-wa
vererben, biol.	རིགས་རྒྱུན་ཁྱབ་འགྱེད་བྱེད་པ་	rig-gyün khyab-gyeh dschye-pa
vererben	ཤུལ་འཛིན་བདག་ཐོབ་ལ་ཚེས་སྤྲོད་བྱེད་པ་	schhül-dzin dag-thob-la tsi-t(r)höh dschye-pa
vererblich	རྒྱུད་འཛིན་གྱི་	gyü-dzin-gyi
Vererbungslehre (f)	སྐྱེད་འཕེལ་དཔྱད་ཞིབ་རིག་པ་	kyeh-phel tschyeh-schib rig-pa
verewigen	རྟག་བརྟན་བཟོ་བ་	tahg-tehn soh-wa
Verfahren (n)	བྱེད་ཐབས་	dschyeh-thab
Verfall (m), zeitlich	རྫོགས་དུས་	dzog-dhü
Verfall (m)	ཉམས་རྒུད་	nyam-güh
Verfall(s)datum (n)	རྫོགས་དུས་ཟླ་ཚེས་	dzog-dhü dha-tzä
verfallen (zeitlich)	དུས་ཚོད་རྫོགས་པ་	dhü-tzöh dzog-pa
verfallen	ཉམས་པ་	nyam-pa
verfälschen	རྫུས་མ་བཟོ་བཅོས་བྱེད་པ་	dzü-ma soh-tschö dschye-pa
verfärben	མཚོན་མདོག་འགྱུར་པ་	tzön-dog gyur-pa
verfassen	རྩོམ་པ་	tsom-pa
Verfasser (m)	རྩོམ་པ་པོ་	tsom-pa-po
Verfassung (f), allg.	གནས་སྟངས་	nhä-tang
Verfassung (f), pol.	རྩ་ཁྲིམས་	tsa-t(r)him
verfassungswidrig	རྩ་ཁྲིམས་དང་མི་མཐུན་པ་	tsa-t(r)him-dhang mi-thün-pa
verfaulen	རུལ་བ་	rül-wa
verfechten	རྒྱབ་རྟེན་བྱེད་པ་	gyab-tehn dschye-pa

verfestigen	སྲ་བརྟན་བཟོ་བ་	sa-tehn soh-wa
verfilmen	གློག་བརྙན་བཟོ་བ་	lhog-nyhen soh-wa
verflachen	ལེབ་ལེབ་བཟོ་བ་	leb-leb soh-wa
verfliegen	མངོན་མེད་དུ་གྱུར་བ་	ngön-meh-dhu gyur-wa
verfluchen	ངན་སྔགས་རྒྱག་པ་	ngen-nghag gyag-pa
verflüchtigen, allg.	ཡལ་བ་	jel-wa
verfolgen	རྗེས་ཤུལ་འདེད་པ་	dschä-schhül deh-pa
Verfolgung (f)	རྗེས་སྙེགས་	dschä-nyäg
verfrachten	ཁྱེལ་འདྲེན་བྱེད་པ་	khyel-d(r)hen dschye-pa
verfremden	བདག་དབང་མིན་སྒྱུར་བྱེད་པ་	dag-wang min-gyur dschye-pa
Verfremdung (f)	སེམས་འཚོ་མ་ཤེས་པ་	säm-tzo ma-sihn-pa
verfrüht*	སྔ་དྲགས་པ་	ngha-d(r)ha-pa
verfügbar	ཐོབ་རུང་	thob-rung
Verfügbarkeit (f)	ཐོབ་ནུས་	thob-nü
verführen	སླུ་བྲིད་བྱེད་པ་	lhu-d(r)hih dschye-pa
verführerisch	སླུ་བྲིད་ཀྱི་	lhu-d(r)hih-kyi
Verführung (f)	སླུ་བྲིད་	lhu-d(r)hih
vergammeln	རུལ་སུངས་ཆགས་པ་	rul-sung tschhag-pa
Vergangenheit (f)	འདས་པ་	dä-pa
vergänglich	མི་བརྟན་པའི་	mi-tehn-pae
Vergänglichkeit (f)	མི་བརྟན་པའི་རང་བཞིན་	mi-tehn-pae rang-schin
vergasen	རླངས་རླུང་གཏོང་བ་	lhang-lhung tang-wa
vergeben	བཅད་ཁྲ་གཏོང་བ་	tscheh-t(r)ha tong-wa
vergebens	དོན་མེད་	dhön-meh

Vergebung (f)	དགོངས་ཡང་	gong-jang
vergehen, allg.	དུས་བགལ་བ་	dhü-gel-wa
vergehen, jur.	ཁྲིམས་འགལ་བྱེད་པ་	t(r)him-gel dschye-pa
vergessen	བརྗེད་པ་	dscheh-pa
Vergessenheit (f)	བརྗེད་ངས་	dscheh-ngä
vergesslich	བརྗེད་ངན་ཆེན་པོ་	dscheh-ngen tschhen-po
vergeuden	འཕྲོ་བརླག་གཏོང་བ་	t(r)ho-lhag tong-wa
Vergeudung (f)	འཕྲོ་བརླག་	t(r)ho-lhag
vergewaltigen	བཙན་གཡེམ་བྱེད་པ་	tsen-jhem dschye-pa
Vergewaltigung (f)	བཙན་གཡེམ་	tsen-jhem
vergiften	དུག་སྦྱོར་པ་	dhug t(r)höh-pa
Vergiftung (f)	དུག་ཕན་	dhug-phen
verglasen	ཤེལ་ཁྲ་སྦྱིག་པ་	schhel-t(r)ha d(r)hig-pa
Vergleich (m)	བསྡུར་ཞིབ་	dur-schib
vergleichbar	འགྲན་ཟླར་འོས་པ་	d(r)hen-dhar wö-pa
vergleichen	བསྡུར་བ་	dur-wa
vergnügen	བག་ཡང་བྱེད་པ་	bhag-jang dschye-pa
Vergnügen (n)	བག་ཡངས་	bhag-jang
vergnügen, sich	སྐྱིད་པོ་གཏོང་བ་	kyih-po tong-wa
vergnügen, sich hon.	སྤྲོ་པོ་གནང་བ་	t(r)ho-po nhang-wa
vergnügt	དགའ་ཉམས་ཅན་	ga-nyam-tschen
Vergnügung (f)	སྤྲོ་སྐྱིད་	t(r)ho-kyih
vergolden	ཚ་གསེར་གཏོང་བ་	tza-ser tong-wa
vergoldet	ཚ་གསེར་ཅན་	tza-ser-tschen

vergraben	སར་སྦེད་པ་	sar beh-pa
vergrössern	ཆེ་རུ་གཏོང་བ་	tschhe-ru tong-wa
Vergrösserung (f)	རྒྱ་སྐྱེད་	gya-kyeh
Vergrösserungs-glas (n)	ཆེ་ཤེལ་	tschhe-schhel
vergüten	གུན་གསབ་སྤྲོད་པ་	ghün-sab t(r)höh-pa
Vergütung (f)	གུན་གསབ་	ghün-sab
verhaften	འཛིན་བཟུང་བྱེད་པ་	dzin-suhng dschye-pa
Verhaftung (f)	འཛིན་བཟུང་	dzin-suhng
verhalten	སྤྱོད་པ་ཚུལ་བཞིན་བྱེད་པ་	tschyöh-pa tzül-schin dschye-pa
Verhaltensweise (f)	སྤྱོད་ལམ་	tschyöh-lam
Verhältnis (n)	ཆ་ཚད་	tschha-tzeh
verhältnismässig	ཆ་ཚད་གཞི་བཟུང་གི་	tschha-tzeh schi-suhng-gi
verhandelbar	འགྲིག་འཇགས་བྱེད་རུང་བའི་	d(r)hig-dschag dschyeh-rung-wae
verhandeln	གྲོས་མོལ་བྱེད་པ་	d(r)hö-möl dschye-pa
Verhandlung (f)	མཉམ་གྲོས་	nyam-d(r)hö
verhängen, jur.	བཀའ་གཏོང་བ་	ka tong-wa
Verhängnis (n)	སྟབས་ཉེས་	tahb-nyä
verharren	རང་སོར་གནས་པ་	rang-sor nhä-pa
verhärten	མཁྲེགས་པོ་བཟོ་བའམ་འགྱུར་བ་	t(r)häg-po soh-wa-wam gyur-wa
verhasst	ཞེ་འཁོན་ཅན་	sche-khön-tschen
verhätscheln	ལངས་ཤོར་གཏོང་བ་	lang-schhor tong-wa
verheilen	དྲག་སྐྱེད་ཡོང་བ་	d(r)hag-kyeh jong-wa
verheimlichen	སྦས་གསང་བྱེད་པ་	bä-sang dschye-pa

verheiraten	གཉེན་སྒྲིག་བྱེད་པ་	nyen-d(r)hig dschye-pa
verherrlichen	ཆེ་བསྟོད་བྱེད་པ་	tschhe-töh dschye-pa
verhesehn	ཟིལ་གྱི་གནོན་པ་	sihl-gyi nhön-pa
verhindern	སྔོན་འགོག་བྱེད་པ་	nghön-gog dschye-pa
Verhinderung (f)	སྔོན་འགོག་	nghön-gog
verhöhnen	འཕྱ་སྨོད་བྱེད་པ་	tschhya-möh dschye-pa
Verhör (n)	འདྲི་ཞིབ་	d(r)hi-schib
verhören	འདྲི་ཞིབ་བྱེད་པ་	d(r)hi-schib dschye-pa
verhungern	ལྟོགས་ཤི་ཐེབས་པ་	tohg-schhi theb-pa
verhüllen	སེང་ཡོལ་གཏོང་བ་	seng-jöl tong-wa
verirren	ལམ་ནོར་བ་	lam nor-wa
verjagen	རྗེས་འདེད་གཏོང་བ་	dschä-deh tong-wa
verjüngen	གཞོན་གདོད་དུ་གཏོང་བ་	schön-schha dhöh-dhu tong-wa
Verjüngung (f)	གཞོན་ནུའི་ངང་ཚུལ་	schön-nue ngang-tzül
verkalkulieren	རྩིས་ལོག་རྒྱག་པ་	tsi-log gyag-pa
Verkauf (m)	ཚོང་	tzong
verkaufen	འཚོང་བ་	tzong-wa
Verkäufer (m)	ཚོང་པ་	tzong-pa
verkäuflich	འཚོང་འོས་པའི་	tzong wö-pae
Verkaufspreis (m)	ཡུལ་ཐང་	jül-thang
Verkaufsschlager (m)	བྱིན་ཤོས་	d(r)hin-schhö
Verkehr (m)	འགྲིམ་འགྲུལ་	d(r)him-d(r)hül
Verkehrsampel (f)	འགྲིམ་འགྲུལ་སློག་བརྡ་	d(r)him-d(r)hül lhog-da
Verkehrsstau (m)	འགྲིམ་འགྲུལ་འཚང་འགག་	d(r)him-d(r)hül tzang-gag

Verkehrsverbindung (f)	འགྲིམ་འགྲུལ་སྦྲེལ་བཐུད་	d(r)him-d(r)hül d(r)hel-thüh
Verkehrszeichen (n)	འགྲིམ་འགྲུལ་གྱི་བསྐུལ་བད་	d(r)him-d(r)hül-gyi kül-da
verklagen	ཁྲིམས་གཏུགས་བྱེད་པ་	t(r)him-tuhg dschye-pa
verkleiden	ཆས་རྫུས་སླས་པ་	tschhä-dzü t(r)hä-pa
verkleinern	ཞན་དུ་གཏོང་བ་	schen-dhu tong-wa
verklingen	རིམ་ཡལ་དུ་འགྲོ་བ་	rim-jel-dhu d(r)ho-wa
verknoten	མདུད་པ་	düh-pa
verkörpern	གཟུགས་ཕུང་ཆགས་པ་	suhg-phung tschhag-pa
verkrampfen	རྩ་འཁུམས་པ་	tsa tschhü-pa
verkriechen	འཇབ་ནས་འགྲོ་བ་	dschab-nä d(r)ho-wa
verkrüppeln	ཞ་འཐེང་བྱེད་པ་	scha-theng dschye-pa
verkümmern	ལུས་གཟུངས་ཉམས་པའམ་ལུས་སྟོབས་གུད་པ་	lü-suhng nyam-pa-am lü-tohb güh-pa
verkünden	སྤྱོན་བརྡ་སྤྲོད་པ་	nghön-ta t(r)höh-pa
verkupfern	ཟངས་ཀྱིས་བཏུམས་པ་	sahng-kyih tuhm-pa
Verlag (m)	པར་འགྲེམས་ཁང་	par-d(r)häm-khang
verlagern	སྤོ་ཤུད་བྱེད་པ་	po-schhüh dschye-pa
Verlagerung (f)	སྤོ་ཤུད་	po-schhüh
verlangen	དགོས་འདུན་འདོན་པ་	gö-dün dön-pa
verlängern	ནར་འགྱངས་གཏོང་བ་	nar-d(r)hang tong-wa
verlangsamen	དལ་དུ་གཏོང་བ་	dhel-dhu tong-wa
verlassen	འདོར་བ་	dor-wa
verlässlich	ཡིད་བརྟན་འཕེར་རེས་	jih-tehn pher-ngä
Verlässlichkeit (f)	ཡིད་བརྟན་འཕེར་བའི་རང་བཞིན་	jih-ten pher-wae rang-sching

Verlauf (m)	མདུན་སྐྱོད་	dün-kyöh
Verleger (m)	འགྲེམ་བཏོན་པ་	d(r)hem tön-pa
verleiten	ལམ་ཡན་དུ་འཁྲིད་པ་	lam-jen-dhu t(r)hi-pa
verletzbar	རྨས་སྐྱོན་ཤོར་ཆོག་ཆོག་	mhä-kyön schhor-tschhog-tschhog
Verletzung (f)	རྨས་སྐྱོན་	mhä-kyön
verleugnen	ངོས་མི་ལེན་པ་	ngö mi-len-pa
verleumden	མིང་རྗེས་བཟོ་བ་	ming-dschä soh-wa
verleumderisch	མིང་རྗེས་བཟོ་རྒྱུའི་	ming-dschä soh-gyue
verlieben	ཡིད་དབང་འཚོར་བ་	ji-wang tschhor-wa
verliebt	འདོད་ཆགས་ཅན་	döh-tschhag-tschen
verlieren	ཤོར་བ་	lhag-pa
Verlierer (m)	ཤོར་མཁན་	schhor-khen
Verlies (n)	ས་འོག་བཙོན་ཁང་	sa-wog tsön-khang
verloben	གཉེན་སྒྲིག་ཁ་ཆད་བྱེད་པ་	nyen-d(r)hig kha-tschheh dschye-pa
Verlobung (f)	གཉེན་སྒྲིག་ལྷོང་ཆང་གཏོང་ལེན་	nyen-d(r)ig lhong-tschhang tong-len
verlosen	རྒྱན་ཤོག་རྒྱག་པ་	gyen-schhog gyag-pa
Verlust (m)	བོར་སྟོར་	bhor-tohr
vermachen	ཤུལ་འཛིན་བདག་ཐོབ་ཀྱི་ཁ་ཆེམས་འཇོག་པ་	schhül-dzin dag-thob-kyi kha-tschhem dschog-pa
Vermächtnis (n)	ཤུལ་རྗེས་	schhül-dzä
vermarkten	ཚོང་འགྱུར་བྱེད་པ་	tzong-gyur dschye-pa
vermehren	འཕེལ་རྒྱས་གཏོང་བ་	phel-gyä tong-wa
Vermehrung (f)	འཕེལ་རྒྱས་	phel-gyä
Vermehrung (f), biol.	སྐྱེ་འཕེལ་གྱི་ནུས་པ་	kye-phel-gyi nü-pa

vermeidbar	སྤོང་རུང་	pong-rung
vermeiden	སྤོང་བ་	pong-wa
Vermerk (m)	ཟུར་བཀོད་	suhr-köh
vermerken	ཟུར་མཚན་འགོད་པ་	suhr-tschhen göh-pa
vermitteln	འབྲིག་འཇགས་བྱེད་པ་	d(r)hig-dschag dschye-pa
Vermittler (m)	བར་སྡུམ་གཏོང་མཁན་	bhar-dum tong-khen
vermodern	ལུགས་པ་	lug-pa
Vermögen (n)	རྒྱུ་དངོས་པོ་	gyu nghö-po
vermögend	འབྱོར་ལྡན་	dschyor-den
vermummen	ཛོག་རྫུ་བྱེད་པ་	sohg-dzu dschye-pa
vermuten	ཡིན་པར་ངོས་འཛིན་པ་	jin-par ngö-dzin-pa
Vermutung (f)	ཚོད་དཔག་	tzöh-pag
vernachlässigen	སྣང་མེད་བྱེད་པ་	nhang-meh dschye-pa
vernehmbar	ཐོས་ནུས་ཀྱི་	thö-nü-kyi
verneigen	གུས་འདུད་བྱེད་པ་	ghü-düh dschye-pa
Verneinung (f)	དགག་ལན་	gag-len
vernichten	གཏོར་བཤིག་གཏོང་བ་	tohr-schhib tong-wa
Vernichtung (f)	གཏོར་བཤིག་	tohr-schhib
Vernissage (f)	སྒོ་འབྱེད་	go-dschyeh
Vernunft (f)	དགོས་པ་	gö-pa
veröden	མི་མེད་ལུང་སྟོང་བཟོ་བ་	mi-meh lung-tong soh-wa
veröffentlichen	དངོས་སུ་ཁྱབ་སྤེལ་བྱེད་པ་	ngö-su khyab-pel dschye-pa
Veröffentlichung (f)	འགྲེམས་སྤེལ་	d(r)häm-pel
verordnen	བཀོད་ཁྱབ་གཏོང་བ་	köh-khyab tong-wa

Verordnung (f)	བཀོད་ཁྱབ་	köh-khyab
verpachten	བོག་མར་གཏོང་བ་	bhog-mar tong-wa
verpacken	ཐུམ་སྒྲིལ་བཟོ་བ་	thum-d(r)hil soh-wa
verpesten	བཙོག་སྒྲིབ་གཏོང་བ་	tsog-d(r)hib tong-wa
verpfänden	གཏའ་མར་འཇོག་པ་	ta-mar dschog-pa
verpflanzen	སློ་འཛུག་བྱེད་པ་	po-dzug dschye-pa
verpflegen	ལྟོ་སྟེར་བ་	to tehr-wa
Verpflegung (f)	ཁ་ཟས་	kha-säh
verpflichten	མི་བྱེད་མཐུ་མེད་	mi-dschyeh thu-meh
Verpflichtung (f)	འཁུར་འགན་	khur-gen
verprügeln	ཉེས་རྡུང་གཏོང་བ་	nyä-dung tong-wa
verraten	གསང་རྒྱ་བཏོལ་བ་	sang-gya töhl-wa
Verräter (m)	གསང་རྒྱ་བཏོལ་མཁན་	sang-gya töhl-khen
verräterisch	གཡོ་ཐབས་ཀྱི་	jho-thab-kyi
verregnet	འབབ་ཞོད་ཅན་	bhab-schö-tschen
verrenken	ཚིགས་བུད་པ་	tzig bhü-pa
Verrenkung (f)	ཚིགས་ལོག་	tzig-log
verrichten	བྱེད་པ་	dschye-pa
verriegeln	ཨ་ཤིང་རྒྱག་པ་	a-schhing gyag-pa
verringern	ཉུང་དུ་འགྲོ་བ་	nyung-dhu d(r)ho-wa
Verringerung (f)	ཆག་ཆ་	tschhag-tschha
verrinnen	དལ་བུས་འགུལ་བ་	dhel-bhü gül-wa
verrosten	བཙའ་རྒྱག་པ་	tsa gyag-pa
verrotten	རུལ་སུངས་ཆགས་པ་	rül-sung tschhag-pa
Verruf (m)	མིང་ཆད་	ming-tschhheh

verrufen	ངན་གྲགས་ཅན་	ngen-d(r)hag-tschen
Vers (m)	ཤོ་ལོ་ཀ་	schho-lo-ka
versagen	དོན་གོ་མ་ཆོད་པ་	dhön-gho ma-schhöh-pa
versammeln	འཛོགས་པ་	tzog-pa
Versammlung (f)	གྲོས་ཚོགས་	d(r)hö-tzog
Versammlungs-freiheit (f)	ཚོགས་འཛོམས་བྱེད་པའི་རང་དབང་	tzog-dzom dschyeh-pae rang-wang
Versand (m)	སྐྱེལ་འདྲེན་	kyel-d(r)hen
Versand-geschäft (n)	བྲག་ཐོག་ཉོ་མངགས་	d(r)hag-thog nyo-nghag
Versandkosten (pl)	སྐྱེལ་འདྲེན་འགྲོ་གྲོན་	kyel-d(r)hen d(r)ho-d(r)hön
verschämt	ངོ་ཚ་ཅན་	ngo-tza-tschen
verschanzen	འོབས་དོང་བྲུ་བ་	wob-dhong d(r)hu-wa
verschärfen	ཆགས་དམ་ཆེ་རུ་གཏོང་བ་	tzag-dham tschhe-ru tong-wa
verscharren	བྱེད་འཛོག་བྱེད་པ་	beh-dschog dschye-pa
verschätzen	ཚོད་རྩིས་ལོག་པ་	tzöh-tsi log-pa
verschenken	སྦྱིན་པ་གཏོང་བ་	dschyin-pa tong-wa
verschieden	མི་འདྲ་བ་	mi-d(r)ha-wa
verschiedenartig	སྣ་ཚོགས་པ་	nha-tzog-pa
verschlafen	གཉིད་ཐལ་ཤོར་བ་	nyih-thel schhor-wa
verschlechtern	སྡུག་དུ་གཏོང་བ་	dug-dhu tong-wa
verschleiern	སེང་ཡོལ་གཏོང་བ་	seng-jöl tong-wa
verschleppen	བཙན་བྲིད་བྱེད་པ་	tsen-d(r)hih dschye-pa
Verschleppung (f)	བཙན་འབྲིད་	tsen-t(r)hih
verschleudern	སྦེབས་སྤུངས་རྒྱབ་པ་	deb-pung gyab-pa

verschlingen	ཐོགས་རྔབ་ཀྱིས་ཟ་བ་	tohg-ngab-kyi sah-wa
verschlucken	ཁྱུར་མིག་གཏོང་བ་	khyur-mig tong-wa
Verschluss (m)	འཁྱུད་འཐམས་	khyüh-tham
verschlüsseln	གསང་བརྡ་འབྲི་བ་	sang-da d(r)hi-wa
Verschlüsselung (f)	གསང་བརྡ་	sang-da
verschmähen	མཐོང་ཆུང་བྱེད་པ་	thong-tschhung dschye-pa
verschmelzen	ཞུ་བ་	schu-wa
Verschmelzung (f)	བཞུ་སྦྱོར་	schu-dschyor
verschmutzen	བཙོག་པ་བཟོ་བ་	tsog-pa soh-wa
Verschmutzung (f)	བཙོག་སྒྲིབ་	tsog-d(r)hib
verschnaufen	དབུགས་ངལ་གསོ་བ་	ug-ngel so-wa
verschrecken	འཇིགས་སྣང་སྐྱུལ་བ་	dschig-nhang kyül-wa
verschreiben	སྨན་ཡིག་སྤྲོད་པ་	men-jig t(r)hyöh-pa
verschulden	བུ་ལོན་བཟུག་པ་	bhu-lön suhg-pa
verschweigen	བཀག་སྐྱིལ་བྱེད་པ་	kag-kyil dschye-pa
verschwenden	ཆུད་ཟོས་གཏོང་བ་	tschhüh-söh tong-wa
verschwenderisch	ཕན་མེད་ཀྱི་	phen-meh-kyi
Verschwendung (f)	ཆུད་ཟོས་	tschhüh-söh
verschwiegen	རྣམ་དཔྱོད་ཅན་	nham-tschyöh-tschen
Verschwiegenheit (f)	གསང་ཐབས་	sang-thab
verschwinden	མི་སྣང་བར་འགྱུར་བ་	mi-nhang-war gyur-wa
Verschwinden (n)	ཡལ་བ་	jel-wa
verschwitzt	རྔུལ་ནག་ཚེར་ཚེར་	nghül-nag tzir-tzir

verschwommen	གསལ་ཁ་མེད་པའི་	sel-kha meh-pae
verschwören	སྐོག་གཤོམ་བྱེད་པ་	kog-schhom dschye-pa
Verschwörung (f)	སྐོག་རྫུས་	kog-dschü
versehen	ཞིབ་མོར་མི་ལྟ་བ་	schib-mor mi-ta-wa
versehentlich	རྣམ་གཡེང་ཅན་	nham-jheng-tschen
versichern	ཉེན་སྲུང་མ་འཛོག་བྱེད་པ་	nyen-sung ma-dschog dschye-pa
Versicherung (f)	ཉེན་སྲུང་མ་འཛོག་	nyen-sung ma-dschog
versinken	ནུབ་པ་	nub-pa
Version (f)	བཤད་ཚུལ་	schheh-tzül
versklaven	ཚེ་གཡོག་བཀོལ་བ་	tze-jhog köl-wa
versöhnlich	འགྲིགས་འཇགས་འོས་པའི་	d(r)hig-dschag wö-pae
versöhnen	འགྲིགས་འཇགས་བྱེད་པ་	d(r)hig-dschag dschye-pa
Versöhnung (f)	འགྲིགས་འཇགས་	d(r)hig-dschag
versorgen	དགོས་མཁོ་སྟྱོད་པ་	gö-kho t(r)yöh-pa
Versorgung (f)	དགོས་མཁོ་	gö-kho
verspäten	རྗེས་ལུས་ཤོར་བ་	dschä-lü schhor-wa
Verspätung (f)	ཕྱིར་བཤོལ་	tschhyir-schhöl
versperren	བཙན་འགོག་བྱེད་པ་	tsen-gog dschye-pa
verspielen	རྒྱན་ཤོར་བ་	gyen schhor-wa
verspotten	འཕྱ་སྨོད་བྱེད་པ་	tschhya-möh dschye-pa
versprechen	ཁས་ལེན་པ་	khä len-pa
Versprechung (f)	ཁས་ལེན་	khä-len
verstaatlichen	གཞུང་བཞེས་གཏོང་བ་	schung-schä tong-wa
Verstaatlichung (f)	གཞུང་བཞེས་	schung-schä

Verstand (m)	རྣམ་དཔྱོད་	nham-tschyöh-tschen
verständigen	དོན་རྟོགས་ཐུབ་དུ་འཇུག་པ་	dhön-tohg thub-dhu dschug-pa
Verständigung (f)	བརྡ་ཁྱབ་	da-khyab
verständlich	གོ་སླ་པོ་	gho-lha-po
Verständnis (n)	གོ་རྟོགས་	gho-tohg
verstärken	དཔུང་སྟོན་གཏོང་བ་	pung-nhön tong-wa
verstauchen	ཚིགས་བུར་བ་	tzig bhur-wa
Versteck (n)	གབ་ས་	ghab-sa
verstecken	གབ་པ་	ghab-pa
verstehen	དོན་རྟོགས་པ་	dhön tohg-pa
versteigern	རིམ་སྤར་འཚོང་སྤྱུར་བྱེད་པ་	rim-par tzong-gyur dschye-pa
versteinern	འགྱུར་རྡོ་ཚགས་པ་	gyur-do tschhag-pa
versteuern	ཁྲལ་འགེལ་བ་	t(r)hel gel-wa
verstohlen	བརྐུས་པའི་	kü-pae
verstopfen, allg.*	འགོག་གནས་བྱེད་པ་	gog-nhä dschye-pa
verstopft, med.	རྩ་ཆུ་འགགས་པ་	tsa-tschhu gag-pa
verstorben	ཚེ་འདས་	tze-dä
verstorben, hon.	སྔོན་བཤགས་	nghön-schhäg
Verstoss (m)	རྩི་མེད་	tsi-meh
verstossen	བདག་སྟོན་མི་བྱེད་པ་	dag-t(r)höh mi-dschye-pa
verstrahlt	ཟས་ངན་གྱིས་སྦགས་པའི་	dzä-ngen-gyi bag-pae
Verstrahlung (f)	འོད་ཟེར་ཁྱབ་འགྱེད་	wö-sehr khyab-gyeh
verstreichen	བྱུགས་པ་	dschyug-pa
verstreichen (Zeit)	ཐིམ་པ་	thim-pa

verstreuen	འབྲེམས་པ་	d(r)häm-pa
verstricken	དགའ་རྙོག་ནང་གཡུག་པ་	ka-nyhog-nang jhug-pa
Versuch (m)	ཚོད་ལྟ་	tzöh-ta
Versuch (m), (wissenschaftlich)	བཏག་དཔྱད་	tahg-tschyeh
versuchen	ཚོད་ལྟ་བྱེད་པ་	tzöh-ta dschye-pa
versüssen	མངར་མོ་བཟོ་བ་	nghar-mo soh-wa
vertagen	ཕྱི་བཤོལ་བྱེད་པ་	tschhyi-schhöl dschye-pa
Vertagung (f)	ཕྱི་བཤོལ་	tschhyi-schhöl
verteidigen	སྲུང་སྐྱོབ་བྱེད་པ་	sung-kyob dschye-pa
Verteidigung (f)	སྲུང་སྐྱོབ་	sung-kyob
verteilen	བགོ་བཤའ་རྒྱག་པ་	go-schha gyag-pa
Verteilung (f)	བགོ་འབྲེམས་	go-d(r)häm
vertiefen	ཟབ་ཏུ་འགྲོ་བ་	sahb-tu d(r)ho-wa
vertikal	གྱེན་འཛོང་	gyen-dzong
Vertikale (f)	ཀེར་ཐིག་	ker-thig
Vertrag (m)	གན་ཡིག་	gen-jig
vertraglich	གན་རྒྱའི་	ghen-gyae
vertrauen	བློ་འགེལ་བྱེད་པ་	lho-gel dschye-pa
Vertrauen (n)	བློ་འགེལ་	lho-gel
vertrauenswürdig	བློ་འགེལ་ཐུབ་པ་	lho-gel thub-pa
vertraulich	ཡིད་ཆེས་ལྡན་པ་	jih-tschhä den-pa
verträumt	རྨི་ལམ་གྱིས་ཁྱབ་པ་	mhi-lam-gyi khyab-pa
vertraut	དགའ་ཉེ་	ga-nye
Vertrautheit (f)	དགའ་ཉེའི་ངང་ཚུལ་	ga-nyäe ngang-tzül

vertreiben	བཙན་འབུད་གཏོང་བ་	tsen-büh tong-wa
vertretbar	དག་སྐྱེལ་ཐུབ་པའི་	dhag-kyel thub-pae
vertreten	ངོ་ཚབ་བྱེད་པ་	ngo-tzab dschye-pa
vertreten (hon.)	སྐུ་ཚབ་གནང་བ་	ku-tzab nghang-wa
Vertreter (m)	ངོ་ཚབ་	ngo-tzab
Vertreter (m), hon.	སྐུ་ཚབ་	ku-tzab
Vertretung (f)	འཇེ་ཚབ་	dsche-tzab
vertrocknen	སྐམ་པོར་འགྱུར་བ་	kam-por gyur-wa
vertuschen	གསང་ཐབས་བྱེད་པ་	sang-thab dschye-pa
vertuschen, (geheim halten)	གསང་བ་བྱེད་པ་	sang-wa dschye-pa
verulken	བསྟུན་ཤིག་སློང་བ་	tehn-schhig lhong-wa
verunglipfen	དམའ་འབེབས་བྱེད་པ་	mha-beb dschye-pa
verunglücken*	འཕྲལ་རྐྱེན་བྱུང་བ་	t(r)hel-kyen dschyung-wa
verunreinigen	བཙོག་པ་བཟོ་བ་	tsog-pa soh-wa
Verunreinigung (f)	འབགས་བཙོག་	bag-tsog
verunsichern*	ཐེ་ཚོམ་བཟོ་བ་	the-tzom soh-wa
veruntreuen	བར་རྫུས་བྱེད་པ་	bhar-söh dschye-pa
Veruntreuung (f)	གཞན་ནོར་ཧམ་ཟ་	schen-nor ham-sah
verursachen	རྒྱུ་བྱེད་པ་	gyu dschye-pa
verurteilen	ནག་ཉེས་འཛུགས་པ་	nag-nyä dzug-pa
Verurteilter (m)	ཉེས་ཅན་པ་	nyä-tschheh-pa
Verurteilung (f)	ཉེས་འཛུགས་	nyä-dzug
vervielfachen	འཕེལ་སྐྱེད་གཏོང་བ་	phel-kyeh tong-wa
vervielfältigen	ངོ་འདྲ་བཟོ་བ་	ngo-d(r)ha soh-wa

vervollständigen	ཚ་ཚང་བར་བྱེད་པ་	tschha-tzang-war dschye-pa
verwahrlosen*	སྣང་མེད་སློད་གཡེང་གཏོང་བ་	nhang-meh hlöh-jheng tong-wa
Verwahrlosung (f)	སྣང་མེད་སློད་གཡེང་	nhang-meh hlöh-jheng
verwalten	འཛིན་སྐྱོང་བྱེད་པ་	dzin-kyong dschye-pa
Verwalter (m)	འཛིན་སྐྱོང་བྱེད་པོ་	dzin-kyong dschye-po
Verwaltung (f)	འཛིན་སྐྱོང་	dzin-kyong
verwandeln	རྣམ་པ་གྱུར་བ་	nham-pa gyur-wa
Verwandlung (f)	འགྱུར་དོག་	gyur-dog
verwandt	ཉེ་འབྲེལ་གྱི་	nye-d(r)el-gyi
Verwandte (m)	སྤུན་མཆེད་	pün-tschheh
Verwandtschaft (f)	སྤུན་ཉེ་	pün-nye
verwarnen	ཉེན་བརྡ་གཏོང་བ་	nyen-da tong-wa
Verwarnung (f)	དོགས་སྟོན་	dhog-söhn
Verwehung (f)	འཕྱོ་གཡེང་	tschhyo-jheng
verweigern	ཁས་ལེན་མི་བྱེད་པ་	khä-len me-dschye-pa
Verweis (m)	སྐུལ་མ་	kül-ma
verweisen	སྐུལ་མ་བྱེད་པ་	kül-ma dschye-pa
verwelken	ཉིད་པ་	nyih-pa
verwenden	བེད་སྤྱོད་པ་	bheh tschyöh-pa
Verwendung (f)	བེད་སྤྱོད་	bheh-tschyöh
verwerfen	ཕྱིར་སློག་གཏོང་བ་	tschhyir-lhog tong-wa
verwerflich	ཕྱིར་སློག་གཏོང་རུང་	tschhyir-lhog tong-rung
Verwerfung (f)	ཕྱིར་སློག་	tschhyir-lhog
verwickeln	འཛིན་ཉོག་ཐེབས་པ་	dzin-nyog theb-wa

verwildern	བདག་མེད་དུ་འགྱུར་བ་	dag-meh-dhu gyur-wa
Verwirklichung (f)	ལག་ལེན་དོན་འཁྱོལ་	lag-len dhön-kyöl
verwirren	མགོ་འཐོམས་པ་	go thom-pa
verwirren, hon.	དབུ་འཐོམས་པ་	u thom-pa
verwischen	མི་གསལ་བར་བྱེད་པ་	mi-sel-war dschye-pa
verwitwet	ཡུག་མོར་གྱུར་པ་	jug-mor gyur-pa
verwöhnen	གཅེས་ལང་གཏོང་བ་	tschä-lang tong-wa
verworren	མི་གསལ་བ་	mi-sel-wa
verwundbar	རྨས་སྐྱོན་འཁོར་ཚོག་ཚོག་	mhä-kyön schhor-tschhog-tschhog
verwunden	རྨས་སྐྱོན་གཏོང་བ་	mhä-kyön tong-wa
verwundern	ཧོན་འཐོར་བ་	hön thor-wa
verwundert	ཧོན་འཐོར་བའི་	hön-thor-wae
verwünschen	དམོད་པ་བོར་བ་	möh-pa bhor-wa
Verwünschung (f)	དམོད་མོ་	möh-mo
verwüsten	རྩ་གཏོར་གཏོང་བ་	tsa-tohr tong-wa
Verwüstung (f)	རྩ་གཏོར་	tsa-tohr
verzagen	ཡིད་ཐང་ཆད་པ་	jih-thang tschheh-pa
verzagt	ཡིད་ཆད་ཀྱི་	jih-tschheh-kyi
verzählen	རྩིས་ནོར་ཐེབས་པ་	tsi-nor theb-pa
Verzehr (m)	ཟད་གྲོན་	sehh-d(r)hön
verzehren	འཛད་པར་བྱེད་པ	dzeh-par dschye-pa
verzeichnen	དཀར་ཆགས་འགོད་པ་	kar-tschhag göh-pa
Verzeichnis (n)	དཀར་ཆགས་མ་དེབ་	kar-tschhag ma-dheb
verzeihen	ཐུགས་དགོངས་དངས་པ་	thug-gong dhang-pa

Verzeihung (f)	དགོངས་ཡངས་	gong-jang
verzerren	བཙེམས་ཉེས་བཟོ་བ་	tschö-nyä soh-wa
Verzicht (m)	བློས་གཏོང་	lhö-tong
verzichten	བློས་གཏོང་བ་	lhö tong-wa
verzieren	རྒྱན་སྤྲས་	gyen-t(r)hä
Verzierung (f)	རྒྱན་བཀོད་	gyen-köh
verzinken	དཀར་གཡལ་གཏོང་བ་	kar-ja tong-wa
verzinsen*	སྐྱེད་ཀ་སྤྲོད་པ་	kyeh-ka t(r)höh-pa
verzögern	ཕར་འགྱང་གཏོང་བ་	phar-gyang tong-wa
Verzögerung (f)	ཕྱིར་བཤོལ་	tschhyir-schhöl
verzollen	ཁྲལ་སྤྲོད་པ་	t(r)hel t(r)höh-pa
verzücken	དགའ་སྤྲོ་ཚད་མེད་སྐྱེད་པ་	ga-t(r)ho tzeh-meh kyeh-pa
Verzückung (f)	ཚད་མེད་པའི་དགའ་བ་	tzeh-meh-pae ga-wa
Verzug (m)	བྱ་བསྡད་	dschya-deh
verzweifeln	རེ་བ་ཟད་པ་	re-wa sehh-pa
Verzweiflung (f)	རེ་བ་སྟོང་ཟད་	re-wa tong-sehh
Veteran (m)	དམག་ཐོག་བྱས་རྗེས་ཅན་	mhag-thog dschyä-dschä-tschen
Veto (n)	དགག་བྱའི་དབང་ཚད་	gag-dschyae wang-tzeh
Vetter (m)	ཚ་བོ་	tza-wo
Vettern-wirtschaft (f)	ཉེ་དགའ་ཕྱོགས་ལྷུང་	nye-ga tschhyog-hlung
Viadukt (m, n)	འཕྲེད་ཟམ་	t(r)heh-sahm
Vibration (f)	གཡོ་འགུལ་	jho-gül
vibrieren	འབེར་བ་	ber-wa
Video (n)	བརྙན་འཕྲིན་	nyhen-t(r)hin

Vieh (n)	སྒོ་ཕྱུགས་	go-tschhyug
viel	ཕོན་ཆེན་པོ་	phön tschhen-po
vieldeutig	གོ་དོན་གཉིས་ལྡན་	gho-dhön nyii-den
Vieldeutigkeit (f)	གོ་དོན་དེས་མེད་	gho-dhön ngä-meh
Vieleck (n)	ངོས་ཟུར་དུ་མ་ཅན་གྱི་དབྱིབས་	ngö-suhr-dhu ma-tschen-gyi jhib
vielerlei	སྣ་ཚོགས་	nha-tzog
Vielfalt (f)	རྣམ་པ་སྣ་ཚོགས་	nham-pa nha-tzog
Vielfalt (f), biol.	རིགས་ཀྱི་བྱེད་བྲག་	rig-kyi dschyeh-d(r)hag
vielfarbig	ཚོན་མདོག་སྣ་ཚོགས་	tzön-dog nha-tzog
Vielfrass (m)	ཚོད་མེད་ཟ་མཁན་	tzö-meh sah-khen
vielleicht	གཅིག་བྱས་ན་	tschig-dschä-na
vielmals	ཕོན་ཆེ་	phön-tschhe
vielschichtig	དུ་མ་འདུས་པ་	dhu-ma dü-pa
vielseitig	མང་དུ་ཐོས་པ་	mang-dhu thö-pa
Vielseitigkeit (f)	ཁ་ཕྱོགས་སྒྱུར་བདེ་བའི་རང་བཞིན་	kha-tschhyog gyur-de-wae rang-sching
vielsprachig	སྐད་ཡིག་སྣ་ཚོགས་	keh-jig nha-tzog
vier	བཞི་	schi
Viereck (n)	གྲུ་བཞི་	d(r)hu-schi
viertel	བཞི་ཟུར་	schi-suhr
vierteljährlich	ཟླ་བ་གསུམ་རེའི་	dha-wa sum-räe
vierzehn	བཅུ་བཞི་	tschu-schi
vierzig	བཞི་བཅུ་ཐམ་པ་	schi-tschu tham-pa
violett	མུ་མེན་མདོག་	mu-men dog
virtuell	དངོས་འབྲེལ་གྱི་	ngö-d(r)hel-gyi

virtuos	དགེ་མཚན་ལྡན་པའི་	ge-tzen den-pae
Virus (n), biol.	གཉན་སྲིན་	nyen-sin
Vision (f)	སྔ་སྟེས་	ngha-tä
visuell	མཐོང་ཐུབ་པའི་	thong-thub-pae
Visum (n)	མཐོང་མཚན་	thong-tschhen
vital	སྲོག་རྩར་གྱུར་པའི་	sog-tsar gyur-wae
Vitalität (f)	སྲོག་གི་སྙིང་པོ་	sog-gi nying-po
Vitamin (n)	ལུས་ཟུངས་བཅུས་རྫས་	lü-suhng tschü-dzä
Vogel (m)	བྱེའུ་	dschyi-u
Vogelkunde (f)	འདབ་ཆགས་རིག་པ་	dab-tschhag rig-pa
Vogelnest (n)	བྱ་ཚང་	dschya-tzang
Vogelscheuche (f)	ཐོ་ཡོར་	tho-jor
Vokabular (n)	མིང་ཚིག་	ming-tzig
Vokal (n)	དབྱངས་ཡིག་	jhang-jig
Volk (n)	མི་མང་	mi-mang
Völkerkunde (f)	མི་རིགས་རྩད་ཞིབ་རིག་པ་	mi-rig tsäh-schib rig-pa
Völkermord (m)	མི་རིགས་སྟེབས་གསོད་	mi-rig deb-söh
Völkerrecht (n)	རྒྱལ་སྤྱིའི་ཁྲིམས་ལུགས་	gyel-tschyii t(r)him-lug
Volksabstimmung (f)	མི་མང་གི་ཐག་གཅོད་	mi-mang-gyi thag-tschöh
Volkseinkommen (n)	རྒྱལ་འབངས་ཀྱི་ཡོང་འབབ་	gyel-wang-kyi jong-bab
Volksentscheid (m)	མང་མོས་འོས་བསྡུ་	mang-mö wö-du
Volksstamm (m)	གདོད་མའི་ཚོ་པ་	döh-mae tzo-pa
Volksvermögen (n)	རྒྱལ་འབངས་ཀྱི་སྟོབས་འབྱོར་	gyel-wang-kyi tohb-dschyor
Volksvertreter (m)	མི་མང་འཐུས་མི་	mi-mang thü-mi

Volkswirtschaft (f)	མི་མང་གི་དཔལ་འབྱོར་	mi-mang-gyi phel-dschyor
Volkswirtschaftslehre (f)	མི་མངས་དཔལ་འབྱོར་རིགས་གནས་	mi-mang pel-jor rig-nhä
Volkszählung (f)	མི་མགོ་གྲངས་བཤེར་	mi-go d(r)hang-schher
vollauf	ཁེངས་པ་	khäng-pa
Vollbart (m)	རྒྱ་	gya
Vollblut (m)	རིགས་རྒྱུད་གཙང་མ་	rig-gyüh tsang-ma
vollbringen	དོན་དག་སྨིན་པ་	dhön-dhag sön-pa
vollenden	གྲུབ་པ་	d(r)hub-pa
Vollendung (f)	མཐར་འཕྱིན་	thar-tschhyin
Volljährigkeit (f)	ན་ཚོད་ལོང་པའི་སྐྱེ་བོ་	na-tzöh long-pae kye-wo
vollkommen	ཡང་དག་པ་	jang-dhag-pa
Vollkommenheit (f)	ཡང་དག་	jang-dhag
vollständig	ཡོངས་སུ་རྫོགས་པ་	jong-su dzog-pa
vollstopfen*	ཚོད་མེད་དུ་འགེང་པ་	tzöh-meh-dhu geng-pa
vollstrecken	སོག་ཐོག་གཏོང་བ་	sog-thog tong-wa
Vollversammlung (f)	རྒྱལ་སྤྱིར་ཚོགས་ཆེན་	gyel-tschyir tzog-tschhen
Vollwaschmittel (n)	ཁྲུས་རྫས་	t(r)hü-dzä
vollwertig	འདང་ངེས་ཀྱི་	dang-ngä-kyi
Vollwertkost (f)	གྲོ་ཟན་ཧྲིལ་པོ་	d(r)ho-sehn h(r)il-po
vollziehen	ལག་ལེན་བསྟར་པ་	lag-len tahr-pa
Vollzug (m)*	ཉེས་ཆད་གཏོང་ཚུལ་	nyä-tschheh tong-tzül
Vollzugsanstalt (f)*	ཉེས་ཆད་སྒྲིག་འཛུགས་ཁང་	nyä-tschheh d(r)hig-dzug-khang
Vollzugsbeamter (m)	བཙོན་ཁང་ལས་བྱེད་	tsön-khang lä-dscheh

Volt (n)	གློག་ཤུགས་ཚད་གཞི་	lhog-schhug tzeh-schi
Voltmeter (n)	གློག་ཤུགས་འཇལ་ཆས་	lhog-schhug dschel-tschhä
Volumen (n)	བོང་ཚད་	schhong-tzeh
voneinander	གཅིག་གིས་གཅིག་ལ་	tschig-gi tschig-la
Vorabend (m)	སྔ་ཉིན་	ngha-nyin
Vorahnung (f)	སྔ་ལྟས་ཀྱི་ཚོར་སྣང་	ngha-tä-kyi tzor-nhang
vorangehen	སྔོན་དུ་འགྲོ་བ་	nghön-dhu d(r)ho-wa
Vorankündigung (f)	སྔོན་བསྒྲགས་	nghön-d(r)hag
Voranmeldung (f)*	སྔོན་བརྡ་	nghön-da
Voranschlag (m)	འཆར་རྩིས་	tschhar-tsi
vorantreiben	གོང་དུ་བསྐུལ་བ་	ghong-dhu kül-wa
Vorarbeit (f)	མང་གཞིའི་ལས་ཀ་	mhang-schii lä-ka
Vorarbeiter (m)	ལས་དཔོན་	lä-pön
vorausahnen	སྔ་ལྟས་ཀྱི་ཚོར་སྣང་བྱུང་བ་	ngha-tä-kyi tzor-nhang dschung-wa
vorausbezahlen	སྔ་འདོན་སྤྲོད་པ་	ngha-dön t(r)heh-pa
vorausbezahlt	སྔ་འདོན་སྤྲོད་ཟིན་པ་	ngha-dön t(r)heh-sihn-pa
vorausgesetzt	ཡིན་པར་ཆ་མཆོན་ན་	jin-par tschha-tzön-na
vorausplanen	སྔོན་དུ་འཆར་གཞི་འདིང་བ་	nghön-dhu tschhar-schi ding-wa
Voraussage (f)	མངོན་ཤེས་	nghön-schhä
voraussagen	མངོན་ཤེས་བཤད་པ་	nghön-schhä schheh-pa
voraussehen	སྔོན་ཚུད་ནས་མཐོང་བ་	nghön-tzüh-nä thong-wa
voraussetzen	ཉེ་བར་མཁོ་བ་	nye-war kho-wa
Voraussetzung (f)	སྔོན་འགྲོའི་ཆ་རྐྱེན་	nghön-d(r)hae tschha-kyen
Voraussicht (f)	མ་འོངས་སྔོན་མཐོང་	ma-wong nghön-thong

vorbehaltlos	སྔབས་བསྟུན་མ་དགོས་པའི་	tahb-tühn mi-gö-pae
vorbereiten	གྲ་སྒྲིག་བྱེད་པ་	d(r)ha-d(r)hig dschye-pa
Vorbereitung (f)	གྲ་སྒྲིག་	d(r)ha-d(r)hig)
Vorbereitungszeit (f)	གྲ་སྒྲིག་གི་ཡུན་ཚད་	d(r)ha-d(r)hig)-gi jün-tzeh
vorbestellen*	སྔོན་མངག་བྱེད་པ་	nghön-ngag dschye-pa
vorbeugen	སྔོན་འགོག་བྱེད་པ་	nghön-gog dschye-pa
vorbeugend	སྔོན་འགོག་གི་	nghön-gog-gi
Vorbeugung (f)	སྔོན་འགོག་	nghön-gog
Vorbild (n)	མིག་ལྟོས་	mig-tö
vorbildlich	མིག་དཔེར་འོས་པའི་	mig-per wö-pae
Vorbote (m)	བང་ཆེན་	bhang-tschhen
Vordach (n)	གནམ་ཡོལ་	nham-jöl
vordatieren	ཚེས་གྲངས་སྔ་འགོད་བྱེད་པ་	tzä-d(r)hang ngha-göh dschye-pa
Vordenker (m)	བཤེས་གཉེན་	schhä-nyen
Vordergrund (m)	མདུན་ངོས་	dün-ngö
Vorderrad (n)	མདུག་གི་འཁོར་ལོ་	dün-gi khor-lo
Vorderseite (f)	ངོས་ཕྱོགས་	ngö-tschhyog
Vordertür (f)	མདུན་སྒོ་	dün-go
vordringen	སྔོན་དུ་སྐྱོད་པ་	nghön-dhu kyöh-pa
vordringlich	ཛ་དྲག་གི་	dza-d(r)hag-gi
vorehelich	གཉེན་སྒྲིག་མ་བྱས་གོང་གི་	nyen-d(r)hig ma-dschyä ghong-gi
voreingenommen	ལྷོ་ན་ཁ་བསྒྱུར་གྱི་	lho-nha kha-gyur-gyi
Voreingenommenheit (f)	ཕྱོགས་ལྷུང་	tschhyog-hlung

vorenthalten	བཀག་སྐྱིལ་བྱེད་པ་	kag-kyil dschye-pa
Vorentscheidung (f)	སྔོན་འགྲོའི་གཏན་འབེབས་	nghön-d(r)höe tehn-beb
vorerst	སྔོན་ལ་	nghön-la
Vorfahr (m)	མི་རབས་གོང་མ་	mi-rab ghong-ma
Vorfall (m)	འཕྲལ་རྐྱེན་	t(r)hel-kyen
vorfallen	སྐབས་འཁེལ་བ་	kab-khel-wa
vorfinden	རྙེད་པ་	nyeh-pa
Vorfreude (f)	རེ་འདུན་	re-dün
vorführen	འཕྲབ་སྟོན་བྱེད་པ་	t(r)hab-töhn dschye-pa
Vorführung (f)	འཁྲབ་སྟོན་	t(r)hab-töhn
Vorgang (m)	ལས་སྟོན་བྱེད་སྟངས་	lä-nhön dschyeh-tang
Vorgänger (m)	ལས་འཛིན་སྔོན་མ་	lä-dzin nghön-ma
vorgeben	རྫུ་བག་བྱེད་པ་	dzu-bhag dschye-pa
vorgeschichtlich	གདོད་མའི་དུས་ཀྱི་	döh-mye dhü-kyi
Vorgeschmack (m)	སྔོན་ཆུད་ཀྱི་ཚོར་བ་	nghön-tzüh-kyi tzor-wa
Vorgesetzter (m)	གོ་གཙོ་	gho-tso
vorgestern	ཁ་ཉིན་	kha-nyin
vorhaben	བྱེད་འཆར་སྟོན་པ་	dschyeh-tschhar töhn-pa
vorhalten	འགན་ཁག་གཡུག་པ་	gen-khag jhug-pa
Vorhaltung (f)	ཁག་འདོགས་	khag-dog
Vorhandensein (n)	ཡོད་ཚུལ་	jöh-tzül
Vorhang (m)	ཡོལ་བ་	jol-wa
Vorhängeschloss (n)	སྒོ་ལྕགས་	go-tschag
vorher	སྔོན་དུ་	nghön-dhu

vorherbestimmen	སྔོན་ལས་སུ་བསྐོད་པ་	nghön-lä-su köh-pa
Vorherrschaft (f)	དབང་སྒྱུར་	wang-gyur
vorherrschen	དབང་སྒྱུར་བྱེད་པ་	wang-gyur dschye-pa
vorherrschend	དབང་ཤུགས་ཆེ་བའི་	wang-schhug tschhe-wye
Vorhersage (f)	སྔོན་བརྡ་	nghön-da
vorhersagen	སྔོན་བརྡ་བཏོང་བ་	nghön-da tong-wa
vorhersehen	སྔོན་ཚུད་ནས་མཐོང་བ་	nghön-tzüh-nä thong-wa
Vorhut (f)	མདུན་སྐྱོད་རུ་ཁག་	dün-kyöh ru-khag
vorig	གོང་གི་	ghong-gi
Vorkämpfer (m)	མདུན་སྐྱོད་དཔུང་སྡེ་	dün-kyö pung-de
vorkauen	སོས་ལྡད་པ་	sö deh-pa
Vorkehrung (f)	ཉིན་གཡོལ་	nyin-jhöl
vorladen	འབོད་འགུགས་བྱེད་པ་	böh-gug dschye-pa
Vorladung (f)	འགུགས་རྒྱ་	gug-gya
vorläufig	གནས་སྐབས་ཀྱི་	nhä-kab-kyi
Vorlesung (f)	ལེགས་འཆར་	leg-tschhar
Vorliebe (f)	དགའ་འདེམས་	ga-däm
Vormittag (m)	ཞོགས་པ་	schog-pa
Vormund (m)	ལྟ་སྐྱོང་བྱེད་པོ་	ta-kyong dschye-po
Vormundschaft (f)	འཛོ་འཛིན་གྱི་གོ་གནས་	tzo-dzin-gyi gho-nhä
Vorname (m)*	འབོད་མིང་	böh-ming
vornehm	ཁྱད་པར་དུ་འཕགས་པ་	khyeh-par-dhu phag-pa
Vorort (m)	གྲོང་ལག་	d(r)hong-lag
Vorplatz (m)	མདུན་ར་	dün-ra
Vorposten (m)	རྒྱང་སོ་ཁང་	gyang-so-khang

vorrangig	གལ་གནད་དང་པོ་	gel-neh dhang-po
Vorrat (m)	རྒྱུ་ཆ་	gyu-tschha
Vorrecht (n)	དགག་ཆ་མེད་པའི་ཐོབ་ཐང་	gag-tschha meh-pye thob-thang
Vorrichtung (f)*	སྒྲིག་ཆ་	d(r)hig-tschha
Vorsatz (m)	དམིགས་དོན་	mhig-dhön
vorsätzlich	བསམ་བཞིན་དུ་བྱས་པའི་	sam-schin-dhu dschyä-pae
Vorschau (f)	སྔོན་འཆད་བལྟ་ཞིབ་	nghön-tzüh ta-schib
vorschiessen*	སྔོན་སྟོད་གཏོང་བ་	nghön-t(r)höh tong-wa
Vorschlag (m)	བསམ་འཆར་	sam-tschhar
Vorschlag (m), hon.	དགོངས་འཆར་	gong-tschhar
vorschlagen	གྲོས་འཆར་འདོན་པ་	d(r)hö-tschhar dön-pa
vorschreiben	ཆ་རྐྱེན་ཁ་གསལ་འགོད་པ་	tschha-kyen kha-sel göh-pa
Vorschrift (f)	སྒྲིག་སྲོལ་གཏན་འབེབས་	d(r)hig-söl tehn-beb
vorsehen	འཆར་གཞི་འདིང་བ་	tschhar-schi ding-wa
Vorsehung (f)	རྗེས་ཡོང་སྔོན་དུན་གྱི་ཐབས་ཤེས་	dschä-jong nghön-d(r)hen-gyi thab-schhä
Vorsicht (f)	དོགས་ཟོན་	dog-söhn
vorsichtig	གཟབ་ནན་	sahb-nen
Vorsilbe (f)	སྔོན་འཇུག་	nghön-dschug
Vorsitzender (m)	ཚོགས་གཙོ་	tzog-tso
Vorspeise (f)*	སྔོན་འགྲོའི་གསོལ་སྟོན་	nghön-d(r)höe söl-töhn
vorsprechen	དགག་ནས་འདོན་པ་	ngag-nä dön-pa
Vorstadt (f)	ཉེ་བའི་གྲོང་སྡེ་	nye-wae d(r)hong-de
Vorstand (m)	འགོ་ཁྲིད་ཚོགས་ཆུང་	go-t(r)hih tzog-tschhung

vorstellbar	ཡིད་ལ་འཆར་འོས་པ་	jih-la schhar-wö-pa
Vorstrafe (f)	སྔོན་གྱི་ཉག་ཉེས་ར་སྦྱོད་	nghön-gyi nag-nyä ra-t(r)hö
Vorstufe (f)	སྔོན་འགྲོའི་ལས་ཁྲི་	nghön-d(r)höe lä-t(r)hi
vortäuschen	ཟོག་རྫུ་བྱེད་པ་	sohg-dzu dschye-pa
Vorteil (m)	དགེ་མཚན་	ge-tzen
vorteilhaft	དགེ་མཚན་ཅན་	ge-tzen-tschen
Vortrag (m)	ཚོགས་བཤད་	tzog-schheh
vortrefflich	མཆོག་ཏུ་གྱུར་པ་	tschhog-tu gyur-wa
Vortritt (m)	གོང་རིམ་	ghong-rim
vorüber	ཕར་ཕྱོགས་སུ་	phar-tschhyog-su
vorübergehend	མྱུར་སྐྱོད་བྱེད་པའི་	nyur-kyöh dschyeh-pae
Vorurteil (n)	ཕྱོགས་ལྷུང་	tschhyog-hlung
vorurteilsfrei	ཕྱོགས་ལྷུང་མེད་པའི་	tschhyog-hlung meh-pae
Vorverurteilung (f)	ཕྱོགས་ལྷུང་གི་ཐག་གཅོད་	tschhyog-hlung-gi thag-tschöh
Vorwahl (f)	སྔོན་འགྲོའི་འོས་བསྡུ་	nghön-d(r)höe wö-du
Vorwand (m)	ཁག་འདོགས་	khag-dog
vorwärts	ཡང་འདྲི་	jang-d(r)hi
vorwärtskommen	མདུན་སྐྱོད་བྱེད་པ་	dün-kyöh dschye-pa
vorwiegend	དབང་ཤུགས་ཆེར་སོན་གྱི་	wang-schhug tser-sön-gyi
Vorwort (n)	སྔོན་བརྗོད་	nghön-dschöh
Vorwurf (m)	སྐྱོན་འཛུགས་	kyön-dzug
vorwurfsvoll	སྐྱོན་འཛུགས་ཀྱི་	kyön-dzug-kyi
Vorzeichen (n)	རྟགས་མཚན་	tahg-tzen
vorzeigbar	སྟོན་འོས་པའི་	tehn-wö-pae

vorzeitig	སྔ་ཐལ་གྱི་	ngha-thel-gyi
Vorzug (m)	དགའ་འདེམས་	ga-däm
vorzüglich	ཁྱད་དུ་འཕགས་པའི་	khyeh-dhu phag-pae
vorzugsweise	དགའ་འདེམས་བྱས་ན་	ga-däm dschyä-na
Votum (n)	འོས་བསྡུ་	wö-du
vulgär	མ་རབས་ཐ་ཤལ་	ma-rab tha-schhel
Vulkan (m)	མེ་རི་	me-ri
vulkanisch	མེ་རིའི་	me-rie

W

Waage (f)	རྒྱ་མ་	gya-ma
waagerecht	འཕྲེད་ལ་	t(r)he-la
Wabe (f)	སྦྲང་ཚང་	d(r)hang-tzang
WC (n)	ཆུ་འབབ་ཆབ་གཞོང་	tschhu-bab tschhab-schong
wach	སད་ནས་ཡོད་པ་	seh-nä jöh-pa
Wache (f)	སྒོ་རགས་པ་	go-rag-pa
Wachholder (m)	ཤུག་པ་	schhug-pa
Wachholder-beere (f)	ཤུག་པའི་ལུམ་འབྲས་	schhug-pae lum-d(r)hä
Wachhund (m)	སྒོ་ཁྱི་	go-khyi
wachrufen	འགུག་པ་	gug-pa
Wachs (n)	སྤྲ་ཚིལ་	t(r)ha-tzil
wachsam	མེལ་ཚེ་ཅན་	mel-tze-tschen
Wachsamkeit (f)	མེལ་ཚེ་གཡེལ་མེད་	mel-tze jhel-meh
wachsen	ས་ཚེ་བྱུགས་པ་	sa-tzi dschyug-pa

wachsen, biol.	སྐྱེ་བ་	kye-wa
Wachstum (n)	སྐྱེ་སྟོབས་	kye-tohb
Wachtel (f)	བྱ་སྲེག་པ་	dschya seg-pa
Wächter (m)	ས་སྐྱོང་བྱེད་པོ་	ta-kyong dschye-po
Wachturm (m)	བྱ་རའི་ཚོགས་མཁར་	dschya-rae tschog-khar
wackelig	ཁྱ་རེ་ཁྱོར་རེར་	khya-re khyor-rer
wackeln	ཁྱ་རེ་ཁྱོར་རེ་བྱེད་པ་	khya-re khyor-re dschye-pa
Wade (f)	ཉ་ཧྲིལ་	nya-h(r)hil
Waffe (f)	མཚོན་ཆ་	tzön-tschha
Waffenhandel (m)	མཚོན་ཆའི་ཚོང་ལས་	tzön-tschhae tzong-lä
Waffenhändler (m)	མཚོན་ཆའི་ཚོང་པ་	tzön-tschhae tzong-pa
Waffenruhe (f)	མི་འཕེན་མཚམས་འཇོག་	me-phen tzam-dschog
wagemutig	སྙིང་སྟོབས་ཅན་	nying-tohb-tschen
wagen	ནུས་པ་	nü-pa
Wagen (m)	འདྲེན་འཁོར་	d(r)hen-khor
Wagenladung (f)	དོས་སྐྱེལ་ལྷང་འཁོར་གང་གི་ཚད་	dö-kyel lhang-khor ghang-gi tzeh
waghalsig	ཁུལ་ཕེད་ཅན་	tühl-pheh-tschen
Wahl (f)	འདམ་ག་	dam-ga
wählbar	འོས་ཆོས་ལྡན་པའི་	wö-tschhö den-pae
Wahlbeteiligung (f)	འོས་གྲངས་	wö-d(r)hang
Wahlbezirk (m)	འོས་བསྡུའི་རྫོང་ཁོངས་	wö-due dzong-khong
wählen	འོས་ཕོག་འཕེན་པ་	wö-tschhog phen-pa
Wähler (m)	འོས་བསྡུ་བ་	wö-du-wa
Wahlergebnis (n)	འོས་བསྡུའི་གྲུབ་འབྲས་	wö-due d(r)hum-d(r)hä

Deutsch	Tibetisch	Transkription
Wählerschaft (f)	འོས་བསྡུའི་འདུས་ཚོགས་	wö-due dü-tzog
Wahlgang (m)	གསང་བའི་འོས་བསྡུ་	sang-wae wö-du
Wahlkabine (f)	འོས་བསྡུའི་སྒྱིལ་བུ་	wö-due tschyil-bhu
Wahlkreis (m)	འོས་འདེམ་ས་ཁུལ་	wö-dem sa-khül
Wahlniederlage (f)*	འོས་བསྡུ་ཕམ་ཤོར་	wö-du pham-schhor
Wahlrecht (n)	འོས་བསྡུའི་ཐོབ་ཐང་	wö-düe thob-thang
Wahlsieg (m)*	འོས་བསྡུ་རྒྱལ་བ་	wö-du gyel-wa
Wahlsystem (n)*	འོས་བསྡུའི་སྒྲིག་འཛུགས་	wö-due d(r)hig-dzug
wahlweise	རེས་མོས་བྱས་ཏེ་	re-mö dschyä-te
Wahn (m)	འཁྲུལ་སྣང་	t(r)hül-nhang
Wahnsinn (m)	རིག་འཚོ་མ་ཟིན་པ་ཉིད་	rig-tzo ma-sihn-pa nyih
wahr	བདེན་པ་	dön-pa
wahrhaft	བདེན་དོན་གྱི་	den-dhön-gyu
Wahrheit (f)	བདེན་པ་	den-pa
Wahrheit, endgültige (f), rel.	དོན་དམ་བདེན་པ་	dön-dham den-pa
wahrnehmen	ཡིད་ལ་བྱེད་པ་	jih-la dsche-pa
Wahrnehmung (f)	ཚོར་སྣང་	tzor-nhang
wahrsagen	མངོན་ཤེས་བཤད་པ་	nghön-schhä schheh-pa
Wahrsagung (f)	མངོན་ཤེས་	nghön-schhä
wahrscheinlich	བདེན་སྲིད་པའི་	den-sih-pae
Wahrscheinlichkeit (f)	སྲིད་རུང་	sih-rung
Währung (f)	དངུལ་	ngül
Währungs-system (m)	དངུལ་གྱི་ལམ་ལུགས་	ngül-gyi lam-lug
Wahrzeichen (n)	མཚོན་རྟགས་	tzön-tahg

waidmännisch	ཁྱི་ར་བའི་	khyi-ra-wae
Waise (f)	ད་ཕྲུག་	dha-t(r)hug
Waisenhaus (n)	ད་ཕྲུག་ཁང་	dha-t(r)hug-khang
Wald (m)	ཤིང་ནགས་	schhing-nag
waldig	ནགས་ལྡན་	nag-den
Waldland (n)	ནགས་ལྗོང་	nag-dschong
Walfisch (m)	ཉ་བོ་ཆེ་	nya-wo-tschhe
Wall (m)	རགས་	rag
Wallfahrt (f)	གནས་སྐོར་	nhä-kor
Wallfahrtsort (m)*	གནས་སྐོར་ས་གནས་	nhä-kor sa-nhä
Walnuss (f)	སྟར་ཀ་	tahr-ka
Walross (n)	མཚོ་གླང་	tzo-lhang
Walze (f)	འདྲིལ་ཆགས་	d(r)hil-tschag
walzen	འདྲིལ་བ་	d(r)hil-wa
Wand (f)	གྱང་	gyang
Wandbrett (n)	བང་ཁྲི་	bhang-t(r)hi
Wandel (m)	འགྱུར་ལྡོག་	gyur-dog
wandeln	འགྱུར་བ་	gyur-wa
Wanderarbeiter (m)*	སྐོར་བསྐྱོད་ལས་རྩོལ་པ་	kor-kyöh lä-tsöl-pa
Wanderausstellung (f)*	སྐོར་བསྐྱོད་འགྲེམ་སྟོན་	kor-kyöh d(r)hem-töhn
Wanderer (m)	རྐང་འགྲོས་བྱེད་མཁན་	kang-d(r)hö dschyeh-khen
wandern	རྐང་འགྲོས་བྱེད་པ་	kang-d(r)hö dschye-pa
Wanderverein (m)	རྐང་འགྲོས་སྐྱིད་སྡུག་	kang-d(r)hö kyih-dug
Wanderweg (m)	རྐང་ལམ་	kang-lam

Wandgemälde (n)	ལྡེབས་རིས་	deb-ri
Wandlung (f)	འགྱུར་ལྟོག་	gyur-tohg
wandlungsfähig	འགྱུར་དུ་རུང་བ་	gyur-dhu rung-wa
Wandtafel (f)	ནག་པང་	nag-pang
Wandzeitung (f)	གྱང་ཡིག་	gyang-jig
Wange (f)	འགྲམ་པ་	d(r)ham-pa
wanken	ཕར་འགུལ་ཚུར་འགུལ་བྱེད་པ་	phar-gül tzur-gül dschye-pa
wann	ག་དུས་	gha-dhü
Wanne (f)	གཞོང་པ་	schong-pa
Ware (f)	ཅ་ལག་	tscha-lag
Ware (f), econ.	ཐོན་ཟོག་	thön-sohg
Warenangebot (n)	དངོས་ཟོག་དགོས་མཁོ་	nghö-sohg gö-kho
Warenbestand (m)	དངོས་པོའི་རྟེན་གཞི་	nghö-pöe tehn-schi
Warenlager (n)	ཟོང་ཁང་	sohng-khang
Warenumschlag (m)	དངོས་པོ་འཇིན་གཏོང་	nghö-po d(r)hin-tong
Warenwert (m)	ཚོང་ཟོང་གི་རིན་ཐང་	tzong-sohng-gi rin-thang
Warenzeichen (n)	ཐོན་ཟོག་གི་ཚོང་རྟགས་	thön-sohg-gi tzong-tahg
warm	དྲོ་པོ་	d(r)ho-po
Wärme (f)	ཚ་དྲོད་	tza-d(r)höh
wärmen	དྲོན་མོ་བཟོ་བ་	d(r)hön-mo soh-wa
warmblütig	ཁྲག་དྲོན་མོ་ཅན་	t(r)hag d(r)hön-mo-tschen
wärmebeständig	ཚ་དྲོད་འགོག་ནུས་ཅན་	tza-d(r)höh gog-nü-tschen
Wärmeenergie (f)*	ཚ་དྲོད་ཀྱི་ནུས་ཤུགས་	tza-d(r)höh-kyi nü-schhug
Wärmekraftwerk (n)*	ཚ་དྲོད་ཀྱི་གློག་ཁང་	tza-d(r)höh-kyi lhog-khang

Wärmetechnik (f)*	ཚ་དྲོད་ཀྱི་འཕྲུལ་ལས་རིག་པ་	tza-d(r)höh-kyi t(r)hyül-lä rig-pa
warmherzig	སེམས་བཟང་པོ་	säm-sang-po
warnen	ཉེན་བརྡ་གཏོང་བ་	nyen-da tong-wa
Warnung (f)	ཉེན་བརྡ་	nyen-da
Wartehalle (f)	སྒུག་སྡོད་ཁང་	gug-döh-khang
Warteliste (f)	སྒུག་ཐོ་	gug-tho
warten	སྒུག་པ་	gug-pa
Wärter (m)	རིམ་འགྲོ་པ་	rim-d(r)ho-pa
Wartesaal (m)	སྒུག་སྡོད་ཚོགས་ཁང་	gug-döh tzog-khang
Wartezimmer (n)	སྒུག་སྡོད་ཁང་	gug-döh-khang
Wartung (f)	བདག་བཅེས་	deg-tschä
warum	ག་རེ་བྱས་ནས་	gha-re dschä-nä
Warze (f)	མཛེར་པ་	dzer-pa
was	ག་རེ་	gha-re
waschbar	འཁྲུད་རུང་	t(r)hüh-rung
Waschbecken (n)	ཁྲུས་གཞོང་	t(r)hü-schong
waschen	འཁྲུད་པ་	t(r)hüh-pa
Wäscherei (f)	བཙོ་བླག་ཁང་	tso-lhag-khang
Wäschetrockner (m)	སྐམ་བྱེད་	kam-dschyeh
Waschmaschine (f)	བཙོ་བླག་འཕྲུལ་འཁོར་	tso-lhag t(r)hül-khor
Waschpulver (n)	ཁྲུས་རྫས་	t(r)hü-dzä
Waschzeug (n)	ཁྲུས་ཀྱི་ཡོ་ཆས་	t(r)hü-kyi jo-tschhä
Wasser (n)	ཆུ་	tschhu
Wasser (n), hon.	ཆབ་	tschhab

Wasserdampf (m)	རླངས་པ་	lhang-pa
wasserdicht	ཆུ་མི་འཛུར་བའི་	tschhu mi-sihr-wae
Wasserfall (m)	འབབ་ཆུ་	bab-tschhu
Wasserfarbe (f)	ཆུ་ཚོན་	tschhu-tzön
wässerig	ཆུ་ལྦ་ལྟབ་	tschhu-hlab-hlab
Wasserkessel (m)	ཆུ་སྡོད་	tschhu-nhöh
Wasserkraft (f)	ཆུ་ཤུགས་	tschhu-schhug
Wasserkraftwerk (n)	ཆུ་ཤུགས་གློག་འདོན་ཁང་	tschhu-schhug lhog-dön-khang
Wasserlebewesen (n)	ཆུ་སྐྱེས་སྲོག་ཆགས་	tschhu-kyä sog-tschhag
Wasserlilie (f)	ཆུ་པདྨ་	tschhu peh-ma
Wassermühle (f)	ཆུ་འཐག་	tschhu-thag
Wasserpflanze (f)	ཆུ་ནང་གི་རྩི་ཤིང་	tschhu-nang-gi tsi-schhing
Wasserpumpe (f)	ཆུ་འབྱིན་འབུལ་འཁོར་	tschhu-then t(r)hül-khor
Wasserrad (n)	ཆུ་འཁོར་	tschhu-khor
Wasserschildkröte (f)	རྒྱ་མཚོའི་རུས་སྦལ་	gya-tzöe rü-bel
Wasserstand (m)	ཆུའི་མཐོ་ཚད་	tschhue tho-tzeh
Wasserstoff (m)	ཡང་རླུང་	jang-lhung
Wasserstoffbombe (f)	ཡང་རླུང་འབར་མདེལ་	jang-lhung bar-del
Wasserstrasse (f)	མཚོ་ལམ་	tzo-lam
Wassertier (n)	ཆུ་ནང་གི་སྲོག་ཆགས་	tschhu-nang-gi sog-tschhag
Wasserturbine (f)	ཆུ་འགུལ་མ་འཁོར་	tschhu-gül ma-khor
Wasserweg (m)	ཚོ་ལམ་	tzo-lam
Wasserwerk (n)	ཆུ་མཛོད་བཟོ་ལས་	tschhu-dzöh soh-lä

Wasserzeichen (n)	ཆུ་རིས་	tschhu-ri
watscheln	ངང་འགྲོས་རྒྱག་པ་	ngang-d(r)hö gyag-pa
Watte (f)	ཤིང་བལ་	schhing-bhel
WC (n)	ཆུ་འབབ་ཆབ་གཞོང་	tschhu-bab tschhab-schong
weben	ཐགས་འཐག་པ་	thag thag-pa
Weber (m)	ཐ་ཀ་པ་	tha-ka-pa
Weberei (f)	ཐགས་ལས་	thag-lä
Webstuhl (m)	ཐགས་ཁྲི་	thag-t(r)hi
Wechsel (m)	བརྗེ་ལེན་	dsche-len
Wechselbeziehung (f)	ཕན་ཚུན་གྱི་འབྲེལ་བ་	phen-tzün-gyi d(r)hel-wa
Wechselgeld (n)	དངུལ་བརྗེ་	nghü-dsche
wechselhaft	འགྱུར་བ་ཅན་	gyur-wa-tschen
Wechseljahre (f)	ཟླ་མཚན་ཆད་མཚམས་ཀྱི་ན་ཚོད་	dha-tzen tschheh-tzam-kyi na-tzöh
Wechselkurs (m)	འཛའ་ཐང་	dza-thang
wechseln	བརྗེ་ལེན་བྱེད་པ་	dsche-len dschye-pa
wechselseitig	ཕན་ཚུན་བརྗེ་རེས་	phen-tzün dschye-re
Wechselstrom (m)	གཏོང་ལེན་གློག་	tong-len-lhog
wechselweise	རེས་མོས་བྱས་ཏེ་	rä-mö dschyä-te
Wechselwirkung (f)	གཅིག་ལན་གཅིག་འཇལ་གྱི་འབྲེལ་བ་	tschig-len tschig-dschel-gyi d(r)hel-wa
wecken	གཉིད་དཀྲོག་པ་	nyih t(r)hog-pa
Wecker (m)	དྲིལ་སྒྲུན་ཆུ་ཚོད་	d(r)hil-den tschhu-tzö
Weckruf (m)*	ལང་བརྡའི་སྐད་འབོད་	lang-dae keh-böh
Weg (m)	འགྲོ་ལམ་	d(r)ho-lam

Deutsch	Tibetisch	Umschrift
Wegbeschreibung (f)*	ལམ་ཕྱོགས་སྟོན་བརྡ་	lam-tschhyog töhn-da
wegen	རྒྱུ་མཚན་གྱིས་	gyu-tzen-gyi
wegfahren	ཐོན་འགྲོ་བ་	thön d(r)ho-wa
weggeben	སྤྲེར་པ་	tehr-pa
wegjagen*	ཕྱི་ལ་ཕུད་པ་	tschhyi-la phüh-pa
Wegrand (m)	ལམ་ཟུར་	lham-suhr
wegweisend	འཁོར་སྐྱོད་ཀྱི་	khor-kyöh-kyi
Wegweiser (m)*	ལམ་རྟགས་	lam-tahg
wegwerfen	བདེ་མེད་འཕང་བ་	de-meh phang-wa
Wegwerfwindel (f)	ཕྲུ་གུའི་ཚབ་གདན་	t(r)hu-gue tschhab-dhen
wegziehen	ཕར་འགུལ་བ་	phar gül-wa
wegwischen	ཤུལ་མེད་བཟོ་བ་	schhül-meh soh-wa
wehen	རླུང་གིས་དེད་པ་	lhung-gi dheh-pa
Wehklage (f)	ཚོ་རེ་	tschho-nge
wehklagen	ཚོ་རེ་འདོན་པ་	tschho-nge dön-pa
Wehmut (f)	ཡིད་གདུང་	jih-dung
wehmütig	ཡིད་གདུང་ཅན་	jih-dung-tschen
wehrlos	སྲུང་སྐྱོབ་མེད་པའི་	sung-kob meh-päe
wehtun	སེམས་ལ་ཕོག་པ་	säm-la phog-pa
Weiblichkeit (f)	བུད་མེད་ཀྱི་རང་གཞིན་	bhü-meh-kyi rang-schin
weich	འཇམ་པོ་	dscham-po
weichen (zurückweichen)	ཕྱིར་ཞིག་	tschhyir-schhig
weichen	བངས་བ་	bhang-wa
weichherzig	སེམས་ཆུང་	säm-tschhung

Weichling (m)	སྟོབས་མེད་	tohb-meh
Weide (f)	རྩྭ་ཐང་	tsa-thang
Weide (f), bot.	ལྕང་མ་	tschang-ma
weiden	ཕྱུགས་རྩྭ་ཁར་འཚོ་བ	tschhyug tsa-khar tzo-wa
weigern	ཁས་ལེན་མི་བྱེད་པ	khä-len mi-dschye-pa
Weigerung (f)	ཁས་མི་ལེན་པ	khä-mi len-pa
Weihe (f) rel.	མངའ་གསོལ་	ngha-söl
weihen	མངའ་གསོལ་བ	ngha söl-wa
Weiher (m)	རྫིང་ཆུ་	dzing-tschhu
Weihnachten (n)	ཡེ་ཤུའི་འཁྲུངས་སྐར་དུས་ཆེན་	ji-schhue t(r)hung-kar dhü-tschhen
Weihnachts-baum (m)	ཡེ་ཤུའི་འཁྲུངས་སྐར་སྡོང་པོ་	ji-schhue t(r)hung-kar dong-po
Weihnachts-mann (m)	འཁྲུངས་སྟོན་མེས་པོ་	t(r)hung-töhn mä-po
Weihrauch (m)	བདུག་སྤོས་	dug-pö
Wein (m)	རྒུན་ཆང་	gün-tschhang
Weinbau (m)	རྒུན་འབྲུམ་འདེབས་ལས་	gün-d(r)hum deb-lä
Weinberg (m)	རྒུན་འབྲུམ་ཞིང་ར་	gün-d(r)hum sching-ra
weinen	དུ་བ	ngu-wa
weinen (hon.)	བཤུམས་པ	schhum-pa
Weinlese (f)	རྒུན་འབྲུམ་བསྡུ་བའི་ནམ་དུས་	gün-d(r)hum du-wae nam-dhü
Weintraube (f)	རྒུན་འབྲུམ་	gün-d(r)hum
weitläufig	རྒྱ་ཆེ་	gya-tschhe
weitherzig	དགོངས་ཡངས་	gö-jang
weise	ཤེས་པ་ཅན་	schhä-pa-tschen

Weisheit (f)	བློ་གྲོས་	lho-d(r)hö
weiss	དཀར་པོ་	kar-po
weissagen	མངོན་ཤེས་བཤད་པ་	nhön-schhä schheh-pa
Weissagung (f)	མངོན་ཤེས་	nhön-schhä
Weisung (f)	བཀོད་ཁྱབ་	köh-khyab
weit	རྒྱ་ཆེན་པོ་	gya-tschhen-po
weitab	ཐག་རིང་པོ་	thag-ring-po
Weitblick (m)	སྔ་ལྟས་	ngha-tä
weitblickend	མིག་རྒྱང་རིང་པོ་	mig-gyang ring-po
Weite (n)	རྒྱང་ཐག་འབར་ཐག་	gyang-thag bhar-thag
weiten	རྒྱ་ཆེ་རུ་གཏོང་བ་	gya-tschhe-ru tong-wa
weiterführen	རྒྱུན་བསྲིང་བ་	gyün sing-wa
weiterhin	མུ་མཐུད་པ་	mu-thü-pa
weitsichtig	རྒྱང་མིག་གསལ་པོ་	gyang-mig sel-po
Weitspringen (n)	རྒྱང་མཆོང་	gyang-tschhong
weitverbreitet	རྒྱ་ཆེར་ཁྱབ་པའི་	gya-tschher khyab-pae
Weizen (m)	གྲོ་	d(r)ho
Weizenmehl (n)	གྲོ་ཞིབ་	d(r)ho-schib
Weizenstroh (n)	གྲོ་སོག་	d(r)ho-sog
welch	ག་རེ་	gha-re
welken	རྙིད་པ་	nyih-pa
Wellblech (n)	ལྕགས་ཤོག་གཉེར་སུལ་ཅན་	tschag-schhog nyer-sül-tschen
Welle (f)	བ་རླབས་	ba-lhab
Wellenbereich (m), phys.*	ལྷོག་རྒྱུན་འཕེལ་འགྲིབ་ཀྱི་རྒྱ་འཁྱོན་	lhog-gyün phel-d(r)hib-kyi gya-khyön

wellenförmig	རླབས་དང་འདྲ་བའི་	lhab-dhang d(r)ha-wae
Wellenlänge (f), phys.	རླབས་ཚད་	lhab-tzeh
wellig	སྙེར་སུལ་ཅན་	nyer-sül-tschen
Welpe (m)	ཁྱི་ཕྲུག་	khyi-t(r)hug
Welt (f)	འཛམ་གླིང་	dzam-lhing
Weltall (n)	འཇིག་རྟེན་ཁམས་	dschig-tehn-kham
Weltanschauung (f)	འཛམ་གླིང་གི་ལྟ་སྟངས་མཐོང་ཕྱོགས་	dzam-ling-gi ta-nhang thong-tschhog
Weltbank (f)	འཛམ་གླིང་དངུལ་ཁང་	dzam-ling ngül-khang
Weltbevölkerung (f)	འཛམ་གླིང་གི་མི་འབོར་	dzam-lhing-gi mi-bor
weltfremd	འཇིག་རྟེན་ལས་འདས་པའི་	dschig-tehn-lä dä-pae
Weltgeschichte (f)*	འཛམ་གླིང་གི་ལོ་རྒྱུས་	dzam-lhing-gi lo-gyü
Welthandel (m)	འཛམ་གླིང་ཚོང་འབྲེལ་	dzam-lhing tzon-d(r)hel
Weltkulturerbe (n)	འཛམ་གླིང་རིག་གནས་ཀྱི་ནོར་སྐལ་	dzam-lhing rig-nhä-kyi nor-kel
weltlich	འཇིག་རྟེན་འདིའི་	dschig-tehn-die
weltoffen	རྒྱལ་ཁབ་རིས་མེད་ཀྱི་	gyel-khab ri-meh-kyi
Weltkrieg (m)	འཛམ་གླིང་དམག་ཆེན་	dzam-lhing mhag-tschhen
Weltraum (m)	བར་སྣང་	bhar-nhang
Weltraumforschung (f)	བར་སྣང་ཉམས་ཞིབ་	bhar-nhang nyam-schib
Weltraumstation (f)	བར་སྣང་ས་ཚིགས་	bhar-nhang sa-tshig
Weltreich (n)	རྒྱལ་ཁམས་	gyel-kham
Weltreise (f)	འཛམ་གླིང་འགྲིམ་འགྲུལ་	dzam-lhing d(r)im-d(r)hül
Weltreligion (f)	འཛམ་གླིང་ཆོས་ལུགས་	dzam-lhing tschhö-lug

Weltsicherheitsrat (m), pol.	མཉམ་འབྲེལ་རྒྱལ་ཚོགས་ཀྱི་ སྲུང་སྐྱོབ་ལྷན་ཁང་	nyam-d(r)hel gyel-tzog-kyi sung-kyob lhen-khang
weltweit	འཛམ་གླིང་རྒྱ་ཁྱབ་ཀྱི་	dzam-lhing gya-khyab-kyi
Weltwirtschaft (f)	འཛམ་གླིང་དཔལ་འབྱོར་	dzam-lhing pel-dschyor
Weltwirtschaftskrise (f)	འཛམ་གླིང་དཔལ་འབྱོར་གྱི་དཀའ་གཉན་	dzam-lhing pel-schyor-gyi ka-nyen
wem	སུ་ལ་	su-la
wen	སུ་	su
Wendekreis (m), geogr.	ཚ་ཡུལ་	tza-jül
Wendekreis (m)*	ཁ་སྒྱུར་དཀྱིལ་འཁོར་	kha-gyur kyil-khor
Wendeltreppe (f)	གཅུས་འཁོར་སྐས་འཛེགས་	tschü-khor kä-dzeg
wenden	ཁ་ཕྱོགས་སྒྱུར་བ་	kha-tschhyog gyur-wa
Wendepunkt (m)	འཕོ་འགྱུར་འགྲོ་མཚམས་	pho-gyur d(r)ho-tzam
wendig	རྩལ་ལག་བདེ་པོ་	tsel-lag de-po
wenig	ཉུང་ཤས་	nyung-schhä
weniger	ཉུ་བ་	nyung-wa
wenigstens	ཉུང་མཐར་	nyung-thar
wenn	གལ་སྲིད་	gel-sih
wer	སུ་	su
Werbeabteilung (f)	དྲིལ་བསྒྲགས་སྡེ་ཚན་	d(r)hil-d(r)hag de-tzen
Werbeagentur (f)	དྲིལ་བསྒྲགས་ངོ་ཚབ་ཁང་	d(r)il-d(r)hag ngo-tzab-khang
Werbekampagne (f)	དྲིལ་བསྒྲགས་ལས་འགུལ་	d(r)hil-d(r)hag lä-gül
Werbekosten (f)*	དྲིལ་བསྒྲགས་འགྲོ་སོང་	d(r)hil-d(r)hag d(r)ho-song
Werbeleiter (m)	དྲིལ་བསྒྲགས་འགན་འཛིན་	d(r)hil-d(r)hag gen-dzin
werben	ནུས་ཤུགས་ཀྱིས་འཐེན་པ་	nü-schhug-kyi then-pa

Werbung (f)	དྲིལ་བསྒྲགས་བྱེད་སྒོ་	d(r)hil-d(r)hag dschyeh-go
Werdegang (m)	མི་ཚེའི་བྱུ་གཞག་	mi-tzäe dschya-schag
werden	འགྱུར་བ་	gyur-wa
werdend	སྐྱེ་བཞིན་པའི་	kye-schin-pae
werfen	གཡུག་པ་	jhug-pa
Werkzeug (n)	ལས་ཆ་	lä-tscha
Werkzeugkasten (m)	ལས་ཆའི་སྒམ་	lä-tschhae-gam
Wermut (m)	འབུ་སྙིང་ཨ་རག་	bu-schhing a-rag
Wert (m)	རིན་ཐང་	rin-thang
Wertarbeit (f)	ལག་རྩལ་	lag-tsel
werten	རིན་ཐང་འབེབ་པ་	rin-thang beb-pa
wertfrei	བར་གནས་ཀྱི་	bhar-nhä-kyi
Wertigkeit (f), chem.	སྟེབ་ཚད་	deb-tzeh
wertlos	རིན་ཐང་མེད་པའི་	rin-thang meh-pae
wertschätzen	བཅེ་མཐོང་བྱེད་པ་	tse-thong dschye-pa
Wertschätzung (f)	བཅེ་མཐོང་	tse-thong
wertvoll	རིན་ཐང་ཅན་	rin-thang-tschen
Werwolf (m)	མི་མ་སྦྱང་	mi-ma-tschyang
Wesen (n)	རང་བྱུང་ཁམས་	rang-dschung-kham
Wesen, fühlendes (n)	སེམས་ཅན་	säm-tschen
wesensgleich	ངོ་བོ་གཅིག་མཚུངས་ཀྱི་	ngo-wo tschig-tzung-kyi
wesentlich	སྙིང་བཅུད་ཀྱི་	nying-tschü-kyi
weshalb	ག་རེ་བྱས་ནས་	gha-re dschä-nä
Wespe (f)	པོ་ཏོང་མ་	po-tong-ma

Wespennest (n)	ཡི་ཏོང་མའི་ཚང་	po-tong-mae tzang
wessen	སུའི་	sue
Westen (m)	ནུབ་ཕྱོགས་	nub-tschhyog
westlich	ནུབ་ཕྱོགས་སུ་	nub-tschhyog-su
westwärts	ནུབ་ཀྱི་ཕྱོགས་སུ་	nub-kyi tschhyog-su
Wettbewerb (m)	འགྲན་བསྡུར་	d(r)hen-dur
wettbewerbsfähig	འགྲན་བསྡུར་གྱི་	d(r)hen-dur-gyi
Wette (f)	རྒྱན་	gyen
wetten	རྒྱན་འཛུགས་པ་	gyen dzug-pa
Wetter (n)	གནམ་གཤིས་	nam-schhi
Wetterkarte (f)	གནམ་གཤིས་རེའུ་མིག་	nam-schhi re-u-mig
Wetterkunde (f)	གནམ་གཤིས་རིག་པ་	nam-schhi rig-pa
Wetterlage (f)	གནམ་གཤིས་གནས་སྟངས་	nam-schhi nhä-tang
Wetterleuchten (n)	སྤྲིན་གསེབ་ཀྱི་གློག་དམར་	t(r)hin-seb-kyi lhog-mhar
Wetterstation (f)	གནམ་གཤིས་ས་ཚིགས་	nam-schhi sa-tzig
Wetterprognose (f)	གནམ་གཤིས་སྔོན་བརྡ་	nam-schhi nghön-da
Wettkampf (m)	འགྲན་འསྡུར་	d(r)hen-dur
Wettlauf (m)	རྒྱུག་འགྲན་	gyug-d(r)hen
wetteifern	འགྲན་བསྡུར་བྱེད་པ་	d(r)hen-dur dschye-pa
wetzen	ཁ་བདར་བ་	kha dar-wa
Wetzstein (m)	དར་རྡོ་	dar-do
Whisky (m)	ཨ་རག་ཧྥི་སྐི་	a-rag wisky
wichtig	གལ་ཆེའི་	gel-tschhee
wichtigste	གལ་ཆེ་ཤོས་	gel-tschhe-schhö
Wickel (m), med.	རྨ་གནོན་	mha-nhön

wickeln	བཏུམ་པ་	tuhm-pa
Widder (m), zo.	ཕོ་ལུག་	pho-lug
wider	རྡོག་ཕྱོགས་	dog-tschhyog
Widerhaken (m)	ལྕག་ཀྱུ་	tschag-kyu
Widerhall (m)	བྲག་ཅ་	d(r)hag-tscha
widerlegen	ཁུངས་དག་མིན་པར་ར་སྒྲོད་བྱེད་པ་	khüng-dhag min-par ra-t(r)höh dschye-pa
Widerlegung (f)	དགག་པ་	gag-pa
widerlich	ཞེན་པ་ལོག་པའི་	schen-pa log-pae
widerrechtlich	ཁྲིམས་དང་མི་བཞུན་པའི་	t(r)him-dhang mi-thün-pae
Widerrede (f)	འགལ་བ་	gel-wa
Widerruf (m)	ཕྱིར་འཐེན་	tschhyir-then
widerrufen	ཕྱིར་འཐེན་བྱེད་པ་	tschhyir-then dschye-pa
Widersacher (m)	སྡང་དགྲ་	dang-d(r)ha
widersetzen	འགོག་རྒོལ་བྱེད་པ་	gog-göl dschye-pa
widersinnig	རྒྱུ་མཚན་མི་ལྡན་པ་	gyu-tzen mi-den-pa
widerspenstig	མགོ་བཁྲེགས་པོ་	go t(r)heg-po
widerspiegeln	བསམ་ཞིབ་བྱེད་པ་	sam-schib dschye-pa
widersprechen	དགག་པ་རྒྱག་པ་	gag-pa gyag-pa
Widerspruch (m)	དངོས་འགལ་	nghö-gel
widersprüchlich	འགལ་འདུ་ཅན་	gel-du-tschen
Widerstand (m)	འགོག་རྒོལ་	gog-göl
Widerstands- bewegung (f)	འགོག་རྒོལ་གྱི་ལས་འགུལ་	gog-göl-gyi lä-gül
widerstandfähig	འགོག་ནུས་ཅན་	gog-nü-tschen
Widerstands- kämpfer (m)	རྒོལ་འཛིང་པ་	göl-dzing-pa

Widerwille (m)	བློ་མོས་པ་ཉིད་	lho-mö-pa nyih
widerwillig	བློ་མོས་མེད་པ་	lho-mö meh-pa
widmen	བསྔོ་བ་	ngho-wa
Widmung (f)	བསྔོ་བྱང་	ngho-dschyang
wie	ཇི་ལྟར་	dschi-tahr
Wiedehopf (m)	པུ་ཤུད་	pu-schhüh
wieder	ཡང་བསྐྱར་	jang-kyar
Wiederaufbau (m)	བསྐྱར་འཛུགས་	kyar-dzug
wiederaufbauen	བསྐྱར་དུ་འཛུགས་སྐྲུན་བྱེད་པ་	kyar-dhu dzug-t(r)hün dschye-pa
wiederaufbereiten	བསྐྱར་སྐོར་རྒྱག་པ་	kyar-kor gyag-pa
Wiederaufnahme (f)	སླར་འཛུགས་	kyar-dzug
wiederaufnehmen	སླར་མུ་མཐུད་པ་	lhar-mu thüh-pa
wiederbeginnen	སླར་དུ་འགོ་འཛུགས་པ་	lhar-dhu go-dzug-pa
wiederbeleben	བསྐྱར་གསོ་བྱེད་པ་	kyar-so dschye-pa
wiedereinführen	སླར་དུ་གསར་གཏོད་བྱེད་པ་	lhar-dhu sar-töh dschye-pa
wiederentdecken	སླར་དུ་རྙེད་པ་	lhar-dhu nyeh-pa
wiedererkennen	སླར་དུ་ངོ་འཕྲོད་པ་	lhar-dhu ngo-t(r)höh-pa
wiedereröffnen	སླར་དུ་སྒོ་འབྱེད་པ་	lhar-dhu go-dschye-pa
Wiedergeburt (f)	སྐྱེ་བ་ཕྱི་མ་	kye-wa tschhyi-ma
wiederholen	ལབ་སྐྱོར་རྒྱག་པ་	lab-kyor gyag-pa
Wiederkehr (f)	ཕྱིར་ལོག་	tschhyir-log
wiederkehren	ཕྱིར་ལོག་བྱེད་པ་	tschhyir-log dschye-pa
wiederkehrend	འཁོར་ཅན་	tschhar-tschen
wiedervereinigen	སླར་འཛོམས་པ་	lhar dzom-pa

wiederverwerten	བསྐྱར་བཟོ་བྱེད་པ་	kyar-soh dschye-pa
Wiege (f)	ཕྲུ་གུ་སྙལ་ས་	t(r)hu-ghu nyel-sa
wiegen	ལྗིད་ཚད་འདེགས་པ་	dschih-tzeh deg-pa
Wiegenlied (n)	གཉིད་འབེབ་གླུ་དབྱངས་	nyih-deb lhu-jhang
wiehern	རྟ་འཚེར་བ་	tä tzer-wa
Wiese (f)	སྤང་ལྗོང་	pang-dschyong
Wiesel (n)	སེ་མོང་	se-mong
wieso	ག་རེ་བྱས་ནས་	gha-re dschä-nä
wieviel	ག་ཚོད་	gha-tzöh
wild	གདོད་པོ་	göh-po
Wildbach (m)	རྒྱུན་དྲག་པོ་	gyün d(r)hag-po
Wilddieb (m)	རྐོག་ཏུ་ཁྱེར་ར་རྒྱག་མཁན་	kog-tu khyir-ra gyag-khen
wildern	རྐོག་གསོད་བྱེད་པ་	kog-söh dschye-pa
Wildschwein (n)	ཕག་གདོད་	phag-göh
Wildnis (f)	མི་མེད་ལུང་སྟོང་	mi-meh lung-tong
Wille (m)	འདུན་སེམས་	dün-säm
Willenskraft (f)	སེམས་ཤུགས་	säm-schhug
willig	འདུན་སེམས་ཆེན་པོས་	dün-säm tschhen-pö
willkommen	དགའ་བསུའི་	ga-sue
Willkommens-gruss (m)	འཚམས་འདྲི་	tzam-d(r)hi
Willkür (f), pol.	བཙན་དབང་རིང་ལུགས་	tsen-wang ring-lug
Willkür (f)	རང་འདོད་དབང་འཛིན་	rang-döh wang-dzin
willkürlich	རང་འདོད་དབང་འཛིན་གྱི་	rang-döh wang-dzin-gyi
Wimper (f)	གཟི་མ་	sih-ma

Deutsch	Tibetisch	Umschrift
Wimperntusche (f)	གཉེ་མའི་སྟི་ནག་	sih-mae t(r)hi-nag
Wind (m)	ཧླགས་པ་	hlag-pa
Winde (f), tech.	སྒྲིལ་འདེགས་འཁོར་ལོ་	d(r)hil-deg khor-la
Winde (f), bot.	འཁྲི་རྩ་	t(r)hi-tsa
Windel (f)	ཆུ་གདན་	tschhu-den
winden	གཅུ་སྒྲིམ་རྒྱག་པ་	tschu-d(r)him gyag-pa
Windenergie (f)*	རླུང་ཤུགས་ཀྱི་ནུས་པ་	lhung-schhug-kyi nü-pa
windig	ཧླགས་པ་ཚ་པོ་	hlag-pa tza-po
Windjacke (f)	རླུང་འགོག་སྟོད་གོས་	lhung-gog tö-gö
Windkraft (f)	རླུང་ཤུགས་	lhung-schhug
Windmühle (f)	རླུང་ཤུགས་འཕུལ་འཁོར་	lhung-schhug t(r)hül-khor
Windpocken (f)	དུག་གྱོང་འབུ་རུ་	dug-gyong bu-ru
Windschatten (m)	རླུང་དང་ཁ་གཏད་ཀྱི་གྲིབ་	lhung-dhang kha-teh-kyi tschhyog
Windturbine (f)	རླུང་འཁོར་	lhung-khor
Windung (f)	འཁྱིལ་ལམ་	khyil-lam
Windung (f), elektr.	དཀྲིས་སྐོར་	t(r)hi-kor
Wink (m)	གོ་བརྡ་	gho-ta
Winkel (m)	གྲུ་ཟུར་	d(r)hu-suhr
winken	གཡབ་བརྡ་བྱེད་པ་	jhab-da dschye-pa
Winter (m)	དགུན་ཀ་	gün-ka
Winterausrüstung (f)	དགུན་ཁའི་མཁོ་ཆས་	gün-khae kho-tschhä
Wintergarten (m)	དགུན་དུས་སྡུམ་ར་	gün-dhü dum-ra
winterlich	དགུན་ཁ་འདྲ་བའི་	gün-kha d(r)ha-wae
Wintersport (m)	དགུན་དུས་རྩེ་མོ་	gün-dhü tse-mo

Winterweizen (m)	དགུན་འདེབས་ཀྱི་གྲོ་	gün-deb-kyi d(r)ho
Wintergerste (f)	དགུན་འདེབས་ཀྱི་ནས་	gün-deb-kyi nä
Winzer (m)	རྒུན་ཆང་འདེབས་མཁན་	gün-tschhang deb-khen
winzig	ཆང་ངུ་	tschhung-ngu
wippen	ཡར་སྒུལ་མར་སྒུལ་བྱེད་པ་	jar-gül mar-gül dschye-pa
wir	ང་ཚོ་	nga-tzo
Wirbel (m)	ལྷོང་འཁོར་	lhong-khor
wirbellos, zo.	སྒལ་རུས་མེད་པའི་	gel-rü meh-pae
wirbeln	ལྷོང་འཁོར་ཐར་འཁོར་བ་	lhong-khor-tahr khor-wa
Wirbelsäule (f)	སྒལ་ཚིགས་	gel-tzig
Wirbelsturm (m)	དྲག་རླུང་དྲག་འཚུབ་མ་	d(r)hag-lhung dhag-tzub-ma
Wirbeltier (n)	སྒལ་རུས་ཅན་གྱི་སྲོག་ཆགས་	gel-rü-tschen-gyi sog-tschhag
Wirbelwind (m)	རླུང་འཁོར་འཚུབ་མ་	lhung-khor tzub-ma
wirken	ནུས་པ་ཐོན་པ་	nü-pa thön-pa
wirklich	དངོས་མ་	ngo-ma
Wirklichkeit (f)	དངོས་ཡོད་	nghö-jöh
wirksam	ཕན་གནོད་འབྲེལ་བའི་	pen-nöh d(r)hel-wae
Wirkstoff (m), chem.*	ནུས་ལྡན་རྒྱུ་རྫས་	nü-den gyu-dzä
Wirkung (f)	ཕན་གནོད་	phen-nöh
Wirkungsgrad (m)*	ཕན་གནོད་ཀྱི་ཆད་	phen-nöh-kyi tzeh
wirkungslos	ཕན་ནུས་མེད་པའི་	phen-nü meh-pae
wirkungsvoll	ཕན་ནུས་ཅན་	pen-nü-tschen
Wirkungsweise (f), chem.	ཕན་གནོད་ཀྱི་གཤིས་ལུགས་	phen-nü-kyi schhi-lug
wirr	མགོ་རྙོག་པ་	go-nyog-pa

Wirrwarr (m)	ཟ་རེ་ཟིང་རེ་	sah-nge sihn-nge
Wirsing (m)	ལོ་འཁོར་པད་ཚལ་	lo-khor peh-tzel
Wirtschaft (f), eco.	དཔལ་འབྱོར་	pel-dschyor
wirtschaften	དཔལ་འབྱོར་བསྒྲི་ཚགས་བྱེད་པ་	pel-dschyor si-tzag dschye-pa
wirtschaftlich	དཔལ་འབྱོར་གྱི་	pel-dschyor-gyi
Wirtschaftsblockade (f)	དཔལ་འབྱོར་ཐོག་གི་འགོག་སྡོམ་	pel-dschor-thog-gi gog-dom
Wirtschaftskrise (f)*	དཔལ་འབྱོར་དཀའ་གཉེན་	pel-dschyor ka-nyen
Wirtschaftskriminalität (f)*	དཔལ་འབྱོར་ཧུས་ཉེས་	pel-dschyor dschyä-nyä
Wirtschaftsminister (m)	དཔལ་འབྱོར་དཀའ་བློན་	pel-dschyor ka-lhön
Wirtschaftsministerium (n)	དཔལ་འབྱོར་ལྷན་ཁང་	pel-dschyor hlen-khang
Wirtschaftspolitik (f)	དཔལ་འབྱོར་སྲིད་རྡུས་	pel-dschyor sih-dschü
Wirtschaftswachstum (n)	དཔལ་འབྱོར་འཕེལ་རྒྱས་	pel-dschyor phel-gyä
Wirtschaftswissenschaft (f)	དཔལ་འབྱོར་རིགས་གནས་	pel-dschor rig-nhä
Wirtshaus (n)	ཆང་ཁང་	tschhang-khang
wischen	ཕྱིས་དར་གཏོང་བ་	tschhyi-dar tong-wa
Wisent (m), zo.	ལྷང་གོད་	lhang-göh
wispern	ཤུབ་ཤུབ་བཤད་པ་	schhub-schhub schheh-pa
wissen	ཤེས་པ་	schhä-pa
wissen, hon.	མཁྱེན་པ་	khyen-pa
Wissen (n)	ཤེས་བྱ་	schhä-dschya
Wissen (n), hon.	མཁྱེན་ཡོན་	khyen-jön
wissend	ཤེས་མདོག་ཁ་པོ་	schhä-dog kha-po

Wissenschaft (f)	ཚན་རིག་	tzen-rig
Wissenschaftler (m)	ཚན་རིག་པ་	tzen-rig-pa
wissenschaftlich	ཚན་རིག་གི་	tzen-rig-gi
wissentlich	བསམ་ཞིབ་ཟིན་པའི་	sam-schib sihn-pae
Witwe (f)	ཡུགས་མོ་	jug-mo
Witwer (m)	ཡུགས་པོ་	jug-pho
Witz (m)	བསྟན་བཤིག་	tehn-schhig
witzeln	བསྟན་བཤིག་སློང་བ་	tehn-schhig lhong-wa
witzig	བསྟན་བཤིག་ཚ་པོ་	tehn-schhig tza-wo
wo	ག་པར་	gha-par
Woche (f)	གཟའ་འཁོར་	sah-khor
Wochenende (n)	བདུན་ཕྲག་གི་མཐའ་མཇུག་	dün-d(r)hag-gi tha-dschug
wöchentlich	བདུན་རེའི་	dün-räe
wodurch	གང་འདྲ་	ghang-d(r)ha
Woge (f)	རྦ་རླབས་	ba-lhab
wohingegen	དེ་སྟེའི་གནས་སྐབས་སུ་	dhe-täe nhä-kab-su
woher	ག་ནས་	gha-nä
wohin	ག་པ་	gha-pa
wohl	ལེགས་པོར་	leg-por
Wohlbefinden (n)	བདེ་ཐབས་	de-thab
wohlbekannt	ཡོངས་གྲགས་	jong-d(r)hag
Wohlergehen (n)	བདེ་དོན་	de-dhön
wohlerzogen	འཚར་ལོངས་བཟང་པའི་	tzar-long sahng-wae
Wohlfahrt (f)	བདེ་སྡུག་	de-dug

Wohlfahrtsorganisation (f)	བདེ་སྡུག་གི་རོགས་ཚོགས་	de-dug-gi rog-tzog
wohlgeformt	བཟོ་དབྱིབས་ལེགས་པོ་	soh-jhip leg-po
Wohlgeruch (m)	དྲི་ཞིམ་	d(r)hi-schim
wohlhabend	འབྱོར་ལྡན་	dschyor-den
wohlriechend	དྲི་མ་ཞིམ་པོ་	d(r)hi-ma schim-po
wohlschmeckend	བྲོ་བ་ཡག་པོ་	d(r)ho-wa jag-po
Wohlstand (m)	སྟོབས་འབྱོར་	tohb-dschyor
Wohlwollen (n)	གཟིགས་སྐྱོང་	sihg-kyong
wohlwollend	ཕན་སེམས་ཅན་	phen-säm-tschen
wohnen	སྡོད་པ་	döh-pa
wohnhaft	གནས་འཁོད་	nhä-khöh
wohnlich	རང་ཁྱིམ་ལྟ་བུའི་	rang-khyim ta-bhue
Wohnraum (m)	སྡོད་ཁང་	döh-khang
Wohnsitz (m)	སྡོད་གནས་	döh-nhä
Wohnung (f)	ཁང་མིག་	khang-mig
Wohnungsinhaber (m)	ཁང་མིག་བདག་པོ་	khang-mig dag-po
wohnungslos	ཁྱིམ་མེད་	khyim-meh
Wohnungsmakler (m)	གཞིས་གཉེར་	schi-nyer
Wohnungsmarkt (m)*	ཁང་ཚོང་ཁྲོམ་ར་	khang-tzong t(r)hom-ra
Wohnungswechsel (m)*	ཁང་སྤོས་	khang-pö
Wohnzimmer (n)	སྡོད་ཁང་	döh-khang
wölben	འགུགས་པ་	gug-pa
Wölbung (f)	གུག་ཚ་	gug-tschha

Wolf (m)	སྤྱང་ཀི་	tschyang-ki
Wolfram (n), chem.	རྡོ་སྙིང་ནག་པོ་	do-nying nag-po
Wolfsmilch (f), bot.	ཐར་ནུ་	thar-nu
Wolke (f)	སྤྲིན་པ་	t(r)hin-pa
Wolkenbruch (m)	དྲག་ཆར་	d(r)hag-tschhar
Wolkenkratzer (m)	གནམ་བསྙེགས་ཁང་བཟང་	nham-nyäg khang-sahng
wolkenlos	སྤྲིན་མེད་	t(r)hin-meh
wolkig	སྤྲིན་འཁྲིགས་པའི་	t(r)hin-t(r)hi-pae
Wolle (f)	བལ་	bhel
wollen	དགོས་པ་	gö-pa
Wolljacke (f)	འུ་སུའི་སྟོད་གོས་	u-sue töh-gö
wollüstig	ཆགས་སྲེད་ཅན་	tschhag-seh-tschen
womit	ག་རེའི་མཉམ་དུ་	gha-räe nyam-dhu
womöglich	འདྲས་མེད་དུ་	ngä-meh-dhu
Wonne (f)	རབ་ཏུ་དགའ་བ་	rab-tu ga-wa
wonnig	ཆོགས་ཏུ་དགའ་བ་ཅན་	tschhog-tu ga-wa-tschen
woraufhin	དེ་ཐོག་ནས་	dhe-thog-nä
Workshop (m)	ཟབ་སྦྱོང་	sah-dschyong
Wort (n)	མིང་ཚིག་	ming-tzig
Wörterbuch (n)	ཚིག་མཛོད་	tzig-dschöh
Wortführer (m)	མགྲིན་ཚབ་པ་	d(r)hin-tzab-pa
wortgetreu	ཚིག་རེ་རེ་བཞིན་	tzig-re-re schin
wortgewandt	ངག་རྩལ་ཅན་	ngag-tse-tschen
wortkarg	ཁ་ཉུང་ཚིག་ཉུང་	kha-nyung tzig-nyung
Wortlaut (m)	ཚིག་འབྲོས་	tzig-d(r)hö

wörtlich	ཚིག་དོན་གྱི་	tzig-dhön-gyi
wortlos	ངག་བཅད་ཀྱི་	ngag-tscheh-kyi
Wortschatz (m)	ཐ་སྙད་རེའུ་མིག་	tha-nyeh re-u-mig
Wortschöpfung (f)	གྲུབ་མཐའ་གསར་གཏོད་	d(r)hub-tha sar-töh
Wortspiel (n)	སྒྲ་གཅིག་དོན་མང་	d(r)ha-tschig dhön-mang
Wrack (n)	ཆག་གྲུམ་	tschhag-d(r)hum
Wucherer (m)	འབེལ་ཉོ་དཀོན་མཆོང་བྱེད་མི་	bel-nyo kön-tzong dschyeh-mi
wuchern	འབེལ་ཉོ་དཀོན་བྱེད་པ་	bel-nyo kön-tzong dschye-pa
Wucherpreis (m)	ཚད་ལས་བརྒལ་བའི་རིན་གོང་	tzeh-lä gel-wae rin-ghong
Wucherung (f), med.	སྐྲངས་འབུར་	t(r)hang-bur
Wucherzins (m)	ཚད་ལས་བརྒལ་བའི་སྐྱེད་ཀ་	tzeh-lä gel-wae kye-ka
Wuchs (m)	སྐྱེ་སྟོབས་	ke-tohb
wühlen	ས་སློག་པ་	sa lhog-pa
Wühlmaus (f)	ཞིང་ཚིག་	sching-tsig
Wulst (m,f)	འབུར་འབུར་	bur-bur
Wunde (f)	རྨ་ཁ་	mha-kha
Wunder (n)	ངོ་མཚར་	ngo-tzar
wundern	ཡ་མཚན་པ་	ja-tzen-pa
wunderbar	རེ་དོགས་མ་མཆོད་པའི་	re-dog ma-tschhöh-pae
wunderschön	བཟིད་ཆགས་ཞིང་ཡིད་དུ་འོང་བ་	dschih-tschhag schhing-wöh-dhu wong-wa
wundervoll	ངོ་མཚར་ཅན་	ngo-tzar-tschen
Wundsalbe (f)	རྨ་སྨན་	dschug-men
Wundstarr-krampf (m)	རྩ་རྒྱུས་འཁུམ་ནད་	tsa-gyü khum-neh

Wunsch (m)	འདོད་དོན་	döh-dhön
Wunschdenken (n)	རང་འདོད་ཡིད་ཆེས་	rang-döh jih-tschhä
Wünschelrute (f)	ཆུ་གཏོར་མོ་མ་	tschhu-tehr mo-ma
wünschen	འདོད་པ་	döh-pa
wünschenswert	དགོས་འདོད་ཀྱི་	gö-döh-kyi
wunschgemäss	འདོད་མོས་ལྟར་	döh-mö-tahr
Würde (f)	ཆེ་མཐོང་	tschhe-thong
Würdenträger (m)	མཆན་གནས་ཆེ་བའི་མི་	tzen-nhä schhe-wae-mi
würdig	གཟི་བརྗིད་ཅན་	sih-dschih-tschen
würdigen	བརྩི་མཐོང་བྱེད་པ་	tsi-thong dschye-pa
Wurf (m)*	གཡུག་བྱ་	jhug-dschya
Würfel (m)	ཤོ་	schho
Würfel (m), hon.	ཕྱག་ཤོ་	tschhyag-schho
würfeln	ཤོ་རྒྱག་པ་	schho gyag-pa
Wurfgeschoss (n)	འཕུར་མདའ་	phur-da
Wurfpfeil (m)	འཕང་མདའ་	phang-da
würgen	སྐེ་བཙིར་གཏོང་བ་	ke-tsir tong-wa
Wurm (m)	འབུ་	bu
Wurmfortsatz (m), med.	འབུ་དབྱིབས་རྒྱུ་ལྷག་	bu-jhib gyu-hlag
Wurst (f)	རྒྱུ་མ་	gyu-ma
Würze (f)	སྨན་སྣ་	men-nha
Wurzel (f)	རྩ་བ་	tsa-wa
würzen	སྨན་སྣ་རྒྱབ་པ་	men-nha gyab-pa
würzig	ཏྲོ་བ་ཅན་	d(r)ho-wa-tschen

Wüste (f)	བྱེད་ཐང་	dschyeh-thang
Wüstenklima (n)	བྱེད་ཐང་གི་གནམ་ཤེས་	dschyeh-thang-gi nham-schhä
Wut (f)	ཁོང་ཁྲོ་	khong-t(r)ho
wüten	ཁོང་ཁྲོ་ལང་བ་	khong-t(r)ho lang-wa
wütend	གཏུམ་དྲག་ཅན་	tuhm-d(r)hag-tschen

X

X-Achse (f)	ཚངས་ཐིག་	x-tzang-thig
Xanthophyll (n)	ལོ་མའི་སེར་རྒྱུ་	lo-mae ser-gyu
X-Chromosom, (n)	མོའི་རིགས་རྒྱུན་ཕྲ་ཕུང་	möe-rig-gyü t(r)ha-phung
Xenophobie (f)	ཕྱི་ལུགས་ཞེ་འཁོན་	tschhyi-lug sche-khön
Xylographie (f)	ཤིང་པར་	schhing-par
Xylophon (n)	ཤིང་དབྱངས་རོལ་ཆ་	schhing-jhang röl-tschha
X-Beine (pl)	འགྲོ་དུས་པུས་མོ་བདར་མཁན་	d(r)ho-dhü pü-mo dar-khen
x-beliebig	གང་ས་གང་དུ་འང་	ghang-sa ghang-dhu-ang

Y

Y-Achse (f)	ཚངས་ཐིག་	Y-tzang-thig
Y-Chromosom, (n)	ཕོའི་རིགས་རྒྱུན་ཕྲ་ཕུང་	phöe-rig-gyü t(r)ha-phung
Yacht (f)	དར་གྲུ་	dhar-d(r)hu
Yak (m)	གཡག་	jhak
Yak, Wild- (m)	འབྲོང་	d(r)hong
Yangtze (m)	འབྲི་ཆུ་	d(r)hi-tschhu

Yeti (m)	མི་རྡེད་	mi-d(r)heh
Yoga (n/m)	རྣལ་འབྱོར་	nhäl-dschyor
Yogi (m)	རྣལ་འབྱོར་པ་	nhäl-dschyor-pa
Yogini (f)	རྣལ་འབྱོར་མ་	nhäl-dschyor-ma

Z

Zacke (f)	ཉག་སྟོང་	nyag-tong
zacken	ཉག་མ་བཟོ་བ་	nyag-ma soh-wa
zaghaft	སྙེམ་ཆུང་	nyhem-tschhung
Zaghaftigkeit (f)	ཉམ་ཆུང་གི་རང་བཞིན་	nyam-tschhung-gi rang-sching
zäh	མཁྲེགས་པོ་	t(r)heg-po
zähflüssig	གར་པོ་	ghar-po
Zähigkeit (f)	ས་མཁྲེགས་	sa-t(r)heg
Zahl (f)	ཨང་ཀི་	ang-ki
zahlbar	སྤྲོད་བསྡད་	t(r)höh-deh
zählbar	གྲངས་འོད་སྤྲོད་པ་	d(r)hang-wö-sih-pa
zahlen	འཇལ་སྤྲོད་བྱེད་པ་	dschel-t(r)höh dschye-pa
zählen	གྲངས་ཀ་རྒྱག་པ་	d(r)hang-ka gyag-pa
zählen, hon.	ཕྱགས་གྲངས་གནང་བ་	dschag-d(r)hang nhang-wa
zahllos	གྲངས་མེད་	d(r)hang-meh
Zahlung (f)	སྤྲོད་འབབ་	t(r)höh-bab
Zählung (f)	གྲངས་ཀ་	d(r)hang-ka
Zahlungs-aufforderung (f)*	སྤྲོད་འབབ་ཡི་འབོད་སྐུལ་	t(r)höh-bab-ji böh-kül

Zahlungsbedingungen (pl)*	སྤྲོད་འབབ་ཡི་ཆ་རྐྱེན་	t(r)höh-bab-ji tschha-kyen
Zahlungsempfänger (m)	སྤྲོད་ཡུལ་	t(r)höh-jül
zahlungsfähig	བུ་ལོན་སྤྲོད་འཇལ་ཐུབ་པའི་	bhu-lön t(r)höh-dschel thub-pae
zahlungskräftig	སྦྱོར་ལྡན་	dschyor-den
Zahlungsmittel (n)	དངུལ་གྱི་འགྲོ་རྒྱུག་	ngül-gyi d(r)ho-gyug
Zahlungsschwierigkeiten (pl)	དངུལ་རྩིས་ཀྱི་དཀའ་ངལ་	ngül-tsi-kyi ka-ngel
Zahlungstermin (m)	སྤྲོད་འབབ་ཚེས་གྲངས་	t(r)höh-bab tzä-d(r)hang
zahlungsunfähig	སྤྲོད་འཇལ་མི་ཐུབ་པའི་	t(r)höh-dschel mi-thub-pae
Zahlungsweise (f)	སྤྲོད་འབབ་ཀྱི་ཐབས་ཚུལ་	t(r)höh-bab-kyi thab-tzül
zahm	གཡུང་པོ་	jhung-po
zähmen	འདུལ་གསོ་བྱེད་པ་	dül-so dschye-pa
Zahn (m)	སོ་	so
Zahn (m), hon.	ཚེམས་	tzäm
Zahnarzt (m)	སོའི་ཨེམ་རྗེ་	söe em-dsche
Zahnarzt (m), hon.	ཚེམས་ཀྱི་ཨེམ་རྗེ་	tzäm-kyi em-dsche
Zahnbehandlung (f)	སོ་བཅོ་ཐབས་	so tscho-thab
Zahnbürste (f)	སོ་ཕག་སོ་འཁྲུད་	so-phag so-t(r)hüh
zahnen	སོ་སྐྱེ་བ་	so kye-wa
Zahnersatz (m)	སོ་ཚབ་	so-tzab
Zahnfäule (f)*	སོ་སྙིང་རུལ་	so nying-rül
Zahnfleisch (n)	སོ་རྙིལ་	so-nyil
zahnlos	སོ་མེད་	so-meh
Zahnmedizin (f)	སོའི་སྨན་དཔྱད་རིག་པ་	sö-men tschyeh-rig-pa

Zahnpasta (f)	སོ་སྨན་	so-men
Zahnpflege (f)	སོའི་འཕྲོད་བསྟེན་	söe t(r)höh-ten
Zahnrad (n)	སོ་ཅན་འཁོར་ལོ་	so-tschen khor-lo
Zahnradbahn (f)*	སོ་ཅན་འཁོར་ལོའི་མེ་འཁོར་	so-tschen khor-löe me-khor
Zahnschmelz (m)	སོའི་སྤྱི་རྩི་	söe tschhyi-tsi
Zahnschmerzen (f)	སོ་ན་བ་	so na-wa
Zahnseide (f)	སོའི་དར་སྐུད་རག་པ་	söe dhar-küh rag-pa
Zahntechniker (m)	སོ་བཟོ་རྩལ་པ་	so soh-tsel-pa
Zange (f)	སྐམ་པ་	kam-pa
zanken	ཁ་ཚོད་རྒྱག་པ་	kha-tsöh gyag-pa
Zankerei (f)	འཁྲུག་ཚོད་	t(r)hug-tsöh
zänkisch	ཚོད་སྙེང་ཚ་པོ་	tsöh-lheng tza-po
Zapfsäule (f)	རྡོ་སྣུམ་ས་ཚིག་	do-nhum sa-tzig
zappelig	འཚབ་འཚུབ་ཅན་	tzab-tzub-tschen
zappeln	སེམས་འཚབ་འཚུབ་བྱེད་པ་	säm tzab-tzub dschye-pa
Zar (m)	རུ་སུའི་གོང་མ་ཛར་	ru-sue ghong-ma zar
zart	མཉེན་པོ་	nyen-po
zartfühlend	ཚོར་བ་སྣོར་པོ་	tzor-wa nhor-po
Zartgefühl (n)	ཚོར་བ་སྐྱེན་པོའི་རང་བཞིན་	tzor-wa kyen-pöe rang-schin
zärtlich	བརྩེ་གདུང་ལྡན་པའི་	tse-dung den-pae
Zärtlichkeit (f)	བརྩེ་སེམས་	tse-säm
Zauberei (f)	མིག་འཕྲུལ་	mig-t(r)hül
Zauberer (m)	མིག་འཕྲུལ་མཁན་	mig t(r)hül-khen
zaubern	མིག་འཕྲུལ་སྟོན་པ་	mig-t(r)hül töhn-pa

zaudern	ཐེ་ཚོམ་བྱེད་པ་	the-tzom dschye-pa
Zaum (m)	སྲབ་	sab
Zaun (m)	མཐའ་སྒྲོམ་	tha-d(r)hom
Zebra (n), zo.	རྐྱང་ཁྲ་	kyang-t(r)ha
Zeche (f)	ཆང་རག་	tschhang-rag
zechen	ཆང་འཐུང་རྒྱག་པ་	tschhang-thung gyag-pa
Zechbruder (m)	མི་ཆང་འཁྱེར་	mi tschhang-khyer
Zechpreller (m)	དངུལ་འཛིན་སླུ་མཁན་	ngül-dzin lhu-khen
Zecke (f)	གཏི་ཁེ་	ti-khe
Zeh (m)	རྐང་སོར་	kang-sor
Zehennagel (m)	རྐང་སོར་སེན་མོ་	kang-sor sen-mo
zehn	བཅུ་	tschu
zehnfach	བཅུ་སྒྱུར་གྱི་	tschu-gyur-gyi
zehntausend	སྟོང་ཕྲག་བཅུ་	tong-t(r)hag tschu
Zehntel (m)	བཅུ་ཆ་	tschu-tschha
Zehnkampf (m)*	གོད་པོ་བཅུ་འགྲན་	gö-po tschu-d(r)hen
Zeichen (n)	མཚོན་རྟགས་	tzön-tahg
Zeichenbrett (n)	འབྲི་པང་	d(r)hi-pan
Zeichensetzung (f)	ཡི་གིའི་མཚམས་རྟགས་	ji-gii tzam-tahg
Zeichentrickfilm (m)	རབ་བཏགས་རི་མོའི་གློག་བརྙན་	rab-tahg ri-möe lhog-nyhen
zeichnen	འབྲི་བ་	d(r)hi-wa
zeichnerisch	བཀོད་རིས་ཀྱི་	kö-ri-kyi
Zeichnung (f)	རི་མོ་	ri-mo
Zeigefinger (m)	མཛུབ་མོ་	dzub-mo
zeigen	མིག་ལ་བསྟན་པ་	mig-la ten-pa

zeigen, hon.	སྤྱན་འབེབས་ཞུས་པ་	tschen-bheb schü-pa
Zeiger (m)	བད་སྟོན་ཡོ་ཆས་	da-tön jo-tschhä
Zeigestock (m)	མཛུབ་སྟོན་ལྕག་མདའ་	dzub-tön tschag-da
Zeile (f)	བར་སྒྲིག་	bhar-d(r)hig
Zeilenabstand (m)	བར་སྟོང་བཀོད་སྒྲིག་	bhar-tong kö-d(r)hig
Zeit (f)	དུས་ཚོད་	dhü-tzö
Zeitabschnitt (m)	དུས་ཡུན་	dhü-jün
Zeitangabe (f)	དུས་བཀག་	dhü-kag
Zeiteinheit (f)*	དུས་ཀྱི་རྩི་གཞི་	dhü-kyi tsi-schi
zeitgemäss	དེང་རབས་ཀྱི་	dheng-rab-kyi
zeitgenössisch	དུས་མཉམ་གྱི་	dhü-nyam-gyi
Zeitgeschehen (n)	དུས་དོན་	dhü-dön
Zeitgeschichte (f)	དུས་མཉམ་གྱི་ལོ་རྒྱུས་	dhü-nyam-gyi lo-gyü
zeitkritisch	སྐབས་དོན་གྱི་	kab-dön-gyi
zeitlos	འཇད་དུས་མེད་པའི་	dzeh-dhü meh-päe
Zeitlupe (f)	དལ་འགུལ་	del-gül
Zeitmangel (m)	དུས་མི་འདང་བའི་རང་བཞིན་	dhü mi-dhang-wae rang-schin
Zeitmesser (m)	དུས་ཚོད་ཆད་འཛིན་འཁོར་ལོ་	dhü-tzö tzeh-dzin khor-lo
Zeitplan (m)	དུས་ཚོད་རེའུ་མིག་	dhü-tzhö re-u-mig
zeitraubend	དུས་གྲོན་ཆེན་པོ་	dhü-d(r)hön tschhen-po
Zeitrechnung (f)	དུས་རྩིས་རིག་པ་	dhü-tsi rig-pa
Zeitschrift (f)	དུས་དེབ་	dhü-deb
Zeitspanne (f)	ཡུན་ཚད་	jün-tzeh
Zeittafel (f)	དུས་རྩིས་རེའུ་མིག་ལོ་རྒྱུས་	dhü-tsi re-u-mig lo-gyü

Zeitumstellung (f)*	དུས་ཚོད་བརྗེ་འགྱུར་	dhü-tzöh dsche-gyur
Zeitung (f)	ཚགས་པར་	tzag-par
Zeitungsanzeige (f)	ཚག་པར་དྲིལ་བསྒྲགས་	tzag-par d(r)hil-d(r)hag
Zeitungshändler (m)	ཚག་པར་ཚོང་མཁན་	tzag-par tzong-khen
Zeitungsredakteur (m)*	ཚགས་ཤོག་འགོད་མཁན་	tzag-schhog göh-khen
Zeitvertrag (m)	གནས་སྐབས་ཀྱི་གྲོས་དོན་	nhä-kab-kyi d(r)höh-dhön
Zeitvertreib (m)	དུས་ཚོད་འདའ་བྱེད་	dhü-tzöh da-dschyeh
zeitweilig	འཕྲལ་སེལ་	t(r)hel-sel
Zeitwort (n)	བྱ་ཚིག་	dschya-tzig
Zeitzone (f)	དུས་ཚིགས་ས་ཁུལ་	dhü-tzig sa-khül
zelebrieren	རྟེན་འབྲེལ་བྱེད་པ་	ten-d(r)hel dschye-pa
Zelle (f)	ཁང་ཆུང་	khang-tschhung
Zelle (f), biol.	སྦུབས་ཕྲན་ཕྲ་མོ་	bub-t(r)hen t(r)hra-mo
Zellkern (m), phys.	དུལ་ཕྲན་གྱི་སྙིང་པོ་	dül-t(r)hen-kyi nying-po
Zellkern (m), biol.	སྦུབས་ཕྲན་གྱི་སྙིང་པོ་	bub-t(r)hen-kyi nying-po
Zellophan (n)	ཆུ་ཤོག་	tschhu-schhog
Zellstoff (m)	རྩི་ཤིང་གྲུབ་བྱེད་ཀྱི་རྫས་	tsi-schhing d(r)hub-dschyeh-kyi dzä
Zellteilung (f)	སྦུབ་ཕྲན་ཆ་བགོས་	bub-t(r)hen-tschha-gö
Zelt (n)	གུར་	ghur
Zelt (n), hon.	དབུ་གུར་	u-ghur
zelten	གུར་འབུབས་པ་	ghur-bub-pa
Zeltlager (n)	སྡོད་སྒར་	döh-gar
Zement (m)	ཨར་འདམ་	ar-dam

Zementfabrik (f)	ཨར་འདམ་བཟོ་གྲྭ་	ar-dam soh-d(r)ha
zementieren	ཨར་འདམ་རྒྱག་པ་	ar-dam gyag-pa
Zenit (m)	སྟེང་ཕྱོགས་	teng-tschhog
Zensur (f)	ཞིབ་བཤེར་	schib-schher
zensieren	ཞིབ་བཤེར་བྱེད་པ་	schib-schher dschye-pa
zentral	དབུས་	üh
Zentrale (f)	སྤྱི་ཁྱབ་ལས་ཁུངས་	tschyi-khyab lä-khung
zentralisieren	དབུས་སུ་འདུས་པ་	ü-su dü-pa
Zentralismus (m)	གཅིག་སྡུད་ཀྱི་ལམ་ལུགས་	tschig-düh-kyi lam-lug
zentralistisch	དབུས་ཀྱི་	ü-kyi
Zentralregierung (f)	དབུས་གཞུང་	üh-schung
zentrieren	དཀྱིལ་དུ་འཛུག་པ་	kyil-dhu dschog-pa
zentrifugal	འཕུལ་བའི་	phül-wae
Zentrifugalkraft (f)	འཕུལ་ཤུགས་	phül-schhug
Zentrifuge (f)	ཀྲེ་འཕུལ་འཕུལ་འཁོར་	te-t(r)hel t(r)hül-khor
Zentrum (n)	ཀྲེ་གནས་	te-nhä
zerbeulen	དེག་རྗེས་གཏོད་པ་	deg-dschä töh-pa
zerbrechen	དུམ་བུར་གཅོག་པ་	dhum-bhur tschog-pa
zerbrechlich	ཆག་ཉེན་ཅན་	tschhag-nyen-tschen
zerbröckeln	ཞིབ་མོར་གྲུག་པ་	schib-mor d(r)hug-pa
zerdrücken	ལྡུར་ལྡུར་བཟོ་བ་	dur-dur soh-wa
zerebral	ཀླད་པ་དང་འབྲེལ་བའི་	lheh-pa-dhang d(r)hel-wae
Zeremonie (f)	མཛད་སྒོ་	dzeh-go
Zerfall (m), biol.	རྙིང་རུལ་	nyin-rül
zerfallen	རྒྱང་རོར་གྱུར་པ་	gyang-ror gyur-wa

zerfallen, biol.	རུལ་བ་	rül-wa
zerfetzen	ཚ་བུར་གཏོང་བ་	tsa-bhur tong-wa
zergehen	བཞུ་བ་	schu-wa
zerklüftet	འབར་རེ་འབུར་རེ་	bar-re bur-re
zerknirscht	མནོང་འགྱོད་ཅན་	nhong-gyöh-tschen
zerkratzen	ཙི་ར་ཐེན་པ་	tsi-ra then-pa
zerlegbar	ཆ་བགོད་གཏོང་རུང་བ་	tschha-göh tong-rung-wa
zerlegen	དུམ་བུར་གསིལ་བ་	dhum-bhur sil-wa
zerlumpt	བཙབ་རལ་	tsab-rel
zermalmen	གནོན་བཙིར་བྱེད་པ་	nhön-tsir dschye-pa
zerren	རང་ཕྱོགས་སུ་འདྲེན་པ་	rang-tschhyog-su d(r)hen-pa
Zerrbild (n)*	བཅོས་ཉེས་བཟོ་བའི་འདྲ་རིས་	tschö-nyä soh-wae d(r)ha-ri
zerrinnen	རིམ་ཡལ་དུ་འགྲོ་བ་	rim-jel-dhu d(r)ho-wa
zerreissen	ཚག་གཤག་གཏོང་བ་	tsag-schhag tong-wa
zerrissen	ཁ་འཐོར་འགྲོ་བ་	kha-thor d(r)ho-wa
zerschmettern	གས་གཏོར་གཏོང་བ་	gä-tohr tong-wa
zersetzen, biol.	རུལ་བ་	rül-wa
zersetzen, chem.	བཙའ་དང་གཡལ་རྒྱག་པ་	tsa-dhang-jha gyag-pa
zersetzen	རིམ་ཟད་དུ་འགྲོ་བ་	rim-sehh-dhu d(r)ho-wa
zersplittern	ཁ་འཐོར་བ་	kha thor-wa
zerschlagen	རྩ་གཏོར་གཏོང་བ་	tsa-tohr tong-wa
zerschmettern	གས་གཏོར་གཏོང་བ་	gä-tohr tong-wa
zerstäuben	ཞགས་ཆུ་གཏོར་བ་	sähg-tschhu tohr-wa
zerstörbar	གཏོར་རུང་བ་	tohr-rung-wa

zerstören	གཏོར་བཤིག་གཏོང་བ་	tohr-schhig tong-wa
Zerstörung (f)	གཏོར་བཤིག་	tohr-schhig
zerstreuen	གཏོར་བ་	tohr-wa
zerstreut	ལྷོག་ཡེང་གྱི་	lho-jheng-gyi
Zerstreutheit (f)	རྣམ་གཡེང་	nham-jheng
zerstückeln	ཞིབ་མོར་གཏུབ་པ་	schib-mor tuhb-pa
Zertifikat (n)	ར་སྟོད་ལག་འཁྱེར་	ra-t(r)höh lag-khyer
zertrampeln	རྡོག་རྫིས་གཏོང་བ་	dog-dzi tong-wa
zertrümmern	ཙ་གཏོར་གཏོང་བ་	tsa-tohr tong-wa
Zerwürfnis (n)	ཞེ་འཁོན་	sche-khön
zerzausen	ཟང་ངེ་ཟིང་ངེ་འབྲོ་བ་	sahng-nge sihng-nge soh-wa
Zettel (m)	ཤོག་བུ་	schhog-bhu
Zeuge (m)	དཔང་པོ་	pang-po
zeugen	དཔང་པོ་བྱེད་པ་	pang-po dschye-pa
zeugen, biol.	སྐྱེ་འཕེལ་བྱེད་པ་	ke-pel dschye-pa
Zeugenaussage (f)	བདེན་དཔང་	den-pang
Zeugnis (n)	རྫས་སྦྱོར་	ngö-dschyor
zeugungsfähig	སྐྱེད་འཕེལ་གྱི་ནུས་པ་ཅན་	kyeh-pel-gyi nü-pa-tschen
zeugungsunfähig	སྐྱེད་འཕེལ་མི་ནུས་པའི་	kyeh-pel mi-nü-pae
Zeugungs- unfähigkeit (f)	སྐྱེད་འཕེལ་མི་ནུས་པའི་རང་བཞིན་	kyeh-phel mi-nü-pae rang-sching
Zicke (f)	ར་མ་	ra-ma
zickig	ཁ་སྐྱེང་པོ་	kha kyeng-po
Zickzack (m)	ཀྱག་གེ་ཀྱོག་གེ་	kya-ghe kyog-ke

Ziege (f)	ར་	ra
Ziegel (m)	ཕ་གུ་	pha-ghu
Ziegelstein (m)	ས་སྦག་	sa-bag
Ziegenbock (m)	ར་ཕོ་	ra-po
Ziegenkäse (m)	རའི་ཕྱུ་ར་	rae tschhyu-ra
Ziegenmilch (f)	རའི་འོ་མ་	rae wo-ma
ziehen	འཐེན་པ་	then-pa
Ziehmutter (f)	མ་ཚབ་	ma-tzab
Ziehvater (m)	ཕ་ཚབ་	pa-tzab
Ziel (n)	དམིགས་ཡུལ་	mhig-jül
zielen	དམིགས་ཡུལ་འཛིན་པ་	mhig-jül dzin-pa
ziellos	དམིགས་ཡུལ་མེད་པ་	mhig-jül meh-pa
Zielscheibe (f)	འབེན་	ben
Zielsetzung (f)	དམིགས་ས་	mhig-sa
zielstrebig	ཐག་ཆོད་ཅན་པའི་	thag-tschhöh sihn-pae
Zielstrebigkeit (f)	ཐག་ཆོད་	thag-tschhöh
ziemlich	གང་འཚམས་	ghang-tzam
Zierde (f)	རྒྱན་ཆ་	gyen-tschha
zieren	རྒྱན་གྱི་སྤྲས་པ་	gyen-gyi t(r)hä-pa
Ziergarten (m)	མཛེས་རྒྱན་གྱི་ལྡུམ་ར་	dzä-gyen-gyi dum-ra
zierlich	འཛམ་ཞིང་མཉེན་པ་	dscham-schin nyen-pa
Zigarette (f)	ཐ་མག་	tha-mag
Zigarette (f), hon.	བཞེས་ཐག་	schä-thag
Zigaretten-anzünder (m)	མེ་ཆ་	me-tschha

Deutsch	Tibetisch	Umschrift
Zigeuner (m)	རས་པ་	rä-pa
Zimbel (f)	སྦུག་ཆལ་	bug-tschhel
Zimmer (n)	ཁང་མིག་	khang-mig
Zimmerarbeit (f)	ཤིང་བཟོའི་ལག་ཤེས་	schhing-söhe lag-schhä
Zimmerdecke (f)	ཐོག་པང་	thog-pang
Zimmerhandwerk (n)	ཤིང་བཟོའི་ལག་ཤེས་	schhing-söhe lag-schhä
Zimmermädchen (n)	མགྲོན་ཁང་ཞལ་ཏ་མ་	d(r)hön-khang schel-ta-ma
Zimmereinrichtung (f)	ཁང་པའི་འཛིན་ཆས་	khang-pae dzin-tschhä
Zimmermann (m)	ཤིང་བཟོ་བ་	schhing soh-wa
zimmern	ཤིང་བཟོ་བྱེད་པ་	schhing-soh dschye-pa
Zimmerpflanze (f)*	ནང་འདེབས་རྩི་ཤིང་	nang-deb tsi-schhing
Zimt (m)	ཤིང་ཚ་	schhing-tza
Zink (n)	ཏི་ཚ་	ti-tza
Zinn (n)	གཞའ་དཀར་	schha-kar
zinnoberrot	མཚལ་མདོག་	tzel-dog
Zinne (f)	རྩེ་ཏོག་	tse-tohg
Zins (m)	སྐྱེད་འབབ་	kyeh-bab
Zinseszins (m)	མ་སྐྱེད་གཉིས་ལ་འབྲིད་པའི་སྐྱེད་འབབ་	ma-kyeh nyii-la t(r)hih-wae kyeh-bab
zinsfrei*	སྐྱེད་འབབ་མེད་པའི་	kyeh-bab meh-pae
Zinsfuss (m)	བུན་སྐྱེད་	bhün-kyeh
Zinssatz (m)*	སྐྱེད་འབབ་ཚད་གཞི་	kyeh-bab tzeh-schi
Zionismus (m)	ཛི་ཡོན་གྱི་ལྟ་སྒྲུབ་	dzi-jön-gyi ta-d(r)hub
Zipfel (m)	ཟུར་རྩེ་	suhr-tse

Zirbeldrüse (f)	ཐང་འབྲུག་གཤེར་རྙེན་	thang-d(r)hu schher-men
Zirbelkiefer (f)	ཤིང་སྤ་མ་	schhing pa-ma
zirka	ཕལ་ཆེར་	phel-tschher
Zirkel (m)	སྒོར་ཐིག་	gor-thig
Zirkulation (f)	འཁོར་སྐྱོད་	khor-kyöh
zirkulieren	འཁོར་སྐྱོད་བྱེད་པ་	khor-kyöh dschye-pa
Zirkus (m)	སྒྱུ་རྩལ་འཁྲབ་སྟོན་	gyu-tsel t(r)hab-töhn
Zirrhose (f)	མཆིན་ནད་	tschhing-neh
zischeln	ཤུབ་ཤུབ་བཤད་པ་	schhub-schhub schheh-pa
zischen	སིད་སྒྲ་རྒྱག་པ་	sih-d(r)ha gyag-pa
Zitat (n)	ལུང་འདྲེན་	lung-d(r)hen
zitieren	ལུང་འདྲེན་བྱེད་པ་	lung-d(r)hen dschye-pa
Zitronenbaum (m)	གམ་བུ་ར་	gham-bhu-ra
Zitronensaft (m)	གམ་བུ་རའི་ཁུ་བ་	gham-bhu-rae khu-wa
Zitronensäure (f)*	གམ་བུ་རའི་སྐྱུར་རྫས་	gham-bhu-rae kyur-dzä
Zitrusfrucht (f)	གམ་བུ་རའི་ཤིང་འབྲས་	gham-bhu-rae schhing-d(r)hä
zittern	འདར་སིག་རྒྱག་པ་	dar-sig gyag-pa
Zitze (f)	ནུ་ཚེ་	nu-tse
zivil	ཞི་བའི་མི་སྣ་	schi-wae mi-nha
Zivilbevölkerung (f)	ཞི་བའི་མི་མང་	schi-wae mi-mang
Zivilgericht (n)	དབང་སྲིད་ཀྱི་ཁྲིམས་ཁང་	wang-sih-kyi t(r)him-khang
Zivilisation (f)	སྲིད་པའི་དཔལ་ཡོན་	sih-pae pel-jön
zivilisieren	སྲིད་པའི་དཔལ་ཡོན་དར་བ་	sih-pae pel-jön dhar-wa
zivilisiert	ཡ་རབས་ཅན་	ja-rab-tschen

Deutsch	Tibetisch	Umschrift
Zivilrecht (n)*	ཁབ་འབངས་ཀྱི་ཐོབ་ཐང་	tschhab-wang-kyi thob-thang
Zivilschutz (m)*	མངའ་འབངས་སྲུང་སྐྱོབ་	ngha-wang sung-kyob
Ziviltrauung (f)	ཁྲིམས་ཐོག་གཉེན་སྒྲིག་	t(r)im-thog nhyen-d(r)hig
Zivilverwaltung (f)	འབངས་སྲིད་ཀྱི་འཛིན་སྐྱོང་	wang-sih-kyi dzin-kyong
zocken	རྒྱན་པོ་འགྱེད་པ་	gyen-po gyeh-pa
Zocker (m)	རྒྱན་པོ་འགྱེད་མཁན་	gyen-po gyeh-khen
Zoff (m)	དཀའ་རྙོག་	ka-nyhog
zögerlich	ཐེ་ཚོམ་ཅན་	the-tzom-tschen
zögern	ཐེ་ཚོམ་བྱེད་པ་	the-tzom dschye-pa
Zölibat (m)	ཚངས་སྤྱོད་	tzang-tschyöh
Zollamt (n)	སྒོ་ཁྲལ་ལས་ཁུངས་	go-t(r)hel lä-khung
zollfrei	སྒོ་ཁྲལ་མི་དགོས་པ་	go-t(r)hel mi-gö-pa
Zollgebühr (f)	སྒོ་ཁྲལ་	go-t(r)hel
zollpflichtig	ཁྲལ་རྒྱག་དགོས་པའི་	t(r)hel-gyag gö-pae
Zolltarif (m)	སྒོ་ཁྲལ་ཐོ་གཞུང་	go-t(r)hel tho-schung
Zollunion (f)	སྒོ་ཁྲལ་མཐུན་ཚོགས་	go-t(r)hel thün-tzog
Zombie (m)	རོ་སྤྲགས་	ro-nghag
Zone (f)	ས་ཁུལ་	sa-khül
Zoo (m)	སྲུན་གཟིགས་ཁང་	tschen-sihg-khang
Zoologe (m)	དུད་འགྲོའི་ཚན་རིག་པ་	dhüh-d(r)höe tzen-rig-pa
Zoologie (f)	དུད་འགྲོའི་ཚན་རིག་	dhüh-d(r)höe tzen-rig
zoologisch	དུད་འགྲོའི་ཚན་རིག་གི་	dhüh-d(r)höe tzen-rig-gi
Zopf (m)	ལྷས་མ་	hlä-ma
Zorn (m)	ཁོང་ཁྲོ་	khong-t(r)ho

zornig	ཁྲོ་བོ་	t(r)ho-wo
zottelig	རལ་པ་ཁྲོག་ཁྲོག་	rel-pa t(r)hog-t(r)hog
zu	བར་དུ་	bhar-dhu
zuallererst	ཐོག་མར་	thog-mar
zuallerletzt	ཕྱི་ཤོས་	tschhyi-schhö
zubauen	བཟོ་བཀོད་བྱེད་པ་	soh-köh dschye-pa
Zubehör (n)	མཁོ་ཆས་	kho-tschhä
zubereiten	བཟོ་སྦྱོར་བྱེད་པ་	soh-dschyor dschye-pa
zublinzeln	མིག་འཛུམ་རྒྱག་པ་	mig-tzum gyag-pa
zublinzeln, hon.	སྤྱན་འཛུམ་སྐྱོན་པ་	tschyen-tzum kyön-pa
Zubringerdienst (m)	ཕར་ཚུར་སྐྱེལ་འདྲེན་འགྲུལ་འཁོར་	phar-tzur kyel-d(r)hen d(r)ül-khor
Zucht (f)	འཕེལ་སྐྱེད་	phel-kyeh
züchten	འཕེལ་སྐྱེད་བྱེད་པ་	phel-kyeh dschye-pa
Zuchthaus (n)	སློབ་གསོ་བཙོན་ཁང་	lhob-so tsön-khang
Zuchthausstrafe (f)	ངལ་རྩོལ་བཙོན་འཇུག་	ngel-tsöl tsön-dschug
Züchtung (f)	གསོ་སྐྱོང་	so-kyong
Zucker (m)	བྱེ་མ་ཀ་ར་	dschye-ma ka-ra
Zuckerdose (f)	བྱེ་མ་ཀ་རའི་སྣོད་	dschye-ma ka-rae-nhö
Zuckererbse (f)	སྲན་མ་མེ་ཏོག་	sen-ma me-tohg
Zuckerkrankheit (f)	ཀ་རའི་ནད་	ka-rae-neh
Zuckerrohr (n)	བུར་ཤིང་	bhur-schhing
Zuckerrohr-plantage (f)	བུར་ཤིང་འདེབས་འཇུགས་ནགས་ཚལ་	bhur-schhing deb-dzug ngag-tzel
Zuckerrübe (f)	ཀ་རའི་ནུང་མ་	ka-rae nung-ma
Zuckerwatte (f)	མངར་ཆ་སོབ་སོབ་	ngar-tschha sob-sob

Zuckung (f)	རྩ་འཁྱུས་	tsa-tschhü
zudem	འདི་མ་ཟད་	di-ma-sehh
zudringlich	ཧམ་འཛུལ་ཅན་	ham-dzül-tschen
zueinander	ཕན་ཚུན་	phen-tzün
zuerkennen	བཅད་ཁྲ་གཏོང་བ་	tscheh-t(r)ha tong-wa
zuerst	ཐོག་མ་	thog-ma
Zufall (m)	གློ་བུར་གྱི་རྐྱེན་	lho-bhur-gyi kyen
zufällig	གློ་བུར་གྱི་	lho-bhur-gyi
Zuflucht (f)	སྐྱབས་གནས་	kyab-nhä
Zufluchtsort (m)	སྐྱབས་བཙལ་ས་	kyab-tschöl-sa
Zufluss (m)	མངོན་དུ་རྒྱུ་བ་	nghön-dhu gyu-wa
zuflüstern	ཤུབ་ཤུབ་བཤད་པ་	schhub-schhub schhheh-pa
zufolge	དེ་དང་བསྟུན་ནས་	dhe-dhang tün-nä
zufrieden	ཚོག་ཤེས་ཅན་	tschhog-schhä-tschen
Zufriedenheit (f)	ཚོག་ཤེས་	tschhog-schhä
zufriedenstellen	འདོད་པ་ཁེངས་པ་བཟོ་བ་	döh-pa khäng-pa soh-wa
zufriedenstellend	འདོད་པ་ཁེངས་ངེས་	döh-pa khäng-ngä
zufrieren	འཁྱགས་རྒྱག་པ་	khyag gyag-pa
Zufuhr (f)	དགོས་མཁོ་	gö-kho
zuführen	དགོས་མཁོ་སྤྲོད་པ་	gö-kho t(r)höh-pa
Zug (m)	མེ་འཁོར་	me-khor
Zugabe (f)	ཁ་སྣོན་	kha-nhön
Zugabteil (n)	མེ་འཁོར་གྱི་ཁང་མིག་	me-khor-gyi khang-mig
Zugang (n)	འཛུལ་ཞུགས་	dzul-schug
zugänglich	འབྲེལ་གཏུགས་བདེ་པོ་	d(r)hel-tuhg de-po

zugehören	བདག་པ་	dag-pa
zugehörig	ཁོང་གཏོགས་	khong-tohg
Zugehörigkeit (f)	ཁོང་མི་	khong-mi
zugeknöpft	ཁ་སང་གཏིང་སང་མིན་པའི་	kha-sang ting-sang min-pae
Zügel (m)	རྟའི་ཁྲབ་	tae-t(r)hab
zügellos	སྟངས་འཛིན་མེད་པའི་	tang-dzin meh-pae
Zügellosigkeit (f)	སྟངས་འཛིན་མེད་པའི་སྤྱོད་ཚུལ་	tang-dzin meh-pae tschyöh-tzül
zügeln	བཀག་འགོག་བྱེད་པ་	kag-gog dschye-pa
Zugeständnis (n)	ཆག་ཡང་	tschhag-jang
zugestehen	ངོས་ལེན་བྱེད་པ་	ngö-len dschye-pa
Zugezogner (m)	གསར་འབྱོར་	sar-dschyor
Zugführer (m)	མེ་འཁོར་གཏོང་མཁན་	me-khor tong-khen
zügig	མྱུར་པོ་	nyur-po
zugleich	དུས་མཚུངས་	dhü-tzung
zugreifen	བར་འཇུ་རྒྱག་པ་	bar-dschu gyag-pa
Zugriff (m)	བར་འཇུ་	bar-dschu
Zugtier (n)	རྨོན་འཕུགས་	mhön-tschhug
zugunsten	གཟིགས་སྐྱོངས་གནང་བ་	sihg-kyong nhang-wa
zugutekommen	ཕན་འདོགས་པ་	phen dog-pa
Zugverbindung (f)	མེ་འཁོར་འབྲེལ་ལམ་	me-khor d(r)hel-lam
Zuhause (n)	ནང་	nang
zuheften	རྣོན་པོས་འབིག་པ་	nhön-pö big-pa
zuheilen	དྲགས་སྐྱེད་ཡོང་བ་	d(r)hag-kyeh jong-wa
zuhören	ཉན་འཛོག་བྱེད་པ་	nyen-dschog dschye-pa

zuhören, hon.	གསན་འཇོག་གནང་པ་	sen-dschog nhang-pa
Zuhörer (m)	ཉན་མཁན་	nyen-khen
Zuhörer (m), hon.	གསན་མཁན་	sen-khen
zujubeln	དགའ་བསུའི་སྐད་འབོད་རྒྱག་པ་	ga-sue keh-böh gyag-pa
zuklatschen	དགའ་བསུའི་ཐལ་མོ་སྒྲོག་པ་	ga-sue thel-d(r)ha d(r)hog-pa
zukleben	ཁ་འབྱར་བ་	kha dschyar-wa
zuknallen	སྒྲིག་སྒྲ་དང་བཅས་ཏེ་འཇོག་པ་	deg-d(r)ha-dhang tschä-te dschog-pa
zuknöpfen	མཐེབ་ཆུ་རྒྱག་པ་	theb-tschu gyag-pa
Zukunft (f)	མ་འོངས་པ་	ma-wong-pa
zukünftig	འབྱུང་འགྱུར་གྱི་	dschyung-gyur-gyi
Zukunftsaussicht (f)	ཕུགས་ཀྱི་རེ་འདུན་	phug-kye re-dün
Zukunftsforscher (m)*	མ་འོངས་དུས་རབས་ཉམས་ཞིབ་པ་	ma-wong dhü-rab nyam-schib-pa
Zukunftsforschung (f)*	མ་འོངས་དུས་རབས་ཉམས་ཞིབ་	ma-wong dhü-rab nyam-schib
Zukunftspläne (f)	མ་འོངས་འཆར་གཞི་	ma-wong tschhar-schi
zukunftweisend	མདུན་སྟོན་ཅན་	dün-kyöh-tschen
Zulage (f)	འཚོ་དོད་སྤར་ཆ་	tzo-döh par-tschha
zulächeln*	འཛུམ་བག་གི་རྣམ་འགྱུར་སྟོན་པ་	dzum-bhag-gi nham-gyur töhn-pa
zulänglich	དགོས་དེས་དང་མཐུན་པའི་	gö-ngä-dhang thün-pae
Zulänglichkeit (f)	འདང་ངེས་	dang-ngä
zulassen	ཆོག་མཆན་སྟེར་པ་	tschhog-tschhen t(r)höh-pa
zulässig	བྱེད་དུ་རུང་བའི་	dschyeh-dhu rung-wae
Zulassung (f)	ཆོག་མཆན་	tschhog-tschhhen

Zulassungsstelle (f)	དེབ་འགོད་ཡིག་ཚང་	dheb-göh jig-tzang
Zulauf (m)	སྟེབ་འཚང་	deb-tzang
zulaufen	སྟེབ་འཚང་རྒྱག་པ་	deb-tzang gyag-pa
zulegen	ཁ་སྣོན་རྒྱག་པ་	kha-nhön gyag-pa
zuletzt	མཐའ་མར་	tha-mar
Zulieferer (m)	མཁོ་སྤྲོད་བྱེད་མཁན་	kho-t(r)höh dschyeh-khen
zuliefern	མཁོ་སྤྲོད་བྱེད་པ་	kho-t(r)höh dschye-pa
zumachen	རྒྱག་པ་	gyag-pa
zumachen, hon.	སྐྱོན་པ་	kyön-pa
zumal	ཞིབ་ཕར་	schib-t(r)har
zumauern	སོ་ཕག་རྩིག་པ་	so-phag tsi-pa
zumeist	མང་ཆེ་བ་	mang-tschhe-wa
zumindest	ཉུང་མཐར་	nyung-thar
zumischen	སྲེ་བ་	se-wa
zumutbar	ལྷོད་གྲོས་ཅན་	lho-d(r)hö-tschen
zunächst	དང་ཐོག་ཏུ་	dhang-thog-tu
zunageln	གཟེར་བརྒྱག་གཏོང་བ་	sehr-d(r)hag tong-wa
zunähen	ཁ་འཚེམ་པ་	kha tzem-pa
Zunahme (f)	འཕེལ་རྒྱས་	phel-gyä
zünden	སྤོར་བ་	por-wa
Zünder (m)	ན་རྫས་	nha-dzä
Zündholz ((n)	ཚག་སྒྲ་	tsag-d(r)ha
Zündschnur (f)	མེ་རྫས་	me-dzä
zunehmen	འཕེལ་རྒྱས་སུ་ཕྱིན་པ་	phel-gyä-su tschhyin-pa

zunehmend	འཕེལ་བཞིན་	phel-schin
zuneigen	ནང་ཕྱོགས་སུ་སྐྱོག་པ་	nang-tschhyog-su kyog-pa
Zuneigung (f)	དུང་སེམས་	dhung-säm
Zunft (f)	སྐྱེད་སྡུག་ཚོམས་ཆེན་	kyih-dug tzom-tschhen
Zunge (f)	ལྕེ་	tsche
Zunge (f), hon.	ལྗགས་	dschag
Zungenspitze (f)	ལྕེ་རྩེ་	tsche-tse
Zungenwurzel (f)	ལྕེ་རྩ་	tsche-tsa
zunichtemachen	མྱེག་མེད་དུ་བཙོམ་པ་	mheg-meh-dhu tschom-pa
zunicken	མགོ་བོ་སྩོག་སྩོག་བྱེད་པ་	go-wo tschog-tschog dschye-pa
zuoberst	མཐོ་ཤོས་	tho-schhö
zupfen	འཐོག་པ་	thog-pa
Zupfinstrument (n). mus.*	རྒྱུད་སྐྱུད་འཐོག་འབྱེན་རོལ་ཚ་	gyü-küh thog-then röl-tschha
zuraten	བསླབ་བྱ་རྒྱག་པ་	lhab-dschya gyag-pa
zurechnungs-fähig*	དྲན་ཤེས་སྐྱོན་མེད་ཅན་	d(r)hen-schhä kyön-meh-tschen
Zurechnungs-fähigkeit (f)*	དྲན་ཤེས་སྐྱོན་མེད་	d(r)hen-schhä kyön-meh
zurechtbiegen*	ཁ་དཀྱོག་བཟོ་ལྟ་བཟོ་བ་	kha-kyog soh-ta soh-wa
zurechtkommen	གདོང་ལེན་ཐུབ་པ་	dong-len thub-pa
zurechtweisen	ཁ་དུང་གཏོང་བ་	kha-dung tong-wa
Zurechtweisung (f)	ཁ་དུང་	kha-dung
zureden	སྤེལ་ཐབས་བྱེད་པ་	pel-thab dschye-pa
zureiten	རྟ་འདུལ་བ་	ta dül-wa
zur Schau stellen	འགྲེམ་སྟོན་བྱེད་པ་	d(r)hem-töhn dschye-pa

Zurschaustellung (f)	འགྲེམ་སྟོན་	d(r)hem-töhn
zurück	ཕྱིར་ལོག་	tschhyir-log
zurückbehalten	བཀག་འགོག་བྱེད་པ་	kag-gog dschye-pa
zurückbekommen	ཕྱིར་སློག་པ་	tschhyir-lhog-pa
zurückbezahlen	དངུལ་འབབ་ཕྱིར་སློག་བྱེད་པ་	ngül-bab tschhyir-lhog dschye-pa
zurückbleiben	རྗེས་སུ་ལུས་པ་	dschä-su lü-pa
zurückblicken	ཕྱི་མིག་བལྟ་བ་	tschhyi-mig ta-wa
zurückdatieren	ཟླ་ཚེས་སྔོན་འགོད་བྱེད་པ་	dha-tzä nghö-göh dschye-pa
zurückgeben	ཕྱིར་སྟོད་པ་	tschhyir t(r)höh-pa
zurückkehren	ཕྱིར་ལོག་ཡོང་བ་	tschhyir-log jong-wa
zurückkommen	ཕྱིར་ལོག་བྱེད་པ་	tschhyir-log dschye-pa
zurückrufen	ཚུར་སྐད་གཏོང་བ་	tzur keh-tong-wa
zurücktreten	ཕྱིར་འཐེན་རྒྱག་པ་	tschhir-then gyag-pa
zurückversetzen*	བསྐྱར་ཕྱིར་འཕོ་བ་	kyar-tschhyir pho-wa
zurückweichen	ཕྱིན་ནུད་རྒྱག་པ་	tschhyin-nüh gyag-pa
zurückweisen	ངོས་ལེན་མི་བྱེད་པ་	ngö-len mi-dschyeh-pa
zurückzahlen	སྐྱིན་ཚབ་འཇལ་བ་	kyin-tzab dschel-wa
zurückziehen	ཕྱིར་འཐེན་བྱེད་པ་	tschhyir-then dschye-pa
Zuruf (m)	སྐད་འབོད་	keh-böh
zurufen	སྐད་འབོད་བྱེད་པ་	keh-böh dschye-pa
Zusage (f)	ཁས་ལེན་	khä-len
zusammen	མཉམ་དུ་	nyam-dhu
Zusammen- arbeit (f)	མཉམ་ལས་	nyam-lä

zusammen-arbeiten	མཉམ་ལས་བྱེད་པ་	nyam-lä dschye-pa
zusammen-binden	བསྡམ་པ་	dam-pa
zusammen-drehen	སྙིམ་པ་	d(r)him-pa
zusammen-fahren	དུང་ཁ་རྒྱག་པ་	dung-kha gyag-pa
zusammen-fassen	ཕྱོགས་བསྡོམས་བྱེད་པ་	tschhyog-dom dschye-pa
Zusammen-fassung (f)	ཕྱོགས་བསྡོམས་	tschhyog-dom
zusammen-fügen	སྙིག་སྦྱོར་བྱེད་པ་	d(r)hig-dschyor dschye-pa
Zusammen-hang (m)	མཉམ་འབྱར་	nyam-dschyar
zusammen-hängen	སྙེལ་སུ་བཏུད་པ་	d(r)hel-su thüh-pa
zusammen-hang(s)los	འབྲེལ་མི་ཆགས་པའི་	d(r)hel mi-tschhag-pae
zusammen-klappen	ཚིག་ཐོག་གཉིས་ཚེག་བྱེད་པ་	tschig-thog nyii-tseg dschye-pa
zusammen-kommen	འཛོམ་པ་	dzom-pa
Zusammen-kunft (f)	ལྷན་ཚོགས་	hlän-tzog
zusammen-leben*	མི་ཚེ་མཉམ་སུ་སྐྱེལ་བ་	mi-tze nyam-su kyel-wa
zusammen-legen	ལྟབ་པ་	tahb-pa
zusammen-prallen	དབ་ཐུག་ཤོར་བ་	dab-thug schhor-wa
zusammen-pressen	གནོན་བཙིར་བྱེད་པ་	nhön-tsir dschye-pa
zusammen-stellen	སྡེབ་པ་	deb-pa

Zusammenstellung (f)	མཉམ་སྡེབ་	nyam-deb
zusammenstossen	གདོང་ཐུག་རྒྱག་པ་	dong-thug gyag-pa
zusammentreiben	(སྒོ་ཕྱུགས་) བསྡུ་རུབ་བྱེད་པ་	(go-tschhyug) du-rub dschye-pa
zusammenzählen	ཕྱོགས་སྡོམ་བྱེད་པ་	tschhyog-dom dschye-pa
zusammenzucken	གཉའ་འཁུམ་པ་	nya khum-pa
Zustandekommen (n)	མཐར་སོན་	thar-sön
Zusatz (m)	ཁ་སྣོན་	kha-nhön
zusätzlich	ཁ་སྣོན་གྱི་	kha-nhön-gyi
Zusatzkosten (f)	ཁ་སྣོན་གྱི་མ་གནད་	kha-nhön-gyi ma-neh
Zuschauer (m)	ལྟད་མོ་བ་	teh-mo-wa
zuschauen	ལྟད་མོ་ལྟ་བ་	teh-mo ta-wa
Zuschlag (m)	ཁ་སྣོན་	kha-nhön
zuschlagen	ཤུགས་ཀྱིས་འདབ་པ་	schhug-kyi dab-pa
zuschneiden	ཞིབ་མོར་གཏུབ་པ་	schib-mor tuhb-pa
Zuschnitt (m)	གཅོད་གཏུབ་	tschöh-tuhb
zuschnüren	སྒྲོག་གུས་འཆིང་བ་	d(r)hog-ghü tschhing-wa
zuschrauben	གཙུས་གཟེར་རྒྱག་པ་	tschü-sehr gyag-pa
zuschreiben	ཁྱེད་ཚོས་བགྲང་བ་	khyeh-tschhö d(r)hang-wa
Zuschrift (f)	གཏོང་ཡིག་	tong-jig
Zuschuss (m)	རམ་འདེགས་	ram-deg
zusehen	ལྟ་བ་	ta-wa
zusehends	མཐོང་ཐུབ་བཞིན་པར་	thong-thub schin-par
zusenden	སྐུར་བ་	kur-wa

zusichern	ཁས་ལེན་བྱེད་པ་	khä-len dschye-pa
Zusicherung (f)	ཁས་ལེན་	khä-len
Zustand (m)	གནས་སྟངས་	nhä-tang
zuständig	འགན་འཁྲིད་ཡོད་པའི་	gen-t(r)hih jöh-pae
Zuständigkeit (f)	འགན་འཁྲིད་	gen-t(r)hih
Zuständigkeitsbereich (m)	ཁྱབ་ཁོངས་	khyab-khong
zustellen	སྐྱེལ་བ་	kyel-wa
Zustellgebühr (f)	སྐྱེལ་འདྲེན་གྱི་རིན་འབབ་	kyel-d(r)hen-gyi rin-bab
Zustellung (f)	སྐྱེལ་འདྲེན་	kyel-d(r)hen
zusteuern	ཁ་ལོ་སྒྱུར་བ་	kha-lo gyur-wa
zustimmen	མོས་མཐུན་བྱེད་པ་	mö-thün dschye-pa
Zustimmung (f)	མཐུན་གྲོས་	thün-d(r)hö
zutage	མངོན་གསལ་དུ་གྱུར་བ་	nghön-sel-dhu gyur-wa
Zutaten (f / pl)	རྫས་ཆ་	dzä-tschha
zuteilen	བགོ་བཤའ་རྒྱག་པ་	go-schha gyag-pa
zutiefst	གཏིང་ཟབ་ནས་	ting-sahb-nä
zutrauen	བློ་འགེལ་བྱེད་པ་	lho-gel dschye-pa
zutraulich	བློ་འཁེལ་བའི་	lho-khel-wae
Zutritt (m)	འཛུལ་ཞུགས་	dzül-schug
zuunterst	འོག་མཐིལ་གྱི་	wog-thil-gyi
zuverlässig	ཡིད་བརྟན་འཁྱེར་ངེས་	jih-tehn khyer-ngä
Zuverlässigkeit (f)	ཁུངས་ལྡན་	khung-den
Zuversicht (f)	བློ་གཏད་	lho-teh
zuversichtlich	བློ་གཏད་གཙང་མ་	lho-teh tsang-ma

zuviel	མང་འདུ་བ་	mang d(r)ha-wa
zuvor	སྔོན་དུ་	nghön-dhu
Zuwachs (m)	འཕེལ་རྒྱས་	phel-gyä
zuwachsen*	འཕེལ་རྒྱས་འགྲོ་བ་	phel-gyä d(r)ho-wa
zuweisen	ལས་འཁུར་སྤྲོད་པ་	lä-khur t(r)höh-pa
zuwenden*	གཅེས་སྤྲས་བྱེད་པ་	tschä-t(r)hä dschye-pa
Zuwendung (f)	གཅེས་སྤྲས་	tschä-t(r)hä
zuwenig	ཉུང་འདུ་བ་	nyung-d(r)ha-wa
zuwider	དོག་ཕྱོགས་ཀྱི་	dog-tschhyog-kyi
zuwiderhandeln	གལ་ཟླ་བྱེད་པ་	gel-dha dschye-pa
Zuwider-handlung (f)	ཕྱོགས་འགལ་	tschhyog-gel
Zwang (m)	བཙན་ཤེད་	tsen-schheh
zwängen*	ཨུ་ཚུགས་འབུད་རྒྱག་གཏོང་བ་	u-tzug büh-gyag tong-wa
zwanghaft*	མི་བྱེད་མཐུ་མེད་ཀྱི་	mi-dschyeh thu-meh-kyi
zwanglos	སྟབས་བདེ་	tahb-de
Zwangsarbeit (f)	བཙན་སྐུལ་ངལ་རྩོལ་	tsen-kül ngel-tsöl
Zwangs-ernährung (f)	བཙན་འདེད་སྟོ་སྟེར་	tsen-deh to-tehr
Zwangslage (f)	བྱ་དཀའ་བའི་གནད་	dschya-ka-wae neh
zwangsläufig	ཡོང་ངེས་པ་	jong ngä-pa
Zwangs-vorstellung (f)*	སེམས་ནད་འཁྲུལ་སྣང་	säm-neh t(r)hül-nhang
zwanzig	ཉི་ཤུ་	nyi-schhu
Zweck (m)	དགོས་དོན་	gö-dhön
Zweck (m), hon.	མཛད་དོན་	dzeh-dhön
Zweckbau (m)	བྱེད་ལས་ལ་གནོད་པའི་ཁང་པ་	dschyeh-lä-la nöh-pae khang-pa

zwecklos	དོན་མེད་	dhön-meh
zweckmässig	ཕན་ཐོགས་པོ་	phen-thog-po
zwei	གཉིས་	nyii
zweideutig	གོ་དོན་གཉིས་ལྡན་	gho-dhön nyii-den
Zweideutigkeit (f)	གོ་དོན་ངེས་མེད་	gho-dhön ngä-meh
zweidimensional*	ཚ་ཚད་གཉིས་མའི་	tschha-tzeh nyii-mae
Zweidrittel-mehrheit (f)	སུམ་ཆ་གཉིས་ཀྱི་མང་མོས་	sum-tschha nyii-kyi mang-mö
zweifach	ལྡབ་གཉིས་སུ་	dab-nyii-su
zweifarbig	ཚོན་མདོག་གཉིས་ཀྱི་	tzön-dog nyii-kyi
Zweifel (m)	ཐེ་ཚོམ་	the-tzom
zweifelhaft	ཐེ་ཚོམ་ཅན་	the-tzom-tschen
zweifellos	ཐེ་ཚོམ་མེད་པར་	the-tzom meh-par
zweifeln	ཐེ་ཚོམ་སྐྱེད་པ་	the-tzom kyeh-pa
Zweifelsfall (m)*	ཐེ་ཚོམ་གྱི་གནས་དོན་	the-tzom-gyi nhä-dhön
zweifelsfrei*	གོ་དོན་གཉིས་མེད་	gho-dhön nyii-meh
Zweig (m), bot.	ཡལ་ག་	jel-ga
Zweig, (m) (Abteilung)	ཡན་ལག་	jen-lag
Zweigstelle (f)	ཡན་ལག་ལས་ཁུང་	jen-lag lä-khung
zweihundert	ཉི་བརྒྱ་	nyi-gya
Zweikampf (m)	ཉིས་འཛིང་	nyi-dzin
zweisprachig	སྐད་གཉིས་ཀྱི་	keh-nyii-kyi
zweispurig	ཉིས་གཞལ་ཅན་	nyi-schhel-tschen
zweitausend	སྟོང་གཉིས་	tong-nyii
Zwerchfell (n)	མཆིན་དྲི་	tschhin-d(r)hi

Zwerg (m)	མི་ཆུང་	mi-tschhung
zwergwüchsig	ཏེ་པོ་	te-po
zwicken	མོན་འཐོག་རྒྱག་པ་	sen-thog gyag-pa
Zwiebel (f)	ཙོང་རིལ་	tsong-ril
Zwielicht (n)	སྐྱ་རེངས་	kya-reng
Zwiespalt (m)	ཙོད་སྙོག་	tsöh-nyog
zwiespältig	ཙོད་སྙོག་ཅན་	tsöh-nyog-tschen
Zwietracht (f)	དབྱེན་དཀྲུགས་	jhen-t(r)hug
Zwietracht säen	དབྱེན་སྦྱར་དཀྲུགས་ཤིང་རྒྱབ་པ་	jhen-dschyar t(r)hug-schhing gyab-pa
Zwilling (m)	མཚེ་མ་	tze-ma
Zwinge (f), tech.	གཅུ་གཟེར་སྐམ་འཛིན་	tschu-sehr kam-dzin
zwingen	བཙན་སྐུལ་བྱེད་པ་	tsen-kül dschye-pa
Zwirn (m)	སྐུད་སྐུད་	d(r)him-küh
zwirnen	གྲིམ་པ་	d(r)him-pa
zwischen	བར་དུ་	bhar-dhu
Zwischenfall (m)	འཕྲལ་རྐྱེན་	t(r)hel-kyel
Zwischen-handel (m)*	བར་ཚོང་	bhar-tzong
Zwischen-händler (m)	བར་ཁེ་རྒྱག་མཁན་	bhar-khe gyag-khen
Zwist (m)	འཁྲུག་ཙོད་	t(r)hug-tsöh
Zwischen-landung (f)	ཞག་ཚུགས་	schag-tzug
Zwischen-raum (m)	བར་སྟོང་	bhar-tong
zwischenstaatlich	རྒྱལ་ཁབ་ཕན་ཚུན་དབར་གྱི་	gyel-khab pen-tzün bar-gyi
zwitschern	མུ་འཐུད་ཚིར་སྒྲ་སྒྲོག་པ་	mu-thüh tschir-d(r)ha d(r)hog-pa

Zwitter (m)	མཚན་མ་གཉིས་ལྡན་	tzen-ma nyii-den
zwölf	བཅུ་གཉིས་	tschu-nyii
Zwölffinger-darm (m)	ཕོ་བའི་ཟངས་ཆགས་	pho-wae sahng-tzag
Zwölftel (m)	བཅུ་གཉིས་པ་	tsch-nyii-pa
Zyanid (n)	སྐྱུར་ཚ་སྟོན་པོ་	kyur-tza nghön-po
zyklisch	འཁོར་སྐྱོད་ཀྱི་	khor-kyöh-kyi
Zyklon (m)	དྲག་རླུང་དགུ་འཁྱུག་མ་	d(r)hag-lhung gu-tzub-ma
Zyklus (m)	རྒྱུན་འཁོར་	gyün-khor
Zylinder (m)	མདོང་དབྱིབས་	dong-jhib
zylindrisch	མདོང་དབྱིབས་ཀྱི་	dong-jhib-kyi
Zypresse (f)	སོམ་ཤུག་	som-schhug